# 中山年鉴 2012

ZHONGSHAN YEARBOOK

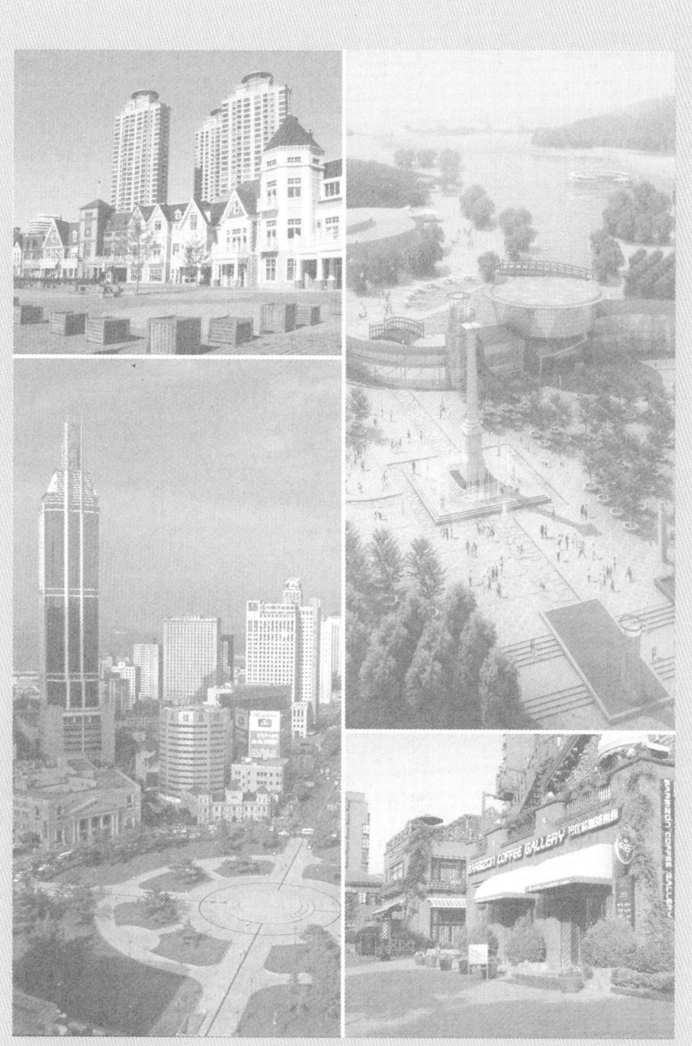


ZHONGSHAN YEARBOOK | 2012 | 中山年鉴 |

大连市中山区党史办公室 编

辽宁民族出版社

**图书在版编目（CIP）数据**

中山年鉴. 2012 / 大连市中山区党史办公室编. —沈阳：辽宁民族出版社，2012. 11
ISBN 978-7-5497-0441-5

Ⅰ. ①中… Ⅱ. ①大… Ⅲ. ①区（城市）— 大连市 — 2012 — 年鉴 Ⅳ. ①Z523.13

中国版本图书馆CIP数据核字（2012）第279578号

**中山年鉴2012**
ZHONGSHAN NIANJIAN 2012

出版发行者：辽宁民族出版社
地　　址：沈阳市和平区十一纬路25号　邮编：110003
印　刷　者：大连海大印刷有限公司
幅 面 尺 寸：210mm×285mm
印　　张：26
字　　数：950千字
插　　页：14
印　　数：1-1000
出 版 时 间：2012年11月第1版
印 刷 时 间：2012年11月第1次印刷
责 任 编 辑：吕　怡
封 面 设 计：罗连坤
责 任 校 对：李　姚

标准书号：ISBN 978-7-5497-0441-5
定　　价：180.00元

法律顾问：陈　光

举报电话：024-23284336
联系电话：024-23284340
http://www.lnmzcbs.com

## 《中山年鉴（2012）》编审人员

主　　审　郝　明　张淑华　周　勤

主　　编　王彦静

编　　辑　（以姓氏笔画为序）

　　　　　王玉玲　石黎明　周建平　张纾平

地图供稿　大连市规划局中山分局

封面设计　罗连坤

## 《中山年鉴（2012）》撰稿单位审稿人员

（以姓氏笔画为序）

于群斌　于德俊　尹兴宇　王　刚　王　猛　王　钦
王文福　王宏茂　王洪齐　王相平　冯　涛　叶　平
石向明　刘　峰　刘　艳　刘长利　刘长凯　刘荣强
刘增茂　孙中琦　孙世夫　孙永金　孙绍礼　孙继武
孙德胜　曲莉明　朱兰萍　朴　斐　毕　锋　毕凤有
汤艳新　许治强　闫利军　吴晓辉　宋　超　宋建龙
张　毅　张力夫　张东红　张岩君　张忠民　张美林
张荣荣　张恩宴　张鹏宇　李玉宝　李志华　李春胜
李洪敏　李赫楠　杜日春　杨　赤　沙　东　谷艳敏
迟　磊　邵元秋　陈立军　陈维华　孟泓禄　范文斌
郑万林　姜长贵　柏　林　柏茂泉　柳丽芳　胡家耿
赵　军　赵黎明　郝耀奇　原宜广　桑京哲　桑茂科
殷传军　崔富国　常　强　戚建成　曹　松　曹　君
梁俊海　董文录　董曙勤　韩恒元　鲁　帆　满洪冰
蔡旭平　滕忠政　魏思泉

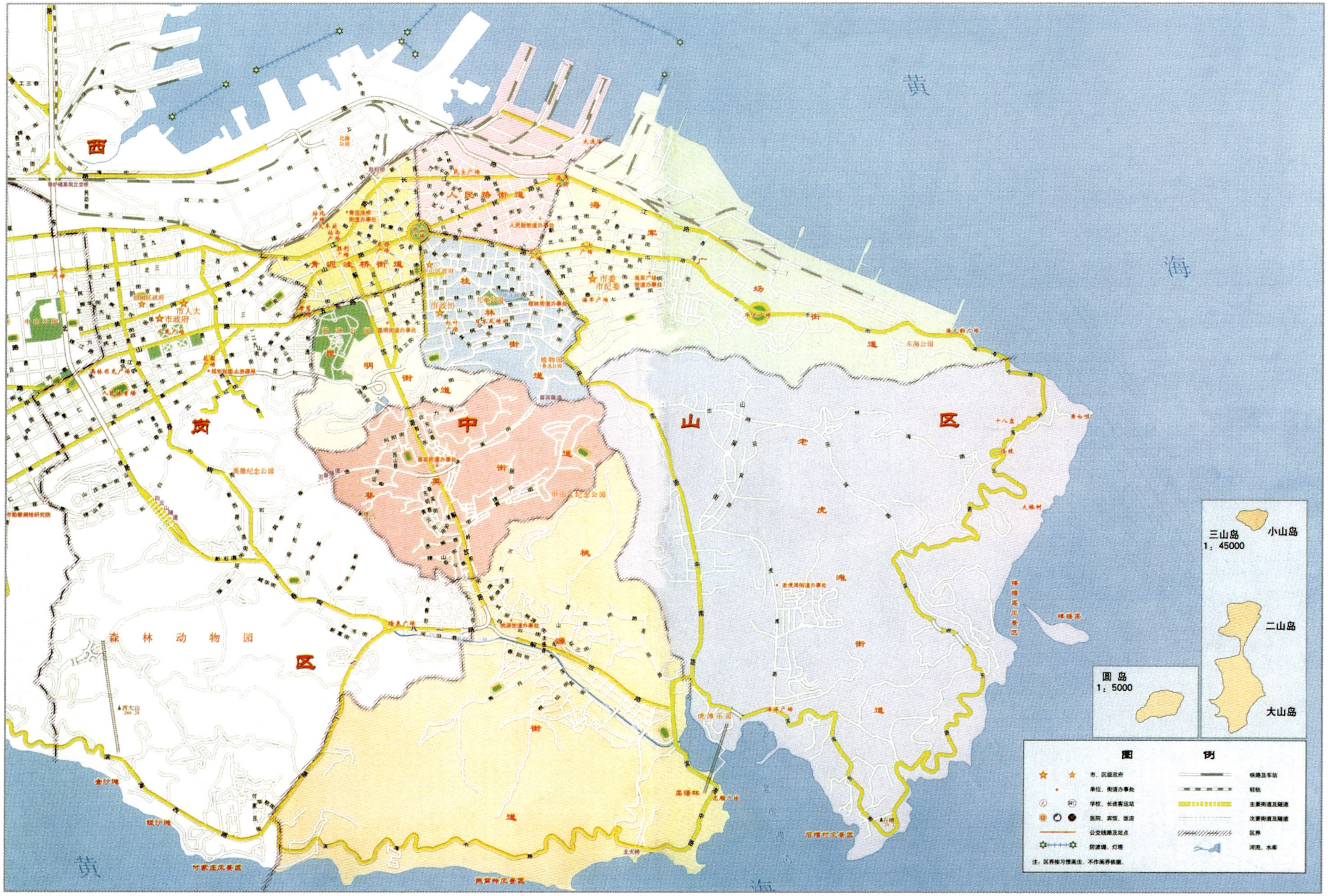

# 大连市中山区行政区划图

黄海
西岗区
中山区
人民路街道
青泥洼桥街道
桂林街道
昆明街道
葵英街道
海军广场街道
桃源街道
老虎滩街道
森林动物园

三山岛
1：45000
小山岛
二山岛
大山岛

圆岛
1：5000

图例
市、区级政府
单位、街道办事处
学校、长途客运站
医院、宾馆、饭店
公交线路及站点
防波堤、灯塔
铁路及车站
轻轨
主要街道及隧道
次要街道及隧道
区界
河流、水库
注：区界按习惯画法，不作画界依据。

# 青泥洼桥今昔

QINGNIWAQIAOJINXI

中山区域在东汉末年称"三山浦"。因区域中心地带昔日是一片呈乌青色的淤泥海滩，故唐朝时被称为"青泥浦"，明代称"青泥岛"、"青泥海口"，清代称"青泥洼"。1898年沙俄强租旅大后，开始在青泥洼3300公顷土地上建港兴市。市区东西要道（今中山路）最早由青泥洼河上的木桥连接，后青泥洼河上建有多座桥，"青泥洼桥"也因此得名，并成为城市商业繁荣的沃土。常盘桥市场（后称大连市场，今大连商场）、三越洋行大连支店（今ZARA、天植皮草店）等标志性百货店和城市中央公园诞生。如今的青泥洼桥仍承载着大连城市时尚消费的核心功能，是城市商业中心和重要的交通枢纽，并开启着区域性时尚消费中心建设的新篇章。

1899大连市街示意图

常盘桥街景

常盘桥街景

常盘桥街景

1937年建成

连锁街街景（1929年）

青泥洼河手绘图

大连驿（今大连火车站，1937年建成）

中央公园（最早称西公园），今大连劳动公园

# 中山广场今昔

ZHONGSHANGUANGCHANGJ

1920年建成

1909年建成

1914年建

1936年建成

1910年建成

1951年建成

1909年建成

1918年建成

1920年建成

山县通街景（今人民路）

大广场

中山广场（最早称尼古拉耶夫广场，后称大广场）是大连最早修建的广场，周边呈放射状向四面八方辐射着大小街巷，形成早期大连城区基本的街道布局。围绕中山广场铺设的莫斯科大街（后称山县通，今人民路）是大连第一条繁华街道。

中山广场周边错落伫立着哥特式、巴洛克式、文艺复兴式等多个欧洲近代古典主义建筑，被誉为"世界建筑博物馆"、"欧式建筑文化长廊"，使得大连这座城市有了异国文化色彩和风情。

中山广场周边历史上就是银行、保险和证券公司聚集地。如今，中山广场仍然是大连金融机构重要集聚地，承载着大连金融服务区建设的核心功能，也是传承大连历史文化的标志性广场。

1908年建成

西广场街景（今友好广场）

大山通街景（今上海路）

# 天津街今昔

TIANJINJIEJINXI

回忆3

## 珍藏老天津街

天津街（日本统治时期称浪速町），是大连市一条具有百年历史的老字号商业街，建成于1909年，全长1720米。这里有1930年建成的辽东百货店（今上海路6号）和1933年建成的几久屋百货店（今新天百大楼）。2004年1月18日天津街商业步行街在改造中重新开街，全长1054米。如今，依托“老街”项目和老街文化，天津街吸收“山水楼”、“苏扬饭店”等老字号，发展“上古文化”等文化创意产业，引进国内外各类时尚餐饮、娱乐消费业态，大力推动“不夜街”建设，繁荣宏济大舞台特色文化，成为新时期时尚消费的汇聚地，也是吸引中外游客的购物、休闲、旅游名街。

浪速町街景

几久屋百货店

盘城町街景

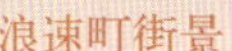
浪速町街景

浪速町街景

60–70年大连妇女儿童用品商店

80年代天百大楼一楼

80年代天百大楼橱窗陈列

群英楼

苏扬菜馆

天津街浴池

知味斋馄饨馆

思祥园（清真）

清真马家饺子馆

王麻子锅贴铺

70年代天津街

70年代天津街

立新理发社

大连摄影社

大连陶瓷商店

50至70年代天津街特色商业

# 大连港今昔

## DALIANGANGJINXI

大连港事务所（1926年建成）

港桥

大连港全景

大连湾鸟瞰

客运站内

大连依港兴市。1899年，沙俄在大连动工建设大连港码头、仓库、港区铁路、船坞等。日俄战争后，大连港新建4座突堤码头，并新建客运站、办公大楼。

随着新世纪大连港整体搬迁改造工程的实施，大连港西部港区将规划建设成为大连邮轮中心。其东部新港区规划面积5.97平方公里，西起大连港栈桥，东至滨海路，将建设成为大连城市商务区的重要延伸区、金融中心、重要的信息枢纽、公司总部、研发机构所在地及现代文化生活核心。万达中心、大连国际会议中心等重点项目竣工，日本欧力士、上海绿地等一批功能性现代服务业项目落地，占地40.36万平方米的东方水城项目全面开工，6公里长、80米宽的滨海景观大道将打造成一个面向全体市民的开放式亲海空间。一个开放、现代、时尚而又充满活力的东港商务区正以全新的形象展现眼前。

大连港12号仓库

信号塔

栈桥

# 老虎滩今昔

LAOHUTANJINXI

老虎滩区域因其良好的港湾、山林和丘陵等生态资源，成为大连著名的风景区和宜居区。位于大连南部海滨风景区中部的老虎滩景区，是国家5A级景区，也是大连标志性旅游景区，渔人码头、琥珀湾等特色商业街旅游项目成为新时期老虎滩景区的新亮点。2010年，景区综合性海滨公园——大连老虎滩海洋公园全面推进改造，改造区域由1.1平方公里扩大到2.9平方公里，规划建设海洋公园区、综合商业休闲区、滨海公园区、度假酒店区、文化演艺中心五大功能区，将成为集休闲、度假、购物、餐饮、文化等多功能为一体的现代高端旅游休闲度假区。

汐见木桥（1926年建成，今老虎滩桥）

老虎滩港湾和住宅

老虎滩风光

1984年的老虎滩

1984年石槽

# 编辑说明

一、《中山年鉴》是大型综合性资料年刊，由中共大连市中山区委员会、中山区人民政府主办，中山区党史办公室编辑，国内外公开发行。《中山年鉴》创刊于1998年，之后每年出版1卷，旨在记述中山区改革开放、经济建设和社会发展情况，为国内外各界人士了解中山区提供全面、系统、翔实、准确、权威的资料。《中山年鉴（2012）》为第15卷。

二、《中山年鉴（2012）》采用分类编辑法，框架设计为类目、分目、条目3个层次，其中部分分目下设子分目。《中山年鉴（2012）》设特载、专文、大事记、概貌、党政机关、民主党派·群众团体、法治·武装、综合经济管理、财政·税务、经济建设、城区建设管理、教育、文化·体育、卫生、社会生活、街道、名录·人物、经济社会统计资料18个类目。类目下设分目80个，子分目71个，条目829个，图表91个，随文照片788幅。总字数95万字。

三、《中山年鉴（2012）》卷首刊印大连市中山区行政区划图及其他彩图，以图文并茂的形式反映中山区要事要闻。

四、《中山年鉴（2012）》的稿件由区直各部门、部分驻区单位提供，并经各供稿单位领导审阅。

五、《中山年鉴（2012）》反映国民经济和社会发展情况的数据，以中山区统计局编印的《中山区统计年鉴》为准。

六、《中山年鉴（2012）》的检索系统包括目录（中文、英文）和索引，目录在卷首，索引在卷尾。

《中山年鉴（2012）》的编纂工作得到各有关单位的大力支持和协助，在此表示诚挚谢意。

# 目 录

## 经济建设

### 中央商务区



#### ·东港商务区·



### 外向型经济



### 民营经济



### 金　融



#### ·银行·



#### ·证券·



#### ·保险·



### 商贸服务



### 航运物流



### 科技信息

## 人民路街道



## 桂林街道



## 青泥洼桥街道



## 昆明街道



## 葵英街道



## 桃源街道



## 老虎滩街道



## 街道·社区·企业图片资料

# 全面提高城区综合竞争力<br>加快大连科学发展首善区建设步伐

## ——2011年12月24日在中共大连市中山区委十三届三次全会上的报告

中共大连市中山区委书记　李向东

**一、全面推进城区发展战略，实现“十二五”良好开局**

2011年是新一届区委工作的第一年，也是全面实施“十二五”发展规划的开局之年。在市委的正确领导下，区委常委会以科学发展观为统领，积极抢抓发展机遇，沉着应对困难挑战，创造性地开展工作，圆满完成全年各项任务，取得了可喜成绩。

一年来，区委常委会主要做了以下几方面工作：

**（一）坚持凝心聚力，团结发展氛围更加浓厚。**圆满召开第十三次党代会，立足全局和战略高度，确定未来五年发展战略、奋斗目标和主要任务，努力把经济社会发展转入以人为本、全面协调可持续发展的轨道。按照市委要求，历时3个月，广泛开展“大讨论”活动，机关科以上干部以“面对面、心贴心、凝共识”主题实践活动为载体，深入基层，问政于民、问需于民、问计于民，直面热点问题，深入释疑解惑，进一步凝聚了发展共识，强化了干部工作作风。大班子合力全面增强，区人大常委会、政府、政协班子和审判、检察机关以及群团部门紧紧围绕区委中心工作，树立“一盘棋”思想，齐心协力推动工作，形成团结协作的浓厚氛围。

**（二）强化制度建设，区委决策更加科学化、民主化、规范化。**新一届区委领导班子组建后，坚决贯彻“集体领导、民主集中、个别酝酿、会议决定”的民主集中制原则，及时完善《区委五项制度》，进一步规范议事和工作规则，加强对权力运行的有效监督。今年共召开区委常委会26次，审议87项重要议题，对重大问题决策、重要干部任免、重大项目投资、大额资金使用形成科学民主的决策机制；召开党政联席会议12次，确定并完成61项重点工作，有力推进全区重点工作的实施。认真落实民主生活会制度，班子成员真诚交流和沟通，积极开展批评和自我批评，区委自身建设不断加强。

**（三）优化产业结构，促进经济平稳较快发展。**区域性金融商务核心区建设取得新进展，英大泰和财产保险、丹东银行等金融机构相继落户，预计金融业税收占全市总量的69%，省政府批准在我区设立“大连金融服务区”；经济运行质量进一步提高，“1050”工程加快推进，绿地中心等总部项目进展顺利，日本特兰科姆株式会社大连总部落户我区；时尚消费旅游中心建设扎实推进，人民路高端商业发展迅速，天津街繁荣振兴实现重大突破，特色商业街建设步伐不断加快；高新技术产业创新能力增强，我区再次成为“全国科技进步先进城区”。全年实现地区生产总值260亿元，增长12.7%；区级财政收入24.39亿元，增长31.2%；固定资产投资286.42亿元，增长12.7%；社会消费品零售总额422.2亿元，增长17.4%。

（四）全面改善民生，公共服务能力不断提高。围绕人民群众最关心、最直接、最现实的利益问题，投入5.5亿元，面向社会承诺的31项民生项目全部落实。积极开展就业和社会保障工作，全年实现实名制就业1.8万人，“民办公助”创业服务模式在全省推广；不断健全社会保障体系，扩大社会保障和救助覆盖面，困难群众基本生活进一步改善；重视老龄事业发展，新增7所社区养老服务中心；理顺食品药品监管体制，为群众饮食用药安全提供有效保障。统筹协调发展社会事业，全面启动辽宁省义务教育均衡发展示范区建设工程，争创“辽宁省教育强区”工作稳步推进；深入实施医疗卫生体制改革，公共卫生服务体系不断完善；区域人口综合管理机制更加健全，人口计生公共服务均等化进一步增强；在全省率先建立科普益民服务站，我区再次成为“全国科普示范城区”。

（五）狠抓平安区建设，社会环境安定有序。始终坚持“抓稳定就是抓发展”的理念，以创建省级“平安稳定区”为载体，不断完善工作机制，强化“一把手”工作责任制，确保社会大局稳定。深入开展社会主义法治理念教育活动，区检察院、法院队伍建设成效明显，有力促进了执法公正。加大重点地区治安整治力度，各类案件发案率得到有效控制。圆满完成达沃斯会议等重要会议、重大活动期间的安全保卫任务。积极开展矛盾纠纷排查和领导大接访活动，一批重大疑难信访案件有效解决。成功教育转化一批法轮功习练者。不断消除安全生产隐患，安全形势总体平稳。我区被评为“省平安稳定区”、“省信访工作先进集体”、“市平安稳定先进区”。

（六）注重建管并重，城区环境显著改善。以“城区建设和管理年”为载体，全力解决城区建设与管理中的重点难点问题，城区建设管理水平大幅提高。大规模开展绿化造林活动，栽植各类树木5.1万株，新建绿地11处，更新草坪9万平方米，城区绿化品位进一步提高。高质量推进“五个一”工程，升级改造中南路等6条路街环境，新建山屏北街健身公园，改造60个弃管楼院以及桃源荣盛农贸市场，新增友谊美邻等7处停车场共1200余个停车泊位，基础设施建设扎实推进。不断提高城区管理水平，运用信息化管理手段，建立城区管理应急处置机制，并在工作中发挥了重要作用。圆满完成环卫事业管理体制改革，积极实施环卫事业服务外包，取得较好成效。

（七）弘扬文明风尚，文化建设不断进步。加强对创建“全国文明城市”工作的组织领导，整合资源，建立机制，扎实推进精神文明建设。广泛宣讲社会主义核心价值体系，积极开展庆祝建党90周年系列活动，唱响爱党爱国主旋律；深入推进文明素质工程，组织开展“爱我中山、建设首善”十项系列活动，有效激发全区人民热爱家乡、建设家乡的热情。全面推进文化建设，群众性文化活动丰富多彩，推出“魅力中山”大连新春京剧晚会等一批文艺精品；中山区美术馆开馆，成为东北地区功能最全、面积最大、现代化程度最高的区级专业美术馆；设立文化创意发展资金，加快文化产业集聚，命名一批“文化创意产业基地”；圆满完成革命遗址和文物普查工作，文化遗产保护工作稳步推进。

（八）围绕服务发展，党的建设富有成效。坚持把思想政治建设放在首位，扎实推进学习型党组织建设，区委班子和老虎滩街道党工委、39中学分别被市委首批命名为“学习型领导班子”和“学习型党组织”。深入实施干部人事制度改革，全面推行党政正职任用全委会票决制，完善副处级后备干部管理制度，探索创新干部选拔任用初始提名办法，全年对51个领导班子91名中层干部进行调整，选人用人公信度大幅提高。加大领导干部异地高端培训力度，进一步开阔受训干部视野。老干部政策得到较好落实，管理服务日益规范。不断增强基层党组织凝聚力和战斗力，圆满完成社区基层党组织换届工作；深入开展“创先争优”活动，有效组织“抓小事、管闲事、促和谐”等40余个特色活动，充分调动了不同领域、不同类别党员参与组织建设的积极性和主动性。机关作风建设实效性不断增强，干部职工工作效能明显提高。全面落实党风廉政建设责任制，惩防体系进一步完善；完善行政审批电子监察系统，被省纪委列为十大城市经验信息；全面实施处级领导干部任前廉政法规考试制度，广泛开展忠职守廉岗位廉政教育活动，“五式教育+五种效应”做法得到市纪委充分肯定；大力纠正部门和行业不正之风，严厉查处违纪违法案件，工作经验在全市交流。国防后备力量和国防动员建设取得新进展，军政军民关系更加密切。档案、党史、保密、红十字会等工作也都取得较好成绩。

在看到成绩的同时，我们也必须清醒地看到存在的问题，主要表现在：经济总量还不够大，发展速度还不够快，综合竞争力还不够强；城市建设与管理水平需要不断提高，市容市貌需要进一步改善；部分领导干部开拓创新意识还不够强，一些不适应科学发展的思想观念和工作作风亟待转变。对于这些不足和差距，我们必须不断加以改进。

## 二、准确把握形势，进一步增强发展的紧迫感和责任感

面对复杂多变的国内外形势，我区要建设科学发展首善之区，保持中心城区的领先地位，就必须全面提高城区综合竞争力。城区综合竞争力主要是强大的集聚力、辐射力和影响力，既包括人力、资金、科技、区位、环境等硬实力，也包括文化、制度、管理、服务、开放度等软实力。全面提高城区综合竞争力，是市委、市政府对我们的更高期待，是人民群众的共同愿望，是应对前所未有竞争压力的客观要求，是我区多年积淀区位优势的必然选择。它不仅有利于巩固中心城区的核心地位，也有利于加快资金流、人流、物流等要素集聚，推动全区经济社会全面协调可持续发展，加快实现科学发展首善区建设目标。

全面提高城区综合竞争力，就要清醒认识我们所面临的挑战和机遇。当前，国际宏观经济形势严峻复杂，国内经济发展不确定性与日俱增，我市城市总体规划布局重心加快北移，新兴区域快速发展，给投资项目和商贸、商务核心功能地位带来激烈竞争；房地产业对地方经济拉动作用日趋减少，给我区发展带来巨大挑战。但是，全球经济调整必然带来国际产业转移和产业结构调整的新机遇；我国宏观经济政策更加注重稳增长、调结构，为经济实现平稳较快增长提供了可靠保证；我市正处在大有作为的战略机遇期，具有较快增长区间的良好发展势头，我区可以充分发挥自身优势。特别是东港区开发的全面启动、天津街的繁荣振兴、老虎滩海洋公园改造以及省级大连金融服务区的设立，为加快城区功能提升、拓展城区发展空间、提升城区形象和品质带来新的机遇。

在新的形势面前，我们必须增强加快发展的使命感和责任感，继续解放思想，增强应对能力，以更加创新的发展思路，更大的气魄和勇气，更加有效的发展举措，在提高城区综合竞争力中发掘更大潜能，努力把我区建设成为大连科学发展首善区。

明年全区工作的总体要求是：坚持以科学发展观为指导，深入贯彻落实中央经济工作会议精神和市委全会精神，按照“稳中求进”的发展要求，以加快经济转型升级和社会管理创新为主线，以改善民计民生和完善公共服务为导向，以改革开放和创新发展为动力，大力实施区域“三大战略”，有效推进“四大功能区”建设，不断加强经济、政治、文化、社会和党的建设，努力提高城区综合竞争力，全面建设大连科学发展首善区。全区经济发展的主要目标是：力争地区生产总值和财政收入同比增长15%以上。

## 三、全面增强城区综合竞争力，不断开创经济社会发展新局面

要切实把思想和行动统一到中央、省、市对经济社会发展的各项决策部署上来，改革创新，攻坚克难，推动各项工作再上新台阶。

### （一）加快推进金融核心战略，保持经济可持续增长

提高经济运行质量和综合实力是城区综合竞争力的关键。要按照十三次党代会确定的发展战略，坚定不移地推动区域经济走上有活力、可持续的增长轨道。

进一步提高经济管理和服务水平。要准确把握国家、省、市宏观经济政策的力度、节奏和重点，加强城区综合竞争力研究，有效做好各项工作的总体规划部署，注重调整发展中的短期目标和中长期目标。抓好重点项目动态管理和宣传推介，积极争取更多市财力投资和政策支持。落实低碳绿色发展原则，大力推动绿色经济和节能环保产业发展。提高政府公共服务平台建设水平，强化服务资源配置，注重政策整合，进一步优化投资软环境。加强现代服务业和新兴产业统计分析。充分发挥财政、税务和工商部门推动发展的联动力。加强预算管理，提高税收征管质量。加快建立区价格监测平台。

充分发挥金融核心辐射带动能力。抓紧形成大连金融服务区规划，突出功能特色，全力以赴将“两圈一带”打造成为具有国际知名度的高端商务区和金融核心功能区。充分发挥金融集聚资源、创造财富的作用，着力提高区域资产管理、运营和专业服务的核心功能，加快航运、科技等专业金融发展，推动各类金融衍生品交易中心和区域性金融创新试点建设，完善金融服务和市场两大功能体系。充分发挥总部经济辐射带动效应，提升龙头旗舰企业的引领作用，依托总部大厦和专业大厦建设，千方百计提高招商引资质量，加强经济开放和国内外交流合作，集聚更多总部企业。

努力扩大时尚消费拉动作用。立足扩内需、促就业、惠民生，把握消费趋势，大力推动区域性时尚消费旅游中心建设。以重点商贸区块为牵动，加大现代商业项目招商，着力打造时尚消费的新概念、新景观和精品区块。大力推动商业交易模式、服务模式和业态模式创新，积极发展电子商务和投资型、服务型消费，加强特色街商业规划和品牌传播，丰富时尚文化活动，营造更具国际化、高端化、时尚化的购物环境。要以大型旅游项目开发和环境改造提升为带动，加快推进北方不夜港等项目规划建设，拓展领域，培育热点，增加更多时尚旅游元素和大众旅游消费产品，

创新服务方式，塑造更具人文特色和时代气息的滨海生活区域与休闲度假区域。

切实增强企业发展内生动力。要把增强企业自主创新能力、培育自主品牌和提高人力资本质量作为提高企业竞争力的重要举措，大力推动科技创新体系建设和高新技术研发，深化知识产权和专利工作，扶持企业培养引进高端技术人才。积极协调改善融资环境，落实财税扶持政策，大力发展实体经济，支持小型微型企业发展，推动服务业规模化、品牌化、网络化经营。规划建设高水平企业信息化公共服务平台，促进服务资源最优配置，为企业转型和技术改造创造有利条件。积极探索新能源、新技术产业开发，促进科技与新兴产业融合，吸收高附加值企业投资，进一步加快高新产业集群。

（二）加快社会管理创新，努力增进人民福祉

加强和创新社会管理是提高城区综合竞争力的内在动力。明年确定为“社会管理创新年”，要切实把社会管理创新摆到更加突出位置。

全面构建社会管理整体格局。要强化组织领导，加快建立政府为主导、社会组织为中介、社区为基础、企业为重要力量、公众广泛参与的社会管理新格局。健全服务型政府职责体系，强化行政监督和问责，畅通服务渠道，发挥政府在社会管理中的主导作用。按照“小政府、大社会”的创新思路，探索建立政府购买社会组织服务机制，重点培育扶持公益性、服务性和互助性社会组织，着力发挥社会组织在维护民利、解决民生、行业自律、促进和谐等方面的作用。要大力掀起社区建设新高潮，以居民自治为方向，理顺社区治理机制，严格工作准入，推动社区把更多精力放在社会服务和管理上来，探索实施扁平化、网格化服务管理，健全便民利民社区服务体系，打造一批示范社区与和谐楼院。积极搭建起政府、企业和社会各界共同参与的社会合作治理平台和服务机制，完善志愿服务体系，开发个性化服务项目，形成社会管理人人参与的良好局面。

创新完善社会管理协调机制。着力改变主要靠行政手段实施社会管理的方式，更加善于运用民主的方式和服务的方式解决社会问题、化解社会矛盾。强化新闻信息中心建设和网络管理，提高运用新兴媒体的能力，加强对关系群众切身利益问题和社会热点问题的舆论引导。完善群众权益维护机制和矛盾调处机制，健全信访责任制和领导干部接访、下访、约访等制度，主动回应群众合理诉求。坚持重大事项进行社会稳定风险分析和评估，防止因决策不当而损害群众利益。完善诉讼、行政复议等法定诉求表达机制，及时妥善处理群众的合法诉求。不断加强政法队伍建设，坚持公正廉洁执法，提高司法公信力。健全劳动争议协商、调解、仲裁和工资集体协商机制，引导非公有制经济组织履行社会责任，维护职工合法权益。

着力办好社会管理惠民实事。要牢牢把握社会管理工作的根本出发点和落脚点，拿出更多财力向保障民生和社会公平倾斜，集中精力办好一批惠民项目。坚持优先发展教育，进一步促进公共教育资源合理配置，健全义务教育均衡发展保障机制，大力发展学前教育，扎实推进“辽宁省教育强区”建设。采取更加积极的就业政策，加强就业市场多元化建设，加大民办公助就业扶持力度，着力解决困难群众就业问题，实现充分就业。积极搭建公共卫生体系信息化平台，完善社区卫生服务体系，加强卫生应急能力建设，提升公共卫生服务能力和基本医疗服务水平。不断强化社会保障能力，健全社会救助体系，确保困难群体、优抚群体和特殊群体基本生活。加快社区养老服务中心建设，建立完善居家养老社会化、信息化服务平台，实现居家养老全覆盖。积极推进“新概念家庭”创建工作，健全统筹解决人口问题的长效机制。推动星级科普社区和社区科普大学建设。

切实解决社会管理突出问题。要针对影响社会和谐稳定的突出问题，重点突破。加快调整和完善社会综治组织职能，健全统一组织、统一部署、综合协调的社会管理部门协作机制。加强对流动人口和出租房屋的管理，实现流动人口管理的信息化、规范化、长效化，建立健全刑释解教人员、流浪儿童等特殊人群的社会关怀帮扶体系。建立健全立体化治安防控体系，加大对黑恶势力、危害食品药品安全等违法犯罪活动的打击力度，提高预知、预警、预防、应急处置水平。深化安全生产标准化创建和监管工作，努力把社会风险降到最低程度、解决在萌芽状态。促进民族团结和不同宗教信仰群众和谐相处。

（三）大力实施文化强区战略，提升城区文化软实力

文化发展凸显竞争软实力，也是提高城区综合竞争力的核心。要紧紧抓住和用好文化大发展大繁荣的重要战略机遇期，大力实施文化强区战略，努力把我区建设成为大连城市文化先行区。

大力推进社会主义核心价值体系建设。积极探索用社会主义核心价值体系引领社会思潮的新途径、新办法，以创建学习型机关、社区、家庭为重点，坚持不懈用马克思主义中国化最新成果指导发展，用中国特色社会主义共同理想凝聚力量，用以爱国主义为核心的民族精神和以改革创新为核心的时代精神鼓舞斗志，用社会主义荣辱观引领风尚，进一步增强全区干部群众对首善区建设的认同感、责任感，巩固形成共同奋斗的思想基

础。要从小处着眼，从细节抓起，强化社会公德、职业道德、家庭美德和个人品德“四德”建设，不断提高居民思想道德素质。完善全民参与、长效常态、共建共享的文明创建机制，引导居民提升文明素质。

大力推进公益性文化事业更加繁荣。加大对公益性文化事业投入，大力推进图书馆新馆等基础文化设施建设，不断完善公共文化服务体系，让辖区人民享有更多免费或优惠的基本公共文化服务。大力推进文化体制机制创新，研究制定公共文化艺术项目采购与资助管理办法，支持各类社会组织、机构和个人捐赠及兴办公益性文化事业。充分发挥区文联作用，调动各类文化人才的积极性、主动性和创造性，加强文化交流，推出更多精品力作。以“魅力中山”新春京剧晚会等文化活动为牵动，深度挖掘、整理、发展特色历史文化，积极培育社区、校园文化精品，丰富群众精神文化生活。广泛开展全民健身运动，强化心理健康服务。

大力推进文化产业蓬勃发展。充分发挥文化产业在促进转型发展中的重要作用。推动文化产业与旅游、体育、信息、商贸等产业融合发展，延伸文化产业链。大力发展时尚产业，广泛联系传媒、广告、影视、文化传播等行业，引导企业投资兴建更多适合群众需求的文化消费场所，积极拓展大众文化消费市场，通过各种资源的整合运用，加大文化产品和品牌的培育力度。加快文化创意产业基地建设，大力扶持文化创意企业和文化科技企业，促进展览、展示、会议中心的发展壮大，拉动更多消费领域。

(四) 切实提升城区环境质量，展示现代城区风貌

城区环境面貌是综合竞争力的集中体现。要坚持“绿色中山”的战略导向，突出生态优势，强化机制创新，注重特色彰显，在美丽大连建设中争创一流。

扎实推进生态宜居示范区建设。按照“规划为先、配套功能、提升品质”的思路，提高旧区改造地块的规划设计标准，确保每项工程都成为城市建设的精品。切实抓好“五个一”工程建设。大力实施青山工程，积极开展“园林、花园式”单位、小区创建活动，推动胜利路东段等重点景观带建设，突出优美现代的绿地景观和绿色生态特色。对路街灯光饰品和公共设施进行升级改造，彰显现代城区风采。

全面提高城区管理科学化水平。城区管理是城区建设的延续和保障。要着力加强信息化资源整合，加快建设数字化城区综合管理与指挥系统，构建上下互动、各部门联动、快捷反应的管理网络体系和智能管控平台，有效提高城区管理水平。要深入推进物业管理提升工程，针对防盗门维修维护、小区绿地养护等突出问题，建立健全长效机制，增强居民自觉参与城区管理意识。认真研究解决中心城区交通拥堵问题，保证市民出行便捷，科学规划建设停车场。

大力推动环境治理向纵深发展。着力解决群众意见集中的环境治理问题，推动环境整治向居民区、老旧楼院延伸，积极探索通过市场化、专业化、社会化对环境进行治理的办法，提高环境整治效果。加强综合执法队伍建设，规范执法程序，提高执法效率。深化环卫事业管理体制改革，强化作业责任监督和业务培训，保持环卫工作领先地位。对严重影响城区规划、群众反映强烈、影响居民生活的占道经营、违法用地和私搭乱建等问题，加大整改力度。

四、加强党的执政能力和先进性建设，为各项事业发展提供坚强保证

全面提高城区综合竞争力，要求我们必须加强执政能力和先进性建设，以党建创新促进社会管理创新，以党内民主推进人民民主，形成与发展任务相适应的领导能力和水平。

(一) 加强党的思想建设，用最新的理论成果武装头脑、指导实践。思想政治建设是党的根本建设。要坚持把理论学习放在首位，认真学习党的创新理论，深入推进学习型党组织建设，不断扩大区委理论中心组学习覆盖面，切实增强理论学习的实效性。十八大召开后，全区各级党组织和党员干部要把学习宣传贯彻党的十八大精神作为首要政治任务抓紧抓好，迅速掀起学习热潮。要发扬理论联系实际的学风，加强对重大现实问题和热点、难点问题的研究与思考，把学习的收获转化为谋划发展、领导发展的本领。要进一步强化政治意识和大局意识，在重大问题上要坚决与市委、区委保持高度一致，确保党的决策和要求在基层得到全面贯彻落实。

(二) 坚持民主集中制原则，不断增强党的执政能力建设。加强常委会自身建设，进一步发挥政治领导核心作用，把主要精力放在把握方向、提出思路、谋划全局、管好干部、督促落实上，提高领导科学发展的能力和水平。发挥全委会的决策和监督作用，重大问题必须提交全委会讨论决定。组织实施《关于实行党代表大会代表任期制的实施办法》，积极发挥党代表在党代会闭会期间的作用。不断推进党务公开，拓宽党员和基层党组织参与党内事务的渠道。要切实加强对人大、政府、政协换届工作的领导，认真落实市委关于做好换届工作的部署，确保换届工作圆满成功。更好地发挥统一战线在推动科学发展、促进社会和谐中的独特优势。支持工青妇等群团组织积极参与经济建设和社会事务管理。进一步强化党管武装工作，把基层武装部作为党的基层政权建设重要组成部分，全面抓实抓好。

（三）深入推进干部人事制度改革，努力建设高素质干部队伍。按照“四化”方针，坚持德才兼备、注重实绩、群众公认的原则，把各级领导班子建设成为政治坚定、求真务实、开拓创新、勤政廉政、团结协助的坚强领导集体。进一步优化干部队伍结构，合理调整干部年龄结构、党派结构及性别结构，增强干部调整工作的针对性。不断完善领导干部选拔任用初始提名办法，让那些素质高、业务精、口碑好的干部有更多机会进入组织视野，担当重任。有计划地推进干部交流，使干部在各种环境和岗位上经受锻炼、增长才干。健全领导干部考核评价办法，规范“德”的考核标准，改进“绩”的考评办法，科学设置考评维度，增加相关部门横向评价内容。落实区人才发展规划，加强人才队伍建设。坚持做好老干部工作。

（四）不断扩大党组织与党的工作覆盖面和影响力，打造富有活力的基层党组织。党的基层组织必须充满活力，才能始终走在时代前列，发挥好推动发展、服务群众、凝聚人心、促进和谐的作用。明年，我们将着力开展“基层组织活力年”活动，进一步活跃基层、打牢基础。完善落实区域性党建三级协调机制，调动各方面参与党建工作的积极性，形成区域性大党建共驻共建共荣的新局面。要继续完善基层党组织书记履行基层党建工作责任述职制度，认真组织实施基层党组织落实基层党建责任考评工作。深入推进“创先争优”活动，深化“四三二”党建工作模式，以“联系群众、服务群众”为核心内容，深入开展各个党建领域基层党组织特色品牌创建活动。加强基层党员活动阵地建设，集中打造一批党建阵地示范点。认真抓好发展党员工作，建立健全流动党员管理制度，切实帮助困难党员解决实际问题。

（五）强化作风建设，深入开展反腐败斗争。党员干部的作风关系党的形象，关系人心向背。要认真贯彻《市委关于密切党同人民群众联系的意见》，全面落实联系群众的各项制度和要求，巩固提高“大讨论”活动成效，健全党员干部密切联系群众的长效机制，区委常委要带头深入群众、深入基层，做全区干部的表率。坚决反对和防止腐败，拓展从源头上防治腐败的工作领域，扎实推进教育、制度、监督并重的惩治和预防腐败体系建设；进一步落实党风廉政建设责任制，切实做到“一把手”负总责、班子成员齐抓共管；扎实推进“五大系统”建设，不断提升惩治和预防腐败体系建设的科学化水平；大力推进廉政文化建设，进一步做好忠职守廉岗位廉政教育；认真开展对工程建设领域突出问题的专项治理工作，深化民主评议政风行风工作，加大对群众反映强烈的共性问题的综合分析和研判，坚决查处腐败案件。规范领导干部经济责任审计工作，完善离任交接备案制度，提高领导干部的经济责任意识和自律意识。

同志们，我们面临的形势复杂而严峻，我们肩负的任务艰巨而光荣。让我们以更加饱满的精神状态，更加扎实的工作作风，团结和带领全区人民，同心同德，团结奋斗，共同谱写建设大连科学发展首善区的崭新篇章！

# 大连市中山区人民代表大会常务委员会工作报告

## ——2011年12月28日在大连市中山区第十六届人民代表大会第五次会议上

大连市中山区人民代表大会常务委员会主任　宋国伟

### 2011年主要工作回顾

2011年是“十二五”开局之年。一年来，区人大常委会坚持以科学发展观为指导，深入贯彻落实区委十三次党代会精神，紧紧围绕全区经济社会发展、民生问题的改善和依法治区工作，认真履行宪法和法律赋予的各项职责，为我区建设大连科学发展首善区做出了积极努力。全年共举行常委会会议7次，听取和审议“一府两院”工作报告10项，做出决议决定5项，依法任免干部17人次；召开主任会议13次，研究议题67项；组织专委会、人大街工委开展视察、检查和调研36次，撰写调研报告13篇，圆满完成区十六届人大四次会议确定的各项任务。

### 一、贯彻落实区委重大决策，依法履行监督职责

常委会坚持围绕中心、服务大局、突出实效的原则，充分发挥监督职能，依法开展监督工作，积极推动区委决策的落实。

围绕核心发展战略开展监督。建设区域性金融商务核心区是今后5年我区经济实现更好更快发展的核心战略，也是人大常委会工作的一个重点。工作中，常委会以调研为基础，以建议为载体，以视察为手段，组织代表先后就全区金融业发展、商务功能区建设、“1050”总部经济和楼宇经济发展等事关区域性金融商务核心区建设的重点工作进行调研和视察，提出工作意见和建议；积极参与区政府金融服务区发展规划的编制，参加区政府经济形势分析会议和重点项目调度会议，主动了解和掌握相关信息，推动工作落实；依法审查审议政府预、决算、国民经济和社会发展情况，重点对涉及核心发展战略的重点工作的推进、重点项目和民生专项资金的使用进行了审查审议，提出要努力在发展高端服务业上多做文章，在发展总部经济和楼宇经济上多下工夫；加大对大额度资金使用的监督审查，规范资金使用行为，确保资金使用效益最大化的建议。

围绕保障和改善民生开展监督。今年，常委会将社会普遍关注、群众热议的弃管楼的改造与管理、食品安全、交通拥堵整治、烟花爆竹燃放等四项工作，列为年度重点工作进行监督，并取得较好效果。一是监督弃管楼的改造与管理。组织常委会委员、部分专委会委员和市人大代表实地视察了同心街、玉光街两处已改造完工、山屏街北巷一处未改造的弃管楼，召开专题座谈会进行了研讨。常委会第二十七次会议听取和审议了区政府“五个一”工程建设情况的报告，提出区政府要整体规划弃管楼改造进度、加大资金投入、创新管理模式、建立长效管理机制等建议。区政府认真研究落实，全年共投资1674万元，改造弃管楼院60个，惠及居民886户，常委会对区政府卓有成效的工作给予了充分肯定。结合全国文明城市创建工作，常委会还组织

专委会和人大街工委对全区环境卫生、园林绿化、站南地区管理工作进行了调研和视察，向区政府提出加强和改进工作的意见和建议。二是监督食品安全工作。年初，常委会召开食品卫生工作专题座谈会，对我区食品安全现状进行了分析和研讨，责成专委会成立调研组进行跟踪调研；年中，常委会结合调研情况，组织部分常委对渔夫食品有限公司、皇城老妈、岭帆超市进行集中视察，听取了区政府关于食品安全情况的汇报，提出要建立综合协调体制、加大财政资金投入、组建专业人才队伍、加强日常跟踪监测等建议。区政府积极组织食品药品监管局、卫生局、工商局、质监局等部门，加强对餐饮、超市、农贸市场的常规性检查，确保群众吃上放心、安全的食品。三是监督道路交通拥堵整治工作。常委会先后组织市区两级人大代表视察了人民路交通管控、校园周边交通秩序整治，青泥洼桥地下停车场、民生街和桃源商城地上停车场的建设及解放路、中南路路街改造情况，提出了加强公共服务管理、优先发展公共交通、建设立体化停车场、规范行车和停车秩序等建议。区政府加大工作力度，投资1250万元，新建停车场7处，新增停车泊位1225个；增设信号灯9处，增设标志30面，施划标线30余条；交警队还在高峰时间和重点路段安排足量警力，加强疏导，有效缓解了我区行车难、停车难的问题。四是监督烟花爆竹燃放工作。为促使烟花爆竹燃放安全管理条例和市政府通告落到实处，常委会成立专题调研组，深入到公安局、安监局、工商局等政府职能部门和企事业单位、社区群众中进行广泛宣传和调研，主任会议听取了调研组工作汇报，常委会会议听取和审议了中山公安分局《关于全区烟花爆竹燃放安全管理工作情况的报告》，提出政府相关部门要协调配合，加强宣传，严控进货、销售渠道，规范燃放行为，消除安全隐患，切实维护好人民群众生命财产安全的建议。

围绕依法行政开展监督。监督政府及其职能部门依法行政，是常委会的重要职责。依照监督法的规定，去年常委会首次对区商务局、民政局工作进行了评议，取得了较好的效果。在总结经验的基础上，今年常委会又对区发改局、文体局进行了专项工作评议。评议工作组先后深入街道社区、企事业单位进行调查走访，召开座谈会，发放调查问卷，广泛听取人大代表、社区群众等多方意见，形成调查报告。评议工作领导小组召开专题会议，听取工作组汇报并进行了评议，提出评议意见。区发改局、文体局认真贯彻落实，积极整改，常委会第二十八次会议听取了区发改局、文体局整改工作报告，并当场进行了满意度测评，有效推动和促进了政府职能部门科学执政、依法行政。

围绕司法公正开展监督。维护司法公正，事关人民群众的根本利益和社会公平正义，常委会高度重视。一是组织代表旁听法院庭审。年初，常委会向区法院中层以上干部通报了过去四年代表旁听法院庭审工作情况，明确指出法院庭审工作在内部监督管理、法官庭审行为、庭审工作质量和效率等方面还存在的问题，要求区法院认真进行整改。为增强监督实效，常委会调整了工作方式，规定每周组织两次代表旁听法院庭审活动，每次旁听后代表在现场填写评议表，由常委会法工委整理后统一反馈给法院。一年来，常委会共组织219名、440人次的市区两级人大代表，旁听和评议涉及刑事、民商案件15类139件，与去年相比，参加旁听的人数和案件数均有显著提高。针对常委会和代表提出的意见和建议，区法院认真贯彻落实，将今年确定为庭审质量活动年，成立专门工作机构，指派专人负责协调代表旁听活动；加大内部监督制约机制的执行力度，组织院党组成员、中层领导干部经常性地征求代表意见，对发现的问题及时开展自查、自纠和整改，法官的审判作风、审判质量以及适用法律的准确性等方面有了较大改善。二是听取和审议“两院”专项工作报告。先后听取和审议了区法院执行工作报告、区检察院关于诉讼监督工作情况的报告，提出建立执行联动机制、加大执行力度、强化监督业务能力、探索制定监督的规章制度等建议。常委会还组织代表开展了评议中山公安分局部分派出所工作，目前常委会已对全区13个派出所中的7个进行了评议，按照计划明年将完成其余6个派出所的评议。三是认真受理群众来信来访。常委会高度重视新形势下的信访工作，把受理群众来信来访作为维护群众合法权益、促进社会公平正义的重要抓手，认真做好接待、登记、转办、督办和反馈工作，截至11月30日，共接待和受理群众来访189人次，来信54件，全部按照规定进行了处理和答复，有效维护了社会稳定。

## 二、服务全区工作大局，依法决定重大事项

审查和批准本级财政预决算并监督其有效执行，是宪法和法律赋予人大及其常委会的一项重要职权。一年来，常委会听取和审议了区政府关于2010财政决算及预算执行和其他财政收支情况的审计报告、2011年上半年国民经济和社会发展计划、财政预算执行及2011年财政预算调整情况的报告。常委会

认为，2011年区政府采取有效措施，积极应对复杂多变的经济形势，财政改革不断深化，财政收入平稳增长，支出结构进一步优化，监管水平不断提高。对教育、科技的投入逐年增长，社会保障和医疗卫生事业投入力度不断加大，有效保证了我区经济社会发展的需要，常委会依法作出批准中山区2010年财政决算的决议。

“十二五”规划纲要是年初区十六届人代会四次会议审议通过的、关系我区经济社会发展大局的重要事项。常委会高度重视，责成各专委会按照职责分工，加强与“一府两院”相关职能部门的经常性联系，围绕纲要确定的相关指标完成情况，深入基层进行调研，掌握基础数据，了解工作进展，提出工作意见和建议，推动我区“十二五”实现良好开局。

今年是“六五”普法宣传教育启动年。“五五”普法期间，常委会运用执法检查、听取工作报告以及代表视察、专题调研等形式，强化对“五五”普法规划和常委会决议实施情况的监督检查，全区的社会管理法治化水平、广大公民的法治观念和法律素质得到进一步提高。为继续推动依法治区进程，常委会审议通过了中山区“六五”普法规划，决定从2011年到2015年，在全区公民中实施法制宣传教育的第六个五年规划，努力为我区经济社会发展、维护和保障民生营造良好的法治环境。

### 三、加强代表工作，代表建议办理实现新突破

区人大常委会采取多种措施，创造有利条件，积极为代表依法行权履职、充分发挥作用提供服务和保障。

*强化培训，提高代表履职能力。*邀请专家举办了《如何审查财政预决算报告》的专题讲座；组织人大街工委开展了《食品安全法》、《环境保护法》等法律法规知识的培训；组织部分代表赴上海复旦大学参加高级研修班，重点学习了当前中国经济热点问题透析、现代管理等方面的内容。通过丰富多彩、有针对性的代表培训，有效提升了代表履职能力。

*创设条件，拓宽代表知情知政渠道。*一是按时为代表订阅《中国人大》《人大代表报》等刊物，及时向代表公开常委会工作情况和中山人大发展动态；二是组织代表旁听法院庭审，让代表加深对法院工作程序和案件审理步骤的认识，使司法监督更加有的放矢；三是坚持邀请代表列席常委会会议，参加对“一府两院”的工作评议、执法检查、建议评估等活动；四是组织辖区省、市人大代表对市公安局特警支队、中山道路交通工作进行了视察。一年来，共有45名代表列席了常委会会议，397人次参与了常委会、专委会以及街工委开展的视察、检查和专题调研等活动。

*搭建平台，优化代表履职环境。*一是深化“代表之家”建设。常委会充分利用和整合各类资源，依托代表所在单位，建立省市“代表之家”4个；依托街道社区，建立街道“代表之家”8个、社区“代表之家”34个，形成和完善了“五有标准”建设、“三级网络”管理、“九项制度”保障的“代表之家”工作体系。10月份，市人大召开全市创建“代表之家”工作经验交流会，我区人大及桂林街工委的成功做法在会上作了交流发言。一年来，各级“代表之家”共开展活动95次，接待选民1747人次，沟通解决选民提出的热点问题153件。二是搭建代表活动平台。结合庆祝建党90周年，常委会聘请专业教师，先后组织代表进行了6次精心排练，“七一”前夕，由120余名省、市、区三级人大代表组成的合唱队，为中山区庆祝建党90周年红歌演唱会奉献了精彩演出。此外，常委会还举办了“大商杯”中山区省市区人大代表第四届运动会、“三八”节健康养生讲座及趣味联谊会等大型活动，激发了代表履职的积极性和主动性。

*跟踪督办，提高建议办理的解决率。*多年来，常委会始终坚持质量性提出、效能性督办、解决性落实的宗旨，努力在提高代表建议的解决率上做文章、想办法。区十六届人大第四次会议共收到代表建议、批评和意见240件，其中属中山区办理解决的建议101件，截至11月30日，办结率100%，满意率100%，解决和基本解决率由去年的66.2%提升到69.3%，建议办理取得了历史性的突破。这主要得益于：一是代表提出的建议质量高、可操作性强；二是常委会加大督办力度，采取开放式办理与常规性办理相结合、重点建议督办与代表小组督办相结合、绩效评估与跟踪督办相结合的新方式，多层次、全过程对代表建议进行督办；三是区政府将代表建议办理摆上重要议事日程，定期召开联席会议商讨，拨付专项经费给予支持，各承办单位主要领导亲自督办、及时反馈，形成了多部门齐心协力、共同落实代表建议的良好氛围。

### 四、深入开展大讨论活动，加强常委会及其机关自身建设

按照区委工作部署，常委会组织机关干部，扎实有效开展大讨论活动，并以此为牵动，全面加强和改进机关自身建设，着力提高常委会及其机关服务全区工作大局的能力和水平。

*加强学习，提高干部队伍素*

质。组织机关干部认真学习党的十七届六中全会精神，学习胡锦涛总书记七一重要讲话、庆祝建党90周年讲话，学习区十三次党代会精神和区委十三届二次全会精神，在学习中提高机关干部政策理论素养，把握区委工作重点和工作方向，增强做好新形势下人大工作的能力。

改进作风，开展面对面走访活动。常委会积极开展大讨论活动，组织机关干部深入社区、群众，与群众面对面征求意见；组织人大代表深入基层、选民，开展调查研究，帮助群众办实事。机关干部和人大代表先后走访群众686人次，召开座谈会32个，收集意见和建议169件，帮助群众协调解决了房屋漏雨、楼道玻璃镶嵌、路灯安装等实际困难36件，其他涉及市区需要办理的意见，常委会向区委大讨论活动领导小组作了书面报告。

健全制度，提高履职质量。为进一步规范预算审查和批准程序，深化、细化监督法的相关规定，常委会出台了《大连市中山区人大常委会关于本级财政预算审查监督的若干规定（试行）》，这是我区人大常委会第一个专项的规范性文本。一年来，常委会严格执行，依法监督，有效提升了审议财政预决算报告的质量。此外，常委会还出台了人大代表接待选民工作办法，重新修订了信访接待处理办法，推动了相关工作规范开展。

提升活力，加强队伍建设。一是加强对专委会的工作指导，充分发挥其专门作用和法定优势；增加各专委会具有专业知识代表的数量，定期开展法律法规学习，提高专委会委员的履职能力。二是加强干部队伍建设，在区委的重视和关心下，先后为八个人大街工委配备了专职副主任；培养、提拔和使用机关干部4名；调入工作人员4名，（其中80后大学生3人，2名硕士研究生、1名本科生），人大干部队伍逐步趋向年轻化、高学历，工作力量得到进一步充实，工作活力得到进一步提升。

注重指导，发挥人大街工委职能作用。一是坚持区、街人大上下联动开展监督的工作机制，扩大监督的覆盖面；二是坚持每半年召开一次人大街工委工作研讨会，每季度召开一次人大街工委副主任联席会，交流研讨工作；三是坚持人大街工委副主任列席常委会会议，及时了解常委会工作情况；四是常委会领导及各委室主任根据实际需要，参加人大街工委有关会议或下基层调研，提出工作意见，促进人大街工委工作开展。一年来，人大各街工委紧密围绕常委会重点工作和街道工作中心，深入扎实开展工作，全年共组织代表活动116次，走访选民1613人次，提出建议217件；资助贫困学生152人，安置下岗再就业人员673人次，捐款、捐物折合人民币226.8万元，人大街工委较好地履行了自身工作职能，为区街经济发展、民生问题的改善发挥了应有作用。

各位代表，常委会一年来取得的工作成效，是区委正确领导，全体人大代表、常委会组成人员、各专委会委员共同努力、辛勤工作的结果，也是区政府、区法院、区检察院密切配合、大力支持的结果。在此，我代表区人大常委会向大家表示衷心的感谢并致以崇高的敬意！

回顾过去的一年，常委会各项工作虽然取得了一定的成绩，但也应当看到，工作中还存在许多不足，主要是：视察、检查、调研的深度有待进一步加强；对常委会审议意见的落实情况仍需跟踪监督；代表建议的督办、反馈制度尚待健全。对此，常委会将在今后的工作中，不断改进，不断完善。

## 2012年重点工作

2012年是换届年。区人大常委会要坚持以科学发展观为统领，深入贯彻落实区委十三届三次全会精神，紧密围绕提升区域发展综合竞争力这个战略中心，认真履行宪法和法律赋予的职责，扎实推进民主政治建设，为不断开创我区经济社会发展新局面做出积极努力。

### 一、坚持党的领导，完成区十七届人民代表大会选举任务

根据《组织法》和《选举法》的规定，2012年下半年进行区人民代表大会换届选举工作，这是全区人民政治生活中的一件大事。区人大常委会要在区委的领导下，加强党对换届选举工作的领导，成立换届选举工作委员会，制定换届选举工作方案，认真做好换届宣传、选区划分、选民登记等项工作，动员和组织全区广大选民积极参加换届选举工作，保证选民的民主权利得以实现。要严格按照法律和法定程序办事，坚决查处各类违反法律和破坏选举工作的行为，保证换届选举程序合法、工作顺利。

### 二、加强监督工作，不断增强监督实效

2012年，常委会将安排听取区“一府两院”8项专项工作报告和3项执法检查。一是围绕促进经济平稳较快发展加强监督，听取和审议区政府关于计划执行情况、预算执行情况、财政决算、审计工作等报告，督促和支持区政府继续围绕调整产业结构、转变经济发展方式，建设区域性金融商务核心区等做好工作，确保“十二五”规划顺利实施。二是围绕解决关系人民群众切身利益问题加强监督，听取中山公安分局关于加强烟花爆竹燃放安全管理工作措施落实情况的专项工作报告；跟踪监督区政府落实常委会

代表听取区人大工作报告

关于"五个一"工程建设的审议意见、关于提升我区园林绿化管理工作的意见；开展"两节两会"期间烟花爆竹燃放、食品安全、安全生产等重点工作的监督检查，对我区物业管理、计划生育、学前教育工作进行调研；开展对食品安全法实施情况的执法检查，积极推动民生改善和社会事业发展。三是围绕促进公正司法、维护社会稳定加强监督，听取和审议区法院2008—2012年庭审工作情况的报告，听取区检察院依法加强对区法院执行监督工作的报告，听取区人大法工委五年来评议中山公安分局部分公安派出所情况的工作报告。

## 三、围绕全区发展大局，依法行使重大事项决定权

要深入贯彻落实区委决策部署，以加强和提升区域发展综合竞争力为中心，紧紧抓住关系全区经济社会发展的重大问题以及人民群众关注的热点、难点问题，特别是围绕加快转变经济发展方式、加强和创新社会管理、促进文化繁荣发展、保障和改善民生等重大事项，通过开展专题调研、深入论证，适时做出决议或决定。起草常委会讨论决定重大事项办法；做好人事任免工作。

## 四、加强代表工作，充分发挥代表作用

继续组织好代表走访选民、代表视察、执法检查等工作；坚持好代表接待日、代表列席常委会会议和常委会主任、副主任联系代表等制度；安排好代表旁听法院庭审活动；继续加大代表议案、建议督办力度，及时向代表通报全区经济社会发展情况，丰富闭会期间的代表活动。

## 五、加强自身建设，不断提高常委会履职能力

要下工夫抓好自身学习，尤其是地方组织法、选举法等法律法规，办好专题讲座，为依法换届选举做好准备。要下工夫抓好制度建设，巩固制度建设成果，无论是行使监督权、重大事项决定权，还是人事任免权，都要坚持集体行使职权、集体讨论决定，不断提高常委会的审议质量和水平。要下工夫抓好作风建设，继续开展与群众面对面走访活动，加强调查研究，密切联系群众，自觉接受人大代表和人民群众监督，始终保持为民、务实、清廉的良好形象。

各位代表，我们肩负的使命光荣而神圣，责任重大而艰巨，让我们在区委的领导下，振奋精神，鼓足干劲，奋力拼搏，加快推进大连科学发展首善区建设，以优异成绩迎接党的十八大胜利召开！

# 大连市中山区政府工作报告

## ——2011年12月27日在大连市中山区第十六届人民代表大会第五次会议上

大连市中山区人民政府区长　江亲瑜

### 2011年工作回顾

2011年，在区委的正确领导下，区政府带领全区干部群众，锐意进取，奋力拼搏，圆满完成了区十六届人大四次会议确定的各项任务，实现了“十二五”时期经济社会发展的良好开局。

实现地区生产总值260亿元，增长12.7%；全口径财政收入125亿元，增长36%；区级财政一般预算收入24.39亿元，增长31.2%；全社会固定资产投资286.42亿元，增长12.7%；社会消费品零售总额422.2亿元，增长17.4%；引进内资实现了重大突破，实际利用外资较好地完成了市政府下达的目标任务。全省城区经济考核我区名列第四、市内四区之首，31项民生工作全面完成，城区功能不断完善，环境品质明显提升。

一年来，我们主要做了以下工作：

### 一、全力推动区域战略重点建设，经济发展方式加快转变

区域性金融商务核心区建设迈上新台阶。省政府批准在我区设立“大连金融服务区”，成为辽宁沿海经济带唯一一个以发展金融业为特色的省级服务区，“金融中山”的知名度和影响力不断扩大。英大泰和财产保险、中宏人寿保险和丹东银行落户我区，新增7家融资担保公司和8家小额贷款公司，全区银行保险类金融机构总数占全市的80%以上，金融业全口径税收达到38亿元，占全市总量的60%。东港商务区23个项目进展顺利，绿地中心等总部项目完成基础施工，欧力士集团、恒力集团等总部项目开工建设。大连船舶交易市场建设有序推进，东北亚国际矿产品交易中心进驻我区，德国拜耳集团、新加坡凯德集团等企业正在商谈落户。

区域性时尚消费旅游中心建设取得新进展。天津街振兴取得重大突破，佳兆业广场、老街等项目即将开业，国泰港汇中心项目建设进展顺利。大连黄金交易中心即将运营，东北亚国际名优商品交易中心一期工程正在实施内部装修，以色列凯丹购物中心等高端商业项目开始招商，日本罗森便利店和特兰科姆株式会社大连总部落户我区。旅游项目加快集聚，老虎滩渔人码头投入使用，海洋公园改造全面展开，东方水城开工建设，三山岛大岛项目已经启动。支持协会和企业成功举办“北方不夜港”红酒节和酒吧文化节。旅游服务功能显著提升，预计全年旅游接待620万人次，增长10%；总收入75亿元，增长16%。

特色街区培育、文化创意产业发展和科技创新取得新成果。设立1000万元专项资金，引导特色街区企业集聚发展，完善配套服务设施，精心培育并首批命名4条区级特色街区。设立1000万元文化创意发展资金，重点扶持文化企业集团和文化产品品牌，全力推动演艺传媒、设计等文化创意项目做强做大，培育并命名10家区级文化创意产业基地。新引进科技企业58家，锦程国际物流等4家企业被认定为国家高新技术企业，

实现高新技术产值60亿元，我区被评为“全国科技进步先进城区”。

重点项目建设和对外开放达到新水平。四大功能区100个重点项目顺利推进，其中，香格里拉北侧地块等5个储备项目挂牌出让，金地云锦等15个项目开工建设，上方港景等20个项目主体封顶，良运四季汇等20个项目竣工。加大境内外招商引资力度，组团到香港、珠三角、长三角和东北地区开展项目推介活动，新引进内外资项目78个，投资额超亿元项目22个，大连复地中心、朗廷酒店等一批重点内外资项目实现进资增资。

## 二、加速惠民工程建设，人民生活继续改善

社会保障体系建设全面加强。实施居民基本生活保障覆盖工程、养老事业推进工程和民生服务优化工程。符合条件的困难群众全部纳入保障范围，低保对象中高龄孤寡老人、重病残人员的生活照料养护问题得到解决。新建7所社区养老服务中心，出台促进养老事业发展等政策措施，提高“三无”和孤寡老人货币化养老服务补贴标准。健全新型社会救助体系，政府救助覆盖率达到100%。在全市率先为残疾人和老年人建立预防走失移动定位系统，完成260户听力、视力及言语障碍的残疾人家庭信息无障碍建设和640户其他类残疾人康复“三进家庭”工程。改善9400户居民居住条件，完成春和市场“新居工程”项目主体建设。

就业和创业工作扎实推进。实现就业1.8万人，城镇登记失业率控制在2.4%以内，“双困”人员安置率达到100%。残疾人就业和创业援助力度不断加大。稳定岗位、职业培训和就业援助三项计划深入实施，新增19家创业孵化、就业培训等基地。设立1000万元创业奖励资金，着力提高创业成功率，我区“民办公助”创业服务模式在全省推广。

医疗卫生服务水平进一步提高。完成3所社区卫生服务中心和区卫生监督所装修改造，新建1所中医特色社区卫生服务中心，对全区3300户特困家庭慢病患者实行基本药物免费供给，首推为全区60岁以上老人免费体检，初步实现医疗卫生资源均等化、基本医疗服务标准化和区域医疗服务一体化。重点传染病防控和重大疾病监测得到加强，卫生应急处置能力不断提高。新培育8座健康楼宇大厦。实施惠民惠家计划生育关心关爱工程，“健康家庭促进计划”不断深化。

食品药品安全整治力度加大。创新监管体制，深入推进餐饮服务食品安全示范工程建设，在全市率先启动“白领午餐工程”，组织开展食品药品安全专项整治，严厉打击地沟油、添加瘦肉精、问题乳粉和滥用食品添加剂等违法行为，食品抽检合格率有明显提高，全区食品药品安全得到有效保障。

## 三、加快社会事业发展，公共服务能力显著增强

教育优先发展战略深入实施。制定《中山区加快教育改革与发展行动计划》，推动教育事业改革创新发展。全面推进和深化素质教育，新师德工程、新德育工程和新学校创建工程取得显著成效。小班化教学水平不断提高，工作成果通过省级验收。大力推进教育公开公平，在全市率先实行“阳光分班”。重视发展学前教育，制定《中山区学前教育三年行动计划》，投入160万元对全区幼儿园园长和骨干幼师进行全员轮训，新建早教中心和1所公办幼儿园，收回2所配套幼儿园举办公办幼儿园，幼儿入园难、入园贵问题得到一定缓解。完成全区中小学校长、名师和260名骨干教师的高端培训。教育国际化水平不断提高，大连第15中学等学校引进国际教育课程。建立和完善教育救助制度，保障贫困家庭子女和贫困农民工子女能够顺利完成学业。完成中小学信息化一期工程建设。

文化体育事业蓬勃发展。中山区美术馆投入使用，成为东北地区功能最全、面积最大、现代化程度最高的区级专业美术馆。免费开放区文化馆，实施图书借阅“一卡通”工程，组织开展100场广场群众文化系列活动，高水平举办了棒棰岛艺术节、庆祝建党90周年演唱会暨首届中山区合唱节等特色活动。以区市民健身中心等设施为载体，丰富各类群众体育活动。

社区建设和服务更加规范。认真贯彻落实《关于加强和改进城市社区居民委员会建设工作的意见》，完成18个社区硬件设施升级改造，完善社区管理服务模式，规范服务内容，推进社区工作专业化，服务功能和水平显著提升。圆满完成第八届社区居委会换届选举工作，直选率全市领先。

民族、宗教、武装和扶贫工作继续加强，双拥共建活动深入推进，人口普查、科普、档案工作取得新成绩，我区荣获“全国人口普查先进集体”、“全国科普示范城区”和“全国档案系统先进集体”称号。

## 四、扎实开展“城区建设与管理年”活动，城区环境品质明显提升

生态环境与基础设施建设全面推进。新增建设投入8000万元，全年植树5.1万株，升级改造希望大厦等节点绿化，实施中山路、人民路鲜花大道工程，新建改建11处广场游园绿地，更新草坪9万平方米，城区绿化覆盖率有新的提高，我区被评为“全市造林绿化先进区”。全面完成城建“五个一”工程，提升改造中南路路街环境，新建山屏北街健身公园，新建友谊美邻等7处停车

场，改造桃源荣盛农贸市场和60个弃管楼院，维修改造10条路街，为创建文明城市做出了贡献。

市容整治成效显著。在实施行政执法体制改革和环卫作业体制社会化改革的基础上，创新城区管理方法，建立区、街、社区和楼院四级联动机制，以“美化、亮化、洁化、序化”为目标，深入开展店外店、私搭乱建等方面的集中治理，试点推行文明和谐楼院建设，环卫扫保、垃圾清运、野广告清理等卓有成效，城区环境整洁有序。重点路段新增400名协警岗位，加大交通秩序整治力度，同步推进市政设施提档和城区景观升级，交通管理与形象塑造相得益彰。

### 五、深化社会管理和民主法治建设，社会保持平安稳定

社会治安防控体系不断健全，圆满完成重大节日活动、重要国际性会议和敏感节点的安保维稳任务，“打四黑除四害”等专项行动成果显著，刑事案件明显下降，命案侦破率达到100%。深入开展安全生产隐患排查治理工作，重点加强对宾馆、酒店、人员密集场所的燃气使用和辖区建筑工地的安全检查。强化预案的演练和培训，基层应急能力显著增强。发挥“一站式”调处化解功能，一批沉积多年的疑难信访案件得到基本解决，基层矛盾纠纷化解工作取得实效，长利社区群众工作站经验将在全国推广，我区被评为“省信访工作先进集体”。渔政执法水平不断提高，海域清理等工作扎实有效。“六五”普法全面启动，法律服务、法律援助和人民调解工作得到加强，我区被评为“省法制宣传教育先进区”。贯彻落实《国务院关于加强法治政府建设的意见》，自觉接受人大及其常委会的法律监督、工作监督和政协民主监督，积极吸纳各民主党派、工商联、无党派人士对政府工作的意见和建议。在“大讨论”中各级干部与群众面对面，倾听民意，解决民忧。依法决策、依法执政、依法行政能力不断增强。办结人大代表建议121件、政协提案78件，解决率提高10%。加大群众关心的政府信息公开力度，开通区法制网和办事公开网，行政权力运行公开透明，政府公信力进一步增强。支持工会、共青团、妇联等群团组织开展工作。认真开展“五大系统”建设，23个行政部门行政权力运行制度建设工作全面推开，加强工程建设领域、“小金库”和行政事业性收费等专项治理，着力纠正损害群众利益不正之风。

各位代表，在即将过去的一年里，全区干部群众奉献智慧，挥洒汗水，奋勇争先，取得了丰硕成果。我代表区政府，向全区人民，向关心、支持区政府工作的人大代表和政协委员、各民主党派、工商联、各人民团体、无党派人士，向市驻区各单位，向为中山区发展做出积极贡献的各界人士和老领导们表示衷心的感谢和崇高的敬意！

各位代表，目前，我区经济社会发展中还存在一些问题：经济总量还不够大，发展速度还不够快，综合竞争力还不够强；产业结构还需进一步优化，楼宇利用效率有待提高；资源环境约束越来越紧，经济社会发展转型的压力不断加大；城区形象品位、人民生活水平与建设富庶美丽文明的现代化国际城市的首善之区要求还有较大差距；城区安全管理还存在一些薄弱环节；部分干部安于现状，危机意识、奉献意识和责任意识不强，执行力尚需进一步提升。我们一定高度重视存在的这些问题，在今后的工作中切实加以解决。

### 2012年主要工作任务

2012年是本届政府任期的最后一年，也是实施“十二五”规划的重要一年，在区委的领导下，我们要以更加昂扬的精神状态，做好各项工作。2012年区政府工作的总体要求是：认真贯彻落实区委十三届三次全会精神，坚持稳中求进、稳中求快，深入实施“三大战略”，强力推进“四大功能区”建设，加快经济转型发展，着力推进文化建设，加强和创新社会管理，提升环境品质，不断增强区域综合竞争力，增进民生福祉，全面建设大连科学发展首善区。

主要预期目标是：地区生产总值、区级财政收入和全社会固定资产投资增长15%以上；社会消费品零售总额增长16%；城镇登记失业率控制在2.4%以内。

2012年要重点做好以下几方面工作：

### 一、着力保障和改善民生，健全基本公共服务体系

完善就业和社会保障体系。实施更加积极的就业政策措施，以高校毕业生就业为重点，构建就业保障综合服务平台。设立1200万元创业奖励资金，健全创业培训、政策扶持、创业服务“三位一体”的创业机制。扎实开展就业能力提升工程，加强就业技能培训，多渠道开发就业岗位。加大就业困难群体就业援助力度，完善政府购买服务、提供公益性岗位等机制。加大养老事业投入，新建7所社区养老服务中心，筹建1所大型综合性养老服务中心。完善政策相衔接、对象全覆盖、标准相协调的社会救助体系。新建中山区残疾人综合服务中心，完善残疾人社会保障和服务体系。

着力推动医疗卫生事业发展。强化公共卫生体系信息化平台建设，健全疾病预防控制、卫生监督、妇幼卫生等公共卫生服务网络。成立中山区社区卫生服务管理中心和医疗检测中心，规范管理，提升服务水

平。完成昆明、民生社区卫生服务中心达标建设。加快卫生应急体系建设,切实提高公共卫生预警处置能力。发挥居民健康档案管理信息平台作用,完善困难群体慢性病防治基本药物帮扶机制,实施全民健康体检工程,分类实施门诊、住院和一次性救助。

全力争创辽宁省教育强区。深化教育改革,实施课堂转型,加快实施"三新"工程,推进学校教育特色化发展,进一步深化素质教育。继续加大教育投入,高标准建设中小学素质教育实践基地,完成明秀嘉园小学新校舍建设,加快启动东港寄宿制配套中小学新校舍建设项目,改善培智学校办学条件,更新配备教育教学设施设备,启动中小学信息化二期工程,构建区域、学校、班级三级网络体系。加快发展学前教育,创办学前教育联盟,年内新增公办和配套幼儿园3所以上。加强基础教育对外合作与交流,不断提高教育国际化水平。继续加强国内国际教师培训基地建设,高质量完成教师培训任务,加大名师培养力度,开展教学能手评选活动,优化教师队伍结构。2012年全区教育要达到全省义务教育均衡发展示范区标准。深入开展交通安全进校园活动,加大民办学校校车安全监管检查力度。

加大食品药品安全监管力度。规范管理农贸市场和早夜市,同步推进内部设施改造和外部环境整治。大力推进餐饮服务食品安全建设,启动药品安全放心工程,强化对日常农副产品、基本用药和餐饮企业、食堂等的质量抽检和监测,严惩违法违规行为,确保群众饮食用药安全。

进一步加强民族、宗教、档案和帮扶工作,支持工会、共青团、妇联等群团组织发挥好纽带作用。深化国防教育,深入开展双拥共建活动,巩固和发展军政军民团结。

## 二、促进现代服务业跨越发展,加快经济转型升级

全力推进"大连金融服务区"建设。制定实施金融服务区发展规划,大力引进各类金融机构,加快完善金融服务体系,引导鼓励金融机构创新金融产品、拓宽经营领域、开展区域性金融合作,壮大资产评估、金融后台等配套服务。大力集聚各类金融和类金融资源在区内发展,探索建立航运投融资、支付结算和保险服务体系,支持大连船舶交易市场建设。建立区域网络、融资、信息服务平台,优化金融生态环境。强化金融服务区项目推进责任制,突出抓好人民路CBD和东港商务区一批新的重点项目开工,继续推进续建项目加快建设。

加快区域性时尚旅游消费中心建设。实施品牌战略,大力引进国内外知名时尚、休闲品牌和各类旗舰店,力争引进国际知名品牌10个以上。加大天津街政策资金扶持和业态调整力度,加快项目建设,确保国泰港汇中心主体封顶,盘活天植商城和天龙商城,启动国贸中心大厦项目,实施公共服务设施升级改造工程,以天津街和民生街为重点,启动"不夜街区"建设。加快以色列凯丹购物中心等高端商业综合体招商进程,确保嘉和五期项目投入使用。突出专业品牌集聚和业态创新,加快培育特色街区繁荣发展,力争年内再培育2条特色街区。积极推动东北亚国际矿产品交易中心实现招商进驻,推进东北亚国际名优商品交易中心一期工程投入使用。大力推进三山岛项目开工建设,完成琥珀湾等旅游项目主体建设和招商。培育旅游节庆活动品牌,精心打造酒吧文化节、红酒节和茶文化节品牌,推动旅游功能大提升。

大力发展总部经济和楼宇经济。加快推进楼宇"1050"工程,大力培育和发展总部大厦、特色专业大厦,吸引国内外企业集团总部、区域总部及各类功能中心入驻中山,全面推进"企业一套表"统计改革,力争税收亿元大厦超过2座、税收千万元大厦超过10座。集中精力引进企业设计、研发、管理、营销等后台总部,积极促进外资向价值链高端环节延伸,支持具备实力的企业发展外包业务和外包协作,注重引进具有高端供应链体系的龙头企业,加快占据产业链高端,形成大连高端服务业集聚地。

## 三、大力实施"社会管理创新年"活动,增强服务社会和群众的能力

掀起社区建设新高潮。加大资金投入力度,升级改造社区硬件设施,筹建综合性社区服务中心,以"小政府、大社会、强社区"为方向,整合社区各项社会管理职能和服务资源,探索"扁平化"、"网格化"的服务管理模式,精心打造一批具有引领带动作用的示范社区。健全以社区党组织为核心的居民自治机制,充分调动居委会在社区管理事务中的自主性和积极性;加大政府购买服务力度,大力培育社区服务中介组织,加强引导,促进有序发展和规范运作,推进社区服务的社会化、多元化,加强分类指导,鼓励创新,提升社区服务品牌的活力和生命力。进一步优化社区发展环境,完善社区工作协调机制,落实准入机制,努力实现"权随责转、人随事转、费随事转"。继续抓好社区专职工作者的规范化管理,健全以满意度评估为重要依据的考核机制,不断提升社区专职工作者的职业化、专业化水平。加快社区信息化建设,基本实现数字社区全覆盖。鼓励社会各方参与基层社会管理,逐步形成"党委领导、政府推动、社区引领、社会运作"的社区工作新模式。

全面落实人生关怀。加强区域人口问题前瞻性研究，实施“新概念家庭”创建计划，弘扬具有中山区特色的家庭人口文化，不断提高人口素质。设立专项资金，围绕人生重要节点，对辖区居民特别是低保户、残疾人等困难群体实施人生关怀，坚持“特殊人群、重点倾斜，普通群众、人人享有”的理念，以更深感情关心群众福祉，在更宽范围满足群众需求。

深化平安中山建设。加强安全生产监管和综合监管，落实企业安全生产主体责任，健全安全隐患排查治理长效机制，严防重特大事故发生。加强社会综合治理，严密防范、依法打击各类违法犯罪活动，加强对流动人口、出租屋的管理，强化社会治安基础环境治理，建立社会治安立体防控体系，努力营造和谐稳定的环境。加强和改进信访工作，建立干部接访、下访、约访常态工作机制，完善舆情监控、网上信访、初信初访办理和疑难信访协调化解等制度。建立群众利益协调、诉求表达、矛盾调处和权益保障机制，做好社会稳定风险评估工作，从源头上预防和减少社会矛盾。升级改造区应急指挥平台，加快完善综合应急管理指挥系统。

### 四、加快推进科技创新和对外开放，增强城区发展活力

切实增强科技创新能力。重点扶持中小企业信息化建设、技术升级改造、科技成果转化、科技项目融资和知识产权保护，加快提高企业自主创新能力，全年力争企业发明创造专利申请增长10%以上、专利申请超2000件、获得国家认定高新技术企业5家以上。支持企业加强产品研发和自主创新，加快培育以技术、品牌、质量和服务为核心的区域竞争新优势。加强科技孵化体系建设，发展科技中介服务，促进电子商务、互联网建设，推动低碳技术和新能源产业发展，提高科技进步对经济发展的贡献率。

进一步扩大对外开放。加大招商引资力度，提高利用内外资的规模和质量，完成市政府下达的内外资招商任务。着眼于积累发展后劲，下大气力引进投资规模大、增长潜力大和支撑经济社会发展的重大项目，全年引进投资额超亿元项目10个以上。重点加大对金融、高端商贸等重点产业招商力度，实施“双百”引进工程。积极推动重大内外资项目向楼宇集中，优质资源向优势产业集聚，推动产业集聚和企业集群发展，优化产业结构，提升产业能级，增强区域的要素资源吸附能力、产业支撑能力和对周边辐射带动能力。

支持中小企业和小微企业加快发展。全面落实促进中小企业、小微企业发展的各项政策措施，进一步完善服务体系，实施与金融机构签订的战略合作计划，建立60亿元信贷融资平台，努力促成银企对接，切实解决融资等突出问题。鼓励中小企业、小微企业创新转型发展，着力推动中小企业扩大经营规模、提高技术和管理水平，培育2家上市后备企业，加快推进上市融资，形成竞相发展的良好格局。

### 五、繁荣发展城区文化，积极建设文化强区

大力发展公益性文化事业。加大资金投入，加强公共文化服务设施建设，启动区图书和档案馆选址工作。实施公共文化设施提升工程，推动区内文化资源的共建共享。建立公共文化服务体系，健全区、街和社区三级群众文化工作网络，加强群众文艺团队培育，积极搭建公益性文化活动平台，优化公共文化产品与服务供给，提供菜单式文化配送服务，广泛开展百场群众文化活动，提高文化惠民实效。举办高水平文化活动，打造“魅力中山迎新春京剧晚会”等文化品牌。完善文化人才培养、引进和使用机制，加快培育优秀文化团队，鼓励支持创作更多精品力作，增强城区文化的凝聚力和影响力。完善全民健身服务体系，广泛开展群众体育活动，筹建区乒乓球馆和解放路体育公园，推动火车头体育场改造工程。

加快发展文化创意产业。加大政策支持力度，推进演艺传媒、新闻出版、广播影视等文化主导产业快速发展。积极争取市文化产权交易所落户，推动文化生产要素、市场信息、服务网络有机互动，最大限度发挥文化创意要素的集聚效应和规模效益。推进科技、金融、商业与文化创意产业的融合发展，不断提升文化产业的发展能级。进一步培育市场，鼓励各类社会资源、民营经济进入文化产业领域，积极扶持各类市场主体在中山区发展壮大。依托文化创意产业基地，创办和引进大型文体赛事。

### 六、加强城区建设与管理，着力打造生态宜居城区

用高水平规划引领城区建设和发展。加强城区发展定位和形象研究，借鉴先进规划理念和经验，衔接大连城市建设总体规划，科学制定中山区发展建设总体规划，进一步优化功能区布局和形态。提高重点区域、重点地段的环境景观和标志性建筑的规划设计水平，注重规划设计的前瞻性、科学性和操作性，努力打造城区亮点和精品，在保护自然历史风貌的基础上创造新的城区景观和建筑文化，塑造人性化、生态化和特色化的公共空间环境。

加大旧城区改造力度。贯彻执行国务院《国有土地上房屋征收与补偿条例》，加大工作力度，真正将旧城区改造工程办成为民谋福利

和深受老百姓拥护的惠民工程。做好鲁迅路地块回迁楼居民安置工作，推进“新居工程”项目投入使用，抓好新拆迁地块回迁楼建设。

加快生态环境与基础设施建设。继续搞好“绿色中山”建设，大规模开展造林绿化，精心实施青山工程、鲜花大道工程和绿化升级改造工程，新建改建5个市民健身公园和绿地游园，提升城区绿化品质，让群众享受到更多的绿色环境。深入推进“五个一”工程建设。以主干道沿线为重点，实施外立面美化、亮化改造工程。维修养护60条道路。加快10处地质灾害隐患点治理。

完善城区管理长效机制。深入推进数字化城区管理系统建设，加强精细化管理，以实施文明和谐楼院建设为载体，研究出台弃管楼院管理办法，建立弃管小区长效管理机制，启动弃管楼院物业管理社会化试点，健全网格化管理模式，强化监督考评，进一步提高城区管理水平。加强停车设施建设和管理，缓解停车乱、停车难矛盾。以清理违章临建、占道经营为重点，深入开展市容环境综合整治活动，强化环卫扫保和野广告清理监管，努力使每一个社区、每一条路街、每一个角落都干净、整洁，让全区人民生活更舒适、更满意。

各位代表，全面完成2012年的各项任务，对政府工作和政府自身建设提出了新的更高要求。我们一定要认真贯彻落实区委各项决策部署，严格遵守五项制度，坚决执行区人大及其常委会的决议和决定，自觉接受人大法律监督和工作监督，认真听取各民主党派、工商联、各人民团体和各界人士的意见建议，自觉接受政协民主监督，强化依法行政能力，规范行政行为，加强行政权力监督制约。要不断加强政府工作创新，以创新的思维开拓新路、以创新的举措破解难题、以创新的环境增强优势、以创新的制度激发活力，切实增强政府部门和公务员队伍的创新能力和发展本领，充分尊重群众的首创精神，营造氛围，积极鼓励社会管理、公共服务、市场监管和加快经济转型发展上的突破与创新。要不断深化服务型政府建设，继续推进行政审批制度改革，进一步清理、减少和调整行政审批事项，推进网上审批和电子政务建设，加大政务公开力度。要深入开展廉政建设，强化审计监督，认真遵守廉政准则，深入推进廉政风险防范管理，全面推进“五大系统”建设。要进一步增强大局意识，各司其职，注重配合，不断提高政府的执行力，深入实施绩效管理，强化监督考核，确保政府各项工作得到全面落实，兑现承诺，取信于民。

各位代表，创新引领发展，奋斗铸就辉煌。让我们在区委的正确领导下，凝聚全区人民的智慧和力量，振奋精神，开拓创新，以更大的信心和决心把科学发展首善区的建设事业不断推向新的高度，以优异成绩迎接党的十八大胜利召开！

附：名词解释

大连金融服务区：2011年4月18日，辽宁省政府批复在中山区设立大连金融服务区。四至范围为：北至长江路—大连港区，南至华乐街—鲁迅路—五五路—杏林街—武汉街—五惠路，西至中山路—大公街，东至黄海岸线，规划面积8.4平方公里，主导产业为金融及现代服务业。

北方不夜港（工程）：是2011年市政府提出的一项繁荣大连夜经济的战略举措，主要是借助大连市临港临海的优势资源、完善的城市功能和良好的生活环境，在全市范围内，整合城市夜间生活的各类要素，以炫丽的灯光系统为背景，以旅游消费和文化景观为载体，打造集文化、休闲、娱乐和商务于一体的夜经济产业，树立独具特色的“夜大连”品牌；“北方不夜港”主要基于四大支撑体系，即城市炫亮体系、标志性景观体系、夜间消费项目体系、夜间节庆活动体系。

白领午餐工程：是以“政府引导、市场运作、示范带动、规范经营”为原则，以“物美价廉、品种齐全、方便快捷、干净卫生”为标准，通过规范楼宇大厦物业餐厅、精选和培育大厦周边加盟企业及异地加工连锁配送等方式，形成大厦物业餐厅和大厦周边餐饮企业共同成长、良性竞争、互为补充的发展格局，解决白领员工午餐难问题。

城建“五个一”工程：开发改造一片弃管楼院，新建一座停车场，改造一个集贸市场，新建一处市民健身场所，改造提升一条路街环境。

打四黑除四害：是2011年公安部部署的一项在全国范围内开展的专项行动，“四黑”是制售假劣食品药品的“黑作坊”、制售假劣生产生活资料的“黑工厂”、收赃销赃的“黑市场”、涉黄涉赌涉毒的“黑窝点”；“四害”是严重危害人民群众生命健康、严重危害青少年身心健康、严重危害群众切身利益、严重危害公共安全和社会诚信。

五大系统：行政权力运行制度系统、公共资源交易监管系统、行政绩效考评系统、行政权力电子监察系统、民意诉求反馈系统。

三大战略：中山区“十二五”规划提出未来五年战略重点是建设区域性金融商务核心区、区域性时尚消费旅游中心和国际化生态宜居示范区。

“三新”工程：新师德工程、

老虎滩渔人码头

东港商务区建设项目效果图

新德育工程和新学校创建工程。

楼宇“1050”工程：2011年3月中山区第十三次党代会提出，大力培育和发展总部大厦、特色专业大厦，力争5年内税收亿元大厦超过10座、税收千万元大厦超过50座。

“企业一套表”统计改革：是按照国家统计局的要求，将原来对企业单位分散实施的各项统计调查整合起来，执行国家统一设计统计调查制度，统一规范业务流程，统一认定调查单位，统一采集数据，将数据直接报入联网直报平台，实现数据从始点直达终点，改变过去层层上报的情况。

人生关怀：围绕出生、入学、婚育、重病、生活困难、节日、养老、离世等人生重要节点，通过赠送“礼包”等方式，让符合条件的居民享受到党和政府的关怀。

新概念家庭：是以家庭文化育人为途径，以促进人的素养提升为宗旨，探索家庭人口文化建设的方向，让全社会知晓人口均衡发展的重大意义。内容包括：新人口观念家庭、新生活健康家庭、新科学运用家庭、新时代和谐家庭、新美德守法家庭、新发展友好家庭。

双百：世界500强和行业100强。

五项制度：区委全体会议工作规则、区委常委会工作规则、关于实行党代表大会代表任期制的实施办法、中山区工作会议制度、中山区请示报告备案制度。

# 中国人民政治协商会议
# 大连市中山区第八届委员会常务委员会工作报告

## ——2011年12月26日在中国人民政治协商会议大连市中山区第八届委员会第五次会议上

政协大连市中山区委员会主席　薛京利

### 2011年工作回顾

2011年是“十二五”开局之年。区政协在区委的领导下，坚持以科学发展观为统领，认真贯彻党的十七届五中、六中全会精神，团结和组织广大委员，有效履行政协职能，为推动大连科学发展首善区建设、实现科学发展新跨越做出了积极努力。

#### 一、围绕中心，服务大局，参政议政取得实效

一年来，区政协坚持围绕党政中心工作，服务于我区经济社会发展大局，通过深入调查研究、广泛开展视察活动，积极有为地参政议政。

1、认真调研，围绕区域经济和社会发展重大课题献良策。加快经济转型发展既是我区“十二五”规划提出的重要任务，也是我区经济发展亟需解决的问题。区政协围绕加快推进我区经济转型开展了专题调研，结合中山区的区位特点和实际情况，形成了《关于加快中山区经济转型的建议》的专题报告。《报告》提出了中山区经济转型应确立的总体定位和思路，从“有序开发，突出空间投资重点”、“总部支撑，不断壮大能量积聚”等5个方面提出了17条建议。今年是中山区城市建设管理年。区政协把加强城市建设与管理作为重点调研课题，就如何有效推进城市建设、提高城市管理科学化水平开展调研，完成了《关于加强中山区城区建设与管理的建议》，提出了5个方面意见和建议。区委、区政府对以上调研报告十分重视，分别提出明确的落实意见。

2、深入视察，助推科学发展首善区建设。今年，区政协针对我区经济和社会发展中的重点工作，组织委员开展视察活动，为科学发展首善区建设献计献策。特色商业街建设是促进我区科学发展首善区建设的一项重要工作。为此，区政协组织部分界别委员视察了天津街“老街”、经典生活酒吧一条街等特色商业街建设情况，委员们提出了许多切实可行的意见和建议。针对停车难问题，组织委员进行了专项视察，为缓解我区停车难问题提出了一些很好的建议。为促进税务工作服务区域经济发展，对区国税局工作进行了视察，委员们在充分肯定国税局创新征收管理、加强团队文化建设等工作的同时，对税务工作更好地为区域经济发展服务提出了中肯的建议，并形成专项视察报告。李向东书记对政协报告所提建议十分重视，区委在国税局召开了全区机关建设现场会。今年，区政协还组织委员先后对科技企业发展、旅游项目建设等11项工作进行了视察。桂林街道联络委、老虎滩街道联络委等组织委员对桂林养护院、南山商业区、渔人码头、琥珀湾项目等进行了视察。委员们通过视察活动，为我区科学发展首善区

建设积极献计献策。

3、注重实效，提案工作质量进一步提高。提案是政协委员建言献策最直接、最有效的履职形式。区政协八届四次会议期间共收到提案188件，其中，区办75件，转市办112件，转省办1件，办结率100%，委员满意率不断提高，较好地发挥了提案在参政议政中的积极作用。一是注重提高提案的撰写质量。今年以来，区政协通过讲座、交流和提案范文点评等抓实培训，培训面达96%以上。同时，各专委会和街道联络委通过各种渠道，让委员了解区情、社情和民情，提高了委员撰写提案的针对性和实效性。区政协还注重发挥专委会、党派、界别小组等集体提案的作用，及时将调研、视察、协商座谈的意见和建议转化为提案。这些提案所提建议有深度、有力度，引起了承办部门的高度重视。二是注重提案的落实。区政协不断健全工作机制，加强与区委办、区政府办、承办部门和委员的协调与联系，通过专题会、对接座谈、跟踪反馈、提案评议、主席督办等，推动提案的落实。如，姜淑云委员提交的《关于简化交通违章处罚款缴费程序的提案》，得到了市公安局交警支队的高度重视，于今年10月15日，开通了大连市交通异地处罚系统；李元委员提交的《关于在天津街东段建立文化一条街的提案》，就“促进老字号企业品牌化、特色化”、“扩大商业街知名度和影响力”等方面提出了可操作性的建议，已被采纳。

### 二、突出重点，注重实效，政治协商有效开展

区政协按照区委《关于进一步加强政治协商工作的意见》，坚持把政治协商工作放在全区经济社会发展的大背景下思考和策划，注重从党政决策需要出发，开展多层次、多形式的政治协商活动。

事关全局问题组织集中协商。在政协八届四次全会期间，全体政协委员就促进中山区经济和社会发展问题进行了集中讨论，委员们畅所欲言，建言献策。会议期间，区政协常委会还专门召开了协商议政会，江亲瑜区长及负责联系政协工作的区委、区政府领导到会，认真听取了协商意见和建议，并与常委们面对面交流沟通。会后，区政协将讨论协商情况进行整理。区委、区政府主要领导对报送的意见和建议分别作了批示，对推进工作开展产生了积极作用。

围绕重要问题开展专题协商。根据政府建议，区政协就如何推进特色商业街建设召开专题协商会，邀请了部分委员、业内专家，共同探讨推动我区特色商业街建设的对策，提出了“强化特色商业街建设规划”、“注重商业特色与历史文化的融合”等9个方面意见和建议，很多建议都被纳入到区政府加快推进特色商业街建设的实施意见中。加快推进CBD核心功能区建设是区委今年提交政协的协商议题。对此，区政协组织委员进行了专题协商，提出了“突出区位特色”、“注重人才引进和培养”等意见和建议。结合全区重点工作，区政协就进一步推进中山区文化创意产业发展，组织委员在充分调研的基础上进行座谈协商，形成专项报告，为我区文化创意产业的升级发展起到了助推作用。

选择热点问题进行对口协商。针对社会对学前教育的关注度越来越高的情况，区政协组织委员就我区学前教育工作开展了协商活动。委员们在视察和听取有关部门汇报的基础上，就进一步促进学前教育工作发展，提出了“加大公共财政经费投入力度”、“努力开发优质学前教育资源”等5个方面意见和建议。同时，我们还组织界别委员对我区社区卫生服务工作、社区商业发展等进行了不同形式的协商活动。

### 三、丰富形式，拓展领域，民主监督工作扎实推进

一年来，区政协积极探索民主监督新形式、新方法，不断丰富监督内容，推动民主监督工作有效开展。

有针对性地开展专项监督。今年以来，区政协应邀对幼儿园改造工作实施监督，对我区的中小学营养午餐以及食品卫生安全工作进行了调研监督。组织委员对我区查办职务犯罪工作开展了专项民主监督，提出了“建立健全预防机制”、“打防并举、加大职务犯罪惩治力度”等方面的意见和建议。根据市政协工作安排，对中山区餐饮服务业食品安全情况进行了调研，提出了改进建议。结合专项视察，对我区的创业带动就业政策的落实情况等进行了视察监督。政协街道联络委普遍开展了委员参与阳光低保审批工作，发挥了委员的监督作用。

特邀监督员作用有效发挥。今年，区政协调整了特邀监督员队伍，强化了与被监督部门的联系与沟通。组织特邀监督员参加了区检察院、法院、公安局、教育局等部门的监督工作，对改进相关工作发挥了积极作用。组织委员定期旁听区法院案件审理情况，让委员直接了解和监督案件审理工作；应区检察院邀请，组织委员对反贪工作进行民主监督，提出了中肯的意见。

积极开展评议监督。区政协组织委员参加民主评议活动，积极参与基层站、所、队等服务窗口行风建设的评议。根据党政有关部门的邀请，组织部分委员参加了领导干

部考核、有关部门考评等。继续开展“提案后评议”工作。今年，对区人力资源和社会保障局近三年的提案办理情况进行“提案后评议”，及时提出建议，有力地促进了提案办理的落实。

**四、发挥优势，关注民生，促进和谐社会建设**

一年来，区政协注重把握自身工作特点和优势，积极促进和服务于和谐社会建设。

*及时反映社情民意。*区政协充分发挥政协社情民意直通车特点，将社会管理过程中出现的新情况、新问题、新矛盾反馈给党政领导，及时消除不和谐因素。不断规范社情民意的搜集、编撰、报送等工作，努力提高社情民意的真实性和有效性。全年共搜集社情民意86件，编发了26期，及时报送市政协及区委、区政府。区委、区政府主要领导对所反映的社情民意多次作出批示，促进了一些民生问题得以及时解决。

*认真组织社区议事会。*区政协已经连续4年举办“社区议事会”，其目的是搭建起党政部门与百姓群众面对面交流的平台，倾听百姓呼声，畅通百姓利益诉求渠道，增进相互了解，促进有关问题的解决和社会和谐。今年，区政协在海军广场街道召开了主题为“关注老年人、推进养老业”的社区议事会，部分政协委员、政府相关部门及社区居民代表等参加会议，就当前老年人养老的实际困难和问题、养老的政策支持等提出看法和建议。区政协将议事会情况形成报告，提交区委、区政府。桃源街道联络委组织辖区委员开展专题调研，并围绕“加快中山区养老服务建设”举办了社区议事活动，提出对策和建议，推动工作开展。

*围绕民生建良言。*家庭服务业是关系到千家万户的民生工程，今年，中央做出了大力发展家庭服务业的决定。为此，区政协围绕促进中山区家庭服务业发展进行了专题调研，在全面调查、摸清我区家庭服务业现状、问题和市场需求的情况下，形成了《关于加快中山区家庭服务业发展的调查报告》，提出了我区家庭服务业发展应确立的总体思路和目标，提出了6个方面的建议，区委、区政府对这些建议提出了明确的落实意见。随着我区老年人口比例的增加，老年人文体活动的需求越来越多，而我区在老年人文体活动的场地、设施及经费保障等方面还相对滞后。对此，区政协组织委员对老年人文体活动开展情况进行视察，及时了解存在的问题和困难，针对我区实际，提出了增加活动经费投入、加强活动设施建设等建议。昆明街道联络委组织委员深入到社区楼院，召开社区干部与委员对接会，了解百姓需求，通过提案和社情民意，促进问题的解决。人民路街道联络委、青泥洼桥街道联络委等坚持开展委员接待日活动，开设委员接待窗口，了解民情，反映民意。老委员联谊会积极发挥自身优势，在反映社情民意、义诊服务等方面作出了贡献。

**五、加强学习，提高素质，自身建设取得新进展**

一年来，区政协以推进“学习型、服务型、创新型、和谐型”机关建设为目标，不断适应发展需要和履职要求。

*注重学习培训。*区政协将学习寓于履职活动中，让委员知晓“上情”，了解“区情”，体察“下情”。年初，邀请全国政协理论研究会秘书长原冬平作了《树立五大意识，推进人民政协事业持续发展》的专题讲座，使委员对履职有了更深刻的认识。在“委员学习日”活动中，市委党校教授、区政协常委杨青山做了《中国传统文化核心价值观》的专题讲座，受到委员的欢迎；邀请区政府领导通报政府工作，为委员知情问政创造了条件。各专委会结合履职活动开展了多种形式的学习培训，有针对性地请政府相关部门报告工作情况；街道联络委根据自身特点，分别开展提案知识培训、通报街道工作、委员交流履职体会等，都取得了实效。组织常委考察我省沿海经济带发展，常委们对改革开放有了新的认识。向常委推荐《经济大棋局，我们怎么办》等书籍，选编了《如何做好委员》《政协委员的主体作用与社会责任》等，编印了《提案汇编》和《提案范例》，引导委员学习，提高自身素质，增强履职能力。在抓好学习培训的同时，注重委员管理，建立了委员考核机制，鼓励委员积极参加履职活动。葵英街道联络委开展了委员述职活动，进一步增强了委员的履职责任感。

认真开展“面对面、心贴心、解民忧、凝共识”主题实践活动。按照区委部署，区政协党组，通过座谈会、入户走访、对话交流，凝聚共识。在主题实践活动中，主席、副主席分别带领机关干部深入社区，先后联系居民120多户，召开座谈会3次，发放问卷1500份，入户走访86户。同时，区政协注重把主题实践活动与自身工作相结合，通过社情民意、提案等方式，将群众反映的问题及时反馈给有关部门，促进了问题的有效解决。

*开展丰富多彩的活动。*一是积极参加万人红歌庆祝活动。组织百名委员参加了全区“万人红歌演唱会”，庆祝建党90周年，陶冶了委员情操，赢得了好评。二是开展内容多样的联谊活动。为纪念“三

八”国际妇女节，组织女委员开展了健康讲座活动；组织政协活动积极分子参加市政协开展的“政协委员林”植树活动；积极推荐我区企业界委员参加市优秀企业家评选表彰活动，引导委员企业争先创优；组队参加市政协乒乓球比赛。同时，各专委会和街道联络委，根据委员实际需求，分别开展了首善沙龙、酒吧文化、委员之家创建、扶贫帮困、爱心助学、就业援助公益大讲堂等主题活动，增强了政协组织的凝聚力。

各位委员，区政协一年来的工作，离不开区委的正确领导，离不开区人大、区政府的大力支持，更离不开广大政协委员的积极履职和全区各部门、社会各界人士的关心和帮助。在此，我代表区政协常委会，向所有关心、支持政协事业发展的各位领导、同志们、朋友们，表示衷心的感谢和崇高的敬意！

在总结成绩的同时，我们也认识到，政协工作还存在需要进一步思考和解决的问题：一是委员议政建言的整体水平需要进一步提高；二是委员的界别优势需要进一步发挥；三是对委员的管理和服务工作需要进一步加强。我们将在今后的工作中，采取措施加以改进，不断推动政协工作发展。

## 2012年工作意见

2012年，是本届政协的最后一年。区政协要在区委的领导下，认真贯彻市第十一次党代会和区委十三届三次全会精神，以科学发展观为指导，不断提高履职水平，为建设富庶美丽文明的首善之区凝心聚力。

### 一、适应新形势要求，努力开创政协工作新局面

今年，市、区相继召开了党代会，站在新的起点上，提出了今后五年的奋斗目标和工作任务。面对新形势、新任务，我们要引领政协委员，把贯彻区委要求、促进发展落实到各项履职活动中。

首先，要准确把握工作主题履行职能。要围绕区委中心工作，努力使政协工作与党政工作合拍同步。区党代会提出要全力推进大连科学发展首善区建设，加快经济转型发展，以区域金融商务核心区为牵动，实现经济更好更快发展，以改善民生为重点，以加强社会管理为突破口，推进社会全面进步，这些目标和任务包含了丰富的内涵和很多具体的工作内容，我们要领会和把握区委的工作重点，充分发挥政协组织的人才和智力优势，围绕着党政需要、人民群众关心、政协有能力做好的课题，积极有为地开展履职活动，提出具有前瞻性、科学性、可操作性的意见和建议，助推中山区各项事业发展。

其次，要坚持求新、求深、求实的工作标准。坚持与时俱进，努力创新履职形式，丰富履职内容，在履行职能的实践中不断有所发展；坚持深入调查，深化思考，形成真知灼见，多为党政决策提供有价值的建议；坚持察实情、讲实话、办实事、求实效，使政治协商更加切实，民主监督更加有力，参政议政更富成效。

第三，进一步发挥好履职效能。坚持“尽职不越位、帮忙不添乱、切实不表面”的工作定位，不断把握政协工作的特点和规律，选好工作的切入点，加强跟踪问效，努力提高履职效能。

### 二、围绕中心履职，积极促进科学发展首善区建设

区政协要把促进发展作为履职第一要务，把关注民生作为重要职责，在建设大连科学发展首善区中发挥积极作用。

进一步增强政治协商实效。要围绕重要的经济和社会问题，注重从党政决策需求出发，确定协商议题。做到先调研后协商，先知情后参会，先思考后建言，有备有据地开展协商建言。要创新协商方式，利用全委会、常委会、专题会、议事会和论坛等，开展多层次的协商活动。对协商中所提的重要意见和建议，要努力促进落实。同时，要积极创造条件，为民主党派发挥作用搭建平台。

继续加大民主监督力度。民主监督是政协的重要职能。要不断丰富监督形式，将民主监督寓于提案、调研、视察等经常性工作之中。要不断提高特邀监督员的政治素质、法律意识和业务能力，充分发挥特邀监督员在民主监督中的作用。要认真做好反映社情民意工作，及时、准确反映人民群众所关心的问题，促进党政部门改进工作。

努力提高参政议政水平。要坚持“议大事、献良策、谋发展、促和谐”的工作思路，提高参政议政水平。一要选准议政主题。把参政议政的重点放在事关我区经济社会发展的全局问题上，放在助推提高我区综合竞争力上，采取多种形式，有效议政建言。二要深入调查研究。要选准调研课题，深入开展专题调研。2012年，区政协拟围绕加快专业市场转型升级、创新社会管理、绿色低碳示范区建设等方面进行专题调研。三要认真组织专项视察。组织委员就我区在建项目、科技企业技术升级和科技成果转化情况、2011年民生项目完成情况、环卫扫保社会化运作情况、社会治安防控工作等开展视察活动，使委员知情议政。四要注重跟踪问效。要爱护委员的履职热情，尊重委员的履职权益。委员所提建议要及时

反映给党政领导和有关部门，跟踪反馈，促进落实。

不断加强提案工作。一要加强培训，提高提案撰写能力。在强化委员学习、培训的同时，引导委员深入社区，了解区情，倾听民意，开展调查研究，为委员撰写提案创造条件。二要注重提案办理实效。认真做好提案的交办、转办工作，加强沟通协调，增进提办双方的相互理解，促进提案更好地落实。要加大提案督办力度，继续抓好“提案后评议”、主席督办提案、办理跟踪反馈等行之有效的方式，使提案在推动发展、促进和谐中发挥更大的作用。

**三、加强自身建设，不断提高履职水平**

新的一年，区政协要继续以“学习型、服务型、创新型、和谐型”机关建设为目标，抓好委员队伍建设，有效发挥政协组织的整体合力，不断提高履职水平。

进一步加强委员队伍建设。作为政协委员，要专心了解和关注国计民生，潜心学习和研究理论知识，细心观察和体恤社情民意，用心履行和落实参政议政职责。作为政协组织，一是抓学习，提高委员素质。把加强学习作为提高委员素质的经常性工作来抓，通过举办专题讲座、政协讲坛、座谈交流、工作情况通报、编发学习资料等，抓实对委员的培训。要继续深化政协文化研讨，努力践行政协文化。二是抓活动，凝聚委员力量。通过内容丰富的履职活动，让委员体现自身价值，增强责任感。通过形式多样的联谊活动，加深政协组织与委员的沟通，增进委员间的友情。通过参加社会实践活动，引导委员积极投身于社会公益事业。三是抓管理，激发委员热情。要建立健全有效的激励约束机制，认真做好委员履职活动档案，爱护委员参加政协活动的积极性。要寓管理于服务之中，政协要与委员交朋友，了解和理解委员，关心和帮助委员，真心和真诚对待委员，激发委员履职的主动性和创造性。明年是换届年，区政协要根据区委统一部署，及时做好换届相关工作，进一步优化委员队伍，为政协组织注入新的生机和活力。

充分发挥政协组织的整体作用。一是加强政协常委会建设。要不断创新会议形式，丰富会议内容，提高会议质量，发挥常委会在履职中的核心和模范带头作用，不断提高常委会的议事能力，努力把常委会建设成为长于学习、精于调研、敢于建言、善于协作的集体。二是切实提高政协专委会工作水平。要根据专委会、专业组的界别优势和专业特点，组织和带领本界别委员开展有深度、有特色的调研、视察等履职活动，并不断创新专委会履职的有效途径。三是充分发挥政协街道联络委的作用。街道联络委要发挥好桥梁和纽带作用，结合自身实际，积极开展主题鲜明、各具特色的履职活动，推动政协工作不断延伸，为政协履职增添新亮点。

各位委员，明年是本届政协的最后一年。我们要珍惜机会，以高度的责任感和更加饱满的热情，积极有为地履行政协职能，圆满完成本届政协的各项工作任务。

各位委员，同志们，朋友们！新的一年，我区改革发展新的目标和任务为政协事业提供了宽广的舞台。让我们在区委的领导下，同心同德，锐意进取，为推进科学发展首善区建设作出新的贡献！

# 坚持民生为本 加快转型发展<br>努力建设大连科学发展首善区

## ——2011年3月21日在中共大连市中山区第十三次代表大会上的报告

中共大连市中山区委书记 李向东

中共大连市中山区第十三次代表大会，是在“十二五”开局之年召开的一次承前启后、继往开来的重要会议。大会的主题是：高举邓小平理论和“三个代表”重要思想伟大旗帜，坚持科学发展观，动员全区各级党组织和广大党员干部群众，进一步解放思想，振奋精神，同心同德，开拓创新，为建设大连科学发展首善区而努力奋斗。

### 一、过去五年工作回顾

中山区第十二次党代会以来的五年是不平凡的五年。五年来，面对复杂多变的国内外形势和艰巨繁重的改革发展任务，我们坚持科学发展观，全面贯彻落实中央和省、市委战略部署，先后召开13次全委会，分别就中央商务区建设、现代服务业发展、学习实践科学发展观活动、大连科学发展首善区建设、“十二五”发展规划等关系全局的重大事项做出决策和部署，团结带领全区广大党员和干部群众，抢抓机遇，开拓进取，圆满完成中山区第十二次党代会确定的各项任务，取得令人振奋的成就，连续六年在全市中心城区组综合考评中获得第一名，谱写了中山区发展史上的崭新篇章。

经济实力显著增强。主要经济指标实现翻番，到2010年，地区生产总值达到222亿元，年均增长18%；财政收入达到18.6亿元，年均增长24%。一批重大建设项目有力拉动了全区经济增长，固定资产投资累计639亿元，年均增长11%；大连国际会议中心、绿地中心等城市地标性建筑开工建设。对外开放水平大幅提高，五年新办外资项目510个，实际使用外资年均增长38%。消费水平明显增强，社会消费品零售总额年均增长17%，达到357亿元，跨入“中国商业名区”行列。科技创新步伐加快，实现高新技术产值120亿元，荣获“全国科技先进城区”称号。

居民生活质量不断提高。人均可支配收入达到21367元，居全市前列。在全市率先采取回迁安置和货币补偿相结合办法，累计拆迁旧城区130余万平方米，1.3万户居民居住条件得到改善。在全市首批启动春和市场、鸣鹤街“新居工程”项目，惠及350户困难家庭。义务教育阶段学生学杂费全部免除。就业“三大基地”作用突出，累计就业11万人次，有就业愿望的大龄失业人员得到及时安置，登记失业和困难家庭高校毕业生全部就业。在全省率先建立城市低保标准自然增长机制，被评为“全国基层低保规范化建设典型单位”。社会救助体系不断健全，扶贫帮困送温暖活动持续开展，困难群众基本生活得到保障。不断完善残疾人托养机制，服务体系更加健全。

城区功能明显提升。区域性金融核心功能地位进一步巩固，18家内外资金融机构相继落户，各类金融机构总数占全市的80%，金融税收达到25亿元，占全市总量的54%，成为东北地区金融机构种类最齐全、密度最大、开放度最高、竞争力最强的区域。高端时尚消费中心功能地位基本确定，众多国际一线品牌集聚中山，一批高端餐饮品牌相继入驻，引领大连高端服务业发展。生态宜居功能不断增强，还山于民，还绿于民，解放路沿线改造扎实推进。旅游服务功能显著提升，滨海路沿线旅游项目加快集聚，形成旅游产业集群。

社会事业蓬勃发展。落实教育优先发展战略，全面推进义务教育优质均衡发展，高标准建设9中、15中等5所校舍，形成“一校一品”特色发展格局，被评为“国家现代学校制度建设实验区”。公共卫生服务体系日益完善，全面改造区医院、妇幼保健所、疾控中心，被评为“辽宁省社区卫生服务示范区”。人口计生综合管理服务功能显著增强，新建人口计生综合服务中心，荣获“全国人口和计划生育优质服务先进区”称号。文化惠民成果丰硕，公共文化设施建设进一步加强，建成全省功能最完善、大连建市百年以来第一家专业美术馆，新建市民网球中心、乒乓球训练基地；坚持文化引领，不断加强精神文明建设，荣获“大连市创建全国文明城市突出贡献奖”和全市首个“辽宁省文明城区标兵”称号；在全省率先成立街道级文联，打造出“魅力中山迎新春京剧晚会”、“棒棰岛艺术节”等群众文化活动品牌，连续保持“全国文化先进区”荣誉称号。社区建设扎实推进，被评为“辽宁省和谐社区建设示范区”。

城区建设管理卓有成效。生态环境保护更加有力，广泛开展造林绿化活动，人均公共绿地面积达到13平方米。市容环境提升与民生紧密结合，大力开展城建“五个一”工程，完成240个弃管楼院标准化改造，加大违章临建、占道经营、广告牌匾等难点问题治理力度，全面实施路街扫保、收集、除运一体化作业，实现全天候无垃圾滞留。光环境建设水平不断提高，夜间景观更加丰富。交通环境进一步优化，新建公共停车泊位7000余个。城区综合管理水平不断提高，建成集治安防范、城市管理和应急指挥于一体的视频监控系统，工作经验在全省推广。

民主法制建设进程加快。先后召开区委人大工作会议和区委政协工作会议，进一步完善工作制度，支持人大和政协创新开展监督工作，充分发挥在经济社会发展中的积极作用。深入推进开放型政府建设，全面实施“三打开”；圆满完成政府机构改革，理顺部门工作职能，政府工作更加透明开放，行政服务运行机制不断健全。建立区委常委、政府部门领导联系民主党派和无党派工作制度，成立社会主义学校，新建党派活动中心，协助建立民主党派基层组织和无党派人士联谊会分会，巩固壮大了新时期爱国统一战线。及时研究解决工会、共青团、妇联等群团组织实际困难，进一步激发工作活力。广泛开展双拥共建活动，被评为“全国爱国拥军模范单位”。

社会保持和谐稳定。落实维护稳定工作职责，强化属地意识和“一把手”责任。建立维护稳定工作联席会制度和资金保障制度，一批重信重访、涉法涉诉疑难案件得到有效解决。在全市率先建成区级人民群众信访服务中心，信访代理工作经验在全国推广，连续5年被评为“辽宁省信访工作先进区”。全面推进政法队伍规范化建设，有效维护司法公正。组建中山区法律援助中心和街道社会矛盾综合调处服务中心，配齐配强街道政法综合治理干部，综合治理工作基础不断夯实。深入开展“法律六进”活动，不断增强全民法律意识。全面加强社会治安综合治理，坚决打击刑事犯罪，圆满完成国庆60周年、奥运火炬传递等重要安保任务，连续4年被评为“辽宁省平安稳定先进区”。积极消除安全生产隐患，不断增强全民安全防范意识，全区进入“国际安全社区”行列。

党的建设全面加强。思想政治建设有新成效，深入开展学习型党组织建设，两级党委中心组学习制度不断健全，区委常委带头为全区领导干部作专题辅导报告，老虎滩街道党工委成为省级学习型党组织示范点；“方永刚社区宣讲团”深入社区、企业、楼院开展理论宣讲解读活动，被中宣部评为“全国基层理论宣讲先进集体”。创办《中山党建》杂志和区委网站，成为区委与基层党组织和党员进行思想工作交流的园地。干部队伍建设有新进步，全面落实“四项监督制度”，严格执行“一报告两评议”，健全干部考核情况通报等制度，选人用人公信度全面提高；各级领导班子结构更趋优化，整体素质普遍提高；创新干部培训方式，培训的针对性和有效性更加明显。老干部“四就近”服务工作受到中组部高度评价，被评为“全国老干部工作示范城区”。基层党组织建设有新突破，学习实践科学发展观活动圆满结束，创先争优活动扎实开展。深入推进“党支部堡垒工程”主题活动，社区党组织功能全面提升，新经济组织党组织体系逐步健全，机关党建各项制度更加规范，荣获首批“大连市基层党建工作创新一等奖”。作风建设有新气象，区委常委和区委委员在工作中积极发挥表率作用，带头深入基层，调查研究，解决实际问题。党风廉政建设有新成果，全面落实党风廉政建设责任制，全区惩治和预防腐败体系基本形成；电子监察网和电子监察系统在全市率先启用；“廉政文化建设示范点”、“社区百姓评议基层站所”工作获得“大连市惩防体系建设创新奖”；坚决查处违法违纪案件，全区呈现风清气正、共谋发展良好局面。党管武装进一步加强，国防后备力量建设取得成效，在楼宇经济体中组建武装部的做法被沈阳军区推广。

实践充分证明，第十二次党代会以来区委做出的一系列决策和部署完全正确，各项工作富有成效，为今后发展打下坚实基础。这些成绩的取得，是市委、市政府正确领导的结果，是全区各级党组织、广大党员和人民群众团结拼搏的结果，是社会各界人士积极参与、大力支持的结果，是历届区委扎实工作的结果。在此，我代表中共大连市中山区第十二届委员会，向所有关心支持中山区发展的同志们、朋友们表示衷心的感谢，并致以崇高敬意！

回顾过去五年的实践，我们深切

体会到：

必须以科学发展观为指导，统领全区各项工作。推进城区又好又快发展，要准确把握科学发展观的内涵和精神实质，以科学发展观指导各项工作。我们不断加强对科学发展观的学习，解放思想，更新观念，紧紧抓住东北老工业基地振兴和大连跨越式发展带来的重大历史机遇，深化区情认识，创新提出建设大连科学发展首善区的发展思路，坚持发展第一要务不动摇，统筹各项事业全面、协调、持续发展，加快城区转型升级，全面提升城区功能。

必须加强基础设施建设，全面提高民生服务保障水平。抓好基础设施建设既是做好民生工作的基础性工作，也是不断满足群众日益增长的物质文化需求的迫切任务。我们自觉把民生工作放在首位，按照事业发展布局，克服困难，加大投入，积极建成使用一批、纳入预算一批、规划实施一批，全面提高了公共服务能力和水平，努力让全区人民共享改革发展的成果。

必须提高工作效能，全力抓好决策落实。地方党委肩负着把党的路线、方针、政策贯彻落实到基层的重要职责，抓好工作落实十分重要。我们大力倡导求真务实的工作作风，大力发扬“事不过夜、事无巨细、事半功倍”的拼搏精神，崇尚实干，注重实效，对于事关发展全局的重要决策，抓好督查督办，跟踪问效，一抓到底，有力推动全区经济社会又好又快发展。

必须完善制度建设，形成工作合力。团结协作的良好氛围，是成就事业的重要保障。我们坚持民主集中制原则，充分发挥区委“总揽全局、协调各方”领导核心作用，建立和完善党政联席会议、大班子季度工作通报会议、区委月份重点工作通报等制度，坚持总揽而不包揽，协调而不代替，形成群策群力谋发展，同心同德干工作的大好局面。

必须创新党建工作，为发展提供坚强保障。我们不断加强对新形势、新问题的研究，坚持“党要管党，从严治党”的方针，始终不渝地抓好党的建设，创新开展“党支部堡垒工程”。坚持从基层抓起，从党员抓起，树立良好形象，在抗击风暴潮、抗震救灾募捐、解决蚁力神集资问题、奥运维稳等重大任务面前，各级党组织和广大党员都较好发挥了战斗堡垒和先锋模范作用，带领群众完成一个又一个光荣使命。

成绩来之不易，经验尤为宝贵，值得我们倍加珍惜。特别是实践证明行之有效、在干部群众中形成共识的一些好思路、好做法，必须一以贯之，在实践中不断完善提升。

在肯定成绩、总结经验的同时，也要清醒看到存在的困难和问题。主要是：转变经济发展方式的措施和办法还不够多；城区建设与管理长效机制还没有完全建立；应对矛盾和问题的能力还需进一步增强；公共服务和社会管理工作与群众要求尚有差距；基层党组织建设存在薄弱环节，部分干部工作作风不够扎实，执政能力仍需提高。这些问题有待于我们在今后工作中认真加以解决。

## 二、今后五年的奋斗目标和工作任务

未来五年，我们的总体目标是加快建设大连科学发展首善区，这是推动全区转型发展、科学发展的必然选择，是不辱使命、率先发展的重要举措。辽宁沿海经济带开发开放、大连全域城市化和“三个中心”建设，为我区发展提供了新的资源环境和动力支持；多年结构调整形成的现代服务业产业集群优势，东港商务区等一批重大项目布局，为转型发展奠定了坚实基础；近年来，我区加大教育、养老等公共服务品牌培育，加快开放型政府建设，为转型发展积累了宝贵经验。但同时我们也面临各种挑战。全球经济的调整变革，我国投资消费结构的变化，要求我们必须主动适应环境，加快转变发展方式；城区间竞争更趋激烈，要求我们必须加快提高科技创新能力，提升综合服务功能；国际化城市的快速发展和居民幸福生活的新要求、新期待，要求我们必须完善公共服务体系，强化社会管理；低碳、绿色、可持续的科学发展趋势，要求我们必须加大节能减排和环境保护力度；有效解决经济社会转型中出现的各种矛盾和问题，要求我们必须不断提高执政水平和依法行政能力，切实维护好群众利益。我们是承载大连城市历史文化的中心城区，站在新的历史起点，我们一定要从全局和战略的高度，牢牢把握发展目标，以时不我待的紧迫意识，不进则退的危机意识，紧紧抓住新机遇，主动应对新挑战，谋首善之策，鼓发展之劲，聚全区之力，把全区各项事业推向一个更高发展阶段。

今后五年工作的指导思想是：坚持以邓小平理论和“三个代表”重要思想为指导，深入贯彻落实科学发展观，以转型发展为主线，以改革创新为动力，以提高人民生活质量为目的，以建设区域性金融商务核心区为核心战略，全面加强政治、经济、文化、社会和党的建设，努力建设大连科学发展首善区，确保“十二五”规划任务圆满完成。

奋斗目标是：到2015年，居民人均可支配收入、地区生产总值和财政收入年均增长15%以上，实现倍增目标。服务经济迈上新台阶，基本形成以高端服务业为带动的现代产业体系；“两圈一带”金融核心功能更加显著，成为大连乃至东北金融商务首选地；城区管理体系更加科学高效，公共服务体系更加完善，城区综合品质和国际化水平显著增强；资源节约型和环境友好型城区建设取得突破性进展，成为低碳、绿色发展的标志性区域；历史文化更加浓厚，时尚元素更加丰富，成为彰显现代文明的魅力城区；党的建设科学化水平不断提高，社会更加和谐稳定。

为实现上述奋斗目标，今后五年的主要工作任务是：

**（一）以提高执政能力为目的，全面加强区委领导班子建设**

未来五年，发展形势不断变化，工作任务更加艰巨，区委领导班子要进一步明确执政理念，充分发挥“总揽全局、协调各方”的领导核心作用，切实担负起党和人民赋予的历史重任。

建设“学习型领导班子”，全面增强整体素质。大力推进学习型领导班子建设是建设大连科学发展首善区的客观需要和重要任务。要不断增强区委领导班子的学习力，特别是区委常委，要按照科学理论武装、具有世界眼光、善于把握规律、富有创新精神的要求，切实抓好自身学习。加强和改进区委理论中心组学习制度，采取多种方式，打牢理论功底，拓宽知识领域，增强按国际通行规则办事和依法行政的能力。带头加强廉洁自律，落实党风廉政责任制。深入开展谈心活动，加强班子成员思想交流，通过增强领导班子的团结和谐，带动全区各级领导班子和干部队伍的团结和谐，从而增进党内和谐，促进社会和谐。

完善区委决策机制，大力提高科学决策水平。区委决策科学与否，在很大程度上取决于落实民主集中制和发扬党内民主的程度。要落实好区委常委分工负责制度，区委常委会要把决策重点放在影响科学发展的体制、机制性障碍上，放在研究解决改革发展稳定的重大问题上，放在研究解决群众生活的紧迫问题上。健全全委会讨论决定重大问题的工作机制，充分发挥委员作用。进一步完善党的代表大会制度，研究建立党代表开展工作的相关制度，积极探索党代会闭会期间发挥党代表作用的有效途径和形式。深入基层，广泛调研，认真听取各级党组织意见和建议，使区委决策更加符合民意。积极推进党务公开，建立党委新闻发言人制度，增强党组织工作透明度。

调动各方积极性，努力营造和谐政治局面。坚持和完善人民代表大会制度，大力支持人大及其常委会履行职能，充分发挥人大代表在体察民情、反映民意、集中民智方面的作用。坚持和完善多党合作和政治协商制度，发挥政协政治协商、民主监督、参政议政作用。巩固和发展新时期爱国统一战线，加强同各民主党派合作共事，密切与工商联、无党派人士的联系。切实做好宗教、对台、侨务和外事工作。加强和改善党对工会、共青团、妇联等群团组织的领导，更好地发挥其联系群众、服务群众、教育群众、维护群众合法权益的作用。推进依法治区各项工作，树立和维护司法权威。认真实施法制宣传教育，不断提高群众法律意识。积极推进基层民主建设，引导公民有序参与政治生活。加强国防后备力量建设，完善国防动员机制，强化党管武装工作。

创新群众工作机制，切实提高群众工作能力。群众利益高于一切，要把群众满意不满意、高兴不高兴、答应不答应作为衡量工作好坏的唯一标准。完善党和政府主导的维护群众权益机制，健全群众诉求表达机制、矛盾调处机制和权益保障机制，认真解决人民群众反映强烈的突出问题。完善重大事项社会稳定风险评估机制，对于涉及民生的重大事项，要广泛听取各方面意见和建议，不成熟的坚决不实施。全区各级党组织和党员干部要牢固树立经济发展是政绩、改善民生更是政绩的观念，真正把目光心思聚集到民生福祉上来，把聪明才智发挥到改善民生中去，切实为群众排忧解难，不断提高人民群众生活水平。

加强对经济工作的领导，构建促进发展的长效机制。领导经济工作的水平是区委执政能力的重要体现。要按照“把握方向、谋划全局，提出战略、制定政策，推动立法、营造环境”的总体原则，进一步强化党委领导经济建设的职责。积极应对当前各种严峻挑战，准确把握经济运行规律，用理性思维研究提出创新思路和创新举措，领导全区经济发展实现新突破。进一步完善区级领导联系重点项目制度，健全区委经济工作形势分析和调度会议制度，及时研究解决影响经济发展的难点问题，始终保持经济良好发展态势。

**（二）以区域性金融商务核心区建设为牵动，实现经济更好更快发展**

加快区域性金融商务核心区建设，是立足大连城市功能定位和区位优势，推动城区经济转型的重要举措。今后五年，我们要紧紧围绕这一核心战略，按照“四大功能区”布局和“三大战略重点”，坚持走高端化发展道路，在转变中求发展，在发展中促转变，加快推动经济发展方式、经济结构和城区功能的转型发展。

全力推进“两圈一带”建设。“两圈一带”是承载金融商务核心功能的重要载体。未来五年，我们要举全区之力，以金融产业发展为重点，加快推动“两圈一带”区域金融企业成群、产业成链、要素成市。要以人民路CBD功能区建设为依托，强化金融商务空间布局，积极推进CBD功能区向东港商务区、长江路、鲁迅路拓展延伸，大力引进CBD商务综合体项目。加快完善金融服务和金融市场体系，引导鼓励金融企业创新金融产品、拓宽经营领域、开展区域性金融合作，壮大资产评估、金融后台等配套服务，促进东北亚现货商品和大连黄金交易中心建设，积极发展资金结算等高端金融市场，形成与航运中心相配套的金融服务产业群。优化金融生态环境建设，构建良好的政策、法治、信用和服务环境，进一步提高各类金融机构集聚度，力争新引进各类金融机构30家以上，建成大连乃至东北区域集聚要素最多、辐射力最强的金融服务区，争创国家级金融商务区。

加快促进商业新繁荣。要努力再创天津街商业新辉煌，积极推进天津街调整改造纳入市委、市政府重点工作，形成市区联动机制，得到政策支持；重新进行商业定位，科学制定业态规划，加强市场化运作，将天津街打造成多板块组成的现代商业综合体，重塑天津街商业品牌形象。要依托青泥洼桥、人民路和东港商务区，加快国际商业中心等高端商业综合体项目布局，积极推动邮轮产业发展，大力引进国内外知名时尚、休闲品牌和各类旗舰店、分销中心，倾力打造国际化、时尚化和高端化购物休闲环境，建成大连乃至东北时尚消费的主要目的地。要加快特色商业街区繁荣，适应消费主流，突出专业品牌集聚，扩大连锁经营，力争五年内新建和改建各类特色商业街区8-10条。加快新兴旅游产业发展，推进重点旅游项目开发，培育旅游节庆活动品牌，提高旅游信息服务水平，推动旅游功能大提升。

着力实现总部经济新突破。要紧紧围绕区域性金融商务核心区建设，完善政策体系，加大金融、航运等重点产业总部经济招商力度，支持企业设立区域性总部或法人机构，大力培育和发展总部大厦、特色专业大厦，力争五年内税收亿元大厦超过10座、税收千万元大厦超过50座。围绕大连战略性新兴产业发展战略，集中精力引进企业设计、研发、管理、营销等后台总部，积极促进外资向价值链高端环节延伸，支持具备实力的企业发展外包业务和外包协作，注重引进具有高端供应链体系的龙头企业，加快占据产业链高端，形成大连高端服务业集聚地。

全面推进科技创新。科技创新是增强城区发展活力和可持续发展能力的重要手段。要充分把握科技发展和产业创新孕育新突破的有利时机，加快完善区域创新服务体系，不断加大科技投入，充分发挥科技发展专项资金作用，重点扶持中小企业信息化建设、技术升级改造、科技成果转化、科技项目融资和知识产权保护，加快提高企业自主创新能力，力争企业发明创造专利申请年均增长10%以上，五年专利申请超万件。大力加强科技孵化体系建设，加快中山科技知识城建设，发展形式多样的科技中介服务模式，大力促进电子商务、互联网建设，推动低碳技术和新能源产业发展，大幅提高科技进步对经济发展的贡献率。

努力打造最佳投资环境。要进一步加大资金、人才、技术、信息等资源配置力度，大力推进区投融资服务平台建设，吸引创业风险投资、私募基金等社会资本参与，提高市场化运作水平；扩大政府创业投资效应，增加创业资本市场资金供给；推动中小企业上市融资，鼓励金融企业对接中小企业发展，努力让中小企业在创业期得到资金支持；着力创新人才激励保障机制，扩大人力资源专业服务市场，大力引进符合区域产业升级所需的科技领军人才和研发团队；增强法律意识，严格执法行为，规范经营行为，为企业营造公正安全的法治环境；推进电子政务建设，逐步实施网上审批备案、网上投诉举报、网上信息咨询等现代服务手段。

（三）以改善民生为重点，推动社会全面进步

提高人民生活质量，让人民群众过上幸福美好的生活，是推进转型发展、构建和谐社会的出发点和落脚点。今后五年，我们要以更大的决心和力度，加快民生事业发展，保持民生投入与经济增长同步，让中山区老百姓能够分享到更多发展成果，得到更多实惠，生活环境更加舒适。

大力完善就业和社会保障体系。进一步推进创业就业富民，以创业就业“123工程”为核心，加快建立区创业就业服务园，大力推进民办公助创业实践，扶持创业孵化、就业培训和大学生实训基地建设，以创业带动就业；健全就业帮扶制度，为就业困难群体提供全覆盖“协约式”服务，五年实现实名制就业8万人次，城镇登记失业率控制在3%以内。强化社会保障惠民，加大养老事业投入，五年内新建社区养老服务中心30所、大型综合性养老服务中心1所，推进社会化养老服务率先发展；完善以城市低保为基础、专项救助相配套、临时救助作补充的社会救助制度，保持低保规范化管理在全国的领先地位；大力发展社会福利机构和慈善事业，加强灾害救助基础设施建设；进一步推进残疾人无障碍设施改造，完善残疾人社会保障和服务体系。

大力促进各项社会事业均衡发展。要坚持教育优先发展战略，全力争创辽宁省教育强区。继续加大教育投入，高标准建设小区配套学校、中小学素质教育实践基地，推动教育信息化建设；加快发展学前教育，提高公办幼儿园比例，五年内新建公办幼儿园10所以上；加强教师职业道德教育，建设一支高素质教师队伍；深化教育改革，继续推进学校教育特色化发展；加强基础教育中外合作与交流，努力提高教育国际化水平。要大力推动医疗卫生事业迈上新台阶，深化医药卫生体制改革，健全疾病预防控制、健康教育、应急救治、妇幼卫

生等公共卫生服务网络；实现社区卫生服务机构全部达标，进一步提高基本医疗服务能力；加快卫生应急反应队伍建设，切实提高公共卫生预警处置能力；充分发挥居民健康档案管理信息平台作用，完善贫困人群慢性病防治基本药物帮扶机制；强化食品药品安全监管，争创食品药品安全示范区。全面做好新时期计划生育工作，深入推进数字人口工程和健康家庭促进计划，不断提高人口素质。积极扩大基础体育设施规模，丰富全民健身活动载体，增强全民体质。

大力改善生态宜居环境。要按照建设资源节约型和环境友好型社会的总体要求，坚持“绿色中山”的战略导向，着力打造高品质的居住环境、高标准的市容环境和高质量的生态环境。围绕生态宜居功能区布局，保持自然生态优势，科学规划、有序建设一批节能现代、服务便捷的住宅小区；继续加大旧区和弃管楼院改造力度，加强绿化和公益性配套设施建设，改造旧区面积200万平方米以上，完成全部弃管楼院改造；按照主要街区面貌国际化、次要街区整洁化、居住小区生态化理念，做好环境改造规划设计，全面实施“绿化、洁化、亮化、序化”工程，加强市容环境集中整治，切实解决私搭乱建、绿地侵占等突出问题，强化路街扫保、垃圾除运规范化作业，提高亮化工程质量，大规模开展植树造林，人均公共绿地面积达到14平方米；宣传贯彻绿色低碳生活理念，进一步加大环境监督保护力度，实现绿色社区全覆盖。

大力提高文化软实力。文化软实力是综合竞争力的重要因素。要充分发挥文化引导社会、教育人民、推动发展的功能作用，努力把我区建成传承城市文脉、兼容多元文化、展示现代人文风情的文化先行区。要着力完善公共文化服务体系，加快建设区图书和档案馆、市民文化活动中心，健全区文化馆、街道文化站、社区文化室三级群众文化工作网络，实施图书借阅一卡通工程，促进各种文化设施互联互通、共建共享。研究设立文化产业扶持资金，积极培育演艺传媒、数字出版等新兴文化业态。深入实施文化惠民工程，继续打造“魅力中山迎新春京剧晚会”等特色群众文化活动品牌，进一步活跃企业、社区、校园文化，繁荣广场、节庆文化。积极扶持重点文艺项目和精品力作，加强基层文化队伍建设，鼓励发展公益性文化事业和群众文化团体，做好非物质文化遗产保护、利用和传承。

### （四）以加强社会管理为突破口，促进社会公平与和谐稳定

加强社会管理是改革发展的新任务，也是我区由促发展向发展和管理并重转变的战略发展要求。我们要积极主动顺应形势需要，总结和吸收社会管理的成功经验，整合社会管理资源，创新社会管理体制机制，构建社会管理新格局。

不断完善政府公共管理体系。完善政府公共管理，强化政府服务职能是加强和完善社会管理的关键。要深入推进服务型政府建设，加快完善公共服务信息平台，强化政府内部协调，高标准建设中山区市民服务中心，提高公共服务效能。要有效整合财力资源，把公共财力更多地向公共服务领域倾斜。要加快完善集城市管理、应急处置、市民服务等功能为一体的数字化城区综合管理与指挥系统，实现城区管理的数字化和网络化，提高城区管理的运行效率。加强流动人口基础信息库建设，提高对流动人口的公共管理服务水平。优先发展城市公共交通体系，5年新增各类停车泊位6万个以上，从根本上缓解停车难问题。

积极创新基层社会管理方式。基层社会管理是整合社会管理资源的有效形式。要进一步创新社区管理机制。建立权责利相一致的社区工作机制，大力推行居务公开，完善议事和监督机制，实现政府行政管理与社区自我管理有效衔接、政府依法行政与居民依法自治良性互动。逐步增加社区投入，加强对社区服务信息化、社区文化多元化、社区管理现代化的研究和实践，加快综合性社区服务中心建设，完善社区服务体系，丰富社区活动，推动国际化社区建设。要支持社会组织参与社会事务，指导社会组织实行民主选举、民主决策、民主管理，提升社会组织的公信力和自我管理能力。大力加强社会工作人才队伍建设，积极倡导志愿者服务，鼓励市民参与社会公益活动。

全面提升城区文明程度。提高城区文明程度和居民文明素质，强化公众参与是提高社会管理水平的重要途径。要坚持不懈抓好精神文明建设，加快社会主义核心价值体系建设，在全社会大力倡导创新、创业、诚信、法律、责任等理念，激发全区人民“爱我中山、建设首善”的责任感和创造性，激活人民群众中蕴藏的自我管理意识，筑牢全区人民共同奋斗的思想基础。完善未成年人思想道德建设长效机制，加强社会公德、职业道德、家庭美德和公民诚信教育。健全文明城市创建长效机制，培育团结友爱、互助奉献的社会文明新风尚，构建管理有序、秩序井然、充满活力的社会和谐状态。

切实维护社会和谐稳定。解决好转型发展中关系群众利益的各种矛盾问题，是加强社会管理的重要内容。要健全大调解工作机制，严格落实信访工作责任制，加大督办考核力度，推行领导干部接访、下访制度，不断提高信访维稳工作水平。建立健全劳动关系协调协商机制，构建和谐劳动关系。加强政法队伍建设，严格公正廉洁执法。切实加强社会治安综合治

理，完善社会治安防控体系，依法严厉打击严重刑事犯罪。进一步增强政治敏锐性，有效抵御境外敌对势力渗透。全面落实党的宗教政策，依法加强对宗教事务的管理。夯实安全生产基层基础工作，提高全民安全意识，坚决防控重特大安全生产事故发生。完善突发公共事件应急管理体系，提高预防控制、应急处置、应急保障能力。

（五）以改革创新为动力，全面提高党建工作科学化水平

坚持党要管党、从严治党方针，以改革创新精神全面推进党建工作，为建设大连科学发展首善区提供强大的政治和组织保证。

不断加强思想政治建设，始终保持党的先进性。思想政治建设是党的根本建设。要始终坚持把党的思想政治建设摆在首位，全面理解、准确把握党中央提出的一系列重大战略思想，用最新理论成果武装头脑、指导实践，不断增强落实科学发展观的自觉性和坚定性，始终保持昂扬向上、奋发有为的精神状态。全面贯彻《大连市学习型党组织建设指标体系大纲》，深入开展“学习型党组织”创建活动，健全学习制度，坚持学以致用，不断提高运用科学理论解决问题、推动发展的能力。紧跟时代发展步伐，打牢理想信念基础，引导广大党员群众坚定中国特色社会主义旗帜、道路、理论体系不动摇，始终成为思想上、政治上、行动上的先进分子。

深入推进干部人事制度改革，不断完善选人用人机制。认真贯彻《党政领导干部选拔任用工作条例》，注重在工作一线、关键时刻和重大任务面前考察和识别干部，切实把那些德才兼备、政绩突出、群众公认的干部选拔到领导岗位上来。深化干部人事制度改革，健全干部综合考核评价办法，落实群众对干部选拔任用的知情权、参与权、选择权、监督权，不断提高选人用人的科学性和公信度。进一步优化配备处级领导班子，加强干部交流，逐步提高公开选拔副处级领导干部的比例。做好后备干部队伍建设，注重各年龄层次干部的选拔任用，大规模开展干部培训，有计划、有组织地选派干部到复杂环境和基层一线经受锻炼和考验，促进优秀年轻干部健康成长。拓宽干部合理表达意愿和展示才华的渠道，努力把组织意图、岗位需要和个人合理要求有机结合起来，让干部心情舒畅、精神振奋地做好工作。坚持“党管人才”原则，积极营造鼓励人才干事业、支持人才干成事业、帮助人才干好事业的良好环境。认真落实《公务员法》，加强公务员队伍规范化管理。认真做好老干部工作，落实好政治待遇和生活待遇。

着力提升功能，增强党组织的创造力、凝聚力和战斗力。党的基层组织是党全部工作和战斗力的基础。要深入开展“党支部堡垒工程”活动，进一步拓宽领域、强化功能，在街道社区党建领域构建“四级联动”组织体系，在新经济、新社会组织党建领域实施“三位一体”管理模式，在机关党建领域采取“两级互动”工作方式，全面提升基层党建工作水平。总结推广街道社区党组织书记“双向述职”评议经验，探索党建工作责任机制向新经济和新社会组织党建领域延伸。健全基层党建工作责任制考评办法，强化对基层党建工作的督促检查。健全党建经费投入机制，为基层党组织开展活动提供保障。做好党员发展工作，加强入党积极分子的教育培养。加强流动党员、离退休党员管理，及时关心困难党员的生活。

全力加强党风廉政建设，进一步规范干部从政行为。严格落实党风廉政建设责任制，认真执行“一岗双责”，严格绩效考核，严肃责任追究。不断健全完善教育、制度、监督并重的惩治和预防腐败体系。加大对区委区政府重大决策部署贯彻落实情况的监督检查，维护党的政治纪律，确保政令畅通。认真贯彻《廉政准则》，加强反腐倡廉教育，深入开展廉政文化创建活动，培育廉政价值观。深化改革和制度创新，全面推进“五大系统”建设，建立知风险、防风险、化风险和控风险的工作机制。加大查办违纪违法案件工作力度，坚决遏制腐败现象易发多发势头。坚决纠正损害群众利益的不正之风，围绕群众反映的突出问题开展监督检查和专项治理。加强政风行风建设，深化“社区百姓评议基层站所”工作。加强纪检监察信息化建设，完善电子监察网和电子监察系统建设，提高反腐倡廉工作的科技含量。加强党员干部队伍的作风建设，每个共产党员特别是各级领导干部，要有强烈的事业心和责任感，以中山区的发展为己任，满腔热情地把自己的才智和精力倾注到加快中山区发展的事业上来，以优良的党风凝聚党心民心，有效推动科学发展，促进社会和谐。

同志们，新的形势催人奋进，新的任务艰巨光荣。让我们在市委、市政府的正确领导下，更加自觉地肩负起历史的重托和人民的期望，更好地凝聚起全区人民的智慧和力量，坚持民生为本，加快转型发展，同心协力，奋发进取，把建设首善之区落实到每项具体工作中，让更多发展成果惠及百姓，为加快建设大连科学发展首善区作出新的更大贡献！

附：名词解释

两圈一带：按照大连金融业发展规划提出的金融核心功能区建设要求，中山区确立了以中山广场为基础、人民路CBD为纽带、东港商务区为重点的“两圈一带”金融核心功能区建设发展战略。

三大战略重点：中山区“十二五”规划提出未来五年战略重点是建设区域性金融商务核心区、区域性时尚消费旅游中心和国际化生态宜居示范区。

四大功能区：以中山广场、人民路、东港商务区为核心的CBD功能区，以天津街、青泥洼桥为基础的商贸功能区，以解放路、中南路为重点的生态宜居功能区，以南部滨海区域为依托的旅游观光功能区。

创业就业“123”工程：“1”是指一体化建设，即筹建中山区创业就业服务园，建立创业就业一站式服务功能区；“2”是指提升区政府和街道两级的服务质量；“3”是指建立三方联动机制，即建立政府相关部门、企业和创业者三方联动的长效机制。

城建“五个一”工程：开发改造一片弃管楼院，新建一座停车场，改造一个集贸市场，新建一处市民健身场所，改造提升一条路街环境。

三打开：打开大门，市民自由进出；打开间壁，办公区域开放；打开抽屉，政务信息公开。

法律六进：指通过开展普及法律的活动，使法律进机关、进乡村、进社区、进学校、进企业、进单位。

国际安全社区：“安全社区”是1989年世界卫生组织在第一届世界事故与伤害预防大会上提出的，是指建立了相关组织机构，社区内有关部门、企业、志愿者和个人共同参与伤害预防和安全促进工作，持续改进地实现安全健康目标的社区。国际安全社区建设涵盖生活、工作、环境等诸多领域，由世界卫生组织安全社区促进中心负责评审认定。

老干部“四就近”服务：就近学习、就近活动、就近得到关心照顾、就近发挥作用。

“四级联动”组织体系：即在街道社区党建领域，完善街道党工委、社区党总支、楼院党支部、党员中心户“四级联动”组织体系。

“三位一体”管理模式：即在新经济和新社会组织党建领域，坚持大厦物业、产权单位、入驻企业“三位一体”管理模式。

“两级互动”工作方式：即在机关党建领域，坚持上级机关党委和基层党组织“两级互动”工作方式。

一岗双责：“一岗”就是一个领导干部的职务所对应的岗位；“双责”就是一个领导干部既要对所在岗位应当承担的具体业务工作负责，又要对所在岗位应当承担的党风廉政建设责任制负责。

“五大系统”建设：行政权力运行制度系统、公共资源交易监管系统、行政绩效考评系统、行政权力电子监察系统、民意诉求反馈系统。

# 大事记（2011）DA SHI JI

## 1 月

7日　以“浪漫夜大连，激情在中山”为主题的大连首届酒吧文化节热舞大赛、酒吧歌手大赛海选在爱尚首尔购物中心举行。酒吧文化节由中山区政府主办，旨在提升大连酒吧业的整体水平，打造健康向上的夜生活氛围。

8日　东北首家名优品牌示范茶城“江南惠”在大连香榭里广场开业，区长江亲瑜等出席开业仪式。该茶城是中山区在打造高端、集聚、特色商贸中心过程中引进的示范性项目。

9日　东港商务区音乐喷泉广场正式开工建设。占地面积18万平方米，由世界顶级设计团队奥地利蓝天组设计，建成后将成为大连市又一处标志性广场。

17日　中共大连市委书记夏德仁等来区走访慰问市劳动模范、百岁老人、残疾人、优抚对象、困难群众、困难职工及优秀党员代表，并听取区委和人民路街道党工委关于区街创先争优活动的工作汇报。

同日　中山区“十二五”规划正式公布。“十二五”期间，中山区将构建以高端服务业为重点的现代产业体系，提升以金融为重点的城市核心功能地位，加快建设国际化生态宜居示范区。

18日　大连市政协副主席董长海等来区慰问桃源街道长利社区低保户家庭、困难残疾人王龙盛，查看王家厨房、卫生间等无障碍设施改造情况。

21日　区委书记李向东会见日本野崎德洲会医院院长藤林保一行，就医疗技术、卫生服务、养老设施、旅游体检等方面进行交流。

27日　中山区辖区内的大连海昌企业发展公司、大连香格里拉酒店、大连富丽华大酒店等3家企业荣获“2010年度大连市外商投资现代服务业十大企业”称号。

## 2 月

15—22日　区长江亲瑜、副区长张锦明率区财政局、商务局、渤海银行大连分行、吉林银行大连分行、大世界商业集团公司的有关领导，随省、市政府赴中国台湾参加“关东风情宝岛行”系列活动并开展经贸交流。期间，举办大连市中山区（台北）经济合作恳谈会，与台湾商贸、地产、科技等有关企业共谋合作发展商机。

21日　新天百（大楼）股份有限公司的5名温商股东，以6310万元购得天百南楼股权，加上其此前已持有的北楼股权，新天百正式成为民营商业企业。

23日　经国家工商总局核准，全国唯一的国家级现货商品交易所——东北亚现货商品交易所落户中山。该所的设立将推动大连市建设东北亚国际物流中心、区域性金融中心和现代产业聚集区的进程。

28日　中山区召开司法行政工作会议，决定全面启动社区矫正工作，并在全省率先启用手机定位系统，对社区服刑人员位置动态进行管理，以提升刑罚执行效率和罪犯改造质量。全区有154人被列为社区矫正对象。

是月　中山区作为大连市的代表，圆满完成国家卫生部在全国34个大城市开展的居民营养与健康状况监测工作，为国家制定合理的卫生政策提供必要信息。 全区6个居委会共450户家庭1200人参加抽样调查。

## 3 月

3日　中山区荣获中国残联授予的“全国白内障无障碍县”称号。

4日　中山区召开学雷锋活动月暨人民路街道志愿服务工作现场会，在全区推广该街道开创的“以服务换服务”的新志愿服务模式——“绿色飘带”志愿服务银　行。8个街道的“绿色飘带”志愿服务银行正式开业。

7—13日　副区长王世海带领区商务局、财政局、天津街管理办公室、各街道主要领导一行，考察青岛、成都、南京、苏州、上海等城市特色商业街建设情况。

10日　中山区召开民生工作会议。决定全年投资5.5亿元（占全区可支配财力的76.3%）用于民生项目，通过8大惠民工程和31项新的配套政策，来提高辖区居民的生活幸福指数。

11日　大连市副市长孙广田等

一行11人来区调研城区经济发展情况，考察天津街老街、中信大连港西区等项目，听取城区经济发展情况汇报。

14日　中山区社区大学推出面向社区居民的群众性公益活动“市民大课堂”，以促进社区文化建设。大课堂每周定时向市民开放，免费提供健身娱乐和学习场地以及指导教师。

16日　中山区召开特色商业街区建设研讨会，就本区特色商业街建设提出工作思路和想法。

21—23日　中山区第十三次党代会召开，239名代表参加会议。区委书记李向东代表第十二届区委作《坚持民生为本，加快转型发展，努力建设大连科学发展首善区》的工作报告；区纪委提交《深入开展反腐倡廉建设，为建设科学发展首善区提供坚强保证》的工作报告。大会选举李向东等37人为第十三届区委委员，李春胜等7人为候补委员，李玉宝等21人为区纪委委员，于丽琴等20人为出席大连市第十一次党代会代表。23日，区委十三届一次全会选举李向东、江亲瑜、何守林、李玉宝、周勤、沙东、蔡先勃、曲寿巍、时振军为区委常委，李向东为书记，江亲瑜、何守林为副书记；区纪检委第一次全会选举产生区纪委常委、书记、副书记。

22日　由东北亚现货商品交易所和中国人民大学金融信息中心共同举办的大宗商品现货交易促进与发展研讨会在中山区召开。区长江亲瑜、市政府有关部门领导，以及中国期货业协会、中国海运集团北方物流总公司、中铁物产控股集团等30余家行业协会和企业代表参加研讨。

24日　区长江亲瑜、副区长郭云峰会见丹东银行董事长于利及该行大连分行筹备组成员，确定丹东银行大连分行选址中山。

24—25日　在中国商业地产联盟于青岛主办的2011中国商业地产行业发展论坛年会上，中山区荣获“最具投资潜力城区”称号。

26—28日　区长江亲瑜、副区长张锦明带领区商务局、天津街管理办公室以及海军广场、人民路、昆明、桃源等街道主要领导一行赴温州招商。签约温州城二期、不朽巷改造、瑞京数码城等3个项目，总投资意向38.6亿元。

30日　在市政府二季度安委会扩大会议暨“国际安全社区”命名仪式上，中山区被世界卫生组织社区安全促进合作中心命名为“国际安全社区”，成为国际第233个网络成员。

## 4 月

8日　区长江亲瑜、区委副书记何守林等到桂林街道，就招商引资、特色街建设、区街管理体制和城市环境整治等方面开展专题调研。

10日　以“扬政风行风之正气、建科学发展之首善”为主题，为期7个月的网上民主评议政风行风活动正式启动。该活动由区纪委监察局和区纠风办发起，市民可利用全市首家电子监察平台“中山区电子监察网”，对工商、税务、公安、行政执法、卫生、教育、水、电、煤气等52个部门和184个基层站所的服务情况进行评价投诉。

11日　全市首家残疾人亲属学校在桂林街道社区卫生服务中心挂牌。该校为残疾人及其亲属提供专业的康复知识及具体服务，并为部分特困家庭患有慢性病的残疾人免费提供国家基本药物。

12日　中山区政府ISO9000认证证书颁发暨2011年复审工作会议召开。区政府于2009年7月启动ISO9000质量管理体系导入工作，截至2011年1月，所属37个部门全部通过体系认证，在全市各区市县政府中第一个全面完成ISO体系导入工作。

同日　中山区60岁以上老人免费健康体检活动启动。区财政投入600万元，为全区2万名60岁以上老人进行健康体检，为2500名孕妇进行艾滋病检测。

13日　中山区正式命名良友金伴和灵芝妹子2家连锁企业为创业孵化示范基地。至此，全区创业孵化示范基地增至14家。

14日　在上海举行的“2011年TTG中国旅游大奖” 颁奖典礼上，大连凯宾斯基饭店荣获“中国东北地区最佳酒店”奖，成为东北三省唯一获奖酒店。“TTG中国旅游大奖”评选活动由TTG传媒集团及其旗下4种著名区域旅游业刊物举办，是中国旅游业最负盛名的年度颁奖活动之一。

15日　在全国开展的打击侵犯知识产权的专项行动中，大连市公安局中山分局经侦大队查处6家违法商铺，扣押假冒爱马仕、LV、古奇、江诗丹顿等世界顶级奢侈品牌商品2400余件。

18日　辽宁省政府批复，在中山区设立大连金融服务区。该区域主要由中山广场传统金融圈、人民路中央商务区及东港商务区总部金融圈组成，规划面积约8.4平方公里，是大连市金融、商贸、信息、航运和总部经济的集聚区。中山区因此成为辽宁沿海经济带中唯一以发展金融业及现代服务业为主的特色城区。

同日　大连佳兆业广场项目正式启动，副市长孙广田等出席仪式。该项目由香港佳兆业集团公司与大连海昌集团共同合作开发，投资1.5亿元，引入电影院、特色餐饮、电玩娱乐和数码概念馆等多种业态，建成后将成为天津街商圈乃至大连市新的商业名片。

同日　在市精神文明办等单位共同主办的“志愿者之歌”大连市优秀志愿者颁奖典礼上，中山区优秀残疾人韩伟、昆明街道残疾人专职委员刘峰荣获大连市“十佳志愿者”称号。

19日　副区长郭云峰会见韩国阿波罗金融株式会社代表一行，就该公司来连设立小额贷款公司事宜进行交流。阿波罗金融株式会社是韩国贷款行业规模最大的公司。

同日　即日起，中山区51个社区中的26个社区居民委员会开始进行直选换届。至5月末换届结束，共选出新一届社区居委会干部200名。

20日　东港商务区东方水城项目正式开工。市领导夏德仁、张军等及社会各界人士200余人参加开工仪式。该项目由大连海昌集团投资30亿元兴建，占地40.4万平方米，规划建筑面积18.2万平方米，由国际知名的法国A.R.C建筑设计事务所设计，建成后将成为大连旅游观光的新地标。

22日　中山区在全市率先启动“迎全运、爱家乡、建辽宁”、“爱我家乡、建设大连”暨“爱我中山、建设首善”主题教育实践活动。未来3年，将通过“解读中山”教育、“时尚中山”展示、“文明中山”创建、“幸福中山”惠民等“十大载体”活动，全面提升区域功能。

同日　中山美术馆正式开放。中国美协主席刘大为、辽宁省政协副主席唐建武、大连市四大班子有关领导出席揭牌仪式。该美术馆是辽宁省第一个区级专业美术馆，也是大连市第一个专业美术馆。

23日　“世界读书日”前夕，中山区向全区市民发出《推动全民读书·建设书香中山》的倡议书，全面启动“全民读书节”活动。

24日—5月10日　当代中国画名家邀请展作为中山美术馆的开馆展览，在该馆举办。共展出中国美协主席刘大为以及张立辰、李宝林等名家作品200余幅，其中部分作品为当代国内画家的顶级作品。

25日　大连青年创意（创业）产业示范基地在东港15库创意园成立。已有10个青年创业项目入驻。15库创意园以创意办公、文化艺术、展览展示、时尚消费为主，是大连市第一个创意消费复合区。

27日　中山区劳模协会成立并召开第一次代表大会。这是大连市首家区市县级劳模协会。区委书记李向东、区长江亲瑜任名誉会长，区总工会主席沙东任会长。

28日　中山区召开教育工作会议，颁布实施《中山区加快教育改革和发展行动计划（2011—2013）》。

## 5 月

8日　中山区志愿服务工作委员会成立暨市红十字“连心”基金手机短信捐款启动仪式举行。大连市副市长、市红十字会会长朱程清以及市、区有关部门领导出席活动，为10家中山区红十字会团体会员单位颁匾，为8个街道志愿服务队和应急救援队等12个特色志愿服务队授旗。

11日　本市首家残疾人心理咨询及治疗中心成立。该中心由中山区残联和大连市第七人民医院联合建立。

12日　在全国第三个防灾减灾日之际，由市减灾委主办，市民政局、区应急委联合承办的主题为“社区·家庭共同的责任”的宣传活动，于青泥洼桥大商步行街举行，向群众普及防灾减灾知识以及自救、逃生方法。

同日　中山区成立大连市首家残疾人及亲友心理服务指导中心，并出台《中山区残疾人及亲友心理咨询（治疗）救助暂行办法》。

13日　中山区政府举办以“深化政务公开，促进和谐中山发展”为主题的大型广场宣传活动。人力资源和社会保障、民政、教育、卫生、计生等多个和百姓生活息息相关的部门工作人员走上街头，宣传惠民政策和惠民项目，解答群众咨询。

13—15日　在第八届辽宁省机器人大赛中，大连市第9中学的3支代表队分别获得初中组FLL工程挑战赛冠军、初中组FLL工程挑战赛亚军、初中组创意赛冠军，这是该赛事举办以来由一所学校获得的最好成绩。

14日　在北京举行的2011年“5.20”中国学生营养日系列活动中，大连市第39中学被中国学生营养与健康促进会、中国关心下一代工作委员会、中国健康促进与教育协会、中国营养学会等单位授予“学生营养与健康示范学校”牌匾，成为大连市唯一的示范学校。

16日　中山区中小学教育实践基地被大连市科技局、市委宣传部、市科协等部门认定为“大连市科普基地”。

17日　大连军分区在中山区召开全市武装部正规化建设工作现场会，军分区首长及各区市县武装部负责人共80余人参加会议。中山区武装部政委时振军以《强本固基创经典，借势谋篇展新姿》为题作正规化建设经验介绍。

18日　区长江亲瑜、副区长王世海实地调研渔人码头特色街、桃源春阳街别墅区、青云58街延伸区、植物园北三角地、南山路七七街会所街区、长江路夜大连街区等特色商业街建设情况。

19日　副区长郭云峰带队赴重庆参加第十四届中国（重庆）国际投资暨全球采购会。达成经济合作项目1个，引进资金6000万元。考察重庆南滨路特色美食街、观音桥商业步行街、解放碑CBD商务商贸区等。

同日　海南省海口市秀英区区委常委、宣传部部长刘小琴率考察团一行12人，来中山区考察机关效能建设。

24日　由国家旅游局和浙江省政府主办，在浙江义乌举行的2011中国国际旅游商品博览会上，中山区旅游局选送并代表辽宁省参赛的大连米达斯旅游纪念品公司的产品“大连不了情系列”获得铜奖。这是继2010年该公司获得金奖、铜奖两项殊荣后再次斩获铜奖。

25日　第22届大连赏槐会在大连老虎滩渔人码头开幕，市委书记夏德仁等市领导，日本富山县黑部市市长崛内康男等出席开幕式，标志着大连老虎滩渔人码头项目基本建成投入运营。该项目由大连海昌集团投资8亿元兴建，是集休闲度假、观光、娱乐、餐饮、购物等多项功能为一体的综合性特色主题旅游商业区。

同日　中山区纪委召开“五大系统”建设工作推进会，公布区委、区政府《关于全面推进“五大系统”建设的意见》，全面部署建立健全惩治和预防腐败体系工作。

30日　中山区武昌街成为全国第一个残障人士服务示范街区。该街区由市残联、中国狮子会大连382区会员管委会等联合创建，被命名为“大连狮爱一条街”。该街区生活着400多位残疾人，其中视力残疾人近百名。

同日　为纪念建党90周年和“六一”国际儿童节，区委、区政府在明星小学举办中山区庆“六一”暨红色经典歌曲演唱会。

## 6 月

3日　中山区虎滩小学一患病教师收到“中山区关爱教师基金”的2000元现金，成为该项基金首位获益人。该项基金由区委、区政府设立，顺天海川企业集团公司率先向基金捐款100万元。

9日　中山区荣获“大连市创建全国残疾人工作示范城市示范区”称号。

12日　由公安部与中央电视台共同举办的全国第四届“我最喜爱的人民警察”评选结果在京揭晓。大连市公安局中山分局虎滩街派出所所长祝菠荣获“我最喜爱的人民警察”特别奖，被国家人事部、公安部联合授予全国公安机关“二级英雄模范”称号。翌日，中共中山区委发文，授予祝菠“中山区模范共产党员”称号，追授虎滩街派出所原教导员林基波（已去世）“中山区模范党务工作者”称号，并作出《关于开展向祝菠、林基波学习的决定》。

同日　虎滩湾环境改造工程正式启动，计划2013年末完工。该工程将建设度假酒店、海洋公园、综合商业休闲、滨海公园、文化演艺中心五大区域，把虎滩湾打造成具有国际一流水准的海洋主题公园和5A级滨海旅游度假区。

15日　辽宁省服务业委主任韩东太一行来中山区调研服务业集聚区建设，考察东港商务区和老虎滩渔人码头特色街。

17日　中山区应急办、中山消防大队在友谊美邻购物广场联合组织人员密集场所灭火救援应急综合演练，检验商场消防硬件设施，提高员工对突发事件的处理能力和消防部门协同作战的能力。

19日　老虎滩海洋公园新建的全市最大的大巴车立体停车场投入使用。该停车场是虎滩湾环境改造工程的组成部分，投资1100万元，分上下两层，可停放大巴车75辆。

21日　“时代精神”全国人物肖像油画展暨大连油画邀请展在中山美术馆开展。该展由中国美术家协会、中山区、农工党大连市委会共同主办，全国300名中青年画家的作品参展。

23日　中山区各界庆祝建党90周年红色经典演唱会在人民文化俱乐部举行，同时拉开中山区第十届“棒棰岛”艺术节帷幕。

24日　中山区召开党务公开工作推进会议，公布《关于全面推进党务公开的实施意见》。

25日　由区政府主办的“夜大连文化节”在民主广场经典生活特色商街启幕。文化节历时1个月，以“夜大连在这里点亮”为主题，旨在打造中山区夜生活商圈，为游客和市民提供晚间文化活动场所。

25—26日　受热带风暴“米雷”影响，全市普降大到暴雨。中山区防台防汛指挥部提前启动防台防汛应急预案，全区未发生一起人民生命和财产受损情况。

26日　国内首家施坦威钢琴展示中心落户中山。该中心设在裕景大厦裕津座，展示德国原装全球顶级钢琴施坦威及其家族旗下其他品牌钢琴。

28日　东北亚国际品牌商品交易中心落户中山。总投资约200亿元，由交易中心一期、二期、品牌企业总部大厦、品牌企业产业园区和设在各地的加盟连锁店组成。

同日　中央文明办、国家住建部有关部门领导来区调研葵英街道林海社区空巢老人志愿服务工作。

同日　中山区召开人才工作会议，提出当前和今后一个时期区人才工作思路，发布《中山区中长期人才发展规划》。

29日　中山区隆重召开纪念中国共产党成立90周年暨“一先两优”表彰大会，表彰人民路街道党工委等5个先进党（工）委、海军广场街道春和社区党总支等85个先进党支部（总支）、祝菠等模范共产党员、曲波远等150名优秀共产党员、林基波等模范党务工作者、林伟等80名优秀党务工作者、王文政等“十佳”党员中心户、老虎滩街道党员活动中心等“十佳”党员活动阵地、人民路街道党工委“家门口工程”等“十佳”基层党建创新项目。

同日　中山公安分局破获一起特大制售伪劣啤酒案件，收缴各种伪劣啤酒2259箱，涉案总价值100余万元。

30日　中山区“白领午餐工程”座谈会暨启动仪式举行。大连市副市长孙广田，市服务业委以及中山区政府相关领导参加会议，并为加盟企业虹源物业食堂、鹿港小镇揭牌。“白领午餐工程”是中山区深化金融服务区功能的一项重要民生工程，首批拟确定60家加盟企业并给予政策扶持。

同日　中山区首届中小学生“未来之星”才艺大赛汇报展示会举行。大赛由区教育局发起，参赛学生近千名，近300名学生分获金奖、银奖、优胜奖。

同日　由中山区委宣传部、区文联主办的“江山——纪念建党90周年戏曲朗诵音乐会”在宏济大舞台举行，区朗诵艺术家协会和大连京剧院联袂出演。

同日　中共大连市委书记唐军来区走访慰问部分老党员、老同志，代表市委、市政府和全市人民向他们表示问候和敬意。

## 7 月

1日　区长江亲瑜等会见韩国驻沈阳总领事馆领事柳寅植一行，欢迎该领事馆在中山区选址设立办事处。

3日　恒力集团大连总部项目在东港商务区举行开工典礼，市委书记唐军、市长李万才等为项目奠基。恒力集团是中国化纤纺织行业的领军企业，全球最大的织造企业，出口量位居全国第一。

9日　中山区举办学习宣传胡锦涛总书记“七一”重要讲话精神专场演出，首次尝试用文艺演出的形式学习宣传讲话精神。

10日　青岛市市南区区委书记李学海率党政考察团一行20人，来中山考察服务业发展、社会管理创新和基层基础建设方面工作。

同日　华臣影城二七广场店开门纳客。这是本市东部地区首家超五星级影城，拥有9个国际化标准放映厅，可同时容纳1400人观影。

14日　第十三届中国国际啤酒节主题活动之一的啤酒竞饮大赛，在中山区葵英街道青云林海社区映山广场启幕。这是竞饮大赛首次走进社区，增强了大赛的群众性和参与性。

15日　随着东港商务区地下管廊建设工程的基本完工，封闭1年长约1.7公里的长江东路经重新铺设后恢复通车。

同日　中融信控股（大连）有限公司投资设立的小额贷款、融资担保、典当等3家公司举行开业典礼，区长江亲瑜等参加典礼。至此，中山区小额贷款公司数达到11家，占全市总数的24%；贷款余额9.95亿元，居全市首位。

19日　由春景社区组成的海军广场街道代表队代表中山区参加大连市“熟食品杯”花样秧歌腰鼓大赛，获得银奖。

同日　中山区召开深入贯彻落实大连市第十一次党代会精神专题会议。会议明确，今后5年，中山区将坚持走高端化发展道路，以高端载体集聚高端产业，集群发展金融、高端商贸、现代商务和都市旅游，形成集聚辐射强劲、服务功能强大的经济极核。

21日　中山区人大常委会第二十五次会议决定，对区发改局、文体局开展工作评议。这是区人大常委会对政府职能部门进行的第二轮专项评议工作。

23日　一台以“印象天津街”为主题的综艺演出在宏济大舞台拉开帷幕。自此，宏济大舞台每周举办4场演出，以填补天津街夜生活空白。

25日　《中山区中长期人才发展规划（2010—2020年）》正式颁布。规划提出未来10年人才发展的指导思想、战略目标和基层原则，人才队伍建设主要任务和措施，人才提职机制创新以及人才政策。

27日　沈阳市和平区区委书记汪涛率党政考察团一行9人，来中山区考察城市管理，并就经济社会发展思路、城市管理等方面问题与区领导进行交流。

30日　位于天津街上的乐道创意中山区大学生创业孵化基地正式成立。届时已入驻企业12家，虚拟孵化企业30家。

## 8 月

1日　四维影片《深海迷航》在大连老虎滩四维影院首映，成为吸引中外游客的又一亮点。这是继《虎滩传说》之后，该影院投巨资打造的又一部四维影片。

同日　大连国际邮轮中心暨大连港多元都会发展区项目举行奠基仪式，市委书记唐军、市长李万才等参加仪式。该项目由中信地产和大连港集团共同打造，占地23万平方米，规划建筑面积123万平方米，是集写字楼、五星级酒店、购物中心、高级公寓、休闲娱乐场所于一体的高端城市综合体项目。

4日　中山区政府多个部门联合拆除二七贸易大世界附近的违法临建，集中治理周边环境，停业整顿原有马路市场，改善温州城次商圈的环境卫生及交通秩序。

6日　中山公安分局在广东东莞市石碣镇抓获潜逃12年并已"漂白身份"的绑架杀人犯罪嫌疑人隋某。

8日　9号强台风"梅花"突袭大连市。中山区防台防汛指挥部组织抢险救灾队伍600余人、抢险车辆60余台、抢险机动艇等5条以及其他防汛物资。设立应急避难点24处，紧急疏散群众1800余人。

9日　中山区首批残疾人创业资金正式发放，11名残疾人创业代表共计获得36万元补贴资金。

11日　中山区安委会副主任、副区长任力带领区安监局、城建局、食品药监局、安全生产专家组成的联合检查组，对明秀庄园、嘉和广场、凯丹广场项目等在建工程进行专项检查，共查出事故隐患30条，下达整改指令书3份。

12日　区委书记李向东等会见大连维斯福祉商务咨询有限公司董事长高桥行宪一行。该公司来中山寻求发展意向，拟开设大连市第一家复合型居家养老服务中心。

15日　大连市《就业失业登记证》换发工作启动仪式在中山区举行。中山区作为市试点单位，于7月下旬始在人民路街道进行换发工作试点。

16日　大连市政协副主席王艺波带领部分市政协委员到桂林街道专题调研社会救助和养老服务工作，视察桂林社区养护院。

同日　世界著名高校日本早稻田大学理事藁谷友纪一行来访大连市第十六中学，与该校协商建立友好学校一事并达成共识。

17日　中共中山区委举行街道武装部部长任命仪式，大连军分区领导和区主要领导向8名新任者颁发任命状。这是中山区首次在街道配备专职武装部部长。

18日　中山区人大常委会检查区政府贯彻落实《食品安全法》工作。

21—26日　区长江亲瑜、副区长郭云峰带队赴宁波招商。落实合作项目2个，总投资16.2亿元。

23日　中山区政协对区人社局开展"提案后评议"工作，组织政协委员视察宏誉大厦中山区人才服务站、天津街高校毕业生创业孵化基地和中山区公共职业介绍中心站前服务站。

25—27日　由区政府主办的"大连中山首届红酒节"在老虎滩渔人码头举行。红酒节主题为"时尚高雅，飨红滨城"。

28日　昆明街道成立全区第一家街道工会。到9月末，全区8个街道全部成立工会，夯实了工会的组织基础。

30日　大连市人大常委会主任怀忠民来区视察青泥洼桥小学地下停车场（"五个一"工程项目）建设情况。

## 9 月

2日　全国政协常委、九三学社副主席赖明在市政府有关部门负责人陪同下，到葵英街道林海社区专题考察调研社区公共服务、财政支持和保障情况等社区管理问题。

5日　"经典华章——我要唱红歌"大连市民合唱大赛决赛在海军广场举行。大赛由市政府主办，市文化广播影视局、中山区政府承办，是第22届大连国际服装节暨国际狂欢节广场群众文化"五要"活动之一。

8日　中共中山区委召开以"深入贯彻落实科学发展观，凝心聚力建设富庶美丽文明大连"为主题的大讨论活动动员大会。12日，制定下发《机关干部与社区群众"面对面，心贴心，凝共识"主题实践活动实施方案》，全区901名科以上干部集中深入社区百姓，面对面听取并反馈群众意见建议，进而予以及时解决和回应。

同日　中共中山区纪委对2010年6月以来新提拔的58名领导干部进行集体廉政谈话，以增强新任职领导干部的党风廉政建设责任意识和廉洁从政意识。

14日　中共中央政治局常委、国务院总理温家宝在省、市、区领导陪同下，来到海军广场街道海军广场社区七星街11号（海港公寓）视察民情，走访2户居民家庭。

16日　"北方不夜港——2011中山区酒吧文化节"启幕。文化节是大连市打造"北方不夜港"的系列活动之一，由中山区文化市场行业协会发起举办。全市90%以上的酒吧集中在中山区，主要分布在民主广场、老虎滩、中山路沿线等处。

22日　中山区最大的大学生创业孵化基地——天才创业工场在上海路正式揭牌。入驻大学生创业企业可无偿使用场地最长达1年，每年可省租金15万元。

23日　大连市副市长朱程清等走访慰问海军广场街道春海社区的低保户吕金荣老人，送去米面油等生活必需品。

同日　区长江亲瑜来到青泥洼桥街道天津社区安居巷6号楼院居民家中，了解老百姓对社会、环境、弃管楼改建的等方面的意见，解答居民关心的民生问题。

26日　大连市人大常委会主任怀忠民一行18人，在区委、区人大、区政府主要领导陪同下，视察大连金融服务区建设情况。

同日　中山区召开忠职守廉岗位廉政教育活动启动暨廉政报告会，全区副处级以上领导干部等260余人参加会议。会上播放市纪委警示教育片《2010·腐败案件警示录》，区委书记李向东作“以人为本，执政为民”为主题的廉政报告。

27日　区长江亲瑜、区人大常委会副主任岳君年、副区长郭云峰、政协副主席孙超带领区政府有关部门负责人深入东港商务区，对在建的万达中心、国际会议中心、东方水城等9个大项目进行安全生产督查。

30日　区委书记李向东等会见由市长渡边率领的日本美浓加茂市大连访问团一行20人。该团是中山区历年来接待的规模最大的日本访问团。

## 10 月

1—7日　“十一”黄金周期间，中山区共接待海内外游客21.32万人次，同比增长11.2%；旅游综合收入2.23亿元，增长19.9%；全区旅游景区、景点接待游客28.2万人次，增长10.4%；门票收入931万元，增长11.5%。

9日　美国“钻石公主”号游船抵连，2600名美国游客参观游览老虎滩阳光农贸市场、人民广场、劳动公园观景台、滨海路，在昆明街道进行家访，到友谊商城购物。

9—10日　区长江亲瑜到大连15库创意产业园、乐道创意孵化岛、三度空间设计创意基地、东方视野现代传媒基地、江南惠茶艺园、大连思凡服装服饰公司、大连丰艺实业公司、惠丰博物馆和宏济大舞台进行工作调研，了解文化创意产业基地建设情况。

10日　中山区残联给辖区内有需求的听力和言语重度残疾人以及辖区10个窗口服务单位，发放聋人专用电子液晶手写板272台。

11日　东北地区最长的景观护岸工程——东港商务区永久护岸全线贯通，完成对商务区内5.97平方公里陆域的保护合围。护岸全长近10公里，由中交一航局三公司承建，设计风浪防护能力为百年一遇。

13日　中山公安分局荣获集体二等功。该局在清网行动中共抓获网上逃犯140.5名，网上在逃人员撤网率达到71.9%，在全市逃犯底数50名以上的单位中率先突破70%。

18日　中山区政府召开全区公共企事业单位办事公开网工作部署暨业务培训会议，全面启动公共企事业单位办事公开系统建设工作，推进服务型政府建设。

20日　当年全区公共停车场建设任务全部完成。共建成望海街、桃源街等7个停车场，总面积1.8万余平方米，车位1200余个。

同日　中山区召开文化创意产业推进工作会议，发布《中山区文化创意产业资金管理使用办法》，为全区首批十大文化创意产业基地授匾。

同日　国内IT数码卖场旗舰店——富士康科技集团赛博数码广场落户天津街大连佳兆业广场。

23—27日　区委书记李向东一行5人随大连市代表团赴香港开展招商活动。期间，会见佳兆业集团副主席孙越南、九龙仓中国地产发展有限公司主席周安桥。

24—28日　全国窃密泄密安全警示教育展在中山美术馆举行。该展由国家保密局、最高人民法院、最高人民检察院、公安部、国家安全部、解放军保密委员会主办，辽宁省国家保密局承办，大连市国家保密局协办，参展内容主要为2000年以来发现和查处的典型窃密泄密案例。

29—31日　副区长郭云峰带队随大连市代表团赴广州开展经济合作交流活动。

31日　中山广场周边路灯改造工程完工。新更换的22盏路灯为欧式复古风格，与广场周边欧式建筑浑然一体。这是自上世纪90年代以来，中山广场首次大规模更换路灯。

是月　中山区委、区政府设立专项资金，开展“种子行动”，在全市率先面向区内所有公办、民办幼儿园园长和教师共529人，进行“专业院校对接式”高端培训。此项培训由辽宁师范大学承担，计划用1年半时间完成。

是月　中南路路街环境改造工程竣工。以欧洲风格为主基调，共设计改造屋顶挑檐30栋，面积5536平方米；粉刷楼体外立面58栋，面积6.7万平方米；更新改造商户牌匾62户。

## 11 月

1日　在第12届全运会（2013年在辽宁省举办）倒计时两周年之际，迎全运辽宁体育成就暨大连体育风采图片展在中山美术馆开展，展出的上百幅珍贵图片浓缩新中国、辽宁省以及大连市体育事业的发展历程。市人大常委会副主任田树军、市政协副主席施中岩观看展览。

2日　全市第一家标准化建设城市司法所——中山区司法局人民路街道司法所揭牌。

3日　中山区“爱我中山、建设首善”残疾人才艺展在中山美术馆开幕，为历时半年的残疾人“创大业、展才华、建设首善”系列主题活动收官。

同日　东港商务区第一条永久性道路开始路面摊铺，标志着东港基础建设由地下转到地上，进入一个新阶段。该路长5.7公里，宽22.5米，为双向6排道。

4日　“东方圣克拉文化艺术欣赏月”在人民文化俱乐部启幕。期间，大连观众欣赏到中国国家话剧院田沁鑫导演的新作《夜店之天生绝配》，来自奥地利的《塞弗特弦乐四重奏》，以及世界一流钢琴大师刘诗昆的钢琴独奏音乐会。

7日　中山公安分局一举打掉销售假冒知名品牌的团伙2个、存放窝点2处、销售假冒商品网点5处，查获大量假冒LV等名牌箱包，涉案价值达1000余万元。

9日　中山区召开2011年大连市公选干部送岗见面会。区委书记李向东对6名公选干部和接收用人单位提出要求。

10日　世界500强企业德国拜耳集团的全球财务及共享服务中心负责人等一行访问中山区，就该公司亚洲区财务共享服务中心选址事宜进行考察。拜耳集团是德国最大的产业集团和世界著名医药公司。

11日　中共大连市纪委副书记王明安等来中山区调研指导岗位廉政教育活动。

15日　中山区特色街区专题工作会议召开。区四大班子主要领导参加会议。夜大连（一期经典生活）、七七街（南山）高端会所街区、老虎滩渔人码头、青云58休闲美食特色街区等4个街区被正式授牌，成为中山区首批特色街区。“十二五”期间，全区将重点打造8—10条特色商业街区。

16日　大连市人大常委会副主任田树军来区走访市人大代表，就群众普遍关心的中小企业发展、弃管楼改造与管理、防盗门的维修、规范养狗等热点、难点问题，征求代表意见。

16—22日　由区委书记李向东率领的中山区党政考察团一行23人，赴宁波市海曙区、杭州市上城区和海口市秀英区考察，学习东部沿海发达城区在经济转型发展、城区建设、社会管理创新等方面的成功经验。

21日　中山区再次获得国家科技部授予的“2009—2010年全国县（市）科技进步考核先进区”称号，区委书记李向东、副区长郭云峰、区经济和科技信息局局长李赫楠获得“全国科技进步考核先进个人”称号。

同日　辽宁省城区科普工作会议在中山区召开。中山区等省内6个城区被授予“全国科普示范城区”牌匾。

同日　桃源街道医校社区科普益民服务站启动仪式举行。中国科协科普部部长杨文志和省科协主席康捷为服务站揭牌。这是全省第一家挂牌的社区科普益民服务站。

23日　日本连锁便利店巨头罗森株式会社大连总部落户中山。东北地区首家外资便利店罗森“大连第一店”开门纳客。罗森株式会社是店铺覆盖全日本的唯一便利连锁企业。

同日　区长江亲瑜带队督查安全生产隐患大排查大整治专项行动完成情况，重点抽查辖区部分使用液化气罐单位。

同日　副区长郭云峰会见中宏人寿保险有限公司大连分公司负责人，欢迎该公司落户大连金融服务区。中宏人保公司是国内首家中外合资人寿保险公司。

24日　中山区纪委在大连市第39中学召开中山区廉政文化进校园工作现场会，进一步推进廉政文化进校园工作。第9中学、第39中学、解放小学、桃源小学被授予“廉政文化进校园示范点单位”牌匾。

28—29日　区长江亲瑜带队赴长春招商。期间，举办大连·中山区（长春）现代服务业招商推介会，与吉林银行、锦联集团、长春昌驰集团、国贸中心大厦、中建七局、东北亚矿石交易中心、曼城鸿基房地产开发等知名企业签订经济合作协议11项，签约金额232亿元。

29日　在中国《电子政务》杂志社、电子政务理事会于海口召开的2011年政府网站集约化建设与精品栏目管理经验交流大会上，中山区政府门户网站“大连中山”的“旅游在中山”栏目获得“信息公开类精品栏目”大奖。这是该网站首次获此奖项。

是月　由辽宁省城区办、省财政厅等组织的2010年度辽宁省56个城区经济年度综合考评揭晓，中山区名列第四。

## 12 月

1日　日本最大的综合金融服务集团——欧力士集团的中国总部大厦项目在东港商务区正式动工。该项目是高端金融地产项目，总投资约32亿元。

5日　中山区与吉林银行大连分

行签订战略合作协议。吉林银行大连分行为大连金融服务区提供总规模30亿元授信，支持中小企业、小微企业发展。

同日　在“深入贯彻落实科学发展观，凝心聚力建设富庶美丽文明大连”大讨论活动中，大连市政协副主席、市委统战部部长董长海来区，与街道社区的居民代表进行座谈，听取社情民意。

6日　英大泰和财产保险股份有限公司大连分公司在中山区正式开业。

同日　历时半年的中山公安分局所属公安派出所“三室”改造工程完成。此次改造是该局有史以来对派出所改扩建力度最大的一次，改造面积1.4万平方米，耗资近300万元。

9日　中山区律师工作委员会成立。这是本区律师行业建立的第一个自治性组织。

12日　中山区工会第七次代表大会召开，工会主席沙东作工作报告。大会进行换届选举，沙东当选区工会第七届委员会主席。市委常委、市总工会主席汪集刚出席会议并讲话。

13日　大连市人大常委会副主任田树军来到海军广场街道春和社区，和辖区居民代表面对面交谈，倾听百姓心声。

14日　区委、区政府召开中山区2011年关心下一代工作总结和表彰大会，表彰2011年度“五好”关工委和2010—2011年度先进集体、先进工作者。大连市关工委主任方军出席会议并讲话。

同日　大连市副市长朱程清来区，与街道和社区居民开展“面对面、心贴心、凝共识” 活动，了解民情，为民解忧。

同日　中山区人民检察院反渎职侵权局正式挂牌。

16日　中山区人大常委会第二十八次会议审议通过中山区“六五”普法规划，并作出《关于在全区开展“六五”法制宣传教育的决议》。

17日　郑州市金水区区委副书记、统战部部长王克勤率党政考察团一行18人，来中山区考察经济发展、城市管理、社会管理创新、基层党建等方面工作，实地考察希望大厦、青泥小学停车场项目。

20日　老虎滩海洋公园地下（立体）停车场主体完工。该停车场设车位500个，投用后将有效缓解滨海路、解放路、中南路交会区域停车难问题。

同日　中山区智障人士移动定位服务系统（GPS）正式启动。此举在全国属首例，将发放1373台移动定位服务终端。

21日　经市有关部门对中山区企业退休人员社会化管理服务工作检查验收，葵英街道荣获全市“示范街道”称号。

30日　在中共大连市委宣传部、市委讲师团组织召开的全市理论宣讲工作座谈会上，昆明街道“昆明讲坛”被授予“大连市理论宣讲基地”称号。

**责任编辑**　*石黎明*

# 概貌 GAI MAO

## 自然环境

【地理位置】中山区位于大连市区东部，经纬度为东经121.63°、北纬38.92°。东、南、北三面濒临黄海，西部与西岗区接壤。陆地面积43.85平方公里，在市辖各区市县中排名第八，为市中心3区最大。海岸线长42.53公里，其中大陆海岸线长27.51公里，岛礁海岸线长15.02公里。

【地貌特征】中山区主要地貌特征为低山丘陵多，其面积约占全区陆地面积的70%；海岸线长，其长度居市中心3区之首。

低山丘陵　全区地势东南高西北低。中部、东南部多为低山丘陵，山势起伏蜿蜒；西北部地势较为平坦。低山山体不大且数量较少，海拔高度300—400米，多半是拔地而起，山形突兀挺拔，风光秀丽，尤以南山最为突出。丘陵地貌发育典型，分布广泛，海拔大多在50—100米之间，顶部浑圆，坡面和缓。

海岸　中山区三面环海，大陆海岸线长27.51公里。主要海岸类型：（1）海湾。主要有老虎滩湾和大连湾中山区段2处。老虎滩湾位于南部海域，湾口东起南山嘴，西至半拉山嘴，面积约3.74平方公里，水深5—15米。大连湾南部中山区段即寺儿沟至黄白嘴一带，海岸属典型基岩海岸，呈锯齿状，岬角突出，海岸陡峭。由于港口建设和填海造地，天然海岸大多被人工海岸所代替。（2）滩涂。大多集中在南部海滨小傅家庄至棒棰岛一线，砂质以鹅卵石为主，夹杂有中粗砂，水质清澈，大部分已开发为海水浴场。北部大连湾中山区段海滩较少，仅见寺儿沟一带局部地区，由砂和砾石组成。（3）海崖。域内岸线除沙滩、海湾外，其余大部分为岩石岸线，很多地段为海崖，如北大桥东西两侧、石槽村等地段，崖壁陡峭崎岖，岩石突兀。

岛屿　临近海域主要有棒棰岛、三山岛、圆岛等岛屿。棒棰岛位于本区东南海域，距陆地约300米，东西长350米，南北最宽处200米，西高东低，形似棒棰，以此岛命名的棒棰岛景区闻名海内外。三山岛位于本区以东海域，距陆地6.7海里，由大山岛、二山岛和小三山岛组成，总面积3.28平方公里。岛上山峦起伏，树木葱郁，礁石林立，有天然鹅卵石海滩。圆岛有“大连第一岛”的美名，形如馒头，距陆地近30海里，是辽东半岛沿海最南端的岛，面积0.032平方公里。岛上设置的大型灯塔，是入大连港船舶的主要导航。

【自然资源】中山区海域水产资源丰富。大连湾湾口外大小三山岛至老虎滩湾南山嘴一带水域采捕到的样品表明，有鱼类117种、虾类3种、蟹类2种、头足类3种，总计125种。人工养殖品种主要有皱纹盘鲍、栉孔扇贝、刺参、紫海胆、牡蛎、对

绿山上看中山

虾等十几种。

域内陆地地势平坦处土地多被开发，野生植物总量较少。低山丘陵多为植被覆盖，林木茂密，主要树木有槐树、榆树、日本落叶松、赤松等。

（史　志）

【气候】中山区位于辽东半岛东南端，地处北半球暖温带。气候温和，四季分明，暖湿同季，日照丰富，季风盛行，属暖温带半湿润大陆性季风气候。

气温　年平均气温10.9℃，夏无酷暑，冬无严寒。8月气温最高，历年平均气温为24.1℃；1月气温最低，历年平均气温为-3.9℃。

降水　多集中在6—8月，降水量约占全年的62%。历年平均降水量为602毫米，最多年降水量970.2毫米（1951年），最少为258.2毫米（1999年）。最大日降水量232.1毫米（1992年9月1日）。

风　最多风为偏北风，频率占全年的15%。风的变化具有明显季风环流特点，秋、冬季以偏北风为主，春、夏季以偏南风为主。风速年平均为4.8米/秒。

雾　以平流雾为主，4—7月为雾季，雾日明显偏多，占全年雾日总数的78%，其中6、7月均多达10天左右。秋冬季雾日偏少，9月—翌年2月在1天以下，9月最少，不足1天。

2011年气象　大连市区（含中山区）年平均气温10.6℃，比常年值低0.3℃。年内极端最高气温31.4℃，出现在7月4日；极端最低气温-16℃，出现在1月16日。总降水量902.6毫米，比常年值多300.6毫米（多49.9%），日最大降水量156.7毫米，出现在6月26日，为大暴雨。总日照时数2575.5小时，比常年值少163.5小时（少5.9%）。年平均空气相对湿度正常，为63%，比常年值略低1%。大风日数特少，为9天，比常年值少57天。大雾日数略多，为47天，比常年值多8天。无霜期偏长，为197天，比常年值少22天。雷暴日数略少且呈发生早、结束晚的特点。初日4月14日，终日11月22日。出现阶段性干旱。遭遇历史罕见的2次台风袭击。

主要灾害性天气　（1）台风“米雷”。受热带气旋“米雷”北上影响，6月26日凌晨至27日上午，全区普降大暴雨，雨量为166.6毫米，突破6月份同期历史极值。此次暴雨为一级，属最严重级别。同时伴有海面10级、陆地7—8级阵风。这是大连市有气象记录以来影响本区最早的台风。（2）台风“梅花”。8月7—9日，全区受“梅花”影响普降大暴雨，雨量为145.9毫米。此次暴雨为一级，属最严重级别。造成港湾桥、小龙街等地段积水较为严重，域内大连港客轮停班2天。（3）暴雨。7月25—26日，全区降暴雨，属非连续性降雨，雨量合计为109毫米。此次暴雨为二级，属严重级别。域内五五路植物园对面山坡发生山体滑坡。（4）大雾。6月28日—7月2日、7月8—12日，全区先后出现2次持续大雾天气，能见度最低不足200米，对道路交通造成一定影响。

附：

**2011年大连市区（含中山区）主要气象要素值**

| 要素 | 2011年 | 常年 |
|---|---|---|
| 平均气温（℃） | 10.6 | 10.9 |
| 降水量（毫米） | 902.6 | 602.0 |
| 日照时数（小时） | 2575.5 | 239.0 |
| 空气相对湿度(%) | 63 | 64 |
| 大风日数 | 9 | 66 |
| 大雾日数 | 47 | 39 |
| 无霜期日数 | 197 | 219 |

（张　蕊）

## 历史文化

【城区由来】中山区域在东汉末年称“三山浦”，由大连港外的三山岛而得名。因区域中心地带昔日是一片呈乌青色的淤泥海滩，故唐朝时被称为“青泥浦”，明代称“青泥岛”、“青泥海口”，清代称“青泥洼”。

百年大连，港口与城市的历史均启幕于中山。

1898年沙俄强租旅大后，开始在青泥洼3300公顷土地上建港兴市。1899年正式立市，取名“达里尼市”。1903年沙俄城建一期工程结束时，青泥洼地区建成面积为4.25平方公里，拥有4万人口的城市。今中山区域时称欧罗巴区（二七广场至友好广场一带）和老虎滩区（包括寺儿沟、岭前、转山屯、棒棰岛、老虎滩、傅家庄一带）。

1905年日俄战争后，日本取代沙俄占领旅大，将达里尼市改称大连市，并将其分为东、中、西三部分，今中山区域属东大连。

1945年日本投降后，新成立的大连市政府将全市123个旧区重新划分为12个区，其中中央、黑咀子、南山、寺儿沟、老虎滩等5个区属今中山区域。同年12月，为纪念孙中山先生，黑咀子区更名为中山区，“中山区”名正式确立。

【政治地位】中山区是大连市的政治中心之一。沙俄统治时期，“达里尼市”的市政厅就设在今中山区胜利桥以北。日本统治时期，早期地方行政管理机构大连民政署、1937年实行市制后成立的大连市役所（市政府），均设在今中山广场周边地区。1945年大连光复后，自中共大连市工委将办公地点设在今人民路6号（原日本台湾银行大连支行）时起，中共大连地方组织的领导机关虽数次搬迁，但始终设在中山区。政协大连市委、各民主党派市委以及市总工会、团市委、市妇联等主要人民团体的办公地点，也设在区内。

中山区还是民主革命时期中共大连地方组织的主要活动区域，经2010年普查确认的革命遗址多达27处，为全市各区市县最多。其中包括第一次国内革命战争时期成立的大连青年爱国进步团体大连中华青年会、东北地区最早的地方产业工会大连中华印刷职工联合会、掩护地下党组织活动的大连中华增智学校、大连地区最早的中文报纸《泰东日报》报馆、码头工人聚居地“红房子”、东北地区最大的榨油企业三泰油坊、关押抗日志士的岭前监狱等旧址。

【经济功能】自19世纪末大连建市以来，中山区一直是城市的金融、商贸和港航服务核心功能区。

随着港口和城市的建设，通讯、金融、保险、期货、证券、航管、海关、物流等临港产业和港航服务业在大连迅速兴起，现代城市所必备的商店、旅馆、医院、药房、浴池、洗衣房、娱乐场所等纷纷落户中山，大量商人涌入。1906年8月，从事船舶及保险代理、一般运输和杂货业等的英国和记洋行大连支店，落户大连东公园町1番地（今中山区鲁迅路），标志着港航服务业在大连开始兴起。2011年末，中山区有港航服务业企业1400余家，占全市总数的80%以上。

中山区历史上就是银行、期货和证券公司聚集地，日本横滨正隆银行、俄亚银行、日本朝鲜银行、日本大连银行、日本教育储金银行、辽东银行、英国汇丰银行等都曾在此设立本店和支店。2011年4月，辽宁省政府正式批准在中山区设立大连金融服务区。截至年末，全区有各类金融机构89个；有金融总部和功能性总部12家，占全市总量的63%。

浪速町街景（今天津街）

商贸业的发展也是如此。自上世纪20年代起，域内陆续兴建起浪速町（今天津街，全国知名商业街区）、辽东百货（今天津街食品商店）、劝商场（后称几久屋，今天百大楼）、信浓町市场（后称常盘桥市场，今大连商场）、三越洋行大连支店（今秋林女店）等，青泥洼桥至天津街一带逐渐成为城市商业中心而沿袭至今。如今的中山区，以青泥洼桥市级商业中心、人民路高端商业聚集区和天津街、七七街等特色商业街为重点，形成繁荣、时尚的消费环境。2011年，全区社会消费品零售总额实现422.2亿元，占全市的22%，列各区市县之首。

【文化传承】中山区域内有宏济大舞台、人民文化俱乐部等著名文艺演出场所，它们是大连城市文化发展的缩影，为中山区增添了特有的文化气韵。

始建于1908年的宏济大舞台是大连最早的戏院，早期为天福茶园，又名天福大戏院。2009年全面改造，2010年10月重新开台，成为专业京剧剧场。名家荟萃、精彩纷呈的“魅力中山·迎春京剧晚会”在此连续举办，成为中山区乃至大连市的文化名片。

人民文化俱乐部是新中国成立后大连建造的第一座剧场，国内外著名艺术表演团体来连演出大多在此。近10年来举办的新年音乐会以及2010年开始举办的亿达之声——大连夏季国际艺术节，丰富了大连人民的文化生活，提升了城市的文化影响力。

【街区风貌】中山区拥有多处风格迥异的广场和大量典雅的欧式、日式建筑，这些历史遗产形成中山独特的街区风貌。

尼古拉耶夫广场（后称大广场，今中山广场）是大连最早修建的广场，周边呈放射状向四面八方辐射着大小街巷，构成早期城区基本的街道布局。后以该广场为中心，陆续修建西广场（今友好广场）、朝日广场（今三八广场）、

30年代的大广场（今中山广场）

英吉利广场（后称千代田广场，今二七广场）、敷岛广场（今民主广场）等7座广场，形成大连“广场多”的城市特色。围绕今中山广场铺设的莫斯科大街（后称山县通，今人民路）是大连第一条繁华街道，东面起点是海港码头。

中山广场周边错落伫立着哥特式、巴洛克式、文艺复兴式等多个具有欧洲近代古典主义风格的建筑，被誉为“世界建筑博物馆”、“欧式建筑文化长廊”，使得大连这座城市有了异国文化色彩和风情。南山脚下的七七街及周边地区，是保留较好的一处日本建筑风格街区，经保护性改造，已成为大连著名的旅游景点。

## 建制沿革·行政区划

【建制沿革】1945年11月29日，大连市政府决定重新划定市内区域，将日本统治时期的123个区划并为12个区，即中央、黑咀子、南山、西岗、沙河口、刘家屯、寺儿沟、老虎滩、马栏屯、星个浦、香炉屯、甘井子。同年12月，为纪念孙中山先生，将黑咀子区改称中山区。1946年2月7日，又将12个区归并为中山、寺儿沟、岭前、西岗、沙河口5个区，原中央区和南山区并入中山区，同时决定建立区级政权组织机构。同年2月21日，中山区政府成立。1950年12月寺儿沟区并入中山区。1959年8月，岭前区并入中山区，基本形成今中山辖区范围。

区属街道行政建制屡有变更。1946年设立坊公所，全区共21个。1949年调整为17个。1950年12月寺儿沟区并入后，增至30个。1953年7月，坊公所改为街道居民委员会。1954年9月，正式成立街道办事处，共设18个。1959年8月岭前区并入后，增至25个。1960年9月，街道办事处调整为6个人民公社分社。1963年6月，重新组建街道办事处，共设14个。1969年9月，民乐、八一路2个街道划归西岗区。1970年8月，桂林、虎滩2个街道撤并，全区设街道办事处10个。1980年2月、1981年7月，先后恢复桂林、虎滩2个街道。1986年11月，组建转山街道，全区形成13个街道办事处的区划格局。1998年，全区有居民委员会285个，1999年5月合并为129个。2000年，居委会改制为社区居民委员会，经调整合并后设70个。2003年12月，经辽宁省政府批准，13个街道办事处合并为8个，共辖71个社区居委会。其中：春海、春和合并组建海军广场街道，桂林、枫林合并组建桂林街道，天津、青泥洼桥合并组建青泥洼桥街道，转山、虎滩合并组建老虎滩街道；保留昆明、桃源和葵英街道。2004年6月，71个社区居委会调整为51个。

【行政区划】2011年，中山区有街道办事处8个，下辖社区居民委员会共51个，均与上年同。

附：

2011年中山区街道办事处及社区居民委员会情况

| 街道办事处名称 | 所辖社区居委会数（个） |
|---|---|
| 海军广场 | 9 |
| 人民路 | 4 |
| 桂林 | 6 |
| 青泥洼桥 | 4 |
| 昆明 | 5 |
| 葵英 | 9 |
| 桃源 | 9 |
| 老虎滩 | 5 |
| 总计 | 51 |

（党史办）

## 人　口

【户籍人口】2011年末，中山区有户籍居民134405户，比上年末增加463户。户籍总人口356613人，比上年末减少12人，减少0.003%。户籍总人口中，男性175060人，女性181553人，分别占49.1%和50.9%。人口密度为8132人/平方公里。

附：

2011年末中山区户籍人口分布情况

| 街道 | 总户数（户） | 比上年增加（户） | 总人口（人） | 比上年增加（人） | 总人口中 | |
|---|---|---|---|---|---|---|
| | | | | | 男（人） | 女（人） |
| 全区总计 | 134405 | 463 | 356613 | −12 | 175060 | 181553 |
| 海军广场 | 23469 | 158 | 60352 | 288 | 29533 | 30819 |
| 人民路 | 9304 | −59 | 27154 | 481 | 14076 | 13078 |
| 桂林 | 15267 | 62 | 46069 | −43 | 22691 | 23378 |
| 青泥洼桥 | 9371 | −64 | 23051 | −255 | 11208 | 11843 |
| 昆明 | 12604 | 19 | 32766 | −139 | 15804 | 16962 |
| 葵英 | 21984 | −119 | 56257 | −908 | 27824 | 28433 |
| 桃源 | 24766 | 156 | 64955 | 2 | 31521 | 33434 |
| 老虎滩 | 17640 | 310 | 46009 | 562 | 22403 | 23606 |

2011年末中山区户籍人口年龄结构

| | 人口数（人） | 比上年末增加（人） | 占总人口比重（%） | 比上年末提高（百分点） |
|---|---|---|---|---|
| 全区总计 | 356613 | — | — | — |
| 16岁以下 | 31291 | 83 | 8.77 | 0.02 |
| 16—35岁 | 93737 | −140 | 26.28 | −0.04 |
| 35—60岁 | 161312 | −2557 | 45.23 | −0.72 |
| 60岁以上 | 70273 | 2602 | 19.71 | 0.73 |

全年出生人口2468人，比上年增加103人。出生人口中，男性1299人，女性1169人，男女性别比为1.11:1。死亡人口2468人，比上年减少71人。死亡人口中，男性1372人，女性1096人。

年内，由外地和大连市其他区市县有迁入人口3793人，有迁出人口1971人。

【暂住人口】2011年末，中山区有暂住人口54883人。租住房屋户数8739户。

（曾文铃）

## 国民经济和社会发展

【综合经济实力进一步增强】2011年，中山区以区域性金融商务核心区建设为牵动，较好地完成了各项国民经济和社会发展预期目标，综合经济实力进一步增强。

全区实现地区生产总值260.13亿元，按可比口径比上年增长12.7%。其中，第二产业增加值23.73亿元，增长17.1%；第三产业增加值 236.4亿元，增长12.3%。第三产业所占比重为90.9%，比上年提高1.2个百分点。

完成区级财政一般预算收入24.39亿元，比上年增长31.2%；一般预算支出21.66亿元，增长29.93%。财政支出重点向社会保障和就业、社会事业、城区建设、社会综合管理等倾斜。

完成全社会固定资产投资286.42亿元，比上年增长12.7%。

完成社会消费品零售总额422.2亿元，比上年增长17.4%。

实际使用外资3.3亿美元，比上年下降50%。出口创汇9.05亿美元，比上年增长25%，连续2年保持增长。

【区域性金融核心功能区建设步伐加快】 2011年4月，辽宁省政府正式批准在中山区设立大连金融服务区。

这一年，中山区坚持把建设区域性金融商务核心区作为核心发展战略，不断加大以金融业为重点的现代服务业发展力度，全力推进现

2011年中山区国民经济主要指标增长示意图

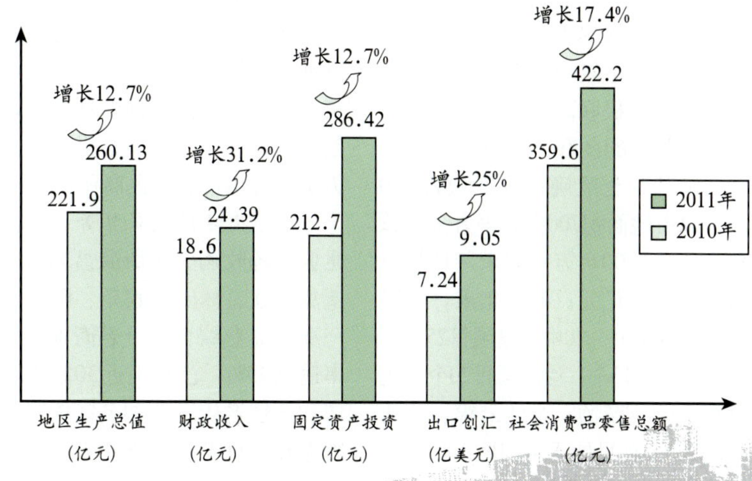

代服务业集聚区建设。由中山广场、东港区、人民路中央商务区组成的“两圈一带”金融商务区的建设力度加大，吉林银行大厦建设项目已经摘牌，丹东银行大连分行、英大泰和财产保险公司大连分公司办公场所正在装修。积极吸引各类金融和融资类机构进驻，年内新增7家融资担保公司和8家小额贷款公司。截至年末，全区有各类金融机构89个；有金融总部和功能性总部12家，占全市总量的63%。

进一步拓展现代服务业发展空间。聘请安永（中国）企业咨询有限公司制定《大连金融服务区发展规划》。与大连银行、新华通讯社辽宁分社、中国移动大连分公司开展战略合作，搭建融资、资讯和信息平台。加快大连船舶交易市场建设，大连东北亚国际航运中心船舶交易市场有限公司已批准设立，拟选址东港商务区。

【重点项目建设扎实推进】2011年，中山区继续坚定不移地实施项目牵动战略，以东港区建设为重点，全力推进重点项目建设。

在项目的整体推进上，提出“在建一批，招拍挂一批，储备一批”的推进思路。在项目协调机制上，丰富和完善区级领导包项目工作内容，召开开发企业与区级领导实现良好对接的重点项目推进会，形成四大班子领导齐抓共管、相关经济部门积极联动、街道和开发企业密切配合的良好工作局面。

年初，全区确定重点项目100个，总占地面积700余万平方米，总建筑面积1300余万平方米，计划总投资1000余亿元。截至年末，全区在建项目40个，其中续建项目25个、新开工项目15个；竣工项目20个。凯丹综合购物商场、金地云锦、朗廷酒店等6个项目处于基础施工阶段；大连绿地中心、国泰港汇中心、人民大厦等14个项目处于主体施工阶段；东港第、明秀庄园等20个项目主体封顶。

【总部楼宇经济快速发展】2011年，中山区政府根据区第十三次党代会提出的“力争5年内全区税收亿元大厦超过10座、税收千万元大厦超过50座”的目标，制定“1050”楼宇培育实施方案，组织各街道对辖区内建筑面积5000平方米及以上的商务写字楼、企业办公楼、星级酒店等进行普查摸底。调查结果显示，全区有各类商用楼宇120座，其中已出租112座，在建8座。根据调查结果，建立起区级楼宇经济数据库，动态跟踪楼宇大厦的发展情况。

年内，全区有3座楼宇税收超亿元，45座楼宇税收超1000万元。截至年末，全区有总部经济性质的企业230家，46家世界500强企业在区设立分公司或分支机构，总数达到63个。培育航运、物流、总部、金融等特色专业大厦12座。

【商贸业发展取得新成果】特色商业街建设顺利推进。2011年，中山区政府制定《中山区特色商业街总体发展规划》，成立领导小组，确定夜大连（一期经典生活）、七七街（南山）高端会所街区等首批重点推进的特色商业街，制定扶持政策，强化特色商业街的环境管理和氛围营造，完善功能，提升档次，力争打造出市级特色商业街。

天津街建设成果显著。香港佳兆业广场收购天津街海昌名城，打造集餐饮、休闲、娱乐、购物等于一身的商业综合体。老街项目招商率达到95%，已吸引近30家大连老店和传统名店以及知名餐饮娱乐品牌进驻。悦泰集团收购天龙商城，引进特色餐饮项目。新天百公司收购天百南楼，打造成台湾城、美食广场，于4月份开业。广东粤财集团整体收购天植商场，开始招商。

“早餐工程”和“白领午餐工程”大力推进。全区确定30个“早餐工程”试点单位和60家“白领午餐工程”加盟企业，以解决中央商务区6000家企业、近8万名白领员工的午餐难问题。

【招商引资工作卓有成效】2011年，中山区围绕区域产业发展定位，以大项目为牵动，重点引进港航服务、金融保险、旅游物流、商贸综合体等现代服务业项目。坚持“三个并举”（走出去、请进来并举，资源、资产并举，引资、引智并举），不断提升招商引资工作质量和水平。利用省、市政府搭建的招商平台，共组织和参与对内、对外招商活动14次，分别赴温州、重庆、香港、长春等地招商，总签约额482亿元，实际到位资金67.9亿元。全年新办外商投资企业69个，外资实际到位3.3亿美元，比上年增长10%。引进内资80.7亿元，增长55%。

【文化创意产业推进有力】 2011年，中山区根据本区发展现状，将文博会展、服装服饰设计、演艺文化、茶文化传承、创意设计、现代传媒等六大基地建设确定为发展文化创意产业的工作重点予以推进。设立1000万元文化创意发展资金，重点扶持此类企业落户和发展。召开区文化创意产业推进工作会议，发布《中山区文化创意产业资金管理使用办法》，为首批十大文化创意产业基地授匾。大连思凡服装服饰有限公司等10家企业成为中山区文化创意产业扶持政策的首批受益者。

【科技创新取得新进步】 2011年，中山区引进科技企业58家，注册资金1.5亿元，其中软件和信息服务企业28家。

当年全区实现高新技术产值58亿元，比上年增长92.7%。4家科技企业被认定为国家高新技术企业。全区新申请专利1200项，其中发明专利310项。完成吸纳技术合同349项，合同成交额12.56亿元，占全市总成交额的25.7%。中山区被评为“全国科技进步先进区”。

【就业和社会保障再上台阶】 创业就业工作成果显著。2011年，中山区投入1000万元专项资金，用于奖励创业带头人及建设创业孵化基地工作。全区实名制就业18734人；稳定就业9158人；有创业带头人391人，带动就业2282人，均超额完成计划。培训进城务工人员471人。高校毕业生实名制就业率91.7%，扶持大学生自主创业20人，新增高校毕业生培训、见习、实训基地12家。

社会保障体系进一步完善。高质量完成第12次低保调标工作，标准由380元提高到420元。重点完善和实施《中山区临时救助实施细则》，对215人（户）遭遇就医、突发灾害等各类临时困难的低保家庭发放救助资金59.7万元。为2113名低保人员续办医疗保险，核销医疗费110余万元。为713户低保家庭办理廉租住房补贴486万元，为1912户低保家庭减免采暖费255.1万元。

【社会事业全面协调发展】 2011年，中山区以改善民生为重点，促进各项社会事业全面协调发展。

教育事业健康发展。制定《中山区加快教育改革与发展行动计划》，全面推进和深化素质教育。积极发展学前教育，率先在全市实行“阳光分班”，小班化教学工作成果通过省级验收。加快推进中小学素质教育实践基地、明秀家园小学、东港新区新建中小学校等校舍建设工程。开展校园安全工程建设，提前完成校园安全加固建设任务。进一步提高教育现代化水平，投入500万元用于中小学信息化建设一期工程，所有设备在秋季开学前配备调试完毕；设立专项资金，完成学校体育器材和学生储物柜的配备。

卫生服务管理水平不断提高。按照大连市发展和改造“15分钟服务圈”目标，统筹规划建设社区卫生服务机构。全区有社区卫生服务中心10家，服务面积覆盖所有街道办事处，人口覆盖率100%。社区卫生服务中心升级改造工作稳步推进，有2个中心完成装修改造。进一步完善食品安全工作体制机制，食品安全综合监管规范有序，全年投入经费100.2万元，有力地保障了各项食品安全工作的顺利开展。

人口和计划生育工作扎实开展。在全区开展“人口计生信息化建设规范年”活动，不断提升服务管理效率和质量。深入落实各项惠家惠民举措，低生育水平保持稳定态势。年末全区户籍人口356613人，常住人口364837人，出生人口2261人，人口出生率6.34‰，人口自然增长率-0.52‰，计划生育率99.96%，出生人口性别比105.17。

文化体育事业蓬勃发展。成功举办2011“魅力中山”大连新春京剧晚会。高水平举办庆祝建党90周年万人“红色经典”歌曲演唱会。中山美术馆正式开馆并举办3次国家级美展。支持举办北方不夜港——2011中山区酒吧文化节系列活动。圆满完成大连国际服装节分会场和巡演表演任务。成功举办中山区第五届全民健身徒步大会。各类群众性文体活动深入开展。

【城区环境继续改善】 2011年，中山区以开展“城区建设与管理年”活动为主线，全面推进城区各项基础设施建设，大力开展市容环境综合整治活动，城区建设与管理取得显著成效。开展大规模植树造林和绿化工作，丰富路街绿化景观样式，提升全区整体绿化档次。新建望海街、桃源广场、友谊美邻等7处停车场，总面积1.81万平方米，新增泊车位1200余个，有效缓解停车难问题。改造弃管楼院59个，改造面积4.36万平方米。对辖区在建工地、违规户外广告牌匾设施、“野广告”和居民楼院的卫生环境进行清理整治，市容市貌得到有效改善。

【主要矛盾和问题】 2011年，中山区经济社会发展中仍然存在一些矛盾和问题需要高度重视：（1）区域自主创新能力不强，推进经济结构优化和和产业转型升级任务依然艰巨。（2）现代服务业发展的规模、质量和水平需进一步扩大和提高，新兴高端服务业发挥示范带动作用不够。（3）服务经济和社会发展的主动性和创造性尚有不足，细致服务和高标准工作的意识还需要加强。

（区发改局）

**责任编辑** 石黎明

# 党政机关 DANG ZHENG JI GUANG

## 中共中山区委员会

### ·主要工作·

【召开区第十三次党代会】2011年，中共中山区委第十二届委员会任期届满。区委高度重视换届工作，牢牢把握推荐党代表、起草工作报告和严肃换届纪律3个重点，加强领导，认真筹备。1月19日，党代会筹备工作领导小组成立，全面启动筹备工作。

3月21—23日，中国共产党大连市中山区第十三次代表大会隆重召开。 239位代表（9人请假）参加会议，非代表的正处级领导干部以及特邀的区级非中共领导干部、区级离退休领导干部和各民主党派、无党派负责人共264人列席会议。

会议审议通过区委书记李向东代表中共中山区第十二届委员会作的《坚持民生为本　加快转型发展 努力建设大连科学发展首善区》工作报告；审议通过中共中山区纪律检查委员会题为《深入开展反腐倡廉建设 为建设科学发展首善区提供坚强保证》的工作报告。与会代表经过酝酿讨论，选举李向东等37人为中共中山区第十三届委员会委员，李春胜等7人为候补委员；选举李玉宝等21人为中共中山区纪律检查委员会委员；选举于丽琴等20人为出席大连市第十一次党代会代表。

3月23日，区委召开十三届一次全会，选举李向东、江亲瑜、何守林、李玉宝、周勤、沙东、蔡先勃、曲寿巍、时振军9人为区委常委，李向东为书记，江亲瑜、何守林为副书记。区纪检委召开第一次全会，选举产生区纪委常委、书记、副书记。

区第十三次党代会现场

与会代表审议通过十二届区委工作报告

此次大会的主题是：高举邓小平理论和“三个代表”重要思想伟大旗帜，坚持科学发展观，动员全区各级党组织和广大党员干部群众，进一步解放思想，振奋精神，同心同德，开拓创新，为建设大连科学发展首善区而努力奋斗。

大会认为，过去5年，面对复杂多变的国内外发展形势和艰巨繁重的改革发展任务，中山区第十二届委员会坚持以科学发展观为指导，全面贯彻落实中央和省、市委的战略部署，团结带领全区广大党员和干部群众，抢抓机遇，开拓进取，圆满完成中山区第十二次党代会确定的各项任务，取得了令人振奋的成就，谱写了中山区发展史上的崭新篇章。

大会指出，加快建设大连科学发展首善区这一奋斗目标，是今后一个时期推动全区转型发展的必然选择，体现了科学发展，以人为本的宗旨，符合中山区的实际，符合中山区全体人民群众的期盼，经过努力是可以实现的。今后5年全区工作的指导思想，具有很强的指导性和实践性，遵循这个指导思想，对加快中山区经济发展和社会进步，确保“十二五”规划任务圆满完成非常必要。

大会强调，今后5年是中山区经济社会发展至关重要的时期。站在新的历史起点，一定要牢牢把握发展目标，解放思想，抢抓机遇，迎接挑战，勇于创新，全面贯彻执行党的路线方针政策，认真落实报告中提出的各项任务，确保“十二五”规划顺利实施，把中山区各项事业推向一个更高的发展阶段。

与会代表投票选举十三届区委委员

新当选的区委常委

【确定未来5年发展战略】2011年，中共中山区委把中山区的发展放到东部沿海发达城区去审视，放到全省背景下去衡量，放到大连建设富庶美丽文明的现代化国际城市的总体要求中去把握，研究提出“12344”发展战略，即一个目标、两个转变、三大战略重点、四大功能区、四个导向。

一个目标：建设大连科学发展首善区。

两个转变：由侧重经济发展向经济和民生并举转变，由主要依靠投资拉动经济向投资和消费拉动并举转变。

三个战略重点：建设区域性金融商务核心区、区域性时尚消费旅游中心、国际化生态宜居示范区。

四大功能区：推进以金融业为主导产业的CBD商务功能区，以天津街、青泥洼桥为核心的商贸功能区，以解放路、中南路为重点的生态宜居功能区，以南部滨海区域为依托的旅游观光功能区。

四个导向：建设金融中山、文化中山、绿色中山、时尚中山。

2011—2015年，全区居民人均可支配收入、地区生产总值和财政收入年均增长15%以上，实现倍增目标。

【完善区委工作制度】2011年，换届后的十三届区委第一次常委会，在对区委常委进行工作分工的同时，专题研究《中共中山区委员会全体会议工作规则》《中共中山区委员会常务委员会工作规则》《中共中山区委关于实行党代表大会代表任期制的实施办法（试行）》《中山区工作会议制度》《中山区请示报告备案制度》等“五项制度”，提出修订和完善这些制度的指导性意见。

区委办公室、组织部根据常委会意见，结合中央、省委、市委的新要求，对“五项制度”进行修改完善。修改后的区委“五项制度”改革和完善了区委的决策机制，进一步推进了区委决策的科学化、民主化。区委十三届二次全会审议通过“五项制度”，并以文件形式印发。

【加强对经济工作的领导】2011年，中共中山区委着眼于增强区域经济可持续发展，加快推动现代服务业发展，保持经济发展良好势头。

抓方向，积极谋划发展策略。定期召开经济形势分析会、税收调度会，加强对经济形势的分析研判，及时解决问题，提出举措，有力把握发展的主动权。

抓项目，不断增强发展动力。健全区级领导干部联系重点项目制度，完善重点项目协调推进机制。

抓关键，大力优化产业结构。积极打造良好的金融业发展环境，成功争取到辽宁省政府在中山区设立大连金融服务区，进一步巩固大连区域性金融核心功能区地位。加强总部经济和楼宇经济服务力度，研究制定“1050”楼宇培育实施方案，全面提高经济运行质量。加快天津街功能调整步伐，佳兆业广场、原天百南北楼、老街等牵动性商业项目投入使用，天龙商城和天植商场资产整合进展顺利，老商业街的繁荣发展取得重大突破。

【扎实推进民生工程】2011年，中共中山区委高度重视民生工作。年初专门召开民生工作会议，安排5.5亿元专项民生资金，重点推出教育、低保、就业、医疗卫生等8个方面31项重点民生工作并全面落实到位，辖区百姓得到更多实惠。中山美术馆成为东北地区功能最全、面积最大、现代化程度最高的区级专业美术馆。全区中小学校不设重点班，新生全部实行电脑分班，班主任以抽签方式确定的做法在社会上产生良好反响。在全省率先建立社区科普益民服务站，中山区再次成为“全国科普示范城区”。

【狠抓社会和谐稳定】2011年，中共中山区委坚持“抓稳定就是抓发展”的理念，以创建省级“平安稳定区”为载体，不断完善工作机制。针对8.14事件，区委从政治高度出发，全面贯彻落实市委各项决策，连续召开5次专题会议，开展政治动员，进行工作部署，在思想和行动上与市委坚决保持高度一致，确保辖区社会稳定。同时，不断完善社会治安防控体系建设，深入开展打黑除恶专项斗争，积极实施信访代理和领导大接访活动，全面落实安全生产责任制，加强应急抢险救援，全区安全形势总体平稳。中山区被评为“辽宁省平安稳定区”、“辽宁省信访工作先进集体”、“大连市平安稳定先进区”。

【抓好创城迎检活动】2011年，中共中山区委加强对创建“全国文明城市”工作的组织领导，整合资源，建立机制，扎实开展各项工作。先后组织召开3次党政联席会议、2次全区环境整治工作会议，研究解决突出问题方案，加大资金保障力度，突出抓好广场、公园、商业街、主干道、交通路口、街道和社区的环境整治。通过大力整治，全区市容环境明显改善。同时，全面启动“爱我中山，建设首善”10项活动，进一步激发全区人民热爱家乡的热情，营造出浓厚的“创城”氛围。中山区获“大连市创建全国文明城市工作突出贡献单位”称号。

【广泛开展“大讨论”活动】根据中共大连市委安排，从2011年9月2日开始，用时3个月，在全市范围内开展“深入贯彻落实科学发展观 凝心聚力建设富庶美丽文明大连”大讨论活动。

结合市委总体要求，区委注重抓“早”、抓“实”、抓“创新”，在全市率先启动“大讨论”活动，并结合中山实际，创新开展机关干部与社区群众“面对面、心贴心、凝共识”主题实践活动。活动坚持“四必谈”原则，即机关干部与社区党总支书记必谈、与楼院党支部必谈、与党员中心户必谈、与重点家庭必谈。同时，实施延伸谈，即社区干部、楼院党支部书记、党员中心户与普通群众面谈，及时宣传党和政府的有关政策，有效化解群众思想疙瘩。活动期间，面对面谈话覆盖率达到常住人口的50%以上，收集意见建议10个方面188项共2.6万余条。同时，区委组织大连方永刚社区宣讲团以及区委党校优秀教师，走进社区楼院开展形势政策理论宣讲教育，用群众的语言回答群众的问题。宣讲活动共

纪念建党90周年大型演唱会

举办160余场，受到社区群众欢迎。

大讨论活动进一步把全区干部群众的思想统一到市委和区委对当前形势的分析判断上来，统一到市、区党代会确定的思路目标、战略举措上来，形成全区上下共谋和谐稳定，万众一心团结发展的良好局面。

【精心组织建党90周年活动】2011年，为庆祝中国共产党建立90周年，中共中山区委精心制订活动方案，先后组织开展“一先两优”表彰大会、万人红歌演唱会、戏曲朗诵音乐会、各界人士座谈会、群众性主题宣传教育活动等一系列活动，有效教育引导广大党员、干部和群众，牢记历史、继承优良传统，唱响共产党好、社会主义好、改革开放好的时代主旋律，以更加饱满的激情和昂扬的斗志积极投身到“十二五”各项事业中去。

【推进学习型党组织建设】2011年，中共中山区委不断扩大区委理论中心组学习覆盖面，切实增强理论学习的实效性。进一步完善区委两级理论中心组学习制度，按照“每次一个专题，每人一个主题，集中破解一个难题”的原则，由区委常委结合分管工作做主题报告，全年举办专题辅导报告9场。区委班子以及老虎滩街道党工委、大连市第39中学分别被市委首批命名为“学习型领导班子”和“学习型党组织”。

【深化干部人事制度改革】2011年，中共中山区委制定《中共中山区第十三届委员会全委会对正处级领导干部拟任人选和推荐人选投票表决办法》，完善《中山区副处级后备干部管理暂行办法》《中山区选拔副处级后备干部实施方案》《中山区处级非领导职务评定暂行规定》，探索创新干部选拔任用初始提名办法。全年对51个领导班子91名中层干部进行了调整，选人用人公信度大幅提高。

【推进基层党组织建设】2011年，中共中山区委不断增强基层党组织凝聚力和战斗力，圆满完成社区基层党组织换届工作。深入开展“创先争优”活动，有效组织“抓小事、管闲事、促和谐”等40余个特色活动，充分调动不同领域、不同类别党员参与组织建设的积极性和主动性。

年内，全区新组建非公企业党组织803个；新建社区党员活动站3个、楼院党支部活动室6个，街道社区党员活动阵地总数达到239个。

【全面加强惩防体系建设】2011年，中共中山区委认真开展惩治和预防腐败“五大系统”，即行政权力运行制度系统、公共资源交易系统、行政绩效管理系统、行政权力电子监察系统、民意诉求反馈系统建设，全面推开23个行政部门行政权力运行制度建设工作，加强工程建设领域、“小金库”和行政事业性收费等专项治理，着力纠正损害群众利益不正之风。完善行政审批电子监察系统，有关信息被辽宁省政务公开办、省民心网列为“十大城市经验信息”。全面实施处级领导干部任前廉政法规考试制度，“五式教育+五种效应”做法得到市纪委充分肯定。大力纠正部门和行业不正之风，严厉查处违纪违法案件，工作经验在全市交流。区委书记李向东为全区领导干部讲廉政党课，区委常委、纪委书记李玉宝结合工作实际，对全区处级干部进行警示教育。

## ·会议文件·

【区委常委会会议】2011年，中共

中山区委召开常委会26次，审议重要议题87项（163个），研究并原则同意以下事项（见附表）。

【区委全体会议】十二届十一次全会　2011年1月24日召开，区委委员、候补委员出席会议。会议讨论通过区委组织部汇报的《关于召开第十三届党代会的决议（草案）》和《两委组成原则（草案）》。

十二届十二次全会　3月9日召开，区委委员、候补委员出席会议。会议酝酿并表决通过出席市第十一次党代会代表候选人初步人选名单。

十二届十三次全会　3月15日召开，区委委员、候补委员出席会议。会议酝酿并表决通过第十三届区委委员、候补委员和区纪委委员候选人预备人选名单。讨论通过区第十三次党代会代表选举和代表资格初步审查情况的报告。讨论通过大会主席团和秘书长、副秘书长建议名单；主席团常委建议名单；大会执行主席分组建议名单；代表资格审查委员会组成建议、代表资格审查委员会主任、副主任、委员建议名单；大会列席人员建议名单；邀请有关人员参加大会开幕式、闭幕式的建议名单；大会总监票人、副总监票人、监票人建议名单；代表团团长、副团长建议名单；大会选举办法（草案）；党费收缴、管理和使用情况的报告；大会议程（草案）和日程（草案）。讨论通过区委和区纪委工作报告。听取区委常委、组织部部长周勤作关于第十三次党代会筹备工作情况的报告。区委书记李向东作总结讲话。

十三届一次全会　3月23日召开，区委委员37人、候补委员6人出席会议，区纪委委员列席会议。会议选举李向东、江亲瑜、何守林、李玉宝、周勤、沙东、蔡先勃、曲

附：2011年中共中山区委常委会研究并原则同意事项明细表

| 通过事项 |
| --- |
| 区委： |
| 中共中山区第十三届区委常委工作分工 |
| 关于召开区纪委十二届六次全会会议方案 |
| 区纪委工作报告 |
| 关于对拟提拔处级领导干部实行廉洁从政党纪法规考试的暂行办法 |
| 关于成立中山区领导干部廉洁从政党纪法规考试工作领导小组的通知 |
| 关于区纪委工作报告有关情况的说明 |
| 关于全面推进“五大系统”建设的意见 |
| 中共中山区委关于全面实行党务公开的意见 |
| 中共中山区委关于成立区党务公开工作领导小组的通知 |
| 中共中山区委党务公开目录 |
| 区人大、政府、政协、检察院、法院党组党务公开目录 |
| 行业党委党务公开目录 |
| 非公有制企业党工委党务公开目录 |
| 区直机关党工委党务公开目录 |
| 街道党工委党务公开目录 |
| 中山区党务公开工作会议方案 |
| 中山区开展加快转变经济发展方式监督检查工作的实施意见 |
| 中山区开展忠职守廉岗位廉政教育的实施方案 |
| 中山区忠职守廉岗位廉政教育大会方案 |
| 关于中山区第十三次党代会专项经费的报告 |
| 关于第十三次党代会工作报告有关情况的说明 |
| 十二届区委五项制度 |
| 关于召开区委十三届二次全会的报告 |
| 中山区委、区政府贯彻落实市委、市政府开展“深入贯彻落实科学发展观，凝心聚力建设富庶美丽文明大连”大讨论活动的方案 |
| 中山区关于PX项目维稳工作方案 |
| 关于中山区党政考察团赴南方发达城区学习考察情况的报告 |
| 中共中山区委十三届三次全会报告（送审稿） |
| 中山区关于开展清理和规范庆典、研讨会、论坛活动工作的实施方案 |
| 中山区清理规范庆典、研讨会、论坛活动领导小组工作会议方案 |
| 中共大连市中山区委换届筹备工作方案 |
| 中共大连市中山区第十三次代表大会筹备工作领导小组及各组任务分工 |
| 中共大连市中山区第十二届委员会第十一次全体会议关于召开中共大连市中山区第十三次代表大会的决议（草案） |
| 中共大连市中山区第十三届委员会中共中山区纪律检查委员会组成原则（草案） |
| 关于《决议（草案）》和《两委组成原则（草案）》的说明 |

寿巍、时振军9人为中共中山区第十三届委员会常委；选举李向东为中共中山区第十三届委员会书记，选举江亲瑜、何守林为副书记；通过中共中山区纪律检查委员会一次全会选举产生的区纪委常委、书记、副书记名单。

十三届二次全委（扩大）会　7月22日召开，区委委员、候补委员出席会议；不是区委委员的大班子领导，区纪委委员，各街道党政主要领导，区机关各部、委、办、局，群团和区直属单位的主要领导以及市驻区分局主要领导列席会议。会议传达市第十一次党代会精神；审议通过《区委十三届二次全会关于修改完善〈五项制度〉的决议（草案）》；听取区委副书记、区长江亲瑜作的经济形势分析报告；区委书记李向东作总结讲话。

十三届三次全委（扩大）会　12月24日召开，区委委员、候补委员42人出席会议；不是区委委员的大班子领导、区纪委委员、全区正处以上实职领导干部以及部分党代表和民主党派、无党派人士列席会议。会议书面传达市委十一届二次全会精神；审议通过区委书记李向东代表区委常委会作的《全面提高城区综合竞争力　加快大连科学发展首善区建设步伐》工作报告；听取区委副书记、区长江亲瑜作的经济形势分析报告；区委书记李向东作总结讲话。全会结束后，区委委员、候补委员以及正处以上领导干部、区纪委常委对区委本年度干部选拔任用情况进行“一报告三评议”。

**【区委重要会议】**2011年，中共中山区委先后召开十三次党代会，区委十二届十一次、十二次、十三次全会，十三届一次、二次、三次全会等重要会议63次。

续表

| 通过事项 |
|---|
| 中共中山公安分局第十一届委员会委员、书记、副书记候选人预备人员名单 |
| 中共中山公安分局纪律检查委员会委员、书记候选人预备人选名单 |
| 关于严肃换届纪律相关《通知》精神要求及我区贯彻落实措施 |
| 关于认真做好中共大连市中山区第十三次代表大会代表选举工作通知 |
| 中山区第十三次党代会代表名额分配名单 |
| 领导干部下派选举分配名单 |
| 中山区2011年公务员晋升非领导职务工作实施方案 |
| 市委考察组关于拟进行二次推荐的新提名建议人选情况的反馈 |
| 中山区2011年组织工作要点 |
| 市委组织部关于中山区党委领导班子成员换届建议人选的情况反馈 |
| 中山区第十三届区委委员候选人预备人选建议名单 |
| 中山区第十三届纪委常委候选人初步人选建议名单 |
| 中山区出席市第十一次党代会代表候选人初步人选名单 |
| 关于中共中山区第十三次代表大会代表选举和代表资格初步审查情况报告 |
| 中共中山区第十三次代表大会主席团、秘书长名单（草案），副秘书长建议名单，主席团常委建议名单，执行主席分组建议名单，代表资格审查委员会组成的建议，代表资格审查委员会主任、副主任建议名单，列席人员建议名单，邀请有关人员参加开幕式、闭幕式建议名单，总监票人、副总监票人、监票人建议名单，代表团团长、副团长建议名单 |
| 中共中山区第十三次代表大会选举办法（草案） |
| 中共中山区第十二届委员会关于党费收缴、管理和使用情况的报告 |
| 中共中山区第十三次代表大会议程（草案）、日程（草案） |
| 2010年度中山区处级领导班子和领导干部考核情况汇报 |
| 关于召开中山区领导干部大会的请示 |
| 关于中山区进一步提高选人用人公信度工作方案 |
| 中山区副处级后备干部管理暂行办法 |
| 中山区2011年社区党总支换届选举工作实施意见 |
| 中山区副处级后备干部拟定人选名单 |
| 关于召开中山区人才工作会议的请示 |
| 中山区中长期人才发展规划（送审稿） |
| 中山区人才工作会议的工作报告 |
| 关于调整区人才工作协调小组的通知 |
| 关于召开中山区纪念建党90周年暨“一先两优”表彰大会方案 |
| 中共中山区委关于表彰先进基层党组织、优秀共产党员和优秀党务工作者的决定 |
| 中山区出席中共辽宁省第十一次代表大会代表候选人推荐人选 |
| 中共中山区工商局第四届委员会委员、书记候选人预备人选名单 |
| 中共中山区工商局纪律检查委员会委员、书记候选人预备人选名单 |
| 中山区第十六届人民代表大会第五次会议党组、分党组成员名单 |

1月 18日，召开中山区重点企业迎新春联谊会。19日，召开原区级老干部座谈会。24日，召开区委十二届十一次全会。27日，召开中山区党政军联谊会。

2月 9日，召开严肃换届纪律宣传教育培训大会。15日，召开区第十三次党代会选举部署和业务培训会。28日，召开中山区政法信访稳定工作会议。

3月 3日，召开纪念“三八”国际劳动妇女节101周年大会、区纪委十二届六次全会。4日，召开“学雷锋活动月”启动暨人民路街道志愿服务工作推介会。9日，召开区委十二届十二次全会。10日，召开中山区民生工作会、中山区“城区建设与管理年”动员大会。14日，召开组织宣传工作会议。15日，召开区委十二届十三次全会。21—23日，召开中山区第十三次党代会。23日，召开区委十三届一次全会。

4月 7日，召开中山区第一季度税收调度会。12日，召开中山区领导干部大会，通报2010年度处级领导班子和领导干部年终考核情况。14日，召开中山区区级领导包项目对接会。15日，召开中共中山区委全委会专题会议，审议通过《中共中山区第十三届委员会全体会议对正处级领导干部拟任人选和推荐人选投票表决办法》。26日，召开“爱我中山，建设首善”活动启动仪式。27日，召开中山区庆“五一”劳模联谊会及劳模协会成立大会。28日，召开中山区教育工作会议。29日，召开纪念“五四”青年节座谈会暨“两优两先”表彰大会。

5月 5日，召开中山区环境卫生整治工作会议。13日，召开中山区信访工作会议。25日，召开中山区“五大系统”建设推进会。

6月 13—17日，在区委党校举办中山区副处级后备干部培训班。23

续表

| 通过事项 |
|---|
| 关于成立中共政协中山区八届五次会议党组、分党组的请示 |
| 中山区委2011年度干部选拔任用工作情况报告 |
| 干部议题15次 |
| 2011年中山区干部培训方案 |
| 2011年正处级领导干部异地培训方案 |
| 2011年副处级领导干部异地培训方案 |
| 关于开展中国共产党成立90周年纪念活动的通知 |
| 中共中山区委关于追授林基波同志“中山区模范党务工作者”荣誉称号并在全区开展学习活动的决定 |
| 中共中山区委关于授予祝菠同志“中山区模范共产党员”荣誉称号并在全区开展学习活动的决定 |
| 中山区2011年宣传思想文化工作要点 |
| 中山区2011年精神文明建设工作要点 |
| “爱我中山，建设首善”活动实施方案及启动仪式方案 |
| 关于中山区迎接大连市公共文明指数测评和“全国文明城市”创建巡检的方案 |
| 关于中山区创建全国文明城市工作的汇报 |
| 关于民盟大连市中山区支部升格为民盟大连市中山区基层委员会的请示 |
| 关于致公党大连市中山区支部升格为基层委员会的请示 |
| 中山区进一步加强机关建设现场会方案 |
| 中山区关于进一步加强机关建设的若干意见 |
| 中山区工会第七次会员代表大会筹备情况报告 |
| 关于加强政法综治及维稳工作情况的报告 |
| 区政法信访维稳工作会议安排 |
| 区政法信访维稳工作报告 |
| 区委、区政府表彰2010年度社会治安综合治理和平安创建工作先进集体、先进个人的决定 |
| 关于对全区事业单位进行清理规范的实施方案 |
| 关于调整区环境卫生管理体制的报告 |
| 中山区2011年关心下一代工作总结和表彰大会日程 |
| 关于表彰中山区关心下一代工作“五好关工委”、先进集体和先进工作者的决定 |
| **区人大党组：** |
| 关于召开中山区第十六届人民代表大会第五次会议的请示 |
| 中山区人民代表大会常务委员会工作报告（送审稿） |
| 中山区第十六届人民代表大会第五次会议主席团和秘书长名单（草案），副秘书长名单（草案），议案审查委员会成员名单（草案），预算审查委员会成员名单（草案），主席团常务主席名单（草案），执行主席分组名单（草案）、邀请主席台和特邀席就座人员名单（草案），列席人员名单（草案） |
| 中山区第十六届人民代表大会第五次会议选举办法（草案） |

日，举办中山区各界纪念建党90周年红色经典演唱会。24日，召开中山区党务公开会议。28日，召开原区级离退休老干部座谈会、中山区人才工作会议。29日，召开中山区纪念建党90周年暨“一先两优”表彰大会、中山区统一战线庆祝中国共产党成立90周年座谈会。30日，召开归国留学人员联谊会中山区分会成立大会。

7月 1日，组织全体机关干部收听收看中共中央纪念建党90周年大会实况直播。8日，召开中山区事业单位清理规范工作动员会。22日，召开区委第十三届二次全会。

8月 4日，区委召开大班子情况通报会暨一日兵活动。6日，召开专题会议，启动防台防汛应急预案，全力防御第9号强台风“梅花”。13—19日，区委、区政府先后多次召开常委扩大会议，传达市委、市政府关于做好福佳大化PX项目引发的群体事件，全面部署全区社会稳定工作。19日，召开中山区进一步加强机关作风建设现场会。31日，召开中山区安全生产紧急会议。

9月 5日，召开全区领导干部大会，贯彻落实全市领导干部大会精神，全面启动中山区“大讨论”活动。27日，在老虎滩街道召开“面对面、心贴心、凝共识”主题实践活动推进会。

10月 17日，召开中山区2011年冬季征兵工作会议。20日，召开中山区文化创意产业推进工作会议。31日，召开中山区第三季度经济形势分析会。

11月 2日，召开区委常委民主生活会，采取现场督办“大讨论”活动承诺事项、会议座谈相结合的方式，认真研究解决群众诉求。15日，召开“大讨论”总结大会、中山区特色街区建设专题会议。30日，召开区委常委与民主党派负责人联席

续表

| 通过事项 |
|---|
| **区政府党组：** |
| 2011年中山区民生工作会议方案 |
| 2011年中山区民生新政和相关项目发布 |
| 区委、区政府关于表彰就业工作先进集体和先进个人的决定 |
| 中山区政府工作报告 |
| 2011年区级领导干部联系重点项目工作实施方案 |
| 中山区2011年度街道办事处工作考核办法 |
| 中山区“1050”楼宇培育工作汇报 |
| 中山区“1050”楼宇培育实施方案 |
| 关于中山区2011年国民经济和社会发展计划执行情况与2012年国民经济和社会发展计划（草案）的报告 |
| 中山区教育工作会议方案 |
| 关于2011年中山区中小学规范招生工作的有关规定 |
| 关于中山高中校舍问题的情况说明 |
| 中山区2011年第八届社区居委会换届选举实施方案 |
| 2011年中山区财政预算安排说明 |
| 关于中山区2011年财政预算执行情况和2012年财政预算（草案）的报告 |
| 关于中山区事业单位岗位设置管理工作实施方案 |
| 关于中山区事业单位岗位设置管理工作有关情况说明 |
| 中山区街道事业单位雇员管理办法 |
| 关于参公人员增加工资情况的报告 |
| 2011年中山区“城区建设与管理年”动员会工作方案 |
| 中山区“城区建设与管理年”活动实施方案 |
| 关于赴长春开展招商工作情况的报告 |
| 中山区信访工作汇报 |
| 中山区首届红酒节活动方案 |
| 关于景山街办公楼异地安置有关事宜的请示 |
| 关于拨付部分区渔政执法船建造款的请示 |
| **区政协党组：** |
| 关于召开中国人民政治协商会议大连市中山区第八届委员会第五次会议的请示 |
| 中国人民政治协商会议中山区第八届委员会常务委员会工作报告 |
| 中国人民政治协商会议中山区第八届委员会第五次会议邀请在主席台和特邀席就座人员建议名单，列席人员建议名单 |
| **区检察院党组：** |
| 中山区人民检察院工作报告（讨论稿） |
| **区法院党组：** |
| 中山区人民法院工作报告 |

会议。

12月 12日，召开中山区工会第七次代表大会。13日，召开中山区领导干部警示教育大会。14日，召开中山区关工委总结表彰大会。24日，召开区委第十三届三次全会。26—29日，召开区十六届人大第五次会议、区政协八届五次会议。31日，召开2011年中山区年终决算会。

【区委文件】2011年，中共中山区委、区委办发文75个（见附表）。

附：

## 2011年中共中山区委文件目录（一）

| 中委文件号 | 发文日期 | 文件标题 |
|---|---|---|
| 1 | 1月25日 | 关于召开中共大连市中山区第十三次代表大会的请示 |
| 2 | 2月22日 | 关于中山区党委领导班子成员换届建议人选的请示 |
| 3 | 3月4日 | 关于中山区纪委领导班子成员换届初步建议人选的请示 |
| 4 | 3月10日 | 关于中共大连市中山区委、区纪委换届人事安排的请示 |
| 5 | 3月16日 | 关于召开中国共产党大连市中山区第十三次代表大会的通知 |
| 6 | 3月17日 | 关于中山区创建全国科普示范城区自查报告的函 |
| 7 | 3月18日 | 关于中山区出席中国共产党大连市第十一次代表大会代表候选人预备人选酝酿考察情况报告 |
| 8 | 3月25日 | 关于中国共产党大连市中山区第十三次代表大会和中山区第十三届委员会、纪律检查委员会第一次全体会议选举结果的报告 |
| 9 | 3月28日 | 关于选举产生中山区出席中国共产党大连市第十一次代表大会代表的情况报告 |
| 10 | 4月8日 | 关于区委常委工作分工的通知 |
| 11 | 4月22日 | 关于中山区召开第十三次党代会的情况报告 |
| 12 | 4月28日 | 关于成立中山区密码工作领导小组的报告 |
| 13 | 11月11日 | 关于2011年度中共中山区委常委民主生活会情况报告 |

## 2011年中共中山区委文件目录（二）

| 中委发文件号 | 发文日期 | 文件标题 |
|---|---|---|
| 1 | 1月4日 | 关于印发区委书记李向东在区委十二届十次全会上的报告和全会决议的通知 |
| 2 | 1月4日 | 关于中共中山区委十二届十次全会的情况报告 |
| 3 | 2月11日 | 关于认真做好中国共产党大连市中山区第十三次代表大会代表选举工作的通知 |
| 4 | 2月25日 | 关于表彰2010年度社会治安综合治理和平安创建工作先进集体、先进个人的决定 |
| 5 | 2月28日 | 印发《关于中山区进一步提高选人用人公信度工作方案》的通知 |
| 6 | 3月8日 | 关于表彰创业就业工作先进集体和先进个人的决定 |
| 7 | 3月28日 | 关于印发李向东同志在中共大连市中山区第十三次代表大会上的工作报告和党代会决议的通知 |
| 8 | 3月28日 | 关于印发区纪委在中共大连市中山区第十三次代表大会上的工作报告和党代会决议的通知 |
| 9 | 3月30日 | 2011年区级领导干部联系重点项目工作实施方案 |

续表

| 中委发文件号 | 发文日期 | 文件标题 |
|---|---|---|
| 10 | 4月19日 | 关于印发《中山区2011年第八届社区居委会换届选举实施方案》的通知 |
| 11 | 4月19日 | 关于印发《中山区2011年社区党总支换届选举工作实施意见》的通知 |
| 12 | 4月22日 | 印发《关于开展“迎全运、爱家乡、建辽宁”，“爱我家乡、建设大连”暨“爱我中山、建设首善”主题教育实践活动的实施方案》的通知 |
| 13 | 4月25日 | 印发《关于中山区副处级后备干部管理暂行办法》的通知 |
| 14 | 5月4日 | 关于印发《中共中山区第十三次党代会工作报告重点任务分解》的通知 |
| 15 | 5月17日 | 关于全面推进“五大系统”建设的意见 |
| 16 | 6月13日 | 关于开展中国共产党成立90周年纪念活动的通知 |
| 17 | 6月13日 | 中共中山区委关于追授林基波同志“中山区模范党务工作者”荣誉称号并在全区开展学习活动的决定 |
| 18 | 6月13日 | 中共中山区委关于授予祝菠同志“中山区模范共产党员”荣誉称号并在全区开展学习活动的决定 |
| 19 | 6月22日 | 关于表彰2008年度优秀公务员的决定 |
| 20 | 6月22日 | 关于表彰2009年度优秀公务员的决定 |
| 21 | 7月25日 | 关于中共中山区委十三届二次全会的情况报告 |
| 22 | 7月25日 | 关于印发《中山区中长期人才发展规划（2010—2020年）》的通知 |
| 23 | 8月16日 | 关于印发《中共中山区委员会全体会议工作规则》等“五项制度”的通知 |
| 24 | 8月16日 | 关于进一步加强机关建设的若干意见 |
| 25 | 9月5日 | 印发《关于贯彻落实市委、市政府开展“深入贯彻落实科学发展观，凝心聚力建设富庶美丽文明大连”大讨论活动的方案》的通知 |
| 26 | 11月28日 | 关于印发《中山区关于PX项目维稳工作方案》的通知 |
| 27 | 12月3日 | 关于中共中山区委十三届三次全会的情况报告 |
| 28 | 12月30日 | 关于印发区委书记李向东在区委十三届三次全会上的报告和全会决议的通知 |

## 2011年中共中山区委办公室文件目录（一）

| 中委办文件号 | 发文日期 | 文件标题 |
|---|---|---|
| 1 | 3月9日 | 关于开展2011年政研工作的通知 |
| 2 | 4月12日 | 关于调整中共中山区委保密委员会委员的通知 |
| 3 | 6月13日 | 关于成立中山区党务公开工作领导小组的通知 |
| 4 | 6月13日 | 关于召开中山区关心下一代工作五好关工委、先进集体和先进工作者表彰大会的通知 |
| 5 | 6月24日 | 关于调整区人才工作协调小组的通知 |
| 6 | 7月19日 | 关于调整区国防教育委员会成员的通知 |
| 7 | 9月26日 | 关于成立中山区文化产业发展领导小组的通知 |

## 2011年中共中山区委办公室文件目录（二）

| 中委办发文件号 | 发文日期 | 文件标题 |
|---|---|---|
| 1 | 1月4日 | 关于印发区委书记李向东和区委副书记、区长江亲瑜在区委十二届十次全会上的讲话的通知 |
| 2 | 1月4日 | 关于印发《中山区贯彻落实〈大连市学习型党组织建设指标体系大纲（试行）〉任务分解》的通知 |
| 3 | 3月4日 | 关于切实做好2011年全国“两会”期间全区社会稳定和安全生产工作的通知 |
| 4 | 5月17日 | 印发《关于建立党委新闻发言人制度的实施意见》的通知 |
| 5 | 6月13日 | 印发《关于全面推进党务公开的实施意见》的通知 |
| 6 | 7月8日 | 印发《关于对全区事业单位进行清理规范的实施方案》的通知 |
| 7 | 7月8日 | 转发《中共大连市委办公厅关于认真学习贯彻〈胡锦涛同志在庆祝中国共产党成立90周年大会上的讲话〉通知》的通知 |
| 8 | 7月8日 | 关于印发《2011年度中山区街道办事处工作考核办法》的通知 |
| 9 | 7月8日 | 关于印发区委书记李向东在中山区纪念建党90周年暨“一先两优”表彰大会上的讲话的通知 |
| 10 | 7月19日 | 关于做好“八一”建军节期间拥军优属工作的通知 |
| 11 | 8月1日 | 关于印发区委书记李向东和区委副书记、区长江亲瑜在区委十三届二次全会上的讲话的通知 |
| 12 | 8月11日 | 转发《关于福佳大化防波堤坍塌事件情况通报及做好相关工作的通知》的通知 |
| 13 | 8月15日 | 转发《大连市委办公厅关于做好福佳大化PX项目群体性事件后续处理工作切实维护社会稳定的紧急通知》的通知 |
| 14 | 8月16日 | 转发《中共辽宁省委办公厅关于开展市、县、乡三级党委主要领导干部讲廉政党课活动的通知》的通知 |
| 15 | 8月31日 | 印发《中山区关于开展清理和规范庆典、研讨会、论坛活动工作的实施方案》的通知 |
| 16 | 9月2日 | 关于印发《中山区开展忠职守廉岗位廉政教育的实施方案》的通知 |
| 17 | 9月2日 | 关于印发《中山区开展加快转变经济发展方式监督检查工作的实施意见》的通知 |
| 18 | 9月6日 | 关于印发江亲瑜同志在全区领导干部大会上的讲话的通知 |
| 19 | 11月8日 | 关于进一步加强紧急信息报送工作的通知 |
| 20 | 11月15日 | 关于印发区委书记李向东在中山区“大讨论”总结会上的报告的通知 |
| 21 | 11月28日 | 印发《关于在全区开展“2011慈爱月”活动的工作方案》的通知 |
| 22 | 11月29日 | 关于表彰中山区关心下一代工作“五好关工委”、先进集体和先进工作者的决定 |
| 23 | 12月30日 | 关于做好2012年元旦、春节期间有关工作的通知 |
| 24 | 12月30日 | 关于深入学习贯彻党的十七届六中全会精神的通知 |
| 25 | 12月30日 | 关于做好2012年元旦、春节期间值班工作的通知 |
| 26 | 12月31日 | 关于印发李向东、江亲瑜同志在区委十三届三次全会上的讲话的通知 |
| 27 | 12月31日 | 关于印发区委书记李向东在中山区关心下一代工作总结暨“双先”表彰大会上的讲话的通知 |

## ·交流考察·

【概况】2011年，中共中山区委与外地开展交流考察活动5次。

5月19日，海南省海口市秀英区区委常委、宣传部部长刘小琴率考察团一行12人，来区考察机关效能建设工作。

7月10日，青岛市市南区区委书记李学海率党政考察团一行20人，来区考察服务业发展、社会管理创新和基层基础建设方面工作。

7月27日，沈阳市和平区区委书记汪涛率党政考察团一行9人，来区考察城市管理方面工作。

11月16—22日，区委书记李向东率领中山区党政考察团一行23人，赴宁波海曙区、杭州上城区、海口秀英区，考察学习东部沿海发达城区在经济转型发展、城区建设、社会管理创新等方面的成功经验。

12月17日，郑州市金水区区委副书记、统战部部长王克勤率党政考察团一行18人，来区考察经济发展、城市管理、社会管理创新、基层党建等方面工作。

沈阳市和平区区委书记汪涛率团来中山区考察

## ·综合工作·

【概况】2011年，中共中山区委办公室认真落实“忠诚为要、卓越为先、创新为源、拼搏为荣、奉献为上、自律为基”的中办精神和“三服务”工作职责，以“机关作风建设年”活动为契机，围绕中心和全局工作，完善工作机制，狠抓队伍建设，营造和谐氛围，全面提高服务能力和工作水平，先后荣获大连市和中山区“先进党支部”称号。

强化工作调研，在服务大局中当好“智囊”。充分发挥以文辅政作用，不断提高文稿服务能力和文字综合工作出谋划策能力。在起草工作报告、区委重要文件、领导讲话提纲时，事先开展调查研究，广泛征求意见，把握新情况、新问题，把握领导关注和群众关心的问题；日常工作中注意学习，注重积累，提出有针对性、可操作性的意见和建议，转化为领导决策。立足于出大主意、当大参谋，在起草区第十三次党代会工作报告过程中，以城区发展战略转型为重点，着力研究事关全区改革发展的重大问题，提出今后5年发展战略、重点工作、主要措施等，都形成了区委决策。不断加强软科学课题研究，推出《核心城市建设中全力强化CBD核心功能区建设的对策研究》《中山区国际化社区建设研究》等一批调研成果，为区域发展提供有效参考。全年共起草各种报告、文件、领导讲话、调研文章约50万字。

建立网络平台，在掌控舆情中提供信息。在协助区委处置南山隧道塌方抢险、抵御9号强台风“梅花”、群体性突发事件时，及时启动重大紧急信息报送制度，做到反应灵敏、调度及时、协调有力、处置有效。建立区委同基层党员群众的互动平台，加大区委网站维护力度，及时传递区委工作信息，真实反映基层情况和群众呼声。加强对市委的信息报送工作，未发生瞒报、迟报、漏报问题，被市委评为“信息工作先进单位”。

加强督促检查，在决策实施中确保落实。突出强化区委领导批示件的跟踪落实。建立批示件办理制度，及时下达督查通知，定期反馈落实情况。突出对月份重点工作的督查。每月定期督查区委月份重点工作完成情况，收集整理各部门、各单位下月重点工作计划，对重点工作计划和完成情况在机关大屏幕公示，并以《中山督查》形式印发。突出抓好网友留言办理回复工作。制定中山区《关于做好人民网网民留言办理工作的暂行规定》，启动“网络问政”工作，全力抓好督查督办。全年共办理区委批示件335件，均得到反馈；办理网民留言16件，办结14件并在网上进行公开答复，得到较好社会反响；办理市委督查件40件。区委办公室获“大连市党委系统督查工作先进集体”称号。

（赵　瑞）

## ·组织工作·

【概况】2011年末，中山区共有党（工）委61个、党总支119个、党支部2007个。共有党员29975名，其中新发展党员455名。全区有区级领导干部34人，正处级领导干部88人、副处级领导干部145人，调研员47人、副调研员134人。

这一年，中共中山区委组织部以党的十七届四中、五中全会精神为指导，全面贯彻落实科学发展观，紧紧围绕区委换届这一中心任务，重点抓好领导班子和干部队伍建设，巩固推进基层党组织建设，各项工作任务取得新成效。圆满完成区委换届工作，选举产生248名区第十三次党代会代表，首次采用差额直选方式选举产生两委委员和两委常委。提出干部配备原则，调整处级领导干部91名，其中提职48名，涉及领导班子51个；任非领导职务51人，专业性岗位职务12人。公开选拔副处级后备干部60名，其中33名被提拔充实到领导岗位。完成市公开选拔领导干部工作，有6人走上领导岗位，其中副局级2人、副处级4人。加强干部培训工作，培训科级以上干部334名。探索基层党建工作规律，建立"四三二"党建工作模式；完善非公企党组织组建方式，新组建新经济组织党组织803个；加大阵地建设力度，社区党员活动阵地总数达到239个。开展多种形式的纪念建党90周年活动，表彰一批先进组织、模范（优秀）党员和党务工作者以及"十佳"党员中心户、"十佳"党员活动阵地、"十佳"基层党建创新项目，有6个先进集体和8名优秀个人分别受到省市委通报表彰。在"深入贯彻落实科学发展观，凝心聚力建设富庶美丽文明大连"的大讨论活动中，开展具有中山特色的机关干部与社区群众"面对面，心贴心，凝共识"主题实践活动，为群众解决实际问题51项。

【区委换届】2011年是中共中山区委换届年。区委周密部署换届工作，选好代表、配强班子、扩大民主、严肃纪律，圆满完成换届工作。

精心组织，周密安排。成立换届工作领导小组，科学制定换届工作方案，提前做好各种预案，高质量完成百余份30余万字换届材料，严格按照方案步骤和政策要求组织实施，做到"高标准、高质量、高效率、零差错"，确保换届工作顺利开展。

发扬民主，务求实效。换届前落实谈心谈话制度，与全区256名党员干部进行谈心谈话，了解干部思想动态，化解干部心中顾虑，营造了和谐氛围。进一步扩大党代表候选人推荐和考察过程中的民主，全面把握反复酝酿、两次沟通、一周公示等民主环节，首次采用差额直选方式选举产生区两委委员、两委常委，做到扩大民主，群众满意，社会认可。

严肃纪律，强化监督。坚持教育在先、警示在先、预防在先，召开全区领导干部严肃换届纪律教育大会，学习"五个严禁"、"十七个不准"和"五个一律"换届纪律要求，提高党员干部的责任意识，确保区委换届纪律要求的知晓率。至3月23日，区委换届圆满结束。

【领导班子和干部队伍建设】2011年，中共中山区委统筹谋划，领导班子和干部队伍建设呈现新气象。

优化干部调整，合理配备班子。年初，以上年领导班子和领导干部考核为契机，深入基层调研，广泛征求干部意见建议，总结梳理出干部管理、交流使用、干部教育、岗位配备、职称评聘等5个方面12条意见建议。针对这些意见建议，综合分析领导班子结构现状，提出干部配备原则，即：主要经济部门和重要岗位要加强性配备；干部老化的专业性岗位要接续性配备；优秀年轻干部要培养性配备；综合型岗位要选拔性配备；长期同一岗位的要交流性配备；任职时间

部署区十三次党代会代表选举工作

副处级后备干部考试

过长的要安置性配备。年内，对在同一岗位任职6年以上的干部全部进行交流性配备；对8个街道政法书记、人大街工委副主任、工会主席和武装部长进行加强性配备；对8个街道团委书记进行年轻化培养性配备；对51名干部进行非领导职务安置性配备；对12个专业性岗位进行接续性配备。

公开透明，加大竞争性选拔干部工作力度。通过“一推两考”即民主推荐、能力考试、组织考核，在375名科级干部中公开选拔60名副处级后备干部，其中33人被提拔为本区副处级干部，充实到领导岗位中。选拔过程中，既重视民主推荐、能力测试和基层党委意见，又不简单地以票取人、以分取人、以领导推荐取人，程序公开透明，选拔公平公正，提高了选人用人的公信度。

两级联动，高质量完成市公开选拔领导干部工作。区委召开动员大会，成立公选办公室，组织干部积极报名。经过资格审查、民主推荐，133名符合条件干部参加公选，约占全市参加人数的10.6%，占市内4区的38.8%。笔试结束后，有38人进入面试环节。针对多数人没有面试经验的情况，区委组织部对他们进行考前培训，组织现场模拟，取得显著效果，其中18人通过面试。经过心理测试和考察环节，有7人量化综合得分排在所报岗位第一名。最终，有6名干部经过公示走上领导岗位，其中副处级4名、副局级2名，总数约占市内4区任职人选的37.5%，较好地体现了中山区干部的能力素质。

【干部人事制度改革】2011年，中共中山区委针对正处级干部初始提名权问题，修订《中共中山区第十三届委员会全委会对正处级领导干部拟任人选和推荐人选投票表决办法》，并在第十三次区委第一次全委会上通过，同时使用此办法对拟任正处级干部进行表决。

针对副处级后备干部和处级非领导职务初始提名权问题，分别制定《中山区副处级后备干部管理暂行办法》《中山区选拔副处级后备干部实施方案》《中山区处级非领导职务评定暂行规定》，推进干部人事工作制度化建设。

【干部培训】2011年，中共中山区委组织部适应新形势需要，加大干部培训力度，在培训范围、培训内容、培训方式上都有新拓展。

扩大培训范围。区委、区政府加大对干部培训经费的投入，将异地培训范围从以往的正处级以上领导干部扩大到副处级以上领导干部，同时增加对副处级后备干部、党群部门科级干部的培训，培训经费比上年增加近1倍。

更新培训内容。除理想信念教育、前沿热点问题探讨、领导能力提升、危机处理等培训内容外，着重培训“十二五”规划与中国经济等相关内容，培训内容与时俱进。

创新培训方式。采取党校集中培训、异地学习考察培训和“中山讲坛”相结合的办法，正处级以上领导干部分2期赴上海复旦大学进行学习培训，副处级领导干部分2期赴北京大学进行学习培训，副处级后备干部在区委党校集中培训，党群科级干部到丹东考察学习。全区共有368名处级领导干部、60名副处级后备干部、63名科级干部参加培训。

【实施中长期人才发展规划】2011年6月28日，中山区召开人才工作会议，正式颁布实施《中山区中长期人才发展规划（2010—2020）》。

该项《规划》概括全区人才队伍建设的基本状况，提出未来10年人才发展的指导思想、战略目标和基本原则，人才队伍建设主要任务和措施，人才提职机制创新，以及人才政策；提出今后一个时期要重点抓好高端产业人才、高素质党政人才、高水平技术人才、技能人才和社会工作人才等各方面人才队伍建设的工作要求。

2011年，中山区加大人才引进力度，积极组织辖区18家企业参与大连“海创周”活动，对引进的博士人才按照高于全市1倍的比例匹配安家费资金，全面落实人才政策，

全区人才工作会议

努力打造拴心留人、创新创业的和谐环境。

【制定党代表任期制实施办法】2011年，中共中山区委研究探索党代表任期制工作机制，在学习借鉴外地经验的基础上，结合本区实际，在全市率先制定《中共中山区委关于实行党代表大会代表任期制实施办法》（试行），并在区委常委会和全委会上研究通过。该《办法》为党代表在任期内全面行使代表权利，履行代表义务，落实代表责任提供了工作遵循。

探索建立党代表任期制工作模式。建立区级党代表信息库和以各代表团为单位建立党代表子信息库，以便于党代表的管理。制订学习培训、工作通报、代表履职、代表资格管理等制度，为全面开展党代表履职工作奠定了基础。

【基层党建】2011年，中共中山区委在推进基层党建工作中注重把握规律性、体现超前性、夯实基础性、突出时效性。

*建立“四三二”党建工作模式*。街道社区党建坚持街道党工委、社区党总支、楼院党支部、党员中心户“四级联动”组织体系；新经济和新社会组织党建坚持商务大厦物业、产权单位、入驻企业“三位一体”管理模式；机关党建坚持上级机关党委和基层党组织“两级互动”工作方式，从而推动城区各领域基层党组织工作整体上水平。中共中央《学习时报》以《以改革创新提升城区党建科学化水平》为题，对此做法进行了专门报道。

*完善非公企党组织组建方式*。针对辖区非公有制企业规模小、流动性强的特点，建立全区非公有制企业党组织动态数据库，提出以人民路金融物流业、青泥洼桥商贸零售业、海军广场餐饮物流业为重点，以点带面推进组建；以规模企业搭建平台，中小企业积极参与的方式，以大带小推进组建；以锦联、万科、春安船舶等组建时间长、政治影响力大的党组织为样本，以老带新推进组建。截至年末，新组建非公企党组织803个，其中单独组建党组织383个，联合组建党组织420个。

*创新基层党建工作载体*。在机关事业单位党员中开展“岗位展形象，争做敬业先锋”活动，设立“党员示范窗口”20个，200余名机关干部加入网上“机关工作交流群”，300余名中青年干部参加机关干部基本业务技能大赛。在街道社区党员中开展“社区亮身份，争做服务先锋”活动，上万名党员参与“党员一句话承诺”、“家门口工程”、“以小见大工程”、“心桥工程”等活动，认领岗位百余类，记录“民情日记”1万多篇，化解矛盾纠纷242件，解决问题1800多件。在新经济新社会组织党员中开展“楼宇添活力，争做兴业先锋”活动。全区实现了各职各类党员发挥作用有标准、有责任、有动力。

*加大阵地建设力度*。对8个街道基层党组织建设情况进行专题调研，指导各基层党组织新建社区党员活动站3个，楼院党支部活动室6个。投入资金70余万元，在桃源街道自由社区、昆明街道独立社区和葵英街道文化社区建设高标准党员活动站。截至年末，全区党员活动阵地总数达到239个，保证了社区79.2%的党员有固定活动场所。

【纪念建党90周年活动】2011年，为纪念建党90周年，中共中山区委制订下发《关于开展中国共产党成立90周年纪念活动的通知》和《关于在全区基层党组织和党员中深入开展“当先锋、创佳绩，向建党90周年献礼”主题实践活动的通知》，明确纪念活动的指导思想、原则及内容。

6月29日，区委召开纪念中国共产党成立90周年暨“一先两优”表彰大会，通报表彰5个先进党（工）委、85个先进党支部（总支）、1名模范共产党员、150名优秀共产党

表彰“一先两优”

员、1名模范党务工作者、80名优秀党务工作者及“十佳”党员中心户、“十佳”党员活动阵地、“十佳”基层党建创新项目，这是历次纪念建党表彰活动中投入最多、表彰面最大、评选标准要求最高的一次。在此基础上，全区有6个先进集体和8名优秀个人分别获得省、市委通报表彰。

全区各部门单位分别组织开展“唱党歌、知党恩、颂党情”、读唱红色经典、广场晚会、参观党史教育基地等各具特色的庆祝活动。区委组织部组织辖区党员参加市电教中心开展的“庆七一、党史党建知识竞赛”活动，全区党员参与率达到86.7%，被大连市现代远程教育管理中心评为“最佳组织奖”，130名基层党员获得“最佳个人奖”。

【深入开展“大讨论”】2011年，中山区根据中共大连市委、市政府统一部署，从9月初至11月底，在全区广大干部群众中广泛开展“深入贯彻落实科学发展观、凝心聚力建设富庶美丽文明大连”为主题的大讨论活动。9月8日，区委召开大讨论活动动员大会。为使大讨论更加契合中山区实际和更有成效，区委决定同时开展“机关干部与社区群众‘面对面，心贴心，凝共识’主题实践活动”。

期间，全区901名科以上干部先后两次集中深入社区，面对面听取百姓心声，并将群众的意见建议原汁原味地反馈上来。截至10月31日，区大讨论活动领导小组共收集到群众意见建议2.6万余条，经过汇总梳理为10方面188项，分别反馈给相关部门研究解决并及时予以回应。截至年末，区委、区政府向市民承诺的8个方面31项实事全部办结。

“大讨论”、“面对面”活动使广大干部思想更加统一，密切联系群众的作风进一步改进。市委书记唐军对此给予充分肯定，并批示：“中山区组织机关干部与群众‘面对面、心贴心、凝共识’主题实践活动的经验，可在全市宣传推广。”辽宁省《共产党员》杂志对中山区大讨论活动成效进行了专题报道。

（李慧敏）

## ·宣传思想工作·

【概况】2011年，中共中山区委宣传部确定“1135”（围绕一个目标，把握一个基调，营造三个氛围，做好五方面工作）的工作布局，充分发挥宣传思想文化工作围绕中心“鼓”与“呼”、站在中心“闯”和“干”的作用，在新起点上开创新局面。

理论教育。区委常委带题授课实现制度化。探索学习型党组织建设并初步形成中山特色，区委被大连市委首批命名为“学习型领导班子”，老虎滩街道党工委和大连第39中学党支部被命名为“学习型党组织”。基层理论宣讲560余场次，听众达万余人次。大连方永刚社区宣讲团被中央、省、市新闻媒体予以宣传报道。“昆明讲坛”被命名为“大连市基层理论宣讲基地”。

纪念活动。举办庆祝建党90周年万人“红色经典”歌曲演唱会、“江山——纪念建党90周年戏曲朗诵音乐会”，组织“三红”业余说唱团进行专场演出，进一步加深了群众对党的光辉历史的理解，展示了全区各界群众的精神面貌。

新闻宣传。坚持正面、团结、稳定、鼓劲的原则，及时报道全区各项工作的新思路、新举措和新进展。全区共发表各类新闻稿件1723篇，其中要闻稿件1601篇。

文化建设。区委、区政府提出“实施文化强区战略，做大连城市文化的先行区”的奋斗目标，划拨1000万元专项经费扶持文化创意产业发展。中山区连续8年保持“辽宁省群众摄影基地”和“辽宁省群众歌舞基地”称号。“棒棰岛艺术节”成为文化部在全国推广的群众文化活动模式。“百年收藏”老建筑创作采风在场艺术行动被市评为“最有影响力的文化活动”。

【理论学习】2011年，中山区的理论学习教育工作在探索创新中取得一定突破。

常委带题授课制度化。以“学习一个专题，调研一个课题，解决一个问题，推进一项工作”为原则，推进常委带题授课和两级党委中心组互动学习，彰显各级领导班子和领导干部的带动作用，实现学习有活力、工作长能力的目标。在大连市纪念建党90周年理论研讨论文征集活动中，中山区《全面提升基层党组织信任建设科学化水平》《以社会主义核心价值体系引领和谐社会建设》2篇文章分获一等奖和二等奖。

学习型党组织建设常态化。细化《大连市学习型党组织建设指标体系大纲（试行）》的任务分解，实现此项工作由“软任务”向“硬约束”、由“抓活动”向“促常态”转变，初步形成学习型党组织建设的中山特色。中共中山区委、老虎滩街道党工委和大连第39中学的党支部分别被大连市委命名为“学习型领导班子”和“学习型党组织”。其中区委班子和老虎滩街道党工委被市委推荐上报辽宁省委表彰。

基层理论宣讲普及化。大连方永刚社区宣讲团本着“群众想听什么就讲什么，群众不懂什么就讲明白什么”的宣讲原则，深入机关、社区、学校和非公有制企业党组织进行理论宣讲共560余场次，听众达万余人次，营造了“人人是学习之人，处处是学习之所”的良好氛围，被中央、省、市新闻媒体予以宣传报道，并在市宣讲工作座谈会上介绍经验。昆明街道的“昆明讲坛”被命名为“大连市基层理论宣讲基地”，安邦枚等4人荣获“大连市理论宣讲工作先进个人”称号，宋建龙获“大连市理论宣讲组织工作先进个人”称号。

读书学习活动大众化。在“四网五刊”上开辟专栏，及时编发建设学习型党组织的理论观点、思路、举措和成果，让基层党组织和广大党员干部能够随时随地进行学习交流。开展“书韵飘香伴我行”、“五进并举”系列活动，群众参与踊跃，社会反响强烈，形成区街联动、上下互动、全民读书的可喜局面。《大连日报》对本区开展全民读书活动情况分3篇进行系列报道，区委宣传部被评为“大连市读书活动先进单位”。

区委理论中心组专题学习

【新闻宣传】2011年，中山区新闻宣传工作唱响主旋律、打好主动仗，在凝心聚力中发挥作用，提升了城区形象。全区共发表各类新闻稿件1723篇，比上年增加206篇，其中要闻1601篇，增加578篇。

着眼全局谋划宣传。区委宣传部加强对国际国内形势、区域发展战略和重大举措、理论动态的研究判断，抓住区委全年工作重点，集中力量策划和组织对区委、区政府高起点布局“十二五”的100个大项目、全力推进的8大类31项为民办实事举措、全员参与共创文明城市、大讨论活动在全市的率先之举等方面的宣传报道，有效发挥新闻宣传工作团结鼓劲、凝心聚力的作用。

组织联动式宣传。整合资源，展开多媒体联合、多形式并用的联动式宣传。适时召开新闻例会，邀请媒体对区委、区政府有影响的举措进行集中采访，形成组合拳式的强势宣传效应。如方永刚社区宣讲团进楼院开展形势政策宣教活动、区委书记李向东现场办公等，都邀请本市媒体进行一站式宣传，取得很好效果。

充分利用网络媒体。加强与新华网、人民网、新浪网、天健网等网站的业务联系，努力实现区委、区政府网站与域外网络的信息对接，使全区重点新闻宣传实现网络与平面媒体的同步报道。搭建“新闻先锋”QQ群平台，上报新闻线索，了解报道动态，与记者在网上直接沟通交流，提高了对外宣传的时效性和针对性。

严格管理，规范宣传。建立健全党委系列新闻发言人制度，对新

组织新闻媒体采访“大讨论”走访活动

闻发言人组织集中培训。建立对外宣传每月调度会制度，坚持严把导向，对涉及全区性和敏感性问题的报道稿件分工专人审查把关，确保了新闻报道的方向性。

【文化建设】2010年，中山区对文化建设项目加大扶持力度，打造文化品牌，开展文化惠民，彰显“文化中山”的形象。

大力扶持文化创意产业，六大基地三个中心初步形成。党的十七届六中全会召开后，区委、区政府提出“实施文化强区战略，做大连城市文化的先行区”的奋斗目标，决定每年划拨专项经费，用于扶持文化产业发展，逐步将文化产业培育成全区的支柱产业之一。当年划拨专项经费1000万元，扶持文化创意产业。全区初步形成“一区一街一园一带一中山”（南部渔人码头文化旅游休闲区、北部民主广场经典生活、酒吧一条街、东部十五库文化创意产业园、中部中山广场——人民文化俱乐部——民生街——宏济大舞台——长江路百老汇沿线的文化演艺产业带）的中山特色文化布局。

文化惠民活动丰富多彩。初步完善覆盖全区功能齐全的公共文化服务体系。与大连京剧团连续11年联合举办“魅力中山·大连迎新春京剧晚会”，把中山区建成中国北方群众京剧活动高地。区连续8年保持“辽宁省群众摄影基地”和“辽宁省群众歌舞基地”称号。中山酒吧文化节、棒棰岛艺术节、“印象天津街”演出及各街道艺术团、馆办艺术团组织的音乐、舞蹈、戏曲、曲艺等群众文化活动，让广大市民享受了丰富多彩的文化大餐，“棒棰岛艺术节”成为文化部在全国推广的群众文化活动模式。中山区图书馆“一卡通”工程于4月26日正式完成并运行，为读者提供更方便的服务。

【国防教育】2011年，中山区突出抓好国防教育的“龙头”、基础和骨干，国防教育工作实现创新发展。

突出抓好“龙头”。坚持通过各级党委中心组学习、党校培训、党政领导“一日兵”、国防教育专题报告会等时机和形式，加强对领导干部的国防教育。区委党校举办的6期领导干部培训班专门设置国防教育课程，共有500多名领导干部接受教育。

突出抓好基础。全区各学校通过课堂灌输、教学渗透、组织军训、校园文化、主题班会、演讲竞赛、技能培训、网页校报、外出参观、读书影评等途径和方法，对学生们深入普及国防知识，强化国防意识。桃源小学被辽宁省政府评为“军民共建先进单位”。

突出抓好骨干。抓住民兵整组、训练、战备和重大军事活动等时机，组织民兵进行职能任务、使命意识和战斗精神教育，激发民兵履行使命任务的责任感和高度热情。街道组织民兵骨干到社区对居民群众宣传国防知识，有力地推动了国防教育在基层的普及和延伸。

【纪念建党90周年宣教活动】2011年，中山区以多种形式的宣传教育活动纪念建党90周年，唱响科学发展、爱党爱国、文明和谐主旋律。

集中开展形势政策宣传教育活动，唱响科学发展主旋律。按照“上级组织带下级组织、书记带班子成员、领导带部属”的学习方式，深入宣传党的十七届五中、六中全会精神，两级党委中心组做到先行一步、先学一步。各街道开展形式多样、内容丰富的“形势政策宣讲进社区”活动，有效地促进了社区和谐发展。

广泛开展群众性宣传文化活动，唱响爱党爱国主旋律。举办庆祝建党90周年万人“红色经典”歌曲演唱会、“江山——纪念建党90周年戏曲朗诵音乐会”，进一步加深对党光辉历史的认识，展示全区各界群众的精神面貌。胡锦涛总书记“七一”讲话发表后，在抓好两级党委中心组学习和党员学习的同时，组织“三红”业余说唱团进行

中山区建党90周年戏曲朗诵音乐会

专场演出，讴歌党的丰功伟绩，表达干部群众学讲话、跟党走的信心和决心。

以宣传先进典型引领社会新风尚，唱响文明和谐主旋律。“七一”前夕，全区表彰宣扬一批具有时代特色的先进典型，树立标杆。在新闻媒体重点宣扬人民路街道“石大姐调解室”等6个有影响的典型。

【方永刚社区宣讲团】大连方永刚社区宣讲团是以海军大连舰艇学院教授、“忠诚党的创新理论的模范教员”方永刚的名字命名的，成立于2008年5月。最初有成员33名，由舰院政治系的教学骨干和社区理论骨干组成，还吸收政治系研究生队的学员作为辅导成员。2011年，宣讲团成员发展到66人，其中15人是舰院教授，51人是中山区各社区的理论学习骨干。大连市委宣讲团有近1/3成员来自该宣讲团。

宣讲团传承方永刚精神，坚持在群众中传播中国特色社会主义理论。以顺应百姓需求进行菜单式宣讲为原则，坚持用百姓的语言讲道理、用百姓的故事举例子，回答市民的现实思想问题，让党的创新理论成为大众的共同追求和精神力量，被群众誉为“方永刚式的社区政治翻译”。

2011年，宣讲团在贯彻落实科学发展观的大讨论活动中，围绕百姓关心的热点难点问题，深入社区楼院进行现场答疑解惑，通俗易懂地阐述当下国内外形势，并就如何正确理解大连市和中山区今后一个时期的战略定位和发展路径；如何认识和处理改革、发展、稳定的关系，实现三者的良性互动；如何促进经济发展、核心功能区建设与民生改善、环境保护相统一；大连发展现状以及未来前景等问题，作细致讲解，并与市民进行现场互动交流。

宣讲团成立以来累计开展宣讲1500余场次，受众近15万余人次，其中2011年宣讲560场次，受众4万人次，赢得基层干部群众“愿意听、听得懂、用得上”的由衷赞誉。其事迹和经验被中央、省、市新闻媒体多次报道。2010年，宣讲团被中宣部评为“基层理论宣讲先进集体”，全国仅有5个团体获此称号。

（杨吉森）

## ·精神文明建设·

【概况】2011年，中山区紧紧围绕“建设大连科学发展首善区”的总目标，以践行社会主义核心价值体系为主体，不断深化思想道德建设和精神文明创建活动。

公民思想道德建设扎实推进。推广“以服务换服务”的“志愿服

方永刚社区宣讲团进行专题宣讲

务银行”模式，扩充“双栖”志愿者服务队，积极开展“关爱空巢老人”志愿服务行动，构建起具有中山特色的志愿服务体系，全区参与志愿服务人数达5万余人。继续开展“中山好人”评选活动，共推荐出身边好人60余人，其中区环卫处李连东、区文化馆王野在市级各媒体得到广泛宣传。未成年人思想道德建设工作长足发展，区中心小学学生王雨珩获辽宁省“道德小模范”荣誉称号。区文明委和区学雷锋活动促进会表彰10个“雷锋号”、29个“中山区学雷锋活动先进集体”、10名“中山区学雷锋标兵”和177名“中山区学雷锋积极分子”。

*群众精神文明创建注重长效。*扎实开展文明城市创建工作，区投入资金用于改善城区环境，清除占道摊位、店外店，拆除违章建筑，铺设道路，清理垃圾，新建停车场，让创城成果惠及辖区百姓，为大连市连续第三次荣获“全国文明城市”称号作出突出贡献。根据辽宁省委、大连市委关于开展“迎全运、爱家乡、建辽宁”“爱我家乡、建设大连”主题教育实践活动要求，组织开展“爱我中山、建设首善”主题教育实践活动，有效激发全区人民热爱家乡、建设家乡的热情。

**【创建全国文明城市】**2011年，中山区深入开展全国文明城市创建活动，高标准完成大连市创建文明城市任务。

区委、区政府成立城区环境整治工作领导小组，先后9次召开城区环境工作调度会议，组织8个街道党政一把手以及区城建局、财政局等17个创建责任单位的主要领导商谈，有效推进重点难点问题的解决。区财政投入资金改善城区环境。全区共清除占道摊位260余个、店外店80余个，拆除旧城区改造地块内临建3000多平方米，拆除违章建筑230处3600多平方米，新建4个停车场，新增泊车位400个，解决群众反映的问题136件。

8月24—27日，全国文明指数测评组对大连市公共文明指数进行检查。期间，实地考察主干路3条、社区1处、广场5处、主要交通路口1处、主要商业大街1处、网吧1处，深入葵英街道文化社区、老虎滩街道平安社区进行入户随机调查问卷。所检之处均获好评，为全市的创城工作争得了荣誉。中山区荣获“大连市创建全国文明城市突出贡献奖”，25人荣获“大连市创建文明城市先进个人”称号。

**【推广“志愿服务银行”】**2011年3月4日，中山区文明委、区学雷锋活动促进会联合召开学雷锋活动月启动暨人民路街道志愿服务工作推介会，向全区推广人民路街道志愿服务工作新模式——“志愿服务银行”。8个街道的“志愿服务银行”正式开业，招纳志愿服务“储户”。

“志愿服务银行”是一种“以服务换服务”的志愿服务模式。志愿者“储户”可从银行获得一张志愿服务存折，可通过参加银行提供的义务诊疗、家庭教育、家政服务、美化环境、文明导乘、心理咨询、文体活动、法律援助、安全防范等十大类志愿服务，来换取相应的储蓄积分。储蓄积分既可作为量化考核志愿者的评价依据，又可用来兑换志愿者本人所需的志愿服务，从而实现志愿服务的有效互动，建立起志愿服务长效机制。这种“我为人人，人人为我”的志愿服务模式，极大地调动了志愿者和志愿服务单位参与服务的积极性。

人民路街道于2010年10月率先建立“志愿者服务银行”。经过1年的运营，这种志愿服务新模式得到居民广泛认同，志愿者人数达到1000余人，各社区建立起10支50人以上的专项志愿者服务队伍。辖区内有30家金融、航运、餐饮、娱乐等企业加盟其中，成为志愿者服务单位。

**【“迎全运、爱家乡、建辽宁”“爱我家乡、建设大连”暨“爱我**

学雷锋活动月启动暨人民路街道志愿服务工作推介会

"迎全运、爱家乡、建辽宁""爱我家乡、建设大连"
暨"爱我中山、建设首善"主题教育实践活动启动

中山、建设首善"主题教育实践活动】2011年4月26日，区委、区政府召开大会，在大连市率先启动"迎全运、爱家乡、建辽宁""爱我家乡、建设大连"暨"爱我中山、建设首善"主题教育实践活动。

第十二届全运会将于2013年在辽宁省召开。根据省委"迎全运、爱家乡、建辽宁"和市委"爱我家乡、建设大连"主题教育实践活动要求，中山区紧紧围绕"建设大连科学发展首善区"目标，集中3年时间开展"爱我中山、建设首善"主题教育实践活动。此次活动通过开展"解读中山"教育、"传奇中山"回顾、"时尚中山"展示、"魅力中山"彰显、"文化中山"打造、"诚信中山"践诺、"感动中山"选树、"文明中山"创建、"宜居中山"建设、"幸福中山"惠民等10项具体活动，以"美好中山"建言献策活动为保障措施，着力在认知区情区史、展示区容区貌、提高城区居民素质、改善城区环境、提升社会服务功能、激发全区人民热情等方面下工夫，力求取得明显成效。

年内，围绕主题活动，区委宣传部在区委、区政府网站上开设"爱我中山、建设首善"专题网页，数万名市民通过点击"解读中山"和"传奇中山"专版了解区情、区史，回顾中山区发展历程。区文体局在建党90周年前夕举办中山区各界庆祝中国共产党建党90周年红色经典歌曲演唱会，拉开第十届棒棰岛艺术节帷幕。区城建局以文明城市创建工作为载体，全力推进"宜居中山"建设，取得明显成效。区旅游局先后举办第二十二届大连赏槐会中山分会场活动、"5.19"首个"中国旅游日"宣传活动以及大连中山首届红酒节，展示中山区的魅力与文化。

【"五小"道德实践活动】2011年，中山区文明办进一步深化以"做一个有道德的人"为主题的"五小"（爱心小志愿者、娃娃小楼长、文明小使者、敬老爱亲小孝星、读书小学者）道德实践活动。

春节、元宵节期间，区文明办以"我们的节日"为主题，组织开展"节日小报"创编和 "爱我中山，建设首善"征文比赛，吸引全区30多所中小学校热情参与，共征集"我们的节日"小报作品128份、征文作品136篇。各街道在未成年人思想道德建设示范点组织开展中华经典诵读活动，如老虎滩街道的喜迎元宵节未成年人寒假诗歌朗诵会、桂林街道的未成年人元宵节经典诵读活动、青泥街道的唐诗宋词咏诵会、葵英街道的学《论语》活动、海军广场街道的喜迎新春经典诵读等活动，吸引了辖区近千名未成年人参与。

6月，区文明办与区教育局在全区各中小学校联合组织开展"爱我中山，建设首善，做文明有礼中山人"主题教育活动，在维护公共环境、遵守公共秩序、讲究礼仪礼

未成年人参加志愿服务活动

节、远离网吧、努力争做文明传播者等方面提出明确要求，得到全区中小学生的积极响应。

【公民道德宣传日】2011年9月19日，中山区召开公民道德宣传日暨昆明街道绿色家园网络志愿者服务微博直播现场会。会上，昆明街道绿山家园网络志愿者服务队发出倡议，号召广大志愿者争做良好社会风尚的倡导者、社会主义精神文明的传播者、志愿服务精神的实践者。

与此同时，该服务队的百余名志愿者来到解放路、绿山巷、铁山巷等20多个志愿服务点，帮助居民修理走廊窗户、清理垃圾点、整理小区花坛、更新板报，帮助“空巢老人”洗头、剪指甲、买菜、交水电费，给盲人读报纸，为残疾人送药等，并将志愿服务的整个过程和场面通过互联网，以新浪微博的形式在会议现场进行网络直播，以吸引和带动更多的人加入到志愿服务中去。

昆明街道把现实生活中的洁美家园行动、志愿参与街区重大活动、邻里结对帮扶、困难援助活动等志愿服务，与网络中的家园博客和谐窗、微博直播宣传窗、网络论坛精神导航、QQ聊天慰藉老人等志愿服务有机结合，探索出生活空间与网络空间“双栖”志愿服务模式，把志愿服务活动推向新的领域和阶段。绿山家园网络志愿者服务队成立半年来，共开展300人次的志愿服务，为20多个困难家庭提供了帮助。

（高居超）

## ·统战工作·

【概况】2011年，中共中山区委统战部充分发挥统一战线优势，完成统战工作各项任务。

开展纪念建党90周年系列活动。与农公党中山区基层委员会共同协办“时代精神”油画展，推荐11位统战人士的书画作品参加市委统战部组织的书画作品展。召开“同心同行、建设首善”座谈会，48名统战各界人士参加座谈。

协助民主党派基层组织加强自身建设，致公党中山区支部委员会和民盟中山区支部委员会分别升格为致公党中山区基层委员会和民盟中山区委员会。

做好民族宗教工作。牵头组织区民宗局、公安分局召开宗教工作联席会议，把握民族宗教领域出现的新情况、新问题，确保该领域稳定和谐。

全年上报信息28篇，被市委统战部采用16篇，省委统战部、中央统战部各采用1篇，统战信息总分列全市区市县第三名。

【新的社会阶层人士统战工作】2011年，中共中山区委统战部通过多种途径加强新的社会阶层人士统战工作，促进非公有制经济健康发展。

召开联席会议。牵头组织全区21个成员单位召开中山区新社会阶层人士统战工作联席会议，区政协副主席、区委统战部部长张东红总结联席会成立3年来的工作，提出下一步任务要求；人民路街道党工委、区司法局作典型发言；青泥洼桥街道党工委、区经信局、区国税局的经验材料作书面交流。

加强培训学习。组织29名新的社会阶层人士，参加由市委统战部、市工商联举办的大连市新的社会阶层人士暨后备人才浙江大学研修班。通过座谈会、培训班、调研、发放材料等形式，组织新的社会阶层人士学习非公有制经济成功转型发展有关理论，共同研讨企业发展大计，使企业家开阔了视野，拓展了思维，综合素质进一步提高。

组织回报社会。开展“感恩五老”新春行活动，组织非公有制代表人士走访慰问22名“五老”，送去慰问资金2.2万元。创新“感恩行动”形式，组织新的社会阶层代表与普兰店市杨树房镇李家村开展村企共建活动；组织13家非公有制企业代表到普兰店市杨树房镇李家村，为村委会送去电脑、打印机等

各界人士“回报社会，共建和谐”元旦联欢会

办公设备，并与村委会就绿色种植、绿色养殖以及利用土地优势发展乡镇企业等相关问题达成意向协议。与海军旅顺基地开展军企共建活动，“八一”建军节前夕，组织非公有制企业代表人士到该基地防救船大队慰问并举行共建仪式，送去价值6万余元的照相机、摄像机等文化用品，进一步增进军民鱼水情。大连电视台、广播电台等新闻媒体对上述活动进行了报道。这些活动在全区营造出非公有制人士自觉践行社会主义核心价值体系，感恩回报社会的良好氛围。

**【民主党派、无党派人士工作】**2011年，中共中山区委统战部积极做好民主党派、无党派人士工作，增强统战工作的凝聚力。

*加强组织建设。*协助各民主党派基层组织规范组织发展工作，稳步发展成员共51名。指导致公党中山区支部和民盟中山区支部分别升格为致公党中山区基层委员会和民盟中山区基层委员会，至此，已有7个民主党派在中山区建立基层委员会。召开无党派人士联谊会一届三次会议，新增会员19人、理事2人、副会长2人、副秘书长1人，增设联络活动小组。

*搭建各种平台。*（1）搭建参政议政平台。举办各民主党派、无党派基层组织负责人培训班，组织各基层组织负责人参加区委、人大、政府、政协有关会议，召开基层组织联席会议，为民主党派、无党派代表人士参政议政奠定基础。组织各基层组织负责人参加区委《抢抓新机遇 实现新跨越 为建设大连科学发展首善区而努力奋斗》党代会报告征求意见会议，就率先发展文化产业、打造城区品牌、注重党建特色、推崇旅游时尚、提高居民幸福指数等问题提出23条修改意见和建议，这些意见建议经梳理后，全面体现在党代会的报告中。组织有关人士围绕中山区“十二五”规划和百姓关切撰写调研文章和提案，增强了党外代表人士参政议政的自觉性和积极性。（2）搭建活动平台。各民主党派、无党派基层组织围绕区委统战部搭建的感恩行动、“岗位建功立业”、“爱在中山、共建和谐”等活动平台，充分发挥社会服务队优势作用，与共建单位积极开展活动，奉献社会。

*培养党外干部。*建立起一支由104人组成的党外干部队伍，其中处级13人、科级41人。对街道、行业党委新推荐的21名党外后备干部进行走访，了解他们的工作、学习和生活情况。与区委组织部、区人事局共同召开党外干部工作联席会议，研究制定《中山区2011—2013年党外干部队伍建设规划》，提出加强储备、积极培养、加大党外干部任用力度、发挥作用，促进合作共事等4项措施，确保规划有效实施。举办党外干部培训班，培训96名党外后备干部和党外优秀青年干部。组织24名处、科级党外干部外出考察学习。

举办党外后备干部及党外优秀青年干部培训班

**【基层统战工作】**2011年，中共中山区委统战部全面推进街道、行业、社区基层统战工作，扩大统战工作的影响力。召开“争先评优”表彰大会，对3个街道党工委、2个行业党委、19名分管领导、30名专干进行表彰。先后召开街道、行业党委统战工作会议，总结基层统战工作，明确下一步任务。进一步落实《中山区基层统战工作考核实施方案》，依据党委对统战工作的领导、统战成员档案数据管理、统战理论研究、宣传和信息工作等考核内容，通过针对性调研、听取工作汇报、查看统战成员信息系统等途径进行考核，推进8个街道、51个社区实现统战工作规范化。

各街道突出各自特色，开展主题活动。青泥洼桥街道开展“一站式服务”活动，在3座大厦进行现场办公，为非公有制企业提供劳动监察、就业政策、流动人口维权等多种服务。海军广场街道组织统战成员代表人士成立“阳光低保”督查调研组，全程调研和监督街道低保审批工作，发挥了统一战线参与社会管理的优势作用。人民路街道统战成员志愿者服务队参加辖区社会服务活动。老虎滩街道开展“统战进社区”主题活动，扩大统战工作的知晓率。昆明街道开展“关爱统战成员”活动，为统战成员解决困难和问题。葵英街道以新社会阶层代表人士联谊会为载体，开展“大走访”和“面对面”活动。

与民主党派基层组织开展共建活动。青泥洼桥街道结合“大讨论”，与九三学社基层委员会开展“关爱空巢老人健康行”活动，桃源街道与民革基层委员会继续深入开展“科普百花园”系列知识讲座活动，人民路街道与民建基层委员会开展“送温暖献爱心”扶贫帮困活动。

组织动员统战成员为社会作贡献。各街道在辖区非公有制企业人士中广泛开展“学五老、敬五老、助五老”结对共建活动，共与“五老”结对子49对，捐款物价值10万余元。各街道组织统战各界人士参加社会公益活动累计38次，通过不同途径为社会捐款捐物价值555.9万元。

年内，老虎滩街道接待盘锦市委统战部来连调研，葵英街道林海社区接待市委统战部对基层统战工作调研，市委统战部、市工商联在人民路街道举办“凝心聚力促发展，爱心奉献老模范”启动仪式。

【台侨组织建设】2011年，中共中山区委统战部稳步加强台侨组织建设，彰显统战工作活力。

成立大连市归国留学人员联谊会中山区分会，有会员80名。在归侨侨眷居住比较集中的葵英街道林海社会，成立全市第一个社区归国留学人员联谊会。区级和社区基层组织的建立，为引导归国留学人员在建设大连科学发展首善区中发挥更大作用奠定了组织基础。

区侨联于9月召开四届五次全委会。全体与会人员分组走访慰问青泥洼桥、人民路、昆明、桃源等街道的10户特困侨眷。在市侨联召开的基层组织经验交流会上，区侨联和葵英街道林海社区分别发言。

区台办为进一步了解辖区内台资企业经营发展情况，加强与台商的沟通，在市台办协助下，对全区37家台资企业进行造册。走访11家重点台资企业，全面掌握这些企业的基本情况，进一步了解企业经营情况以及面临的困难和问题。

（王治武）

## ·老干部工作·

【概况】2011年末，中山区有离休干部322人（含教育系统），其中抗战时期20人、解放战争时期302人。有副处级以上退休干部492人，其中区级36人。有老干部党支部20个，其中机关12个、街道8个。

这一年，中共中山区委老干部局开展老干部“服务年”活动，提高老干部工作服务质量和规范化水平。确保落实春节老干部座谈会、原区级领导通报会、春节走访工作“两会一访”制度和政治、生活“两个待遇”，做好老干部党建和来信来访工作，为老干部群体创造和谐融洽的社会环境。通过印制老干部党建专刊、开展“大走访”活动、举办书画展、“唱红歌，颂党恩”等形式多样的活动，组织老干部庆祝建党90周年。印制《老干部便利卡》《老干部活动指南》，方便老干部了解政策和参与活动。以“自主、参与，贵在坚持、自得其乐”的理念，组织老干部开展文艺演出、台球比赛、读书讲座等多项文体活动。立足现有条件，办好老干部大学，开设太极拳、音乐等课程。

【老干部“服务年”活动】2011年是中山区的老干部“服务年”。中山区委老干部局以“创先争优”为契机，加强作风建设，全心全意为老干部服务，切实提高服务质量和水平。

落实好“两会一访”制度。精心准备，确保春节老干部座谈会、原区级领导通报会、春节走访工作顺利进行。区四大班子主要领导参加原区级老干部春节座谈会、老干部代表通报会和原区级老干部“七一”座谈会，区委书记李向东和区长江亲瑜向老同志通报区委、区政府工作，征求老同志意见，并对老干部工作做重要指示。春节前夕，区委常委及局领导班子走访慰问原区级老领导，探望因病住院的区级离退休老同志，送去慰问金和节日礼品。

落实好“两个待遇”。落实政治待遇。为保证老干部及时了解党的方针政策和国内外政治经济形势，邀请市委党校教授为老干部举办6次时事政治讲座，1000余人次出席。各基层党委为离退休老干部订阅《大连日报》《老同志之友》《辽宁老年报》等报刊，开拓老同志眼界。落实生活待遇。全面细致地安排重大节日、纪念日走访离退休老干部工作。春节前夕，分别走访慰问有特殊困难、生病住院、因行动不便长期不能参加活动的老同志、抗战干部、无固定收入遗属共150余户，送去春节慰问金和慰问品。积极协调区卫生、财政部门，及时报销离休干部的医药费、住院费，按时发放军离老干部工资福利。电话慰问离退休老干部200余次，登门拜访区级老干部80余人次，走访慰问有特殊困难老干部和探视因病住院老干部共230人次，受到老干部称赞。

做好老干部党建工作。先后组织老干部支部书记30余人，参观大连现代博物馆举办的“国家重大历史题材美术创作工程大连巡回展”。邀请市委党校教授为老干部党支部书记和部分党员代表上党课，谈形势、讲政策，提高老干部的政治思想水平。

重视老干部来信来访。对老干部来信来访做到及时接访、迅速处理、圆满解决，确保老干部群体稳定。对个别离休干部遗属提出的遗属补助执行标准问题，本着为老干部负责的原则，派专人外调，查阅17年的旧账本和档案，在区领导和信访部门的关心和配合下，圆满解决问题。

开展“四就近”服务。协同各街道，对属地社区老干部“四就近”服务工作进行全面巡检，查找不足，交流经验，充实服务项目，提高服务质量，进一步推进了利用社区资源为离退休老干部提供就近学习、就近活动、就近得到关心照顾、就近发挥作用的“四就近”服务工程。

【老干部为党庆生】2011年，中共中山区委老干部局精心组织老干部开展形式多样的活动，庆祝建党90周年。

印制老干部党建专刊。与区委党校联手，搜集反映全区各单位近年来老干部党建工作经验和成绩相关资料，印刷《中山党建》专刊，向建党90周年献礼，受到老干部欢迎。

开展“大走访”活动。组织全区各单位以不同形式，在“七一”前对所属原区级老领导、有突出贡献的老党员、因病住院的离退休老干部、易地军离老干部和有特殊困难的老干部进行走访慰问。共召开座谈会80余次，走访离退休老党员1000余人次。

举办书画展。和区图书馆联合举办“举党旗，铸党魂，坚定信念跟党走”为主题的书画展览和座谈活动，图书馆党支部全体党员和中山区老干部大学书画研究会的老干部一起重读入党誓词。老党员们挥毫泼墨，以书法形式表达对党的感情。

开展“唱红歌，颂党恩”活动。6月30日，全区近百名离退休老干部代表在区老干部活动室举办“唱红歌，颂党恩，庆祝建党90周年”活动。老干部们用歌舞、诗朗诵等文艺形式表达对党的忠诚和热爱之情。区离退休老干部合唱团参加全市老干部庆祝建党九十周年文艺汇演，取得较好成绩。

【老干部工作创新】2011年，中共中山区委老干部局以老干部为本，创新老干部工作思路和形式。

创新疗养和春游形式。合理利用有限的活动经费，科学划分疗养群体，根据不同需求，调整疗养计划，确保老干部疗养质量，让老干部吃得营养、住得舒心、玩得健康、行得安全。春季，先后组织70余名离退休老干部在成园山庄温泉会馆进行疗养；秋季，分2批共组织100多名老干部赴熊岳温泉疗养。组织400余名老干部分2批赴旅顺水师营小南村参观“太空植物王国”，探秘高科技农业，让老干部了解太空科技对农业的促进作用，开阔了老干部们的眼界。

搭建宣传平台。与区委组织部共同筹备刊印《老干部工作》期刊，在全区各单位内部交流，让老干部工作有了一个展示、沟通、交流的平台。

刊印便利卡和活动指南。设计刊印《老干部便利卡》和《老干部活动指南》，内容涵盖中山区老干部工作机构设置、联系方式、全年定期大型活动、退休手续办理步骤、老干部活动室简介等，图文并茂，便于老干部了解和记忆、携带和保存，受到老干部欢迎。

（老干部局）

## ·党校工作·

【概况】2011年，中共中山区委党校积极探索党校工作的新思路、新方法，不断提高办学质量，创新办学形式，加大科研力度，优化服务理念，充分发挥党校主阵地作用。共举办区管干部、后备干部、社区书记、机关科以下党员、党群系统科长等5个班次、14期次培训班，培训总人数1039人次。参与《加强和创新基层社会管理》和《党的基层组织建设》2个区级调研课题研究。2篇论文获辽宁省科学社会主义学会年会一等奖。出刊《中山党建》杂志10期。

【干部培训】2011年，中共中山区委党校紧紧围绕区委中心工作开展各类培训，完成全年干部培训任务。

区管干部培训班　分3个阶段进行：（1）校内培训。5月16日—6月10日共举办4期，346人参加培训。（2）异地培训。5月30日—6月21日分4期进行，221人参加培训。其中，正处级以上领导干部到复旦大学培训；组织副处级领导干部到北京大学进行领导前沿与领导力提升培训。（3）“中山讲坛”大课培训。邀请省委党校副校长戴茂林等专家教授，以党史教育为主线进行授课。

副处级后备干部培训班　6月13—17日，与区委组织部联合举办，60人参加培训，主要进行党性教育和能力培养。

社区书记培训班　街道组织委员、社区书记共59人参加培训。9月19—20日在校内上课，进行市情、

处级领导干部培训班学员合影

区情、思想理论、工作业务培训；9月21—23日到沈阳进行异地培训，听取沈阳和平区委党校有关社区建设方面的经验介绍，考察文安路社区建设情况。

*机关科以下党员培训班* 10月与机关党工委共同举办，开创全区科以下党员培训先河。区机关党工委所属200余名科以下党员利用3个半天的时间，参加区情、综合能力集中培训。

*党群系统科长培训班* 全区党群系统科长共63人参加培训。10月17—18日在党校上课，进行市情、区情、能力素质培训；10月19—21日到丹东市委党校进行异地培训，学习丹东党建工作经验，参观花园口经济区和丹东临港产业园区，了解辽宁沿海经济带发展情况。

**【教研调研】** *教学研究。* 2011年，中共中山区委党校教研室积极开展教学研究活动。坚持集体备课、校内试讲等制度，充实完善教案，制作改进课件，严把教学质量关，教员教学质量和水平得到较大提高。

*专题调研。* 围绕区委、区政府中心工作，与区委组织部、区政研室合作，进行《加强和创新基层社会管理》和《党的基层组织建设》2个区级调研课题研究。学校成立2个课题组，由校主要领导牵头负责，与教员共同承担调研任务，组织课题组成员到省内城市和区有关部门调研。专项课题调研已经成为党校的重点工作。

*论文撰写。* 撰写出一批有质量的论文。其中，《对我国社会主义建设成败经验的几点认识》《中国特色社会主义发展道路的价值内涵》2篇论文，获省委党校主办的辽宁省科学社会主义学会年会暨“建党90周年与中国特色社会主义”学术研讨会一等奖；论文《社会主义，人民福祉之所在》《增强党的基层执政能力的有效路径》先后在第四、第五期《中山党建》发表。

*基层送课。* 参与大连市宣讲团组织的《大连市第十一次党代会精神解读》宣讲课程录制。2名教员多次到基层授课，宣讲党的基本理论，受到基层干部群众的欢迎，有效发挥党校理论宣传的优势和作用。

*师资队伍建设。* 多次派教员外出培训学习，其中2人到北京大学学习培训1周，2人参加省委党校组织的理论研讨会。多次组织教师参加大连市委党校举办的“大讲堂”专题报告会。通过培训，教师视野拓宽，理论基础进一步夯实。

**【《中山党建》】** 2011年，由中共中山区委主办、区委党校协办的《中山党建》杂志，坚持把创新作为推进工作的有效动力，结合建设“大连科学发展首善区”实际需要，不断开辟新栏目，丰富栏目内容，增强刊物新意和吸引力。

开辟“创先争优”活动专栏，刊发有关建设学习型党组织的理论观点、思路、举措和成果，让基层党组织和广大党员干部能够及时进行学习和交流，营造出学习先进、崇尚先进、争当先进的良好氛围。

编发区第十三次党代会专刊，刊登区第十二届委员会和纪律检查委员会的工作报告及大会决议、区第十三届委员会和纪律检查委员会人员名单、区国民经济和社会发展第十二个五年规划纲要等相关信息。

配合“爱我中山，建设首善”主题实践活动，从第四期开始增设“解读中山”栏目，介绍中山区建区以来有影响的历史事件、历史人物、重大活动等，并配以大量历史图片，帮助人们进一步加深对中山区历史的了解。

以纪念建党90周年为契机，与区老干部局联合出1期专刊，刊发离退休老干部党建工作经验，生动反映离退休老干部、老党员的良好精神面貌。

在机关干部与社区群众“面对面、心贴心、凝共识”主题实践活动中，及时报道刊发相关内容，为各部门提供相互学习和借鉴的好经验、好做法。

《中山党建》全年出刊10期，

社区书记培训班学员考察沈阳市和平区文安路社区

聘请市委党校教授向学员介绍常用面试方法

其中正刊6期，增刊、专刊各2期。6期正刊共发表文章161篇，约32.4万余字，刊发照片及插图321张。2期增刊“主阵地论坛”汇集党校学员的优秀论文59篇，约13万余字。2期专刊分别以中山区第十三次党代会和老干部工作为专题，共发表文章29篇，约8.1万字。

【党校搬迁】2011年7、8月间，中山区委党校原大楼拆迁重建，党校迁至位于武昌街的临时办公楼。学校制定详细的搬迁和装修改造计划，按照计划逐项落实、有序进行各项工作。共搬运物品220余车次，拆装空调、热水器、黑板等物品280余件，打包图书1.3万册189箱、报刊57箱、档案23箱、物品50余箱。临时办公楼的装修改造严把质量关，形成良好的教学办公环境。

（刘　斌）

## ·政策研究·

【概况】2011年，中山区政策研究室紧紧围绕区委、区政府中心工作，积极创新工作思路和方法，深入开展调研工作。

组织、协调和指导全区政策调研工作。围绕区委全会提出的大连科学发展首善区建设等重点工作任务，制定政研工作计划，围绕四大功能区建设、民生相关问题、党的建设等重点内容，在全区有重点地开展重点课题调研。编辑《中山决策参考》，全年出刊13期，总字数30余万字。组织2010年全区政策研究工作成果评选，表彰奖励调研工作成果54篇61人。汇编2010《中山调研文集》，收入优秀文章50篇，为区域发展提供了有效参考。

拓展领域，开展专题调研。紧紧抓住中山区转型发展的关键时期，加强对中央商务区、城区竞争力、社会管理创新等专题的调查研究，完成软科学课题《核心城市建设中全力强化CBD核心功能区建设的对策研究》，形成专题文章《实施现代产业融合与集聚战略 加强中山区CBD核心功能建设》。在调研中积极借助外脑，加强与功能区建设、高端产业发展等方面专家的合作，提高研究的理论层次。加强与市委政策研究室等上级部门的沟通，努力把区域发展要求纳入市级发展框架中。加强调研成果转化，软科学课题和专题研究课题中的很多建议被区委、区政府采纳，专题文章被5月份的《辽宁沿海经济》杂志刊出。参与完成《关于加快中山区经济转型的建议》的调研报告。通过到宁波、郑州等地的考察学习，以及深入辖区10余家企业的调研，发现中山区经济转型中面对的矛盾和问题，形成“率先实现根本转变的先行区、城市品质生活的首善区、高端服务经济的集聚区、金融商贸港航服务的核心功能区、高质量发展和高能级成长的示范区”的经济转型思路，得到区委、区政府的高度评价。

参与区委重大会议材料、报告

与兄弟城市政研部门同行交流

等起草工作。主要参与区十三届党代会报告和区委十三届二次全会报告的起草。按照区委全会要求，参与修改《区委五项制度》。完成专题采访《加快国际化步伐 努力建设大连科学发展首善区》。同时，完成上级部门调研工作任务和城市有关发展报告、党代会报告等的意见征询工作。在全市开展的“深入贯彻落实科学发展观 凝心聚力建设富庶美丽文明大连”大讨论活动以及中山区开展的“面对面，心贴心，解民忧，凝共识”主题实践活动中，参与完成3次大讨论汇报材料的起草，并形成区委班子的调研报告《倾力关注民生 加快创新推动 全面推进大连科学发展首善区建设》。

## ·党史工作·

**【基础建设】**2011年，中山区党史办公室从基础建设入手，不断增强工作实力和创新活力。

*增强责任感和使命感。*区委、区政府进一步强化对党史工作的组织领导，不断加大资金投入。区委常委分管党史工作，定期听取工作汇报。区党史办注重党史工作队伍建设，组织全区党史资料征集员集中学习全国、市党史工作会议精神，以会代训，不断提高对党史工作重要性的认识。

*着力加强基础建设。*完善制度。建立健全党史工作例会制度、培训制度和表彰机制等，激发党史征集员队伍的工作热情。强化队伍。按照新时期党史工作要求，推进党史研究队伍年轻化，选聘4名年富力强、有经验、懂业务的党史工作人员，建设起一支高素质人才队伍。

*拓宽视野，扩大交流。*为缩小与党史工作先进地区的差距，主动与南京、上海等地兄弟城区进行史志资料的交流学习，组织编辑人员开展一对一的业务专题比对学习，取长补短，开阔思路。

*丰富资料，强化信息化手段。*注重与档案部门的沟通联系，加强电子化资料的保存。主动应用区政府和区委信息化服务平台，收集基层历史文化资料，传播历史文化。对中山史料进行全面梳理和整理，加强图片资料和口述资料的信息化征集使用，建档建制，以便于查找和利用。

**【服务大局】**2011年，中山区党史办公室坚持以科学发展观为指导，紧紧围绕区域“十二五”发展战略，注重工作创新，丰富宣传教育形式，充分发挥服务辖区经济社会发展大局的工作效能。

*传承服务大局的历史文化。*在党史研究中，更加注重区域的金融传统、文化气质、商业底蕴、时尚元素、街区特色、建筑风貌等优秀历史文化资源的挖掘、整理、宣传和应用，发挥其作用。利用《中山党建》刊物、机关LED屏幕等，开设“历史上的今天”和“中山史话”等专栏，并在《中山年鉴》设专题进行展示，充分发挥史为今用、推动发展的作用。

*创新服务大局的工作形式。*抓住纪念建党90周年的契机，以多种形式着力强化党史教育宣传活动。与区委宣传部、区委党校等部门在全区组织开展“解读中山”、“魅力中山”等专题活动，将其作为历时3年的“爱我中山、建设首善”主题实践活动的重要内容，认知区情区史，展示区情区貌，提高居民素质，激发发展热情。利用区政府门户网站，对中山历史上的重要事件、人物和优秀文化成果进行专题宣传，为加快区域发展营造更好的舆论氛围。与区委宣传部、组织部联合开展“大连党史进社区、进机关”活动，在昆明街道、区人社局进行地方党史宣讲活动。编印《中山区革命遗址普查资料汇编》并在《半岛晨报》上陆续登载，加大对革命遗址保护和宣传力度。坚持开展史志进社区、进学校活动，为街道、社区、学校免费发放《中山区志》《中山年鉴（2010）》等书籍

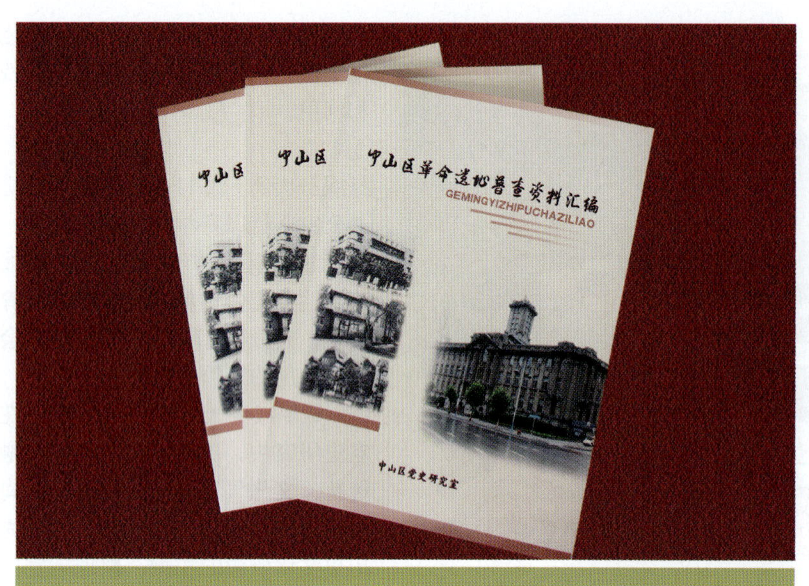

汇编成册的中山区革命遗址普查资料

1000余册，发挥了党史资料资政育人的功能，提高了史志书籍的使用价值。

【《中山年鉴》全面改版】2011年11月，由中山区委、区政府主办，中山区党史办公室编纂的《中山年鉴（2011）》由辽宁民族出版社出版发行。全书设类目18个、分目79个、子分目72个，共有条目806个、图表87个、随文照片711幅，总字数86万字。

为强化年鉴的资料性、实用性和可看性，《中山年鉴（2011》进行了全面改版。

围绕区域发展的核心战略，突出东港商务区、总部经济等发展重点，凸显金融、教育等发展亮点，注重文化、生态等绿色发展特征，通过增加背景资料、新闻链接和图片等手段，予以着力展示。

将以往置于年鉴卷首的反映各部门工作的彩版照片全部纳入内文，与条目内容呼应衬托，形成图文并茂、整体感突出的效果。大量运用表格，增加基本情况和资料性内容，用事实和数据说话，增强了年鉴的实用性。将街道及街道企业和社区工作制成图片专版，丰富了对街道工作的反映。

设计全新版式，版面繁而不乱、特色鲜明、时代感强。首次采用全书彩色印刷，增强了视觉效果，提高了整体档次，成为全市各区市县第一本全书均为彩色印刷的年鉴。

（党史办）

## ·保密工作·

【概况】2011年，中山区保密局围绕区域中心工作，深刻认识保密工作面临的严峻形势，从组织机制、管理督查、宣传教育入手，加强保密责任落实，完善保密措施，强化保密管理，抓好队伍建设。全区未发生泄密事件。

区委保密委员会新增政法、信访系统4个保密重要单位为成员。严格执行保密工作领导责任制三级管理制度，全区63个单位层层落实保密责任。重新确定全区涉密计算机及保密要害部门部位，切实加强管理。开展“保密工作宣传月”活动，促进《保密法》宣传深入机关、面向社会、走进社区。加强保密教育和培训，保密干部和涉密人员接受培训面达95%以上。

【强化保密工作机制】2011年，中山区加强对保密工作的组织管理，强化工作机制和责任。

健全保密工作机制。调整区委保密委员会，新增政法委、信访局、法院、检察院4个成员单位，切实将保密重要单位、特殊部门和容易出问题部位纳入到保密委员会成员单位中。强化保密组织机制，坚持例会制度，及时进行工作部署。先后召开区委保密委员会扩大会议、全区保密宣传工作会议，传达全国、省、市保密会议精神，总结部署全区保密工作，通报失泄密事件进行警示教育，提高保密干部的责任意识和保密工作能力。

强化保密责任要求。继续严格执行保密工作领导责任制三级管理制度，严格按照“谁主管谁负责、谁运行谁负责、谁使用谁负责”的要求，落实一把手负责制。全区63个单位主要领导与区委保密委主任签订责任状，保密要害部门部位涉密人员签订承诺书，层层落实保密责任。区委保密委员会专门下发文件，提出“四抓”的具体工作要求，即一抓责任，切实落实一把手保密责任；二抓认识，切实提高保密意识；三抓防范，切实加强保密设备配置；四抓监督，切实做好保密监督检查。

【加强软硬件建设和保密监督】确定保密事项。2011年，中山区保密局先后两次与各相关单位配合，对全区涉密与非涉密计算机、保密要害部门部位进行重新确定和统计，明确管理要求和保密责任。

加强保密软硬件建设。进一步

葵英街道开展“保密工作宣传月”活动

落实保密技术防范和保密技术检查装备强制配备工作要求，配置涉密计算机保密检查管理设备，提高保密技术管理能力和督促检查力度。认真落实市保密局要求，对全区12台涉密计算机重新安装违规外联监控系统，对40台与互联网相接计算机安装保密监控软件，对区委办、纪委2个重点部位配备专用保密涉密U盘，提高保密技术防护能力和水平，把泄密的风险降到最低。

坚持保密检查制度。加强保密检查工作制度化、常规化，坚持每年开展2—3次保密检查并形成制度。于2月开展涉密载体印制情况保密检查，抽查机关内部打字复印设备，督导8个街道保密领导小组对各自辖区内打字复印社、图片社进行保密检查。于4月开展保密专项检查，由保密委员会成员单位组成检查组，对全区机关核心部门、保密要害单位重点岗位进行拉网式检查，做到不漏环节、不留死角、不走过场。对检查中发现的问题现场反馈有关部门单位并以书面形式提出整改意见，促其立即纠正，认真整改，堵塞漏洞，消除隐患。

监督检查重点难点环节。重点检查保密要害部门，强化检查特殊部位，经常检查和抽查容易出问题岗位。检查12个保密要害部位涉密计算机、与互联网相连计算机以及信息发布情况。加强涉密载体的管理、使用和销毁，全年督导相关部门进行7次纸制文件、3次涉密计算机硬盘的销毁工作。

【开展保密教育和培训】扩大保密工作宣传范围。2011年，中山区保密局针对信息化条件下保密工作面临的严峻形势，利用讲座、培训、知识问卷、网络等多种手段开展宣传工作，让每个干部群众了解保密，做好保密，筑牢严守国家秘密的思想防线。9月，在全区范围内组织开展 “保密工作宣传月”活动，在机关办公楼办图板展、利用电子屏幕进行保密宣传，在街道设立宣传点、摆放宣传图板、发放宣传单、办社区保密宣传栏，促进《保密法》宣传深入机关、面向社会、走进社区。

搭建保密宣传网络教育平台。在区委网站设立宣传专栏，发布保密工作相关知识，建立基层信息报送和反馈机制，及时公开基层工作进展情况，使之成为全区各部门、街道保密信息沟通和经验交流的平台。

加大机关干部保密培训力度。结合本区实际，采取自编保密教育资料的形式，将领导干部保密工作要求和典型警示教育案例及分析下

桃源街道举办保密工作培训

发到每位领导干部手中。充分发挥党校阵地作用，为5个班次干部培训班提供400份保密教育学习资料，确保全区领导干部都能接受保密教育。充分利用全国窃密泄密案例警示教育展在本区举办的契机，组织350余名领导干部、保密干部和涉密人员观展，提高干部的保密责任意识。组织全区机关干部参加保密知识竞赛，观看保密宣传警示教育片，通报泄密事件，让机关干部切实做到懂保密、会保密、善保密。

提升保密干部素质。先后2次通过以会代训和专题培训的方式，提高全区涉密部门和岗位相关人员业务素质和能力。做好人员变动情况下对保密干部的教育和培训，深入11个单位面对面指导培训新上岗的保密干部，强化其责任意识和业务能力。邀请市保密局专业人员来区进行保密知识专题培训，保密干部和涉密人员接受保密教育培训面达95%以上。

（魏延超）

## ·机关党建·

【概况】2011年，中共中山区直属机关工作委员会抓住“机关作风建设年”这个工作重点，全面加强机关党的建设，各项工作取得明显成效。

组织建设。完成区第十三次党代会机关党代表的选举工作，经过基层支部酝酿讨论、两轮推荐以及投票选举，机关52名党员当选为中山区第十三次党代会代表。在“深入贯彻落实科学发展观　凝心聚力建设富庶美丽文明大连”的大讨论活动中，积极开展“面对面，心贴心，凝共识”入户宣传活动，深入对口社区，与居民集体交谈答疑，解决了一些老干部、老党员、老职工的思想困惑。组织开展机关创先争优评比表彰活动，表彰先进党支部12个、优秀党务工作者21名、优秀共产党员29名。

作风建设。与区委宣传部共同组织召开进一步加强机关作风建设现场会，推广中山区地税局的经验。起草并下发《中山区关于进一步加强和改进机关作风建设的意见》，整理印制《中山区进一步加强和改进机关作风建设现场会文件汇编》。与区总工会共同组织开展机关干部基本业务技能大赛。

思想建设。与区委党校联合开办机关科以下党员干部的思想政治理论培训班，邀请区委书记李向东、区长江亲瑜、常务副区长蔡先勃讲课，主要围绕新形势下党的基本性质、任务和改革方向，从党的思想建设、组织建设、作风建设3个方面进行讲解，加深机关党员对党的基础知识的理解；从如何加强政府执政能力、加强政府应急能力建设等方面进行阐述，提高机关干部的行政能力。

文化建设。成功举办2011年机关春节联欢会，机关干部普遍参与，自编自演大量精彩节目。组建机关合唱团，参加全区纪念建党90

选举机关党代表

机关党员干部思想政治理论培训

机关党员干部参加星期六义务奉献劳动

机关合唱团参加区纪念建党90周年活动

周年的大型演出活动。组织机关干部开展“爱我中山、建设首善”摄影大赛和采风活动，评选出30幅优秀作品并进行展示。组织开展机关足球、排球、乒乓球、台球、大连滚子等系列比赛和徒步走、瑜伽舞蹈兴趣活动等，机关开展文体活动形成常态。

【机关干部基本业务技能大赛】2011年10月中旬—12月末，中山区直属机关党工委与区总工会联合组织机关干部基本业务技能大赛。大赛组织文字输入、表格制作、通知报告起草、会议座位安排、会议日程安排、会议表彰程序设计、会议主持词起草、来电收文处理、信息和调研报告起草、经费报告起草等10个单项比赛，单项比赛成绩累计前30名的选手进入综合比赛，最后决出前10名。大赛共举行20场单项比赛和3项综合比赛。

比赛期间，各单位积极组织机关干部进行基本业务技能培训，机关干部的工作水平和工作效率大幅提高。

（王东俊）

## ·非公有制企业党建·

【概况】2011年是辽宁省、大连市非公有制企业党建工作“双覆盖”的强力推进年。中共中山区非公有制企业工作委员会坚持“以重点地区重点行业为重点，以点带面推进组建；以规模大企业推进带动中小企业，以大带小推进组建；以组建时间长、政治影响力大的党组织带动新入驻企业，以老带新推进组建”的思路，认真指导辖区8个街道党工委和天津街商业步行街党工委推进党建“双覆盖”工作。年内，全区新组建非公有制经济党组织803家，组建数量和质量均居全市首位。非公有制企业新发展党员291名，培养入党积极分子1584名。截至年末，全区非公有制经济组织共有党委39个、总支41个、支部1318个，党员总数为6975名，党建工作覆盖率达到100%，党组织覆盖率达到68.5%。

【开展“大讨论”活动】2011年，中共中山区非公企工委按照市、区统一部署和要求，组织非公有制企业党组织积极参与“深入贯彻落实科学发展观，凝心聚力建设富庶美丽文明大连”大讨论活动，并根据本区特点，组织开展“爱家乡、爱企业、凝心聚力谋发展”主题实践活动。

活动中，在突出抓好党员干部思想引领的基础上，注重理顺情绪，化解矛盾，解决实际问题。组织区街企三级党组织联动，走企业、进车间，到生产一线和窗口单位与职工群众交流沟通，为企业办实事。共征求意见和建议430条，为32家企业提供政策性服务。经区非公企党工委积极推荐，锦联集团下属的锦程物流公司被评为国家级科技创新项目企业。

各非公有制企业党组织认真组织大讨论活动。中山房产集团党委开展“一有两为”活动，做到经营和管理双轮驱动，效果明显，群众受益。大连友谊集团党委围绕“六个议题”扎实开展大讨论，切实达到凝聚力量、推动发展的目的。大连百信邦经贸公司党委通过活动健全组织网络，落实三级管理，开辟党建阵地，消除个别部门无党员的空白点，同时组织党员参加社会公益活动，在活动中受教育。大连华夏外企服务公司党委在党员职工中开展“四性”教育，凝聚思想共识。

**【推进创先争优活动】** 2011年，中共中山区非公企工委围绕中心，服务发展，在非公有制企业党组织中深入推进创先争优活动。

*在推进区域科学发展中创先争优。*把创先争优同“爱我中山，建设首善”主题实践活动、全国文明城市创建活动、国际安全社区创建活动以及建党90周年纪念活动结合起来，该项活动更加有声有色。以大连大商集团和大连友谊集团为牵动，组织全区非公企业在窗口服务单位开展诚信企业创建活动，创建党员先锋岗、党建示范点。大商集团和友谊集团作为全国文明城市评比受检单位接受考核验收，为中山区和大连市争得了荣誉。大连锦联集团等单位参与国际安全社区创建工作，为中山区获得“国际安全社区”称号作出贡献。各企业党组织结合纪念建党90周年，以表彰、征文、红色之旅、党史知识竞赛、党员大会等形式开展活动，营造良好氛围。

*在推动企业文化建设中创先争优。*各企业党组织结合各自企业特点，开展载体活动。大连明天便利连锁公司党总支围绕“人本、创新、诚信、奉献”的企业精神，组织开展“企兴我荣”活动，以典型带动团队建设。大连供暖集团党委把“提升自我，服务他人，温暖万家”的企业文化融入到活动之中，让服务对象感受温暖，体验到活动成效。大连友谊集团党委创新工作思路，在基层党组织中开展“四比两为”活动，为企业发展注入活力。大连锦联集团党委以“锦绣前程，与众相联”的锦联文化，凝聚员工，留住人才，壮大企业。大商集团党委提出“坚持党的政治核心地位，把大商建设成为中国共产党领导下的中国人民自己的民族商业大公司”的目标，组织开展“保千创优”销售竞赛活动，全力推进“千亿创业目标”的实现，为全区企业树立了标杆。

*在承担社会责任中创先争优。*大连供暖集团援建希望小学，大连锦联集团与普兰店瓦窝镇养老院、小学建立长期资助关系并长期资助50名困难大学生，大商集团为大连医科大学设立500万大商助学奖学基金以及每年向全国各个灾区捐赠等行为，体现了企业的社会责任意识。

通过开展创先争优活动，全区非公有制企业中涌现出一批先进党组织和党员。年内，大连锦联集团、人民路街道大厦党员活动阵地分别被评为省级、市级“党建示范点”，大连友谊集团党委被评为“大连市先进党委”，大商集团被评为“大连市文明单位”，8个单位、24名个人被评为中山区“先进党组织”、“优秀共产党员”、“优秀党务工作者”。

（王　卫）

## ·机构编制工作·

**【概况】** 2011年，中山区机构编制委员会办公室紧紧围绕全区经济社会发展大局，切实履行编制部门职责，为各项事业发展提供体制机制保障。

完成机构改革后续工作，调整区安监局、人社局、统计局部分内设机构、职责等，全区机构改革工作顺利通过辽宁省编委办检查评估。完成行政执法体制调整和环境卫生、基层医药卫生体制改革工作。加强综合治理、新闻信息、幼儿教育、计划生育等社会管理机构建设，新设相关机构。开展事业单位清理规范工作，完成126家事业单位的清理规范意见审核。完成事业单位法人年检。开展机构编制实名制管理，完成944名党政群机关人员的信息采集。开展全区近40家部门和单位网站的中文域名注册工作。

**【机构改革后续工作】** 2011年，中山区编委办根据上年政府机构改革后各部门的运行情况，对部分政府部门内设机构、职责等进行了调整。(1)调整区安监局内设机构，将宣传指导科更名为职业卫生科，把监督管理科的职业卫生监督管理职能划入该科，进一步加强全区职业卫生监督管理。(2)重新构建劳动仲裁体制。设立区劳动人事争议仲裁院，为区劳动人事争议仲裁委员会的办事机构。区人社局不再承担劳动人事争议仲裁工作，将该局仲裁科更名为劳动关系协调科，职责作相应调整，以加强全区劳动关系协调。(3)调整区统计局内设机构。在该局增加服务业统计科，以加强服务业统计工作。

年内，辽宁省编委办对县市区机构改革工作情况进行抽查，中山区被确定为大连市2个抽查单位之一。省评估检查组通过听情况汇报、召开座谈会、明察暗访等形式，对中山区政府机构改革进行评估并给予充分肯定，认为中山区政府机构改革工作为建设大连科学发展首善区提供了有力的体制机制保障。

【体制调整和改革】2011年，中山区编委办与有关部门配合，完成行政执法体制调整和环境卫生、基层医药卫生体制改革工作。

调整行政执法体制。在全市调整城市管理行政执法体制工作中，完成中山区执法局由市垂直管理工作，划转人员编制75名。完成站南管理处和天津街管理办公室的执法职能划拨上收工作，同时重新确定两单位的职能，核定人员编制，为后续工作做好准备。

完成环境卫生事业改革机构编制设置。制定下发《中山区城市环境卫生事业改革推进工作方案》并完成机构编制设置工作，撤销区环卫处和城肥所，收回事业编制729名。同时，设立大连市中山区环境卫生管理中心，下设8个街道环境卫生管理站。改革理顺了环卫管理体制，完善了政府调控职能，推进了环境卫生事业专业化、社会化、产业化进程。

推进基层医药卫生体制综合改革。按照国家、省、市有关规定，依据基层医疗卫生机构承担的工作任务，结合服务人口及当地的自然、经济和社会情况，构建全区公办社区卫生服务中心设立方案。

【社会管理机构建设】2011年，中山区编委办围绕社会管理创新工作，加强有关机构建设。

加大综合治理机构建设。根据国家和省、市关于综合治理工作的要求，为区政法委（综合治理办公室）增加内设科室和人员编制。在8个街道增设综合治理办公室并挂综治维稳中心的牌子，从机构方面保障社会治安综合治理工作。

事业单位清理规范工作启动

新增幼儿教育机构。根据区政府新制定的《中山区学前教育三年行动计划》，设立大连市中山区春天幼儿园，挂大连市中山区早期教育指导中心牌子，切实解决学前儿童入园难等问题，推进学前教育改革与发展。

增设新闻宣传机构。设立大连市中山区新闻信息中心，全面负责区新闻、信息等宣传工作，以进一步加大本区宣传力度和网络舆情监督，促进党务、政务公开，用正确的舆论引导群众。

强化渔港监督机构职责。在大连市中山区渔港监督局挂大连市中山区老虎滩渔港监督站牌子，并增加"依法对老虎滩渔港实施监督管理、渔船进出港签证及渔业生产安全管理"的职责，相应增加人员编制和领导职数。

增设计划生育组织。设立大连市中山区计划生育协会，列入群众团体序列，由区计生局代管，协助该局落实国家人口与计划生育方针、政策及法律、法规等工作。

【事业单位管理】清理规范事业单位。按照上级工作部署，2011年7月，中山区编委办召开动员大会，下发《关于对全区事业单位进行清理规范的实施方案》，全面部署此项工作。经过深入调研、沟通协商和反复论证，年内基本完成对126家事业单位（不含中小学33家、新设立单位10家）的清理规范意见的审核。

完成事业单位法人年检。以事业单位清理规范为抓手，对123家事业单位法人2010年度年检分批次、分时段进行网络受理，重点对开展业务活动情况、开办资金等以往年检较薄弱环节进行审核。全区年检合格单位115家，不予年检单位8家；变更登记单位53家，对2家亏损单位责令提交书面报告作为备案、调研依据，并梳理出3项疑难待整改事项。通过年检，进一步了解了全区事业单位的运行和履职情况，增强了事业单位的独立法人意识和年检的法律意识、时效意识。

【机构编制实名制管理和中文域名注册】2011年，中山区编委办按照省、市上级部门工作部署，开展机构编制实名制管理和中文域名注册工作。

对中山区机构编制人员信息基础数据库进行完善，在全区58个党政群机关开展人员信息采集工作，完成944名人员的信息采集。加强机构编制实名制基本保障制度建设，区编委会制定《中山区机构编制实制管理实施办法》，区编委办建立《机构编制管理证制度》《机构编制管理协调配合机制》，修订《中山区机关事业单位核编落编暂行规定》。区组织、编制、人社、财政等有关部门相互配合，形成多部门协调联动，共同做好全区机构编制管理工作。

根据中央编委办《关于进一步加强党政群机关和事业单位网上名称管理工作的通知》和省、市编委办统一工作部署，对全区近40家部门和单位网站进行“政务”、“公益”专用中文域名注册工作，加强党政群机关和事业单位网上名称管理，有效提高党政群机关和事业单位网站的权威性、可信度和认知度。

（许有权）

区十六届人大四次会议

与会代表认真听取政府工作报告

## 中山区人民代表大会

### ·重要会议·

【区十六届人大四次会议】2011年1月6—8日举行。实有代表191名，出席代表182名。

会议审议通过《中山区人民政府工作报告》《中山区人大常委会工作报告》《中山区人民法院工作报告》《中山区人民检察院工作报告》，审查和批准《中山区国民经济和社会发展第十二个五年规划纲要》《中山区2010年国民经济和社会发展计划执行情况及2011年国民经济和社会发展计划草案报告》《中山区2010年财政预算执行情况和2011年财政预算草案报告》，并做出相关决议。

会议依法补选丛建英、辛宁为区人大常委会委员。

会议表彰2010年度提出优秀建议、批评和意见的人大代表16名。

会议期间，共收到代表建议、批评和意见240件，其中属大连市管辖139件，本区管辖101件。区管辖的建议、批评和意见中，经济工作12件，城市建设和管理工作52件（其中城市建设32件，行政执法11件，城区改造9件），民政工作4件，科教文卫工作7件，交通安全工作10件，公安工作4件，人力资源工作3件，人大工作3件，财政、旅游等其他工作6件。全部240件建议、批评和意见，由区人大常委会人事代表办公室转交相关部门办理。属市管辖范围的建议、批评和意见，由市人大代表在大连市十四届人民代表大会第四次会议上提出办理。

【区十六届人大五次会议】2011年12月27—29日举行。实有代表189名，出席代表 165名。

会议审议通过《中山区人民政府工作报告》《中山区人大常委会

区十六届人大五次会议

工作报告》《中山区人民法院工作报告》《中山区人民检察院工作报告》，审查和批准《中山区2011年国民经济和社会发展计划执行情况及2012年国民经济和社会发展计划草案报告》《中山区2011年财政预算执行情况和2012年财政预算草案报告》，并做出相关决议。

会议依法补选尹执刚、顾宏、杜峻岐为区人大常委会委员。

会议表彰2011年度提出优秀建议、批评和意见的人大代表16名。

会议期间，共收到代表建议、批评和意见231件，其中属大连市管辖170件，本区管辖61件。区管辖的建议、批评和意见中，经济工作方面3件，城市建设和管理工作26件（其中城市建设17件，行政执法7件，城区改造2件），民政工作5件，科教文卫工作12件，交通安全工作9件，公安工作2件，司法、旅游等其他工作4件。全部231件建议、批评和意见，由区人大常委会人事代表办公室转交相关部门办理。属市管辖范围的170件建议、批评和意见，由市人大代表在大连市十四届人民代表大会第五次会议上提出办理。

**【区人大常委会会议】**2011年，中山区第十六届人民代表大会常务委员会举行7次常委会会议（第二十二次至第二十八次），听取和审议“一府两院”工作报告10项，作出决议决定5项，依法任免干部17人。

第二十二次常委会会议　2月25日举行。听取和审议常委会《2011年工作计划（草案）》；审议决定人事任免事项。

第二十三次常委会会议　3月29日举行。审议常委会《关于区本级财政预算审查监督的若干规定（草案）》（书面）；听取部分市人大代表述职报告并进行满意度测评；审议决定人事任免事项。

第二十四次常委会会议　5月20日举行。听取中山公安分局《关于全区烟花爆竹燃放安全管理工作情况的报告》；听取部分市人大代表述职报告并进行满意度测评；听取区十六届人代会代表资格审查委员会《关于代表出缺暨补选代表资格的审查报告》；审议决定人事任免事项。

第二十五次常委会会议　7月21日举行。审查和批准《中山区2010年本级财政决算（草案）报告》；听取和审议区政府《关于中山区2010年区本级财政预算执行及其他财政收支情况的审计工作报告》；审议通过区人大常委会《关于批准大连市中山区2010年本级财政决算的决议（草案）》；听取和审议区人大常委会《关于区人大代表接待选民工作办法（试行）》《关于对区发改局、文体局开展工作评议的实施方案（草案）》；听取部分市人大代表述职报告并进行满意度测评。

第二十六次常委会会议　9月22

区人大常委会第二十三次会议

日举行。听取和审议《中山区2011年上半年财政预算执行情况的报告》《中山区2011年上半年国民经济和社会发展计划执行情况的报告》；听取和审议区检察院《关于诉讼监督工作的报告》；审议通过《大连市中山区人大常委会信访接待处理办法（修改草案）》；听取和审议区政府《关于办理区十六届人大四次会议代表建议情况的报告》；听取中山交警大队《关于办理和落实人大代表建议情况的报告》；听取区人大常委会人事代表办公室《关于中山区第十六届人大第四次会议代表建议、批评和意见办理情况的报告》；听取部分市人大代表述职报告并进行满意度测评；审议决定人事任免事项。

第二十七次常委会会议　11月24日举行。听取和审议《中山区2011年本级财政预算调整方案（草案）的报告》；审议通过《关于批准中山区2011年本级预算调整方案的决议（草案）》；听取和审议区政府《2011年“五个一”工程建设情况的报告》、区法院《2011年执行工作的报告》；审议通过《关于召开中山区第十六届人民代表大会第五次会议的决定（草案）》《关于召开大连市中山区第十六届人民代表大会第五次会议筹备工作方案（草案）》；听取《中山区第十六届人民代表大会代表出缺暨补选代表资格的审查报告》；听取部分市人大代表述职报告并进行满意度测评。

第二十八次常委会会议　12月16日举行。审议通过《中山区关于在全区公民中开展法制宣传教育的第六个五年规划（2011—2015）》《关于在全区开展“六五”法制宣传教育的决议》；审议通过《关于变更中山区第十六届人民代表大会第五次会议召开时间的决定（草案）》《大连市中山区人民代表大会常务委员会工作报告（讨论稿）》《中山区第十六届人民代表大会第五次会议预备会议议程（草案）》《中山区第十六届人民代表大会第五次会议选举办法（草案）》《中山区人大常委会关于表彰2011年度优秀建议、批评和意见的决定（草案）》《中山区人大常委会关于接受谢传波、韩树谦、辛宁同志辞去中山区人大常委会委员职务请求的决定》及中山区第十六届人民代表大会第五次会议各类人员名单（草案）；听取区发改局、区文体局分别作的《关于落实区人大常委会评议意见整改情况的报告》，并进行满意度测评。

## ·主要工作·

【围绕核心发展战略开展监督】2011年是“十二五”开局之年。中山区人大常委会坚持围绕中心、服务大局、突出实效的原则，充分发挥监督职能，依法开展监督工作，积极推动区委决策的落实。

建设区域性金融商务核心区是今后5年全区经济实现更好更快发展的核心战略。区人大常委会围绕这一核心战略，组织代表先后就全区金融业发展、商务功能区建设、“1050”总部经济和楼宇经济发展等事关区域性金融商务核心区建设的重点工作进行调研和视察，提出工作意见和建议。积极参与区政府金融服务区发展规划的编制，参加区政府经济形势分析会议和重点项目调度会议，主动了解和掌握相关信息，推动工作落实。依法审查审议政府预决算、国民经济和社会发展计划执行情况，对涉及核心发展战略的重点工作、重点项目的推进和民生专项资金的使用进行审查审议，提出要努力在发展高端服务业上多做文章，在发展总部经济和楼宇经济上多下工夫的意见和建议。加大对大额度资金使用的监督审查，提出规范资金使用行为，确保资金使用效益最大化的建议。

【审查监督财政预决算执行情况】2011年，中山区人大常委会先后听取和审议区政府《关于2010年本级财政决算报告》《2010年本级预算执行及其他财政收支的审计工作报告》《2011年上半年国民经济和社会发展计划执行情况报告》《2011年上半年本级财政预算执行情况报告》，作出相应决议，要求区政府进一步加强预算执行管理，优化支出结构，突出支出重点，确保收支平衡。提前做好下一年度区级重点项目计划，并认真做好资金使用的监管和落实。创新财政运行机制，加强预算绩效管理工作，积极推进预算信息公开工作。挖掘潜力，涵养税源，部门联动，加强重点税源监控，确保完成区十六届人大四次会议批准的2011年区本级预算收支任务。

针对市财政下达专项支出指标，加大对教育、社会保障、城市建设投入等情况，听取审议并依法批准区政府关于区本级预算调整方案，要求区政府在加大财政征管力度的同时，进一步加强对预算执行的管理，保证重点支出的合理安排和资金的及时到位，保证预算超收收入的安排和使用不出问题，努力做到预算收支平衡，提升经济运行质量。

【监督检查群众关心热点问题】2011年，中山区人大常委会充分发挥人大代表接待选民窗口的作用，定期归纳整理代表反映的意见和建议，对社会普遍关注、群众热议的弃管楼改造与管理、食品安全、交通拥堵整治、烟花爆竹燃放等项工

视察“五个一”工程建设情况

视察食品安全工作

作，组织代表开展视察、检查和调研共36次，摸清实情，及时向区政府相关部门提出意见和建议。

重点监督弃管楼的改造与管理。组织区人大常委会委员、部分专委会委员和市人大代表实地视察同心街、玉光街2处已改造完工、山屏街北巷1处未改造的弃管楼，召开专题座谈会进行研讨。区人大常委会第二十七次会议听取和审议区政府“五个一”工程建设情况的报告，提出整体规划弃管楼改造进度、加大资金投入、创新管理模式、建立长效管理机制等建议。区政府认真研究落实，全年共投资1674万元，改造弃管楼院60个，惠及居民886户。

监督检查“五个一”民生工程建设。区人大常委会对全区促进和改善民生的“五个一”工程建设情况进行视察，实地察看弃管楼改造以及桃源商城停车场、荣盛农贸市场建设和解放路、中南路路街整治情况，听取区政府关于“五个一”工程建设情况报告，提出政府统一规划、创新管理模式、建立长效机制、确保工程质量等建议。截至年末，全区“五个一”工程建设基本完成，通过市里验收。

监督食品安全工作。年初，区人大常委会召开食品卫生工作专题座谈会，分析和研讨全区食品安全现状，责成专委会成立调研组进行跟踪调研。年中，结合调研情况，组织部分常委集中视察渔夫食品公司、皇城老妈饭店、岭帆超市，听取区政府关于食品安全情况的汇报，提出要建立综合协调体制、加大财政资金投入、组建专业人才队伍、加强日常跟踪监测等建议。区政府积极组织食品药品监管局、卫生局、工商局、质监局等部门，加强对餐饮、超市、农贸市场的常规性检查，确保群众吃上放心、安全的食品。

监督停车难和道路交通拥堵整治工作。先后组织市、区两级人大代表视察人民路交通管控、校园周边交通秩序整治，青泥洼桥地下停车场、民生街和桃源商城地上停车场的建设及解放路、中南路路街改造情况，提出加强公共服务管理、优先发展公共交通、建设立体化停车场、规范行车和停车秩序等建议。区政府加大工作力度，投资1250万元，新建停车场7处，新增停车泊位1225个；增设信号灯9处，增设标志30面，施划标线30余条。中山交警大队在高峰时间和重点路段安排足量警力加强疏导，有效缓解行车难、停车难的问题。

监督烟花爆竹燃放工作。为促使烟花爆竹燃放安全管理条例和市政府通告落到实处，区人大常委会成立专题调研组，深入中山公安分局、区安监局、工商局等部门和企事业单位、社区群众中进行宣传和调研，区人大常委会主任会议听取调研组工作汇报，常委会会议听取和审议公安分局《关于全区烟花爆竹燃放安全管理工作情况的报告》，提出政府相关部门协调配合，加强宣传，严控进货、销售渠道，规范燃放行为，消除安全隐患，切实维护好人民群众生命财产安全的建议。

【监督司法公正】2011年，中山区人大常委会加大对司法公正的监督力度，维护人民群众的根本利益和社会公平正义。

加强人大代表旁听庭审工作。年初，区人大常委会向区法院中层以上干部通报过去4年人大代表旁听法院庭审工作情况，明确指出法院庭审工作在内部监督管理、法官庭审行为、庭审工作质量和效率等方面存在的问题，要求区法院认真进行整改。为增强监督实效，常委会调整工作方式，规定每周组织2次代表旁听法院庭审活动，每次旁听后代表现场填写评议表，由常委会法工委整理后统一反馈给法院。年内，共组织219名、440人次的市区两级人大代表，旁听和评议涉及刑事、民商案件15类139件，与上年相比，参加旁听的人数和案件数均有显著增加。针对常委会和代表提出的意见和建议，区法院认真贯彻落实，将2011年确定为“庭审质量活动年”，成立专门工作机构，指派专人负责协调代表旁听活动；加大内部监督制约机制的执行力度，组织院党组成员、中层领导干部经常性地征求代表意见，及时自查、自纠和整改发现的问题，法官的审判作风、审判质量以及适用法律的准确性等方面有了较大改善。

视察人大代表建议办理情况

视察市特警大队

加大审议、评议工作力度。区人大常委会先后听取和审议区法院关于执行工作报告、区检察院关于诉讼监督工作情况的报告，提出建立执行联动机制、加大执行力度、强化监督业务能力、探索制定监督的规章制度等建议。组织代表开展评议中山公安分局部分派出所工作，对全区13个派出所中的7个进行了评议。

审议普法规划。2011年是“六五”普法宣传教育启动年。区人大常委会审议通过中山区“六五”普法规划，决定从2011—2015年，在全区公民中实施法制宣传教育的第六个五年规划，继续推动依法治区进程，努力为全区经济社会发展、维护和保障民生营造良好的法治环境。

【继续评议区政府专项工作】2011年，中山区人大常委会依照《监督法》的规定，继上年首次评议区商务局、民政局工作后，对区发改局、文体局进行了专项工作评议。评议内容包括贯彻执行国家相关法律法规、执行常委会决议决定、办理落实人大代表建议、完成本年度政府工作报告中确定的工作任务、履行政府职能部门工作职责及软环境建设情况等5个方面。

评议工作组先后深入街道社区、企事业单位调查走访，召开座谈会，发放调查问卷，广泛听取人大代表、社区群众等多方意见，形成调查报告。评议工作领导小组召开专题会议，听取工作组汇报并进行评议，提出加强业务学习，提高统筹全区经济社会发展的宏观调控能力和研究问题能力，建立基层业务部门工作例会制度，加快构建中山区文化发展框架，加大文化体育活动经费的投入，加强对文化娱乐场所的监管力度等评议意见。区发改局、文体局认真贯彻落实，积极予以整改。

区人大常委会第二十八次会议听取区发改局、文体局整改工作报告，并当场进行满意度测评，有效推动和促进了政府职能部门科学执政、依法行政。

【人民代表依法履职】2011年，中山区第十六届人民代表大会有人民代表189名。

畅通代表履职渠道。区人大常委会邀请代表参加政府经济工作会议、“两院”工作座谈会以及街道办事处的街情通报会，让代表及时了解区情、政情。邀请代表列席常委会会议，参加视察检查和调研活动、对“一府两院”专项工作的监督以及代表建议办理工作，扩大代表对常委会工作的参与。年内，代表中有45人列席常委会会议，397人次参与常委会、专委会以及街工委开展的视察、检查和专题调研等活动。

提高代表履职能力。区人大常委会邀请专家举办《如何审查财政预决算报告》专题讲座。组织人大街工委开展《食品安全法》《环境保护法》等法律法规知识培训。组织部分代表赴上海复旦大学参加高级研修班，重点学习当前中国经济热点问题透析、现代管理等方面的内容。全年培训代表264人次。

拓宽代表知情知政途径。为代表订阅《中国人大》《人大代表报》等刊物，及时向代表公开常委会工作情况和区人大发展动态。组织代表旁听法院庭审，让代表加深对法院工作程序和案件审理步骤的认识，使司法监督更加有的放矢。坚持邀请代表列席常委会会议，参加对“一府两院”的工作评议、执法检查、建议评估等活动。组织辖区省、市人大代表视察市公安局特警支队、中山道路交通工作。

搭建代表履职平台。充分利用和整合各类资源，依托代表所在单位，建立省、市代表之家4个；依托街道社区，建立街道代表之家8个、社区代表之家34个，形成和完善按照“五有标准”建设、“三级网络”管理、“九项制度”保障的代表之家工作体系。区人大及桂林街工委的成功做法在市人大召开的全市创建代表之家工作经验交流会上作了发言。年内，各级代表之家共开展活动95次，接待选民1747人次，沟通解决选民提出的热点问题153件。

增强代表队伍凝聚力。组成由120余名辖区三级人大代表参加的合唱队，在中山区庆祝建党90周年红歌演唱会上作精彩演出。举办“大商杯”中山区省、市、区人大代表第四届运动会、“三八”妇女节健康养生讲座、趣味联谊会等大型活动，增强代表队伍的凝聚力，调动了代表履职的积极性和主动性。

【代表建议、批评和意见办理】2011年，中山区十六届人大第四次会议收到代表建议、批评和意见共240件，其中属本区办理解决的建议101件。区人大常委会以科学发展观为指导，以提高建议解决率为抓手，切实加大代表建议办理力度，努力推动全区经济社会发展和民生问题的改善。继续发挥代表建议督办小组的作用，提高建议办理的解决率。采取普遍访、重点看、当面问、集中听的方式，全程跟踪督办。以办理重点建议为牵动，紧盯代表建议办理大户，不定期上门督

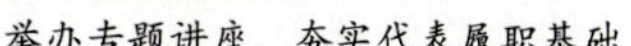
举办专题讲座，夯实代表履职基础

召开2011年街工委工作会议

附：

## 2011年度中山区人大代表优秀建议、批评和意见

| 奖 项 | 获 奖 建 议 | 建议人 |
| --- | --- | --- |
| 一等奖（2个） | 关于坚持民生为本，加快转型发展，推进中山区可持续发展的建议 | 潘广辉 |
| | 关于加快大连市医疗保险一体化建设的建议 | 杨 特 |
| 二等奖（5个） | 关于加大城区三、四级马路排水设施监管力度并增加维修资金的建议 | 王宏茂 |
| | 关于加强社区卫生服务功能，建立健康档案及家庭医生制度的建议 | 吴 非 |
| | 关于加大力度解决停车难问题的建议 | 崔长军 |
| | 关于进一步提高物业公司服务和管理水平的建议 | 王 猛 |
| | 关于加强居民楼栋防盗门管理的建议 | 邵元秋 |
| 三等奖（9个） | 关于在城区规划改造中增建文化健身广场的建议 | 伞佳卉 |
| | 关于加强就业创业孵化基地建设的建议 | 刘桂莲 |
| | 关于强化供热采暖纠纷等问题专项执法力度的建议 | 林庆安 |
| | 关于规范城市户籍管理的建议 | 柳丽芳 |
| | 关于打造中山区精品特色商业街的建议 | 刘维平 |
| | 关于加强采用庭审录像，大力推进“阳光”司法的建议 | 朱增杰 |
| | 关于改善城市交通状况的建议 | 田东明 |
| | 关于加强社区健身器材维修养护的建议 | 李志谦 |
| | 关于促进区街旅游业发展的建议 | 隋家磐 |

办、实地查看。

年内，区人大跟踪督办纳入解决范畴的建议47件，其中38件全面落实，9件基本落实。属本区办理的101件建议办结率达100%，满意率100%，解决和基本解决率由上年的66.2%提升到69.3%，建议办理取得历史性突破。区城建局收到田东明代表提出的《关于改善城市交通状况的建议》后，在作了大量实地调研并与代表共同会商工作方案的基础上，向区政府递交报告。区政府高度重视，由区财政投资1250万元并向社会融资1.9亿元，新建桃源广场、友谊美邻等7处停车场，共增加停车泊位1000余个，有效缓解停车难问题。代表和市民们对区政府的工作作风和务实高效的工作质量给予充分肯定。

12月16日，区人大常委会审议通过《关于表彰2011年度优秀建议、批评和意见的决定》，有16个优秀建议、批评和意见受到表彰。

**【信访受理】**2011年，中山区人大常委会高度重视新形势下的信访工作，把受理群众来信来访作为维护群众合法权益、促进社会公平正义的重要抓手，认真做好接待、登记、转办、督办和反馈工作。全年共接待和受理群众来访189人次、来信54件，全部按照规定进行了处理和答复，有效维护了社会稳定。

**【人大街工委工作】**2011年，中山区人大常委会注重对人大各街工委自身建设、代表活动等方面工作的经常性指导，及时解决困难和问题。坚持区、街人大上下联动开展监督的工作机制，扩大监督覆盖面。坚持每半年召开1次人大街工委工作研讨会，每季度召开1次人大街工委副主任联席会，交流研讨工作。坚持人大街工委副主任列席常委会会议，及时了解常委会工作情况。常委会领导及各委室主任根据实际需要，参加人大街工委有关会议或下基层调研，提出工作意见，促进人大街工委工作开展。

各街工委紧密围绕常委会重点工作和街道工作中心，深入扎实开展工作。全年共组织代表活动116次，走访选民1613人次，提出建议217件；资助贫困学生152人，安置下岗再就业人员673人次，捐款、捐物价值226.8万元，较好地履行了自身工作职能，为区街经济发展和民生问题的改善发挥了作用。

（赵 龙）

## 中山区人民政府

### ·会议文件·

【区政府常务会议】2011年，中山区政府召开常务会议10次，讨论并通过经济建设和社会发展等方面重要事项。

第一次常务会议 2月10日召开，研究安排2、3月份区政府重点工作。主要有：抓好税收、重点项目、招商引资和城区改造调度，确保一季度经济“开门红”；召开市区人大代表建议和政协委员提案交办会；修订完善2011年度街道办事处工作考核办法并尽早下发；做好全区已动迁地块的收尾工作；组织开展春季大规模植树造林活动；组织实施特色商业街区建设工作；全力做好全国“两会”期间信访和社会稳定工作；召开中山区“城区建设与管理年”动员大会；召开中山区民生工作启动落实大会。

第二次常务会议 4月2日召开，研究安排4月份区政府重点工作。主要有：认真贯彻区委十三届党代会精神，做好各项工作落实；做好清明节期间文明祭祀、护林防火和交通秩序等组织工作；召开中山区教育工作会议；做好中山区美术馆开馆各项准备工作；完成环卫事业改革及行政执法体制调整工作；抓好重点项目、内外资招商、拆迁改造、财税的调度工作；做好赴香港招商的有关工作；制定第八届社区居委会换届选举方案；搞好重点工作的督查督办。

第三次常务会议 4月27日召开，研究安排5月份区政府重点工作。主要有：组织开展“城区环境综合整治月”活动；做好随市政府赴重庆参加“渝洽会”有关准备工作；全力做好老虎滩渔人码头开业准备和大连赏槐会开幕式有关保障工作；研究优化区街管理体制有关问题；完成第八届社区居委会换届选举工作；推进特色商业街区建设启动工作；启动天津街天幕城前期论证工作；研究楼宇大厦培育工作计划；做好大连金融服务区批复设立后的有关接续工作。

第四次常务会议 5月27日召开，研究安排6月份区政府重点工作。主要有：全力以赴确保实现各项指标“时间过半、任务过半”的目标；继续开展“城区环境综合整治月”活动；全力做好迎宾路改造工程，确保质量和进度；全力做好2011年高考、中考各项组织保障工作；举办庆祝建党90周年红歌演唱会及启动棒棰岛艺术节系列活动；做好随市政府赴吉林开展经贸交流活动的筹备工作；组织对“1050”楼宇基础数据进行摸底调查，完成工作方案，7月份报区委常委会研究。

区政府第一次全体扩大会议

第五次常务会议 7月4日召开，研究安排7月份区政府重点工作。主要有：全力做好市十一次党代会期间社会信访稳定工作；筹备召开区政府二次全会暨经济形势分析会；继续开展“城区环境综合整治月”活动，做好“创建全国文明城市”辽宁省复检工作；做好“国家卫生城市”复检各项工作；做好随市政府赴宁波招商准备工作；开展庆祝“八一”建军节活动，抓好双拥共建工作；做好防台防汛各项工作；向区人大常委会报告《2011年上半年财政预算执行情况报告》《关于中山区2011年上半年国民经济和社会发展计划执行情况与2011年下半年国民经济和社会发展计划（草案）的报告》。

第六次常务会议 7月28日召开，研究安排8月份区政府重点工作。主要有：全面贯彻落实区委十三届二次全会、区政府二次全会精神，加快推进全年各项工作；全力以赴做好达沃斯会议前1个月各大酒店周边环境、交通秩序整治和开展社会治安、信访稳定等排查工作；全力做好安全生产、防台防汛、旅游安全、食品卫生安全检查工作；举办大连（中山）首届红酒节；筹备组织人大代表、政协委员联合视察建议提案办理工作；筹备大连金融服务区挂牌大会。

第七次常务会议 8月29日召开，研究安排9月份区政府重点工

区长江亲瑜、常务副区长蔡先勃视察停车场建设情况

作。主要有：全力以赴做好第22届大连国际服装节暨国际狂欢节和夏季达沃斯会议期间的市容市貌整治、巡游表演、交通疏导、社会治安、安全保卫、信访稳定、食品卫生、安全生产等各项属地化保障工作及突发事件的应急处置工作；做好教师节走访慰问活动；做好市人大代表视察金融服务区工作；跟踪落实重点企业及重大税源，制定大税源入库计划；研究制定城区建设发展总体规划（含环境设计总体规划、单体精品工程设计规划）和大连金融服务区发展规划；对民生事业8大方面31项工作进展情况进行督查督办。

第八次常务会议　9月29日召开，研究安排10月份区政府重点工作。主要有：做好“十一”国庆节期间的安全生产、社会稳定和应急值守工作；筹备召开第三季度经济形势分析会；组织参加随省政府赴香港和广州招商活动；加快推进重点项目、民生工程施工进度，做好督查工作；筹备召开大连金融服务区成立大会；筹备召开首批中山区文化创意产业企业授牌大会；召开特色商业街区建设专题工作会议。

第九次常务会议　10月31日召开，研究安排11月份区政府重点工作。主要有：抓好全年重点工作收尾，提前1个月完成全年主要指标任务；全力做好市政府对区政府的绩效考评准备工作；密切关注当前经济形势，围绕大税源入库计划，做好跟踪落实工作；深入调研，谋划明年工作思路，研究提出工作计划；着手起草区“两会”有关工作报告；研究落实“大讨论”活动群众提出的有关意见和建议。

第十次常务会议　12月25日召开，研究安排12月份区政府重点工作。主要有：做好社会稳定、安全生产各项工作；全力以赴完成全年主要经济社会发展指标，确保超额完成年度任务，继续保持全市领先地位；做好充分准备，迎接市政府对区政府全年各项经济社会指标任务完成情况的考核，做好市政府各业务部门到区进行年终考核检查的工作；做好节日亮化美化及山林防火、冬季除雪工作；做好年度街道工作考核；组织开展走访慰问活动。

【区长办公会议】2011年，中山区政府共召开区长办公会议14次，听取各委办局的请示、报告和意见，原则通过有关事项105件（详见下页附表）。

【区政府文件】2011年，中山区政府共印发文件56个（详见第94页附表）。

（周贺亮）

区长江亲瑜在“大讨论”活动中面对面听取社区居民意见

附：

## 2011年中山区政府区长办公会议通过事项明细表

| 有关部门 | 通过事项 |
|---|---|
| 政府办 | 政府工作报告（征求意见稿） |
| | 关于2011年区政府重点推进的民生10件实事 |
| 区发改局 | 关于中山区2010年度工作考核及工作经费补贴的报告 |
| | 关于区级领导联系项目工作专项经费的请示 |
| | 2011年区级领导干部联系重点项目工作实施方案 |
| | 2011年度街道办事处工作考核办法 |
| | 关于2010年度专业大厦企业贴租情况的报告 |
| | 通报市发改委关于各区市县社会事业及医改工作会议精神 |
| | 关于中山区2011年国民经济和社会发展计划执行情况和2012年国民经济和社会发展计划（草案）的报告 |
| 区教育局 | 中山区加快教育改革和发展行动计划（2011—2013） |
| | 大连市中山区学前教育三年行动计划（2011—2013） |
| | 关于中山高中校舍问题 |
| | 关于中山区教育局与中山区社会实践培训学校续签协议问题 |
| | 关于做好2011年中小学招生工作的有关规定 |
| | 关于十五中学中考美术加试方案 |
| | 关于申请2011年教师节教师补贴的报告 |
| 区监察局 | 关于全面推进“五大系统”建设的意见 |
| 区民政局 | 中山区2011年第八届社区居委会换届选举实施方案 |
| | 中山区社区老年人活动扶持办法 |
| | 中山区社区养老服务中心运营补贴实施方案 |
| | 中山区推进养老事业发展实施办法 |
| | 中山区临时救助（补充）资金管理暂行办法 |
| 区司法局 | 中山区关于在全区公民中开展法制宣传教育的第六个五年规划 |
| | 关于基层司法所实行收编垂直管理相关事宜的情况说明 |
| 区财政局 | 关于中山区妇幼保健所彩色多普勒超声诊断仪采购招标情况的报告 |
| | 关于中山区疾病预防控制中心厨房设施采购招标情况的报告 |
| | 对城建局《关于环卫处用对外租赁房屋收入用于事故余额赔偿的请示》的处理意见 |
| | 关于中共大连市中山区委社会治安综合治理办公室计算机采购项目招标情况的报告 |
| | 关于中山区2011年绿化工程招标情况的报告 |
| | 关于中山区医疗废水处理设施采购项目招标情况的报告 |
| | 2011年中山区财政预算安排说明 |
| | 关于中山区监理机构定点服务采购项目招标情况的报告 |
| | 关于大连市中山区桃源社区卫生服务中心、海军广场卫生服务中心装修改造工程招标情况报告 |

续表

| 有关部门 | 通 过 事 项 |
|---|---|
| | 关于中山区老干局电梯供货与安装招标情况的报告 |
| | 中山区2011年绿化工程招标情况汇报 |
| | 关于中山区美术馆厨房设备采购招标情况的报告 |
| | 关于大连市中山区第十五中学图书馆改造工程招标情况的报告 |
| | 关于中山区药监局、中山区卫生监督所装修改造工程招标情况的报告 |
| | 关于大连市中山区海军广场侧池喷泉及土建维修改造工程招标情况报告 |
| | 关于大连市中山区工程事故应急、抢险、维修等定点服务机构采购项目招标情况的报告 |
| | 关于中山区婚姻登记处装修改造工程招标情况的报告 |
| | 关于大连市天津街商业步行街物业服务项目招标情况的报告 |
| | 关于中山区2011年绿化工程（二期）招标情况的报告 |
| | 关于中山区2011年绿化工程招标情况的报告（一、二标段） |
| | 关于大连市天津街老街改造小品供货与安装情况的报告 |
| | 关于大连市天津街老街改造数码海报及指示牌供货与安装招标情况的报告 |
| | 关于中山区城市小广告清理项目招标情况的报告 |
| | 关于中山区指定区域城市管理部分内容（非执法类）服务外包项目招标情况的报告 |
| | 关于中山区教育局阅览室家具采购项目招标情况报告 |
| | 关于大连第十五中学图书馆家具采购招标情况的报告 |
| | 关于中山区教育局图书采购项目招标情况报告 |
| | 关于中山区税务师事务所（复审）中介服务机构服务定点招标情况的报告 |
| | 关于中山区中介机构定点服务（审计、评估、工程造价）招标情况的汇报 |
| | 关于中山区2011年绿化工程二期（苗木栽植、游园绿地）招标情况的报告 |
| | 关于中山区2011年城市绿化工程（二期）——公园改造项目招标情况的报告 |
| | 关于中山区人民路小学等3所学校改造工程招标情况的报告 |
| | 关于中山区2011年城市绿化工程（二期）——苗木栽植项目招标情况的报告 |
| | 关于中山区葵英小学等7所学校采暖设备采购招标情况的报告 |
| | 关于中山区教育局教育考试扫描阅卷系统等设备采购招标情况的报告 |
| | 关于2011年中山区建筑物外立面刷新改造工程招标情况的报告 |
| | 关于中山区教育局实验室设备采购招标情况报告 |
| | 关于中山区教育局多媒体教室及班班通设备采购招标情况报告 |
| | 关于2011年中山区中南路路街改造工程招标情况的报告 |
| | 关于中山区教育局教室用电脑及配套设备采购招标情况报告 |
| | 关于大连市中山区学校校舍维修改造工程采购招标情况报告 |
| | 关于中山区民政局婚姻登记处办公设备招标情况的报告 |
| | 关于中山区民政局婚姻登记处办公家具招标情况的报告 |

续表

| 有关部门 | 通过事项 |
| --- | --- |
| | 关于中山区弃管楼院整治工作招标情况的报告 |
| | 关于中山区市政管理处轮式铣刨机采购招标情况的报告 |
| | 关于中山区中山广场周边路灯更换改造工程招标情况的报告 |
| | 关于中山区人民检察院办公电脑采购招标情况的报告 |
| | 关于中山区市政管理处高压清洗车及吸污车采购招标情况的报告 |
| | 关于中山广场周边路灯更换改造工程招标情况的报告 |
| | 关于大连市天津街商业步行街路灯、景观灯改造工程招标情况的报告 |
| | 关于中山区卫生局、食品药品监督管理局办公设备招标情况的报告 |
| | 关于中山区卫生局、食品药品监督管理局办公家具招标情况的报告 |
| | 关于中山区残疾人GPS定位仪设备采购招标情况的报告 |
| | 关于中山区人民检察院讯问室改造装修工程招标情况的报告 |
| | 关于中山区中、小学体育器材采购项目招标情况报告 |
| | 关于对《关于〈中山区就业服务社区网络平台建设〉项目货物协议采购供应商申请说明》的处理意见 |
| | 关于中山区2011年财政预算执行情况和2012年财政预算（草案）的报告 |
| | 关于中山区石门沟配套小学新建工程招标情况报告 |
| | 关于中山区三八广场周围楼外立面改造工程招标情况报告 |
| | 对区残联《关于购置中山区残疾人综合服务设施业务用房的请示》的处理意见 |
| | 关于中山区民政局电视、电脑及配套设备采购招标情况的报告 |
| | 关于中山区教育局储物柜采购项目招标情况报告 |
| 区人社局 | 大连市中山区事业单位岗位设置管理工作实施方案 |
| | 关于中山区街道事业单位雇员管理办法 |
| | 关于参公单位人员增加工资情况的报告 |
| 区城建局 | 中山区城市环卫事业改革推进工作方案 |
| | 2011年中山区城区建设与管理年工作方案 |
| | 2011年城区建设与管理年动员大会方案 |
| | 关于环卫处用对外租赁房屋收入用于事故余额赔偿的请示 |
| 区商务局 | 关于促进特色街区建设的几点意见 |
| | 关于大连金融服务区成立大会的筹备方案 |
| 区文体局 | 中山区文化创意产业发展专项资金管理使用办法 |
| | 中山区首届酒吧文化节活动方案 |
| | 关于中山区美术馆管理运营的请示 |
| 区信访局 | 关于工业总公司、包装制品厂社街转制人员生活费用纳入民政局退养人员统一发放的报告 |
| 区行管办 | 关于景山街办公楼异地安置有关事宜的请示 |
| 中山公安分局 | 关于昆明街派出所解决办公用房有关情况的报告 |

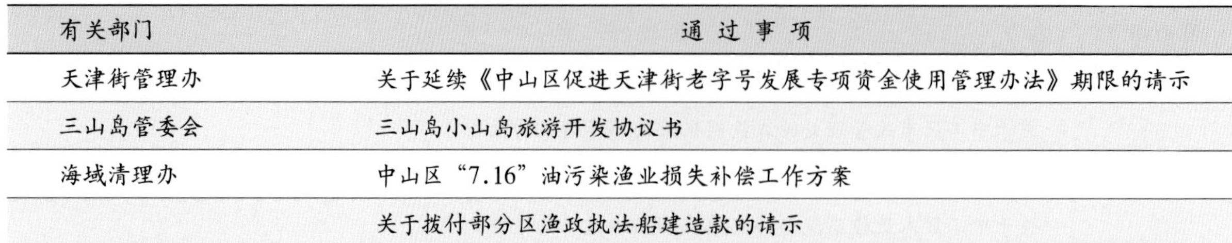

续表

| 有关部门 | 通 过 事 项 |
| --- | --- |
| 天津街管理办 | 关于延续《中山区促进天津街老字号发展专项资金使用管理办法》期限的请示 |
| 三山岛管委会 | 三山岛小山岛旅游开发协议书 |
| 海域清理办 | 中山区“7.16”油污染渔业损失补偿工作方案 |
|  | 关于拨付部分区渔政执法船建造款的请示 |

## 2011年中山区政府文件目录

| 中政发文件号 | 发文日期 | 文 件 标 题 |
| --- | --- | --- |
| 1 | 2010年12月31日 | 关于解决原大连中山工业总厂地块建设项目有关事宜的请示 |
| 2 | 1月11日 | 关于重新启动港湾大厦项目的请示 |
| 3 | 1月14日 | 关于大连华悦房地产开发有限公司申请改造中山区山屏街周边区域有关事宜的报告 |
| 4 | 1月15日 | 关于中山区政府2010年度推进依法行政工作情况的报告 |
| 5 | 1月30日 | 关于新建中山区人民法院审判法庭及附属设施的请示 |
| 6 | 2月15日 | 关于对老虎滩渔港进行修复加固的请示 |
| 7 | 2月28日 | 关于对中山公安分局呈请撤销、批准区级治安保卫重点单位的批复 |
| 8 | 3月2日 | 关于向省政府行文申请设立大连金融服务区的请示 |
| 9 | 3月4日 | 关于申报省级经济开发区的请示 |
| 10 | 3月15日 | 关于山屏街旧区地块有关情况的报告 |
| 11 | 3月21日 | 关于协调解决天津街老街项目商业单体建筑投入使用有关问题的请示 |
| 12 | 3月30日 | 关于对春和市场新居工程项目提前进行质量监督的请示 |
| 13 | 3月31日 | 关于加快推进中山区朝阳路东侧地块项目的请示 |
| 14 | 3月31日 | 关于启动昌达大厦半截子工程的请示 |
| 15 | 3月30日 | 关于解决中山区阳春巷王桂英等三户动迁居民廉租房实物配租的请示 |
| 16 | 4月1日 | 关于中山区获得大连市“2010年度政府工作绩效考评综合奖”和“重点工作优胜奖”有关情况的通报 |
| 17 | 4月2日 | 关于申请东北亚现货商品交易所落户大连希望大厦租金补贴的请示 |
| 18 | 4月2日 | 关于在东港商务区建设东北亚国际名优品牌企业总部大厦的请示 |
| 19 | 4月2日 | 关于对东北亚国际名优商品交易中心项目给予扶持政策的请示 |
| 20 | 4月6日 | 关于网民反映中山区景山街拆迁地块有关事宜调查情况的报告 |
| 21 | 4月7日 | 大连市中山区人民政府关于印发大连市中山区学前教育三年行动计划的通知 |
| 22 | 4月11日 | 关于邀请孙广田副市长出席大连佳兆业广场（原海昌名城）项目启动仪式的请示 |
| 23 | 4月18日 | 关于加快办理海昌名城项目竣工验收备案手续的请示 |
| 24 | 4月18日 | 关于邀请孙广田副市长出席中山区“白领午餐工程”启动会议的请示 |
| 25 | 4月19日 | 关于邀请李万才市长出席中山区美术馆开馆典礼的请示 |
| 26 | 4月20日 | 关于印发中山区加快教育改革和发展行动计划的通知 |

续表

| 中政发文件号 | 发文日期 | 文件标题 |
|---|---|---|
| 27 | 5月16日 | 关于举办“品牌经济发展与合作研讨会”的请示 |
| 28 | 5月17日 | 关于加快启用大连火车头体育场的请示 |
| 29 | 5月20日 | 关于引进新加坡五星级酒店项目对大连“凯伦国际”建筑物内部功能进行调整的请示 |
| 30 | 6月1日 | 关于大连市中山区（2010）-18号地块净地交付情况的报告 |
| 31 | 6月16日 | 关于邀请朱程清副市长会见日本早稻田大学藁谷教授的请示 |
| 32 | 6月23日 | 关于迎宾路草坪进一步养护管理的报告 |
| 33 | 7月8日 | 关于请市政府主办“名优商品交易平台与区域经济合作峰会” 并邀请东北地区部分城市政府领导参加会议的请示 |
| 34 | 7月22日 | 关于增加大连世界金融中心项目地下停车面积的请示 |
| 35 | 7月26日 | 关于赴瑞典参加国际安全社区会议及考察芬兰、丹麦安全社区建设情况的请示 |
| 36 | 7月28日 | 关于协调解决鸣鹤街新居工程项目有关事宜的请示 |
| 37 | 8月2日 | 关于同意大连丰艺实业有限公司等六家企业申报信贷风险专项资金贷款的报告 |
| 38 | 8月3日 | 关于“交易平台建设与区域经济合作主题峰会”筹备进展情况及需市政府协调安排事宜的报告 |
| 39 | 8月15日 | 关于建立偿债准备金制度并设立偿债准备金专户的通知 |
| 40 | 8月15日 | 关于地方政府性债务审计整改情况的报告 |
| 41 | 8月16日 | 关于协调解决休斯顿公寓项目有关事宜的请示 |
| 42 | 8月19日 | 关于邀请孙广田副市长和周洲副秘书长出席大连中山首届红酒节开幕式的请示 |
| 43 | 9月1日 | 关于印发中山区政府贯彻落实区委五项制度实施细则的通知 |
| 44 | 9月15日 | 关于全面开展市容及交通环境整治的请示 |
| 45 | 9月26日 | 关于李向东等同志赴香港进行经贸交流的请示 |
| 46 | 9月28日 | 关于长江路改造区域开工项目向东港商务区排土的请示 |
| 47 | 9月30日 | 关于中山区春山巷动迁户集体访有关情况的报告 |
| 48 | 9月30日 | 关于调整佳兆业商业广场（原海昌名城项目）地块土地储备计划的请示 |
| 49 | 10月8日 | 关于加快推进大连滨海国际旅游岛项目的请示 |
| 50 | 10月9日 | 关于全面开发三山岛旅游项目的请示 |
| 51 | 10月21日 | 2011年冬季征兵命令 |
| 52 | 10月25日 | 大连市中山区人民政府关于印发中山区加快推进特色商业街区建设若干意见的通知 |
| 53 | 10月26日 | 大连市中山区人民政府关于颁发中山区首批文化创意产业基地牌匾的决定 |
| 54 | 11月10日 | 关于鲁迅路原轻工学院招待所改造地块（嘉和广场）项目回迁楼相关问题的请示 |
| 55 | 11月29日 | 关于中山区2011年《“十二五”规划纲要》执行情况的总结报告 |
| 56 | 11月10日 | 关于中山区申报2012年市政府投资计划的报告 |

## ·公共行政服务·

【概况】2011年，中山区公共行政服务中心设有33个对外服务窗口，可直接受理工商、税务、计生、房屋租赁等17个部门的71项行政审批和公共服务项目，均与上年同。

这一年，该中心以“爱我中山，争创首善”主题活动为载体，按照服务人性化、行为规范化、办事效率化、信息公开化的要求，坚持以服务群众、方便监督、提升效率为目标，逐步从单一的行政审批型向综合便民服务型转变。全年共办理行政许可和公共服务事项152677件，按时办结率达100%。在中山区电子监察网进行的满意度调查中，该中心满意率达到84%，居公共服务类单位首位。中心被市政府和区政府分别授予“大连市服务型政府建设先进集体”、“中山区最佳政风行风先进单位”（连续第3年）和“中山区政务公开示范点”荣誉称号。

提升服务群众的综合素质。围绕“内练素质，外塑形象”要求，采取工作例会、专题讲座，学习培训等形式，不断提高窗口工作人员的综合素质，全年共召开工作例会12次，举办专题讲座2次，组织学习培训2次。继续开展创先争优活动，要求全体工作人员“六做到、六杜绝”：一要做到服务主动热情，杜绝冷若冰霜；二要做到告之清晰明白，杜绝模棱两可；三要做到办件准确高效，杜绝拖拉延误；四要做到处事廉洁公正，杜绝吃拿卡要；五要做到全程跟踪服务到位，杜绝折腾群众；六要做到承诺言而有信，杜绝言毕无果。

完善内部管理。不断完善《服务人员首问责任制》《窗口工作人员管理办法》等规章制度，加大对工作人员的奖惩力度，设立“窗口人员委屈专项奖”，细化窗口单位和人员年度评比办法，调动了窗口工作人员争优创先的积极性，促进了岗位责任、首问负责、服务承诺、限时办结、效能考评和失职追究等项制度的落实。

确保服务质量。通过定期与不定期检查及明察暗访、在窗口设置评议卡、公布举报电话、进行电子监察等方式，全程监督检查窗口人员的服务质量和服务行为。针对暴露出来的问题及时进行批评教育，限期整改。有4名窗口人员因违反工作纪律受到通报批评，1人被辞退。群众的满意率得到明显提升，共收到表扬信10封、锦旗2面，有13人获得区以上部门的表扬。

拓宽便民服务渠道。继续运用《办事指南》《便民手册》等资料以及LED大屏幕、公示板、宣传册及政策咨询会等，及时公开有关政务信息。各窗口切实提高办事效率，方便群众办事。中山消防大队年初起将所有许可项目全部纳入窗口受理，实现“让群众办事进最少的门，跑最少的路，找最少的人”的目的。市房屋租赁窗口对温州城商业管理公司、大连明天集团公司、大连现代轨道交通公司等较大的产权单位进行现场指导、预约办公，方便了租赁双方当事人。区人社局以“春风行动”为载体，以“5.15政务公开日”活动为契机，组织召开12场政策咨询和现场招聘会，发放宣传材料7万余份；在《就业失业登记证》集中换证期间，延长窗口办公时间，取消午间休息，得到群众好评。

积极推进行政审批事项联审联办制度。为大连佳兆业商业经营管理公司、中石化长江燃料公司大连分公司、大连大都会购物中心等8个单位办理营运手续时，每件审批平均用时仅6个工作日，效率比过去提高3倍以上。这一做法登上辽宁省民心网首页。

召开工作例会，讲评各窗口工作

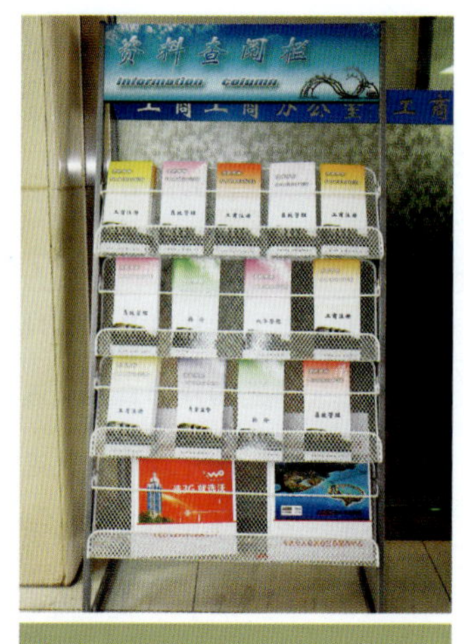

设置资料查阅栏，方便群众办事

附：

2011年中山区行政服务中心窗口受理情况

| 窗口号 | 主管单位 | 窗口名称 | 受理项目 | 受理件数 | 同比增长(%) |
| --- | --- | --- | --- | --- | --- |
| 1 | 区残联 | 残联 | 《残疾人证》初审 | 7051 | 0.2 |
| 2—3 | 区残联 | 残疾人就业年审 | 企业残疾人就业保障金审核 | 4102 | 2 |
| 4 | 区财政局 | 小额贷款 | 小额贷款贴息项目初审 | 3651 | 11 |
| 5 | 区计生局 | 计划生育 | 独生子女光荣证，一孩、二孩手续办理 | 1297 | 2 |
| 6 | 区司法局 | 司法 | 法律援助及法律相关资讯 | 1219 | 0.7 |
| 7 | 区人社局 | 享受优惠政策 | 大龄就业人员双险补贴认定 | 政策指导 | |
| 8—10 | 区人社局 | 减免税、小额贷款 | 小额担保贷款审核、企业享受税费减免政策认定、困难居民家庭采暖费补贴 | 2415 | 4 |
| 11 | 区人社局 | 核发失业证 | 失业证审核发放 | 4470 | 1.5 |
| 12 | 区人社局 | 失业保险待遇审核 | 失业登记、领取失业金人员审核 | 8013 | 0.4 |
| 13 | 区人社局 | 失业救济金审核 | 失业人员领取失业金、补助、军转失业人员生活补助 | 7221 | 3 |
| 14 | 区卫生局 | 医政管理 | 医疗机构注册、变更、年审；执业医师报名初审；医学教育注册、办卡、年终核分；护师首次注册、换证等8项职能 | 4632 | 0.5 |
| 15—16 | 区卫生局 | 卫生许可注册登记<br>卫生许可审批 | 《卫生许可证》的打印、发放<br>卫生许可业务指导、咨询 | 5956 | 2.4 |
| 17—18 | 地税中山分局 | 个体税务登记 | 个体税务登记开业、变更、换发新证 | 8561 | 1.7 |
| 19—20 | 国税中山分局 | 个体税务登记 | 个体税务登记开业、变更、换发新证 | 8764 | 0.7 |
| 21—25 | 市房屋租赁管理中心 | 房屋租赁 | 房屋租赁备案；手续费及收益金收费 | 24311 | 1.2 |
| 26 | 区质量监督局 | 质量监督 | 代码证办理、年审及收费 | 12762 | 2 |
| 27 | 区消防大队 | 消防 | 公共场所消防安全业务咨询 | 1428 | 1 |
| 28 | 大连永鑫印章制作公司 | 公章制作 | 公章的制作及收费 | 14798 | 1 |
| 29 | 区发改局 | 物价 | 非公办学前教育、行政事业单位行政收费；非公办议政机构、学前教育、培训机构备案 | 2013 | 2 |
| 30—32 | 工商中山分局 | 工商注册登记<br>工商名称核准<br>工商执照发放 | 企业、一人有限公司、分公司港澳个体工商户、企业法人登记、变更、注销、补照、换证；工商名称核准审核；营业执照的打印、发放及收费 | 16218 | 1.2 |
| 33 | 工商中山分局 | 工商登记咨询 | 工商登记的业务咨询 | 13795 | 0.8 |

**【工商注册窗口加强“三导”服务】**中山区公共行政服务中心有区工商局注册科的两个对外服务窗口。2011年，这两个窗口通过加强政策引导、行政指导和横向联导的“三导”服务，在转企升级、兴企解难方面提供高质量的服务。全年完成转企升级183户，帮助企业解决问题46个，赢得地方政府和企业的好评。

多渠道宣传，加强政策引导。推出政策快递卡、注册登记联络卡将市工商局出台的市场准入39条优惠政策以及注册登记需要办理的各种前置手续和注意事项制作成卡片、宣传单和小册子，同时在区、街道直至社区建立多层级政策超市，扩大了政策受众面，避免市民办事多跑腿、走弯路。

多形式服务，加强行政指导。推出“预约服务函”项目，为预约企业提供专人上门指导，累计走访企业500余户，发函163份，为大连银行、大商集团等35家企业提供预约上门服务，解决了公司增项、业务拓展、企业改制等问题43个。推出建立行政指导联络站项目，指导天津街工商所在社区、商场、写字楼建立6个行政指导联络站，采取多种形式为群众服务。推出注册登记网络指导项目，在局域网上开辟专栏，每月推出1期“注册登记指导”，及时传递政策信息，提出指导性意见。

多协调沟通，加强横向联导。建立内部协调机制、外部联络机制和横向联导机制，在做好内部协调的基础上，加强与区国资委、外经局、税务局、民政局、房屋租赁中心等部门的协调和联动。在各级招商引资活动中，提前介入宣传工商优惠政策，创造良好的引资环境。在个体工商户转企升级中，向区政府提出给予资金扶持和税收优惠政策等建议，推动此项工作。

工商注册窗口的“三导”服务方式得到上级部门肯定，辽宁省政务公开办公室主办的《天下信息》周刊第10期以《大连“三导”方式提升行政服务效能》为题，对此进行了专题报道。

（赵　婷）

## ·信访工作·

【概况】2011年，中山区坚持“稳定为先、和谐为本、群众为重”的原则，将属地稳控和积案化解作为当年信访工作重点，抓稳定、抓落实、抓基层，畅通信访渠道，规范信访秩序，创新工作载体，依法、及时、妥善解决好群众的合理诉求，保障了社会和谐稳定。

全区共接待群众来访696案次、3113人次，分别比上年下降27%和10%；受理群众来信66件，下降18.5%；受理热线电话146人次，下降18.9%；接待法律咨询481人次，下降18.2%；受理法律援助153人次，下降66.9%。全年投入维稳资金4279.2万元，息访81案。处理本区属事积案8件，息访7件，化解率87.5%，终结率100%，未积淀新案。

各级领导高度重视信访工作，定期组织召开信访工作协调会、维稳工作会60余次。区委先后召开13次常委会研究信访工作，着力解决信访积案。认真坚持领导大接访、领导包案、联合接访、信访代理、社会稳定风险评估等信访工作制度，全年领导接访日共249天，接待群众251人次，在解决信访案件特别是化解积案上发挥了优势。加强基层信访工作，全区基层信访信息员由原来的150名增至252名，还招募一批信访工作志愿者。畅通渠道，广纳民意良言，通过全国信访信息系统、远程视频接访系统、热线求助电话、网上信访邮箱、政府网站网上信访栏目、民心网等多种渠道，及时接受、处理群众反映的诉求和提出的建议，提升了信访工作的效率和品质。

年内，中山区信访局获“辽宁省信访工作先进集体”、“大连市信访工作先进集体”称号，刘军海、刘彦、许风华等3人获“大连市信访工作先进个人”称号，石向明获“中山区优秀共产党员”称号。

【基层信访得到强化】2011年，中山区信访局强化3支队伍建设，夯实基层信访工作基础。

树立一批典型。在树立海军广场街道春和社区信访代理室、人民路街道兴和社区石大姐调解室、桃源街道长利社区群众工作站等特色基层信访工作典型的基础上，重点扶持长利社区群众工作站为大连市的龙头，并推向全省乃至全国。力

区领导和信访局工作人员接待上访群众

区领导召开信访案件协调会

争在党的十八大召开之前每个街道都有一个信访工作典型，“十二五”期间每个社区都有一个信访工作品牌。

培育一批信息员。积极涵养群众工作新资源，完善社区及重要部门信访信息员制度。在原有150名信息员基础上，又从51个社区各聘用2人，全区信息员增至252名，实现平均每1500人中就有1名信访信息员的目标；信息费也由每月60元增至100元，全年达到30.2万元，为打牢社会稳定第一道防线创造条件。

招募一批志愿者。从51个社区招募一批综合素质较高、身体条件较好的党员和群众骨干担任信访工作志愿者协助工作，作为宣传信访法律知识的宣讲员、评估社会稳定风险听证议事的评议员、排查安全隐患的巡逻员、发现上报访情的信息员、协调处理矛盾纠纷的调解员、上传诉求下达精神的通讯员、维稳防控的看护员，以便有效地将矛盾化解在基层，做到“小问题不出社区，一般问题不出街道，大问题不出中山区”。

【积案化解成效显著】截至2011年末，辽宁省、大连市交办中山区的8件信访积案全部结案，其中7件息访，息访率为87.5%。

完善化解机制。按照“三重新”原则对积案进行重新调查、重新研究、重新处理，做到信访人姓名地址、反映的诉求和难点、责任主体、以往处理情况、处理意见和化解要求“五个清楚”。采取人大代表、政协委员参与研判调处，信访法庭重点担当终端调解，各相关单位加纵横合作的办法，通过积案会诊、联合办案、现场调解、公开听证等形式，形成化解积案的一套行之有效的方法。

规范化解程序。对已息访的案件，形成终结报告。对符合执行终结程序的未息访案件，组织人大代表、政协委员及相关专业人士召开听证会，寻找化解出路。对实在谈不拢、理不顺的案件，也研判出公允合理的解决方案，与上访人面谈。上访人不接受的，再进一步完善卷宗档案，严格按程序上报终结。

落实领导包案。根据领导工作分工，落实区领导包案。包案领导主动约访、带案下访、上门回访，采取以理服人、以情感人、帮扶救助等多种措施，耐心细致地做好上访人的思想疏导工作，用排除法、递进法化解信访积案。

加强沟通协调。区信访局与属事单位建立沟通协调机制，陪同上访人到属事单位，配合属事单位做好接谈、维稳和化解工作。对积案采取“新官理旧事”的方法，寻求情理之中、法度之外的解决途径。

（常　媛）

## ·人事管理·

【公务员管理】2011年，中山区人力资源和社会保障局严格按照《公务员法》等相关法律、法规和政策，加强公务员管理。

公务员考录任用。全区新录用公务员39人，平均年龄27.9岁。其中：男22人、女17人；研究生8人、大学31人；党员12人。

公务员培训。全区科级及科级以下公务员实现网上在线学习，587人参加学习。组织公务员基本功暨《公务员法》培训，55人参加培训。

军转干部安置。坚持公平、公正、公开原则，完善安置办法，强化军转安置计划的指令性，确保军转安置任务全面完成。全区共接收团职以上军转干部10名，营职以下军转干部6名，全部按计划安置。

年度考核。配合完成市政府对2010年度中山区政府工作指标考评工作，区获得市对区绩效考评工作中心组（第三组）第一名。

【事业单位人事管理】2011年，中山区共有单位155个，其中参照公务员法管理事业单位5个、全额拨款单位105个、差额拨款单位9个、自收自支单位36个。

*稳步推进事业单位岗位设置管理工作*。事业单位岗位设置管理工作是我国事业单位人事制度方面的一项重大改革。年内，中山区分行业选择区内具有代表性的部分事业单位作为试点，先期开展岗位设置工作，摸索工作经验和工作程序。区委组织部、区人社局联合印发《大连市中山区事业单位岗位设置管理工作实施方案》，召开动员大会。自10月起，此项工作进入岗位设置管理实施阶段。

*严格规范事业单位公开招聘工作*。依据《大连市事业单位公开招聘人员暂行办法》，组织区属事业单位人员招聘工作，共招聘35人。

*创新建立街道事业单位雇员制度*。制定《中山区街道事业单位雇员管理办法》（试行），将有服务愿望的37名社区大学生分配到各街道办事处事业单位对外窗口岗位工作。公开招聘20名社区大学生，分配到各社区加强工作。

*做好事业单位人事服务工作*。共审核办理事业单位退休人员88人，人员调动193人次。

**【人才和智力引进】**2011年，中山区紧紧围绕“人才强区”战略，加强人才引进和人才队伍建设，为各类人才提供全面、高效快捷服务。全区共引进各类人才4368人，其中市内调转2130人、外省市调入236人、接收毕业生2002人（本科1321人，硕士以上182人）。区人社局为636家企业办理网上审核就业协议开通手续，为1171人办理报到手续。

积极做好引智工作。依据区域经济发展实际，有针对性地加大引进海外研发团队工作力度。全区共申报5个引智项目，其中大连港集团的合作码头培训中心建设、大连雪龙集团的优质肉牛生产产业化开发、大连汉枫集团的将生物碳能应用于肥料生产工艺的研究等3个项目被列入本年度大连市引智项目计划。

**【人事档案管理】**2011年，中山区人社局先后制定《档案员岗位责任制》《档案管理规定》等制度，规范人事代理工作流程，加强人事档案数字化、标准化管理，实现人事档案的科学化管理和信息化管理的同步进行。全年接收各类档案2366份，转出档案1104份，开具转递流动人员人事档案通知书441份，档案管理累计达10985份，录入档案2798份。

**【人事代理】**2011年，中山区提高服务效率，积极做好人事代理工作，业务总量有新增长。新增人事代理单位288家，累计为1657家。办理毕业生落户手续569人。为各类人才代缴社会统筹、医疗保险、养老保险以及办理户籍等服务达到16269人次，累计缴纳保险费用302.4万元。 受理转正定级151人、职称评审18人、卫生执业资格考试报名727人，发放成绩单727份。为考试通过人员办理职称证331个，为辖区民营企业建筑工程专业人员办理职称评审并发放职称证77份，办理并发放2008年度卫生专业技术资格考试合格证书101份。为9人办理退休手续。

（赵振库）

## ·电子政务·

**【概况】**2011年，中山区网络信息服务中心进一步推进政府信息化建设，不断完善网络安全管理，继续提高电子政务应用水平。

*网络安全管理*。强化办公网络上网行为管理，新建成互联网海量信息管控平台，实现区办公网内用户上网行为的可管可控。建立互联网舆情管理制度，设立互联网舆情管理岗位，监测涉及本区的舆情并及时上报处理。进一步强化网站信息发布审核制度，以“谁发布，谁负责”为原则，对网站信息发布提出明确要求，并定期进行检查。

*政府门户网站建设*。从信息公开、网上办事、加强与民互动、完善网站后台管理功能等环节入手，继续对“大连中山”政府门户网站进行改版。改版后的网站扩大应用范围，增强了服务功能；扩大信息公开范围，加大了信息资源的整合力度；完善网上办事项目和流程；加强政府与公众互动交流，使网站的建设和管理水平位居全市区级政府网站前列。区政府网站全年共发布各部门信息5200余条，是上年的4.3倍；日均点击率突破600人次，比上年增加20%，最高日点击量达到2846人次。“旅游在中山专栏”被评为“2011年中国政府网站信息公开精品栏目”。

*视频监控系统建设和管理*。区政府投资1500余万元，新增监控点225个，全区监控点总数达到428个，增加近1倍，扩大了监控覆盖面。定期对监控点进行检查，督促维修。扩大应用范围，除用于公安部门治安防控外，加大市容环境整治、汛情应急等方面的应用，发挥了很好的作用。

*网络建设及维护*。启动区网上审批系统建设，同时实现与市网上审批系统及区电子监察系统的联通。启动“无线中山”建设工程并投入运行。完成中山美术馆周边监控系统的建设。完成网络运行情况安全等级测评，针对问题，调整和改进设备、技术应用及管理手段等。维护全区党政机关网络设备，共排除各类故障20起，保障了各部门工作的正常进行。

【"无线中山"建设工程启动】2011年，中山区网络信息服务中心启动"无线中山"建设工程，在全市率先实现无线网络（WLAN）全覆盖。与大连移动通讯公司合作，在大连金融服务区内建设80个无线网络（WLAN）覆盖场所，涉及金融部门、星级酒店及特色老街等，为居民和企业提供无线上网环境，改善中山区的办公和投资软环境。

（赵志勇）

## ·行政事务管理·

【概况】2011年是中山区的"行政效能年"。中山区行政事务管理办公室根据"行政效能年"实施方案的具体要求，制定《行管办工勤人员考勤管理规定》，修订各级人员的岗位职责，不断增强后勤服务保障工作的主动性、开放性和有效性，增强了服务意识，提高了工作效率。

做好服务保障。（1）会议保障。全年共保障78次各类会议顺利召开，包括春节联欢会、区党代会、统战工作会等。（2）设备维修。共更换水龙头15个、脚踏阀6个，疏通下水7次，修缮门窗、办公桌椅32次，更换办公门锁5个，更换各种灯具及配件190余件，维修电话23个。（3）伙食保障。加强成本预算，规范食谱预定、卫生防疫、责任事故处理等工作，严把食品安全关，全年未发生一起传染病和食物中毒情况。（4）车辆管理。对3台班车进行大修和维护保养，保证机关办公楼、市民服务中心、信访服务中心早晚班车的正点运行，正点率为99%。为各委办局出车35台次，共计安全行驶3万公里。全区车辆检验率为100%，无重大责任事故发生。（5）值班、监控、安全保卫、应急情况处置、卫生保洁等工作水平有了进一步提高。

深化节约节能机关建设。加强节能宣传教育，在每个楼层张贴警示格言。建立健全各项规章制度，明确具体负责人，杜绝长明灯和长流水现象。对区机关办公楼进行二期节能改造，照明灯更换为T5节能灯。

做好房改工作。为全区机关、全额拨款基层事业单位的干部、职工及中小学教师安排购房补贴资金2115.5万元，其中为中小学教师安排资金1648.6万元。

（王英全）

# 政协中山区委员会

## ·重要会议·

【政协八届四次会议】2011年1月5—7日，中国人民政治协商会议大连市中山区第八届委员会举行第四次会议。168名政协委员出席会议。

会议审议并同意《政协中山区常委会工作报告》和《政协中山区常委会关于八届三次会议以来提案工作情况的报告》，表彰2010年度政协活动积极分子、政协工作先进集体、优秀提案，听取《政协中山区委员会提案委员会关于八届四次会议期间提案审查情况的报告》，审议通过会议决议。

会议期间，政协委员列席区人大十六届四次会议，以高度的政治责任感，协商讨论《中山区政府工作报告》《中山区国民经济和社会发展第十二个五年规划纲要（草案）》《中山区2010年财政预算执行情况和2011年财政预算（草案）的报告》《中山区2010年国民经济和社会发展计划执行情况与2011年国民经济和社会发展计划（草案）的报告》《中山区人民法院工作报告》《中山区人民检察院工作报告》，提出许多有价值的意见和建议。

会议增补王晓莉、张静艳、戚建成、韩宏伟、潘远凤为政协八届委员会常务委员。

会议共收到委员提案188件。经提案委员会审查立案146件，其中属市办112件，区办75件。

【政协八届五次会议】2011年12月26—28日，中国人民政治协商会议

区政协八届四次会议

区政协八届五次会议

政协活动积极分子受到表彰

大连市中山区第八届委员会举行第五次会议。162名政协委员出席会议。

会议审议并同意《政协中山区常委会工作报告》和《政协中山区常委会关于八届四次会议以来提案工作情况的报告》，表彰2011年度政协活动积极分子、政协工作先进集体、优秀提案，听取《政协中山区委员会提案委员会关于八届五次会议期间提案审查情况的报告》，审议通过会议决议。

会议期间，全体委员列席区人大十六届五次会议，以高度的政治责任感，协商讨论《中山区政府工作报告》《中山区2011年财政预算执行情况和2012年财政预算（草案）的报告》《中山区2011年国民经济和社会发展计划执行情况与2012年国民经济和社会发展计划（草案）的报告》《中山区人民法院工作报告》《中山区人民检察院工作报告》，提出许多有价值的意见和建议。

会议共收到提案196件。经提案委员会初步审查，立案169件，其中属市办81件，区办88件。

【政协常委会会议】2011年，政协第八届中山区委员会常务委员会共召开11次会议（第十八次至第二十八次）。

第十八次常委会会议　1月5日八届四次会议期间召开。听取各讨论组对《区政协常委会工作报告》和《提案工作报告》的讨论情况。

第十九次常委会会议　1月6日八届四次会议期间召开。邀请区长江亲瑜、区委副书记何守林、副区长王世海与会。听取各讨论组对《区政府工作报告》《区“十二五”规划纲要》和区政府工作的协商讨论情况。

第二十次常委会会议　1月7日八届四次会议期间召开。听取区法院、区检察院工作报告的协商讨论情况，区政协常委候选人建议名单、大会选举办法、总监票人、副总监票人、监票人建议名单的讨论情况；以及区政协八届四次会议决议（草案）审议情况，同意提交大会通过。

第二十一次常委会会议　1月7日八届四次会议期间召开。听取总监票人汇报区政协常委选举情况，确定选举结果。会议议定王晓莉、张静艳、戚建成、韩宏伟、潘远凤当选为区政协常委。

第二十二次常委会会议　3月18日召开。专题协商区委提交的《加快推进CBD核心功能区建设的思考》；通报《2011年中山区民生新政和相关项目发布》；传达全国政协十一届四次会议精神；讨论通过《中山区政协2011年工作要点》。

第二十三次常委会会议　7月29日召开。听取区政府关于区办提案办理和落实情况的通报，区政协提案交办和转办情况；报告《区政协2011年上半年工作情况、下半年重点工作安排》；协商讨论《关于加快中山区经济转型的建议》和《关于加强中山区城区建设与管理的建议》；讨论通过政协委员调整事宜。

第二十四次常委会会议 9月14日召开。讨论通过区政协有关规章制度；协商讨论《关于加快中山区家庭服务业发展的调查报告》。

第二十五次常委会会议 12月9日召开。审议通过关于召开八届五次会议的决定；审议八届五次会议日程和议程；审议通过八届五次会议表彰事宜；讨论通过《常委会工作报告》（讨论稿）；审议通过《提案工作报告》。

第二十六次常委会会议 12月26日八届五次会议期间召开。听取各讨论组对《区政协常委会工作报告》和《提案工作报告》讨论情况。

第二十七次常委会会议 12月27日八届五次会议期间召开。邀请区长江亲瑜、区委副书记何守林、副区长王世海与会。听取各讨论组对《区政府工作报告》和区政府工作的协商讨论情况。

第二十八次常委会会议 12月28日八届五次会议期间召开。听取区法院、区检察院工作报告的协商讨论情况；听取区政协八届五次会议决议（草案）审议情况，同意提交大会通过。

## ·主要工作·

【有效开展协商】2011年，政协中山区委员会坚持把政治协商工作放在全区经济社会发展的大背景下思考和策划，注重从党政决策需要出发，开展多层次、多形式的政治协商活动。

集中协商。八届四次、五次全会期间，全体政协委员对《区政府工作报告》进行协商讨论，就扶持中小企业发展、金融服务区建设、文化产业和文化事业发展等关系全区经济和社会事业发展的议题建言献策。区政协常委会还专门召开协商议政会，区长江亲瑜及负责联系政协工作的区委、区政府领导到会，认真听取协商意见和建议，并与常委们面对面交流沟通。会后，区政协将讨论协商情况进行整理报送。区委、区政府主要领导对报送的意见和建议分别作了批示，对推进工作开展产生积极作用。

专题协商。召开“推进特色商业街建设”专题协商会，提出“强化特色商业街建设规划”、“注重

协商学前教育工作

召开社区议事会

协商特色商业街建设工作

视察东港商务区

商业特色与历史文化的融合”的意见和建议。召开“加快推进CBD核心功能区建设”专题协商会，提出“突出区位特色”、“注重人才引进和培养”等意见和建议。就进一步推进文化创意产业发展问题，组织委员在充分调研的基础上进行座谈协商，提出“科学定位，总体规划”、“抓住重点，积极扶持”的建议并形成专项报告。就学前教育工作组织委员协商，提出“加大公共财政经费投入力度”、“努力开发优质学前教育资源”等5个方面意见和建议。组织界别委员对社区卫生服务工作、社区商业发展等进行协商活动。

【加强民主监督】2011年，政协中山区委员会积极探索民主监督新形式、新方法，不断丰富监督内容，推动民主监督工作有效开展。

充分发挥政协社情民意直通车特点，将社会管理过程中出现的新情况、新问题、新矛盾反馈给区党政领导。全年共收集社情民意86件，编发26期。会同海军广场街道，举办主题为“关注老年人、推进养老业”的社区议事会，就当前老年人养老的实际困难和问题、养老的政策支持等提出看法和建议。围绕“加快中山区养老服务建设”主题举办社区议事活动，提出对策和建议，推动工作开展。

充分发挥政协民主监督作用，对幼儿园改造工作、中小学营养午餐、食品卫生安全工作进行调研监督。对查办职务犯罪工作开展专项民主监督，提出“建立健全预防机制”、“打防并举、加大职务犯罪惩治力度”等方面的意见和建议。结合专项视察，对创业带动就业政策的落实情况等进行视察监督。政协街道联络委普遍开展委员参与阳光低保审批工作，发挥监督作用。

充分发挥委员和特邀监督员在民主监督中的主体作用。组织委员参加对区检察院、法院、公安分局、教育局等部门的监督，对改进相关工作发挥积极作用。定期旁听区法院案件审理情况，直接监督案件审理工作。对反贪工作进行民主监督。积极参与基层站、所、队等服务窗口行风建设的民主评议和领导干部考核、有关部门考评等。继续开展“提案后评议”工作，对区人力资源和社会保障局近3年的提案办理情况进行“提案后评议”。

视察文化创意产业发展情况

政协提案“回头看”视察

视察大连市水源地保护情况

视察南关岭高铁车站建设情况

【积极参政议政】2011年，政协中山区委员会坚持围绕党政中心工作，服务于全区经济社会发展大局，通过深入调查研究、广泛开展视察活动，积极有为地参政议政。

重点专题调研。根据中央有关“大力发展家庭服务业的决定”精神，区政协围绕促进中山区家庭服务业发展进行专题调研，摸清家庭服务业现状、问题和市场需求，形成《关于加快中山区家庭服务业发展的调查报告》。根据区“十二五”规划，围绕加快推进全区经济转型开展专题调研，结合中山区的区位特点和实际情况，形成《关于加快中山区经济转型的建议》的专题报告。把加强城市建设与管理作为重点调研课题，就如何有效推进城市建设、提高城市管理科学化水平开展调研，完成《关于加强中山区城区建设与管理的建议》。

专项视察。针对区经济和社会发展中的重点工作，组织委员开展视察活动。对老年人文体活动开展情况进行视察，及时了解存在的问题和困难。组织部分界别委员视察天津街“老街”、经典生活酒吧一条街等，促进特色商业街建设。还组织委员先后对解决停车难问题、国税征收、科技企业发展、旅游项目建设等11项工作进行视察。

【提案工作】2011年，政协中山区委员会共收到委员提案188件，立案146件。立案提案中，涉及经济建设方面的19件，涉及精神文明建设、社会法制方面的32件，涉及科教文卫方面的30件，涉及城建交通方面的65件，分别占总数的13%、22%、21%、44%。立案提案中，属区办的75件（立案70件），转市办的112件（立案49件），转省办的1件（立案）。截至年末，经省、市、区三级政协立案的120件提案全部办结。其中，提案所提问题得到解决或基本解决的83件，占总数的69.1%；列入计划逐步解决的33件，占27.5%；因条件所限暂不能解决，有关部门做出解释的4件，占3.4%。

注重提高提案的撰写质量。区政协通过举办讲座、组织交流和提案范文点评等，对委员进行抓实培训，培训面达96%以上。各专委会和街道联络委通过各种渠道，让委员了解区情、社情和民情，提高委员撰写提案的针对性和实效性。

注重发挥集体提案作用。将专委会、党派、界别小组等调研、视察、协商座谈的意见和建议转化为提案。区政协经济科技委员会《关于中山区加快高端服务业发展的提案》、区政协文教法制委员会《关于加快中山区社区服务业发展的提案》、民革中山区基层委员会《关于进一步加强中山区社区卫生服务工作的提案》等，所提建议有深度、有力度，引起承办部门的高度重视。

附：

2011年度中山区政协委员优秀提案

| 序号 | 获奖提案 | 提交者 |
|---|---|---|
| 1 | 关于中山区加快高端服务业发展的提案 | 中山区政协经济科技委员会 |
| 2 | 关于加快中山区社区服务业发展的提案 | 中山区政协文教法制委员会 |
| 3 | 关于对大连市蔬菜、水果和食用菌等农产品实行市场准入制度的提案 | 中山区政协提案委员会 |
| 4 | 关于推动中山区转变经济发展方式的提案 | 政协青泥洼桥街道联络委员会 |
| 5 | 关于进一步加强中山区社区卫生服务工作的提案 | 民革中山区基层委员会 |
| 6 | 关于率先将我市学前教育纳入义务教育的提案 | 杨大海　张旭阳　曲云英　常春新<br>冯　洁　谢国忠　宋良忠　梁玉山 |
| 7 | 关于志愿服务地方性立法的提案 | 李　涛　王立军　常庆利 |
| 8 | 关于在公交车内增设字幕报站的提案 | 闫利军 |
| 9 | 关于简化交通违章处罚款缴费程序的提案 | 姜素云　王　静 |
| 10 | 关于提升环保理念、整顿建筑污染、美化建筑围挡的提案 | 王治民 |
| 11 | 关于建立专门收养痴呆老人的“特别养护院”的提案 | 许福子 |
| 12 | 关于按照地区差别收取房屋租赁税的提案 | 刁金罡 |
| 13 | 关于提高青少年法制教育水平的提案 | 刘长凯 |
| 14 | 关于大力发展中山区南部旅游观光的提案 | 戴　蓉 |
| 15 | 关于东港商务区电网整体规划的提案 | 董吉超 |

注重提案落实。区政协不断健全工作机制，主动做好与区委办、区政府办、承办部门和委员的协调联系，通过专题会、对接座谈、跟踪反馈、提案评议、主席督办等途径，推动提案的落实。姜淑云委员提交的《关于简化交通违章处罚款缴费程序的提案》，得到市公安局交警支队的高度重视，于年内开通大连市交通异地处罚系统。李元委员提交的《关于在天津街东段建立文化一条街的提案》，就“促进老字号企业品牌化、特色化”、“扩大商业街知名度和影响力”等方面提出可操作性建议，得到采纳。

12月9日，区政协常委会通过《关于表彰2011年度政协活动积极分子、政协工作先进集体和优秀提案的决定》，有15个优秀提案受到表彰。

【提高委员履职能力】2011年，政协中山区委员会以推进“学习型、服务型、创新型、和谐型”机关建设为目标，不断适应发展需要和履职要求。

区政协将学习寓于履职活动中，让委员知晓上情，了解区情，体察下情。邀请全国政协理论研究会秘书长原冬平作《树立五大意识，推进人民政协事业持续发展》专题讲座，增强委员履职意识。在“委员学习日”活动中，市委党校教授、区政协常委杨青山作《中国传统文化核心价值观》专题讲座，受到委员欢迎。邀请区政府领导通报政府工作，为委员知情问政创造条件。组织常委考察辽宁省沿海经济带发展，提高常委对改革开放新形势的认识。向常委推荐《经济大棋局，我们怎么办》等书籍，选编《如何做好委员》《政协委员的主体作用与社会责任》等，编印《提案汇编》《提案范例》，引导委员学习，提高自身素质，增强履职能力。注重委员管理，建立委员考核机制，鼓励委员积极参加履职活动。

举办政协讲坛，增强委员履职意识

开展“面对面、心贴心、解民忧、凝共识”主题实践活动。区政协党组成员分别带领机关干部深入社区，共联系居民120多户，召开座谈会3次，发放问卷1500份，入户走访86户。注重把主题实践活动与自身工作相结合，通过社情民意、提案等方式，将群众反映的问题及时反馈给有关部门，促进了问题的有效解决。

开展内容多样的联谊活动。组织百名委员参加全区万人红歌演唱会，庆祝建党90周年。组织女委员参加健康讲座。组织政协活动积极分子参加市政协开展的“政协委员林”植树活动。积极推荐企业界委员参加市优秀企业家评选表彰活动。组队参加市政协乒乓球比赛。区政协各专委会和街道联络委根据委员实际需求，分别开展创建首善沙龙、委员之家以及扶贫帮困、爱心助学、开办就业援助公益大讲堂等主题活动，增强了政协组织的凝聚力。

（于海峰）

## 中共中山区纪律检查委员会

【概况】2011年3月23日，中山区第十三次党代会选举产生中共中山区第十三届纪律检查委员会，委员21人。同日召开的区纪委十三届一次全会选举产生纪委常委7人，李玉宝任纪委书记，张建军、周玉堂任副书记。

这一年，中共中山区纪律检查委员会中山区监察局紧紧围绕区委、区政府中心工作，坚持以人为本、执政为民，以“完善工作基础，创新工作思路，拓展工作领域，追求工作实效”为目标，扎实推进党风廉政建设和反腐败斗争各项工作，全区反腐倡廉工作取得新成效。监督检查工程类招投标和政府采购项目共23个，节约财政资金303万元。查办违纪违法案件8件，处分13人 。全面开展惩治和预防腐败“五大系统”建设。对全区54个行业单位以及8个街道办事处的88个辖区基层站所和96个内设科所进行网上公开评议。推进领导干部任前廉政法规考试工作，开展“忠职守廉”岗位廉政教育活动。检查考核63个处级领导班子和236名领导干部落实党风廉政建设责任制、遵守廉政准则情况。查处并撤销行政事业单位“小金库”6个。

年内，区纪委监察局被评为“大连市纪检监察系统先进集体”，赵丽萍获“辽宁省纪检监察系统先进工作者”称号，张建军、殷虹获“大连市纪检监察系统先进工作者”称号，徐少峰获“辽宁省民心网举报投诉和政策咨询办理工作先进个人” 称号。“五大系统”建设、查办违纪违法案件治本功能的经验，分别在市有关会议上进行交流。

**【监督检查重点领域】**2011年，中山区纪委监察局开展转变经济发展方式的监督检查。制定工作实施方案，成立领导小组，建立由区委、区政府负总责、各部门党政主要领导为第一责任人的领导责任体系。建立资金使用和项目建设单位直接负责的责任机制，落实行政监管部门的行业监管责任制度。组织特邀监察员对此项工作进行调研及明察暗访。

深入推进工程建设领域突出问题专项治理工作。监督检查工程类招投标项目13个，涉及金额3537万元，节约财政资金203万元。监督检查政府采购项目10个，涉及金额1618万元，节约资金100万元。执法监察立项6个,结项6个。发现违纪违法案件线索6件，立案1件，督促完善防范措施388个。

监督检查高等教育、自学考试等。全程监督区管副处级后备干部选拔和教师招聘工作，确保选拔和招聘工作的公开、公平、公正。

**【查办违纪违法案件】**2011年，中山区纪委监察局共受理各类信访举报30件，初核18件，立案13件，结案13件。自办案件8件，挽回经济损失4.9万元，处分13人 。被处分人员中：科级干部3人，一般干部6人，其他人员4人；受党内警告4人，行政警告5人，党内严重警告1人，开除党籍1人，组织处理2人。

查办案件工作中，坚持初信初访首办责任制、领导包案制度，提高了初信初访的一次结案率。发挥区反腐败协调小组作用，定期召开会议，做到情况互通、线索互递、结果互报、资源共享。加强对涉腐舆情信息的收集、分析、排查，从中发现有价值的案件线索。构建网上信访举报受理机制，在政府网站上设立“在线纪检监察”，在电子监察网设立“投诉直通车”，鼓励群众网上举报。实行全委办案模式，推动案件查办工作高效有序开展。按照“事实清楚、证据确凿、定性准确、处理恰当、手续完备、程序合法”的办案基本要求查处案件，确保查办质量。

**【建设“五大系统”】**2011年，中山区委、区政府结合区域特点，成立中山区“五大系统”建设工作领导小组，制定《关于全面推进“五大系统”建设的意见》，召开区“五大系统”建设推进会，着力构建具有中山特色的惩治和预防腐败体系基本框架。

建设行政权力运行制度系统。选择区城建局等7个单位为试点，建设行政权力运行制度。对7个单位的537项行政权力进行甄别，清理行政权力172项，确认有效行政权力365项。随后，开始在全区范围内清理确认行政权力，编制行政职权目录，制作行政权力运行流程图，查找廉政风险点，制定和完善廉政风险防范措施，向社会公开，加强监督检查和考核等，使行政权力运行制度建设工作进入新阶段。

打造民意诉求反馈系统。以群众来信来访服务中心为平台，以省民心网、区政府门户网在线纪检监察栏目等为载体，高标准建设民意诉求网络工作平台。在信访中心大厅增设接待窗口，进一步拓展和畅通受理渠道。利用信访法庭加大积案办理力度，坚决把民意诉求解决在初信初访中。加强对省民心网投

市纪委书记刘爱军来区检查考核党风廉政建设工作

诉举报件的办件管理与考核。在区电子监察网上增设“投诉直通车”栏目，并将受理范围由纠风扩大至行政审批、执法、政府采购等投诉，内容涵盖行政权力运行、公共资源交易、绩效管理等方面。

完善行政权力电子监察系统。继上年在全市各区市县率先建成并投入使用中山区电子监察网后，年内又对该网进行改版升级。截至年末，全区23个部门和单位的76个审批事项实现网上审批，17个部门和单位的39个窗口实现音频视频监察。全区以权力电子监察系统为基础，以电子监察网为核心，以远程视频会议系统和音视频电子监察系统为支撑的特色电子监察平台建成，将现代信息技术融入社会管理、公共服务和行政监察之中，改变了行政服务方式，加快实现权力在阳光下运行这一目标的进程。

探究公共资源交易系统。成立区公共资源交易系统建设工作领导小组，出台《中山区公共资源交易系统建设工作实施方案》，制定“统一交易场所、统一信息发布、统一交易规则、统一监管措施”的工作原则。成立区公共资源交易管理委员会及办公室，整合原有的建设工程招标投标、政府采购交易市场，建立集中统一的公共资源交易中心，实现管办分离。制定公共资源交易制度，拓展电子监察领域，将政府采购和工程招投标项目纳入行政权力电子监察系统，实现网上实时监察。

规范行政绩效管理系统。充分运用信息技术，在完善区政府各部门业绩考核的同时，加大对行政效能和行政权力运行情况考核的内容和权重，科学管理和考评政策执行情况、工作完成情况、公众满意度等。通过区电子监察网站上的“政府绩效测评排名”栏目，对先期联网的23个部门和单位的10个绩效测评母项、90个绩效测评子项进行考核试点，取得实效。

加强电子监察工作

中山区“五大系统”建设工作受到社会各界关注。《电子监察平台推进权力透明运行》的信息被省政务公开办、省民心网列为“十大城市经验信息”，《大连日报》、大连电视台分别在头版和“新闻要闻”中予以报道，本市其他新闻媒体以及人民网等也给予大篇幅报道。

“新闻链接”

### 人为设“卡”，没门！
——“中山区电子监察网”推进行政权力透明运行

《大连日报》2011年5月31日
刘辉　记者李天然

本报讯　单位或者个人办理营业执照，有关部门是否及时受理，受理后是否按照程序进入办理阶段，在规定时间内能否办结？只要登录中山区电子监察网站（http://jc.dlzs.gov.cn），行政审批的每一个环节都一目了然地被“晒”出来，如果单位或个人对审批过程不满意，可以随时在网上进行监督和投诉。这样一来，避免了人为“设卡”、延误审批的情况出现。

记者昨日了解到，中山区在全市第一家开设了电子监察网站，52个单位和184个基层站所接受百姓的评议，20个单位的54个行政审批事项纳入监察平台，区监察局将在48小时之内对群众投诉进行答复。自去年9月开通至今，网站访问量已达5.6万多人次，1.1万多人次参与网上行风评议，群众投诉回复率达到100%，112件得到满意解决。有力促进了全区行政权力的透明运行。

在“网上评议”专栏，公众可以随时对全区执法监察、综合管理、公共服务、政府部门直属窗口单位等四大类52个部门和184个基层站所的服务情况进行评价投诉。区纠风办将这些日常的评价作为年底开展政风、行风情况考核的重要依据，进行权重评分。对重大投诉事项，区纪检监察机关将其纳入案件线索库，通过调查核实，对属实的案件进行查办。今年4月至11月，全区以“百家站所网上评、万户百姓网上议”为主题，重点对全区8个街道办事处88个辖区基层站所和96个内设基层站所进行网上公开评议。涉及工商、税务、公安、行政执法、卫生、教育、水、电、煤气等公共服务部门以及街道内设的所有科站所队。

在“投诉直通车”栏目，受理范围包括行政审批、行政执法、政府采购等方面的投诉。投诉内容、处理结果及投诉人意见反馈等都向社会公开，把信访投诉办理置于阳光下，以公众参与监察的互动手段，来提高群众诉求的办理效果。

为引导公众参与行政监督，使行政权力运行更加贴近民意，中山区委、区政府在加强“行政权力运行制度系统”、“公共资源交易系统”、“行政绩效管理系统”、“行政权力电子监察系统”和“民意诉求反馈系统”等五大系统建设中，将电子信息手段运用其中。行政权力运行的各个流程、政府采购及重点工程建设招投标情况、行政部门的政策执行和工作完成情况、涉及民生的重大专项使用情况和民意诉求反馈等五大系统建设的重点内容全部汇总到一个电子平台当中。

【纠正行业不正之风】2011年，中山区纪委监察局在区属行业单位中开展“扬政风行风之正气、建科学发展之首善”的评议活动，将全区54个行业单位列在网上，让百姓评议，拓宽了群众评议监督渠道，提升了政府各部门和行业单位依法行政水平。开展社区百姓评站所工作，以“百家站所网上评、万户百姓网上议”为主题，对全区8个街道办事处88个辖区基层站所和96个内设科所进行网上公开评议，范围涉及工商、税务、公安、行政执法、卫生、教育、水、电、煤气等公共服务部门及街道内设的所有科站所队。加强对民心网举报投诉件的跟踪督办，共受理民心网转办的举报投诉件36件，投诉件办理优秀率80%，办结率46.15%，满意率100%，按时反馈率100%。

召开清理和规范庆典、研讨会、论坛活动会议，部署此项工作。专项检查全区15个具有行政事业性收费职能的各行政执法、行政管理、经济管理部门及其所属单位，发现问题15个，均督促进行了整改。

【开展廉洁从政教育】开展“践行准则、当好公仆”主题教育活动。2011年，中山区纪委监察局坚持每周在区委网站纪委网页播放一句廉政格言；每月给处级干部发送一条廉政短信；每季在《中山党建》刊发一篇典型案例；每年年底致领导干部一封公开信。坚持党政领导讲廉政党课制度，区级领导及各单位党政主要领导讲廉政党课31场次，邀请省委党校、专家和学者作报告

对拟提职干部进行任前廉政考试

与新提职领导干部进行廉政谈话

区纪委领导观看39中廉政文化进校园展板

15场次。

推进领导干部任前廉政法规考试工作。将区管拟提拔处级领导干部纳入任前“考廉”范围。区纪委组织辽宁大学、区委党校等专家学者，编写印发任前廉政考试的辅导教材，建立试题库。全区有5名正处级、33名副处级领导干部参加并通过任前廉政考试。

开展“忠职守廉”岗位廉政教育活动。通过采取警醒式、培训式、示范式、参与式、合并式等5种廉政教育形式，全面推进岗位廉政建设，提高党员干部忠职守廉意识，营造风清气正的政务环境。共举办5次警示教育大会，900余名领导干部受到教育。

扎实推进廉政文化建设。以“五上”（上桌面、上墙面、上讲台、上电脑、上网络）为载体，切实开展丰富多彩的廉政文化“五进”活动。在全区征集电脑廉政桌面和电脑屏保作品70余件，评出优秀作品并安装使用。召开廉政文化进学校示范点创建经验交流会，对市39中等4所学校进行表彰。

【加强领导干部廉洁自律和监督】2011年，中山区纪委监察局对63个处级领导班子和236名领导干部落实党风廉政建设责任制、遵守廉政准则情况进行检查考核。

继续开展公务用车清理整顿工作，对违反规定私自借用的车辆进行限期清退处理。坚持领导干部驾驶公务车辆备案制度和节假日车辆封存管理制度，春节、“十一”期间，对车辆封存情况进行检查和通报。继续开展治理公款出国（境）旅游专项工作，全年领导干部因公出国（境）18人次，均经过市、区相关部门审批，没有违规现象。开展“小金库”专项治理工作，查处并撤销行政事业单位“小金库”6个，涉及金额25.36万元。规范领导干部办理婚丧喜庆事宜，对8名操办婚礼的处级干部进行了廉政谈话。

【推进党务公开】2011年，中山区把全面推进党务公开作为践行科学发展观的一项重要举措，围绕“规范权力运行、密切党群关系、服务科学发展首善区建设”的总体目标，大胆创新，认真实践。

区委成立以区委书记为组长，32个部门参与的全区党务公开工作领导小组及办公室，召开党务公开工作推进会议，制定并下发《关于全面推进党务公开的实施意见》，提出全区党务公开工作的具体措施。

开展党务公开示范点创建活动，以点带面。区纪委成立党务公开监督组，定期对各单位的党务公开工作进行监督检查。在各基层党组织聘请党务公开监督员，公布监督电话和网上监督信箱等，形成“党内监督、社会监督、监督员监督、群众监督”四管齐下的监督网络。截至年末，基层党组织党务公开率达到100%。

（殷　虹）

**责任编辑**　石黎明

# 民主党派·群众团体 MIN ZHU DANG PAI QUN ZHONG TUAN TI

## 民主党派和工商联

### ·民主党派·
### ·无党派人士联谊会·

【概况】中山区有中国国民党革命委员会中山区基层委员会、中国民主同盟中山区基层委员会、中国民主建国会中山区基层委员会、中国民主促进会中山区基层委员会、中国农工民主党中山区基层委员会、中国致公党中山区基层委员会、九三学社中山区基层委员会、台湾民主自治同盟中山支部等8个民主党派组织。另设有大连市无党派人士联谊会中山区分会。

2011年末，全区8个民主党派组织共有成员638名，其中当年新发展70名。区无党派人士联谊会有会员127名。

民主党派及无党派人士中，有省政协委员2名、市人大代表9名、市政协委员7名、区人大代表5名、区政协委员41名。

（王治武）

【中国国民党革命委员会中山区基层委员会】2011年末，民革中山区基层委员会下属支部5个，共有党员107名，其中新党员12名。党员中有市人大代表1名、市政协委员1名、区人大代表1名（常委1名）、区政协委员8名（常委1名）。

组织建设。在民革大连市第八次党代会上，中山区基层委员会主委岳君年当选为民革大连市委副主委。按照民革市委要求，第四支部进行换届，第五支部作班子调整。区基层委员会组织党员积极参加民革市委和区委统战部举办的各类会议、培训及活动，共开展形式多样的组织活动29次，增强了民革组织的凝聚力，被评为大连民革“学习践行社会主义和谐价值体系先进基层组织”。有6人获先进个人荣誉称号。在区基层委员会的支持下，由第一支部党员汪泽德执笔、袁宝莲参与撰写的《大连民革六十年》（约30万字）正式出版，该书记录大连民革成立、成长、发展的光辉历程，具有重要的史料价值。党员徐宏承办民革市委庆三八联欢会。

参政议政。在市政协十一届四次会议上，民革市委提出《关于再造天津街发展新优势的提案》。该提案由区基层委员会与民革市委联合调研完成，这是区基层委员会第一份被采纳并以党派提案上报的建议。在民革市委召开的参政议政表彰会上，区基层委员会荣获“议政建言先进组织”称号，天津街改造调研组获议政调研二等奖。全年共提出提案15件。

共建工作。重视与桃源街道的共建工作。第一支部为桃源街道起草《庆祝建党90周年桃源街道开展争优活动实施方案》《桃源街道共创和谐社区守则》。由党员袁宝莲领衔的红叶艺术团在赏槐节期间，代表桃源街道在南山风情一条街进行专场演出，受到市慈善总会和大连国际老年联谊会交流服务中心的表彰。党员薛兴宏为辖区居民举办“国学进社区，做文明市民”讲座，阎桦为社区多次进行科普宣讲。此外，区基层委员会向民革中央定点扶贫地区捐款1万元。

（岳君年）

【中国民主同盟中山区基层委员会】2011年4月19日，民盟中山区支部升格为基层委员会，设主委1人、副主委2人、委员6人。下设中山医院、卫校、政企3个活动小组。年末有盟员53名，其中新盟员8名。盟员中有市政协委员1名、区人大代表1名、区政协委员3名。

组织活动。组织新盟员参加盟市委举办的新盟员讲座班；组织女盟员参加盟市委三八妇女节联欢活动以及户外拓展、插花等活动；组织盟员中的人大代表和政协委员参加盟市委为大连城市发展建言献策活动；组织全体盟员参加盟市委徒步活动；组织退休盟员参加重阳节及新春联欢会等活动。年内，区基层委员会评出15位盟务积极分子并给予表彰。盟员刁金翌被评为民盟“辽宁省先进个人”，并获“大连市巾帼建功立业奖”。

参政议政。参加中共中山区委统战部“建设首善，建言献策”活动。深入区文体局进行为期2周的调研，撰写《建立中山区市民文体中心》的建议，并在常委联系会上做代表发言。全年共提出《关于建立中山区文体活动中心》《关于建立和发展中山区社区志愿者社会支持体系的建议》等提案9个，上报社情民意4篇，撰写调研报告1篇。

（刁金翌）

【中国民主建国会中山区基层委员会】2011年末，民建中山区基层委员会有基层支部7个，共有会员121名，其中新会员9名。会员中有省政协委员1名、区政协委员7名。

参政议政。积极组织参与中共中山区委统战部组织的东港商务区、渔人码头、大连市第44中学、宏济大舞台等专题调研。在民建大连市委举办的纪念中国共产党建党90周年征文活动中，获得一等奖1篇。在中共大连市委统战部开展的“我为争创全国文明城市献一策”活动中，由会员禹涛执笔的《民建市委关于提升我市城市隧道品质的建议》的提案，作为民主党派《工作专报》，得到中共大连市委副书记里景瑞的批示，并转至市规划局和城建局进行专题研究。

组织建设。推选15名会员代表参加民建大连市第十三次代表大会，认真贯彻大会精神，引导全体会员传承民建老一辈坚持多党合作的优良传统。组织走访有困难的会员，送去贴心温暖。组织会员参加区委统战部组织的春季植树活动、迎国庆球类比赛等。第五支部与民建营口市一支部结为友好支部，并在7月进行互访和交流学习，共同探讨合作模式。第七支部与民建大连海事大学支部结为“友好共建支部”。区基层委员会先后获得民建中央、民建省委、民建市委分别授予的“先进基层委员会”称号。在省民建七届五次全会上被评为“三农”、“四个一”活动先进基层委员会。

社会服务。区基层委员会以及各基层支部通过多形式多渠道开展社会服务，关心弱势群体，履行社会责任。主委金铭等带领基层支部骨干到普兰店磨盘山小学，与该校建立对口帮困关系，将该校作为本会的共建爱心基地，向56名学生赠送书包、文具等学习用品，还邀请该校学生参加大连市青少年模特大赛。第三、第四、第七支部在副主任华玉霞的带领下，先后2次到泡崖玉峰社区幸福之家养老院，看望结对帮扶的孤寡老人，送去米、面、油等慰问品，民建中央网站刊发对这次活动的报道。会员王轶开展“帮助贫困地区百名学生圆艺术梦”的希望工程行动，帮助就读大连报关学校艺术类模特专业的贫困地区学生，同时对其他地区特困学生、军烈属子女等实行减免部分学费、减免住宿费、补助餐费等优惠政策。会员董然组织筹划“资助家乡朝阳高三特困学子爱心行动”，将60万元善款汇至朝阳107名贫寒学子手中。区基层委员会组织多项走访活动，捐款捐物合计10多万元。常年坚持开展人民路街道“扶贫帮困送温暖”活动、庄河荣军院献爱心活动、重阳节敬老院慰问等社会公益活动。

（金　铭）

【中国民主促进会中山区基层委员会】2011年末，民进中山区基层委员会下属支部9个，其中学校支部7个、医院支部2个。共有会员133名，其中在职86名，新会员14名。会员中有市政协委员2名、区政协委员1名、民进市委委员3名。

建言献策。各支部组织会员对教育改革、经济发展、社会保障、公共服务体系建设等问题开展专题调研，提出提案建议，保证了提案的水平和质量。年内共提出提案5个。区政协委员张旭阳提出或参与提出提案7项，其中参与提出的《关于率先将我市学前教育纳入义务教育的提案》被区政协评为优秀提案。

组织建设。由区基层委员会12名委员组成组织部、参政议政部、宣传部、社会服务部，4个工作部分工明确，制度规范，有效提高组织的凝聚力和执行力。各支部每年都主动向所在单位党组织汇报工作，得到各单位党政领导的肯定和支持。区基层委员会要求各支部每年进行“我入民进为了什么，我为民进做了什么，我为民进留下什么”的大讨论，激励会员履行职责，做好本职工作。当年，会员孙丽萍获得“大连市最喜爱的青年教师”十佳称号，赵阳等20多人分别获得校级、区级以上荣誉，郑艳霞等10人获得“大连市优秀民进会员”称号，苏昭荃等4人获得“中山区统战工作先进个人”等称号，树立了民进会员良好的社会形象。

服务社会。各支部发挥民进优势，广泛开展各种形式的社会服务活动，产生了积极的社会影响。开展中考咨询活动，本区各中学支部以及大连市第8中学、大连市第23中学、育明高中等外区支部参与活动，收到良好的社会效果，大连电视台、《大连晚报》做了报道。发挥支援农村教育小分队作用，组织部分会员参观闫店乡中心小学，观摩该校的校本课程。随后，该校80多位老师来中山参观学习，观摩课程20多节。

（郑丽华）

【中国农工民主党中山区基层委员会】2011年末，农工党中山区基层委员会下属支部5个，共有党员106名，其中新党员11名。党员中有省政协委员1名、市政协委员1名、区人大代表2名、区政协委员3名。

自身建设。上半年，分批组织全体党员进行短期培训，使党员进一步坚定接受中国共产党领导的信念。第四支部组织党员观看电影

《铁血丹心——邓演达》并召开专题座谈会，加深了党员对农工民主党历史的了解和认识。根据农工党市委的统一部署，把学习重点放在树立和践行社会主义核心价值体系上，结合基层组织实际开展系列活动，许多经验做法得到农工党省委的高度肯定，被省委机关刊物《辽宁农工》刊登并在全省推广。不断加强基层组织建设，党员的精神面貌焕然一新，许多党员获得区级以上荣誉，基层委员会班子成员也陆续走上农工党大连市委的领导岗位。第五支部党员常庆利当选“大连市十大杰出青年”，第四支部党员牛志鹏、张开云荣获“2011年中山区优秀统战成员”称号。在12月召开的农工党大连市第八次代表大会上，区基层委员会副主委李志当选为市委会副主委，区主委程恩平当选为市委会常委，区副主委欧阳田军当选为市委会委员。

参政议政。省政协委员、区主委程恩平在省政协会议上提出的《关于进一步加强历史文化街区保护的建议》荣获省政协优秀提案奖，《关于提倡使用校车 解决学校周边交通拥堵问题》的提案被省政协采纳。第三支部欧阳田军、张利宏积极参与区重大决策，先后参加区委、区政府民主协商会、座谈会、情况通报会共6次，提出多项建议和意见，得到区委、区政府的高度重视和采纳。区基层委员会还组织相关党员，围绕中山区中心工作开展专题座谈，并将讨论情况上报农工党市委，为市委开展专题调研提供参考。

服务社会。第一支部党员葛军代表区基层委员会，先后向长海县小长山医院捐赠价值4万多元的药品，向瓦房店中心医院和瓦房店第三人民医院各捐赠1台价值10多万元的心脏检测仪，还为大连日新福利院捐赠儿童书籍200册；在农工党省委组织的活动中，分别向辽阳市、营口市有关医院捐赠价值40多万元的医疗器械，全年累计捐献药品及医疗器械达70多万元。第二支部党员黄鹤在科技下乡活动中，到瓦房店市中心医院讲课、查房、会诊，受到医院和患者好评。春节前，第四支部成员与区委会、市委会领导走访慰问海军广场街道4户特困家庭，送去慰问金和生活物品。第五支部主委常庆利联手团市委和大连日报社，在农工党市委会的支持下，创办首届大连青少年现代民间艺术大赛，为大赛赞助资金、购买奖品、举办展览。首届大赛颁奖暨嘉汇少年艺术发展基金成立仪式在庄河市栗子房镇中心小学举行，农工党市委会主要领导参加活动。

为了保护辽南地区非物质文化遗产，区基层委员会在市委会带领下，与团市委、大连日报社等单位到庄河、金州等地与当地文化部门沟通，召开民间艺术座谈会，现场进行艺术指导，对辽南民间艺术发展起到积极的推动作用。11月3日，区基层委员会在中山美术馆为本市24位残疾人艺术家举办别开生面的作品展览，社会反响强烈。结合纪念中国共产党建党90周年、农工民主党大连市委会成立30周年，在中山美术馆举办专题大型书画展，展示党内书画家的优秀作品。8月6日，全国人大常委会副委员长、农工党中央主委桑国卫在连视察期间参观中山美术馆，并为美术馆题字“文化大繁荣”。

由于社会服务工作成绩突出，区基层委员会集体和个人先后获得农工党市委和农工党省委的多次奖励，其中第一支部葛军荣获2008—2011年度农工党辽宁省委“社会服务工作突出贡献奖”。

（程恩平）

**【中国致公党中山区基层委员会】** 2011年6月9日，致公党中山区支部升格为基层委员会，设主委1人，副主委3人，委员3人。年末有党员85名，其中新党员3名。党员中在职38人、离退休47人；有市政协委员3名、区人大代表1名、区政协委员5名（其中常委1名）。

参政议政。坚持把参政议政作为党派工作的第一要务，充分发挥每位党员的积极性，群策群力，深入调研。年内，完成致公党市委会和区委统战部安排的专题报告2篇，专题调研、统战理论研究文章2篇，提出《改善车辆检测工作的几点建议》《关于试行车辆限号行驶的建议》《关于15中、44中门前路段限时禁停》等提案22件，反映社情民意26件，报送信息11条。

社会服务。6月，区基层委员会承接区委统战部新农村建设工作任务后，区委委员原文涛重新规划原有的400亩樱桃园，增加投资200万元，将其扩建为绿色农业园，实现绿色农副产品的量产，吸纳农村贫困人员就业，还计划引进日本无土栽培技术，建设规模化新农业示范基地。区基层委员会组织党员参加金州七顶山小学捐资助教活动，筹集资金3000元购买文体用具，捐献书包、书籍等物品，委员原文涛个人出资3000元为学校新建2个乒乓球台。各级政协委员深入社区，看望贫困居民并捐款捐物。“八一”建军节前夕，政协委员参加区委统战部组织的军民共建活动，副主委曲甲旦个人出资8000元购买生活慰问品，赠送给旅顺北海舰队的战士。

自身建设。成立2个支部及参政议政、社会服务2个专门委员会，配备支部主委、副主委并做好分工。建立健全领导工作制度，完善参政议政制度。各支部召开专题会议，制定切实可行的工作计划，有针对性地开展工作。组织党员开展“深入贯彻落实科学发展观，凝心聚力建设富庶美丽文明大连”大讨论、新农村基地考察、参观关向应纪念馆、环保家庭日、委员进社区与居民面对面等活动，成立大连致公爱心车援团，组队参加区委统战系统运动会，举办庆祝建党90周年纪念座谈会，组织党员观看电影《建党伟业》，开展“如何开展支部工作”专项讨论建立老党员问访制度，开展老党员健康情况调查等，取得良好效果。

（刘典超）

**【九三学社中山区基层委员会】** 2011年末，九三学社中山区基层委员会下属4个支社，共有社员103名，其中新社员11名。社员中有市政协委员1名。

社会服务。6月下旬，区基层委员会与旅顺口区基层委员会联合举行义诊活动，杨玉龙、李芳、王丽丹等专家教授参加义诊。10月25日，与青泥洼桥街道办事处共同组织送医送药、“帮扶结对子” 活动，王学金教授和王丽丹、吴晓非副教授去玉光街77号为居民服务，深受居民欢迎。由于表现突出，大连大学附属中山医院口腔科获市妇联授予的“巾帼文明岗”称号。

参政议政。组织调研小组，深入区经信局和十五库创意产业园进行实地调研，取得第一手资料，完成题为《加强人才队伍的建设和培养，提升中山区实现“十二五规划”的内驱动力》调研报告。全年共完成提案7个，其中区基层委员会提案2个、委员提案5个。提案关注农民卖菜难和市民买菜难、防震减灾、办理老年人公交乘车卡、食品监管等社会热点和难点问题，提出解决问题的建议和意见。

注重成员本职工作。中山支社赵安生工程师参加 2011海峡两岸防震减灾研讨会并作大会发言。中山医院支社杨玉龙教授参加国际、国内胆道外科大会4次并作大会发言，发表论文9篇；王学金教授被市科技局评为“口腔医学首席专家”，获20万元的重大项目资助；吴晓非副教授获市科技局计划项目青年基金资助。

（王学金）

**【台湾民主自治同盟中山支部】** 2011年末，台盟中山支部有成员30名，其中新盟员2名。成员中有市人大常委1名、市政协常委1名、区政协委员1名。

参政议政。在各级人大、政协会议上，盟员们积极参政议政，共提出议案和提案10余篇，为大连市及中山区的经济和社会发展积极建言献策。与区旅游局共同探讨发展旅游业的措施和途径并认真进行调研，形成《保护历史文化 促进中山区特色旅游发展》的调研报告。由戴蓉提出的《关于大力发展中山区南部旅游观光区的建议》的提案获得区政协“优秀提案奖”。

自身建设。积极组织成员参加中国共产党建党90周年各项纪念活动，收看庆祝大会盛况，学习胡锦涛总书记“七一”重要讲话并进行专题座谈，参加纪念中国共产党成立90周年征文活动和书画摄影展，观看影片《建党伟业》。开展“大讨论”活动，组织盟员进行专题学习，参加盟市委举办的盟员学习班，听市委党校领导作的“为建设富庶文明美丽的现代化国际城市而奋斗”专题讲座，参加盟市委组织的基层组织和盟员代表“大讨论”座谈会，提出意见和建议8条。加强组织建设，支部负责人在盟市委召开的加强基层组织工作研讨会上交流和探讨台盟支部工作，参与修改《台盟大连市委基层支部工作制度》。这一制度的确立，为基层支部开展工作、发挥作用提供了坚实保障。区青联中的台盟代表蔡艳霞努力做好青年盟员的联络工作，带动更多青年树立崇高理想，履行社会责任，被区委统战部授予“中山区优秀统战成员”称号。

服务社会。组织盟员到大连市社会福利院看望孤儿，带去生活日用品和玩具。赴庄河市边远山区城山镇中心敬老院开展扶贫帮困活动，看望孤寡老人和贫困学生并带去慰问品。组队参加区统战系统迎国庆球类比赛并获得优秀组织奖。

服务台胞。先后接待台湾永续发展委员会陈士章博士率领的参访团、中华海峡两岸人力资源与科技产业交流协会经贸访问团、台湾创业育成产销拓展中心参访团等共计20多人次，加深了两岸同胞的相互了解。与其他支部共同组织老盟员到台商开办的庄河天一山庄开展休闲活动，沟通了与台商的感情，丰富了盟员生活，增强了组织凝聚力。

（戴　蓉）

**【大连市无党派人士联谊会中山区分会】** 2011年末，中山区无党派人士联谊会有会员127名，其中新会员19名。新设8个联络活动小组。会员中有市、区人大代表23人，占18.2%；市、区政协委员57人，占44.9%。

参政议政。在部分会员中开展“提高素质、接受教育、学习实践科学发展观”、“立足岗位、建功立业、我为中山做贡献”等主题建言献策活动。与区委常委、区人社局、老虎滩街道结成对子。组织无党派人士代表列席区委全会、区党代会，参加区“十二五”规划意见征求会等重要会议，充分发挥其参政议政作用。组织会员中的人大代表、政协委员写好建议和提案。组织专家学者深入社区居民，倾听群众呼声，真实反映社情民意。组织会员开展“建设首善、建言献策”专题调研活动。全年共向区委、区政府提出意见和建议67件，反映社情民意80余条，为区委、区政府决策提供了有益参考。调研文章《推进电子监察工作 保证行政权力阳光运行》《加强反腐倡廉“五大系统”建设的思考》等被《中山决策参考》《中山党建》等刊物选用。分别向市、区纠风办推荐10名无党派人士担任政风行风监督员，为推进党风廉政建设，转变政府工作作风，提高行政效率起到积极作用。

*加强自身建设*。以小组为单位，通过集中学习、参观考察等形式，在会员中开展“自觉接受中国共产党的领导，坚持走中国特色社会主义道路”主题教育系列学习活动，提高了无党派人士的政治素质及政治敏锐力，增强了他们接受中国共产党领导的自觉性和坚持走中国特色社会主义政治发展道路的坚定性。开展丰富多彩的联谊活动，组织会员参加区民主党派欢度新年文艺演出、徒步大会、统战成员“三队”建设、新农村建设等活动。无党派人士群英法律服务队开展义务法律咨询，牌类文化休闲活动队举办第一届挑战者滚子大赛。

*回报社会、感恩行动*。在会员中开展以帮助“五老”、扶贫帮困、扩大就业、捐资助学、社会公益等为主要内容的“回报社会、感恩行动”活动，为无党派人士回报国家回报社会提供了平台。以会员张勇为主导开展的“圆梦大学助学”活动每年出资8万余元，资助20名贫困大学生；“我快乐、我成长”助学项目每年出资9万余元，资助300名贫困小学生。以会员冯洁为主导开办的海军广场“巢阳乐”义务工作站，义务为农民工子女进行才艺辅导累计100余人，义务为养老院、居家老人、空巢老人共500余人提供各类服务累计2000余人次。会员李俊除了每年都组织本公司员工向希望工程捐款外，还吸收贫困大学生利用假期到公司进行实践。

（孙　超）

## ·中山区工商业联合会·

【概况】2011年，中山区工商业联合会有企业会员1447个、团体会员485个、个人会员962名，其中新会员57个（包括企业和个人）。下设街道商会8个。

年内，区工商联紧紧围绕区委、区政府中心工作，组织和带领会员积极参与“科学发展首善区”建设，建设和谐商会。组织会员企业提供用工岗位600个，与256人签订用工意向。帮助会员解决经济、劳资、财产等纠纷68件。引导会员企业向辖区贫困学生捐款3.9万元。

有5名执委被区委统战部评为“优秀社会主义建设者”。在大连市工商联第十四次会员代表大会上，本区有29人当选市工商联十四届执委会执委，其中10人当选市工商联常委。

【搭建会员活动平台】2011年，中山区工商联加大对企业的服务力度。年初，组织32家工商联会员企业，参加辽宁省人力资源和社会保障厅在大连举办的全省民营企业用工招聘周活动，提供用工岗位600个，与256人签订用工意向。组织会员单位参加昆明市、阜新市等多地政府举办的辽宁大连项目推介会、洽谈会，为会员企业发展创造条件。受市工商联委托，成功承办河南省郑州市金水区来连举行的重点项目

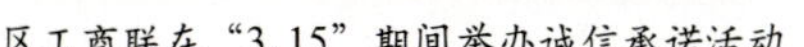
区工商联在“3.15”期间举办诚信承诺活动

组织有关单位现场为企业和市民提供咨询

推荐招商会，有百余家企业参加，其中8家企业签订合作意向书。会同区委统战部，组织20余名新的社会阶层人士暨后备人才参加市委统战部赴浙江大学第三期民营企业家理论研修班学习，提高民营企业家的理论水平和管理能力。组织会员参加市工商联举办的由中央政策研究室经济局局长李连仲作的国内国际经济形势报告会，开阔会员企业的视野。组织近50名会员参加区司法局举办的法律知识培训。帮助会员解决经济、劳资、财产等纠纷68件。自筹资金2万余元，为全体执委进行健康体检。积极引导会员企业参与社会公益事业，组织32家企业向辖区贫困学生捐款3.9万元。

【加强基层商会建设】2011年，中山区工商联为做好2012年区街两级工商联（商会）换届准备工作，多次召开座谈会并进行走访、调研，掌握8个街道工商联组织的基本情况，为指导街道商会换届打下良好基础。

组织召开基层工商联秘书长工作会议，传达区委全会和市工商联组织工作暨市工商联十三届五次执委会议精神，邀请市工商联有关领导，就如何发挥基层工商联组织作用等问题对基层工作人员进行专题培训，提高他们驾驭工商联工作的能力。

组织完成全国工商联开展的“目前中小企业发展存在的问题和困难”的调研工作，写出专题报告。组织完成《国务院关于鼓励和引导民间投资健康发展的若干意见》落实情况调查问卷、2010年度全国工商联上规模民营企业的调研、大连市民营企业“走出去”情况的调研等工作。

（孙龙新）

# 群众团体

## ·中山区总工会·

【概况】2011年，中山区有各级工会组织385个，其中行业工会9个、街道总工会8个、区属企事业单位工会368个。共有会员约5万名。

年内，中山区总工会深入推进“两个普遍”（普遍组建工会和普遍开展工资集体协商）的扎实开展，狠抓基层组织建设，围绕中心，服务大局，积极参与社会管理，实现服务职工有实效、难点工作有突破、日常工作有创新的工作目标。

抓好中小非公企业建会和成立街道总工会工作，全区新建工会组织16个（其中行业工会1个），发展会员2969人。开展五好AAA等级工会创建工作，人民路街道等4家单位被市总工会评为“五好3A等级工会创建先进单位”。加大对集体合同以及工资专项、女职工专项和工资协商等3个专项合同签订的工作力度，全区签订集体合同和开展工资集体协商的企业有68家，近2000名职工受益。推进星级职工帮扶服务站建设，有15个帮扶站达到二星级标准，新建服务站5家。开展“心系职工情，温暖进万家”、“平安度夏六进六送”、“中秋送亲情”等活动，为职工做好事、办实事、解难事。推进下岗失业职工创业就业工作，组织招聘会11场，实名制安置就业1819人；扶持创业项目11个。

召开区工会第七次会员代表大会，沙东当选中山区工会第七届委员会主席。成立全市第一个区级劳模协会，为全区各级劳模设立新的活动平台。

年内，人民路街道办事处荣获市总工会颁发的“大连市五一劳动奖状”；中山区中心小学校长程岩、市35中教师梁娟、区环卫处车队修理工李连东、区园林处科长郭承艰、区卫生局疾控中心副主任曲海、大连金恒航运公司总经理徐准荣获“大连市五一劳动奖章”。

【区工会第七次会员代表大会】2011年12月12日，中山区工会第七次会员代表大会在良运大酒店召开。206名代表参会。市委常委、市总工会主席汪集刚到会并作重要讲话。区四大班子主要领导和区委常委到会。区工会老领导、劳模代表，各

区工会第七次会员代表大会

区委常委、区总工会主席沙东与中山区“大连市五一劳动奖章”获得者合影

街道党工委书记、行业党委以及政府相关委办局的主要领导应邀出席大会开幕式。区委书记李向东代表区委对大会的召开表示祝贺，并对区工会今后5年的工作提出要求。沙东主席作工作报告，总结5年来工会工作取得的成就，提出未来5年发展的新思路、新目标、新任务和所面临的新挑战。大会进行工会常委、工会委员会以及经审委员会的换届，沙东当选中山区工会第七届委员会主席。

此次会议的召开，把全区会员职工的思想进一步统一到贯彻落实省工会十大和市工会十五大精神上来，统一到实现区十三次党代会提出的“建设大连科学发展首善区”的目标上来，为今后5年全区工会工作实现创新发展规划了蓝图，明确了方向。

【工会组织建设】2011年，中山区总工会以全市开展的“工会组建回头看活动”为契机，夯实组织建设基础。

抓好中小非公有制企业建会的动态覆盖。以已交工会筹备金但没有建立工会组织的单位作为建会重点，在全区开展“广普查、深组建、全覆盖”集中行动。借助全区经济普查成果，及时更新工会统计基础数据，将建会工作量化、细化。加强建会工作目标考核，签订建会工作责任状，制定考核奖励方案，将建会和发展会员情况作为评先创优整体工作考核的重要内容，实行一票否决。年内，全区新建工会组织16个（其中行业工会1个），涵盖法人单位275个；发展会员2969人。

推进基层组织规范化建设。依据基层工会AAA等级评价标准，按照企业规模，分层次地推进基层组织规范化建设。本着“边建会，边规范”的原则，在抓好规模以上非公企业工会工作的同时，发挥街道联合工会的作用，重点做好25人以下非公有制企业工会的规范化建设，完善基础性工作，推进各项工作开展。

开展五好AAA等级工会创建工作。区总工会机关人员分片包干，检查、指导所属基层单位工会的创建情况。全区有175家单位工会参加创建活动，其中113家达到1A级标准，62家达到2A级标准。人民路街道、教育工会、文园酒店、环卫处等 4 家单位，被市总工会评为“五好3A等级工会创建先进单位”。

维护工会干部权益。区总工会与区人力资源和社会保障局联合制定下发《中山区关于保障和维护工会干部权益的实施意见（试行）》，首次以文件形式明确维护工会干部合法权益的具体办法，有效保障和维护工会干部的合法权益，推进工会干部职业化进程。

加强工会干部培训力度。组织基层工会干部到昆明市总工会学习先进经验。通过专题培训、以会代训等形式，培训工会干部3200余人次，提高基层工会干部做好工会工作的政策理论水平和实际工作能力。组织基层财务人员研讨和学习《大连市基层工会经费收支管理办法》等财务政策。

【企业集体合同签订和工资集体协商】2011年，中山区总工会按照工资集体协商“三年全覆盖”的目标，以及市总“彩虹计划”的部署和全总“普遍开展工资集体协商谈判”的要求，以“双合同月”活动为契机，加大对集体合同以及工资专项、女职工专项和工资协商等3个专项合同签订的宣传力度，营造出良好的维护职工经济利益的社会氛围。

为完善工资集体协商谈判员队伍建设，提升谈判员谈判技能和水平，多次开展工资集体协商队伍培训，加强谈判员之间的工作交流和经验借鉴，形成具有中山特点的工资协商新模式。为推进工资集体协商的有效开展，在摸清全区工资集体协商状况的基础上，制定3年工作进度安排，通过奖励机制激发和调动基层工作的积极性。年内，全区签订集体合同和开展工资集体协商、建立工资集体协商制度的企业达68家，涵盖企业163家，使近2000名职工受益。

**【星级帮扶服务站建设】**2011年，中山区总工会以“星级帮扶服务站”创评活动为牵动，推动帮扶服务工作发展，拓宽服务体系覆盖面，惠及更多会员和职工群众。

4月15日，中山区总工会“推进星级职工帮扶服务站建设”现场会在桃源街道召开。市总工会副主席韩晓秋，区总工会主席沙东、副主席林义伟，以及全区8个街道党工委副书记、工会主席和51个社区工会主席参加会议。会上，桃源街道工会作《让帮扶中心成为困难职工的连心站》经验介绍，市、区总工会领导分别作重要讲话，高度评价桃源街道职工帮扶服务站的工作。与会领导和工会干部参观桃源街道工会职工帮扶服务中心。

“五一”劳动节前夕，区总工会为全区首批二星级帮扶站配发近万元的生活物资，支持基层帮扶站开展帮扶救助工作。年内，全区有15个帮扶站达到二星级标准，新建企业职工服务站5家，实现了帮扶服务网络的进一步延伸以及服务功能的强化和扩展。

**【救助维权】**2011年元旦、春节期间，中山区总工会开展以“心系职工情，温暖进万家”为主题的送温暖活动。该项活动以“全覆盖救助，实名制发放”为原则，提前筹备，认真实施。全区各级工会组织共筹集资金53万元，走访慰问困难职工、一线职工、农民工、劳模等3100人，困难企业34个。其中区总工会出资11.5万元，为基层困难职工帮扶站配备8万余元的走访物资，为60余户困难职工发放节日慰问金3万余元。市领导夏德仁、宋善云、朱程清、董长海，市总工会领导徐战儒，区委书记李向东、区长江亲瑜等领导，分别走进劳动模范、困难职工及困难企业中，送去节日慰问物资以及党、政府和工会组织的关怀。各基层工会还积极协调利用社会资源，为广大职工送医送药、送岗位、送培训、送祝福，为困难职工子女提供助学，帮助农民工平安返乡等。全方位的帮扶活动为困难职工解决了许多现实问题，深受职工群众欢迎。

中共大连市委书记夏德仁和区领导走访慰问劳模

开展“平安度夏六进六送”和“中秋送亲情”活动，全区各级工会为重点工程工地、困难农民工家庭、企业农民工食堂等送去生活物资、医疗服务、安全培训、文艺演出等，深受农民工欢迎。开展“痔愈”援助行动，为广大会员提供医疗援助服务。开展“金秋助学”活动，区总工会为28名大学生提供助学资金6万余元，各级工会为104名困难职工和农民工子女提供资助10余万元，市总工会主席汪集刚还亲自把助学金送到本区困难学子手中。

加强困难职工档案管理，严格按照标准核实进出。当年全区在档管理困难职工256人，共得到工会组织困难补助33万余元。

扎实开展女工工作，维护女职工合法权益。区总工会为各街道总工会下发建立基层工会女工组织的文件型统一模板，并将集体合同、企业工资专项集体合同、职工劳动安全卫生专项集体合同等4项合同装订成册，便于在签订其他合同的同时签订女职工专项集体合同。为1600余人投保女职工安康保险。

**【推进创业就业】**2011年，中山区总工会创新工作理念，扎实推进下岗失业职工的创业就业工作。

积极协调相关部门，利用各级工会资源共组织招聘会11场，实名制安置就业1819人；举办培训班14期，培训638人。着力推进小额无息借款工作开展，通过创新担保方式、还款方式和跟踪管理方式，化解借款风险，提高借款利用效率，有力地支持了下岗职工创业。全年扶持创业项目11个，共发放小额无息借款15万元，带动60余名下岗职工稳定就业。

**【街道总工会成立】**为改变街道工会领导均为兼职，工会干部力量比较薄弱的状况，中山区于2011年解决了街道工会人员编制和配置问题，开始全面推进街道成立总工会工作。

8月28日，昆明街道成立全区第一家街道总工会。到9月末，全区8

个街道全部成立总工会，总工会主席由街道党委副书记兼任，并设专职正科级副主席，夯实了街道工会工作的组织基础。

【区劳模协会成立】2011年4月27日，中山区劳动模范协会召开成立会。28名各行各业的劳模代表通过无记名投票，选举出协会第一届领导机构。区委书记李向东、区长江亲瑜被推选为名誉会长，区总工会主席沙东当选会长。该协会是全市第一个区级劳模协会，将为发挥劳模带头示范作用，营造全社会学习劳模、尊重创造的良好氛围，尽心竭力建设美好中山起到重要作用。

劳模协会成立后，从关心关注劳模的身心健康着手，筹集资金10多万元，为全区180余名各级劳模进行免费体检，受到劳模及劳模单位的好评。

截至年末，全区有各级劳模187名，其中获全国“五一”劳动奖章的3人，获辽宁省“五一”劳动奖章的6人。

（杨宝宏）

投票选举劳模协会领导机构

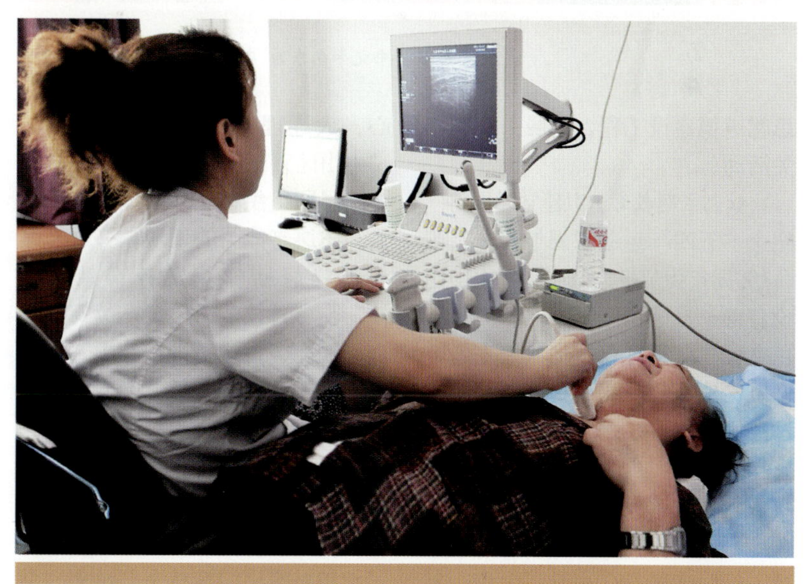
为劳模进行免费体检

## ·共青团中山区委员会·

【概况】2011年，共青团中山区委员会有基层团委29个、团总支4个、团支部483个，共有团员1.2万名。

年内，团区委认真履行团组织四项基本职能，以学习促建设，以服务促发展，主动破解难题，紧紧围绕党政中心工作，全面活跃基层，积极塑造“红色、精专、文明、阳光”的中山青年形象，努力提升中山青年的幸福感，为“十二五”时期全区青少年事业的发展打开新局面奠定良好基础。

以建党90周年、纪念“五四”运动92周年、辛亥革命100周年为契机，开展一系列红色主题教育活动。开展“中山也有‘郭明义’，爱心由我来延续”学雷锋月活动。组织1087名志愿者参与关爱农民工子女志愿服务系列活动，服务农民工子女2000余人。团中央首批筹资援建的关爱农民工子女“七彩小屋”落户中山。与有关单位和基层团组织联合开展“共享首善温暖阳光”行动，将维护青少年合法权益工作项目化。新建青年就业创业见习基地13家，新增见习岗位112个。向贫困家庭学生发放各类助学金共计18.8万元。新建“两新”团组织105家，累计建275家。完成辖区8个街道团的组织格局创新工作。

4月29日，团区委隆重召开中山区共青团纪念五四运动92周年暨“两优两先”表彰大会，表彰2009—2010年度先进集体162个、优秀个人335名。团市委副书记李大民及区四大班子主要领导出席会议。

【青少年思想道德建设】2011年，共青团中山区委深入实施未成年人

区委书记李向东为“十佳青年岗位能手”颁奖

思想道德建设工程，开展一系列相关活动。

红色主题教育。以建党90周年、纪念“五四”运动92周年、辛亥革命100周年为契机，以“爱我中山建设首善——感悟红色文化、提炼红色文化、弘扬红色文化”为主题，开展“90年的风雨”主题演讲比赛、“红风飘书香”读书会、“学党史 感党恩 跟党走”系列讲座等革命传统教育活动，大力弘扬以爱国主义为核心的民族精神和以改革创新为核心的时代精神，引导广大青少年坚定地走中国特色社会主义道路。举行“告别童年，把握青春”、“飞扬青春，共铸誓言”等退队入团仪式，强化青少年党、团、队的组织意识衔接。

志愿服务活动。3月，团区委带领辖区各级团组织广泛开展“中山也有‘郭明义’，爱心由我来延续”学雷锋月活动。启动仪式当天共发放各类宣传单2000余份，为市民提供医疗服务150人次、法律援助40人次、交通咨询100人次，义务献血20人次，分别向中山交警大队、大连大学附属医院、大连市血液中心、大连理工大学运载学部颁发“中山区青年志愿服务队”聘书。各基层团组织在党政期望、群众急需、志愿者能为的领域，开展“学习雷锋好榜样，义务奉献我最棒”、“再读革命传记，续写雷锋日记”、“雷锋精神在心中，资助贫困学子在身边”、“爱心接力、薪火相传”助残行动等实践活动，激发出青年参与首善区建设的责任感、使命感和自豪感。关爱农民工子女，截至年末，全区18所农民工子女相对集中的学校全部结对，共有1087名志愿者参与“大手牵小手 青枝哺绿芽”关爱农民工子女志愿服务系列活动，服务农民工子女2000余人。

“大讨论”活动。落实团市委关于《在全市共青团系统和青年群众中开展“深入贯彻落实科学发展观 凝心聚力建设富庶美丽文明大连”大讨论活动的方案》以及区委、区政府有关大讨论活动的通知精神，团区委机关干部与人民路修竹社区对接，深入楼院与居民进行“面对面”座谈，将居民反映的问题及意见分类整理上报。在全区15所中学开展“青少年为大连发展建言献策”活动，收集有价值的建议百余条。

【服务青少年成长成才】2011年，共青团中山区委重点关注外来务工青年特别是二代农民工、社会闲散青少年、大厦白领青年、外来务工人员子女等特殊青少年群体，分类开展引导与服务工作。

维护青少年合法权益工作项目化。与中山公安分局、区检察院、区法院以及辖区8个街道团工委、14所区直中学团委联合开展“共享首善温暖阳光”行动，建立起全方位、多维度、立体化的教育和帮扶长效工作机制以及动态管理系统，细化工作流程，明确分工，责任到人。完善青少年社会工作者工作内容，改善工作方法，重点抓好社工进社区、进学校工作，实现专兼职社工与闲散青少年对接，通过心理疏导、思想引导、实用技能培训等途径，为失学、失管、失业青少年提供便利有效的矫治服务，为闲散青少年回归课堂、回归社会畅通渠道。

巩固并增加青年就业创业见习基地。以选树、推荐“大连市十佳外来务工人员”为契机，积极为外来务工青年的就业、创业提供帮扶。对就业创业见习基地的见习青年开展“三送五进”活动，将医疗义诊、共青团书屋、创业夜校、志愿服务站和励志电影送到他们身边，帮助企业培养、储备、选用青年人才，受到企业和见习人员的认可和欢迎。截至年末，全区新建青年就业创业见习基地13家，新增见习岗位112个，完成当年工作指标。

搭建并充实高校与社区联动平台。贯彻落实团市委《关于社区与高校结对相关工作的通知》要求，完成辖区8个街道51个社区分别与大连理工大学、辽宁师范大学的院系和社团结对工作，为跨区域资源的整合、利用与共享搭建了平台，既为高校学生提供了志愿服务和社会实践的机会，又为基层团建充实了有生力量和新的工作载体。

深化并规范希望工程工作。规范“大连市青少年发展基金会综合管理信息系统”数据库信息管理，及时录入并进行维护。“一包到底”结对工作累计惠及贫困家庭学生60名。团区委共计发放春秋两季助学款4.8万元，为40名农民工子女发放特殊助学金1.2万元，为30名大学生发放“圆梦大学”助学金12.8万元。

【“两新”组织团建】2011年，共青团中山区委深入辖区新经济组织、新社会组织开展调研，指导团建工作。积极落实“四配”（配指导、配活动、配培训、配资金）工作，数据台账维护责任到人，同时规范工作制度。开展关爱空巢老人“红色服务月”、“激情五四，意动青春”企业青年座谈会、“掌上明珠，阳光伙伴”趣味运动会、“相约五四，牵手姻缘”大厦白领青年交友联谊会、“感恩父母”有奖征文评选、“唱支红歌给党听”企业青年红歌会等活动，实现区域统筹、网络化联动。

年内，全区新建“两新”团组织105家，累计建275家，完成任务指标的105%；覆盖35周岁以下青年5214名，其中团员3043名。全年发放团建启动资金1万余元，发放《中国青年报》《大连青年》等报刊50余份。

【街道团组织格局创新】2011年，共青团中山区委按照上级相关工作部署，着力探索团的街道组织格局创新问题，破解基层团建工作瓶颈困难，更好地落实对全区广大青年的组织和工作覆盖，逐步构建起以街道团（工）委为枢纽、社区团组织为支点、各类青年社团为补充、青年中心等阵地为依托的区域化青年组织体系。

团区委与区委相关部门于5月23日联合出台《中山区街道团的组织格局创新工作实施意见》，正式启动此项工作。采取“编制内外相结合、专兼职相结合，按需定岗”的1+（3至6）+N模式（即1名专职团工委书记+3至6名兼职团工委副书记+若干名团工委委员），设立街道团组织，并在葵英街道进行试点。经过前期宣传动员、推荐与自荐、组织考察、竞职演讲等环节，葵英街道成功聘任15名街道团工委兼职团干部。

截至年末，全区8个街道全部完成团组织格局创新工作，共选配街道团工委兼职副书记32名、委员78名，形成新的街道共青团组织结构。

【全国首批、大连市首家“七彩小屋”落户中山】2011年12月3日，中山区共青团关爱农民工子女志愿服务行动“七彩小屋”揭牌暨启动仪式在大连市第35中学举行。团市委副书记张延松和中山区委常委、区工会主席沙东为小屋揭牌，35中校长王东与辽宁师范大学影视艺术学院的代表签订关于志愿服务农民工子女的结对协议，开启“七彩小屋”首次公益活动。

由团中央、中国青年志愿者协会发起的“七彩小屋”是“共青团关爱行动”的重要环节和内容，爱心企业通过选派志愿者、捐助资金、项目合作等多种方式参与其中。此次落户中山的“七彩小屋”是全国首批（共226个）、大连市首家，由中奥联合置业有限公司捐资援建，是团员青年和青年志愿者为农民工子女提供经常性志愿服务的

团区委招聘青少年社会工作志愿者

在葵英街道进行街道团组织格局创新试点

团市委、区总工会领导为“七彩小屋”揭牌

农民工子女在七彩小屋参加活动

阵地，也是农民工子女课余学习和活动的场所。

“七彩小屋”建在35中6楼专用活动室，面积60多平方米，分设学习辅导兼读书写作、休闲娱乐、谈心角（相对封闭）、亲情沟通、活动等6个功能区，一次可容纳40多名农民工子女和志愿者活动。“七彩小屋”的设立，为进一步整合社会资源和志愿者资源，面向农民工子女定期开展志愿服务活动创造了范例和条件。

（孙黎黎）

## ·中山区妇女联合会·

【概况】2011年，中山区有街道妇联8个，行业妇委会10个。

年内，中山区妇女联合会围绕全区中心工作，以全面提升妇女生活质量为中心，夯实基层妇女组织建设，丰富活动载体，促进妇女就业创业，为“科学发展首善区”的建设贡献积极力量。各街道妇联与驻区企业联合提供7000多个就业岗位，帮助近千人成功就业。累计创建辽宁省妇女维权服务与社会管理综合治理示范工作站6个，其中当年新创建2个；创建大连市妇女维权示范站4个。各基层妇联为3000余名女性提供健康培训和咨询，为辖区贫困女性提供价值4万余元的免费体检。《大连市妇女发展规划》《大连市儿童发展规划》终期评估达标率分别为97%和96%。全区51个社区实现“妇女之家”全覆盖，挂牌率100%。

当年，区妇联获“辽宁省有影响力的志愿服务组织”，大连市“三八红旗集体”、“先进巾帼志愿服务组织”、“实施妇女儿童发展规划先进集体”称号，中山区中心小学获“辽宁省三八红旗集体”称号，海军广场街道春和社区获“全国妇联基层组织建设示范社区”称号。

【妇女创业就业】2011年，中山区各级妇联组织积极开展“妇女创业就业行动”、“春风送岗位”等主题活动，通过深入开展“流动妇女之家”建设，切实发挥基层妇联作用，为失业妇女、流动妇女、女大学生创业就业提供服务。组织开展各类创业就业技术培训，教育引导失业妇女调整心态、发挥优势，树立创业信心，增强就业能力。各街道妇联与驻区企业联合提供7000多个就业岗位，帮助近千人成功就业。

年内，中山区荣获1个“辽宁省巾帼建功标兵”、5个“大连市巾帼文明岗”、1个“大连十大巾帼建功创业带头人标兵”、4个“大连市巾

纪念“三八”国际劳动妇女节大会

帼建功标兵”、1个“大连市创就业示范基地”、1个“大连市妇女手工制品示范基地”等多项荣誉称号。

【妇女维权】2011年，中山区妇联以省、市妇女儿童维权服务与社会管理综合治理示范工作站为重点依托，组织开展“综治宣传月”、“六五普法”、“律师进社区”等主题活动，通过法制教育宣传、法律知识竞赛、案例现场解答、教授客座社区、路街法律咨询等方式，为广大妇女提供法律咨询、法律援助等服务。积极组织法官、律师、心理志愿者开展结对子活动，深入社区、入户解答，帮助辖区妇女提升法律意识，依法维护自身合法权益。全区各级妇联组织共举办各类法律宣传、法律讲座等活动50余次，发放宣传资料1万余份，为千余人提供法律维权服务。

截至年末，全区累计创建辽宁省妇女维权服务与社会管理综合治理示范工作站6个，其中当年新创建2个（葵英街道光华社区、昆明街道华昌社区）；新创建大连市妇女维权示范站4个。海军广场街道春和社区示范站荣获“大连市十佳妇女儿童维权服务与社会管理综合治理示范工作站”称号。

【巾帼志愿者活动】2011年，中山区巾帼志愿者队伍以“为身边居民做好事、做实事”为宗旨，积极开展义诊进社区、文明爱家园、环保新生活、维权进社区、扶残助残、关爱空巢老人等主题志愿服务活动，在家庭教育、健康指导、家政服务、维权服务、助残帮困等方面，为辖区需要帮扶的妇女提供20余项免费服务，全年为辖区群众提供志愿服务约10万余小时。截至年末，全区有巾帼志愿者分会51个，志愿者人数近2万名。

【妇女儿童节日活动】2011年“三八”国际劳动妇女节期间，中山区妇联召开表彰纪念大会，表彰108名各行各业为妇女事业做出突出贡献的集体和个人。组织 15家妇女企业参加大连市妇联举办的“巾帼创新业”巾帼建功20周年妇女创业成果展销会活动。各基层妇联向辖区贫困家庭母亲送去价值8万余元的慰问金、慰问品等，并为特困女性提供价值4万元的免费体检。

“六一”国际儿童节期间，举办以家庭教育为主题的座谈会、演

海军广场街道春德社区开展妇女再就业技能培训

昆明街道妇联举办《新婚姻法》解读讲座

讲等，向家长传播家庭教育的新知识新理念，推广科学的家庭教育方法。通过“我要上学1200助学行动”，为辖区50名贫困少年儿童争取到每年2万元连续3年的资助金。

“七一”建党90周年纪念活动期间，各级妇联开展“庆七一·唱红歌”、“忆党史·温誓词”、革命老党员座谈会等红色庆祝活动，社区群众自编自演红色短剧、创作民谣并举办8场主题演出，吸引近千名党员和群众观看。

【关爱女性健康】2011年，中山区妇联积极开展“母亲课堂”、健康知识大讲堂、“美丽俏佳人”、“双丝带行动”等主题健康行动，在女性健康、文化礼仪、“两癌”防治等方面帮助广大女性培养良好习惯，提升自身素质，树立良好形象、增强自信心。与区机关党工委、区卫生局联合为机关女干部及百名特困母亲提供健康检查。

年内，各基层妇联为3000余名女性提供健康培训、咨询服务，发放宣传手册2000余份，为辖区贫困女性提供价值4万余元的免费体检。

【“两规”终期评估】2011年，大连市妇儿工委评估督导组对《大连市妇女发展规划（2001—2010年）》和《大连市儿童发展规划（2001—2010年）》实施情况进行全面评估。在《大连市妇女发展规划》50项具体指标中，中山区实际监测女性在就业比例等25项36个数据，其中超额完成12项、达标12项，达标率为97%。在《大连市儿童发展规划》49项具体指标中，中山区实际监测残疾儿童康复率等33项44个数据，其中超额完成23项、达标8项，达标率为96%。区妇联荣获“大连市实施妇女儿童发展规划先进集体”称号。

【“妇女之家”建设】2011年，中山区各级妇联组织充分发挥“妇女之家”的职能，推动解决妇女最关心最直接最现实的利益问题，切实把妇女工作做深、做细、做实，让妇女群众得实惠、常受惠，努力“把妇联组织建设成为党开展妇女工作的坚强阵地和深受广大妇女信赖和热爱的温暖之家”。截至年末，全区51个社区实现“妇女之家”全覆盖，挂牌率100%。桃源街道长利社区获大连市“十佳妇女之家”荣誉称号。

（吉芳娇）

## ·中山区科学技术协会·

【概况】2011年，中山区科学技术协会共有8个基层协会。

年内，中山区科协以推动落实《全民科学素质行动计划纲要》，大力提高居民科学文化素质为重点，建设科普示范城区，中山区再获“全国科普示范城区”称号。在桃源街道医校社区建立起全省第一个科普益民服务站，其经验和做法受到中国科协和辽宁省科协的肯定。组织青少年参与省、市青少年科技创新大赛，5项6人次获省创新项目奖，6项6人次获市创新项目奖。广泛开展星级科普社区建设、社区科普大学建设和广场科普宣传等“科技进社区”活动，提升居民的科技素质。成功承办全国部分科普示范城区研讨会。

【科普进社区】2011年，中山区科协以星级科普社区创建、社区科普大学建设、广场科普宣传活动为抓手，推进以“科普大学进社区、科普画廊进社区、星级科普创建进社区、科普文艺进社区、科普书籍进社区、科普体验进社区”为内容的“六进社区”活动，提高了社区居民的科学素质。

星级科普社区创建。桃源街道医校社区建立起全省第一个科普益民服务站。在大连召开的辽宁省科协科普益民工作现场会上，与会代表到医校社区科普益民体验馆参观学习并参加挂牌仪式。年内，桃源街道医校社区、老虎滩街道中兴社区、葵英街道林海社区被市科协分别晋升为五星级、四星级、三星级

区全民科学素质工作领导小组召开工作会议

市科协副主席刘国强、区工会主席沙东为科普益民服务站揭牌并视察服务站

科普社区。办好社区科普益民服务站的经验在福建厦门召开的全国科普示范县（市、区）经验交流会上交流。

社区科普大学建设。在上年升级改建1所市级社区科普大学基础上，新建人民路街道兴和社区科普大学（五星级），其他学校的升级改建工作也在稳步推进。全年开展60多次宣讲活动，内容涉及医疗、健康保健、疾病预防、防灾减灾、地震、海啸、食品真假鉴别等与百姓生活密切相关的科普知识。

广场科普宣传活动。3—11月，区科协组织8个街道轮流在各大广场举办以展出布贴画、十字绣、陶瓷器物、根雕作品、摄影作品、厨艺作品，以及健康咨询、义诊，举办健康知识讲座等多项便民服务为主要内容的科普主题活动，有3000余人参加活动，共发放科普手册近万册，展出科普挂图200余张、展板150余张（块），举办科普讲座100余场次，呈现出“主题鲜明、贴近民众、注重规模，突出成效”的特点。

在全国科技周、科普活动日期间，会同各街道在广场举办各具特色的科普主题活动。先后开展“追求节能时尚，走进低碳生活”、“节能展进社区进家庭”、动手能力及模型竞赛等活动，共举办各类讲座120场次，科普咨询服务1万余人次，制作科普挂图51套520张，发放科普资料5000余份，受益群众2.5万人。

在桃源街道承办“大连市科普之夏”活动启动仪式，全区50多个基层科普站近4000名科普志愿者参加科普宣传、教育和服务活动。“科普之夏”期间展出科普挂图、展板600余张（块），举办科普讲座280余场次，发放宣传资料1万多份。

【再获“全国科普示范城区”称号】2011年是“全国科普示范城区”的验收之年（每5年评一次）。2月18日，中山区召开全民科学素质纲要领导小组工作会议暨创建全国科普示范区动员大会，区委常委、区工会主席沙东对创建“全国科普示范区”工作提出具体要求。

区科协深入各社区、学校，围绕抓好重点人群科学素质、完善组织机构、整合资源抓好科普阵地建设、广泛开展科教进社区活动等方面，认真检查创建工作的落实情况，形成《大连市中山区创建全国科普示范城区工作自查报告》。各街道、学校和有关单位结合自身实际，营造良好的科普氛围。

6月30日，中山区圆满通过中国科协创建工作验收，再次荣获“全国科普示范城区”称号。

【第三届青少年科技创新节】2011年3—12月，中山区科协与区教育局共同组织开展中山区第三届青少年科技创新节活动，在青少年中开展科技创意、科技实践以及机器人、数学棋、科技之星竞赛，并向全区中小学生发出“青少年走进科学世界”的倡议。

全区18所小学全部组队参加省、市和全国的科技创新大赛。在辽宁省第26届创新大赛中，中山区参赛作品取得可喜成绩，有3项3人次获省创新项目一等奖，2项3人次获三等奖。在大连市第26届创新大赛中，有4项4人次获市创新项目一等奖，2项2人次获二等奖。广大青少年通过竞赛活动，学科学、用科学的精神和创新能力有较大提高，促进了全区青少年科技素质教育大纲的落实。

【全国第二十一届部分城区科协工作研讨会】2011年8月22—28日，全国第二十一届部分城区科协工作研讨会在中山区召开。北京市西城区、上海市卢湾区、天津市和平区、沈阳市皇姑区等12个城区科协近50名代表参加会议。中国科协科普部副部长高勘，辽宁省科协副主席金太元、科普部副部长郝润清，大连市科协副主席高大彬、刘国强，中山区委书记李向东、区委常委工会主席沙东等出席开幕式。

会上，上海市卢湾区作《精品卢湾 科普益民》经验介绍，南京市玄武区作《发挥地区科普资源作用着力提升公众科普素质》典型发言，北京市西城区介绍科普益民方面的成功做法，其他城区作书面交流。播放由中山区科协制作的反映该区落实国家《科学素质行动计划纲要》的纪实片《再创辉煌》，受到与会者好评。

（李　妍）

## ·中山区残疾人联合会·

【概况】2011年，中山区有残疾人1.96万人，其中肢体残疾4599人、视力残疾1461人、听力残疾3428人、言语残疾2320人、精神残疾1891人、智力残疾3862人、多重残疾2039人。

中山区残疾人联合会下设残疾人专用车、肢残人、盲人、聋人、精神残疾人亲友、智力残疾人亲友等6个专门协会。全区8个街道均设有残联，51个社区设残疾人专职委员。

年内，中山区残疾人联合会以推进残疾人社会保障体系和服务体系建设为核心，以改善残疾人的民生状况为目标，在残疾人康复、培训、就业、扶贫、维权、无障碍改造、宣传、文体活动等方面开展一系列卓有成效的工作。3个“300”工程（投入300万元扶持辖区内残疾人就业、创业；完成300名残疾人29个项目的技能培训；完成300户听力言语、视力残疾人家庭信息无障碍建设和其他类别残疾人康复“三进家庭”工程）和3件实事（为有需求的残疾人家庭提供无障碍改造；投资新建日间照料站2—3个；提高精神残疾人的康复救助标准、扩大救助范围）有序推进。全年共培训残疾人303人次，其中48人获得中级职业技能证书。向11名自主创业的残疾人发放创业扶持资金34.7万元，172人得到就业安置。加大残疾人就业保障金收缴力度，共收缴2789万元，比上年增加16%，在全市各区市县中处领先位置。出台《中山区精神病患者医疗救助办法》《中山区残疾人及亲友心理咨询（治疗）救助暂行办法》，投入162.5万元救助贫困精神病患者。资助、奖励贫困残疾人学生和残疾人子女金额11.6万元。举办“爱我中山、建设首善”残疾人才艺作品展。正式启动智障人士移动定位服务系统（GPS），免费发放561个定位仪。成立大连市首家残疾人及亲友心理服务指导中心。

在各类媒体、网站发表稿件185篇，建立中山区残疾人工作网站。召开2次中山区残疾人事业发展智囊团工作会议，共商发展全区残疾人事业的思路和措施。

区民生工作会议展示为残疾人实施的3个“300工程”

"残疾人立大业、展才华、建设首善区"系列主题活动启动

历经3年的创建"全国残疾人工作示范城市"活动年内通过验收，本区幽兰咖啡厅、盲人书屋代表大连市接受中国残疾人联合会的检查验收，赢得称赞，为大连获得"全国残疾人工作示范城市"称号作出贡献。

年内，中山区荣获"全国白内障无障碍县"、"大连市'十一五'期间残疾人教育培训工作先进集体"、"大连市创建全国残疾人工作示范城市示范区"、"大连市首届残疾人专职委员岗位技能竞赛第一名"等称号，区残联工作人员刘燕华被评为全市唯一的"全国残疾人工作先进个人"，另有6人获得市级荣誉称号。

【就业指导和技能培训】2011年，中山区残联将实现就业作为残疾人摆脱贫困的根本出路，加强对残疾人的就业指导和技能培训，帮助他们融入社会、参与社会。

充分利用社会资源，开展残疾人职业技能培训。根据残疾人的残疾类型、文化素质和就业需求的不同，实施不同的职业技能培训，加强培训的针对性，提高了残疾人求职乃至就职于企业高端岗位的成功率和可能性。全年共培训残疾人303人次，其中48人参加"长江新里程"高科技培训项目，经考核全部获得中级职业技能证书，为走入社会和体面就业创造了条件。

根据上年出台的《中山区扶持残疾人就业管理暂行办法》，加大扶持力度，优化残疾人就业创业的政策环境。向残疾人提供信息，引导他们就业创业。向11名自主创业的残疾人发放创业扶持资金34.7万元，缓解了他们的资金困难，接受扶持的残疾人共吸纳30名残疾人就业。组织召开用工洽谈会4次，有58个单位参加，吸引552名残疾人求职，其中172人得到就业安置。

【就业保障金收缴】2011年，中山区加大残疾人就业保障金收缴力度，共收缴2789万元，比上年增加16%，在全市各区市县中处领先位置。

加大宣传力度，利用宣传册、窗口解答等形式，广泛宣传保障金缴纳的意义和企事业单位应履行的社会义务，提高社会单位缴纳保障金的自觉性。加大收缴力度，向区内8000家单位下发残疾人就业保障金缴款通知书，增加收缴力量，提高收缴效率，确保收缴资金及时入库。加大执法力度，加强对用工单位按比例安排残疾人就业情况的督查，审核163家单位701名残疾人员工的劳动合同签订、社会保险缴纳情况，维护残疾人的合法权益。加大协调力度，区残联与税务、财政部门共同召开保障金收缴工作会议，收缴过程中及时沟通情况，分析进度，针对问题研究措施，从而提高了收缴的覆盖面和收缴额。

【残疾人康复】2011年，中山区的残疾人康复工作以推进"人人享有康复服务"为目标，以满足需求为导向，以优化服务水平和康复效果为重点，追求康复工作的科学化、规范化，为残疾人提供安全、有效、便捷的康复服务。

加强康复队伍建设。举办多期康复技术人员和康复工作者的业务培训，280人参训。组织街道和社区残疾人工作者进行残疾人康复需求调查，建立档案。

开展"康复三进家庭"活动。即辅助器具、康复训练、康复服务进家庭活动。加强残疾人康复需求调查和需求适配评估，根据残疾人的残疾类型、等级和需求，确定器具类别和型号，增强辅助器具的针对性和适用性。共向640名困难残疾人免费配发辅助器具2635件，价值68万元。通过组织、指导和配合相关部门，完成白内障复明手术24例，盲人定向行走技能培训20人，肢体残疾人家庭康复训练246人、训练机构训练200人，智力残疾儿童康复训练15人（显效率100%），成年智力残疾人社会适应能力训练700人。

出台并落实康复救助政策。制

定《中山区精神病患者医疗救助办法》，以完善本区精神残疾人康复服务与救助保障机制。该办法在市救助标准的基础上，扩大和提高了本区医疗救助的范围和标准。全年共为295名贫困精神病患者进行免费服药医疗救助，为15名贫困精神病患者实施住院医疗补助，救助总费用达到162.5万元。

【残疾人文体生活】2011年，中山区残联在残疾人中开展丰富多彩的文化体育活动，活跃和充实残疾人生活，展示残疾人自强不息勇于拼搏的精神风貌，扩大了残疾人群体在社会中的影响力。

在全国助残日启动“立大业、展才华、建设首善区”系列主题活动。启动仪式上，区长江亲瑜为11名残疾人创业带头人发放创业扶持资金，专业文艺团体为残疾人作专场演出。举办残疾人春节联欢会，残疾人和残疾人工作者，同台演出，营造出祥和欢乐的节日气氛。组织“迎七一、歌颂党、我为党旗添光彩”手语演讲比赛和文艺演出，残疾人以各种形式歌唱祖国、歌唱党、歌唱美好生活，表达对党和祖国的热爱、对社会的感恩和对未来的憧憬。在中山美术馆举办“爱我中山、建设首善”残疾人才艺作品展，从近百幅征集作品中选出的50幅作品参展并获奖，对促进全区残疾人文化事业发展，活跃残疾人文化生活产生积极推动作用。

将残疾人竞技体育与健身体育相结合，使更多残疾人走出家门，融入社会，提高身体素质。组织或参加聋人足球、聋人象棋、肢残人羽毛球等比赛，展示残疾人自尊、自信、自强、自立的精神风貌。

【残疾人社会保障】2011年，中山区残联在元旦、春节和全国助残日前夕组织开展“送温暖，献爱心”走访慰问贫困残疾人活动，各级党委、政府领导和工作人员走访慰问贫困残疾人家庭1958户、2589人，送去慰问金和物品价值118万元。

开展残疾人的集中托养、日间照料、居家安养工作，解决他们的生活照料问题。全区运行日间照料机构5家，共有养员86名，安置集中供养残疾人16名；另有3家日间照料站在建。

调查8700名残疾人的康复、教育需求并建立需求档案，为有的放矢地开展工作提供依据。

配合狮子会，在武昌街建立“狮爱一条街”，沿街商家安装导盲设备，为该区域居住的盲人配备导盲仪。沿途公交车也配有引导盲人准确乘车的导盲设施。开展为在“狮爱街”上居住的残疾人免费理发等多项公益活动。

继续实施残疾人无障碍改造，为残疾人出行和居家生活提供便利和安全保障。在上年大规模改造的基础上，又为23户低保残疾人家庭进行无障碍改造，使这些残疾人的家居生活更加便利。

向261名聋哑人发放电子书写板，为他们与人沟通提供方便。为智力、精神障碍类患者配备GPS定位仪。按照相关政策，为96名残疾人发放残疾人专用车燃油补贴3.8万元。

资助、奖励贫困残疾人学生和残疾人子女就学95人，资助及奖励金额11.6万元。

【智障人士移动定位服务系统（GPS）启动】2011年12月，中山区政府为智障人士建立的移动定位服务系统（GPS）正式启动，以解决患有精神、智力障碍的残疾人走失后家人无从寻找和残疾人遇到突发事件无法有效求助的困难。区政府为系统的日常运行支付费用，并向561名符合条件的精神、智力残疾人免费发放定位仪，受到残疾人及家属的欢迎。

定位仪分手机式、手表式、挂件式3种，每台定位仪都与残疾人3位亲属的电话号码“捆绑”。当残疾人找不到家或遇险求助时，只要

残疾人事业发展智囊团召开工作会议

区残联荣获大连市首届残疾人专职委员岗位技能竞赛第一名

智障人士移动定位服务系统（GPS）启动

大连市首家残疾人及亲友心理服务指导中心成立

按动终端设备上的呼救键，被“捆绑”的电话就会响起，其亲属就能及时知晓被监护人的情况。当被监护人独自外出时，其亲属可通过移动定位服务系统在电脑或手机上找到其大致位置，防止其走失或出现意外。

【全市首家残疾人及亲友心理服务指导中心成立】2011年5月，中山区残联与大连市第七人民医院合作，在解放路开办全市首家残疾人及亲友心理服务指导中心，为残疾人及亲友答疑解惑，以解决残疾人及亲友在心理方面遇到的问题，增强残疾人克服困难、乐观生活的信心。

与此同时，区残联出台《中山区残疾人及亲友心理咨询（治疗）救助暂行办法》，对困难残疾人的咨询治疗费用给予全部或部分资助。

（邱新岩）

## ·中山区红十字会·

【概况】2011年，中山区红十字会充分发挥党委、政府人道领域助手作用，完善工作机制，招募团体会员，开展多项活动，实现红十字事业的新发展。截至年末，全区有红十字会个人会员462名，其中当年新发展240名；团体会员10家；志愿者386名，其中当年新增180名。

年内，区红十字会组织开展以“博爱中山建首善，志愿服务为民生”为主题的“5.8”世界红十字日宣传活动，宣传红十字志愿服务精神。开展自救互救、救灾救助、红十字青少年、社区服务等人道主义“四项工程”，维护生命安全，扶危济困，培养青少年健康人格，参与社区服务。累计开展志愿服务活动50余次。

区红十字会获大连市首届应急救护培训大赛最佳组织奖，区代表队获二等奖。2名工作人员分获大连市红十字会先进工作者和先进个人称号。有11人被评为一星级志愿者，10人被评为二星级志愿者。

9月20日，市人大常委会副主任田树军带队视察本区贯彻实施《红十字会法》情况，在三八小学考察学校红十字会工作，观看学生逃生和救护演练，对中山区的红十字会事业给予高度评价。

【“博爱周”活动】2011年5月8日是第64个世界红十字日。中山区红十字会根据中国红十字会确定的“携手人道促和谐 志愿服务为民生”活动主题，于5月8—14日，在全区开展以“博爱中山建首善，志愿服务为民生”为主题的“博爱周”系列宣传活动和自救互救知识技能普及工作。

5月8日，区红十字会在大商步行街举办“中山区志愿服务工作委员会成立仪式暨市红十字“连心”基金手机短信捐款启动仪式 ”大型广场宣传活动，副市长、市红十字会会长朱程清，市人大教科文卫委主任张海冰，市政协科教文卫体委主任王鼎恩，市红十字会常务副会长乔善春，中山区副区长、红十字会会长于笑，市红十字会秘书长杨杰出席活动，为大连思凡服装服饰有限公司等10家中山区红十字会团体会员单位颁发团体会员牌匾，为青泥洼桥街道等8个街道志愿服务队、以大连大学附属中山医院医护人员为骨干的应急救援队等12个特色志愿服务队授旗。

“博爱周”期间，全区各街道结合活动主题，开展形式多样的纪念宣传活动。为纪念“5.12”防震减灾日和汶川地震3周年，各街道制作宣传板，并在电子屏幕上滚动播放有关内容。举办应急救护培训班，400余名市民参加培训。志愿者利用休息日，结合创建文明城行动和做好防灾减灾基础工作，开展刮铲标、清理楼道等活动，共出动2000人次，清理楼道900余栋。

区红十字会和区教育局以“强化安全意识，提高避险能力”为主题，联合举办中小学生应急避险演练。通过中山教育网制发《致全区中小学生家长一封信》，指导家长对孩子进行有针对性的安全保护。各学校普遍开展“利用国旗下讲话，进行一次专题安全教育；观看一次安全教育片；组织一次安全疏散演练”的“三个一”活动，增强师生的安全意识，培养良好的安全行为习惯，提高应急避险能力，使师生比较系统地掌握防地震、防交通事故、防触电、防煤气中毒、防溺水等安全知识和技能。5所有校车的学校开展校车安全专项检查，防范和消除校车安全隐患。

市、区领导为志愿服务队授旗

大连市副市长朱程清看望中山区红十字志愿者

**【人道主义“四项工程”】** 2011年，中山区红十字会从群众的实际需求出发，开展自救互救、救灾救助、红十字青少年、社区服务等人道主义“四项工程”。

1.建设维护生命安全的“自救互救”工程。（1）培训师资。组织重点急救人员刻苦训练，提高其救护技能和理论素养，为在全区进一步普及救护技能储备师资力量。在市红十字会首届应急救护技能大赛中，中山区代表队夺得二等奖，三八小学获特别表演奖，区红十字会获最佳组织奖。（2）普及培训。与区应急办和机关党工委联合开展首期机关工作人员初级应急救护培训，讲解现场救护新概念、心肺复苏等知识，百余人参训。分两期为老虎滩干休所和朝阳街干休所的老干部们进行急救知识普及培训，教授心肺复苏等急救技能。在各中小学普及救护知识，提高师生的防灾避险和自救互救意识及能力。把中山区三八小学作为试点学校，确立“教会一个学生，普及一个家庭”的教学方针，把培训纳入到校本课程，深受家长欢迎。

2.开展扶危济困的“人道救助”工程。发放“红十字博爱送万家”救助款项。对临时遭遇困难的群众进行摸底调查，将1万元救助款在春节前发放到67户群众手中。开展“博爱助明” 公益活动。配合市红十字会摸查，使8名75岁以下符合手术指征的低保或经济困难居民得到韩国专家的免费治疗。资助“魔豆妈妈”开设网店。“魔豆”工程由中国红十字会发起，旨在帮助单身母亲搭建淘宝网店。经考核和技能培训，昆明、葵英、桃源街道各有1人获得救助资金1万元和1台电脑。此举受到贫困单身母亲的持续关注和好评。

3.开展培养青少年健康人格的“红十字青少年”工程。联合区教育局调整区红十字学校工作委员会，制定和完善红十字青少年工作表彰奖励机制。各校从实际出发，传播红十字运动的基本知识，引导学生树立人道理念；开展应急救护培训，让学生掌握应急避险等自救互救技能；开展志愿服务活动，为学生提供道德实践平台；组织地区间红十字青少年交流活动，展示中山青少年的良好精神风貌，增强了红十字青少年活动的影响力和号召力。

区红十字会获大连市首届应急救护大赛最佳组织奖

4.构筑与政府部门和其他社会团体衔接、配套的“社区服务”工程。为增强城市社区红十字服务工作，省红十字会利用手机短信捐款资金，在全省50个社区开展“红十字博爱家园”项目。中山区青泥洼桥街道上海社区、老虎滩街道杏花社区经评审，成为第一批开展此项目的社区。每个项目社区配置急救箱、轮椅、助行器、手推车、维修工具等25种便民物资。该项目把长住社区的低保户、残疾人、困难家庭作为优先扶助对象，同时为社区有需要的群众服务。

“红十字博爱家园”项目落户社区

【红十字志愿服务】2011年，中山区红十字会在上年按属地化成立8个街道志愿服务队的基础上，根据志愿者的专长和服务意向，新成立应急救援、医疗应急救护、救护培训、卫生关怀、心理援助、人道救助、红十字精神传播、社区服务、红十字青少年、海外服务、捐献、艾滋病预防和关怀等12支特色志愿服务队，打造红十字志愿服务分领域、专业化的服务品牌。截至年末，12支特色志愿服务队共有成员256名。特色志愿服务队的志愿者们积极组织和参与各类公益活动，先后开展捐献造血干细胞、预防艾滋病宣传、应急救援、助盲助残、慈善捐助、筹资劝募、帮弱助困等一系列活动。

年内，大连思凡服装服饰有限公司、大连春安船舶管理有限公司、大连非得生物产业有限公司、大连金恒航运有限公司、大连公交联营公司、大连和协眼保健服务有限公司、中山昆明社区卫生服务中心等10家爱心企事业单位，以团体会员身份志愿加入红十字会，参与发展红十字事业，在活动组织、项目开发、阵地建设等方面做出一定贡献。

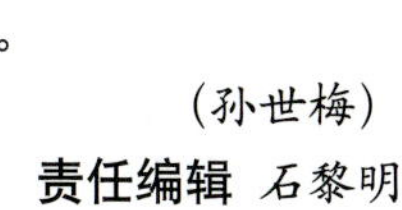

（孙世梅）

**责任编辑** 石黎明

## 社会治安综合治理

【概况】2011年，中山区以科学发展观为统领，深入开展新一轮“争创全省平安稳定先进区”活动，全面推动平安建设创新发展。深入开展“矛盾化解年”活动，大力推进社会矛盾化解、社会管理创新和公正廉洁执法3项重点工作落实，着力化解社会矛盾和信访积案，全力维护社会稳定。深入开展社会治安重点地区排查整治工作，着力解决突出的社会治安问题。不断夯实基层基础建设，完善社会治安防控体系建设，基层综治工作不断加强。全区社会和谐稳定，治安秩序良好，群众安居乐业。

年内，中山区获大连市新一轮平安争创活动“平安杯”；被评为“大连市2011年度平安稳定区市县”，连续6年获此殊荣。全区有3个街道被市评为“二星级平安稳定街道”，4个街道被评为“一星级平安稳定街道”，15个社区被评为“二星级平安稳定社区”，33个社区被评为“一星级平安稳定社区”，大连大学附属中山医院、大连胜利广场有限责任公司被评为“二星级平安稳定单位”。

【全力维护社会稳定】2011年，中山区完善机制，落实责任，有效化解社会矛盾，全力维护社会稳定。

全面实施维稳工作“一把手”工程。（1）加强综治工作机构和人员配置。区街两级综治办编制、街道综治办主任纳入同级党委、配备副主任及兼职副主任（公安下派干警）和工作人员等均落到实处。建立党政领导干部综治工作实绩档案和述职报告制度、干部提拔使用时书面征求综治部门工作意见制度。加大综治专项投入，年度40万元专项经费列入财政预算。（2）落实维护稳定工作领导责任制、目标管理责任制、重大责任追究制和一票否决制，有效落实综治工作黄牌警告和督查督办制度。党委、政府与全区街道、区机关部委以及综治委成员单位签订《维护社会稳定和社会治安综合治理责任书》，街道、社区、公安机关、行政管理部门与各经营场所法人签订“扫黄打非”、“禁毒、禁赌、禁娼”等维护社会稳定责任状，签订率100%。（3）完善工作制度和会议制度。制定综治工作要点、新一轮“争创”活动方案和各专项工作方案，加强工作的组织领导和措施落实。定期召开区委常委会、区政府常务会、五部委联席会、综治委成员会、“三长”工作会等，共召开有关会议56次，专题研究部署社会稳定工作，研判和通报社会治安形势。在处置“福佳大化”事件中，全区各级主要领导指挥在一线、值班在基层，较好地履行了维护社会稳定第一责任人的工作职责。

进一步完善社会稳定风险评估机制。把群众满不满意和经济社会发展有无后劲作为第一标准，进一步规范党委常委会议事制度，完善区级社会稳定风险评估机制。凡重大决策、重点项目、重要民生工程，必须经过民主听证、专家论

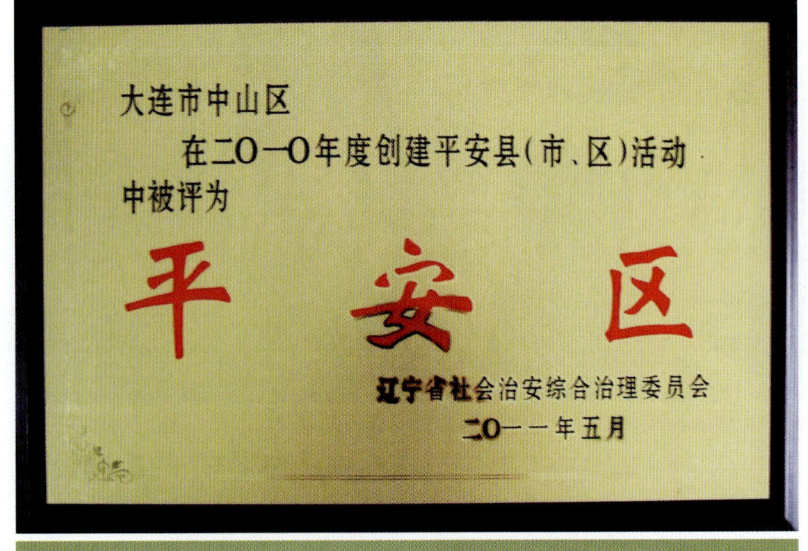

中山区获辽宁省“平安区”称号

证、民意调查，对符合社会公共利益和经济发展长远规划，有利于提升群众生活质量改善民生民意的，坚决支持；对违背大多数群众意愿，侵害群众利益的坚决叫停，从源头上防止和减少社会风险的发生。

充分发挥“大调解”机制作用。制定和完善社会矛盾纠纷调解、警民联合调解、人民调解与司法调解相互衔接、诉前调解等“大调解”工作的具体实施办法和工作机制，构建起党政统一领导，政法、综治、维稳、信访等部门综合协调，有关单位各司其职，社会团体广泛参与的人民调解、行政调解、司法调解的“大调解”工作体系，把社会矛盾纠纷控制在区内、化解在基层，最大限度地减少上访事件的发生。年内，全区排查各类矛盾纠纷714件，调处成功704件，矛盾调处率100%，调处成功率98.6%，有效防止群体访案件18起，制止民转刑案件2起。

着力解决突出信访案件和问题。区委、区政府始终把做好信访工作，维护社会稳定作为一项重要政治任务，以“稳定为先、和谐为本、民生为重”为原则，以“事要解决、息诉罢访”为目标，坚持区级领导接访日制度，建立联合办理工作机制，重点解决重大、突出的信访案件和问题。针对个别“老大难”问题，坚持做到“四个不放过”，即问题不查清不放过、错误不纠正不放过、上访不停止不放过、群众不满意不放过，使群众上访事事有回音，件件有着落。年内全区累计接待群众来访696案次3113人次；妥善解决积案8件次。

区政法信访稳定工作会议

【推进平安建设】2011年，中山区提出“努力争创全省综治工作先进区”的工作目标和要求，深入开展新一轮“争创”活动，群众对社会治安状况的满意率达90%以上。

开展综治宣传月活动。在启动仪式现场设立法律咨询、矛盾调解、心理咨询等服务台10余个，展出物权法、劳动法、反邪教、毒品危害等警示教育宣传板100余块，组织专业律师团队10余人，提供法律咨询服务400余人次。全区街道、社区积极开展“相约和谐综治服务站”活动。年内，全区共开展形式多样的宣传活动20余场次，发放各类宣传资料20余万份，使群众对新一轮“争创”活动的知晓率达90%以上。

深化“争创”活动内涵。制定《关于开展“星级”系列争创活动的实施方案》，在全区大力推进“星级”争创与“和谐楼院”、“和谐家庭”等系列创建活动。结合全市综治工作示范点培育工程的实施，培育8个综治工作示范点。全区有7个街道、48个社区被评为市二星级、一星级“平安稳定街道”、“平安稳定社区”，2个单位被评为市二星级“平安稳定单位”。

加强对“法轮功”等邪教组织的防范打击。充分发挥公安机关主力军作用，建立完善三级防控机制，全面推进“法轮功”人员教育转化攻坚和回归社会工程。区投入教育转化攻坚经费近10万元，教育转化“法轮功”人员41人，送省关爱学校转化13人，攻坚转化顽固人员6人。对刑释解教和学习班出班人员进行回访帮教，为有困难的转化人员解决低保、重病补助等实际生活困难。妥善处置个别顽固分子的极端上访问题，清理、销毁各类反宣品7100余份，缴获非法网络共享接收设备1套，拆除卫星地面接收装备5套。

全面提高基层基础建设水平。全区8个街道综治信访维稳中心建成率100%，规范化建设达标率90%以上。区政府投入专项经费30余万元，给全区社区综治管理服务站配备专用电脑51台，大大提升基层综治办公条件。

【开展专项治理】流动人口服务管理。2011年，中山区积极探索创新流动人口管理新途径。加强流动人口动态信息化管理，建立起6000多人的农民务工信息库。与辖区400余

等严重暴力犯罪，抢劫、盗窃、诈骗等多发性侵财犯罪；突出打击群众反映强烈的黑恶势力介入拆迁、基建等领域寻衅滋事、毁坏财物等犯罪；依法惩治金融诈骗、非法吸收公众存款、非法经营等扰乱市场经济秩序犯罪，破坏能源资源和生态环境犯罪及侵犯知识产权等犯罪，维护社会治安秩序和社会主义市场经济秩序。

对轻微犯罪区别对待，当宽则宽，最大限度地减少对抗因素，促进社会和谐。对初犯、偶犯、未成年人和老年人犯罪以及因邻里、民事纠纷引发的轻微犯罪，从宽处罚，共依法不批准逮捕36人，不起诉9人。对具有立功、自首、坦白、认罪悔罪、赔偿损失等从轻情节的犯罪嫌疑人，提出从轻处罚建议，促使其悔过自新。在程序上对事实清楚、情节轻微的刑事案件，快审快诉，建议适用简易程序。

**【查办与预防职务犯罪】**2011年，中山区人民检察院始终把查办职务犯罪作为服务全区经济社会发展的最直接、最有效的方式，共立案查办职务犯罪案件7件20人。其中，涉及处级以上干部要案4件13人，涉案金额近亿元特大案件1件2人，千万元以上案件3件12人，百万元以上案件1件2人，大要案比例和涉案金额在全市基层院中均位列第一。

努力提高侦查整体水平。构建查办职务犯罪大格局，横向各部门分工负责，相互配合，纵向从检察长到侦查员分工明确，责任清晰。加强干警侦查素能培养，注意分析犯罪规律，侦查能力进一步提高。关注侦查工作整体化、信息化趋势，强化侦查工作的预判性、计划性和时效性，侦查方式进一步转变。形成侦查、批捕、公诉各环节控制，检察委员会把关的案件质量保障体系，以及警务配合、技术支持、后勤服务的检务保障体系，侦查保障进一步强化。本院提高侦查整体水平、突出查办大要案的经验得到上级检察院的认可。

深化职务犯罪预防工作。立足检察职能，探索预防和减少职务犯罪的有效途径。围绕办案开展个案预防，回访发案单位分析犯罪原因，建议堵塞漏洞。突出重点深化专项预防工作，在市电业局办公楼建设工程、大连红星输变电工程、大连香炉礁物流运输中心项目供电工程以及食品卫生安全监管环节开展预防，继续在金融、税务等行业开展系统预防。为政府招标、企业投资等提供行贿犯罪档案查询46次。采取多种形式开展警示教育，2800余人受到教育。

**【诉讼监督】**2011年，中山区人民检察院整合检察资源，深入开展“诉讼监督机制与执法质量建设年”活动。

建立监督机制。各部门强化信息沟通、线索移送、流程衔接，形成协调、顺畅、高效的诉讼监督体系。与公安机关、人民法院加强联系，使诉讼监督与其内部纠错机制结合起来，搭建政法单位共同参与的诉讼监督平台。坚持群众路线，鼓励人民群众以举报、控告、申诉、建议、批评等各种形式参与到诉讼监督中来，营造社会关注、群众广泛参与的诉讼监督氛围。

开展诉讼监督。（1）强化侦查活动监督，追加起诉5人。对经审查不构成犯罪的，督促侦查机关撤销案件3件7人。对事实不清、证据不足的，不批准逮捕36人，不起诉6人。对技术性证据材料进行文证审查，发现并纠正错误6件。对侦查违法行为发出纠正意见15件。（2）加强刑事审判监督，对认为确有错误的刑事裁判，提出抗诉2件。全面开展量刑建议工作，公诉案件全部发出量刑建议。检察长列席法院审判委员会13次，参与讨论案件28件。（3）依法开展刑罚执行活动监督，共对121名罪犯监外执行情况依法监督，发现脱管1人并予以纠正。发现服刑期间再犯罪2人，发出撤销缓刑检察建议。（4）切实加强民事审判和行政诉讼监督，受理申诉案件34

检察官在举报宣传日活动中接待群众咨询

检察官向人民监督员汇报案件办理情况

件，提请抗诉3件，发出检察建议12件，息诉27件。

强化自身监督。牢固树立监督者更要接受监督的理念，主动接受人大监督，认真配合省、市人大常委会开展执法调研工作，向区人大常委会专题报告诉讼监督工作，认真办理代表的意见、建议并及时回复。接受政协民主监督，向区政协汇报查办职务犯罪工作。人民监督员参与评议案件，监督执法办案，反映群众呼声，共开展各类活动8次。深化检务公开，推行公开听证，加强检察宣传，建好门户网站，及时反映工作动态，自觉接受社会监督。依托检察专线网，建立电子执法档案，实现执法办案全程网络监督、管理、考核，内部监督再上新台阶。

【涉检信访】2011年，中山区人民检察院坚持大信访工作布局，在各个工作环节落实信访责任，继续坚持领导包案、首办责任制、检察长接待日等行之有效的制度。加强网络舆情分析研判，增强敏感性，提高应对能力。推行“阳光接访”。全年接待来信来访50件次，受理申诉案件7件，全部办结。

探索检察环节化解矛盾新机制。建立刑事和解工作机制，依法从宽处理情节轻微、真诚悔过、赔偿损失并得到谅解的犯罪嫌疑人。建立执法办案风险评估预警机制，办理重大敏感案件和做出不立案、不批捕、不起诉等决定时，评估信访风险，制定处理预案。建立法律文书说理机制，充分阐明事实和法律依据，促使当事人消除疑虑、及时息诉。建立刑事被害人救助机制，对因遭受犯罪侵害导致生活困难的被害人及其家属，协调有关部门给予救助。

【参与社会治安综合治理】2011年，中山区人民检察院延伸检察职能，推动社会管理创新。

强化对未成年人的保护。对侵害未成年人身心健康和教唆、引诱、胁迫未成年人犯罪的行为，依法从重处理。对未成年人实施的轻微犯罪行为，依法不按照犯罪处理。对未成年人犯罪慎用逮捕措施。办案中照顾未成年人身心特点，维护其人格尊严，注重法制教育。加强与共青团、学校、社区、少管所合作，开展帮教。对服刑改造的未成年人进行回访，鼓励其重新走向社会。

加强对治安重点环节的治理。积极参与社会治安综合治理。重点加强对特殊人群管理，依法监督被宣告缓刑、判处管制、决定假释的罪犯的社区矫正活动，对经本院决定的被不起诉人设定考验期。参与对车站、码头、商业区、娱乐场所等治安重点区域的治理，对多发犯罪始终保持打击态势。针对部分商业区扒窃犯罪多发的特点，开展集中批捕、起诉活动，共批准逮捕18人，起诉27人。按照统一部署，先后开展查办危害能源资源和生态环境职务犯罪、打击危害食品安全犯罪、打击侵犯知识产权和制售假冒伪劣商品犯罪专项整治活动。

参与网络虚拟社会建设管理。高度重视网络虚拟社会的特殊性和复杂性，坚决打击利用网络实施的各种犯罪。办理利用网络传播邪教信息、破坏法律实施、煽动颠覆政权的案件2件3人，利用网络平台开设赌场、聚众赌博案件3件23人，网络诈骗、电信诈骗案件5件9人，利用电子商务制售假冒伪劣产品案件1件1人，利用网络传播淫秽物品犯罪1件1人。

开展调研，提出建议。结合办案，加强对新类型犯罪和多发性犯罪的调研，提出强化社会管理、消除治安隐患的建议。针对辖区金融机构众多、信用卡诈骗犯罪持续上升的现状，发出《信用卡诈骗犯罪呈连年上升趋势应引起重视》的情况反映。分析网络赌博犯罪的隐秘性、复杂性，形成《对一起涉案金额1.8亿余元的网络赌博案产生的原因与对策分析》。结合查办的职务犯罪案件，先后完成《关于公务人

区检察院反渎职侵权局挂牌

员渎职行为造成国家赔偿金损失的调查报告》《职务犯罪中多人共同犯罪案的分析报告》。这些报告和建议得到上级机关和有关部门的重视。

【反渎职侵权局挂牌】2011年12月14日，中山区人民检察院反渎职侵权局正式挂牌。

该局直接受理查办国家机关工作人员渎职犯罪和国家机关工作人员利用职权实施的侵犯公民人身权利、民主权利犯罪案件，涉及滥用职权案，玩忽职守案，故意泄露国家秘密案，民事、行政枉法裁判案，徇私舞弊减刑、假释、暂予监外执行案等。

年内，该局立案渎职侵权案件2件4人，查处渎职侵权犯罪取得较好效果。

【办案区完成升级改造】2011年，中山区人民检察院注重科技强检，对办案工作区进行了升级改造。新的办案区采用监视器等设备，全方位掌握审讯情况，保证干警及被讯（询）问人的安全以及讯（询）问工作的透明度，提高了对讯问中突发情况的反应速度。墙壁铺设专业隔音设备，设置灯光调控系统，以满足证据录音录像工作的要求，确保证据固定化。墙面、桌椅等坚硬部件全部采用软包装处理，电气设施进行隐蔽化设计，以保障讯问过程的安全。

同时，制定办案区使用管理规定、法警值班制度等多项制度，确保管理规范化。

（段洪峰）

## 审　判

【概况】2011年，中山区人民法院全面履行宪法和法律赋予的工作职责，深入推进“社会矛盾化解、社会管理创新、公正廉洁执法”3项重点工作，坚持公正高效办案，公开透明司法，积极稳妥改革，全力推进各项工作发展。

全年受理各类案件6889件，比上年下降2.4%；审结各类案件6218件，结案率为95.4%，提高0.7个百分点，结案率名列全市法院前茅；案件上诉率11.2%，降低0.4个百分点；发回改判案件183件，下降11.2%，办案质量和效率有所改观。

区检察院改造后的办案区

【刑事案件审理】2011年，中山区人民法院贯彻宽严相济刑事政策，依法惩治犯罪，全力维护社会和谐稳定。全年共受理各类刑事案件342件，比上年下降6%；审结案件331件，结案率为96.8%，判处犯罪分子487人。

继续保持对抢劫、绑架、敲诈勒索等严重影响社会治安犯罪的高压态势，审理一系列社会反响强烈的暴力犯罪、黑恶势力犯罪案件，判处10年以上有期徒刑22人，5年以上有期徒刑34人。

对初犯、偶犯及情节较轻、社会危害性较小的犯罪，依法从宽、从轻处罚，适用非监禁刑或免除处罚，共判处缓刑、管制、单处罚金等非监禁刑91人，免予刑事处罚10人。

扎实推进少年法庭工作，在公安、检察、司法局等部门大力配合下，建立社会调查员制度，对未成年人的家庭情况、教育、就业状况、成长经历、社会交往等展开调查，为法庭教育感化被告人以及是否对被告人适用非监禁刑提供重要参考。共受理青少年犯罪案件25件33人，全部审结，其中判处缓刑、管制、单处罚金等非监禁刑10人，占全部被告人的30%。

深入推进量刑规范化试点工作，在原有15种罪名适用量刑规范化审理的基础上，对其他多种罪名案件实行了试点。省、市法院多次来院观摩庭审，召开现场工作会，对本院量刑规范化试点工作给予充分肯定。

【民商事案件审理】2011年，中山区人民法院依法审理民商事案件，妥善化解矛盾，促进经济发展，着力保障民生。全年共受理各类民事案件4448件，比上年下降4.3%；审结4108件，结案率92.4%，降低1.1个百分点。

依法审理金融纠纷、商贸纠纷、旅游纠纷类案件共2573件，为经济建设提供司法保障。积极审理物业纠纷、房地产纠纷、劳务纠纷、医疗纠纷等案件共562件，切实服务保障民生。妥善处理群体纠纷案件，有效避免了群体上访等不安定现象的发生。

继续坚持对传统民事案件实行专业化分类审理，陆续制定出台审理婚姻家庭、劳动争议等民事案件指导意见，形成一批有价值的调查报告和调研文章，统一裁判标准，进一步提高审判专业化水平，增强了法官处理疑难民事纠纷的能力。

【行政案件审理】2011年，中山区人民法院依法审理行政案件，加强行政协调，规范行政行为，有效推进依法行政。坚持监督与支持并重的原则，依法履行司法审查职能，同时针对行政争议的特点，积极加大行政诉讼协调力度，特别是对于涉及土地征收、治安处罚、社会保障等热点案件，尽可能以协调方式解决争议，努力实现官民和谐。

全年共受理行政诉讼、行政非诉执行案件98件，比上年下降10.9%，审结95件，结案率89.2%。行政诉讼案件二审发改率为0，案件质量显著提高。

【案件执行】2011年，中山区人民法院加大执行力度，规范执行行为，维护胜诉权益，努力破解执行难问题。全年共受理执行案件1806件（含旧存35件），比上年下降4.7%，结案1719件。除被执行人确无财产可供执行、被执行人下落不明等法定不能执结的案件外，实际执结案件1183件，实际执结率68.9%，比上年提高1.5个百分点。申请执行款项2.94亿元，执行回款2.27亿元，执结标的到位率77.2%。

在相关职能部门大力协助下，顺利执结天龙集团上访案、国信大厦职工劳务纠纷集体诉讼案等一批重点难点执行案件。对拒不报告、虚假报告财产状况，故意阻碍执行工作的被执行人，坚决采取拘留、罚款等惩罚措施，尽可能地使有执行条件的案件得到及时有效执行。全年依法拘留被执行人37人次，司法拘传94人次。

【立案投诉窗口建设】2011年，中山区人民法院加强立案投诉窗口建设，切实解决诉讼难问题。

建立健全规章制度，将窗口工作纳入规范化、制度化管理渠道，为当事人提供“一站式”、全方位诉讼服务。从咨询、立案环节强化对当事人的诉讼引导，尤其加强对社会弱势群体立案、信访工作的指导，切实提高一次性立案成功率。全年受理减、免、缓诉讼费案件29件，减、免、缓交诉讼费数额21.4万元。继续发挥投诉中心作用，由院领导及中层干部轮流值班，随时接待当事人投诉，及时解决工作中出现的问题，有效防止新增信访案件的发生。

【案件调解】2011年，中山区人民法院贯彻“调判结合、调解优先”的原则，积极发挥能动司法功能，努力实现案结事了人和。

加大民商事案件审判过程中的调解力度。与交警、医疗、劳动仲裁等部门建立联动模式，采取上门走访、发放文件材料、召开座谈会等方式，对上述机构与相关当事人进行必要的法律指导和帮助，以利于诉前调解工作顺利进行。全年以调解、撤诉方式结案的民事案件2102件，调撤率为51.2%，继续保持较高比例。

加大对人民调解的司法确认力

度。于5月受理首例人民调解司法确认案件，使“非诉讼方式”的人民调解和司法强制力有机结合，多元化、多途径解决纠纷。

提高执行和解率。全年执行案件以和解方式结案264件，执行和解率14.4%；以自动履行方式结案577件，自动履行率31.4%，有效化解各类显性矛盾和潜在隐患，维护了社会和谐稳定。

加大刑事附带民事案件的调解力度。积极借鉴民事调解工作经验，最大限度地减少不和谐因素，化解矛盾。全年刑事附带民事诉讼案件调解率达95%。

【审判工作机制改革】2011年，中山区人民法院深化审判工作机制改革，坚持公正高效司法，进一步提高案件审判的质量与效率。

全力推进庭审规范化建设。针对上年区人大代表旁听庭审后提出的问题，于年初成立庭审整改工作领导小组，逐庭、逐人检查监督庭审情况。制定庭审工作联席会议制度，每月召开联席会议，就审判人员在审判程序、工作作风、法言法语、驾驭能力、突发事件应对等方面表现逐一点评，反馈各庭整改，取得较为明显的效果。庭审整改情况受到区人大的充分肯定。

创新保障机制，狠抓审判质量。坚持每月召开审判工作调度会，通报全院及各部门收结案、二审发改案件、审判绩效、当事人投诉、案件评查等情况，逐案分析改判和发回重审案件的案情及发改原因，对结案率、发改率、平均审理天数等进行通报、排名，在各部门间形成创先争优的氛围。严格执行审判文书签发制度，杜绝裁判文书带错出门。制定并完善相应措施，把好法律文书和卷宗填写、装订质量关。

加强审判流程与审限管理及按月量化考核。执行局集体排查超期执行案件，超过半年未能执结的，由庭长、副庭长与承办人组成合议庭，在审管办动态监督下，限期执结。针对历年来审判工作中存在的全年工作重心与工作效率不均衡的情况，建立并推进审判工作按月量化考核机制，逐步实行审判人员每月综合排名公示。年内，均衡结案问题已有比较明显的改观。

【廉政监督】2011年，中山区人民法院强化廉政监督制约机制，全力改进各项工作。

加强干警的廉政意识，提高职业素养。以创先争优活动、“发扬传统、坚定信念、执法为民”主题教育实践活动、“人民法官为人民”主题实践活动、贯彻执行《廉政准则》专项检查活动以及社会主义法治理念再学习、再教育活动为载体，深入开展政法核心价值观教育，全面提升干警的政治素质、群众意识、服务意识，增强干警防腐拒变意识和自控能力。建立廉政风险防范机制和责任机制，严格审批制度，规范流程管理，堵塞制度漏洞，力争从源头上杜绝干警违法违纪现象的发生。

畅通渠道，自觉接受人大、政协及检察机关监督。加强与区人大的沟通与联系，完善交办案件重点督办和反馈制度，做到投诉意见有回音，转办问题及时反馈。组织全体中层以上干部对区人大代表进行逐位走访，及时掌握人大代表意见与建议。全年共联系代表384人次，收到并办结代表意见1件。高度重视办理政协委员提案，及时向政协委员通报法院工作情况，听取意见和建议。认真对待检察机关提出的检察建议，支持配合检察机关依法履行法律监督职责，共受理检察机关对生效裁判提出的抗诉案件4件。认真贯彻检察长列席审委会制度，共有16次审委会47件案件邀请检察长列席。

【司法公开】2011年，中山区人民法院创新司法公开机制，改进司法宣传工作，有效提升司法公信力。

该院利用法院开放日、公开庭审、文书公示等方式，加强人民法院工作透明度，力促司法公开。筹建开通中山法院微博，广泛征集意见与建议，关注司法舆情，密切与广大人民群众的联系。与《半岛晨报》联合开辟中山法院司法宣传专版，设置法官说法、法官札记、热点问题解答、优秀法官事迹、法院工作大事记、执行曝光公告等栏目，定期专版刊登有关宣传稿件。年内，推出专版6期，取得良好的社会效果。

（滕今桥）

# 公　安

## ·治安管理·

【概况】2011年，大连市公安局中山分局出色完成各项工作任务，严厉打击各种犯罪，有力维护全区社会秩序。

圆满完成各项大型活动和敏感节点的安保维稳任务，共出动警力2.5万余人次。妥善化解处置群众聚集、上访等事件。共破获现行刑事案件2839起，打处各类违法犯罪人员1198人，现行命案侦破率达到100%。开展“打黑除恶”行动，打掉流氓恶势力团伙9个。开展“清网行动”，抓获网上逃犯187名，撤网率达到92.4%，在全市名列前茅，分局立集体二等功。开展“打四黑除四害”行动，破获制售假冒伪劣商品案件39起，端掉黑窝点9处，打掉制假售假犯罪团伙11个。查处治安案件22262起，查结率86.7%。

深入开展“开门评警”活动，公安信息化、执法规范化、和谐警民关系“三项建设”提高到一个新水平。完成12个基层派出所改造工程，总改造面积1.4万平方米。昆明街派出所迁入新址。

年内，分局被市公安局记集体二等功一次，共有83名干警立功受奖。虎滩街派出所所长祝涟荣获全国“我最喜爱的人民警察”特别奖和二级英雄模范等荣誉称号。牺牲在工作岗位上的虎滩街派出所教导员林基波被追记个人一等功，被区委、区政府追授“模范党务工作者”称号，被评为大连市“警界先锋——2011年我最喜爱的人民警察”，荣获市“特别五一劳动奖章”。另有2人记公务员二等功、1人记省厅一等功、7人记省厅二等功、24人记市局三等功、49人受市局嘉奖。

在社区召开大走访开门评警座谈会

表彰年度先进

**【维护社会稳定】** 2011年，中山公安分局圆满完成各级“两会”、啤酒节、服装节、达沃斯等重大会议活动以及敏感节点的安保维稳任务。共出动警力2.5万余人次。

妥善化解各类事件216起共6127人次，有力地维护了全区的和谐稳定。维持炮台山墓地动迁现场秩序，确保动迁有序进行。妥善处置群体性上访事件共158批次2万余人次。

以“矛盾化解年”为引领，加大信访案件的处置力度。共接待来信来访群众349人次，受理信访案件53起，息访43起。市公安局交办的13起信访案件全部结案。

**【公安“三项建设”】** 2011年，中山公安分局的公安信息化、执法规范化、和谐警民关系“三项建设”提高到一个新水平。

信息化建设与应用水平日臻完善。警务综合平台采集录入信息总量达到590余万条。积极推进“天网二期”建设，先后投入资金1000余万元，新增高清视频探头21个，标清视频探头225个，全区视频探头总数已达1万余个，实现重点路段、重点场所和重点部位的全覆盖。投入10万余元资金，升级改造全局高清视频会议系统，使其达到辽宁省公安厅规定的一流系统要求，并实现与市局视频会议系统的全面对接。

执法规范化建设扎实开展。大力加强执法培训，细化各类执法标准，严格执法程序，完善内外监督机制，开展专项执法检查，严格执法过错追究制度，有效提高执法办案能力和水平。组织全局近800名民警参加执法资格考试，大幅提升民警的执法理论水平。全年办结行政复议案件4起，应诉行政诉讼案件5起，其中审结2起。

和谐警民关系建设日趋深入。

推出“开门评警”10项举措，得到市有关领导肯定。共走访、探望群众1万余人，发放慰问品、捐款共计40余万元。召开警民座谈会20余场次，共征集意见建议890余条，解决实际问题700余件。

【打击犯罪】2011年，中山公安分局立各类刑事案件5825起，比上年下降24.4%；破获现行案件2839起，增加6.4%。打处各类违法犯罪人员1198人，其中提起公诉犯罪嫌疑人578人、逮捕278人、劳动教养120人。

1.命案侦破。当年命案立案5件，侦破5件，现行命案侦破率为100%，其中“1.31”伤害致死案的侦破仅用16小时。破获命案积案2起，使全年命案破案率达到140%。协助外省市破获命案6起，抓获命案逃犯11名。

2.“打黑除恶”。深入开展“打黑除恶”行动，相继打掉流氓恶势力团伙9个，抓获团伙成员85人，破获各类刑事案件114起。

3.打防侵财案件。破获各类侵财性案件2703起，比上年增加20.7%。其中成功侦破1个共作案70余起的系列盗窃汽车及车内物品案，涉案金额达200余万元。

4.缉毒工作。相继侦破公安部督办的“7.19”和省厅督办的“2.14”等一批重大目标案件。共破获各类毒品案件54起，缴获冰毒9158克，抓获涉毒人员196人，其中刑事处罚66人、强制戒毒16人、治安处罚114人。

5.打击经济犯罪。共受理经济案件1275起，破获1267起，其中1000万元以上案件2起，100万元以上案件17起，为国家、集体和个人挽回经济损失1.9亿元，有效地维护了全区良好的经济秩序

6.“清网行动”。共抓获各类网上逃犯187名，其中包括潜逃12年的绑架杀人案主犯张某和隋某，撤网率达到92.4%，在全市名列前茅。分局被市公安局记集体二等功一次。

【社会管理】2011年，中山公安分局共查处治安案件22262起，查结19302起，查结率为86.7%，比上年提高0.8个百分点；查处治安违法人员13372人，增加3.2%；治安处罚2760人，其中治安拘留546人、罚款582人、警告1632人。

1.人员管理。（1）境外人员管理。共接待登记49个国家和地区人员198362人次。发现查处“三非”（非法居留、非法谋业、非法入境）案件9起15人次。（2）流动人口管理。推行流动人口居住卡新办法，落实流动人口和出租房屋管理新举措，共登记办理居住证46921个，出租房屋登记6306户。开展集中清查16次，检查出租房屋5604户，写字楼、商住两用公寓132处，流动人口2.46万人次。（3）户籍人口管理。全区第二代居民身份证办理累计采集人像1.9万人，受理18850人，换发身份证17733件。办理临时身份证8976件。登门为老弱病残人员服务360人。办理“三投靠”落户428户511人、随军落户29户45人、购房落户247户512人。

2.场所管控。强化特种行业场所管理，共审批核发特种行业许可证38件，审批备案娱乐场所9家。检查特行场所311家，下发整改意见书46份，整改硬件设施104处。开展各类治安整治专项行动7次，抓获卖淫嫖娼人员70人、涉赌人员67人、涉毒人员118人，收缴赌博机119台。

3.危爆物品管理。严格落实属地管理责任，强化日常监管，确保社会安全。共排查整改涉爆重点单位、部位安全隐患16处，查处涉爆违法犯罪活动1起。

4.防控体系建设。全区有各类夜间专职巡逻队伍13支。召开社区治保会202次，发放奖励补贴48万元。为居民住宅安装新式防护栓16483个、新型防盗锁1845个。利用视频监控系统破获各类案件312起。

5.重点地区整治。持续强化站前等重点地区治安整治并将其常态化。全年“110”接警6439起，比上年下降13.1%。其中：刑事案件2038起，下降50%；“三包”案件454起，下降66%；治安案件809起，下降13%。

召开决战清网行动会议

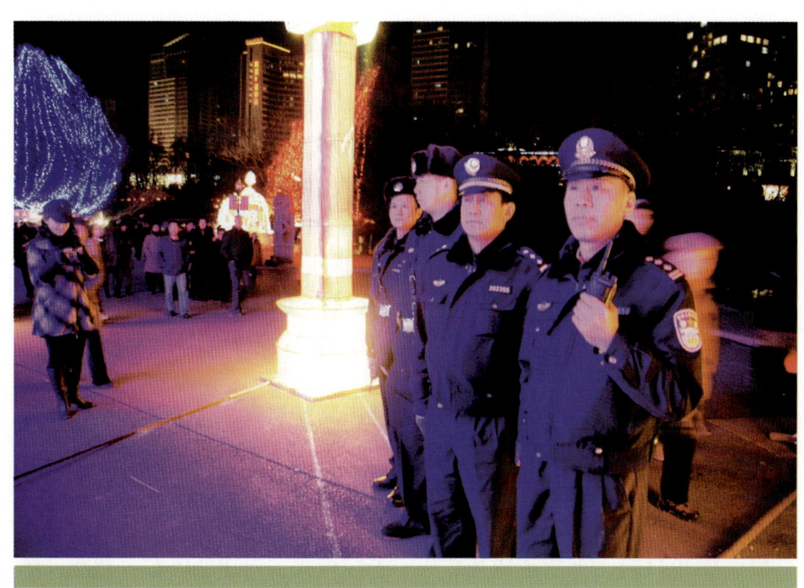

在烟花爆竹迎春会上执勤

**【强化警务保障，改善基层环境】** 2011年，中山公安分局投入资金240余万元，购置刑侦基础设备；投入资金30余万元，新增电脑100台。

根据上级公安机关要求，对12个基层派出所进行“三室”（讯问室、询问室、候问室）改造，共投资220余万元，总改造面积达1.4万平方米，基层办公环境得到明显改善。

昆明街派出所迁入新址，办公面积由原302平方米增至1080平方米，办公条件大为改善。

**【祝菠获全国“我最喜爱的人民警察”特别奖】** 2011年6月13日，在公安部组织的第四届“我最喜爱的人民警察”评选活动中，中山公安分局虎滩街派出所所长祝菠荣获特别奖。

祝菠1985年参警，在26年的公安工作中一直战斗在公安一线。2008年任职中山区虎滩街派出所所长，是辽宁警界唯一的女派出所所长。她用真情待群众，把百姓的事当成自家的事来办，是群众眼里的贴心人。她长期照顾一对身患重病的母子，用关爱点燃他们生的希望。在她提议下，社区建起帮扶困难家庭的“爱心之家”，每年为300多个贫困家庭捐款捐物达10多万元。她向社区建议，为30多名流动儿童开办了英语补习班，使这些孩子的英语成绩普遍提高。她把增强百姓的安全感作为警务工作的着力点，为破获1起入室盗窃案件，带领民警昼夜蹲守30多天，终将犯罪嫌疑人当场抓获。近两年，虎滩街派出所辖区内可防性案件同比下降70%以上。

近年来，祝菠先后被评为辽宁省“人民满意政法干警”、辽宁省“十大杰出女警”、“辽宁省三八红旗手”、“首届感动辽宁十大综治人物”、“辽宁省十大女杰”等称号。2011年被全国妇联授予“全国巾帼建功标兵”称号，被人事部、公安部授予全国公安机关“二级英雄模范”称号，被中山区委授予“模范共产党员”称号。

**【“打四黑除四害”行动】** 2011年，公安部根据“大走访”开门评警活动中群众反映强烈的突出治安问题，在全国集中开展“打四黑除四害”专项行动，严厉打击整治制售假劣食品药品的“黑作坊”、制售假劣生产生活资料的“黑工厂”、收赃销赃的“黑市场”、涉黄涉赌涉毒的“黑窝点”，为民除害，保民平安。

专项行动开始后，中山公安分局在全区范围内进行拉网式、地毯式排查，共摸排建筑工地、废旧仓库、出租房屋等重点部位1452个，

祝菠被授予“中山区模范共产党员”称号

摸排集贸市场、娱乐服务场所、宾馆旅店、刻字印刷、典当行、废品收购站点等重点行业、场所650家，搜集线索310件，受理群众举报187个。共破获制售假冒伪劣商品案件39起，打击处理违法犯罪人员46人，端掉黑窝点9处，打掉制假售假犯罪团伙11个，涉案总金额7000余万元。其中，6月29日破获1起特大制售伪劣啤酒案件，收缴各种伪劣啤酒2259箱，涉案总价值100余万元；11月7日打掉销售假冒知名品牌团伙2个、存放窝点2处、销售网点5处，查获大量假冒LV等名牌箱包，涉案价值达1000余万元。

【潜逃12年案犯被抓获归案】2011年，在全国公安机关开展网上追逃专项督察"清网行动"期间，中山公安分局刑侦大队先后抓获2名"漂白"身份、潜逃长达12年的绑架杀人同案逃犯张世龙、隋敏。此案抓捕经过经中央电视台第一套节目专题报道，在全国引起强烈反响，受到省、市领导的好评，获得警界同行的赞誉。

2000年 5 月23日，张世龙伙同于功山、女友隋敏，将被害人王国发绑架为人质，向其家人勒索12万元，后又将王国发杀害，掩埋尸体后潜逃。案发后，于功山被抓获，张、隋逃逸。10余年间，中山分局为追捕逃犯曾多次展开侦查，专案组成员跨越7省8市，行程上万公 里，搜集整理各类信息5万余条，案卷积累2米多厚，但未有结果。

"清网行动"开始后，该局选调精兵强将成立专案组，重新调阅卷宗，进一步熟悉掌握案情；对其亲属、朋友、同学等一切可能联系的对象逐一进行排查摸底，全面掌握其直系亲属的分布情况并实施全程监控。经过3个月的艰苦工作，终于发现新的线索。

2011年7月11日，在驻地警方配合下，专案组经过7天的蹲坑守候，在哈尔滨市南岗区泰海花园小区将化名"张伟峰"的张世龙抓获。2011年8月6日，在广东东莞市石碣镇盈翠豪园，将刚从台湾返回大陆化名"麻晓娜"的隋某抓捕归案。

（辛敏波　王毅豪）

## ·交通管理·

【概况】2011年，中山区发生交通事故2524起，比上年下降3.96%，其中死亡事故8起、伤人事故230起、车损事故2941起；事故造成死亡9人、受伤251人，分别下降42.9%、24.8%；直接经济损失697.8万元，增加24.7%。

年内，大连市公安局交通警察支队中山大队强力推进交通秩序综合整治，保证了道路交通安全形势持续平稳。 完成各级别交通警卫任务、大型活动交通安保和特殊勤务共967批次。专项整治违法停车、超载、酒驾、飙车、校园周边交通秩序、涉牌涉证和"黑车"等问题，现场取缔违法行为2.97万起，扣留各类机动车6382台次，行政拘留46人，取缔有安全隐患的校车6台。"清网行动"抓获逃犯2人。完善交通基础设施，新增信号灯19处、标志230面、隔离护栏1000余延长米，施划标线3.5万平方米、停车位2400余个。

【交通安保及突发事件处置】2011年，中山交警大队完成各级别交通警卫任务、大型活动交通安保和特殊勤务967批次，其中完成一级加强警卫任务52批次、二级警卫任务477批次、三级加强警卫任务55批次；完成照顾任务、特殊勤务383批次。共出动警力1.5万余人次，出动警车7000余台次。

圆满完成市"两会"、市党代会、春运、烟花爆竹节迎春会、啤酒节、服装节、达沃斯会议、文明城市检查等大型活动和清明、"五一"、中秋、"十一"等节假日的交通安保工作，特别是在"7.18"南山隧道塌方、"8.14"群体事件、"8.29"石油厂大火等突发事件的处置过程中，措施到位、处置得力。

【道路交通秩序管控】2011年，中山交警大队调整勤务模式，实行早晚高峰全警加岗制度和摩托车"双车对开"、"人休车不休"的巡逻管控模式。对违法停车、超载、酒驾、飙车、校园周边交通秩序、涉牌涉证和"黑车"等问题进行专项整治，现场取缔违法行为2.97万起，粘贴违法通知书19.4万件，扣留四轮机动车5654台次，两轮、三轮摩托728台次，行政拘留46人。"清网行动"抓获逃犯2人，撤网率100%。

【交通基础设施建设】2011年，中山交警大队科学规划 ，不断完善交通基础设施建设。

新增同顺街、宏爱巷2条单行路，规划丹东街、北斗街等20条支路的单侧停车，在中南路、五五路2个"潮汐流"明显路段设置方向可变车道。调整南山路、七七街、人民路等5条主干路街信号灯"绿波带"，全区有7条主干道路实现车辆起步可连续通过4个以上灯控路口的目标。提出改造10个拥堵点段和建设9处港湾式公交车站的建议，被纳入区城建计划。

新增信号灯19处、标志230面、隔离护栏1000余延长米，施划标线3.5万平方米、停车位2400余个。

负责办理的20件市、区人大代表建议年内全部办结，答复满意率达到100%。

为市党代会执勤

【交通安全社会化宣传教育】2011年，中山交警大队加大交通安全宣传力度，开展社会化宣传教育。

与辖区218个单位签订《交通安全责任状》，签状率达100%。参与文明城市评比、“三超一疲劳”等交通安全宣传活动8次。印发区交管会文件2400余份、宣传品21万份，制作、悬挂各种标语48幅，在新华视频等大型LED播发各种交通安全提示语、警示语17万余条，在《大连日报》《大连晚报》等媒体刊发交通安全消息、图片20余篇。

一级交通管理服务站全年换发驾驶证4296件、补发43件，换发行驶证36件，审验驾驶证7693件，发展道协会员7913人。

开展整治“三超一疲劳”、校车等道路客运隐患专项行动，采集、录入客货运车辆、驾驶人信息2355台、2313人。清查校车66台次，取缔有安全隐患车辆6台，扣留1台，下达整改通知7份，签订责任状70余份。

【事故处理】2011年，中山交警大队共接处警3586起（不含快速理赔中心），立案调查处理3171起。破获交通逃逸事故2起。快速理赔中心处理简易事故1426起。

规范事故处理工作。通过建章立制、规范事故档案管理、设立信访专干、成立独立的人民调解委员会、加大硬件投入等工作措施，推进事故处理工作法制化和规范化建设，实现“零违纪、零诉讼、零投诉、零上访”的工作目标。

（王延伟）

## ·消防管理·

【概况】2011年，中山区完善社会化消防安全体系，构筑社会消防安全“防火墙”，发现火灾隐患5051项，督促整改隐患4914项。突出对青泥洼桥、天津街、海军广场、人民路等商业中心区域的消防安全治理，共投入整改资金1000万元。加大消防宣传教育力度。提高全民消防安全意识和逃生自救能力。提升消防部队正规化建设水平，全面提高监督执法、灭火和应急救援能力，为确保社会和谐稳定创造了良好的消防安全环境。

年内，全区共发生火灾256起，直接财产损失97.1万元，比上年下降62%，连续9年无重特大火灾事故发生。

大连市中山区公安消防大队在各类火灾事故及社会抢险救援行动中，出动及时、力量充足、指挥靠前。全年接警出动428起，其中扑救火灾256起、抢险救援172次，成功抢救疏散遇险群众183人。

【消防监督】完善社会化消防安全体系。2011年年初，中山区政府召开消防工作会议，与各委办局及街道办事处代表签订《消防工作目标责任书》，下发《大连市中山区深入推进消防安全大排查大整治大宣传大培训大练兵活动实施方案》，将消防工作责任考核纳入政府工作责任评价体系，为全区消防工作的深入开展奠定了坚实基础。节假日及重大活动前，区领导专门部署消防工作，带队进行消防安全检查，解决了一些影响城市安全的重大问题。

构筑社会消防安全“防火墙”。中山消防大队扎实开展消防安全大排查、大整治、大宣传、大培训、大练兵的“五大活动”，提高社会单位检查消除火灾隐患、组织扑救初起火灾能力、组织人员疏散逃生能力、消防宣传教育培训的“四个能力”。突出对青泥洼桥、天津街、海军广场、人民路等4个商业中心区域的消防安全治理，共投入整改资金1000万元，使一大批隐患得到根治。针对部分高层建筑多产权，隐患整改困难这一难题，从解决历史遗留问题入手，通过申请挂牌督办、媒体曝光、上门服务等方式，成功解决海港大厦、锦威商贸公司、丽月湾商务酒店、丰源大酒店、国门宾馆、乐和商务酒店、大商新玛特海王府店、友谊医院、市中医医院等单位的老大难问题。

扎实开展“清剿火患”战役。举全区之力，全面开展火灾隐患排查整治工作。积极协调当地党委、政府和公安机关，会同相关警种和有关职能部门加大执法力度，解决乐购超市友好店、东海洗浴中心等多年未能解决的火灾隐患问题。

加大消防宣传教育力度。充分利用社会资源，主动占领宣传阵地，先后在虎滩广场、二七广场、天津街等地举办6次大型宣传活动。出资数万元，订购150套消防挂图，印制50张宣传图板、2万册新《消防法》，1万份《消防安全手册》和1万份消防常识传单，免费向机关团体、企事业单位发放。将8个街道51个社区的86块固定宣传栏统一换上消防宣传挂图。充分利用LED屏等各种媒介和载体，扩大消防宣传覆盖面，推动政府部门和企业法人代表履行消防工作职责，提高全民消防安全意识和逃生自救能力。

年内，中山消防大队累计检查单位7943家次，发现火灾隐患5051项，督促整改隐患4914项，下发法律文书4798份，罚款180.6万元，行政拘留19人，“三停”16家，临时查封121家，圆满完成各项消防安全保卫任务。

【消防队伍建设】2011年，中山区政府大力支持消防工作，财政拨款149万元经费给中山消防大队，比上年增加近1倍，为大队的各项建设和工作提供了有力保障。

基础建设。按照公安部、省消防总队基层基础建设实施方案要求，中山消防大队不断完善软硬件设施建设，全面加速部队现代化建设步伐。投入40余万元购置车辆2台，投入10万元购买火场勘察服2套，为每名监督员配备笔记本电脑和照相机。中队营房改造投入近10万元。

训练演习。从实战出发，积极开展消防业务技能、灭火救援战术、体能方面的训练竞赛活动。特别注重各种类型专项训练，先后开展高层建筑、地下建筑、交通隧道、石油化工单位等专项普查工作，建立健全灭火救援基础资料，提升了官兵在复杂情况下的攻坚实战能力。年内，大、中队两级共开展各类演习176次，打造了一支过硬的消防铁军。

应急救援队伍建设。与友谊美邻购物商场、桃源街道等单位，开展应急救援联合演练，推动应急工作向规范化、常态化发展。

成功处置一起在建工地火灾

【灭火救援】2011年，中山消防大队接警出动428起，共出动车辆1711辆次、警力6427人次。扑救火灾256起，抢险救援172次，成功抢救疏散遇险群众183人，挽回经济损失1200万元。先后增援长兴岛山林火灾、星海湾山林火灾、“8.29”中石油大连石化公司油罐爆炸火灾等的扑救战斗，参战官兵临危不惧，英勇顽强，为灭火胜利做出贡献。有1人被授予个人二等功，3人被授予个人三等功。

【商业中心区域的消防安全治理】2011年，中山消防大队根据消防排查情况，将青泥洼桥、天津街、海军广场、人民路等4个人员最为密集的商业中心区域，确定为消防安全整治的重点。这4个区域的共同特点是人流、物流、车流量密集，高层、地下建筑结构布局复杂，灭火救援环境条件差，消防治理工作难度大。

针对上述情况，中山区采取“政府负责、部门联动、消防监督、多管齐下”的治理措施，充分发挥消防、公安、安监、交通、工商、文化、卫生等职能部门的作用，联合检查、联合执法、综合治理，努力做到整治工作措施到位、资金到位、责任人到位。4个商业中心区域先后共投入整改资金1000万元，根治一大批安全隐患，为全区消防排查整治工作起到示范作用。

【岭前中队解救被困山崖群众】2011年7月4日11时20分，中山消防大队岭前中队接到119调度指挥中心命令，快速救援虎雕广场附近山上被困悬崖的群众。中队立即出动2台消防车10名指战员火速赶往现场。救

成功解救被困群众

援人员分成2个搜寻小组，第一组登上山崖，接近被困人员；另一组乘快艇从海上接近山崖，确定被困人员位置，很快发现3名被困群众。当时气温高达30℃，被困群众在炙热岩石烘烤和阳光暴晒下已筋疲力尽。救援人员下到其所在位置，协助他们沿着绳索向上攀登，使其顺利脱离险境。获救群众一再对救援人员表示感激。

（区公安消防大队）

## 司法行政

【概况】2011年，中山区司法局坚持“围绕中心，履职尽责，立足本职，服务大局”的工作思路，充分发挥司法行政职能作用，以深入推进“社会矛盾化解、社会管理创新、公正廉洁执法”3项重点工作为载体，大力开展普法、依法治理、人民调解、安置帮教、法律援助等工作，为建设科学发展首善区，促进全区经济社会全面协调发展做出积极贡献。

全面开展《人民调解法》实施宣传活动。启动“六五”普法工作，全区共举办法制讲座60余场次、大型普法活动12场次。区法律援助中心办理法律援助案件近400件。全区新接收刑满释放人员126名，帮教率100%。区公证处共办理公证事项2860件、公证法律援助29件。

区司法局被评为省级“人民调解先进集体”、市司法系统先进单位，并被市委、市政府授予“综合治理先进单位”称号。刘长凯被评为省级“人民调解先进个人”。

【司法所规范化建设】2011年，中山区进一步推进基层司法所规范化建设，8个街道司法所人员岗位补贴全部得到落实。各司法所协助街道党工委、办事处调处各类矛盾纠纷265件。

中山区司法局人民路司法所在人民路街道党工委和办事处的大力支持下，成为市内城区第一个拥有自己独立办公场所的基层司法所，办公条件大为改善，居民办事也更加方便。当年，该所被评为大连市“先进司法所”，所长康凤祥获省人民调解“先进个人”称号。

【人民调解】2011年1月1日，《中华人民共和国人民调解法》正式实施，使人民调解这项具有中国特色的化解矛盾、消除纷争的非诉讼纠纷解决方式步入法制化、规范化轨道，更好地发挥社会矛盾“减压阀”的作用。

为配合该法的实施，中山区司法局共组织开展《人民调解法》现场宣传咨询活动56次，在《大连日报》等新闻媒体发表文章26篇。律

人民路司法所挂牌独立办公

举办街道社区干部普法讲座

开展社区矫正、人民调解工作广场宣传活动

师、法官、法律工作者在社区为居民提供法律咨询98次。社区居民的法制宣传面达到90%以上，所有纠纷当事人宣传面达到100%。

截至年末，全区有人民调解组织93个，其中街道调委会8个、社区调委会51个、辖区企业调委会27个、行业等其他调委会7个。51个社区全部设有独立的调解室和调解印章。调解组织全部达到市级一类调委会标准。人民路街道人民调解委员会被评为省人民调解“先进集体”，葵英街道等6个街道调委会、老虎滩街道迎宾社区等4个社区调委会被评为大连市“先进调委会”，7名个人被授予市人民调解“先进个人”称号。老虎滩街道人民调解委员会、葵英司法所所长蔡民强被分别授予市“防激化先进集体”、“先进个人”称号。

年内，全区各类调解组织共调处各类纠纷1476件，防止群体访18件，制止群体性械斗2起。

【普法宣传】2011年是“十二五”规划开局之年，也是国家“六五”普法规划启动之年。

年内，中山区共举办处级、科级、企业管理人员、行政执法人员等法制讲座60余场次，其中外来务工人员普法讲座22次；举办《人民调解法》、社区矫正、《公证法》等大型普法活动12场次。区司法局对全区367名处级领导干部进行法律知识培训共计2300余人次，考试合格率100%。对新任职的66名处级领导干部进行任职前法律知识考试，平均分数96.7分。中山区被辽宁省委、省政府授予“普法宣传先进城区”称号。

【律师工作】2011年，中山区有律师事务所39个，共有律师605名，分别比上年增加16个、315名。各律师事务所以服务和谐社会为宗旨，组织律师坚持学习、与法俱进，初步形成一支执业行为规范、诚实可信、政治坚定、业务精通、形象良好的律师队伍。

年内，各律师事务所共受理各类案件及提供法律咨询4865件。律师积极参与信访调解工作，办理涉法信访案件，引导信访人通过诉讼渠道解决纠纷。有5名律师在区信访大厅轮流坐班接待咨询，共调处信访案件2409件，解答信访人员法律咨询1538件。

中山区律师工作委员会于12月9日召开成立大会，这是本区律师行业建立的第一个自治性组织。

【法律援助】2011年，中山区法律援助中心坚持以诚信公正、优质服务为重点，以满足困难群众法律援

中山区律师工作委员会成立

刑人员规避人机分离的情况。该系统还具备完善的社区服刑人员电子档案查询统计以及日常管理考核功能，是社区矫正工作的高效管理平台。

区司法局还通过建立基本制度和工作队伍为社区矫正工作提供有力保障。成立由工作（居住）在社区内、热心于社区矫正工作的社会团体人员、社区服务人员、专家学者、法律服务工作者、离退休人员、教师、高校优秀学生、矫正对象的近亲属和原工作单位人员等组成的社区矫正志愿者队伍，保证了社区矫正工作的顺利开展。

（李建平）

助需求为核心，办理法律援助案件近400件。

对全区法律援助专干进行专业培训，1500人次参加培训。区法律援助指导委员会加强对援助律师办案质量的监督，旁听援助案件42件，回访当事人23人次，上门受理援助案件13件。

【安置帮教】2011年，中山区司法局利用刑释解教人员网上信息管理平台系统，加强对这类人员的信息管理，做好在服刑人员的摸排和预释放人员的衔接工作。共上门探访帮教对象300人次，电话探访265人次。年内新接收的126名刑满释放人员帮教率达到100%，重新犯罪脱管率为0。青泥洼桥司法所、人民路司法所获大连市“安置帮教先进集体”称号，海军广场司法所、桃源司法所、老虎滩司法所、人民路司法所获市“安置帮教先进小组”称号，4人获市“安置帮教先进个人”称号。

【公证工作】2011年，中山区公证处认真开展“公证队伍树形象”活动，加强公证执业监管。增设弱势群体办证绿色通道，方便群众办事，受到群众称赞。共办理公证事项2860件、公证法律援助29件，拒办不合法事项218件，无投诉、违规现象发生。成功化解旧城区改造拆迁中的矛盾纠纷7起，为市政府重点工程项目提供公证服务2件。对全区11所中学新生入学的电脑随机分班、确定班主任进行现场公证，受到社会的广泛好评。

【社区矫正全面启动】2011年，中山区全面启动社区矫正工作，通过社会化的教育，使罪犯适应并顺利回归社会。根据我国现行法律的规定，全区有154人适用于社区矫正，被列为社区矫正对象。

为有效提升刑罚执行效率和罪犯的改造质量，区司法局用手机定位系统管理社区服刑人员，成为全省社区矫正工作中的第一家。该系统是区司法局根据矫正工作特点，自主研发出的一套数字化、智能化的自动化办公系统，可利用服刑人员原有的手机号码，通过手机定位技术实现对社区服刑人员位置的动态管理，通过声纹识别系统鉴别服

## 人民武装

【概况】2011年，中山区人民武装部为实现“建一流班子、带一流队伍、创一流业绩”的目标，开拓创新，真抓实干，各项工作上了一个新台阶，形成工作出精品、人才育精英、建设属精锐的新局面。

加强民兵整组工作，以民兵防空团、民兵应急分队为重点编实配强，高标准完成全辖2700名编制基干民兵的编兵任务。深化楼宇经济编兵的做法受到国防部部长梁光烈上将的充分肯定。在全区8个街道选配专职武装部长，加强基层武装工作。开展“五能岗位练兵”活动，提高全区人武干部的军事素质和组训能力。组织基层民兵集中军事训练共5期，510名参训人员全部达标。圆满完成征兵任务，征兵138名。区人武部正规化建设经验被大连军分区向全市推广。结合《国防教育法》、全民国防教育日、冬季征兵等重要时点，组织大型宣传活动。作为辽宁省军区确定的唯一试点单位，积极探索加强安全文化建

设的路径，其经验被省军区转发，所摄《文化春风沐浴，安全之花盛开》录像片下发部队，2011年总参第8期《部队管理》也予以报道。

5月17日，大连军分区召开全市武装部正规化建设现场会，军分区首长及各区市县武装部负责人共80余人参加会议。中山区武装部政委时振军以《强本固基创经典借势谋篇展新姿》为题，介绍了区武装部正规化建设的经验。

民兵高炮团组织防空演练

民兵应急分队进行反恐训练

【战备、应急】2011年，中山区人民武装部坚持“任务牵引抓应急，围绕使命抓准备”的思路，推进各项军事准备工作。

*加强民兵整组和训练。*对全辖2700名编制基干民兵，按照优化民兵组织布局、改善组织机构、强化民兵职能的思路，以民兵防空团、民兵应急分队为重点进行整组，提高民兵分队专业对口率和复转率，高标准完成基干民兵编兵任务。分5期对510名基层单位民兵进行集中军事训练，参训人员全部达标。

*加强武器弹药管理。*严格有关武器弹药管理的各项条例和规章制度，由专人负责登记武器使用和弹药消耗情况，确保枪支弹药安全。

*开展经常性战备教育。*完善和修订战备预案、战备制度，规范战备值班、战备勤务。按照“平时能应急，战时能应战”的标准，组织民兵应急分队进行应急演练和拉动活动，提高民兵遂行各种应急任务的能力。

*规范一日生活制度。*对所辖人员、车辆、保密制度、财务制度实行严格管理，确保关键时刻拉得出，起作用。

【街道配备专职武装部部长】2011年，中山区人民武装部根据辽宁省军区有关文件精神，针对以往由街道办事处副主任兼街道武装部部长兼而不专的弊端，在全区开展街道配备专职武装部部长的工作。与区委组织部共同制定《中山区街道武装部长选配、管理标准暂行办法》，通过社会竞聘和军地联审的方式进行选拔。全区共100余人参加竞聘，最终选拔出8人，入选者均为大学本科学历、军转干部和后备干部。

8月17日，中共中山区委举行街道武装部部长任命仪式。区委书记李向东宣布任命，大连军分区首长和中山区主要领导颁发任命状。这是中山区首次在街道配备武装部部长，标志着全区基层武装工作上了一个新台阶。该项工作被《中国国防报》《前进报》予以报道，《前进报》还加了《编后语》。

【兵员征集】2011年，中山区人民武装部针对近年来出现的征兵难问题，坚持开展“六个一”（发放一封信、张挂一批横幅、上好一堂课、设立一个指导站、组织一支宣传队、开展一个集中宣传日）征兵宣传活动，充分利用QQ网络群等现代宣传形式，广泛深入开展国防法规宣传和国防教育，帮助适龄青年和家长算好当兵“三笔账”，弄懂到部队的“四个大道理”，大大激发了青年的参军热情。

征兵过程中采取4项举措：(1)重奖先进，表彰奖励上年征兵工作贡献突出、保质保量完成征兵任务的基层单位。(2)廉洁征兵，区政府领导与各征兵责任单位签订《廉洁征兵责任书》，严格执行征兵计划和各项规定，实行阳光、透明、公正征兵。(3)评比奖惩，通报批评未完成任务和出现严重问题的单位，处罚出现责任退兵的单位。(4)加强体检，开展体检医生业务培训，明确责任，规定“谁签字、谁负责”，杜绝不正之风。同时，落实优抚政策，加强交流指导，初步扭转了困扰多年的“征兵难”困局，较好地完成了市政府下达的新兵征集任务。新兵赴军营前，区召开隆重的欢送新兵入伍大会，形成“一人当兵全家光荣，百姓拥戴社会尊重”的社会氛围。

当年全区征兵138名，其中大专以上学历78人（本科学历28人），占兵员总数的65.1%，兵员质量好于上年。

区四大班子领导参加“一日兵”活动

【“五能”岗位练兵】2011年，中山区人民武装部开展“五能岗位练兵”（上台能讲课、上炮能操作、训练能组织、故障能排除，带队能指挥）活动，提高全区人武干部的军事素质和组训能力。

该项练兵活动针对人武干部的软肋和短板，坚持民兵配置什么装备就训练什么，干部缺少什么技能就补充什么的原则，采取军事理论集中学、技能训练轮流学、岗位交叉互补学、实兵演练检验学等方法，分批轮训、以会代训、岗位实践、以老带新，使全区人武干部均能掌握3种以上军事专业技能。

6月15—22日，中山区民兵防空团参加辽宁省军区举办的防空团首长指挥机关联训，2人取得理论考核100分的好成绩，1人获“优秀学员”称号。

【全民国防教育】2011年，中山区人民武装部重视全民国防教育普及工作，形成以党校为载体的领导干部国防教育网络、以中小学为载体的普及青少年国防知识网络、以街道社区为阵地的群众性国防教育网络、以国防教育日和重大节日为平台的集中社会宣传网络。区委党校举办领导干部培训班，均安排国防教育课，有600余名科级以上领导干部接受国防教育。区武装部每季度为各级主要领导干部编发《国防军事信息》，提供最新的国防军事动态，强化领导的国防意识。各街道、单位依托民兵训练基地、民兵活动之家、社区国防教育活动中心、青少年军校等阵地，开展有特色的国防教育活动。

当年，中山区被授予“大连市国防教育先进单位”称号。

（李　伟）

**责任编辑**　石黎明

# 综合经济管理 ZONG HE JING JI GUAN LI

## 宏观经济管理

【概况】2011年，中山区发展和改革局制定“1050”楼宇培育实施方案，全面进行楼宇资源普查，完善区级楼宇经济数据库建设。确定年度重点项目，完善重点项目协调机制，推进重点项目建设。研究分析区域经济运行情况，为领导决策当好参谋助手。组织开展节水宣传活动，营造全民节水良好氛围。

【楼宇培育】2011年，中共中山区第十三次党代会明确提出，要“大力培育和发展总部大厦、特色专业大厦，力争五年内税收亿元大厦超过10座、税收千万元大厦超过50座”。根据这一目标要求，区发展和改革局制定“1050”楼宇培育实施方案，成立专门的领导小组，多次召开协调会议，组织各街道对全区商务楼宇、企业办公楼、星级酒店进行全面、细致的普查，摸清资源闲置底数，建立区级楼宇经济数据库，动态跟踪楼宇大厦的发展情况。

制定培育方案。5月下旬，区发改局制定《中山区“1050”楼宇培育实施方案》，进一步明确楼宇培育工作的指导思想、工作目标、工作措施和工作要求等，对未来五年楼宇培育的数量进行分解量化，对参与工作的相关部门和各街道的职责进行细化分工，有序推进楼宇培育工作。

成立领导小组。区委、区政府多次召开会议研究部署楼宇培育工作。成立中山区“1050”楼宇培育工作领导小组，加强对楼宇培育工作的领导。由区长任组长，副区长任副组长，区发改局、经信局、财政局、商务局、统计局、国税局、地税局、工商局、天改办、东港推进办及8个街道主要领导为成员。领导小组下设办公室，办公室设在区发改局，办公室主任由区发改局局长兼任。

开展楼宇普查。6—8月，根据区委、区政府的工作部署，区发改局组织各街道对区内各类楼宇资源进行全面调查摸底。调查范围主要包括辖区内建筑面积5000平方米及以上的商务写字楼、企业办公楼和星级酒店，共120座楼宇。调查形式：一是组织各街道通过已掌握的区级地税库和国税库中规模以上楼宇中注册企业的纳税情况，按照市区分成比例反算出各企业的全口径纳税情况。二是通过与大厦物业联系、实地走访等方式，摸清大厦内异地经营企业情况。调查内容除楼宇名称、开发商(物业方)、地址、层数、占地面积、建筑面积、租售率、楼宇类型、纳税等常规内容外，增加楼宇内异地经营企业情况的调查，摸清潜在税源。

【楼宇出租率情况调查】2011年，中山区认真开展辖区楼宇出租率情况调查，摸清底数，以便采取措施，降低空置率，促进新建楼宇招租。楼宇调查汇总各类楼宇120座，其中已出租楼宇112座，在建楼宇8座，其中，出租率达到100%的楼宇27家，占总出租率的24.1%；出租率90%—99%的楼宇34家，占总出租率的29.5%；出租率80%—89%的楼宇19家，占总出租率的17%；出租率80%以上的楼宇共80家，占总出租率的70.5%；

人民路

已出租112座楼宇，平均出租率为80.5%。

以色列凯丹综合购物广场项目效果图

**【辖区楼宇税收情况调查】**2011年，中山区进一步完善楼宇税收信息库，区发展和改革局及时更新年度楼宇纳税情况，区政府适时调度楼宇培育工作，及时采取有针对性的培育措施。据调查，截至2010年底，中山区辖区内120座楼宇中，税收达到亿元以上的楼宇有2座，（不含大商、银行办公楼等），税收达到1000万元以上的楼宇为36座（此调查不含异地经营企业）。

**【辖区异地经营企业情况调查】**2011年，中山区在楼宇普查中新增异地经营企业情况调查项目，了解、把握异地经营企业情况，吸引他们自愿变更注册，扩大区街楼宇税源。经调查，辖区内共有异地经营企业323家，分布在70座大厦中。其中：海军广场街道139家，占43%，分布在9座大厦中；人民路街道82家，占总数25%，分布在31座大厦中；青泥洼桥街道67家，占21%，分布在9座大厦中；昆明街道32家，占10%，分布在20座大厦中；老虎滩街道3家，占1%，集中在1座大厦中。

**【楼宇大厦实行统一编号】**2011年，中山区积极促进楼宇规范化管理。在楼宇普查中，对所有统计的楼宇大厦进行编号，并和全区重点项目编号进行统一。3个数字编号中，第一个数字代表街道（1—海军广场、2—人民路、3—桂林、4—青泥、5—昆明、6—葵英、7—桃源、8—老虎滩），后两个数字是街道辖区内楼宇序号。

**【重点项目推进】**2011年，中山区发展和改革局按照区委、区政府“项目牵动、政策优先、步调一致”的工作思路，以及“意向项目抓落地，签约项目抓开工，在建项目抓进度，竣工项目抓效益”的具体要求，推进重点项目工作。加大东港区改造等大项目的争取力度，建立较规范的综合性项目库，完善重点项目协调推进机制，落实区领导挂钩重点企业制度，简化项目审批手续，协调解决制约项目建设的瓶颈问题。

年内，全区确定重点项目100个，总占地面积700余万平方米，总建筑面积1300余万平方米，计划总投资1000余亿元。全年实现新开工项目15个，竣工项目20个，完成固定资产投资269亿元，比上年增长25%。年底，按照项目推进状态分为在建项目40个，摘牌未开工项目27个，招商沉淀项目8个，政府财力投资项目3个，储备项目22个。

40个在建项目中，含续建项目25个，新开工项目15个。其中，凯丹综合购物商场、金地云锦、朗廷酒店等6个项目进行基础施工。大连绿地中心、国泰港汇中心、人民大厦等14个项目进行主体施工。东港第、明秀庄园、南山1910等20个项目实现主体封顶。

**【为领导提供决策参考】**2011年，中山区发展和改革局认真调查、研究和分析全区经济运行情况及存在的问题，为领导决策提供参考。做好半年和全年国民经济和社会发展报告，将各局报表进行汇总分析，按月编发发展动态，按季编写中山区经济运行情况分析。同时，向市发改委上报全社会固定资产投资情况、国民经济和社会事业发展执行情况报告。制定并出台《中山区2011年街道办事处工作考核办法》。

**【节水宣传活动】**2011年5月15日，中山区发展和改革局在中山广场设立节水宣传主会场，举办大型节水宣传活动，通过树拱型门、悬挂彩旗、散发宣传材料等形式，向市民宣传我国水资源短缺的形势，提高市民对水的忧患意识、节约意识和倡导建立节水型社会。大连市计划节约用水办公室领导视察中山区宣传活动情况，给予高度评价。活动期间，全区共设立8个街道节水宣传点，通过悬挂宣传横幅和彩旗的形式向居民宣传节约用水，在全区营造全民节水的良好氛围。

【企业改制稳步推进】2011年，中山区发展和改革局结合中山区实际情况，稳步推进企业改制工作，加强学习，掌握政策，深入调查，了解情况，帮助企业制定改制方案。年内，完成民政工业公司所属大连精细石油化工厂改制报批材料的审核工作，提交区有关部门审批。指导桂林街道所属大连枫林金属结构厂进入深化改革程序。接待企业改革咨询人员200人次。

（何　平）

海产品工商执法检查

## 工商行政管理

【概况】2011年，中山区工商行政管理局加大市场准入、市场监管、消费维权和行政执法力度，完善各项制度，推进管理创新，强化队伍建设，提高干部素质，加强服务与行政指导，市场管理和服务工作取得新成绩。全年发展个体工商户3197户，新办企业359户，立案查处各类违章违法案件466件，罚没款入库498.2万元。完成转企升级320户，其中个体转企业103户，引导办理企业217户。完成新注册商标12 件。推荐发展驰名商标3件、省著名商标8件、市著名商标7件。受理消费者投诉件1242件，案件办结率达100%，为消费者挽回经济损失36万余元。区局被辽宁省工商局评为“无传销县（市）区”，注册登记科获得辽宁省政府颁发的“巾帼文明号”称号，温州城市场被辽宁省工商局评为“平安诚信示范市场”。

【食品安全监管】2011年，中山区工商局进一步细化、完善食品安全监管准入、巡查等制度，认真开展食品安全专项整治工作。及时更新食品安全监控系统信息，实现食品经营主体底数清、情况明，并在日常监管中有效加以利用。按照大连市工商局提出的“四个规范”，即：具有主体资格合法规范、食品质量合格和入市退市规范、食品经营行为合法规范、各项制度健全规范。同时提出“五个统一”即：统一称谓、统一标志、统一承诺、统一亮证亮照经营、统一监督管理标准，每个工商所又创建5个食品安全示范店，培育一批管理规范、诚信经营、社会满意、影响力大的“示范店”，形成较强的社会影响力和

联合执法

奶制品工商执法检查

区消协走访企业

区消协开展企业客服人员培训

对其他食品经营业户的感召力。

【行政执法】2011年，中山区工商局强化监管执法，深入推进行政指导，进一步推行网格化监管。全局按照管辖区域分成区局、工商所、网格监管员三个不同层级的网格，16个基层工商所共划分78个网格责任片区，做到责任区域明确、管理对象明确、监管职责明确，力求监管职能全面到位。

【依法行政】2011年，中山区工商局坚持依法行政，强化日常监管，努力维护公平竞争的市场秩序。重点抓好治理商业贿赂、"扫黄打非"、打击走私贩私、酒类行业专项整治、军服管理专项整治、打击销售卫星地面接收设施、打击成品油走私专项行动、部门联动严厉打击传销等工作。加大对制售假冒伪劣商品、不正当竞争、传销以及治理商业贿赂的打击力度，营造公平竞争的市场经济秩序和安全放心的消费环境。

【商标广告监管】2011年，中山区工商局加强商标整治，做好商标规范、引导和保护工作。开展打击侵犯知识产权和制售假冒伪劣商品专项行动。继续巩固"双打"（打击侵犯知识产权和制售假冒伪劣商品）专项行动工作成果，开展保护专用标志专项行动。继续推进实施"商标战略"工程，制定商标管理关口前移制度。加大推荐力度，引导企业争创驰名、著名商标。年内，完成新注册商标12 件；推荐发展驰名商标3件、省著名商标8件、市著名商标7件；指导商标战略示范企业4家。查办各类经济违法案件73件，其中商标违法案件5件，罚没款额5500元；广告违法案件65件，其中一般程序处罚案件5件，罚没款额9.5万元；简易程序处罚案件60件，罚没款额5.95万元；其他类型经济违法案件3件，罚没款额9万元。总计罚没款入库额25万元。

【市场整顿和规范】2011年，中山区工商局开展市场整顿和规范市场经济秩序工作。在辖区内全面组织开展集贸市场食品安全监管整治活动，在集贸市场内开展打击制假售假、切实保护消费者合法权益活动，强化市场准入，维护正常的市场交易秩序，推动市场食品安全监管工作的顺利进行。在创建文明城市工作中，先后与22个市场主办方和12个工商所签订"创建文明城市工作责任状"，要求市场开办方在此次创建文明城市活动中作为责任第一人，全面履行市场经营管理者责任。

【维护消费者权益】2011年，中山区工商局围绕"消费与民生"年主题，提高"两站（消费者协会投诉站和12315申诉举报联络站）"建设水平，依据法定程序，合理、公正调解、处理消费争议有效维护消费者权益。受理消费者投诉件1242件，案件办结率达100%，为消费者挽回经济损失36万元。组织召开企业客服人员经验交流暨培训会议，30余家企业55人参加，6家企业进行客户服务经验交流。培训社区"两站"工作人员和义务监督员510名。3.15活动期间，指导辖区30余家大型商企联动开展形式多样的宣传咨询活动，受理消费者投诉60余件，发放各类宣传单5000余份。评比表彰8家优秀社区"两站"、9家优秀企业"两站"、3家优秀分会、7家"消费者满意单位"。

【查处取缔无证照经营】2011年，

中山区工商局将查处取缔无证照经营纳入社会治安综合治理范围，成立中山区查处取缔无证照经营联席会议领导小组，组织召开联席会议，组织有关成员单位在辖区内开展查处取缔无证照经营专项行动，对从事危害人体健康、存在重大安全隐患、危害公共安全、破坏环境资源以及群众反映强烈的无证照行为予以坚决取缔。通过专项行动，遏制和预防由无证照经营引发的安全事故和群众群访事件的发生，为辖区营造公平有序的市场环境和安全放心的消费环境。

【服务地方经济】2011年，中山区工商局积极服务地方经济。年内，登记注册各类企业359户。完成转企升级320户。其中，个体转企业103户，引导办理企业217户。

横向沟通，主动对接。主动了解区政府工作信息，与区招商引资办公室、外经委、商贸局等部门联系，建立工作联席会议制度，及时汇报工商注册登记部门办理企业的注册登记相关信息，为区政府科学决策提供一手资料。年内，为15个政府重点项目与相关部门进行沟通协调，取得较好的效果。

把握主题，积极参与。年初，区政府先后组织天津街、大都会、解放路等项目的招商引资活动，注册登记科派出两名熟悉业务的干部积极参与招商活动，向投资企业宣传大连市工商局推出的《降低市场准入39条优惠政策》，帮助企业在投资前了解到更多的工商政策规定，增强投资信心。

倾听诉求，助推发展。认真听取企业的困难和建议，结合部门职能制定相应措施，搞好对接服务，为区域经济发展发挥引擎效能。

【工商干部队伍建设】2011年，中山区工商局强化工商干部队伍建设，提高干部队伍素质，提升队伍的整体形象。

通过开展学习实践科学发展观活动，树立服务地方经济发展的观念、公平服务的理念。

做好区局“三定（定人、定编、定岗）”及“双向选 聘”工作。制定《大连市中山区工商行政管理局关于“三定”工作实施方案》，全局31名正科实职干部进行述职述廉及民意测评。根据局党委的部署，通过公开报名、资格审查、竞聘演讲、民主推荐、组织考核，经局党委讨论决定，分别任命7名正、副科级干部。开展科、所长岗位交流，共有22名科、所长参与岗位交流。开展双向选聘交流，30人参与岗位交流。

强化制度建设，促进规范化建设。发挥区局纪律作风督察组的作用，不定期进行明察暗访，并将督察情况在办公网上通报。编发《纪律作风督察通报》10期。

加强业务培训和法制建设，提高队伍素质。组织参加法律法规、业务软件、业务技能、公务员初任培训等各类培训班18期，参加培训人员200余人次。

【工商廉政建设】2011年，中山区工商局加强廉政建设，以开展廉政学习月为教育契机，结合年检验照工作，组织全局干部认真学习大连市工商局印发的《廉洁从政手册》，采取集中学习、个人自学、辅导助学等办法，系统学习领会上级的廉政精神和具体要求。春海工商所把与执法工作相关的规定摘录出来，制作成警示卡片，分发到干部和辖区业户、企业负责人手中，让其熟悉工商执法工作的廉政规定和具体要求，对工商所的执法和服务工作进行监督。春海工商所还与海军广场街道建立廉政文化资源共享平台，跨部门联网，加强监督。通过搭建必学内容、共享内容的定期学习制度，形成定式教育模式，使廉政准则的学习经常化、制度化、规范化。

（杨 雪）

## 统计管理

【概况】2011年，中山区统计局发挥统计职能作用，强化服务意识，加大统计行政执法力度，提高统计数据质量，完成规模以下工业企业省级样本企业的抽样调查、非公有制企业（单位）人才资源状况调查、服务业抽样调查、组织工作满意度调查等专项调查。全面展开人口变动和劳动力调查，完成人口普查各阶段工作，完成ISO9001质量管理体系认证工作。发布《大连市中山区国民经济和社会发展统计公报》、编辑出版《中山区统计年鉴》及统计信息，为全区经济发展、领导决策提供咨询服务。

【年报和定报工作】2011年，中山区统计局严格执行国家统计报表制度，认真做好各项年报、定报工作。针对统计工作中出现的新情况和新问题，加大3个方面的工作力度。（1）加强业务培训。召开工业、贸易、国民经济核算、劳动工资及固定资产投资等10余个专业年报和定报培训会议，1000人次参加业务培训。（2）把好统计数据审核关。对企业上报的统计数据进行严格评估和审核。严控统计数据搜集、审核、汇总、上报等环节，对国内生产总值、社会消费品零售总额、固定资产投资等重要经济指标采用相互指标验证、比例控制、抽样推算等方法进行验证，对企业上报的不符合实际指标及时进行纠正，力求年、定报数据客观、真实。（3）改革汇总上报方式。实现所有专业年报、定报表网上申报、审核、汇总和反馈。同时，利用“企信通”平台，及时将上级要求传达给企业，做到事前通知，事中提醒，事后督促，提高为企业和专业人员服务的效率和质量，受到基层企业欢迎。

【专项调查】2011年，中山区统计局完成5项专项调查。（1）完成规模以下工业企业省级样本企业的抽样调查。（2）完成非公有制企业（单位）人才资源状况调查。完成辖区内86户国家抽调单位的调查，掌握非公有制企业（单位）人才资源状况。（3）完成服务业抽样调查。对区内90户抽样企业的统计人员进行网上直报培训，完成部分抽样服务业企业2011年1—5月抽查调查工作。（4）全面展开人口变动和劳动力调查。为被抽查的社区配备调查指导员和调查员，对人口变动调查工作提出严格、具体工作要求，确保普查数据的科学性和准确性。（5）完成组织工作满意度调查。面对这一全新的调查任务，区统计局积极为区委领导提建议，定预案，严格纪律、明确分工，注重调查流程和方法，圆满完成调查任务。

【统计执法】2011年，中山区统计局加大统计执法检查力度，深入街道社区走访，开展执法检查20余次，立案查处单位2家，促进统计上报工作。同时，在统计工作中注重搞好三个结合，即专业统计与了解掌握单位经营状况相结合，宣传统计法与统计执法相结合，培养各级统计人员能力与提高素质相结合。

【统计咨询服务】2011年，中山区统计局发挥自身优势，对全区的经济发展情况进行评估分析，提出意见和建议，为全区经济发展和领导决策提供咨询服务。发布《大连市中山区国民经济和社会发展统计公报》《中山区统计年鉴》，编发多篇统计信息。根据第二次经济普查资料，为区民政局的地名普查工作提供详细统计资料。

【人口普查】2011年，中山区统计局完成人口普查各阶段工作。包括人口普查数据逻辑关系审核、迎接省、市人普办领导调研指导人口普查工作、《户主姓名底册》录入、普查文件的归档及配合人口普查的画册和资料汇编等工作。

*完成人口普查数据逻辑关系审核工作。*根据国家、省、市有关部门的工作部署，中山区人口普查办公室先后两次全面展开人口普查数据逻辑关系审核及修改工作。二次审核工作难度较大，仅民族单项指标的审核，中山区须确认的审核信息达1.3万条。区人普办要求将每条审核信息对照原图进行审核确认，确保民族数据的准确性。对前期审核中的确认性信息进行再次核对，确保普查数据的真实可靠。秉承“人闲机不闲”的原则，安排普查员轮换上机，解决计算机少，工作量大的难题，如期完成数据审核工作。中山区数据差错率全市最低。

*完成《户主姓名底册》录入工作。*《户主姓名底册》录入是人口普查后期工作的重点之一。根据国家、省、市新程序的具体要求，区人口普查办公室召开两次会议，部署相关信息的电子录入和系统审核工作。本次录入涵盖1760个建筑物，17万余户居民。区人口普查办公室将每套房屋落实到人，要求普查员严格按照户主姓名底册信息，依据建筑物编号，逐街逐巷、逐门逐户进行核实。同时，采取电话跟踪、入户核查等措施对普查工作的落实情况进行监督。经过多次核实查明，全区空房2.7万套。该项工作的顺利完成，为今后空房套数、房屋属性等信息查询提供了翔实的数据支持。

*开展普查文件的归档工作。*在人口普查过程中，形成了大量具有存档价值的文件材料。区人普办根据区档案局的具体要求，认真整理基层数据，进一步完善户主姓名底册、普查小区图、文件通知等存档资料，严格按照要求对人口普查资料分街道逐类、逐件编码，全面开展人口普查工作纸质资料、电子数据的归档工作。

*配合人口普查画册和资料汇编工作。*为了全面、真实地记录和展现辽宁省第六次全国人口普查的工作情况，省人口普查办拟编辑出版《辽宁省第六次全国人口普查画册和资料汇编》。中山区人口普查办公室配合省局工作，面向街道、社区及居民征集照片500余幅。

*迎接省、市人口普查办公室领导调研指导工作。*区人口普查办公室认真做好迎接省、市人口普查办公室领导来中山区调研的前期准备和接待工作。4月2日，辽宁省人口普查办公室常务副主任、统计局局长助理郑坚和大连市人口普查办公室领导莅临中山区视察指导工作，并听取中山区人口普查工作汇报。

【“企业一套表”统计改革】“企业一套表”是2011年统计改革的重要任务。区统计局针对街道下发有关文件，及时上报街道的网络及计算机运行情况，完成统计改革“企业一套表”的计划和工作方案。做好统计继续教育工作。6—10月，通过“企信通”平台，对各企、事业单位下发相关内容通知，并对报名的无证统计人员组织培训、考试，及格率达到84%。并组织有证的统计人员开展统计继续教育培训等工作。

【质量管理体系认证和网站维护】2011年，中山区统计局完成质量手册和程序文件的编写、审查工作，并一次性通过外审，全局ISO9001质量管理体系认证工作取得阶段性成果。同时，按照区信息中心的要求，对统计局门户网站的信息进行整理和维护，及时与区信息中心沟通和联系，完善系统和数据库管理。

（彭晓霞）

## 审计管理

【概况】2011年，中山区审计局依法履行监督职责，加大审计力度，提高审计质量，财政预算执行审计、党政领导干部经济责任审计工作及审计制度建设，审计工作取得新进展。年内，完成审计项目32项，涉及审计和延伸审计单位137个。审计资金总额12亿元，管理不规范金额839万元，违规金额154万元。出具审计报告32篇。帮助被审计单位完善制度18项，提出并被采纳可操作性审计建议33条，撰写审计调研报告2篇，为区及以上部门提供审计信息5篇。

【财政预算执行审计】2011年，中山区审计局加强财政预算执行情况审计。审计内容包括区财政局本级预算执行情况、重点项目资金支出、教育资金支出、社会保障和再就业资金支出、城市建设资金、政府性债务及部门预算执行情况等。对财政预算执行审计提出4项建议：一是加强预算编制的科学管理，强化部门预算执行。二是加强对专项结余资金及项目支出管理，要加强项目资金管理，明确资金性质、使用范围，规范专项资金运行程序，提高国库集中支付体系的运转效率，减少资金流转环节，切实做到专款专用，提高专项资金的使用效益。三是加强预算外收入管理，对按“收支两条线”上交的预算外往来资金加大甄别的力度，使非税收入应收尽收、应缴尽缴。四是加强政府采购的监督管理，防止出现“重采购程序轻后期落实”的问题等，从制度建设上保证全区预算内、外资金使用合理，效益提高。

全年延伸审计107个单位，占财政拨款单位总户数的72%，延伸审计资金总额123317万元，占本级预算支出的73%。

【领导干部经济责任审计】2011年，中山区审计局加强处级领导干部离任及任中经济责任审计。在财政预算执行审计工作时间紧、任务重的情况下，积极组织整合人力，合理分工，将领导干部经济责任审计与财政审计、专项审计有机结合，有序开展领导干部离任经济责任审计工作。年内，完成离任经济责任审计25项、任中经济责任审计5项，正在进行审计的3项。提出33条审计建议，大部分已落实和整改。

【中小学校长经济责任审计】2011年，中山区审计局重视辖区内教育资源的合理应用和教育公平，把中小学校长离任经济责任审计作为工作重点。上半年，率先安排民生小学、山屏小学、虎滩小学和捷山小学四项校长离任审计。对区属第1、第15、16幼儿园进行专项审计。

【专项审计】2011年，中山区审计局完成政府性债务、中小学校舍安全工程情况专项审计。

政府性债务情况审计。通过本次专项审计，理清政府负有担保责任的债务结构及政府未来偿债情况。截至2010年末，政府负有担保责任的债务4.76万元，其中，融资平台债务余额4.7万元，上级财政转贷资金540万元，葵英街道办事处担保债务67万元。审计认为，由融资平台举借政府负有担保责任的债务转化为政府负有偿还责任的债务的可能性较小。融资平台公司负债比例不高、盈利能力较好，偿债能力较强。

中小学校舍安全工程情况审计。2010年，全区教育基础建设支出资金4734万元，主要用于35中学新校舍配套建设、解放小学等11所学校抗震加固、9中等26所中小学校舍维修改造、全区中小学配备和更新信息化设备等项目支出。经审计，中山区教育基础建设支出资金使用合理，收效明显。学校安全工程3年的工作量，提前1年半完成，被评为“2009年辽宁省学校安全工程先进单位”。2011年7月，代表大连市迎接全国、辽宁省学校安全办公室领导的检查，并受到好评。

（王玉婷）

## 价格管理

【概况】2011年，中山区发展和改革局以稳定价格总水平为首要任务，加大价格监管力度，开展价格领域的专项整治行动，整治商业领域的价格欺诈，规范美容美发行业标价。开展医药卫生服务价格专项检查、停车场和教育收费检查、四大节日市场价格检查及物业服务收费专项整治。规范中小学、幼儿园及社会力量办学单位的收费行为，统一规范收费公示内容，营造良好的价格和消费环境，取得明显成效。年内，检查医疗单位药房30个，检查物业企业40个，物业小区、停车场70个，规范和纠正物业企业不当收费行为50家。检查大商场和小型超市等10家，处罚价格违规单位3家，处罚金额2.3万元。

【价格欺诈行为专项整治】2011年，中山区发展和改革局根据大连市物价局的部署和要求，在价格欺诈行为专项整治行动中突出两个行业重点，集中两个阶段进行整治。

整治商业领域的价格欺诈。从3月上旬至年底，集中开展商业领域的价格欺诈专项整治。先后检查辖区内的新世界百货、久光百货等10多家大商场和多家小型超市、商业网点等。发现的主要问题有销售商品不按标示价格结算、不完全履行价格承诺、虚构原价及虚假打折等。在规范价格行为的同时，对问题严重的3个单位给予行政处罚，处罚金额2.3万余元。

规范美容美发行业标价。从4月底至5月中旬，集中开展对美容美发行业的专项整治。检查辖区内一些较有名气的美容美体会所，如鑫峰、名媛、奥蔓、名流等店家。对美容美发业标价不规范的问题，逐家进行讲解、规范，限期改正，公示价目表，所有产品标价出售，美容美体项目要标明所用产品及项目流程，并对不标价的美容院进行罚款处理。

【医药卫生服务价格专项检查】2011年5月，中山区发展和改革局根据国家和大连市发改委的统一部署，参与市局组织的医药价格大检查。先后检查区人民医院、区妇幼保健所、区疾病预防和控制中心、区卫生局社区卫生服务中心等30多个医疗单位。查出并处理超标准、范围收费，自立项目收费及分解收费4方面问题。同时，把年审换证和医疗收费检查结合起来，在服务中实现对价格行为的有效监管。

【停车场和教育收费检查】2011年，中山区积极开展教育收费专项检查和市场价格监管“百日行动”。重点检查停车场、中小学和幼儿园收费情况。对超标准收取停车费的个别车场处以罚款，同时对负责人进行约谈，要求规范车场的管理，严禁超标准收费。在对中小学、幼儿园检查过程中，全面规范中山区中小学、幼儿园及社会力量办学单位的收费行为，统一规范收费公示牌的规格、收费项目、单位、标准、收费依据等内容，并公示价格举报电话。要求悬挂收费公示板，不公示的项目不允许收费。

【节日市场检查】2011年，中山区发展和改革局在传统的四大节日（春节、五一、中秋、十一）期间，针对商业企业和农贸市场进行检查，严厉打击借机哄抬物价、搞欺诈性价格打折等行为，维护节日市场价格秩序。赏槐会、服装节期间，严格审定旅店业价格，公布公园门票、停车场收费等与旅游相关的重要收费项目，召集有关经营单位开会，送发宣传资料和告诫书，广泛宣传价格政策，加强市场价格监管。对违规超标准收费者，除责令退还非法所得外，还进行严肃查处。

【物业服务收费专项整治】2011年4月1日，大连市价格主管部门召开物业服务收费专项整治培训动员会议后，中山区根据市价格监督检查分局的统一部署，抽调人员成立中山区物业服务收费专项整治小组，积极配合市局开展整治行动。期间，检查物业企业40个，物业小区、停车场70个，规范和纠正物业企业不当收费行为50家。

【盐业市场秩序整治】2011年3月日本地震后，受谣言影响，大连市出现食盐抢购现象，不法经销商趁机哄抬价格，群众反映强烈。3月17日，中山区发展和改革局根据大连市价格主管部门统一部署，开展为期4天的盐业市场价格专项整治行动。派出检查人员120余人次，检查食盐经营单位40余家，查处和纠正卖高价盐价格违法行为11起，受到辖区群众好评。

（王韶霞）

## 食品药品监督管理

【概况】2011年，中山区食品药品监督管理局全面履行餐饮服务食品、保健食品、化妆品、药品和医疗器械安全监督管理职能，规范行政许可、基础管理及执法程序，强化行业准入、监督检查和依法行政，严厉查处涉及餐饮服务食品、保健食品、化妆品、药品和医疗器械的违法违规行为，保障公众饮食用药安全。全年办理行政处罚案件77件，其中一般程序34件，简易程序43件。被评为“大连市2010—2011年度文明单位”，获“2011年度大连市药品监督抽验工作优秀奖”。

【餐饮服务食品安全监管】2011年2月18日，中山区食品药品监督管理局正式履行餐饮服务食品安全监管职能，启动餐饮服务食品安全示范工程建设，规范餐饮服务许可，开展餐饮服务食品安全专项整治，强化餐饮服务食品安全监管。

启动餐饮服务食品安全示范工

区领导视察学校食堂

程建设。按照国家食品药品监管局和商务部关于《餐饮服务食品安全百千万示范工程建设指导意见》和《大连市餐饮服务食品安全示范工程创建工作实施方案》的要求，结合中山区特色街建设，区食品药品监管局和区商务局联合印发《中山区餐饮服务食品安全示范工程创建工作实施方案》，开展餐饮服务食品安全示范工程建设。大连澜予实业有限公司盛食餐饮分公司、大连中山集品堂酒店、大连市第38中学食堂等30家餐饮服务单位和七七街（五五路至延安路段）被评为区级餐饮服务食品安全示范单位和示范街，其中8家餐饮服务单位和七七街（五五路至延安路段）被评为大连市市级餐饮服务食品安全示范单位和示范街。

规范餐饮服务行政许可。按照《行政许可法》《食品安全法》《餐饮服务食品安全监督管理办法》及《餐饮服务许可管理办法》等法律、法规规定，完善餐饮服务许可的材料申报、现场核查、审查审批等工作制度和流程。印制《中山区餐饮服务许可申请须知》，为餐饮服务许可申请人提供法律咨询、现场指导等服务。许可中实行一次性告知、一站式服务，严格执行《餐饮服务许可审查规范》，对不符合许可条件或存在食品安全隐患且不能整改的一律不予许可。为餐饮服务许可申请人提供咨询和现场指导服务1000家次，受理餐饮服务许可申请600家次，发放《餐饮服务许可证》580个，其中新办173家，《食品卫生许可证》换发《餐饮服务许可证》392家，《餐饮服务许可证》变更15家。

开展餐饮服务食品安全专项整治。开展17项餐饮服务食品专项整治和整顿工作。其中打击食品非法添加和滥用食品添加剂及学校、托幼机构食堂食品安全监管专项整治工作2项。餐饮服务环节的专项整治和整顿工作15项，分别是：乳品质量、地沟油、瘦肉精、制售假冒伪劣酒类产品、问题海参、燕窝、辣椒面及其制品、问题紫菜、野生毒蘑菇、纸巾、假劣肉丸和自制火锅底料、调味料、饮品以及建筑工地食堂食品安全监管专项整治和整顿。

【保健食品安全监管】2011年，中山区食品药品监管局加强保健食品日常监管。制定《关于对中山区保健食品经营企业进行现场监督检查的通知》《中山区保健食品安全承诺书》《中山区保健食品经营企业基本情况调查表》《中山区保健食品经营企业自查表》，做好监督检查和建立企业诚信档案的基础工作。开展保健食品专项检查8次，对7种违法违规的保健食品采取暂停销售、立即下架的行政措施，共检查

区政府领导检查餐饮企业

通知324家企业，对5家保健食品经营企业下达整改意见书。

【化妆品安全监管】2011年，中山区食品药品监督管理局加强化妆品日常监管，开展化妆品安全专项整治。制定《关于对中山区化妆品经营企业及使用单位进行现场监督检查的通知》《中山区化妆品安全承诺书》《中山区化妆品经营企业及使用单位基本情况调查表》《中山区化妆品经营企业和使用单位自查表》，为监督检查和建立企业档案做好基础工作。根据大连市食品药品监管局统一部署，开展化妆品专项检查4次。

区领导视察节日药品市场

【药品安全监管】2011年，中山区食品药品监督管理局加强药品安全监督检查。召开中山区药品安全监管工作会议，部署全年药品安全监管工作，对辖区行政相对人进行约谈督查，签订《中山区药品质量安全承诺书》，规范药品购入验收记录和销售凭证。配合大连市食品药品监管局开展药品质量安全集中执法和过期药品回收等活动。开展医疗机构规范药房建设活动，印发《中山区医疗机构规范药房建设活动实施方案》，对全区医疗机构展开规范检查。全年共出动执法人员1500人次，出动执法车辆658台次，实现监督检查全覆盖。开展中药饮片、非法渠道购进药品、取缔无证经营及早夜市非法收购药品、基本药物、含麻黄碱复方制剂、非药品冒充药品、医用氧、中成药非法添加化学药品等专项整治20次。强化药品安全监测检验工作，共上报药品不良反应60例，其中新的或严重不良反应21例。加强药品技术监管，药品抽样61批次，快检80批次。

【医疗器械安全监管】2011年，中山区食品药品监管局加强医疗器械安全监管工作。召开中山区医疗机构规范使用医疗器械专题会议，下发《中山区医疗机构规范使用医疗器械建设活动方案》，制定全年医疗器械安全监管工作计划。加大对医疗器械经营使用单位的日常监督检查频次，完善医疗器械经营使用单位信用档案。规范医疗器械购入验收记录，对辖区内的医疗器械采购渠道情况进行摸底调查，建立医疗器械供应商和销售人员的基础档

检查医疗器械市场

案，签订《中山区医疗器械质量安全承诺书》。全年共检查医疗器械经营使用单位269家，检查覆盖面达到100%。开展隐形眼镜及护理液、医疗美容机构玻尿酸及A型肉毒素、体外诊断试剂使用、医疗机构在用分子筛、口腔诊所义齿和种植齿以及广告宣传严重违规的医疗器械等专项检查。强化医疗器械安全检测工作，共上报可疑医疗器械不良事件26例，其中3类医疗器械13例。

【食品药品安全法律法规宣传培训】2011年，中山区食品药品监管局加强食品药品安全舆论宣传，利用各种渠道宣传法律法规、监管动态和稽查信息。全年发布政务信息15篇。其中在《中国医药报》发稿1篇，在市食品药品监管局内刊《监管信息》发稿3篇，在区政府网站发布11篇。举办药品医疗器械安全宣传、食品安全宣传周等大型活动4次，制作中山区食品药品监督管理局职能简介、贯彻《食品安全法》、确保食品安全等宣传展板，发放各类宣传材料3000份，并在活动现场开展咨询服务。加强食品药品行政执法人员的培训工作，全面提升行政执法人员的综合素质。

（张媛媛）

## 安全生产监督管理

【概况】2011年，中山区安全生产监督管理局贯彻落实《国务院关于进一步加强企业安全生产工作的通知》精神，开展安全生产年活动，强化重点行业领域的专项整治和各项安全监管措施的落实，防范和遏制各类事故，推进全区商贸企业安全生产标准化工作，巩固国际安全社区创建成果。全年检查企业444家，查出安全隐患258处，下达整改指令书20份。

【签订安全生产目标管理责任状】2011年，中山区定期召开安全生产工作会议和安全生产委员会会议，分析全区安全生产形势，及时发布风险预警，召开区政府重大事故防范暨区安委会全体会议4次。区政府与8个街道办事处、友谊集团等19家单位签订安全生产目标管理责任状，明确企业主体责任和安全管理目标任务。

【安全生产集中治理百日行动】2011年，中山区安全生产监督管理局以集中治理行动为契机，加大隐患排查整治力度。开展安全生产集中治理百日行动，集中时间，集中力量，对全区重点行业、重点领域进行全面系统的排查整治。共检查206家企业，查出隐患54处，下达整改指令书3份。春节烟花爆竹销售期间，严把烟花爆竹销售审批关，先后出动520人次，重点检查烟花爆竹销售网点和库房63家次，受理举报3起，责令整改违规经营业户2家。

【打击非法违法生产建设行为】2011年，中山区安全生产监督管理局深入开展打击非法违法生产建设行为专项行动。发挥区安全生产委员会办公室作用，召开相关职能部门的工作会议，协调区城建局、区食品药监局、中山质监分局、区文体局、区旅游局、中山公安分局、中山消防大队、中山交警大队、街道办事处等部门组成的联合检查组，由主管副区长带队，先后对辖区重点人员密集场所、重大危险源单位、建筑施工工地及高层建筑等重点部位进行全方位的督促检查。共检查企业444家，查出隐患258处，下达整改指令书20份。

【商贸企业安全生产标准化工作】安全生产标准化是指通过建立安全

区安全生产工作会议

签订安全生产目标管理责任状

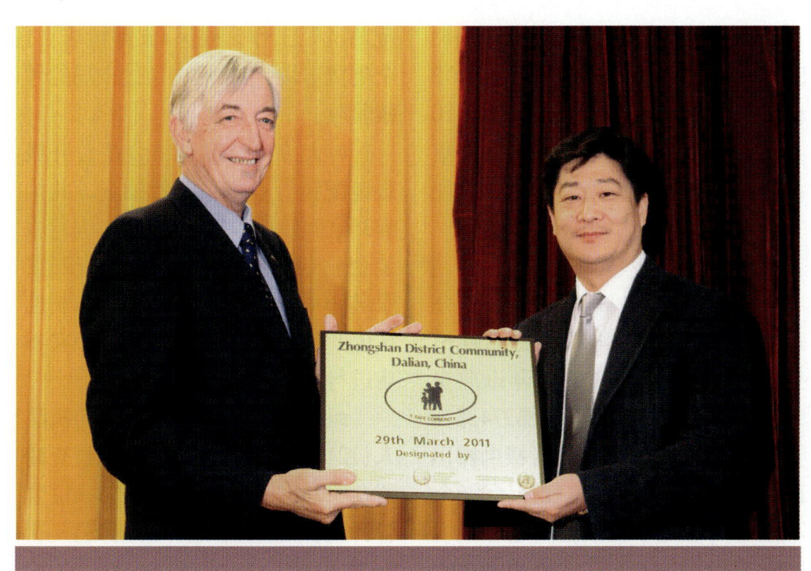


中山区被世界卫生组织授予“国际安全社区”牌匾

生产责任制，制定安全管理制度和操作规程，排查治理隐患和监控重大危险源，建立预防机制，规范生产行为，使各生产环节符合有关安全生产法律法规和标准规范的要求，人、机、物和环境处于良好的生产状态，并持续改进，不断加强企业安全生产规范化建设。

2011年，中山区作为全市商贸标准化工作试点单位，在友谊集团、家乐福2家单位进行标准化试点工作，并通过验收。年内，还开展了建设项目安全设施“三同时（建设项目安全设施必须与主体工程同时设计、同时施工、同时投入生产和使用）”工作，完成东港区朗庭酒店安全设施“三同时”的预评价工作。

**【职业危害专项整治】**2011年，中山区安全生产监督管理局、街道安全生产监督管理站对辖区铝合金加工、人员密集场所等经营企业及干洗行业职业危害申报工作进行专项检查，对不按规定申报职业危害的单位提出限期整改意见，并下达限期整改指令书。共检查生产经营单位298家次，查出各类隐患94处，下达整改指令书10份。

**【安全生产培训与宣传】**2011年6月，中山区安全生产监督管理局在中山广场举办以安全责任、重在落实为主题的安全生产月和“安康杯”宣传教育活动。活动设立宣传板120块，发放安全生产活动首日封500份、安全生产法规宣传读本200本、管理手册450册、宣传挂图500张。开展企业负责人、安全生产管理人员和特种作业人员的安全培训和任职资格考核与检查，全年完成培训2000人。

**【中山区被命名为“国际安全社区”】**2011年3月30日，在大连市政府召开的国际安全社区命名大会上，中山区整区被世界卫生组织命名为国际安全社区，成为国际上第233个国际安全社区。为持续开展安全社区建设创建工作，区安全生产监督管理局下发《关于印发大连市中山区2011年度安全生产目标管理考核评分标准的通知》，将推进安全社区持续改进工作、巩固安全社区创建成果，列入对各街道的考评内容，每年定时进行监督和考核。9月，区政府组成代表团，在区委书记李向东的率领下，赴瑞典参加国际安全社区工作会议。

（周秀华）

## 质量技术监督管理

**【概况】**2011年，大连市质量技术监督局中山分局加强质量技术安全监理，开展食品安全生产专项整治，加强特种设备安全监察，做好综合监管和服务企业工作，全面提高质量技术监督管理工作水平。完成9家食品生产企业生产许可证年审，6家企业复评换证。巡查获证食品生产企业15家。监督、检查企事业单位200家次，出动执法监察人员450余人次，执法车辆150台次，下达监察指令书13份，实施处罚一次，发现并督促排除事故和安全隐患36个。

**【“两个安全”监管】**2011年，中山质监分局继续加强“两个安全监管”工作。

开展食品安全专项整治。在开展打击违法添加非食用物质和滥用食品添加剂专项整治中，重点检查企业使用的食品添加剂是否备案，是否添加非食用物质，使用的食品添加剂是否是获证企业生产的产品，在使用食品添加剂时是否进行用量登记，是否超范围、超量使用食品添加剂等。对食品生产企业是否使用问题乳粉、地沟油、瘦肉精等情况进行重点专项检查。

加大食品生产加工整顿力度。督促、帮助企业建立食品生产检验制度，完善食品标准体系，对15家获证食品生产企业进行巡查，规范食品企业生产行为。

**【食品企业监督与管理】**2011年，

中山质监分局加强对食品生产企业的监管，督促食品生产加工企业加强企业自律。在端午和六一儿童节期间，加大食品监督抽查力度，严把食品质量关，确保节日食品安全。根据抽检计划，组织全区开展干制水产品、糕点等产品的专项监督抽查，抽检15家企业55批次产品，批次合格率92.7%，对抽查不合格企业，进行处罚。督促食品生产加工企业落实主体责任。对全区15家食品生产企业负责人进行专门集训，学习国家有关法规，实施食品放心工程。三是开展企业年审和复评换证工作。完成9家食品生产企业生产许可证年审，6家企业复评换证。

【特种设备安全监管】2011年，中山质监分局坚持日常监察和专项整治相结合，加强特种设备安全监管。全年共监督检查企、事业单位200余家次，检查锅炉、压力容器、电梯和厂车等特种设备800台（部）次，其中，检查使用锅炉的企业、事业单位22家次，锅炉60台；检查使用压力容器单位46家，压力容器100台；检查使用电梯的企业、事业单位、机关150家次，检查电梯600部；检查使用厂车的企业1家，检查厂车6辆。接受并妥善处理涉及特种设备的投诉4次，发现并拆除土锅炉3台，督促拆除有安全隐患的锅炉2台。工作中共出动执法监察人员450人次，执法车辆150台次，下达监察指令书13份，实施处罚一次，发现并督促排除事故和安全隐患36个。

【电梯检查】2011年，中山质监分局对辖区内在用电梯坚持经常性检查和巡查，彻底清查1996年以前安装的老旧电梯和弃管楼电梯274部，其中老旧电梯256部、弃管楼电梯18部，帮助18部弃管楼电梯分属的6个小区落实管理单位或重新建立正规的物业管理。大力宣传电梯安全使用常识，会同区安监局组织针对街道社区安全协管员的电梯安全知识培训，招募电梯安全管理志愿者169名。落实大连市质监局部署的节能减排工作，完成5台锅炉的节能测试。

【质量技术综合监管与服务】2011年，中山质监分局加强质量技术综合监管与服务工作。

开展计量专项监督检查。春节前，检查集贸市场8家，宾馆酒店25家，检查计量器具325台件，计量器具合格率98%，集贸市场的公平秤配置率及受检率100%，对不合格的企业进行处罚。开展“诚信计量示范单位”工作，辖区4家眼镜店、1个集贸市场、1家酒店通过市局的考核验收。

加大专项监督抽查力度。开展眼镜配镜行业专项监督抽查，共抽查35家眼镜店，1家不合格。进行服装企业专项监督抽查，共抽查23家服装企业，全部合格。完成强制性认证产品的监督抽查，对辖区5家4S店进行抽查。

加强认证监管。全年出动执法人员210人次，车辆98台次，检查商贸企业78家、认证机构7家。认证监管行政执法立案8起，结案8起，罚没款19.4万元。

加大执法检查力度。在生产许可证、3C认证、计量等方面，查处一批违法企业。全年立案17起，结案17起，结案率100%，罚没35万元。市级媒体对此项工作多次进行报道。

做好标准化等服务工作。备案企业标准1个，修订企业标准3个，组织机构代码证书新办1765家、变更换证1163家、年度审验3709家，办理IC卡2698家。推荐“大连市名牌”3家。与26家企业“结对子”，深入企业，为企业解决实际问题。

（郑士涛）

**责任编辑** 张纾平

# 财政·税务 CAI ZHENG SHUI WU

## 财 政

【概况】2011年，中山区财政局以建设“大连科学发展首善区”为目标，不断拓展理财思路、积极履行财政职能、优化财政支出结构、完善财政运行机制，圆满完成区十六届人大四次会议确定的各项任务，为全区政治、经济、文化、民生建设与发展提供资金保障。

财政收入 区本级财政收入预算为21.38亿元，实际完成24.39亿元，完成预算的114.1%，同比增加5.8亿元，增长31.2%。其中，税收收入完成23.22亿元，占收入总量的95.2%；非税收入完成1.17亿元，占收入总量的4.8%。

财政支出 财政支出预算为17.55亿元。由于受市财政下达专项支出指标，加大对教育、社会保障、城市建设投入因素影响，经区十六届人大常委会二十七次会议批准，财政支出预算调整为20.04亿元。全年财政支出实际完成21.37亿元（不含基金预算支出），完成预算调整的105.6%，同比增加4.47亿元，增长26.5%。

财政收支平衡情况 区本级财政收入完成24.39亿元，市补助收入1.69亿元，上年结余收入4537万元，总收入26.54亿元。区本级财政支出完成21.37亿元，各项专项上解4亿元，总支出25.37亿元。

收支相抵，当年收支平衡，略有结余，年终滚存结余1.17亿元，其中历年滚存净结余838万元，结转下年支出1.09亿元。

附：

2011年中山区财政收入情况

| 项　目 | 收入（万元） | 比上年增长（%） |
|---|---|---|
| 合计 | 243866 | 31.2 |
| 增值税 | 11073 | 21.0 |
| 营业税 | 66886 | 3.6 |
| 企业所得税 | 30402 | 18.0 |
| 个人所得税 | 20236 | 20.9 |
| 房产税 | 15145 | 20.0 |
| 印花税 | 11404 | −5.2 |
| 土地使用税 | 3120 | 35.7 |
| 土地增值税 | 73892 | 100.0 |
| 非税收入 | 11708 | 99.9 |

2011年中山区财政支出情况

| 项　目 | 支出（万元） | 比上年增长（%） |
|---|---|---|
| 合计 | 213670 | 26.5 |
| 一般公共服务 | 18356 | 7.6 |
| 公共安全 | 7166 | 39.5 |
| 教育 | 51427 | 33.6 |
| 科学技术 | 6764 | 58.0 |
| 文化体育与传媒 | 3166 | 213.5 |
| 社会保障和就业 | 49857 | 31.3 |
| 医疗卫生 | 8123 | 0.3 |
| 城乡社会事务 | 30518 | 39.2 |
| 农林水事务 | 3028 | 209.9 |
| 资源勘探电力信息等事务 | 5493 | 0.8 |
| 商业服务业等事务 | 2247 | — |
| 住房保障支出 | 12428 | — |
| 其他支出 | 15097 | 10.4 |

【积极扩大财源】2011年，中山区以“积极扩大财源，努力促进增收”为重点，从机制、管理和政策多角度全面加强税收征管，扩大税收收入。

*建立联动机制，加强协税护税。*定期召开税收调度会，明确协税护税职责。建立信息交换制度，形成制度化、规范化涉税信息传递渠道。建立全面、实时、动态的税源监控网络，堵塞征管漏洞，维护良好税收秩序，构建齐抓共管管理机制。

*强化税源管理，提高税收征管质量。*完善房地产动态项目库，挖掘税收增收潜力，建立上下协调、左右互动、多方面联系的重点税源征管机制，聘请中介组织对重点地产项目进行纳税评估，加大土地增值税汇算清缴力度。坚持抓大不放小，加强零散税收征管，全面提高税源征管的质量和效率。

*加强政策引导，完善产业扶持机制。*注重运用财政政策措施不断加大对优势企业和特色产业扶持力度，推进经济结构调整和经济发展方式转变。投入2000万元，促进天津街繁荣发展；投入1200万元，支持企业加强产品研发和自主创新；投入1000万元，扶持文化创意产业快速发展；投入1000万元，引导特色街区企业集聚发展；投入294万元，采用贴租等方式推进楼宇“1050”工程，大力培育和发展总部大厦、特色专业大厦。

【保障教育优先发展】2011年，中山区加大教育投入，完善义务教育经费保障机制。其中，投入1600万元，完成春德小学、各社区大学等校舍升级改造工程；投入1500万元，启动石门沟小学、早期教育指导中心、春天幼儿园、尚品南山幼儿园校舍建设工程；投入800万元，实施学校“一馆两室”（校史馆，心理健康咨询室、名师工作室）建设及“校园文化”特色教育建设；投入500万元，聘请外籍教师及对校长、班主任、骨干教师进行异地集中培训，促进教育高标准、均衡化发展；投入320万元，完成学校体育器材配备和学生储物柜配备工作；投入200万元，完成嘉汇中学、秀月小学校舍抗震加固工程；投入160万元，设立大集体幼儿园幼儿教育发展资金，提高公办幼儿园经费保障水平，促进学前教育健康发展。

【确保社会保障和就业资金需求】2011年，中山区注重落实各项社会保障和促进就业政策，加大资金投入，切实保障困难群众的基本生活。其中，拨付“4050”人员保险补贴6360万元，比上年增加768万元；公益性岗位补贴5037万元，比上年增加661万元；失业军转干部工资、保险及生活补助资金1586万元，比上年增加140万元。

为无军籍、事业托管人员发放工资2689万元。发放城市居民最低生活保障金2292万元、各类优抚对象人员补贴1667万元、困难企业离退休人员和困难居民取暖费1093万元、创业奖励资金904万元、困难家庭独生子女父母奖励资金497万元、城镇困难人员补贴446万元、退役士兵自谋职业一次性经济补助金304万元、提高社区工作人员生活补贴标准205万元、90周岁以上高龄老人生活补贴98万元。

及时向弱势、困难群体发放补贴，共计发放价格及肉价补贴244万元。投入371万元建设7所社区养老服务中心，发放货币化养老、居家养老补贴53万元。

【提高医药卫生支出】2011年，中山区加大公共卫生服务支出，为医疗服务保障、促进社会医疗资源均等化发展提供经费保障。其中，投入864万元，将城乡居民人均基本公共卫生服务的经费标准由每人15元提高到25元；投入480万元，完成卫生、食品药品监督中心建设；投入200万元，升级改造桃源、春海、葵英3个社区卫生服务中心；投入175万元，启动60周岁以上老年人体检及健康危险因素调查、孕产妇和0—36个月儿童保健免费服务项目；投入64万元，完成免费预防接种和传染病防治等工作，提高居民健康意识和自我防病能力。

【促进文化体育事业繁荣】2011年，中山区加强文化领域经费保障，支持涉及基层群众切身利益的文化体育项目建设，大力推动文化体育事业繁荣发展。其中，投入107万元，免费开放中山美术馆、图书馆、文化馆等公益性文化设施，实施图书借阅“一卡通”工程；投入281万元，举办庆祝建党90周年演唱会暨首届中山区合唱节、“北方不夜港”中山红酒节、酒吧文化节、2011年“魅力中山”新春京剧晚会、少儿羽毛球比赛，以及参加大连市国际服装节各项演出及展演项目，丰富群众文化体育生活，提高全区群众的文化层次、身体素质和健康水平。

【加大城市建设管理投入】2011年，中山区加大经费投入，全面开展“城区建设与管理年”活动，确保城区建设与管理有新的提升，城区面貌有新的改善，为全区居民创造优质、舒适、满意的生活环境。其中，筹措资金8000万元，开展植树绿化工程；投入4000万元，开展城市环境综合整治工作；投入2600万元，实施迎宾路线和主干线的美化、绿化、亮化工程；投入1300万元，实施海军广场、三八广场周边环境改造；投入350万元，开展弃管楼院标准化改造，对部分辖区防盗门、楼道窗户进行更换维修；投入300万元，开展山体护坡整治工作；投入100万元，建设桃源街友谊美邻大型超市门前等7处停车场。在改善城区面貌、提高居民生活环境和生活质量的同时，为大连市第三次蝉联“全国文明城市”做出积极贡献。

【提高公共安全保障水平】2011年，中山区加大公共安全、社会治安综合治理、信访、应急突发事件等维护稳定支出的保障力度。其中，投入1637万元，提高基层政法机关经费保障水平，实现政法经费保障制度化、规范化；投入370万元，支持有关部门妥善解决社会转型中出现的矛盾和问题，促进社会和谐稳定；投入139万元，推进食品放心工程建设；设立突发公共事件准备金，增强灾害应急救援和防灾减灾能力；完善公共安全体系，完成“平安城市”二期工程建设，不断满足人民群众安全需求。

【部门预算管理】2011年，中山区从规范预算编制流程、强化预算定额管理、精细测算和部门预算支出入手，加强部门预算管理。在完善公共财政预算、科学编报本级预算收入基础上，按照大连市财政局下达的一般性转移支付和专项转移支付预计数，完整编报上级各项补助收入。规范预算外资金管理，将所有政府性收入全部纳入预算管理，提高部门预算编制的完整性，确保部门预算管理严格、规范。

【国有资产管理】2011年，中山区全面推行国有资产管理信息化建设，将全区行政事业单位的国有资产全部纳入国有资产管理信息监管平台，逐步建立国有资产动态长效监管机制；加强资产管理与预算管理相结合，强化预算编审与资产占用状况、预算执行和调整与资产变动情况紧密相连，切实做到经费与资产管理一体化。

【政府采购】2011年，中山区建立政府采购专家库随机抽取及语音通知系统，确保专家抽样的公开、公平、公正，将全区工程招投标、政府采购等公共资源交易行为统一集中在市级指定的两家政府采购交易场所进行，实行统一信息发布、统一采购流程、统一服务标准、统一监督管理。全年政府采购总预算16.15亿元，实际采购金额13.37亿元。其中，工程类项目总预算12.8亿元，实际采购金额10.34亿元；货物类项目总预算2675万元，实际采购金额2411万元；服务类项目总预算676万元，实际采购金额622万元。

【财政监管】2011年，中山区对152家行政事业单位和25家社会团体开展“小金库”专项治理工作，复查面和重点检查面均达100%，巩固“小金库”专项治理成果。对全区党政机关公务用车进行专项治理，规范公务用车管控机制。开展财政专户清理整顿工作，健全财政专户管理制度。开展行政事业性收费专项检查工作，规范非税收入管理。

（曲鸿杰）

# 税　务

## ·国家税务·

【概况】2011年，大连市中山区国家税务局充分发挥税收“组织收入、调控经济、服务经济、调节分配”四大职能，提高征管质量，加大税收管理，扩大税收收入，为中山区建设与发展和民生改善提供财力保障。注重工作创新，总分支机构管理的经验被国家税务总局推广。加大队伍建设力度，召开现场会，经验做法在全区推广。

全年共组织税收收入18.02亿元，比上年增长9.4%。其中，增值税7.06亿元，增长16.9%；企业所

区国税局开展数据报告分析

得税10.84亿元，增长4.9%；消费税0.12亿元，增长36.6%。

组织区级收入2.43亿元，比上年增长3.4%。

【纳税检查评估】2011年，中山区国家税务局从建立规章制度入手，增强纳税评估检查的科学性、及时性、有效性。先后制定《规范执法行为和执法文书实施方案》《中山区国税局纳税评估工作职责及工作流程》，使税收执法程序更加规范，纳税评估、税务稽查力度不断增强，评估稽查对税收管理的辐射作用得到充分发挥，确保税收收入水平稳固提高。

全年累计评估检查有问题户433户，完成补、调税合计2.22亿元。其中，入库税款1.24亿元，增值税调整留抵591万元，所得税调整应税所得额0.92亿元，调减亏损0.93亿元。

【税收征缴】核定征收　2011年，中山区国家税务局对核定征收企业进行结构调整，不断压缩零申报户、收入规模较大户的核定征收面，把核定征收工作重点确定为收入100万元以下且不为零的内资企业。全年共核定征收企业2086户，占企业所得税总户数的22.59%。通过核定征收共入库税款3358万元，有效遏制税收流失。

汇算清缴　中山区国家税务局围绕2011年税收政策变化特点、享受优惠政策审批、总分支机构管理等税收政策举办7场汇算清缴专题辅导，共有6000余户企业参加。通过专题辅导，增强企业清缴所得税的主动性、自觉性。全年总计清缴企业所得税2.3亿元。

【税收减免】2011年，中山区国家税务局依据政策共为1473户减免各种税收2133万元，减免税收收入4.22亿元，减免税收所得891万元，税收加计扣除622万元。税收减免项目主要包括福利企业先征后退、小型微利企业减免、高新技术企业减免、过渡期优惠、环境保护、农产品初加工减免、投资收益减免、产品升级换代、加计扣除研发费等。税收减免对调控区域经济、促进企业转型、帮助部分企业渡过难关发挥了作用。

【个体市场税收管理】2011年，中山区国家税务局针对个体市场税收征收率下调实际，采取挖潜增收，调整定额补税，清理零散补税，开展清理整顿，加强规范化管理等措施，加大对个体市场税收的管理力度。年内，个体市场税收首次突破5000万元大关，累计完成5125万元，同比增长9.28%。其中，对677家个体业户调整定额补税增收153万元，清理零散补税增收26万元；二审交验对3535家业户补税增收520万元，合计挖潜增收699万元。同时，针对个别市场历史遗留的代征工作不规范问题，开展全面清理整顿。对街道个体工商业户实行POS机划款征税，进一步规范个体市场税收管理，堵塞个体市场税收征收中出现的各种漏洞。

【纳税服务】2011年，中山区国家税务局不断强化纳税服务意识，坚持全员服务、全程服务原则，牢固树立“只要纳税人不满意，就是服务不到位”等服务理念，为纳税人提供温馨、方便、快捷的办税环境，纳税人满意度不断提高。

设置值班科长、导税员制度。在办税大厅设置值班科长、导税员岗，主动为前来办税的纳税人提供引导、政策咨询等服务，为前来纳税人员节省办税时间，让每位纳税人都感到温馨、舒服、顺畅。

开办税法大讲堂，及时传递税收政策。全年以税法大讲堂形式组织税

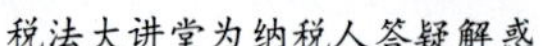
税法大讲堂为纳税人答疑解惑

区国税局为诚信纳税人授匾

区国税局在区加强机关干部队伍建设现场会上介绍经验

法辅导专场60场，共有9000余人次参加。辅导内容主要包括及时传达、讲解国家税收政策，通报并纠正纳税人在办税中存在的问题，对提高纳税人依法纳税意识起到重要作用。

【总分支机构管理】2011年，中山区国家税务局围绕“严格税收政策、掌握程序操作要领、精通分配表的计算、熟悉反馈单的开具”等内容，对总分支机构人员进行系统培训。区国家税务局“在日常工作中如何使用汇总纳税信息管理系统”的工作经验，在4月21日国家税务总局召开的总分支机构管理现场会上，被交流推广。

【非居民企业纳税】2011年，中山区共有非居民企业249户，中山区国家税务局在非居民企业中围绕股权转让、3万美元以下付汇、2011年重点建设项目、贸易项下特许权使用费利息支付、非居民企业核定征收、金融业代表处6个方面进行调查，摸清非居民企业的经营状况和纳税情况。对非居民企业存在的417条疑点进行认真排查，通过调查和排查，促使非居民企业补缴企业所得税188万元，调整应纳税所得额1500万元。

【加强队伍建设】2011年，中山区国家税务局按照“干部员工愉快，纳税人满意”和“认真把每一件事做好”的要求，加大队伍建设力度。深入开展中山国税论坛活动，举办角马、雄鹰、象群、鳄鱼4个效应的讲座，用自然界动物生存的竞争，警示税务干部努力提高自身素质，不断营造“洗砚鱼吞墨”的团队氛围。围绕《新会计准则》的实施，对青年干部进行为期6个月共40个学时的系统培训。坚持开展“最佳团队、最佳员工”评选表彰活动，大力弘扬爱岗敬业精神，全年有2个科室、12名员工分获最佳团队、最佳员工称号。

8月19日，中山区委、区政府在中山区国家税务局召开进一步加强机关干部队伍建设现场会，局党委书记、局长孙永金作“不断创新管理‘铁三角’，努力构建和谐税收”的经验介绍。

（张　悦）

## ·地方税务·

【概况】2011年，中山区地方税务局严格税收征管，加强税源税费管理，注重改进和优化纳税服务，积极推进纳税评估，全力做好规费征收管理，主动创新税务稽查手段，健全完善内控监督机制，有效提高依法治税水平，圆满完成各项税收

2011年度地税工作会议

附：

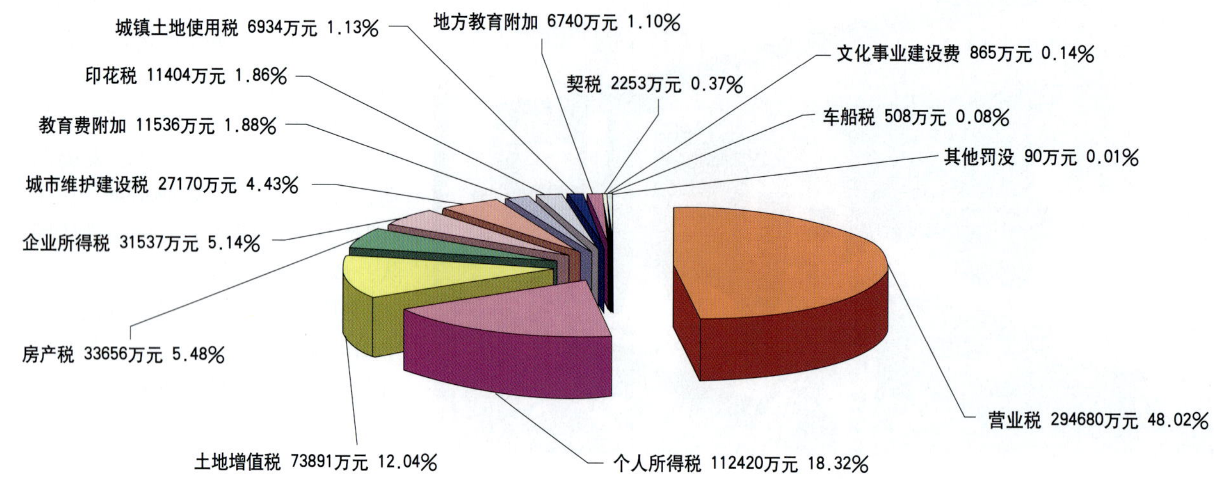


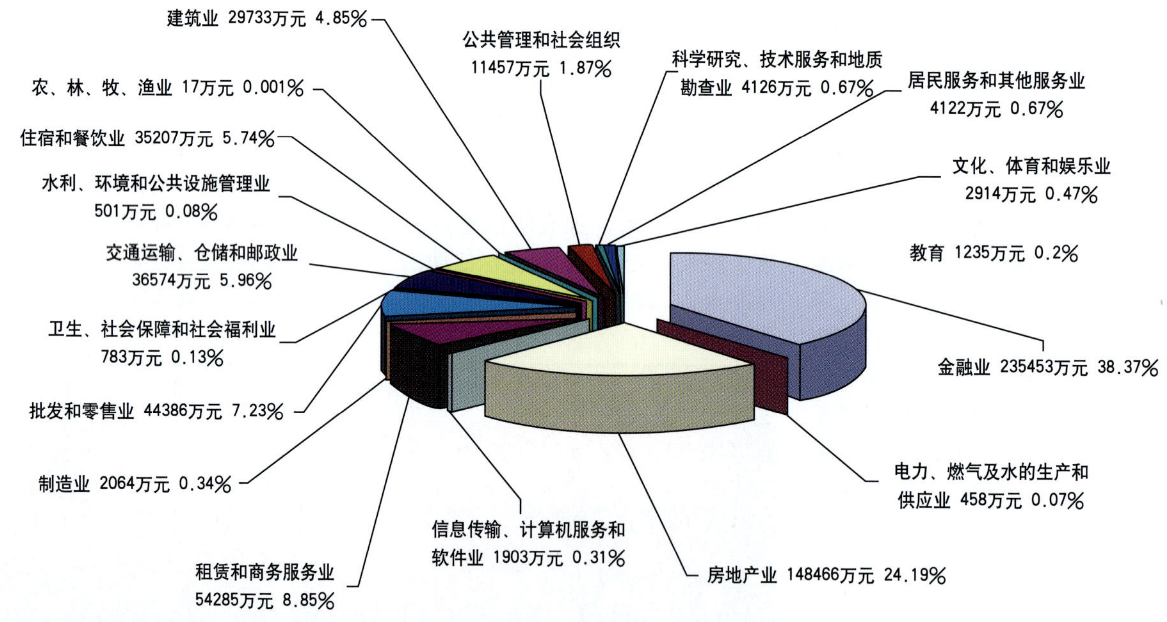


任务，为地方经济持续、健康、快速发展提供强有力的地税税收保障。被省文明办、省地方税务局评为“辽宁省文明服务示范窗口”；被省地方税务局评为“辽宁省纳税人服务满意窗口”；被市政府评为“大连市创建全国残疾人工作示范城市先进单位”。参加大连市地方税务局首届体育运动大会，获团体总分第一名。12人被市地税局授予“十佳岗位标兵”、“计统会标兵”、“征收服务标兵”、“社保基金征收工作先进个人”、“岗位系列竞赛标兵”等称号。

这一年，全区有纳税户34321户。区地税局全年组织各项税收收入91.06亿元，同比增加31.04亿元，增长51.72%，为历史之最。其中，全口径税收收入61.37亿元，同比增收12.85亿元，比年初计划超出5.41个百分点；代征工会经费9016万元，同比增收1764万元，增长24.3%；代征残疾人保障金2963万元，同比增收508万元，增长

税收政策发布会

20.5%；代征市级社会保险费25.46亿元，同比增收14.97亿元；代征省直企业基本养老保险费3.05亿元。

全年累计完成地方财力51.9 亿元，同比增收10.83亿元，完成市地税局计划的104.97%；实现市本级财力32.3亿元，同比增收6.1亿元，增长23.28%；实现区级财力19.63亿元，同比增收4.73亿元，增长31.78%。

【纳税户信息管理】2011年，中山区地方税务局为堵塞税收漏洞，加大对纳税户信息管理力度。1—3月，组织开展市场业户户籍信息核实，通过与中山区国家税务局的信息进行比对、与市场主管单位核实、开展实地调查等手段，共比对出涉及13个市场、3769户纳税人的不实信息。5月和10月，集中对7类（营业税与城建税不匹配、未做税种认定纳税人、自有土地未做土地税税种认定、自有房产无税种认定、税种认定小于等于2个税种的纳税人、申报期限类型偏差、考核标记偏差）500条偏差信息进行修改，进一步夯实征管信息基础。根据大连市地方税务局统一安排，对应认定证件失效户信息进行二次确认，全年共计认定证件失效户2432户。

【推进税源管理新模式】2011年，中山区地方税务局探索税源管理新模式，对税源一体化工作的组织领导、职责分工、工作流程、工作例会、工作运行等方面内容做出明确规定，将以统筹协调为核心的管理，融入到组织收入、税收征管、税政管理、纳税评估和税务稽查等日常税收管理之中。

以工作平台为依托，建立协调互动工作机制。引入“工作任务管理平台系统”，将各职能部门布置工作和管理部门反馈落实情况融入到一个平台，使各项工作交办更加透明，监督更加公平，评价更加客观，确保税源管理做到严格、科学、规范、合理。

【发票管理】2011年，中山区地方税务局加强对无税户发票使用情况、发票开具金额超营业税计税、房地产业网络发票的监控，加强发票管理。采取对个体定额税票比对和餐饮业发票进行重点监控、从严核实建筑业自开票纳税人税款缴纳情况、强化以票管税、加大发票交验审核和处罚力度、建立发票违法案件定期公告制度等措施，在发票开具上，全年共查处163户次存在问题，对其中的89户次进行处罚，对74户进行警告。对187户纳税人进行发票一般违法公告，对7户纳税人进行发票重大违法公告。加强通用定额发票推广应用，定额发票使用率达到98%以上。加强涉税门票管理，做好演出单位的门票印制申请工作，实行税源监控，在演出完毕后汇总申报纳税情况；对驻街道的办税服务厅代开发票程序和征收税款模式进行全面升级，统一使用税收业务平台发票管理系统开具发票。

【重点行业税源管理】2011年，中山区地方税务局加强重点行业税源管理。着重加大对4大类行业监管。

房地产业　专门下发《中山区地税局加强房地产业纳税人管理暂行办法》，全面落实市地税局加强房地产业管理的“八项制度”（按项目登记和申报制度、迁移登记税务检查前置制度、非正常户认定备案制度、稽查局参与注销清算制度、资料审核备查制度、税收属地管理规定、税款所属期和税种征收规定、欠税企业停供发票制度），为房地产业管理提供制度保障。

建筑业　在项目注销环节上严格审批，特别是对项目登记户合同执行情况、税款缴纳期限、税款缴纳期限的准确性上进行重点审核，防止出现利用注销偷逃税款情况的发生。

市场个体业　明确个体税收管理规程，加强个体定额监控管理，实施个体大户税收监控和餐饮业发票重点监控，开展“两税”（企业所得税和个人所得税）定率工作，进一步规范市场税收管理。年内，市场税收入库2936万元，同比增收374万元，增长14.6%。

个体出租业　加强房屋等零散税收管理，采取委托街道代征税款的方式，加大日常清理零散税缴税力度，强化重点街区、楼宇的税源监管措施，建立《个人出租房屋税收登记表》《个人出租房屋税收明细台账》，年内，个人出租房屋等零散税收入库4968万元，比上年增收2362万元，同比增长90.7%。

在加强重点行业税源管理中，中山区地方税务局每季度深入到重点税源企业进行税收政策辅导，全年共对643户重点税源企业开展辅导。把年纳税额近4亿元的中国银行股份有限公司辽宁省分行、中国工商银行股份有限公司大连市分行、交通银行股份有限公司大连分行、上海浦东发展银行有限公司大连分行、大连银行股份有限公司、大连大商集团有限公司、大连友谊集团公司、中交一航局第三工程有限公司，作为首批内控管理试点单位，指导企业建立健全税收内控制度，提供纳税政策咨询，帮助企业解决在纳税中遇到的实际问题。

【优化纳税服务】2011年，中山区地方税务局全面推行“一窗多能”办税服务模式，结合实际，统一规范业务办理流程，实现纳税人所有业务在办税服务厅任何一个窗口都可以受理办结。提升窗口人员的业务素质，规范服务标识，强化社会监督。成立大连纳税人学校中山分校，并配套建立纳税人学校中山网校，采取税法讲堂、实地培训、网上学习相结合的培训方式，着重开展对新企业、新政策、新软件的“三新”培训。办税服务厅各窗口增设对外双屏显示屏，纳税人通过显示屏能够同步了解窗口人员的操作情况，增强征税纳税双方的互动性，方便纳税人核对申报数据，发现错误能够及时改正，保证录入数据的准确性。建立健全纳税服务制度，实行全程服务、首问服务、导税服务、公开服务、承诺服务、延时服务、预约服务、提醒服务，最大限度地满足纳税人办税需求。

【行政法治化建设】2011年，中山区地方税务局采取3项措施加强行政法治化建设。一是加强对纳税事项的审议。全年共召开13次执委会，对32户的纳税事项进行审议，通过审议查补税款161万元。对27户符合减免税要求的进行审议，减免税额7541万元。对553户欠税公告事项进行审议。二是开展依法行政达标创优活动。为确保活动的有效开展，

国家税务总局领导参观区地税局服务大厅

个税升级走进写字楼

中山区地方税务局专门成立领导小组，制定《依法行政达标创优活动方案》，依据方案明确职责分工，注重抓好落实。组织各部门进行自查自纠，实施内审评查，及时整改提高。三是对7大类44项工作内容和标准逐条逐项审核，及时梳理问题，规定时限予以解决，有效排查税收执法风险，进一步提高依法行政工作水平。

金融业税收政策专题讲座

**【税政管理】**2011年，中山区地方税务局把亏损企业、小型微利企业、财产损失审核作为重点，加强企业所得税管理。积极开展所得税培训与汇算辅导，全年共组织20次培训，有3500人参加。强化年所得收入12万元以上自行申报管理，完成10383人个税申报工作，比上年增长18.6%。依据政策做好营业税起征点调整工作，个体纳税户从4340户调整到586户，减少86.5%，月定额从140万元减少到64.7万元，月减少税收75.3万元，下降53.8%。

在税政管理中，严格土地增值税管理，全年清算入库土地增值税7.39亿元，同比增收3.72亿元，增长101.1%。组织纳税人认真开展“两税”（房产税、城镇土地使用税）自查工作，207位纳税人完成自查，自查率96.1%，通过自查申报补缴“两税”税款1182万元。

**【纳税评估】**2011年，中山区地方税务局完善纳税评估考核指标体系，制定纳税评估工作办法、纳税评估资料卷宗管理要求，实现评估工作的规范化、常态化。做好评估选案工作，对1083户纳税人实施纳税评估，对687户次的税收基础信息进行纠正，对116户次进行补充申报及自行补充申报，通过纳税评估共补交税款1931万元。核实小额疑点网上发送工作，对666户基础信息进行修改，有113户次需要补税，共补交税款31万元。

**【税收减免】**2011年，中山区地方税务局对293户符合政策要求的纳税户减免税收9565万元。其中，审批类减免税80户，减免各项税收6069万元（搬迁改造转让房地产减免3户、减免1353万元；中储粮企业减免2户、减免264万元；中小企业房产税和土地使用税减免3户、减免645万元；房产税和土地税困难减免7户、减免3552万元；铁路房建单位减免2户、减免1405万元；经营型文化单位转制减免2户、减免金额808万元）。备案类减免71户次，减免金额3413万元。受理并认定下岗再就业企业减免税142户，认定减免83万元。

**【打击偷税行为】**2011年，中山区地方税务局以金融业、房地产业、交通运输业、建筑业、服务业个人所得税缴纳为重点，采取专项检查、核定税收、单独调查、组织企业进行自查等方式，严厉打击各种偷税行为。依法查出52户企业的偷税行为，企业补交税款共计598万元。其中，单位补交577万元，代扣个人所得税补交21万元。补交税款的598万元中，通过专项检查依法补交的税款205万元（包括税款145万元、滞纳金20万元、罚款40万元）。通过其他途径补交的税款393万元。积极组织、辅导企业进行自查，通过自查入库税款300余万元。

（翟晓萍）

**责任编辑**　周建平

## 中央商务区

【概况】2011年，中山区全面推进中央商务区建设，港航服务企业总数超过1400家，46家世界500强企业在中山区设立地区总部或分支机构63个，17家全球20大集装箱班轮公司在中山区设立分支机构。有税收超亿元大厦3座、超千万元以上大厦45座，全区楼宇经济贡献税收占全区税收的70%以上。年内，全区“特色专业大厦”总数12座。中山区被中国商业地产行业发展论坛2011年会组委会评为“中国商业地产最具投资潜力城市（区）”。

新闻链接：

### 中山区现代服务业凸显聚集效应

《辽宁日报》2011年8月18日

杨丽娟

伴随着省政府批准的“中山广场——人民路——东港商务区”共8.4平方公里的“大连金融服务区”的加紧建设，上半年，大连市中山区对全市金融业税收的贡献率增加到了60.4%。以金融商务为代表的现代服务业在地区生产总值的比重也已占到96%，达到发达国家水平。

中山区是大连CBD商务功能区发祥地，人民路2.4平方公里的范围内，集聚了航运、科技、物流、金融、总部经济、进出口等专业大厦在内的商务大厦120座。中山区委、区政府领导认为，现代服务业水平是衡量一个城市现代化程度的重要尺度，作为大连现代服务业聚集区，中山区有责任在大连建设现代化国际化城市中发挥引领作用。为此，中山区瞄准总部经济、金融商务、高端时尚消费，加快提升现代服务业产业能级，提高区域经济的含金量。

把总部经济和楼宇经济作为建设中央商务区和现代服务业发展的重要载体和内容，集中精力优先发展“高端化、规模化”的现代服务业项目，中山区将招商重点逐步向总部经济、金融机构等业态转变。目前，全区总部性质企业有230家，航运物流企业1400余家，占全市总数的80%；全球20大集装箱班轮公司中17家在中山区设立了分支机构。商务大厦中3座大厦的税收已经超过亿元。

金融产业是中山区的传统优势产业，中山区积极扩大优势，以不断提升的区域高端金融后台服务，引导金融企业集聚，引进金融产品，完善金融服务体系。目前，中山广场周边和人民路两侧集聚了200余家金融机构，约占全市总数的80%。

依托高端商务，引领高端消费。中山区把握商务大厦集聚衍生的高端消费需求猛增的形势，精心打造国际化、时尚化和高端化的购物休闲环境，积极引进高端商贸业项目，不断改造提升传统商贸业，形成了大连时尚魅力中心和世界品牌集聚地，高端消费引领作用日益突出。东港商务区和老虎滩区域的旅游高端项目也加速聚集。

【总部经济】2011年，中山区按照中山区“十二五”规划提出的5年内建成税收亿元楼宇10座和税收千万元楼宇50座的发展目标（简称楼宇“1050”工程），积极培育和发展总部大厦、特色专业大厦，加快新总部大厦建设，加强人民路、中山广场等区域商务楼宇的功能置换，引进国内外知名企业，推动重大内外资项目向楼宇集中，优质资源向优势产业集聚。年内，有税收超亿元大厦3座（国际金融大厦、平安大厦、希望大厦），税收超1000万元以上的楼宇45座。具有总部经济性质的企业有230家，46家世界500强企业在中山区设立分公司或分支机构总数达到63家，其中外资公司31家，设立分公司或分支机构37个；中资企业15家，设立分公司或分支机构26个。有中国百强企业27家、服务业百强企业39家。还有各类进出口公司1000多家、航运物流企业1400多家，其中全球20大国际集装箱班轮公司17家、中国货代20强企业13家、物流百强企业3家。法律、会计、审计、资产评估、财务、税务、咨询策划及广告传媒等中介服务机构600多家。人民路中央商务区以仅占全区5%左右的空间面积，吸纳各类企业8000余家，占全区企业总数的80%以上，企业税收占全区税收总额的70%以上。

附：

## 2011年世界500强企业驻中山区分支机构一览

### 一、世界500强企业——外资公司

| 序号 | 企业名称 | 分支机构名称 | 注册性质 | 主要业务 |
|---|---|---|---|---|
| 1 | 法国道达尔 | 中化道达尔燃油有限公司大连分公司 | 中外合资经营企业 | 燃油 |
| 2 | 荷兰国际集团 | 首创安泰人寿保险有限公司 | 中外合资经营企业 | 保险 |
| | | 首创安泰人寿保险有限公司大连分公司 | 中外合资经营企业 | 保险 |
| 3 | 美国花旗银行 | 花旗（中国）银行大连分行 | 外商投资分支机构 | 银行 |
| 4 | 法国安盛 | 法国安盛公司大连办事处 | 外国企业常驻代表机构 | 保险 |
| 5 | 英国汇丰控股 | 汇丰银行（中国）有限公司大连分行 | 港澳台企业分公司 | 银行 |
| 6 | 美国摩根大通 | 大连希望大厦有限公司 | 外资企业 | 银行 |
| 7 | 法国家乐福 | 香港家乐福全球采购亚洲有限公司大连代表处 | 港澳台企业常驻代表机构 | 食品药品店 |
| | | 大连家乐福商业有限公司中山店 | 外商投资分支机构 | 食品药品店 |
| 8 | 日本日立 | 日本株式会社日立物流大连代表处 | 外国企业常驻代表机构 | 贸易 |
| 9 | 德国邮政DHL | 中外运—敦豪国际航空快件有限公司辽宁分公司 | 中外合资经营企业 | 邮递 |
| 10 | 日本索尼 | 索尼（中国）有限公司大连中山分公司 | 外资企业 | 电子电气设备 |
| 11 | 韩国乐金 | 韩国株式会社LG商事大连办事处 | 外国企业常驻代表机构 | 多样化 |
| 12 | 韩国现代 | 韩国现代油化株式会社大连代表处 | 外国企业常驻代表机构 | 贸易 |
| | | 韩国现代综合金属株式会社大连代表处 | 外国企业常驻代表机构 | 贸易 |
| | | 现代商船(中国)有限公司大连分公司 | 外商投资分支机构 | 海运 |
| 13 | 日本东芝 | 东芝电梯(沈阳)有限公司大连分公司 | 中外合资经营企业 | 电子电气设备 |
| 14 | 芬兰诺基亚 | 诺基亚（中国）投资有限公司大连办事处 | 外资企业 | 网络通讯设备 |
| 15 | 丹麦马士基集团 | 马士基物流（中国）有限公司大连分公司 | 外商投资分支机构 | 海运 |
| | | 马士基(中国)航运有限公司大连分公司 | | |
| 16 | 美国摩托罗拉 | 摩托罗拉（中国）电子有限公司 | 外资企业 | 网络通讯设备 |
| 17 | 日本三菱商事 | 日本三菱商事株式会社大连事务所 | 外国企业常驻代表机构 | 贸易 |
| 18 | 日本三菱电机 | 上海三菱电梯有限公司大连分公司 | 外商投资分支机构 | 电子电气设备 |
| 19 | 美国麦当劳 | 大连麦当劳餐厅食品有限公司 | 外资企业 | 饮食服务 |
| 20 | 美国惠氏 | 上海惠氏营养品有限公司大连办事处 | 外商投资分支机构 | 制药 |
| 21 | 德国曼恩集团 | 丹麦曼恩Ｂ＆Ｗ柴油机有限公司大连办事处 | 外国企业常驻代表机构 | 汽车与零件 |
| 22 | 日本邮船 | 日本邮船（中国）有限公司大连分公司 | 外商投资分支机构 | 海运 |
| 23 | 美国万宝盛华 | 上海万宝盛华人力资源有限公司大连分公司 | 中外合资经营企业 | 人力资源 |
| 24 | 日本鹿岛 | 日本株式会社鹿岛商会大连办事处 | 外国企业常驻代表机构 | 工程建筑 |
| 25 | 美国礼来大药厂 | 美国礼来亚洲公司大连代表处 | 外国企业常驻代表机构 | 制药 |
| 26 | 英国翠丰 | 大连百安居装饰建材有限公司中山店 | 外资企业 | 专业零售 |
| | | 上海百安居装饰工程有限公司大连中山分公司 | 中外合资经营企业 | 专业零售 |
| 27 | 美国百胜 | 大连肯德基有限公司 | 外资企业 | 餐饮 |
| 28 | 松下公司 | 松下电器（中国）有限公司大连分公司 | 外商投资分支机构 | 商务服务业 |
| 29 | 英国渣打银行 | 英国渣打银行大连分行 | 外商投资分支机构 | 商务服务业 |
| 30 | 富士通集团 | 富士通微电子（上海）有限公司 | 外商投资分支机构 | 商务服务业 |
| 31 | 英国葛兰素史克公司 | 葛兰素史克（中国）投资有限公司 | 外商投资分支机构 | 制药 |

## 二、世界500强企业——中资企业

| 序号 | 企业名称 | 分支机构名称 | 注册性质 | 主要业务 |
|---|---|---|---|---|
| 1 | 中国石化 | 中国石化销售有限公司东北大连分公司<br>中石化中海船舶燃料供应有限公司大连燃料分公司<br>中石化中海船舶燃料供应有限公司大连物资分公司<br>大连中石化物资装备公司 | 国有独资有限责任公司<br>其他有限责任公司<br>其他有限责任公司<br>国有企业 | 炼油 |
| 2 | 中国石油天然气 | 中国石油天然气股份有限公司东北销售大连分公司<br>中国石油天然气股份有限公司大连销售分公司<br>中国石油天然气运输公司大连分公司 | 股份有限公司<br>股份有限公司<br>国有企业 | 炼油 |
| 3 | 国家电网 | 中国电力财务有限公司东北分公司业务三部 | 国有企业 | 电力 |
| 4 | 中国工商银行 | 中国工商银行大连市分行 | 股份有限公司 | 银行 |
| 5 | 中国移动通信 | 中国移动通信集团辽宁有限公司大连分公司 | 外资企业 | 信息服务 |
| 6 | 中国人寿 | 中国人寿保险股份有限公司大连市分公司 | 国有独资有限责任公司 | 保险 |
| 7 | 中国银行 | 中国银行股份有限公司辽宁省分行 | 股份有限公司 | 银行 |
| 8 | 中国建设银行 | 中国建设银行股份有限公司大连市分行 | 股份有限公司 | 银行 |
| 9 | 中化集团 | 中化辽宁公司<br>大连中化辽宁油品公司 | 国有企业<br>国有企业 | 贸易 |
| 10 | 中国农业银行 | 中国农业银行大连市分行 | 国有企业 | 银行 |
| 11 | 宝钢集团 | 大连东北宝钢产品分销有限公司 | 其他有限责任公司 | 贸易 |
| 12 | 中国建筑工程 | 中国建筑第六工程局第五建筑工程公司大连分公司 | 国有企业 | 建筑业 |
| 13 | 中粮集团 | 大连中粮进出口公司<br>大连中粮广场大厦 | 国有企业<br>国有企业 | 贸易 |
| 14 | 中远集团 | 中远(香港)航运有限公司大连办事处<br>大连中远国际货运有限公司<br>大连中远集装箱船务代理有限公司<br>大连中远物流有限公司国际货运分公司<br>大连中远国际航空货运代理有限公司 | 港澳台投资企业常驻机构<br>其他有限责任公司 | 海运 |
| 15 | 中国冶金科工集团有限公司 | 大连中冶京诚置业有限公司 | 国有企业 | 资源开发、技术装备制造、房地产开发 |

注：企业排名情况参照《财富》世界500强。

【特色专业大厦建设】2011年，中山区制定《中山区“1050”楼宇培育实施方案》，成立专门领导小组，组织各街道对辖区内建筑面积5000平方米及以上的商务写字楼、企业办公楼和星级酒店等进行全面细致的普查，建立区级楼宇经济数据库，动态跟踪楼宇大厦的发展情况，有序推进特色大厦建设。

楼宇普查内容包括开发商(物业方)、地址、层数、占地面积、建筑面积、租售率、楼宇类型、2010年底的全口径国税、地税合计和至“十二五”末全口径税收预期等内容，增加楼宇内异地经营企业情况调查，摸清潜在税源，扩大税收。

经过普查，辖区内共有各类楼宇120座，其中已出租楼宇112座，在建楼宇8座。入驻特色大厦的企业有驻区世界500强企业地区总部或分支机构35家，全球20大集装箱班轮公司中的企业17家，银行、保险、证券等金融类企业近200家。

年内，全区特色专业大厦12座（特色大厦、楼宇一览表见下页）。

（特色大厦、楼宇一览表见下页）

### ·东港商务区·

【项目进展顺利】2011年，东港商务区86块土地出让52块，出让土地面积179.87公顷，占总面积的57%。

开工建设的项目有13个。辽宁省检验检疫办公楼投入使用。万达公馆项目竣工并交付使用，年内完成全口径营业税8851万元。绿地中心项目5栋主体建筑中，有4栋拱出地面16—20层，样板间及售楼处建设完毕，周边道路基本成型，518米超高层建筑正在进行地面平整施工。人民大厦项目2栋主体建筑拱出地面20层。朗廷酒店项目深基坑施工基本完成。凯丹购物中心项目深基坑和售楼处竣工。东港第（住宅部分）项目一期11栋高层和小高层主体全部封顶并开盘售楼，年内缴纳全口径营业税1423万元。东方水城起点建筑“船栈”对外开放，沃兹爵堡、香醍耶城堡、勒杜堡封顶，巴别塔剧场至大运河水廊进行桩基施工。英格索尔总部（住宅部分）项目基坑下挖最深处达10米。国际会议中心项目主体完工，进行内部装修和附属设施设备的建设、安装与调试。维多利亚湾广场公馆和城堡酒店项目深基坑止水桩施工完工。星浩资本项目开工，其中1个地块主体拱出地面3—5层，2个地块深基坑施工完成。

【工程进度加快】2011年，东港商务区长达6公里的永久护岸工程主体完工，共完成土石方3500万方，填海造地2.5平方公里。安装护岸圆筒460个、四角块10万余块、扭王字块8000块、栅栏板4000块，并经受了台风“米雷”、“梅花”的考验。全长12公里的地下管廊主体工程完工，供电、供水、供热、通讯主管线可随时入地。全长5公里的排洪暗渠全部完工，有近300个泊位的游艇港开工建设，20万平方米的音乐喷泉广场回填完毕。全长约40公里的道路建设全面启动，12个标段16公里的路基形成。全年绿化面积39万

附：

2011年中山区特色专业大厦一览

| 序号 | 名　称 | 建筑面积（万平方米） |
|---|---|---|
| 1 | 希望大厦 | 总部经济 |
| 2 | 宏誉大厦 | 航运 |
| 3 | 虹源大厦 | 物流 |
| 4 | 锦联大厦 | 科技 |
| 5 | 国际金融大厦 | 金融 |
| 6 | 成大大厦 | 进出口贸易 |
| 7 | 海港大厦 | 航运 |
| 8 | 时代大厦 | 航运物流软件 |
| 9 | 银洲国际大厦 | 小企业创业基地 |
| 10 | 天安国际大厦 | 服务外包 |
| 11 | 国运大厦 | 物流 |
| 12 | 上方港景大厦 | 航运 |

2011年中山区楼宇一览

一、商务写字楼

| 序号 | 名　称 | 地　址 | 层数 | 建筑面积(万平方米) |
|---|---|---|---|---|
| 1 | 东亚银行大厦 | 人民路7号 | 20 | 2.5 |
| 2 | 国际金融大厦 | 人民路15—17号 | 30 | 5.65 |
| 3 | 虹源大厦 | 人民路23号 | 39 | 6.3 |
| 4 | 辽宁新元大厦（丝绸） | 人民路37号 | 17 | 0.57 |
| 5 | 亚太国际金融中心 | 人民路55号 | 28 | 3.7 |
| 6 | 凯美大厦 | 人民路61号 | 10 | 0.85 |
| 7 | 成大大厦 | 人民路71号 | 30 | 3.1 |
| 8 | 宏誉大厦 | 人民路68号 | 28 | 3.5 |
| 9 | 人寿大厦 | 人民路26号 | 28 | 3.5 |
| 10 | 平安大厦 | 人民路24号 | 28 | 3.3 |
| 11 | 恒通大厦 | 职工街28号 | 9 | 0.86 |
| 12 | 海港大厦 | 长江路12号 | 30 | 2.5 |
| 13 | 银洲国际大厦 | 七一街11号 | 30 | 2.8 |
| 14 | 世贸大厦 | 同兴街25号 | 51 | 9.4 |
| 15 | 盛世大厦 | 鲁迅路35号 | 24 | 3.73 |
| 16 | 万达大厦 | 解放街9号 | 24 | 3.28 |
| 17 | 时代大厦 | 港湾街7号 | 27 | 4.63 |
| 18 | 安达商务大厦 | 五五路32号 | 20 | 2.0 |
| 19 | 天安国际大厦 | 中山路88号 | 55 | 7.0 |
| 20 | 希望大厦 | 中山路136号 | 43 | 8.95 |
| 21 | 辽粮大厦 | 人民路33号 | 22 | 2.4 |

平方米，种植各种树木5000棵、灌木22万株、花卉147万株、草坪20万平方米。万达公馆和酒店的供水工程和其周边4条道路铺装完成。

【市政建设注重技术创新】2011年，东港商务区在市政设施道桥建设中，注重技术创新。针对东港商务区临海、海水倒灌和淡水资源缺乏的现状，在道路建设中，采用日本雨水回收技术，一次可回收雨水50万立方米，既解决绿化灌溉用水，也防止海水倒灌。管廊工程采用“电渗透”技术，较好地解决了防水防潮问题。

【完成税收1.9亿元】2011年，东港商务区全口径税收完成1.92亿元，其中营业税1.02亿元（万达公馆8851万元、东港第1423万元）、建工税6000万元、印花税1100万元、土地增值税1676万元、企业所得税24万元、土地税及其他税种132万元。完成全社会固定资产投资80.2亿元，实际利用外资1.36亿美元，实际利用内资4.3亿元。

【协议内资额110亿元】2011年，东港商务区参加中山区政府组织召开的大连·中山（长春）现代服务业招商推介会，共签订合作协议书3份，协议内资额110亿元。

【欧力士中国总部大厦动工】2011年12月1日，位于中山区东港商务区的欧力士中国总部大厦项目工程正式动工。项目规划设计突出生态与人文的发展主题，融汇安全、环保、数字智能化等国际最先进的城市建设理念，建成一个具有“国际共性，大连特色”的高端金融地产项目，总投资额约32亿元人民币，可为1.5万人提供办公商务空间。

（王明高）

续表

| 序号 | 名　称 | 地　址 | 层数 | 建筑面积(万平方米) |
|---|---|---|---|---|
| 22 | 纺织大厦 | 人民路35号 | 25 | 0.72 |
| 23 | 国运大厦 | 人民路85号 | 33 | 2.3 |
| 24 | 锦联大厦 | 祝贺街35号 | 20 | 1.7 |
| 25 | 安达大厦 | 鲁迅路78号 | 26 | — |
| 26 | 宏孚大厦 | 长江路288号 | 24 | 4.0 |
| 27 | 上鼎大厦 | 上海路4号 | 29 | 3.4 |
| 28 | 万恒大厦 | 中山广场2号 | 5 | 0.6 |
| 29 | 国信大厦 | 友好路155号 | 25 | 2.38 |
| 30 | 丽苑大厦 | 明泽街16号 | 24 | 3.2 |
| 31 | 光大大厦 | 五五路45号 | 17 | 2.0 |
| 32 | 辽机股份大厦 | 民主广场3—1号 | 19 | 1.2 |
| 33 | 报业大厦 | 民康街15号 | 29 | 4.29 |
| 34 | 宝嘉大厦 | 延安路5号 | 17 | 2.43 |
| 35 | 友好大厦 | 友好路158号 | 30 | 4.3 |
| 36 | 成功大厦 | 鲁迅路72号 | 19 | 1.6 |
| 37 | 日航写字楼 | 长江路123号 | 22 | 2.38 |
| 38 | 一方大厦 | 延安路9号 | — | 4.0 |
| 39 | 港湾壹号 | 丹东街13号 | 30 | 18.0 |
| 40 | 金座大厦 | 中山路7号 | — | 16.8 |
| 41 | 天通·金融大厦 | 鲁迅路58号 | 24 | 2.0 |
| 42 | 远大大厦 | 独立街19号 | 28 | 5.0 |
| 43 | 远洋大厦 | 玉光街11号 | — | 5.0 |
| 44 | 万科大厦 | 同兴街67号 | 29 | 26.0 |
| 45 | 迈克大厦 | 昆明街42号 | 8 | 0.42 |
| 46 | 中粮广场大厦 | 一德街9号 | 20 | 1.5 |
| 47 | 美华大厦 | 职工街77号 | 12 | 1.0 |
| 48 | 中港世银大厦 | 春德街 | 24 | 2.1 |
| 49 | 都市银座 | 上海路42号 | 18 | 2.3 |
| 50 | 安和大厦 | 人民路87号 | 33 | 1.5 |
| 51 | 香榭里街区东塔楼 | 长江路263号 | 23 | 2.0 |

## 二、商住公寓

| 序号 | 名　称 | 地　址 | 层数 | 建筑面积(万平方米) |
|---|---|---|---|---|
| 1 | 曼哈顿大厦 | 友好路101号 | 50 | 17.2 |
| 2 | 鸿霖大厦 | 天津街299号 | 39 | — |
| 3 | 悦泰诚里 | 友好路227号 | 14 | 5.0 |
| 4 | 易捷空间 | 昆明街266号 | — | 0.32 |
| 5 | 赛特公寓 | 中山广场警卫街2号 | 7 | 3.8 |

续表

| 序号 | 名　称 | 地　址 | 层数 | 建筑面积(万平方米) |
|---|---|---|---|---|
| 6 | 名仕国际公寓 | 五五路30号 | 28 | 5.3 |
| 7 | 雍景台 | 五惠路29号 | 32 | 2.1 |
| 8 | 恒元公寓 | 洛阳街20号 | 25 | 3.0 |
| 9 | 北良公寓 | 鲁迅路46号 | 19 | — |
| 10 | 环海公寓 | 鲁迅路167号 | — | 10.0 |
| 11 | 泰宸伊景华园 | 解放路128号 | 30 | — |
| 12 | 财富中心 | 港湾街20号 | — | — |
| 13 | 都市海景 | 港湾街2号 | — | — |
| 14 | 商务特区 | 武汉街42号 | — | — |
| 15 | 香格里拉公寓 | 人民路66号 | — | — |
| 16 | 休斯顿公寓 | 常青街29号 | — | — |
| 17 | 修竹大厦 | 天津街111—129号 | — | — |
| 18 | 中山九号 | 杏林街2号 | — | — |
| 19 | 中央公馆 | 友好路110号 | 29 | — |
| 20 | 海景花园 | 民意街40号 | 25 | 2.8 |
| 21 | 文林公寓 | 文林街1号 | 19 | 1.8 |
| 22 | 喜临门大厦 | 友好街79号 | — | — |
| 23 | 城市广场（铜锣湾） | 武汉街73号 | 28 | — |
| 24 | 花香维也纳 | 朝阳街57号 | 32 | — |
| 25 | 嘉和大厦 | 职工街100号 | — | — |
| 26 | 时代广场 | 人民路46—48号 | 47 | 14.0 |
| 27 | 香榭里街区中西楼 | 长江路263号 | — | 3.0 |
| 28 | 泛华领城 | 中山区鲁迅路42—1号 | 31 | 3.64 |
| 29 | 普照·假日广场 | 大连火车站东侧 | 27 | 2.8 |
| 30 | 港湾壹号 | 中山区兴和街27—29号 | 30 | 8.23 |
| 31 | 嘉和花样年华三期 | 中山区三八广场 | 30 | 3.26 |

（何　平）

## 外向型经济

【概况】2011年，中山区继续坚持“以项目建设为核心，以产业升级为目标”的外资发展战略和有关外贸发展策略，优化招商引资环境，提升招商引资工作质量和水平。实行重点项目区级领导分管负责、重大项目专人负责等制度，做到“三个并举”，即走出去与请进来并举，资源与资产并举，引资与引智并举。以大项目为牵动，重点引进和发展港航服务、金融保险、旅游物流以及商贸综合体等现代服务业项目。年内，新办外商投资企业69个，其中注册外资超千万美元的项目2家；外资实际到位3.3亿美元。完成出口创汇9.05亿美元，比上年增长25%。完成内联引资到位资金80.7亿元，比上年增长55%。

【招商成果显著】2011年，中山区利用辽宁省和大连市政府搭建的招商平台，组织和参与对内、对外招商活动14次，成果显著。赴温州、宁波、广州、重庆等地招商活动期间，与商贸、地产、科技及传媒等企业座谈，共落实签约项目16个，签约额482亿元，实际到位资金67.9亿元。

3月，区长江亲瑜、副区长张锦明带队赴温州招商，温州城二期、不朽巷改造、瑞京数码城等3个项目签约，总投资意向38.6亿元。10月，副区长郭云峰带队赴广州开展经济合作交流活动，拜会广东粤财投资公司，商谈天植项目开发等有关事项。10月23—27日，区委书记李向东一行5人随大连市代表团赴香港开展招商活动，会见佳兆业集团及九龙仓中国地产公司高层，希望继续加强相互间的广泛合作。11月，区长江亲瑜带队赴长春招商，举办“大连·中山区（长春）现代服务业招商推介会”，东北地区200多家知名客商出席，与吉林银行、锦联集团、长春昌驰集团、国贸中心大厦、中建七局、东北亚矿石交易中心及曼城鸿基房地产开发等知名企业签订11项经济合作协议，签约金额232亿元。

【举办外经贸政策培训会】2011年4月25日，中山区政府与大连市外经贸局在仲夏客舍共同举办外经贸政策培训会。培训内容包括跨境贸易人民币业务政策解读、出口信用保险政策宣讲、大连电子商务应用平台业务推介及中小企业国际市场开拓资金政策4个部分。由人民银行大连市中心支行、中国出口信用保险公司辽宁分公司、中国国际电子商务中心辽宁代表处及大连市外经贸局4个单位宣讲。全区200家外贸企业的公司法人代表、财务负责人、

区领导在招商推介会上

大连·中山区（长春）招商推介会会场

进出口业务负责人和相关业务人员300人参加会议。

【日本连锁便利企业罗森大连总部选址中山】2011年，日本连锁便利巨头罗森株式会社大连总部选址中山区，将立足中山，在大连全面布局。罗森株式会社成立于1975年，是日本第二大连锁便利店，也是唯一店铺覆盖全日本的便利连锁企业。罗森总部的落户有利于提高中山区利用外资水平，繁荣区内商贸业。

## 民营经济

【概况】2011年，中山区经济和科技信息局支持民营经济发展，帮助民营企业解决资金短缺困难，组织民营中小企业申报国家、省、市专项扶持发展基金，全年共获得上三级政府支持资金580万元，中小企业创业发展信贷风险补偿资金750万元。为民营企业搭建对外交流平台，共组织200家企业参加11次大型对外交流活动。

【拓宽企业融资渠道】2011年，中山区经济和科技信息局积极组织民营企业申请国家、省、市上三级政府各项资金，拓宽企业融资渠道。组织43个项目申报上三级政府支持资金。其中申报国家创新资金项目5项，辽宁省创新资金项目2项，大连市经济和信息委员会中小企业创业发展信贷风险补偿项目8项，服装产业发展专项资金3项，大连市科技局科技计划项目25项。全年共获得上三级政府支持资金580万元，中小企业创业发展信贷风险补偿资金750万元。

【组织企业参加对外交流】2011年，中山区经济和科技信息局共组织企业参加11次大型对外交流活动。包括市、区知识产权周、科技活动周、第八届中国国际软件和信息服务交易会、第六届APEC中小企业技术交流暨展览会、中国国际专利技术与产品交易会、中国中小企业博览会、中国轻工产品博览会、大连国际服装节、中国（丹东）国际仪器仪表博览、大连市科技成果推介洽谈会及中小企业节等。

【推进中小企业海外并购】2011年，中山区经济和科技信息局根据省、市会议和文件精神，深入30多家企业走访，广泛宣传海外并购的意义和方法，中小企业海外并购工作取得良好成效。有2家企业成功并购，17家工业企业有并购意向。大连驱逐舰信息技术有限公司成功收

任平服饰形象设计展演

购普顿香港有限公司，收购金额2100万元。大连尚艺玻璃集团有限公司拟并购产品销量居瑞典第三位的百年品牌玻璃厂，预计并购总额5500万元。

**【锦程集团蝉联“中国货代百强”民营第一】** 2011年9月1日，由中国国际货运代理协会和国际商报社联合举办的2011中国国际货代物流发展论坛暨2010年度国际货代物流百强排名揭榜仪式在北京举行，锦程国际物流集团蝉联民营货代物流企业第一，综合排名位列第六。

锦程国际物流集团公司创立于1990年，拥有外经贸部批准的一级国际货运企业资格和交通部的NOVCC资格，连续3届获得“中国十大优秀货代公司”称号。主要为中外客户提供门到门的全程物流服务，也是中国最大的国际物流企业之一。该集团公司以大连为基地，在国内16个城市设立160多家分支机构、300多家海外代理，为全球化经营的具有较大规模的物流企业。

## 金　融

**【概况】** 2011年，中山区把建设区域性金融中心核心功能区作为核心发展战略，结合四大功能区布局，加大中山广场、东港区、人民路CBD组成的“两圈一带”金融商务区的工作力度，积极向辽宁省政府申请并获批在中山区设立大连金融服务区，制定《大连金融服务区发展规划》，吸引各类金融和融资类机构进驻。年内，引进和设立英大泰和财产保险股份有限公司大连分公司、大连中山汇鑫小额贷款有限公司等金融机构和融资类机构25家。日本欧力士金融总部、德意志银行总部大厦、建设银行和民生银行大厦、吉林银行大厦等金融项目落户东港商务区。其中，欧力士项目年底正式动工建设。中山区商务局被大连市政府评为“2011年度金融工作先进单位”、“2010—2011年度大连市推动股权投资业发展先进单位”。

年内，中山区共有各类金融和融资及中介服务类机构175家。其中，金融机构89家、融资及中介服务类机构86家。金融机构包括银行类机构35家、保险类机构28家、证券类机构19家、期货类机构7家。融资及中介服务类机构包括小额贷款公司13家、担保公司43家、投资和租赁公司总部1家、股权投资和管理企业5家、中介服务机构24家。有金融总部和功能性总部12家（全市共19家），占全市总量的63%。全区金融业全口径税收达到38亿元，占全市总量的60%。

**【大连金融服务区在中山区设立】**

中山区获得大连市“2011年度金融工作先进单位”称号

续表

| 序号 | 名　称 |
|---|---|
| 6 | 华泰证券股份有限公司大连中山广场证券营业部 |
| 7 | 中信建投证券有限责任公司大连同兴街证券营业部 |
| 8 | 海通证券股份有限公司大连天津街证券营业部 |
| 9 | 申银万国证券股份有限公司大连武汉街证券营业部 |
| 10 | 银泰证券有限责任公司大连五五路证券营业部 |
| 11 | 安信证券股份有限公司大连中山路证券营业部 |
| 12 | 齐鲁证券有限公司大连鲁迅路证券营业部 |
| 13 | 华西证券有限责任公司大连港湾街证券营业部 |
| 14 | 上海证券有限责任公司大连同兴街证券营业部 |
| 15 | 宏源证券股份有限公司大连友好路证券营业部 |
| 16 | 东北证券股份有限公司大连七七街证券营业部 |
| 17 | 中国银河证券股份有限公司大连延安路证券营业部 |
| 18 | 中国银河证券股份有限公司大连人民路证券营业部 |
| 19 | 光大证券股份有限公司大连友好广场证券营业部 |

2011年中山区期货机构一览

| 序号 | 名　称 |
|---|---|
| 1 | 渤海期货有限公司（办公地） |
| 2 | 渤海期货有限公司大连营业部 |
| 3 | 大陆期货经纪有限公司大连营业部 |
| 4 | 海通期货公司大连营业部 |
| 5 | 中信建投期货公司大连营业部 |
| 6 | 民生期货公司大连营业部 |
| 7 | 中国国际期货有限公司大连中山广场营业部 |

2011年中山区担保公司一览

| 序号 | 名　称 |
|---|---|
| 1 | 大连利洋担保有限公司 |
| 2 | 辽宁国融担保有限公司 |
| 3 | 大连恒信嘉惠担保有限公司 |
| 4 | 浙商联合（大连）担保有限公司 |
| 5 | 大连上达投资担保有限公司 |
| 6 | 大连东北亚投资担保有限公司 |
| 7 | 大连北方汇银担保集团有限公司 |
| 8 | 万安担保（大连）有限公司 |
| 9 | 大连凌宇担保有限公司 |
| 10 | 大连六合担保有限公司 |

进具有区域辐射力和影响力的银行、证券、保险、基金投资机构以及会计师事务所、理财服务、金融咨询、财务结算机构。目前，一批新的金融项目正在建设。包括日本欧力士中国地区总部、德意志银行、吉林银行大连分行、建行大厦和民生银行大厦等。

大连金融服务区是大连区域性金融中心建设的核心功能区，金融总部特征明显。坐落其中的金融总部有进驻大连市的3家政策性银行中的2家、5家国有商业银行、10家股份制商业银行、8家城市商业银行中的6家、10家外资银行中的6家、38家保险机构主体中的28家。全市19家金融总部和功能性总部有12家在此设立。2011年，大连首家财务公司——大连港集团财务有限公司开业，大连银行、百年人寿保险、中荷人寿保险等总部机构在全国开设了69家分支机构。

（夏英杰）

【大连金融服务区建设座谈会】2011年8月3日，中山区召开大连金融服务区建设座谈会，大连市银监局、保监局、证监局以及银行、保险、担保、小额贷款公司等企业代表参加座谈。与会代表就大连金融服务区的发展方向、环境建设、服务功能等方面提出意见和建议。

座谈会明确了大连金融服务区发展思路，即抓紧形成大连金融服务区规划，突出功能特色，全力以赴将“两圈一带”打造成为具有国际知名度的高端商务区和金融核心功能区。充分发挥金融集聚资源、创造财富的作用，着力提高区域资产管理、运营和专业服务的核心功能，加快航运、科技等专业金融发展，推动各类金融衍生品交易中心和区域性金融创新试点建设。

（史　天）

续表

| 序号 | 名　称 |
|---|---|
| 11 | 大连中租国投担保有限公司 |
| 12 | 辽宁英和信用担保有限公司 |
| 13 | 大连渤威投资担保有限公司 |
| 14 | 大连嘉元投资担保有限公司 |
| 15 | 大连方元经济担保有限公司 |
| 16 | 大连中小企业信用担保有限公司 |
| 17 | 大连信和担保有限责任公司 |
| 18 | 大连万汇投资担保有限公司 |
| 19 | 大连市企业信用担保有限公司 |
| 20 | 大连联信投资担保有限公司 |
| 21 | 大连山河信用担保有限公司 |
| 22 | 大连市中山区企业信用担保有限公司 |
| 23 | 大连银合担保有限公司 |
| 24 | 大连鸿瑞德投资有限公司 |
| 25 | 大连天一投资担保有限公司 |
| 26 | 大连鼎力信用担保有限公司 |
| 27 | 大连恒金担保有限公司 |
| 28 | 大连锦联投资担保有限公司 |
| 29 | 大连天汇丰融资担保有限公司 |
| 30 | 大连润程融资担保有限公司 |
| 31 | 瀚华担保股份有限公司辽宁分公司 |
| 32 | 中裕华丰融资担保（大连）有限责任公司 |
| 33 | 大连联成投资担保有限公司 |
| 34 | 大连恒辉融资担保有限公司 |
| 35 | 大连峰盛融资担保有限公司 |
| 36 | 大连润通融资担保有限公司 |
| 37 | 大连利百嘉融资担保有限公司 |
| 38 | 大连金恒融资担保有限公司 |
| 39 | 中融信融资担保（大连）股份有限公司 |
| 40 | 大连荣德融资担保有限公司 |
| 41 | 中青联合投资担保（大连）有限公司 |
| 42 | 大连骏成担保有限公司 |
| 43 | 大连天泽投资担保有限公司 |

## ·银　行·

【概况】2011年，中山区有银行类机构35家，新增1家（大连港集团财务有限公司）。其中，政策性银行2家，国有商业银行5家，股份制商业银行10家，城市商业银行6家，外资银行6家，外资银行代表处1家，资产管理公司3家，财务公司1家，农村信用社1家。

【丹东银行大连分行选址中山】2011年3月24日，中山区政府区长江亲瑜、副区长郭云峰会见丹东银行于利董事长及大连分行筹备组成员，对该行选址中山区表示欢迎。丹东银行股份有限公司是经中国银行业监督管理委员会批准设立的股份制商业银行，成立于1997年，在服务小企业发展方面经验丰富。经中国银行业监督管理委员会大连监管局批准，年内，丹东银行股份有限公司大连分行正式筹建。

【大连港财务公司正式开业】2011年11月18日，大连港集团财务有限公司举行开业仪式。并分别与中国银行大连分行、建设银行大连分行、工商银行大连分行签署全面合作协议。

大连港集团财务有限公司是大连市首家财务公司，是经中国银监会批准设立的非银行金融机构，由大连港集团有限公司和大连港股份有限公司共同出资成立，注册资本5亿元。财务公司的设立有利于整合大连港集团的金融资源，直接为集团成员单位提供资金结算、存款、票据、贷款、同业拆借、财务顾问等金融服务，有效提高资金利用率，降低资金成本，获取规模效益。

【工行大连市分行支持企业跨国投

## 2011年中山区股权投资公司一览

| 序号 | 名　称 |
|---|---|
| 1 | 力矩（大连）投资基金管理有限公司 |
| 2 | 华脉（大连）股权投资管理有限公司 |
| 3 | 大连广达股权投资管理有限公司 |
| 4 | 恒昇阳光（大连）投资基金管理有限公司 |
| 5 | 大连凯达创业投资有限公司 |

## 2011年中山区融资类公司总部一览

| 序号 | 名　称 |
|---|---|
| 1 | 欧力士（中国）投资有限公司 |

## 2011年中山区小额贷款公司一览

| 序号 | 名　称 |
|---|---|
| 1 | 大连中山宏泰小额贷款有限公司 |
| 2 | 大连中山富润小额贷款有限公司 |
| 3 | 大连中山大德通小额贷款有限公司 |
| 4 | 大连中山锦联小额贷款股份有限公司 |
| 5 | 大连中山万汇小额贷款有限公司 |
| 6 | 大连中山天汇丰小额贷款有限公司 |
| 7 | 大连中山长江小额贷款有限公司 |
| 8 | 大连中山良运小额贷款股份有限公司 |
| 9 | 大连中山永昌小额贷款股份有限公司 |
| 10 | 大连中山恒祥小额贷款公司 |
| 11 | 大连中山中融信小额贷款股份有限公司 |
| 12 | 大连中山汇鑫小额贷款有限公司 |
| 13 | 大连中山金纪元小额贷款股份有限公司 |

## 2011年驻中山区金融监管机构及协会一览

| 序号 | 单　位 | 序号 | 单　位 |
|---|---|---|---|
| 金融监管机构 | | 金融行业协会 | |
| 1 | 中国人民银行大连市中心支行 | 1 | 大连市银行业协会 |
| 2 | 中国证监会大连监管局 | 2 | 大连市保险行业协会 |
| 3 | 中国保监会大连监管局 | 3 | 大连市证券期货业协会 |
| | | 4 | 大连市上市公司协会 |

资】2011年，工行大连市分行通过提供“内保外贷”等优势金融产品和丰富的银行服务，为企业跨国投资提供跨境的金融支持。针对境外承包工程企业推出发放承包商营运贷款、延展非融资类保函期限、办理出口发票融资、出口保理、出口押汇（贴现）以及福费廷（FORFAITING）业务等信贷优惠政策和措施，支持大连企业跨国投资。累计向大连市多家跨国投资企业提供近亿美元的融资支持。

**【工行大连市分行支持小微企业发展】**2011年，工行大连市分行积极发展小企业金融业务，支持小型微型企业健康发展。成立大连地区第一家立足于服务小企业的专业支行，又在18家分支机构成立小企业金融业务中心，建立覆盖全辖区的小企业专营机构网络，精选一批小企业专职客户经理，对小企业客户推出限时服务制度，采取“一户一策”的金融服务模式，拿出专项规模，确保符合融资条件的小微企业客户获得融资支持。截至年末，小企业贷款余额较上年增长3.1倍，小企业贷款增量占全行法人客户贷款增量的37.77%；小企业融资客户突破400户，增速达167%。

**【国开行大连分行船舶融资业务贷款大增】**近年来，国家开发银行大连市分行围绕船舶融资业务进行多项创新实践。船舶融资业务品种达到9大类27项，贷款余额超过35亿美元，客户遍及全球20多个国家和地区，金融服务已覆盖航运、船舶建造修理、港口配套基础设施建设等船舶行业上中下游多个产业领域，形成比较完整的船舶融资业务体系，成为境内船舶融资的主力银行之一。

2011年9月，为进一步提高船舶融资业务专业性，提高融资服务质量，国家开发银行已正式决定在大连设立“国家开发银行船舶融资中心”。

**【国开行大连分行在全市率先实现贷款超千亿】**2011年，国家开发银行大连分行落实总行与大连市政府签署的全面金融合作协议，加大对大连市的金融支持，信贷投放保持高速增长。前10个月新增各项贷款余额183亿元，位列全市第一，提前超额完成全年信贷计划，贷款余额达1007.37亿元，成为大连市首家贷款余额超千亿的银行。

【中行辽宁省分行为企业提供船舶融资国际银团贷款】2011年10月26日，中国银行辽宁省分行联合中行东京分行、中银香港、悉尼分行以及多家外资银行共同组成船舶融资国际银团贷款项目正式签约，为大连远洋运输公司提供4.4亿美元的授信支持，满足公司业务发展的需求。

（史　天）

【吉林银行大连分行支持大连金融服务区发展】2011年12月5日，中山区与吉林银行大连分行签订战略合作协议，分行为大连金融服务区提供总规模30亿元授信，支持中小、小微企业发展。吉林银行大连分行于东港商务区筹建吉林银行大厦。

（夏英杰）

吉林银行大连分行

中国证监会领导视察大通证券股份有限公司

## ·证　券·

【概况】2011年，中山区有证券机构19家。其中公司级证券公司1家，证券公司营业部18家。

【大通证券公司营业收入增长】2011年，大通证券股份有限公司实现营业收入3.22亿元，实现利润2196.7万元，净利润1607.05万元。公司总资产59.73亿元，净资产31.14亿元，净资本22.33亿元。经纪业务实现营业收入2.92亿元，实现利润总额8303.2万元。投行业务实现收入4269万元。星海一号产品累计收益率在同类128只产品中排名77位。良运期货实现营业收入4871万元，净利润363万元。获批保荐业务资格和实施经纪人制度。

经纪业务水平提升。经纪业务实现营业收入29190.5万元，实现利润总额8303.19万元，实现交易量3446.3亿元，股票基金市场占有率3.275‰。客户资产总值242.74亿元，新增开户数2.5万户，新增资产26.27亿元，非现场交易占比86%。

投行业务全面展开。担任5个债券发行项目的承销商，与4家公司签订IPO顾问协议，与北京、大连、沈阳等地11家企业签署新三板挂牌协议。实现收入4269万元。其中重庆OTC收入486万元，三板业务收入75万元，并购重组收入50万元，IPO财务顾问收入40万元，债券承销收入16万元。“星海一号”产品排名靠前。

截至年末，“星海一号”资产净值为2.95亿元，存续份额为3.57亿份，单位净值0.828元，累计净值0.988元，累计收益率-1.2%，在同类的128只产品中排名77位。集合资产管理业务管理费收入395万元。投资顾问业务规模1亿元。

自营业务收益同比上升。自营业务实现投资收益（含公允价值变动损益）-9592.13万元，好于上证指数下跌幅度。

良运期货业务进展顺利。实现营业收入4871万元，利润总额664万元，净利润363万元。

创新投资首创利润。年初创新投资公司成立，当年实现净利润320万元。3月，公司获批实施经纪人制度，22家营业部已实施经纪人制度。10家营业部获得期货IB业务资格。3家新设营业部开业运营。另外，在大连辖区新设2家新型营业部的申报工作启动。7月，公司获批保荐业务资格，成为辽宁唯一一家具备保荐资格的证券公司，具备证券承销及保荐、债券承销、代办系统主办券商、企业改制财务顾问等全部投行业务资格。

拓展创新业务。公司在行业内率先成立另类投资公司。申报融资融券业务资格，完成上海、深圳证券交易所，中央登记结算公司等“两所一司”技术联网测试，并上报证券业协会进行专业评审。

完善产品体系。完成“星海二号”的产品设计及主代销银行的选择工作，完成建设银行的托管准入工作，完成发行申报工作并获批。

组建经营管理新团队。公司在全国范围内招聘高级管理人员，经过严格选拔，最终确定公司总经理等3名高管人员，高管团队结构优化。

制定发展规划。借鉴国内外优秀券商的先进经验，结合公司实际，确立公司战略定位和新商业模式，并据此制定未来3年发展规划，奠定长远发展基础。

（王长义）

## ·保　险·

【概况】2011年，中山区有保险机构28家，占全市总量的72%（截至11月末，大连市共有保险主体39家）。新增2家，分别为英大泰和财产保险股份有限公司大连分公司、中宏人寿保险有限公司大连分公司（筹）；升级（支公司升级为分公司）2家，分别为民生人寿保险股份有限公司大连分公司、幸福人寿保险股份有限公司大连分公司；内资保险机构22家，外资保险机构6家。

【英大泰和财产保险公司大连分公司开业】2011年12月6日，英大泰和财产保险股份有限公司大连分公司在中山区正式开业。该公司是由英大国际控股集团有限公司、北京、上海、辽宁、河北、福建等31家电力公司及国家电网系统大型国有企业发起设立的全国性股份制财产保险公司。总部设在北京，注册资本金21亿元，2008年10月28日获准开业，设立13家区域分公司和3家中心支公司。

（夏英杰）

【中宏人寿保险有限公司筹建大连分公司】2011年，中宏人寿保险有限公司大连分公司开始筹建。中宏人寿保险有限公司成立于1996年，是国内首家中外合资人寿保险公司，由加拿大宏利金融旗下的宏利人寿保险（国际）有限公司和中国中化集团公司核心成员——中国对外经济贸易信托有限公司合资组建，注册资本16亿元。中宏人寿保险有限公司大连分公司是其第16家分公司，2012年初将正式对外营业。

【百年人寿获“2011年度最具成长性保险品牌”奖】2011年，百年人寿保险股份有限公司前9个月规模保费收入为12.69亿元，比上年同期增长139.89%，行业排名由上年同期的第42名提升至第32位。11月26日，第六届中国保险创新大奖评选结果在深圳揭晓，百年人寿保险股份有限公司获得“2011年度最具成长性保险品牌”奖项。

中国保险创新大奖评选活动由保险文化杂志社主办，由中国营销协会、中国企业文化研究会、中国保险学会并联合全国各大名牌院校保险院系等行业权威机构联合举办，由国内知名保险专家、文化、品牌与营销专家、保险企业高层和财经媒体主编、资深编辑、记者组成评委会，该活动至今已连续举办六届，为中国保险业内最具影响力的评选活动之一。

（史　天）

【平安人寿大连分公司拓展保险服务】2011年，平安人寿大连分公司

平安寿险公司员工参加“3.15”展会

平安寿险公司员工开展“绿色低碳”宣传活动

全年总保费收入45.6亿元，比上年增长8.8%。其中个人寿险实现首年规模保费11.3亿元，增长5.6%。续期保费34.3万元，比上年增长22.1%。银行代理实现总规模保费收入2.56亿元，比上年增长-16.1%，年度达成率116.8%。全年总理赔及给付金额7.36亿元，其中赔款支出2087万元，死伤医疗给付1.23亿元，满期给付4.18亿元，年金给付1.25亿元。被评为“大连消费者满意度调查优胜单位”。

营销员队伍迅速壮大。1月末，营销员为8653人，12月末为9038人，增长率达4.4%。营销员3个月转正率57.2%，较上年提高3.7个百分点。13个月留存率31.6%，较上年提高5.6个百分点。

新型保险产品赢得市场。全年销售排名前五位的产品为平安金裕人生两全保险（分红型）、平安智盈人生终身寿险（万能型）、平安财富一生两全保险（分红型）、平安智胜人生终身寿险（万能型）及平安吉星盈瑞年金保险（分红型）。首年规模保费收入分别为2.9亿元、2.5亿元、1.5亿元和8441、7456万元（不含追加保费）。

综合金融服务继续创新。深化总公司的综合金融战略规划，拓展销售思路，拓宽展业渠道，推动各项指标达成。实现个销产（通过个险代理人销售财产保险产品）年度保费2.16亿元，达成率127%，较上年成长49%。个销养（通过个险代理人销售财产保险产品）年度保费3450万元，达成率125%，较上年成长38%。证券、信托及信用卡推介业务也稳步提升。

客户经理队伍持续壮大。综合开拓产险、养老险、证券、信托和信用卡五大展业渠道，壮大客户经理队伍。年底，大连客户经理人数近800人。

赞助“我为大连种棵树”活动。3月，大连广播电视台、大连城建局、大连林业局共同主办“我为大连种棵树”大型城市公益活动，分公司作为赞助支持企业，组织志愿者参加活动启动仪式，并免费为参加种树活动的500名志愿者提供意外伤害险保额10万元，意外伤害医疗险保额3千元的短期意外险。

参与“3.15”维权行动。3月11—15日，“3.15”国际消费者权益保护日展览活动在大连世界博览广场隆重举行，分公司作为保险行业代表参展，并在活动中连续7年蝉联“大连市维权十佳企业”。活动前，分公司全面启动“3.15”客户权益保护工作，成立“3.15”应急工作小组，全面部署各项工作，以便于快速、有效解决3.15期间的客户投诉突发事件。

为汶川在连学子捐款。3月，在大连市慈善总会的倡议下，分公司向全体同仁发出《向汶川地震灾区在连学子开展继续捐助的倡议》，号召为55名来连读书的灾区学子捐款，资助他们完成学业。活动中，员工积极捐款，党员、干部带头捐款，共收到捐款34990元。

继续赞助和服务徒步大会。大连国际徒步大会是大连年度体育盛会，5月21—22日，分公司再度与大连市政府及市徒步协会合作，为大会提供为期2天的近500名志愿者服务。大连国际徒步大会平安志愿者项目在大连市保监局青年工作评定中获得“大连保险业青年活动优秀项目奖”。

赞助红十字日公益活动。5月8日，“携手人道促和谐 志愿服务为民生” 红十字日大型公益活动在青泥洼桥步行街举行。活动是由大连市红十字会主办、中山区红十字会承办，平安人寿大连分公司协办的。应急措施宣讲团的医护专家向市民介绍应急救护知识，并提供医疗咨询，“中国平安”的志愿者负责引领市民进行血压测量等多项免费身体检查。活动还向26支志愿者服务队和多家爱心公益企业授旗、授牌。

举办第十六届客服节。5月21日，分公司在星海广场举办第十六届客服节。主题是“爱心飞扬，平安相伴”，倡导以关爱促和谐的生活理

组织志愿者参与“我为大连种棵树”公益活动

念。开幕式活动中特别加入爱心传递、誓言大征集以及万人条幅签名等社会公益活动。邀请52名平安希望小学的师生，参加“心系希望——爱心传递”活动。5—8月期间，还举办少儿知识、才艺表演绘画大赛、亲子讲座及社区服务等形式的主题活动。

校企合作建立“大连保险科研实践基地”。11月7日，“大连保险科研实践基地”正式启动。基地是由大连保监局统筹规划、平安人寿大连分公司与东北财经大学联合建立的，是大连保监局推行“保险教育进大学”项目的一个重要组成部分。

协办“保险文化高层论坛”。12月2日，“中国保险文化建设推进会”在大连国际金融会议中心召开。会议由大连保监局和中国保险学会联合主办、平安人寿协办。中国保监会纪委书记陈新权、大连市副市长曹爱华到会并作重要讲话，来自中国保监会、中国保险学会、中国保险行业协会、《中国保险报》、部分保监局以及保险公司的领导、西南财经大学、中央财经大学等国内知名的专家学者和保险业代表近300人参加会议，10位专家在会上发表关于保险文化的观点。

平安人寿总经理丁当代表协办方讲话，呼吁保险要放大慈善文化，利用商业特质化解社会矛盾、为政府承担责任、为百姓分担忧愁。

（徐　佳）

## 中山区金融集聚区历史回顾

**【概况】** 作为城市金融圈的起源地，中山广场、人民路区域一直以来是各类金融机构落户大连的首选地。上个世纪初开始，中山广场周边就开始集聚银行、保险、证券公司。因为历史的积淀和良好的商务环境，一大批金融企业相继入驻，成为大连金融服务业集聚区、总部经济聚集区、现代服务业聚集区、航运服务业集聚区。进入新世纪，中山广场沿人民路至东港区金融集聚区日益成为大连国际金融中心的重要核心功能区。2011年4月，辽宁省政府批准在中山区设立“大连金融服务区”。中山区全面推进“两圈一带”区域性金融商务核心区建设。

**【日本统治时期的金融机构】** 1904年8月，日本横滨正金银行在大连设立青泥洼出张所（储蓄所），这是日本在大连建立最早的一家银行机构。1906年，大连港实行对外开放。1911年始欧美各银行相继在大连设立机构。1904年8月至1945年8月日本统治时期，大连市有中外及日本和伪满银行机构38家，均设在中山区。其中中国银行机构7家，日本银行机构25家，伪满银行机构2家，欧美银行机构4家。1945年12月，日本和伪满设立的16家银行被大连市政府组建的3家大连地方性国家银行接管。

**中国银行机构：**

1.大清银行大连分号

大清银行是清政府的官办银行。清政府为征收大连港关税，于1907年2月设立大清银行大连分号，1908年2月正式开业，1912年改称中国银行大连分行。行址：原大连市山县通1号，今中山区人民路。

2.中国银行大连分行

中国银行，1912年创立，资本金大洋2500万元，总行原设北京，1928年10月迁到上海。

1913年9月，中国银行大连分行成立（后改为分行）。行址：原大连市山县通1号，今中山区人民路。

中国银行前身是大清银行。1912年8月，大清银行经改组成立中国银行，中国银行大连分号于1913年9月正式开业。1945年12月被大连中国农业银行接管。

3.交通银行大连分行

交通银行是为航运、铁路、电信、邮政各部门提供资金的专业银行。1907年创立，资本金大洋1000万元，总行原设北京，1928年迁上海。

1918年6月，交通银行大连分行成立，1920年1月停业。1927年6月重新开业。行址：原大连市纪伊町，1927年因新大楼落成迁至原大连市大山通，今中山区上海路。

1920年1月，交通银行大连分行因营业不景气停业。1927年6月重新开业，1942年被日本官方强迫关闭。

4.金城银行大连分行

金城银行，1917年5月由部分富绅发起创立，资本金200万元，总行设在天津，并在北京专设总经理处。

1927年11月，金城银行大连分行成立。行址：原大连市山县通3

交通银行大连分行旧址
原址位于今中山区上海路

横滨正金银行大连支店旧址
今中国银行大连分行

号，今中山区人民路4号。

金城银行主营储蓄、贷款、有价证券和土地房产等一般银行业务。1942年，该行在东北各地建立的机构全部撤销。

5.东莱银行大连支店

1918年2月创立，资本金20万元，后增资到300万元，总行原设青岛后迁天津。后在上海、天津、济南、大连设立支店。

1920年，东莱银行大连支店成立。行址：原大连市监部通50番地，今中山区民德街。

东莱银行在大连设立支店限定资金30万元。1941年停业关闭。

6.天和银行大连支店

天和银行，1936年11月创立，资本金伪满国币100万元，总行设在哈尔滨市。

1936年11月，天和银行大连支店成立。行址：原大连市奥町72号，今中山区民康街。1942年并入哈尔滨德泰银行。

7.福德银行大连支店

福德银行，1936年12月创立，资本金伪满国币100万元，总行设在哈尔滨市。

1936年12月，福德银行大连支店成立。行址：原大连市奥町72号，今中山区民生街。1942年并入哈尔滨德泰银行。

**日本银行机构：**

1.横滨正金银行大连支店

1904年8月，日本横滨正金银行在大连设立青泥洼出张所（储蓄所）。

1906年，日本横滨正金银行大连支店（分行）成立。1909年行址迁至大连市大山通2号，今中山区中山广场9号。主要从事外汇汇兑业务，兼营日本中央金库的代理和一般金融活动，经办日本大藏省低利特别贷款，管辖旅顺、辽阳、铁岭、安东、奉天、长春、哈尔滨各店。1945年12月，该行被大连中国工业银行接管。

2.朝鲜银行大连分支机构

1913年6月，朝鲜银行大连支店成立。行址：原大连市大山通41号，今中山区民意街。1920年迁入西通2号，今中山区中山广场1号。

随后设立朝鲜银行大连西部出张所。行址：原大连市西通2号，今中山区中山路。1918年1月，朝鲜银行旅顺支店成立，经营一般银行业务。1945年12月，该行被大连中国工业银行接管。

3.正隆银行大连本店（总行）

正隆银行是中日合资银行，本店原设营口。1911年6月，从营口迁到大连。行址：原大连市大山通14号，今中山区民康街。

朝鲜银行大连支店旧址
今中国工商银行大连分行

4.满洲银行大连本店（总行）

1923年由大连、辽东、满洲商业、奉天4家银行合并成立，资本金3000万元。行址：原大连市伊势町18号，今中山区友好路。

下设大连沙河口、小岗子出张所，金州、普兰店貔子窝支店。

满洲银行在关东州和东北各地共设19个分支机构。1936年12月，该行本店以及分支机构，全部并入伪满兴业银行。

5.东洋拓殖株式会社大连支店

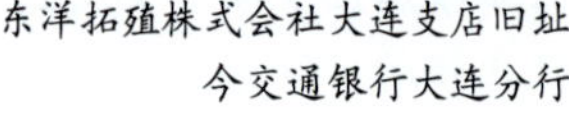

东洋拓殖株式会社大连支店旧址
今交通银行大连分行

大连银行旧址，原为大连贮金银行
原址位于中山区友好路

1908年东洋拓殖株式会社创立，资本金5000万元，地址原设在朝鲜京城，后迁日本东京。

1917年大连支店成立。行址：原大连市山县通2号，今中山区中山广场6号。

该社主要从事不动产和企业金融业务，兼营农业开发。1945年8月日本投降后停业关闭。

6.龙口银行

1913年3月创立，最初资本金3万元，后增至1560万元。1917年11月由山东龙口迁到大连。行址：原大连市浪速町，今中山区天津街。

龙口银行原是中日合资的小银行，主要经办日本、台湾、朝鲜和东北三省各地的贸易汇兑，兼办一般银行业务。1913年7月，在大连设立支店。为拓宽业务，将龙口总行迁到大连。1925年与正隆银行合并。

7.大连银行

1913年创立，资本金15万元。行址：原大连市伊势町18号，今中山区友好路。

该行创立时名为大连贮金银行，1915年7月改名为大连银行，同时增资300万元。1923年8月并入满洲银行。

8.教育储金银行大连支店

1900年创立，资本金50万元，总行设在日本东京。

1916年3月，教育储金银行大连支店成立。行址：原大连市监部通38号，今中山区长江路。

1921年3月，将大连支店改为本店。1923年6月，改名为大连兴业银行，主要经营中小金融。1927年6月，迁至朝鲜银行内进行账目清理，1931年停业。

9.辽东银行

1916年4月创立，资本金100万元。本店原设普兰店，1918年迁到大连。行址：原大连市大山通9号，今中山区上海路。1917年与1921年，分别设立辽东银行金州支店、貔子窝支店。1923年8月，并入满洲银行。

10.东华银行大连支店

1919年创立，资本金300万元，本店设在瓦房店西大街。

1920年东华银行大连支店成立。行址：原大连市盘城町51号，今中山区天津街。因日本经济危机，经营不景气，1923年2月，并入龙口银行。

11.旅顺银行大连支店

1918年创立，资本金150万元，本店设在原旅顺市乃木町（今旅顺口区白云街）。

1918年，旅顺银行大连支店成立。行址：原大连市三河町31号，今中山区向前街。

该行开业之初经营状况良好，因日本经济危机，营业不景气，1923年5月，并入龙口银行。

12.大连商业银行

1918年11月创立，资本金200万元。行址：原大连市西通5号，今中山区阳春街。

该行于1931年1月停业关闭。

13.平和银行大连支店

1920年1月创立，资本金50万

元，本店设在吉林市。

大连支店行址：原大连市奥町78号，今中山区民生街。

本店经营重点在大连。1920年7月，吉林本店迁至大连，1934年正式关闭。

14.日华银行大连支店

1919年10月创立，资本金50万元，本店设在铁岭市。

1920年，日华银行大连支行成立。行址：原大连市东公园町，今中山区鲁迅路。1931年停业关闭。

15.南满银行大连支店

1920年创立，资本金150万元，本店设在鞍山市。

1920年1月，南满银行大连支店成立。行址：原大连市羽衣町14号，今中山区青泥街。该行后改名为鞍山银行。1923年并入龙口银行。

16.满洲银行大连支店

1918年创立，资本金227.5万元，本店设在安东市（今丹东市）。

1921年9月，满洲银行大连支店成立。行址：原大连市监部通2号，今中山区长江路。1923年8月，并入满洲银行。

17.台湾银行大连支店

1899年创立，资本金4500万元，本店设在台湾台北市。台湾银行是日本殖民地的国家银行之一。

1936年，台湾银行大连出张所成立，后改为大连支店。

行址：原大连市山县通14号，今中山区人民路。1945年12月，台湾银行大连支店被大连中国工业银行接管。

18.三井银行大连出张所

三井银行创立于1909年，资本金1亿日圆，总行设在日本东京市。

1936年，三井银行大连出张所成立。行址：原大连市山县通2号，今中山广场6号。

该行主要经营一般银行业务，1943年与第一银行合并成立帝国银行，因此，改为帝国银行大连西部出张所。

19.帝国银行大连西部出张所

行址：原大连市山县通2号，今中山广场6号。

该行自1943年开始经营至1945年“八一五”日本投降。同年12月，被大连中国商业银行接管。

20.住友银行大连出张所

住友银行，1911年2月创立，资本金7000万元，总行设在日本大阪市。

1936年，住友银行大连出张所成立。行址：原大连市山县通50号，今中山区人民路。该行经营一般银行业务。1945年12月，被大连中国商业银行接管。

21.第一银行大连出张所

第一银行，1911年创立，资本金5750万元，总行设在日本东京市。

1936年，第一银行大连出张所成立。行址：原大连市山县通2号，今中山区中山广场6号。

该行经营一般银行业务。1943年12月，与三井银行合并成立帝国银行，因此，改为帝国银行大连出张所。

22.帝国银行大连出张所

行址：原大连市山县通2号，今中山区中山广场6号。1943年12月成立，1945年12月被大连中国工业银行接管。

23.三菱银行大连出张所

三菱银行，1919年创立，资本金1亿日圆，总行设在日本东京市。

1936年，三菱银行大连出张所成立。行址：原大连市山县通165号，今中山区人民路。

该行经营一般银行业务。1945年12月，被大连中国商业银行接管。

24.安田银行大连出张所

安田银行，1923年创立，资本金1.5亿日圆，总行设在日本东京市。

1936年，安田银行大连出张所成立。行址：原大连市山县通42号，今中山区人民路。

该行经营一般银行业务。1945年12月，被大连中国商业银行接管。

25.三和银行大连出张所

三和银行，1933年创立，资本金10720万元，总行设在日本大阪市。

1936年，三和银行大连出张所成立。行址：原大连市伊势町85号，今中山区世纪街。

该行经营一般银行业务。1945年12月，被大连中国商业银行接管。

**伪满银行机构：**

1.满洲中央银行大连支店

满洲中央银行，1932年6月创立，资本金3000万元，总行设在长春。1933年3月，满洲中央银行大连支店成立，行址：原大连市山县通41号，今中山区人民路。

该行在大连主要业务是回收伪满国币，兼营一般银行业务。1945年12月，被大连中国工业银行接管。

2.满洲兴业银行大连支店

满洲中央银行，1936年12月创立，资本金3000万元，总行设在长春。成立当时在东北设立分支机构共有46处。

1936年12月，在大连设立的机构有8家，其中在现中山区域内的机构有2家：

大连支店。行址：原大连市大山通11号，今中山区上海路。

大连伊势町支店。行址：原大连伊势町69号，今中山区友好路。

满洲兴业银行为东北产业开发长期提供地理资金以及经营一般银行业务。1945年12月，在大连的4个行处，均被大连中国商业银行接管。

**欧美银行机构：**

1.俄亚银行大连支店

俄亚银行，1910年10月由华俄

道盛银行与北方银行合并而成。资本金3500万卢布，总行原设俄国彼得堡，1920年迁至法国巴黎。1911年12月，俄亚银行大连支店成立，行址：原大连市监部通32号，今中山区长江路。

俄亚银行大连支店。主要经营一般银行业务。1926年9月关闭。

2.汇丰银行大连分行

汇丰银行，原名香港上海银行，1865年创立，资本金500万港元，1907年增资到5000万港元，总行设在香港。

1921年12月，汇丰银行大连分行成立。行址：原大连市越后町4号，今中山区玉光街61号。

汇丰银行大连分行主要为英商融通特产和其他商业资金，并办理外汇和一般银行业务。

1942年，汇丰银行大连分行被日本按敌产强行没收。

3.花旗银行大连分行

花旗银行，1901年创立，资本金5250万美元，1929年增资1亿美元，总行设在美国纽约。因资本雄厚，当时称为世界第二大银行。

1925年，花旗银行大连分行成立。行址：原大连市山县通2号，今中山区中山广场。

1942年，花旗银行大连分行被日本按敌产强行没收。

4.麦加利银行大连支店

麦加利银行，又称渣打银行，1853年由英国人创立，资本金300万英镑，后增资为1200万英镑。总行设在英国伦敦。

1928年12月，麦加利银行大连支店成立。行址：原大连市东公园町2号，今中山区鲁迅路。

1932年2月，麦加利银行撤销。

**其他金融机构：**

1.大连交易所

大连交易所成立于1913年9月1日，是日本殖民统治关东都督府批准成立的官营交易所。大连交易所内设有特产和钱钞两部，地址：原大连市山县通，今中山区港湾广场1号。

（1）大连交易所信托株式会社。1913年6月创立。地址：原大连市山县通，今中山区港湾广场1号。对外公布资本金300万日元，实交资本金300万日元。主营特产交易。到1938年因日本实行战时经济统制法，迫使大连特产交易所关闭，该信托株式会社也被关闭。

（2）大连交易所钱钞信托株式会社。成立于1917年5月。地址：原大连市爱宕町，今中山区同兴街39号。对外公布资本金300万日元，实交资本金150万日元。办理钱钞交易及担保清算业务。1936年底关闭。

大连交易所信托株式会社旧址
今中山区港湾广场1号

2.大连股票商品交易所

1920年2月，大连股票商品交易所（又称股票、棉丝布、面粉、砂糖、麻袋五品交易所）成立，属民营性质。地址：原大连市敷岛町46号，今中山区七一街。1938年，因实行经济统制法，经营困难，同年关闭商品交易所，1945年日本投降前夕，关闭股票交易所。

（1）大连股票信托株式会社。成立于1920年3月。地址：大连市敷岛町46号，今中山区七一街。主要业务是为股票交易人履行担保和交易清算以及融通资金。

（2）大连商品信托株式会社。成立于1921年10月。地址：大连市敷岛町46号，今中山区七一街，在大连股票商品交易所内。主要业务是为商品交易人履行担保和交易清算以及融通资金。

**【日本统治时期的金融业务】** 结算业务　1904年8月，日本横滨正金银行进入大连后，其他日本银行陆续在大连设立机构，1932年6月和1936年12月，伪满洲中央银行和伪满洲兴业银行成立以后，两行先后在大连设立机构。日本和伪满银行都把日本的本土、库页岛南部、朝鲜半岛、台湾、全东北（包括大连）都视为日本国内汇兑，均可办理汇兑和异地结算。

票据交换　大连票据交换所建立于1918年9月5日，设在大连横滨正金银行内，今中山广场1号。票据交换所最初由大连朝鲜银行牵头，横滨正金银行、正隆银行、大连银行、辽东银行、教育贮金银行、龙口银行、大连商业银行8个银行，在统一时间和地点，集中进行票据交换。到1943年，参加交换的已有14家银行机构。

关东银行旧址，1947年由大连银行更名

今中国工商银行大连分行

**【大连光复后的银行机构】**1945年8月22日，苏军进驻旅大地区，实行军事管制。11月8日，大连市政府成立。12月8日，开始接管市内16个日伪银行机构，12月28日，分别成立大连中国工业、农业、商业3个地方性国家银行，即日开始对外营业。同年11月，苏联远东银行在大连设立分行。行址：今中山区中山广场9号，主要为苏营企业和中苏合营企业服务，属于普通银行。

1.大连中国工业银行

大连中国工业银行在接管朝鲜银行大连支店、西部出张所、中国台湾银行大连支店、满洲中央银行大连支店、横滨正金银行大连支店、帝国银行大连出张所等6家日本银行机构基础上成立。行址：中山区中山广场1号。

2.大连中国银行

该行接管旧中国银行大连分行。行址：中山区中山广场7号。

3.大连中国商业银行

大连中国商业银行在接管伪满洲兴业银行大连支店、伊势町支店、小岗子支店、沙河口出张所、帝国银行西部出张所和三菱银行、三和银行、住友银行、安田银行大连出张所9家日本银行基础上成立。行址：中山区上海路。

4.大连银行

1946年7月1日，大连中国工业、农业、商业3家银行合并成立大连银行总行。行址：中山区中山广场1号。下设民康街、西岗子、沙河口、大连县、旅顺分行。

5.关东银行

1947年4月20日，大连银行更名为关东银行，直属关东公署领导。行址：中山区中山广场1号。下设西岗子分行、大连县分行、旅顺分行、金县分行。

**【新中国成立后的银行机构】**1949年10月1日，中华人民共和国成立。1950年4月，大连地区的原东北银行的分支机构改为中国人民银行的分支机构。

1.东北银行旅大分行

1950年6月15日，遵照东北人民政府指令，关东银行并入东北银行，改称为东北银行旅大分行。行址：中山区中山广场1号。下设6个支行（中山广场、西岗、沙河口、旅顺、金县、长山县）。下设5个区、厂办事处（青泥洼桥、寺儿沟、岭前、驻钢厂、驻大纺）。

2.中国人民银行旅大市分行

1951年4月1日，东北银行旅大分行改称中国人民银行旅大市分行。行址：中山区中山广场1号。

3.中国人民建设银行大连市分行

1953年2月，成立基本建设投资银行旅大分行。行址：中山区上海路1号。1954年10月，将基本建设投资银行旅大分行，改称中国人民建设银行旅大分行。行址：中山区中山广场5号。

4.中国银行大连分行

1977年7月，中国银行大连分行升格为县团级单位，至此，中国人民银行旅大市分行国外业务部正式成处级机构。1978年8月，中国银行大连分行与中国人民银行旅大市分行“脱钩”。行址：中山区中山广场9号。

5.中国农业银行旅大市分行

1963年12月，建立中国农业银行旅大市分行，1965年9月撤销。行址：中山区中山路2号。

**【新中国成立后的金融结算业务】**

异地结算　关东银行从1949年11月1日起与东北各地开始通兑。1949年12月，关东银行总行与中国人民银行天津分行签订通汇协议，1950年2月开始正式通兑。到1950年3月，中国人民银行与关东银行通汇仍通过天津分行再扩大到北京、济南、南京、上海、汉口、归绥、太原、西安等25个城市。采用电汇、信汇、票汇3种方式。1950年10月，又增加旅顺、金县支行两个通兑 点。1950年9月，东北银行旅大分行与内蒙古地区开始办理汇兑业务。1951年4月，东北银行旅大分行改称为中国人民银行旅大分行。从此，开始办理全国范围内的通兑业务。

同城结算 1950年7月，东北银行旅大分行实行现金、结算、信贷为3大中心新业务，推行独立会计制度。1953开始全国统一推行的中国人民银行总行制订的“一般结算方式”，其中同城结算有：支票结算、保付结算、托收（无承付）结算、计划结算、托收承付结算。

1965—1966年，人民银行旅大市分行对部分部门和行业试行和采取“送货委托结算”、“托收无承付结算”办法。

1972年，根据全国分行行长会议精神，对结算工作进行整顿和修改，在同城结算方面取消实物收据办理托收承付的同时，强调对支票结算的整顿。

1979年5月，人民银行旅大市分行开始试行限额支票结算。到1983年逐步由票汇结算所代替。

1983年7月1日，根据人民银行总行关于改进结算精神，人民银行旅大市分行制定同城结算四种办法。包括支票结算、付款委托书结算、托收无承付结算和同城托收承付结算。

1989年4月1日，经国务院同意人民银行总行对结算进行改革之后，到1990年末，同城结算有：银行本票、支票、付款委托书、同城托收承付，特种委托收款结算以及商业汇票、委托收款、信用卡等。

票据交换 1951年，东北银行旅大分行恢复了票据交换，参加票据交换的有东北银行旅大分行营业部，中山、西岗、沙河口、寺儿沟、岭前等各区办事处。交换办法以内部往来科目划收划付。

1954年初，票据交换改用“同城往来”科目代收代付、代付汇总。固定交换场所设在中山区玉光街60号地下室（原人民银行旅大市分行办公楼），这种办法一直延续到1953年末。

1957年12月，人民银行旅大市分行自行设计了同城往来报单，以此报单办理票据交换。这个办法一直延续到1984年12月。

1979年10月开始，人民银行旅大市分行把同城票据交换逐步扩大到县（区）。

1985年1月1日，人民银行大连市分行牵头，汇同各专业银行组建大连票据交换所，参加交换的共有52个行处。全年共组织交换573场次，日平均提出票据17989笔，平均交换金额13746万元。

到1990年底，大连市全市参加市一级票据交换单位共有144个，全年提出票据交换张数为7977616张，金额为8953250万元。

## 【1979—1990年期间的金融机构】

1979年，恢复中国农业银行旅大市分行。1980年，中国银行大连分行升格为省级。1984年，建立中国投资银行大连市分行。1985年，建立中国工商银行大连市分行。1985年，经人民银行大连市分行审批，大连全市共增金融机构74个。其中，工商银行分理处1个，储蓄所9个，农业银行储蓄所62个；农村信用社储蓄所2个。1987年3月至1988年7月，中国人民银行大连市分行批准，先后新设立建设银行大连市分行营业部、长海县支行、中山支行和西岗支行。1987年5月，大连市第1家国家综合性银行——交通银行大连分行成立。1988年4月，中信实业银行成立，1990年9月，成立营业部。1985年，外资银行开始陆续在大连设立机构。在中山区集聚的主要金融机构如下。

**国内银行机构：**

### 1.中国人民银行大连市分行

行址：中山区中山广场1号，1985年末，下设大连经济技术开发区办事处。职工355人。1990年末，下设开发区支行、金州区支行、新金县支行、瓦房店市支行、庄河县支行。职工495人。

### 2.中国工商银行大连市分行

行址：中山区长江路138号。辖有支行、办事处、公司、分理处、储蓄所等机构166个。职工3117人。

1990年末，大连市分行下设6个区办和1个支行（中山广场、西岗区、沙河口区、甘井子区、青泥洼桥、旅顺口区、经济技术开发区支行）和4县（市）支行 （金县、新金县、瓦房店市、庄河县）。各区办及各县支行下设分理处23个、集镇办事处7个、储蓄所168个。职工3886人。

### 3.中国农业银行大连市分行

行址：中山区中山路141—1号。1979年10月1日，正式恢复中国农业银行旅大市分行。1990年末分行下设5个支行（开发区、庄河县、瓦房店市、新金县、长海县）和3个区办事处（金州区、旅顺口区、甘井子区）。县区行所属下设集镇办事处和营业所127个，储蓄所289个。职工2811人。

### 4.中国银行大连分行

行址：中山区中山广场9号。1980年，中国银行旅大分行升格为辽宁省人民政府厅级机构，负责管理中国银行在辽宁省内的机构和业务。1990年末，大连分行下设16个市地级分支行：沈阳分行、大连市业务部、鞍山分行、抚顺分

中国人民建设银行大连市分行（1990年）

行、本溪分行、丹东支行、锦州支行、营口支行、阜新支行、辽阳支行、铁岭支行、朝阳支行、盘锦支行、锦西支行、开发区分行、信托咨询公司。

大连地区分支行下设储蓄所59个。职工553人。

5.中国人民建设银行大连市分行

行址：中山区解放路48号。1990年末，中山区分行下设16个行处，大连地区支行、处设置储蓄所115个。职工1396人。

6.交通银行大连分行

行址：中山区中山广场6号。1987年5月设立。1990年末，各项存款余额25.5亿元，各项贷款余额28.4亿元。下设6个支行，职工175人。

7.中信实业银行大连分行

行址：中山区中山广场7号。1988年4月设立。1990年末，吸收存款余额为1.8亿元，贷款余额为2.9亿元。职工59人。

8.中国投资银行大连市分行

行址：中山区昆明街49号。1984年10月，成立中国投资银行大连市分行。1990年末，职工40人。

**外资银行机构**

1.东京银行大连代表处

1985年1月设立。地址：人民路富丽华大酒店内。

2.三菱银行大连代表处

1985年3月设立。地址：人民路国际酒店内。

3.兴业银行大连代表处

1985年4月设立。地址：中山路民航大厦内。

4.住友银行大连代表处

1985年9月设立。地址：中山路民航大厦内

5 .富士银行大连代表处

1985年9月设立。地址：中山路民航大厦内。

6.三和银行大连代表处

1985年11月设立。地址：中山路民航大厦内。

7.三井银行大连代表处

1986年3月设立。地址：人民路国际酒店内。

8.第一劝业银行大连代表处

1986年9月设立。地址：中山广场大连宾馆内。

9.山口银行大连代表处

1987年9月设立。地址：中山广场大连宾馆内。

10.标准渣打银行大连代表处

1986年12月设立。地址：人民路国际酒店内。

11.巴黎巴银行大连代表处

1987年7月设立。地址：解放街1号国际博览中心酒店内。

12.汇丰银行大连代表处

1987年12月设立。地址：人民路富丽华大酒店内。

**城市信用社：**

1984年7月1日，大连城市信用社成立。1990年末，城市信用社发展到30家。

开业半年，存款户为793户，存款余额达1970万元。1990年，存款余额12.14亿元，贷款余额9.97亿元。

中国投资银行大连市分行（1984年）

交通银行大连分行（1987年）

### 1990年末中山区城市信用社情况表

| 序号 | 名称 | 地址 |
|---|---|---|
| 1 | 大连市青泥洼桥城市信用社 | 中山路126-2号 |
| 2 | 大连市中山区站前城市信用社 | 青泥街18号 |
| 3 | 大连市城市职工信用社 | 荣盛街33号 |
| 4 | 大连市解放路城市建设信用社 | 解放路46号 |
| 5 | 大连市中山城市信用社 | 安乐街42号 |
| 6 | 大连市城市信用联社营业部 | 吉庆街81号 |
| 7 | 大连市汇通城市信用社 | 民生街2号 |

**信托投资公司：**

改革开放后，大连市信托业发展迅速，到1990年。全市信托公司有8家，其中设在中山区的6家。

1.中国工商银行大连信托投资股份有限公司

1988年5月成立，隶属中国工商银行大连市分行，全民所有制金融企业，企业法人。其基本任务是筹集和融通资金，支持经济发展。

2.中国农业银行大连市信托投资公司

1984年10月正式对外营业。中国农业银行总行下拨1000万元作为信托部的资本金。信托部是大连市农业银行的直属全民所有制金融企业，独立经济法人。主要进行信托投资业务活动。1986年10月24日，农业银行大连市分行信托投资部改称为信托投资公司。

3.中国银行大连国际信托咨询公司

其前身是中国银行大连分行信托部，1981年7月成立。隶属中国银行大连分行领导。经营性质为全民所有制。1987年9月，信托部改为国际信托咨询公司，为独立经济法人。主要经营范围是信托投资、信托放款、国际租赁业务和委托放款及担保咨询。

4.中国人民建设银行大连市信托投资公司

隶属中国人民建设银行大连市分行，1987年1月成立，是全民所有制金融企业，实行独立核算自负盈亏，独立经济法人。

5.大连国际信托投资公司

隶属市政府领导局级建制全民所有制企业，实行独立核算自负盈亏。1981年9月，名称为辽宁省国际信托投资公司。1986年1月，改称大连国际信托投资公司。

6.大连信托投资公司

1990年6月26日，在原大连市地方信托投资公司基础上，由大连市财政局、计委、房地产管理局、劳动保险公司和大连市地方信托投资公司共同出资组建。全民所有制的金融机构，隶属市政府领导，局级建制，实行独立核算自负盈亏，具有法人地位的经济实体。1990年12月15日正式对外营业。

【1991—2000年大连市金融机构情况】1991—2000年，大连国内金融机构新增分行级的机构有政策性银行2家，股份制银行7家，资产管理公司4家，财务公司1家，农村信用社1家。

1990年，大连外资银行共12家。2000年末，外资银行驻连机构增加至16家，其中分行10家、办事处6家。

**国内金融机构建立情况：**

1991年4月11日，中国银行大连业务部改名为中国银行渤海分行，管辖大连市的中国银行分支机构。

同年7月27日，大连市城市信用合作社联合社正式成立，作为市政府直属的非银行金融机构，经中国人民银行授权，对全市27家城市信用社实行统一归口管理，行使领导、管理、协调、监督和稽核职能。

大连信托投资公司（1990年）

附：

1990年大连地区金融机构及人员情况表

| 项目＼数量＼行别 | 合计 | 人民银行 | 工商银行 | 农业银行 | 中国银行 | 建设银行 | 交通银行 | 中信银行 | 信托投资公司 | 其他 |
|---|---|---|---|---|---|---|---|---|---|---|
| 总计 | 1392 | 6 | 371 | 716 | 76 | 175 | 29 | 2 | 10 | 7 |
| 一、全民 | 944 | 6 | 231 | 466 | 58 | 146 | 26 | 2 | 9 | — |
| 省行营业部 | 1 | — | — | — | 1 | — | — | — | — | — |
| 市分行（公司） | 12 | 1 | 1 | 1 | — | 1 | 1 | 1 | 6 | — |
| 市行营业部 | 4 | — | — | 2 | — | 1 | — | 1 | — | — |
| 市区办事处 | 18 | — | 7 | 3 | 2 | 3 | 3 | — | — | — |
| 区属分理处 | 42 | — | 14 | 5 | 7 | 12 | 4 | — | — | — |
| 县支行（公司） | 31 | 5 | 4 | 5 | 6 | 7 | 1 | — | 3 | — |
| 县行营业部 | 7 | — | — | 7 | — | — | — | — | — | — |
| 县辖办事处 | 18 | — | 9 | 4 | — | 5 | — | — | — | — |
| 县辖分理处 | 18 | — | 8 | 6 | — | 2 | 2 | — | — | — |
| 营业所 | 117 | — | — | 117 | — | — | — | — | — | — |
| 储蓄所 | 676 | — | 188 | 316 | 42 | 115 | 15 | — | — | — |
| 二、集体 | 168 | — | 12 | 139 | 1 | 9 | — | — | — | 7 |
| 城市信用社 | 30 | — | 12 | 1 | 1 | 9 | — | — | — | 7 |
| 其中：县（市） | 7 | — | 3 | — | — | 3 | — | — | — | 1 |
| 农村信用联社 | 7 | — | — | 7 | — | — | — | — | — | — |
| 农村信用社营业部 | 1 | — | — | 1 | — | — | — | — | — | — |
| 农村信用社储蓄所 | 130 | — | — | 130 | — | — | — | — | — | — |
| 三、联办储蓄所 | 278 | — | 128 | 111 | 16 | 20 | 3 | — | — | — |
| 四、其他 | 2 | — | — | — | 1 | — | — | — | 1 | — |
| 职员 | 9421 | 495 | 3682 | 2585 | 1132 | 979 | 502 | — | — | — |
| 全民（含工人） | 10390 | 595 | 3886 | 2811 | 1132 | 1369 | 537 | 46 | — | — |
| 集体 | 5851 | — | 664 | 4970 | 57 | 160 | — | 60 | — | — |

1993年，国内具有较大影响的光大银行、南方证券公司、君安证券公司、中国民族信托投资公司在连设立分支机构。

1997年3月9日，中国农业发展银行大连市分行成立并对外营业。

同年4月28日，招商银行大连支行分行开业。

同年5月8日，招商银行大连支行成立。

1998年3月28日，经中国人民银行批准大连商业银行正式成立。下设31家分支机构。

1999年8月1日，中国银行大连市分行与中国银行辽宁省分行正式合并，同时成立直属省行的中国银行大连市中山广场支行。

同年3月，中国光大银行大连分行接收原中国投资银行大连分行7家营业网点。

同年3月23日，国家开发银行大连分行成立，该行属国家政策性银行。

同年5月，大连市农村信用合作社联合社成立。

同年6月10日，中国民生银行大连分行成立。

同年7月18日，深圳发展银行大连分行成立。

同年9月19日，华夏银行大连支行成立。

**外资银行入驻情况：**

1992年9月9日，日本东京银行大连分行正式对外挂牌营业。是新中国建立后外国银行在连设立的第一家营业性外资分行。

同年3月31日，韩国外换银行大连分行正式成立。

同年7月23日，香港东亚银行

成立。

同年11月，日本兴业银行大连分行正式对外挂牌营业。

1997年6月17日，香港上海汇丰银行大连分行成立。

**大连市金融市场：**

1986年末，成立由中国人民银行大连市分行牵头，各金融机构参加的有形资金市场——大连短期融资中心。1988年6月，在大连短期融资中心基础上建立大连融资公司。1989年末，大连短期融资公司撤销，以大连市融资中心的形式，继续为各金融部门提供中介服务。1990年8月，人民银行大连市分行在大连市融资中心基础上，重新组建大连市金融市场。地址：中山区解放街1号。到1990年末，发展会员单位62家，其中主要单位有工商银行、农业银行、中国银行、建设银行、交通银行、中信银行的大连分行和大连各信托投资公司以及各城市信用社。融资范围除大连地区外，扩展到全国20多个省、市、自治区和计划单列城市。

**大连市外汇调剂中心：**

1988年4月8日建立。隶属中国人民银行大连市分行。地址：中山区中山广场1号。

该中心是大连地区组织外汇交易活动的唯一合法机构，为一级调剂中心，在大连经济技术开发区设有1个代办处。截至1990年末，共办理外汇调剂6732笔，调剂金额达88854万美元。大连市外汇调剂量占辽宁省半数以上，是东北地区最大的外汇调剂中心。

**证券公司：**

1988年6月9日，大连证券公司成立。地址：中山区友好路。成立之初，率先在大连地区办理国债转让、代保管和跨地区证券交易业务。

1988年8月到年末，在旅顺、金州、大连经济技术开发区、瓦房店、庄河等地的金融机构中设立证券业务代办处；在市内的汇通、新开路、宏达、站前等城市信用社的设立证券业务代办处。

1989年11月，大连证券公司经整顿被撤销，人、财、物全部移交交通银行大连分行证券部，仍沿用大连证券公司名称。地址：中山区白玉街7号。

1990年12月18日，根据人民银行总行有关文件精神，人民银行大连市分行收回并重新组建股份制的大连证券公司。地址：中山区解放街1号。

**保险公司：**

1949年12月20日，大连保险公司成立。1950年7月，大连保险公司改为中国人民保险公司旅大市分公司，业务由东北区公司直接负责。1953年6月1日，东北行政区撤销后，东北区公司随之撤销。同时，成立中国人民保险公司辽宁省分公司。中国人民保险公司旅大市分公司直属该公司领导，下设金县、旅顺、长海3个机构。1954年9月，分公司划归辽宁省保险公司领导。同年12月30日，改为旅大市保险公司，级格为局属县团级。1959年1月20日，根据辽宁省财政厅546号文件，撤销国内保险机构，停办保险业务；国外保险业务移交中国银行办理，设保险科，对外称中国人民保险公司大连分公司。1980年，重新恢复中国人民保险公司大连分公司，定编100人，在金县、复县设2个支公司。职工102人。

1984年1月，大连分公司升格为市属局级单位。下设11个分支机构，包括中山区、西岗区、沙河口区、甘井子区、旅顺口区、金州区（原金县）、瓦房店市（原复县）、普兰店市（原新金县）、庄河市（原庄河县）、长海县支公司及大连经济技术开发区分公司。其中，中山区支公司于1984年9月1日，由中山广场办事处和青泥洼桥办事处合并而成。

(1) 大连市社会保险公司。1990年1月11日，经大连市政府批准成立，与中国人民保险公司大连分公司合署办公，下设金州区、旅顺口区、甘井子区和长海县4个公司与所在的大连分公司分支机构合署办公。该公司在大连人寿保险股份有限公司成立后，改与其合署办公。

(2) 大连市人寿保险股份有限公司。1990年6月25日，经中国人民银行批准成立，实行独立核算，为独立企业法人。1990年年底，大连人寿保险股份有限公司正式成立。

大连人寿保险股份有限公司（1990年）

**【中山区金融大事记】**

（1904—1990年）

**1904年**

8月　日本横滨正金银行进入大连，设立青泥洼出张所（储蓄所）。

**1906年**

日本明治生命保险株式会社在大连设立最早的日资保险机构。

**1907年**

### 2000年末大连市金融机构网点情况表

| | 合计 | 本部 | 支行 | 分理处 | 储蓄所 | 办事处 |
|---|---|---|---|---|---|---|
| 工商银行 | 216 | 1 | 16 | 32 | 167 | — |
| 农业银行 | 369 | 1 | 15 | 139 | 213 | 1 |
| 中国银行 | 117 | 1 | 17 | 22 | 77 | — |
| 建设银行 | 197 | 1 | 18 | 43 | 135 | — |
| 国家开发银行 | 1 | 1 | — | — | — | — |
| 农业发展银行 | 9 | 1 | 8 | — | — | — |
| 交通银行 | 65 | 1 | 13 | 25 | 25 | 1 |
| 中信实业银行 | 23 | 1 | 10 | 9 | 3 | — |
| 光大银行 | 12 | 1 | 11 | — | — | — |
| 广东发展银行 | 6 | 1 | 5 | — | — | — |
| 招商银行 | 5 | — | 1 | 4 | — | — |
| 民生银行 | 3 | 1 | 2 | — | — | — |
| 华夏银行 | 4 | 1 | — | 3 | — | — |
| 深圳发展银行 | 1 | 1 | — | — | — | — |
| 市商业银行 | 30 | 1 | 29 | — | — | — |
| 城市信用社 | 7 | 5 | — | 2 | — | — |
| 农村信用社 | 535 | 144 | — | 176 | 215 | — |
| 船舶财务公司 | 1 | 1 | — | — | — | — |
| 信托投资公司 | 8 | 5 | — | — | — | 3 |
| 邮政储蓄 | 219 | — | — | — | 219 | — |
| 外资银行 | 16 | 10 | — | — | — | 6 |
| 全市总行 | 1844 | 179 | 145 | 455 | 1054 | 11 |

清政府为征收大连港关税，大清银行在大连设立分号，成为首家国家银行在连分支机构。

1911年

6月 正隆银行本店从营口迁至大连。

12月 俄亚银行在大连设立支店。

1913年

1月 大连贮金银行成立。

6月 大连交易所信托株式会社成立。朝鲜银行在大连设立支店。

7月 龙口银行在大连设立支店。

9月 中国银行在大连设立分号后改为分行。

大连交易所经日本关东都督府批准成立。

1915年

7月 大连贮金银行改名为大连银行。

1916年

3月 教育贮金银行在大连设立。

1917年

5月 大连交易所钱钞信托株式会社成立。

同月 龙口银行本店从山东龙口迁至大连。

同年 东洋拓殖株式会社在大连设立支店。

1918年

6月 交通银行在大连设立分行。

11月 大连商业银行成立。

同年 辽东银行本店从普兰店迁至大连。

1920年

1月 交通银行大连分行撤销。

2月 大连股票商品交易所成立。

3月 大连股票信托株式会社成立。

11月 南满银行在大连设立支店。

同年 东华银行在大连设立支店。

同年 日华银行在大连设立支店。

同年 东莱银行在大连设立支店。

1921年

9月 满洲商业银行在大连设立支店。

10月 大连商品信托株式会社成立。

12月 汇丰银行在大连设立分行。

1924年

8月14日，龙口银行停业。

1925年

2月 花旗银行在大连设立分行。

1926年

俄亚银行倒闭，受其影响该行大连支店也同时倒闭。

1927年

6月 交通银行大连分行重新开业。

11月 金城银行在大连设立分行。

1928年

12月 麦加利银行（渣打银行）在大连设立支店。

1932年

2月 麦加利银行（渣打银行）大连支店停业。

1933年

3月 伪满洲中央银行在大连设立支店。

1936年

11月 天和银行在大连设立支店。

12月 福德银行在大连设立支店。

同年 满洲兴业银行在大连设立支店、伊势町支店、小岗子支店、沙河口出张所。

同年 台湾银行由大连出张所升格为大连支店。

同年 三井银行在大连设立出张所。

同年 住友银行在大连设立出张所。

同年 第一银行在大连设立出张所。

同年 三菱银行在大连设立出张所。

同年 安田银行在大连设立出张所。

同年 三和银行在大连设立出张所。

同年 大连交易所钱钞信托株式会社关闭。

1938年

大连特产交易所关闭。

同年 大连交易所信托株式会社停业关闭。

1941年

同年 东莱银行大连支店、大连商品交易所停业关闭。

1942年

交通银行大连分行、金城银行大连分行停业关闭。

同年 天和银行大连支店、福德银行大连支店停业。

同年 汇丰银行大连分行、花旗银行大连分行，被日本政府按敌产没收。

1943年

三井银行大连出张所与第一银行大连出张所合并更名为帝国银行大连西部出张所。

同年 第一银行大连出张所与三井银行大连出张所合并，更名为帝国银行大连出张所。

1945年

11月 苏联远东银行大连分行成立。

12月18日 大连市政府开始接收敌伪16个银行。

12月28日 在大连市政府领导下成立大连中国工业、农业、商业3个地方性国家银行。

1946年

7月1日 大连中国工业、农业、商业3家银行合并，成立大连银行总行。

1947年

4月20日 大连银行更名为关东银行，直属关东公署领导。

10月 大连金银交易所正式成立。

1948年

9月20日 大连票据交换所成立，开始实行票据交换。

1949年

1月1日 中和信托公司并入关东银行。

1950年

6月15日 关东银行并入东北银行，更名为东北银行旅大分行。

1951年

3月 原苏联在大连地区经营的企业移交给中国，为其服务的苏联远东银行大连分行开始撤离。

4月1日 东北银行旅大分行改称中国人民银行旅大分行。

1954年

10月1日 东北区基本建设投资银行旅大分行更名为中国人民建设银行旅大市分行。

1960年

6月18日 成立中国银行大连分行，对内称国外业务部。

1962年

7月27日 正式恢复中国人民建设银行旅大市分行机构，业务由建设银行辽宁省分行领导。

1963年

12月30日 中国农业银行旅大市分行成立。

1965年

9月 中国农业银行旅大市分行撤销。

1968年

8月 建设银行旅大市分行及其所属支行撤销。

1973年

中国人民建设银行旅大市分行正式恢复建制。

1979年

10月1日 恢复中国农业银行旅大市分行。

1980年

10月22日 中国银行大连分行升格为辽宁省厅级单位。

1981年

2月9日 中国人民银行旅大市分行改称中国人民银行大连市分行。

9月29日 辽宁省国际信托投资公司大连信托投资公司成立。

1983年

3月5日 中国人民银行大连信托投资公司成立。

1985年

1月1日 人民银行大连市分行与工商银行大连市分行正式分设。

同日 中国人民银行大连信托投资公司更名为中国工商银行大连信托投资公司。

1月10日 大连市第一家地方性金融机构——大连市地方信托投资公司成立。

3月 日本三菱银行在大连设立办事处。

同月 日本兴业银行在大连设立代表处。

7月 日本住友银行在大连设立代表处。

11月 日本三和银行在大连设立代表处。

1986年

1月 辽宁省国际信托投资公司大连分公司改称大连国际信托投资公司。

同月 大连市中山城市信用社

成立。

同月　大连地方信托投资公司成立。

3月　日本三井银行在大连设立代表处。

7月 日本第一劝业银行在大连设立代表处。

12月 英国标准渣打银行在大连设立办事处。

1987年

1月 中国人民建设银行大连市信托投资公司成立。

5月23日　交通银行大连分行开业。

9月 大连市第1家证券部——大连市地方信托投资公司证券部成立。

12月　英国汇丰银行在大连设立办事处。

1988年

4月5日　中国工商银行大连信托投资股份有限公司正式成立。

同月 中信实业银行大连分行成立。

1990年

8月2日　大连市金融市场正式成立。

12月15日　大连信托投资公司成立。

（资料摘自：《大连市志·金融志》《大连市志·保险志》《大连图史》）

## 商贸服务

【概况】2011年，中山区整合商业资源，创新商业模式，优化商业布局，进一步推动商贸服务业发展。培育并首批命名4条区级特色街区。在全市率先启动“白领午餐工程”，确定午餐工程加盟企业60家。大连佳兆业广场项目启动，东北亚国际品牌商品交易中心落户。全区实现社会消费品零售总额422亿元，比上年增长17.4%。其中，批发业2.65亿元，减少1.3%；零售业345.96亿元，增长18.7%；住宿业11.07亿元，增长18%；餐饮业38.7亿元，增长22%。

【高端商贸业加速发展】2011年，中山区注重引进国内外知名时尚、休闲品牌和各类旗舰店。时代广场、世界名品坊、新世界名店坊等高端商业项目引进大批国际一线品牌。乔治·阿玛尼、迪奥·桀傲、朗雯、莫斯奇诺、杜嘉班纳、范思哲、古琦、普拉达、芬迪、赛琳、江诗丹顿、路易·威登、萨拉、爱彼、Glasstique等世界知名品牌进驻域内名店名街。其中，路易·威登、乔治·阿玛尼、迪奥·桀傲、古琦、普拉达、萨拉6个店为东北旗舰店。新入驻宝缇嘉、夏姿陈、伊夫圣洛朗等品牌店。

【锦华钟表汇集全球顶尖腕表品牌】2011年，开业1年的大连锦华钟表洲际旗舰店汇集全球顶尖腕表品牌，成为大连顶级钟表消费的专享区。包括江诗丹顿、爱彼、伯爵、卡地亚、劳力士、欧米茄、万国、时光宝盒、积家、宇舶、沛纳海、Harry Winston、格林汉、朗格、宝珀、萧邦、宝诗龙、昆仑、Richard Mille、Dewitt。先期入驻的20多个品牌均设立专卖店。

附：　驻时代广场国际知名时装品牌一览

| 序号 | 名　称 | 店铺级别 |
|---|---|---|
| 1 | Alfred Dunhill/阿尔弗雷德·登喜路 | |
| 2 | Brunello Cucinelli/布鲁内诺·库奇内利 | |
| 3 | Brioni/布莱奥尼 | |
| 4 | D&G/杜嘉班纳 | |
| 5 | Hugo Boss Selection | |
| 6 | Louis Vuitton /路易·威登 | 旗舰店 |
| 7 | Moschino/莫斯奇诺 | |
| 8 | Prada / 普拉达 | 旗舰店 |
| 9 | Tod's /托德斯 | 旗舰店 |
| 10 | Versace/范思哲 | |
| 11 | Zara | |
| 12 | Daks | |
| 13 | Dior /迪奥 | 旗舰店 |
| 14 | Dior Homme/迪奥·桀傲 | |
| 15 | Ermenegildo Zegna/ | |
| 16 | Fendi/芬迪 | |
| 17 | Giorgio Armani/乔治·阿玛尼 | 旗舰店 |
| 18 | Gucci/ 古琦 | 旗舰店 |
| 19 | Hermès/爱马仕 | |
| 20 | Hugo Boss Black | |

（史　天）

人民路上的名品店

锦华钟表珠宝店

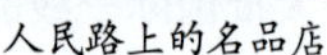

附：

**2011年中山区主要百货商场一览**

| 名　称 | 地　址 |
|---|---|
| 大连商场 | 青三街1号 |
| 大连秋林女店 | 中山路108号 |
| 大商男店 | 解放路18号 |
| 大商家家广场 | 友好街42号 |
| 新玛特购物休闲广场 | 青三街1号 |
| 麦凯乐大连商场 | 青泥街57号 |
| 友谊商城 | 人民路6—8号 |
| 新世界百货公司 | 天津街200号 |
| 胜利广场发展有限公司 | 胜利广场28号 |
| 大连国美电器有限公司 | 胜利广场28号 |
| 大连苏宁电器连锁加盟有限公司 | 上海路45号 |
| 太平洋百货 | 解放路19号 |
| 百年城 | 解放路19号 |
| 天植商城 | 天津街135号 |
| 大连奥特莱特商城 | 胜利广场3号 |
| 新华洋商场 | 中山路124号 |
| 大连海源电子城 | 长江路177号 |
| 大连新天百大楼 | 天津街199号 |
| 大连时代购物广场 | 人民路36—38号 |
| 新世界名店坊 | 人民路43号 |
| 大连久光百货店 | 友好街111号 |
| 大连香榭里购物广场 | 长江路313号 |
| 大连佳兆业购物广场 | 天津街271号 |

（王日东）

**【东北亚国际品牌商品交易中心落户】**2011年8月10日，大连东北亚国际品牌商品交易中心有限公司投资兴建东北亚国际品牌商品交易中心工程。该项目总投资约200亿元，由交易中心一期、二期、品牌企业总部大厦、品牌企业产业园区和设在各地的加盟连锁店组成，项目规划总建设期为3年。其中一、二期工程、品牌企业总部大厦均选址中山区。

一期工程位于中山区二七广场学士街3号，占地面积1.32万平方米，建设面积8.5万平方米，年底完工交付使用。二期工程位于一期工程东侧，占地面积2.68万平方米，建筑面积1.15万平方米，2012年初开工建设。品牌企业总部大厦选址东港商务区。

**【特色街区建设取得突破】**2011年，中山区制定《中山区加快推进特色商业街建设若干意见》《中山区特色商业街管理绩效考核办法》和《中山区特色街管理考核细则》，完善功能，提升档次，特色商业街建设取得突破性进展。

确定首批重点推进特色街区。3月7—13日，副区长王世海带队考察青岛、成都、南京、苏州、上海等城市的特色商业街建设。成立推进工作领导小组，研究制定特色街区扶持政策，确定首批重点推进特色商业街。

特色街区建设初具规模。渔人

渔人码头商业街

码头项目5月开街，青云58街周边楼房装修粉刷一新，大连老街部分主力店进驻并开业，夜大连（一期经典生活商业街）、七七街（南山）高端会所区、大连港湾不夜城、延安路休闲餐饮特色街等街区初具规模。

召开特色街区工作会议。区领导带领相关单位多次到街道辖区实地调研，研究制定推进方案。年底，召开2011年中山区特色街区专题工作会议，授予4个街区首批中山区特色街区牌匾，分别是夜大连（一期经典生活）商业街、七七街（南山）高端会所街区、老虎滩渔人码头、青云58休闲美食特色街区。

## 中山区特色街区选介

【夜大连（一期经典生活商业街）】区政府命名的第一批特色街区之一。位于中山区长江路东段，西南部为天津街商业区、大连火车站，南临人民路中央商务区。商业街面积4万平方米，建筑风格清新、浪漫，十几条小街形成商铺群落，建筑主体均为2—4层独立街铺，有充裕的室外情趣空间和浪漫的休闲氛围。周围写字间、酒店及商场林立，交通便捷，生活配套设施齐全，为都市白领阶层提供居住、休闲空间。经典生活商业区有70家店面开业。商业街业态以商务酒吧、特色餐饮、娱乐休闲和美容健身为主，主要服务于国际商务群体、国内外游客及白领阶层的商务洽谈。

营业面积超过1000平方米的商家有现代食尚餐饮、66商务俱乐部、乐都商务会所、东升商务会所、银座日式酒吧及艾丽丝酒吧等。营业面积接近1000平方米的商家有金玫瑰韩式松骨、哇沙米日本料理、湘港红馆、真锅咖啡和斓典咖啡。

【七七街(南山）高端会所街区】区政府命名的第一批特色街区之一。位于中山区七七街，街区全长2050米，有临街商业网点129家，毗邻日本风情街和儿童公园，是通往中共大连市委、棒棰岛的主要路街。商业街以深棕、咖啡色为基调，以中小型商业店面为基本格局，通过旧楼翻新和新建如旧改造，诸多别墅式商业设施布局其间，环境幽雅，富含古朴怀旧韵味。富丽华南山花园酒店、名轩、雪园、川王府、天天渔港和中艺厨房等高端餐饮店，天正河豚、银平本店、力士门、本善以及菊等精品日本料理店，柒七会所及金葵花一品店等休闲娱乐去处，是大连顶级商业消费场所。

【老虎滩渔人码头】区政府命名的第一批特色街区之一。位于老虎滩海洋公园东侧，山海相依，地理条件优越，自然景色优美。商业街东西长480米，南北长500米，海岸线长1768米，占地面积5.9万平方米，建筑面积6.9万平方米(含地下商业和停车场)。商业街由20栋单体建筑组成，分为主体商业区、东、西侧公寓区、灯塔和海上堤坝区。整体建筑为北美滨海小镇风格。商业街以商业和旅游为主，有渡船观光、钓鱼、特色海鲜烹饪、休闲娱乐等项目，较大的商铺有天天渔港、麦当劳、品海楼、石槽山庄、北京8号公馆洗浴和锦江集团家居式酒店等，海滨特色浓郁，是集观光、娱乐、文化、餐饮、购物和度假等多项功能为一体的综合性商业区。

【青云58休闲美食特色街区】区政府命名的第一批特色街区之一。位于中山区解放路两侧青云林海和青云映山两个高品质住宅小区之间，建筑面积1.2万平方米，是解放路重要的黄金地段。青云58街采用美国Shopping center商业模式设计，全部是独立独门两层美国加州排屋式商店。提供特色餐饮、咖啡等休闲时尚消费，是以便民、利民、满足和促进综合消费为目标的属地型商业街，体现自主、自由的社区商业模式。有知名度的店铺有一心烤肉、肯德基、鼎鼎香、大梁骨头、58街火锅、小镇渔港、唐[illegible]炖品店、巴比松咖啡、怡悦咖啡及亲亲袋鼠儿

特色商业街上的饮品店

童教育等。

【勤俭街特色商业街】位于中山区大连港及港湾广场附近，是大连主城区内的一条老街，连接五五路、港湾街两条主干道，长335米、宽19米，现有商铺34家。商业街主要业态为海鲜特色餐饮、休闲酒吧、娱乐、便利小吃、小商品零售等，为三八广场附近的中、高薪阶层服务。街区有大连园饭店、天上人间大酒店、巴蜀山水川味馆、湘味斋朱大龙虾等大中型餐饮店，有王将日本料理、台湾牛肉汤及松竹梅面堂等特色餐饮店，有上岛咖啡、石烧咖啡、新西兰长相思红酒屋、布德龙咖啡酒吧、酷乐堡咖啡酒吧及TT造型沙龙、审美专业美发、金雨美容养生会所、蝶恋花美容等休闲餐饮和美容服务场所。

【延安路餐饮休闲街】位于中山区延安路，北起中山音乐广场，南至大连外国语学院，全长950米，是重要的迎宾道路。沿街中小餐饮业和休闲娱乐场所集聚，有企业92家，以餐饮休闲及其他商业店面为主。与其相交叉的7条路街和延安路50米辐射范围内共有各类商业网点60余家。以高中层次餐饮、休闲、娱乐业为主体业态，重点突出日韩料理店和酒吧特色，服务对象为白领阶层、中外游客、收入或文化层次较高的中青年群体。商业街业态健全，其中天天渔港、中山园炖品店、今日世界酒店、川外川、从众居酒店、天一牧场、一心、金汉斯烤肉及千和烧肉等餐饮店具有较高知名度。亚桥咖喱店、花居酒屋、日光日本料理、宝冠日吧、话乐、波波斯吧、朋友酒吧、鲜脂勘吧、黑田城吧、莲吧、日月明咖啡、朋友酒吧和青风酒吧等休闲娱乐店具有日韩特色。巴菲特咖啡、芒果俱乐部为商务洽谈和休闲娱乐提供便利环境。鑫锋女子美容、佐登妮丝美容SPA、秋实足部健身院、绅士洗浴白金会馆和电气石汗蒸馆等提供高品质健康美容服务。

【“白领午餐工程”启动】2011年，中山区采取“政府引导、企业参与、市场化运作”模式，在大连市率先启动“白领午餐工程”。引领专业品牌餐饮及商家积极参与，解决中山区CBD区域内6000家企业、近8万名白领员工的午餐难问题。确定60家午餐工程加盟企业，其中规范和新建大厦物业餐厅30个，精选和培育大厦周边加盟企业30个。选定虹源物业食堂、鹿港小镇为加盟企业示范点。

6月30日，在虹源大厦举行中山区“白领午餐工程”座谈会暨启动仪式。大连市副市长孙广田、市服务业委、区政府领导，“白领午餐工程”加盟企业代表、配送企业代表、白领代表及媒体等近百人参加会议。会上，区长江亲瑜介绍“白领午餐工程”推进情况。虹源大厦、锦州银行等单位作评价发言。

副市长孙广田在讲话中指出，中山区开展“白领午餐工程”运作的思路、模式、形式非常科学，要求区政府做好试点，规范运作，在服务业发展方面领先全市。会后，副市长孙广田等领导参观考察了虹源物业食堂和鹿港小镇并为其揭牌。

【中小外贸企业获国际市场开拓资金】2011年，中山区商务局积极指导外贸企业申请中小企业国际市场开拓资金，努力扩大中山区出口创

启动“白领午餐工程”

汇规模，助力中小企业开拓国际市场。

上半年，中山区219家外贸企业在459个项目上得到支持，获扶持资金792.2万元。包括境外展览会、企业管理体系认证、产品认证、境外专利申请、国际市场宣传推介、电子商务、境外广告和商标注册、国际市场考察及境外投（议）标等9个大类。

10月，提前开展下半年中小企业国际市场开拓资金项目申报工作。年度资金的提前拨付，缓解了企业资金周转困难问题。

**【经济合作】**2011年，中山区经济合作办公室（以下简称经合办）理顺职能，明晰职责。积极发挥协调、合作职能与作用。

*深入街道开展调研。*征询各街道对区经合办工作的意见，了解街道在区域经济合作方面的需求，有针对性地开展服务工作。

*发挥参谋助手作用。*一是搜集编辑出版友好城区信息。编辑5期《他山之石》专刊，从金融贸易、现代服务业、功能区建设等角度，介绍深圳罗湖区、杭州下城区、广州越秀区的先进经验，分析研究“CDI CFCI中国金融中心指数”，帮助区领导了解国内一线城市中心区发展状况，借鉴发展经验。二是搜集整理发布计划单列市主城区信息。通过网站等途径搜集整理计划单列市主城区基本概况等资料，联系有关城区和部门，了解先进做法和经验，为友好城区合作和外联做好准备工作。

*开展对口帮扶。*改进帮扶方式，变“鱼”为“渔”。帮助贵州省正安县在大连开办大连市正安白茶专卖店。积极与正安县绿色产业办公室负责人联系，将店铺租金落实到位，促进专卖店的正常经营，实现多方共赢，并于10月中旬接待贵州正安县政协主席、绿色产业办公室主任一行，共同探讨长期友好合作。

*参加摄影作品展。*为庆祝辽宁沿海经济带上升为国家战略两周年，辽宁沿海城市经济联合体与辽

正安白茶大连旗舰店开业

宁省民俗学会决定共同举办辽宁沿海七城市摄影巡展。根据大连市经合办的要求，中山区经合办积极征集作品参加摄影展，展示中山发展新貌和人文精神。

（于丹妮）

【天津街商业步行街初显特色】2011年，中山区加快推进天津街振兴发展，科学调整建设定位、合理制定发展规划，推进重点项目建设，实行按需招商，盘活闲置物业资源，天津街商业步行街的功能特色初步显现。

确立商业街新定位。按照中山区“十二五”规划要把天津街建设成一个具有商贸、旅游休闲、文化娱乐功能的区域性时尚消费旅游中心这一战略定位，天津街管理办公室召开天津街商业发展研讨会，组织专家进行论证，出台《天津街振兴方案》，明晰天津街发展方向，确定发展定位，即要实现商业、旅游、文化联动，突出差异性、特色性发展，做到商业有“卖点”，旅游有“热点”，文化有“亮点”。形成从昆明街至友好路，以佳兆业广场、新世界百货为代表的时尚精品街区；从友好路至上海路，以天津街百货店南、北楼为代表的传统商业街区；从上海路至民生街，以宏济大舞台、天植商城为代表的文化创意街区；从民生街至修竹街，以老街、修竹广场为代表的餐饮娱乐街区。

推进重点工程建设。“老街”项目建设完毕，陆续投入使用。港汇中心项目占地6300平方米，建筑面积8.66万平方米，共41层，建成后将成为集商业、娱乐、办公、公寓为一体的商住两用综合体。国贸大厦项目启动，进行护坡工程等基础建设。该项目占地1.1万平方米，总建筑面积3.17万平方米，建筑总高度350米、85层，建成后将成为大连市标志性建筑之一。

丰富商业街业态。“老街”项目成功引进山水楼、苏杨饭店、恩祥园、知味斋等老字号入驻，形成天津街“老字号”餐饮集聚区。雪龙黑牛、谷稻禾田、云顶西餐、独门冲烤鱼、三宝粥店、榕会所、花水木咖啡食馆、爱尔兰酒吧及金逸影院等知名特色企业也已陆续进驻。新天百公司成功收购天百南楼，大连万代国际贸易入主大连饭店，“台宝我家”台湾商品城进驻天津街。

天津街老街改造工程项目效果图

盘活闲置资源。闲置近6年的海昌名城项目于4月被香港佳兆业集团6.5亿元收购，并投资1.5亿元对其进行全新改造。该项目改造与招商同步，是一个全新的集购物、休闲、餐饮、娱乐于一体的时尚生活中心。成功吸引东北地区超大的Apple Store的赛博数码广场、金钱柜量贩KTV、东方英雄嘉年华（动漫）、五星级的新概念影城星美影院和集潮州美食精粹的高端商务菜馆嘉美轩酒楼5大主力店进驻。该项目于12月24日开门纳客，对繁荣天津街，扩大天津街影响，增强天津街商圈竞争力具有重大影响。

重聚街区人气。连续举办6届的天津街美食节，成为天津街的一个商业特色。美食节汇聚30个省、市50多家参展商，带来1000多种中外名小吃，期间日均客流从平日的10万人次上升到15—20万人次，每晚滞留天津街的客人达1万多人，对重聚天津街人气发挥了有效作用。

以大连啤酒节为契机，在天津街举办首届青岛啤酒花园。设有啤酒竞饮比赛、歌舞表演和极具特色的小吃，共设18个摊位40余种小吃，丰富了天津街的夜生活。

商会搭建服务桥梁。3月，天津街管理办公室成立天津街商会，为政府、商家提供双向服务。

商会开展为天津街发展建言献策活动，梳理出商家急需协调解决的问题，以便开展针对性服务。举办庆祝建党90周年主题活动“九十春秋辉煌业　百年老街再繁荣”书画

天津街佳兆业广场项目效果图

展、“八一”拥军活动等，提升商会凝聚力，展现企业文化。

（邹　炜）

【大连佳兆业广场项目启动】2011年4月18日，大连佳兆业广场项目启动发布会举行，大连市副市长孙广田、市服务委员会主任韩玉明、中山区区长江亲瑜及各级政府领导、各届商业嘉宾及媒体记者出席发布会。原海昌名城宣布更名为大连佳兆业广场（KAISA PLAZA），佳兆业集团与大连海昌集团共同合作开发该项目。

项目占地面积1.6万平方米，建筑面积8万平方米。引进时尚电影院、特色餐饮、电玩娱乐、数码概念店等丰富业态，打造集购物、消闲、趣味、会友于一体的时尚生活中心。

大连佳兆业广场由深圳市佳兆业商业管理有限公司(下称佳兆业商业公司)运营管理。佳兆业商业公司为佳兆业集团旗下全资控股公司，2004年成立，以佳兆业广场为核心品牌，为全国性的商业开发公司。

（史　天）

天津街商会成立

【新天百公司收购天百南楼】2011年2月21日，新天百公司收购天津街百货大楼南楼，全面贯通南、北楼，经营面积合计1.2万平方米。

【“台宝我家”等商家入驻天津街】4月29日，“台宝我家”台湾商品城正式进驻天津街，主营3000多种台湾食品百货，是东北最大的台湾商品　城。大连万代国际贸易入主大连饭店，酒店将全面升级改造为四星级酒店。

【规范户外管理】2011年，中山区天津街管理办公室对天津街户外商业活动、户外广告牌匾、门头装修等审批业务的流程进行细化，明确责任，规范管理，户外审批工作更加公正、公开。

【加大天津街宣传力度】2011年，中山区天津街管理办公室加大对天津街建设改造情况的宣传报道力度，及时将商业街发展中的新举措、新经验和新做法，通过电视台、报纸、网络等新闻媒体进行宣传，为街区繁荣做好舆论工作。截至10月末，共发布信息稿件60余篇。

【彰显天津街特色文化】2011年，中山区天津街管理办公室利用具有百年历史的宏济大舞台文化优势，推出“印象天津街”综艺节目演出，演绎天津街发展历史，唤起大连人对百年商业街的沉淀记忆，让外地人了解天津街历史。打造独特

的天津街旅游文化。“老字号”特色餐饮集聚区——“老街”，展示古玩艺术品特色店——天津街古玩城和大连地方特色产品的特色店——海鲜平价超市，在满足游客购物、就餐、休闲的基础上，满足其精神文化需求，提升了天津街的影响力。

（邹　炜）

## 航运物流

【概况】2011年，中山区积极促进航运物流业发展，大连东北亚国际航运中心船舶交易市场有限公司批准设立并挂牌。日本著名物流企业特兰科姆株式会社选址落户中山区。“一关三检”等功能性服务机构和港航服务业企业齐聚人民路，驻区港航服务企业总数达1400余家，占全市航运物流企业总数的80%。其中以物流、航运业务为主的总部经济性质企业230余家（中国货代20强企业13家、中国物流百强企业3家），全球20大国际集装箱班轮公司17家（其中世界500强企业4家）。全区12座专业特色大厦中有航运物流专业大厦6座，占总量的50%。

附：　　驻中山区全球20大班轮公司一览

| 序号 | 所属公司 | 企业名称 | 地址 |
|---|---|---|---|
| 1 | 马士基—海陆 | 马士基(中国)航运有限公司大连分公司 | 天安国际大厦 |
| 2 | 长荣海运 | 长荣香港有限公司大连办事处 | 人寿大厦 |
| 3 | 铁行渣华 | 铁行渣华（中国）船务有限公司大连分公司 | 国运大厦 |
| 4 | 达飞轮船 | 达飞轮船(中国)船务有限公司大连分公司 | 世贸大厦 |
| 5 | 美国总统 | 美国总统轮船（中国）有限公司大连分公司 | 平安大厦 |
| 6 | 韩进轮船 | 韩进海运(中国)有限公司大连分公司 | 宏誉大厦 |
| 7 | 日本邮船 | 日本邮船（中国）有限公司大连分公司 | 时代大厦 |
| 8 | 中远集团 | 大连中远国际货运有限公司 | 成大大厦 |
| 9 | 中海集运 | 中海集装箱运输大连有限公司 | 海景酒店 |
| 10 | 东方海外 | 东方海外货柜航运(中国)有限公司大连分公司 | 宏誉大厦 |
| 11 | 川崎汽船 | 川崎汽船(中国)有限公司大连分公司 | 国运大厦 |
| 12 | 以星航运 | 以星综合航运（中国）有限公司大连分公司 | 虹源大厦 |
| 13 | 商船三井 | 商船三井（中国）有限公司大连分公司 | 宏誉大厦 |
| 14 | 赫伯罗特 | 德国赫伯罗特货柜航运有限公司大连办事处 | 虹源大厦 |
| 15 | 南美智利轮船 | 南美船务集团代理（香港）有限公司大连代表处 | 海景酒店 |
| 16 | 阳明海运 | 青岛阳明国际货运有限公司大连分公司 | 时代大厦 |
| 17 | 现代商船 | 现代商船(中国)有限公司大连分公司 | 宏誉大厦 |

（何　平）

【日本物流企业特兰科姆株式会社大连总部入驻】2011年，日本特兰科姆株式会社大连总部落户中山区。特兰科姆株式会社是日本具有实力的物流集团，2010年营业收入达50亿元。该公司拥有全日本最大货物配载信息中心，采用最先进的信息化技术，每天接受上万个客户的货物配载信息和配载指令需求，并且通过自身的运输工具和网络系统实现全国范围内的门到门运输，同时，还为客户提供质押、保险、融资等增值服务。

特兰科姆物流（大连）有限公司建立物流企业信息平台，整合物流资源、提高企业运行效率、降低企业运营成本，推进中山区的东北亚国际物流中心服务功能区建设。

【大连东北亚国际航运中心船舶交易市场揭牌】2011年12月27日，大连东北亚国际航运中心船舶交易市场正式揭牌，辽宁省委常委、常务副省长许卫国，辽宁省委常委、大连市委书记唐军，市委副书记、市长李万才，市人大常委会主任怀忠民，市政协主席刘俊文，交通运输部水运局副局长李宏印等出席仪式。

大连东北亚国际航运中心船舶交易市场是东北唯一的船舶交易服务机构。由大连港集团作为投资主体大股比控股，联合浙江船舶交易市场有限公司、大连船舶配套产业园有限公司、大连港航产业基金管理有限公司、大连航运集团有限公司共同出资组建。按照《船舶交易管理规定》的要求，船舶交易市场经交通运输部公示后，所有国际航行船舶、200总吨以上沿海普通货船、50客位以上客船的船舶交易须在场内进行。

【东北亚现货商品交易所落户】2011年3月18日，经国务院相关部委同意，国家工商总局核准，东北亚现货商品交易所（以下简称东商所）正式落户中山区。

东商所是全国唯一一家国家级现货商品交易所。东商所的建立，旨在规范大宗商品交易行为，推动大宗商品统一大市场的建设，有效配置国内大宗商品资源，争取国际大宗商品定价权。

东商所依托功能强大、安全可

靠的网上交易系统，为客户提供高效、安全、快捷的大豆、玉米、高粱、豆粕、甜菜糖、钢材、金属镁、稀土等大宗商品电子交易、结算、交收及相关服务。

东商所10月开业，位于希望大厦的东商所临时总部，面积1万平方米。同时，市政府还在东港商务区预留30万平方米用地，用于东商所总部大厦建设。

**【锦程集团获评“中国物流百强”第六名】** 2011年 9月1日，由中国国际货运代理协会（CIFA）等单位主办的2011年中国货代物流发展论坛在京举行。论坛期间揭晓了“2010年度中国国际货代物流百强”排名结果，锦程国际物流集团综合排名位列第六、蝉联民营货代物流企业第一。同时，获“2010年度全国先进物流企业”、“最佳创新能力物流企业”和“最佳信息管理物流企业”称号。

中国物流百强企业评选活动由中国交通运输协会组织，2004年开始举办，是物流领域权威性最高的评选活动。

锦程国际物流集团创立于1990年。主要为中外客户提供门到门的全程物流服务，也是中国最大的国际物流企业之一。已在国内16个城市设立了160多家分支机构、300多家海外代理，为全球化经营的具有较大规模的物流企业。

**【锦程集团蝉联“最佳货代综合服务奖”】** 2011年6月24日，第八届中国货运业大奖（金轮奖）颁奖盛典在上海新天哈瓦那大酒店举行，锦程国际物流集团蝉联“最佳货运代理公司综合服务奖”及“进口服务十佳企业”等奖项。

中国货运业大奖（金轮奖）1999年设立，是行业内最具影响力和权威性的奖项之一。在历届评选中，锦程国际物流集团均获评最高奖项。

（史　天）

陪同市科技局领导调研中山区高新企业

## 科技信息

**【概况】** 2011年，中山区围绕创新驱动、转型发展这一总体思路，全面推进科技创新，完善区域创新服务体系，提升企业自主创新能力，加大科技招商力度，培育高新技术企业，积极扶持软件和信息服务业的发展，再次获得“2009—2010年度全国县（市）科技进步考核科技进步先进区”荣誉称号。全年引进科技企业58家，注册资金1.5亿元，其中软件和信息服务企业28家。实现高新技术产值58亿元，4家科技企业被认定为国家高新技术企业。申请国家专利1200项，其中发明专利310项。共获得上三级政府支持资金580万元，中小企业创业发展信贷风险补偿资金750万元。海外并购工作取得良好成效，2家企业成功并购，有并购意向的工业企业17家。组织223家企业参加11项大型对外交流活动。

**【软件和信息服务业发展态势良好】** 2011年，中山区提高软件和信息服务业企业自主创新能力，促进软件和信息服务业持续稳定发展。软件和信息服务业总收入达23亿元，从业人员超过8500人，获得计算机软件著作权登记28件，软件产品登记34件。1家软件企业（锦程国际物流服务有限公司）被认定为国家高新技术企业，2家企业（大连慧能自动化工程有限公司、大连博峰科技有限公司）被认定为大连市“双软”（软件企业的认定和软件产品的登记）企业，2家企业（大连光进技术有限公司、大连海融科技有限公司）通过保护知识产权法案审核。2家企业商标被评为市著名商标。1家企业（大连天眼网络有限公司）被认定为大连市软件和信息服务外包企业。

**【知识产权工作取得新进展】** 2011年，中山区经济和科技信息局加强知识产权宣传培训工作。举办知识产权培训班，组织“4.26”知识产权宣传周活动，通过各种新闻媒介，加强知识产权对内和对外宣传。全年资助专利803项，金额234万元；专利申请1200项，其中发明专利310项。

【科技研发资金发挥作用】2011年，中山区经济和科技信息局发挥研发资金的引导作用，加强企业项目申报工作，为科技企业解决资金短缺问题。全年向企业发放两批研发资金，共957.75万元。第一批研发资金于8月发放，安排资金492万元,支持企业自主研发项目14项，科技企业贴租项目4项，专利资助项目269项。第二批研发资金于12月发放，安排资金465.75万元，支持企业自主研发项目8项，科技企业贴租项目8项，专利资助项目534项，软科学项目2项，高新技术企业政策补贴7项，孵化器补贴项目4项。

【促进节能推广】2011年，中山区经济和科技信息局贯彻落实《财政部、国家发改委关于“节能产品惠民工程”的通知》和《2011大连市高效照明产品推广手册》精神，借助大连市政府发起的推广高效照明产品活动，发挥街道和社区的作用，利用科技活动周，加大绿色低碳经济宣传，开展节能灯展进社区进家庭活动，推广高效节能灯5万余只。

【软件和信息技术服务业统计培训】2011年12月6日，中山区经济和科技信息局召开中山区2011年度软件和信息技术服务业统计培训工作会议，邀请大连市经济和信息化委员会软件处工作人员，对企业进行2011年软件和信息技术服务业统计年报及2012年统计月报工作培训，对“双软”认定的相关政策进行宣讲，帮助企业明确年报及月报的填写程序及注意事项，了解有关软件企业认定及软件产品登记的相关扶持政策，更好地完成大连市软件和信息技术服务业统计工作。辖区内40家软件和信息技术服务业企业参会。

【拓宽科技企业融资渠道】2011年，中山区经济和科技信息局积极组织企业申请国家、省、市上三级政府各项资金，拓宽企业融资渠道。与大连市经济和信息化委员会和科技局积极沟通，组织项目评审人员参观企业，开展座谈，为企业争取资金支持。加强对企业的培训指导，使企业明确年度项目申报的要求、要点、规范和注意事项，提高申报材料的质量和针对性。

年内，共组织43个项目申报上三级政府支持资金，其中申报国家创新资金项目5项，辽宁省创新资金项目2项，大连市经济和信息委员会中小企业创业发展信贷风险补偿项目8项，服装产业发展专项资金3项，大连市科技局科技计划项目25项。全年共获得上三级政府支持资金580万元，中小企业创业发展信贷风险补偿资金750万元。

【科技招商】2011年，中山区落实“招商引资年”工作部署，充分利用《中山区进一步促进区域经济发展的16条鼓励政策》，拓宽招商引资渠道，创新工作思路，引进一批自主创新能力强、拥有自主知识产权的大企业、大项目。全年引进科技企业58家，其中重点科技企业15家。重点科技企业中1000万元以上的企业5家，即大连长钰再生资源科技发展有限公司、大连华隆智能发电有限公司、辽宁省天域网络有限公司、帝龙（大连）通用机械有限公司、大连中谱科技有限公司。500万元以上的企业9家。

【中小企业对外交流】2011年，中山区经济和科技信息局共组织企业参加11次大型对外交流活动。4月，组织100家企业参加市、区知识产权周系列宣传活动。5月，组织60家企业参加科技活动周系列活动。6月，组织6家企业参加第八届中国国际软件和信息服务交易会。7月，组织5家企业参加第六届APEC中小企业技术交流暨展览会。8月，组织12家企业参加中国国际专利技术与产品交易会。9月，组织4家企业参加中国中小企业博览会，10家企业参加中国轻工产品博览会，10家企业参加大连国际服装节。10月，组织5家企业参加中国（丹东）国际仪器仪表博览会。11月，组织5家企业参加大连市科技成果推介洽谈会，6家企业参加中小企业节。

【中小企业海外并购】2011年，中山区经济和科技信息局根据省、市会议和文件精神，深入30多家较有规模的企业走访，广泛宣传海外并购的意义和方法，中小企业海外并购工作取得良好成效，2家企业成功并购，有并购意向的工业企业17家。大连驱逐舰信息技术有限公司成功收购普顿香港有限公司，收购金额达2100余万元。大连尚艺玻璃集团有限公司拟并购产品销量居瑞典第三位的百年品牌玻璃厂，预计并购总额5500万元人民币。

【组织企业参加软交会】2011年6月16—19日，第九届中国软件信息服务交易会在大连世界博览广场举办，中山区经济和信息产业局组织30余家高科技软件企业经理参加交易会，了解海内外软件行业创新变化的特点与趋势，推动产业升级。完成市政府下达的软交会接待和广告牌设置工作，山东省代表团致函软交会组委会感谢中山区政府的热情接待。

【科技进步城区考核】2011年5月，中山区2009—2010年度全国科技进步城区创建工作正式启动。中山区经济和信息产业局按照2009—2010年度科技进步城区考核的要求，做好定量指标数据、定性指标文字材料、各项指标证明材料、专家答辩文字材料、PPT汇报材料、网上数据及材料申报、定稿材料印刷和上报等各项工作。7月参加答辩并顺利通过专家组考核，被推荐参加国家科技部组织的2009—2010年度全国科技进步城区考核，获得“2009—2010年全国科技进步先进城区”荣誉称号。

### 新引进重点科技企业选介

【大连瑞志科技有限公司】成立于2007年10月，注册资金50万元。2011年有研发人员26人，均为大学本科以上学历，工程师20名，高级工程师2名。

公司建立完整的、以客户满意为中心的质量管理体系，规范的软件开发管理流程。主要从事日本软件开发，具备从设计开发、测试到维护全方位服务的能力，可实现更加完善的品质管理体系。

公司自主研发的“Wise log安全日志审计系统”项目获得2011年大连市软件专项资金支持，支持金额20万元。自主研发的“瑞志市场销售管理系统V1.0、瑞志生产部品管理信息系统V1.0”项目获得大连市软件产品登记。

【大连天眼网络有限公司简介】成立于2005年，注册资金50万元。2011年实现销售收入200万元，拥有会员600家，IP点击率每天1000多人次。

公司依托600多家大连本地商家资源，包含知名品牌的总代理商和总经销商，自主建立“大连爱心商城网”商务平台，快速组建本地知名品牌的供应渠道，解决知名品牌商品稀缺矛盾，将网络销售和传统销售结合，实现“商品进社区·服务在社区”新的网络商品营销模式。

公司致力于解决残疾人就业问题。残疾人可在家利用社区网建立网店，为社区居民服务，已带动500多人就业。

【大连海奥膜技术有限公司】成立于2009年12月1日，注册资金500万元，位于中山区科技园（锦联大厦）。

大连海奥膜技术有限公司拥有一支技术精湛、经验丰富，勇于创新的队伍。2011年，公司股东人数3名，分别具有技术、市场、资金方面优势，注册资本从成立初期的200万元增长到500万元，员工从创业初期的3名增加到16名。主要从事轻烃回收和膜技术领域的研究和系统研发。成立2个月与中石油长庆分公司签订365万元的产品购销合同。

自主研发的“油田伴生气膜法轻烃回收”项目，2010年获得国家中小企业科技创新基金支持，支持金额50万元。

【大连天天安全系统有限公司】成立于2005年8月，注册资金100万元，2010年入驻远大大厦。为辽宁省社会公共安全产品行业协会会员单位，获评2010年度大连市科技企业孵化器最具成长型企业。

公司有3套技术体系，即菲利浦半导体的Mi fare体系、美国Atmel半导体的Telic体系和EM体系，在全球感应式IC卡市场的占有率超过80%。

公司主要研发产品包括八大系列，即门禁、通道、考勤、餐饮收费、巡更巡检、彩色印刷及证卡制作、一卡通、个人安全防护设备及公共安全系列，主要应用于商务办公大厦、企事业单位、外企、住宅小区、大专院校等机构。

公司形成涵盖一卡通系统所有硬件及上、中、底三层软件系统的较为完整的产品系列，在国内IC卡行业中技术与产品化程度都处于自动化、智能化的前沿，并使Ttsecu品牌在自动识别行业初步奠定感应式IC卡的主流品牌形象。

【西姆自动化公司】由西姆五矿集团控股，是集研发、生产、销售自动化控制产品为一体的高新技术企业。位于中山区人民路71号。作为西姆五矿集团核心技术公司，西姆自动化公司具有很强的产品研发和市场开发能力，核心团队现有员工26人，其中80%为技术型人才。主要产品有智能执行器、可编程控制器、工业软件等。

公司于2010年被认定为高新技术企业，同年与大连理工大学建立“产学研”合作，由理工大学电子信息与电气工程学部仲崇权教授担任新产品研发指导工作。公司产品核心技术拥有自主知识产权，包括2项发明专利，6项软件著作权，6项科技查新报告。

公司主要产品有液力偶合器网络化控制系统、全智能非侵入式电动执行机构系统、光伏充电控制器软件系统、光伏逆变控制系统、全自动太阳能跟踪系统、温度检测记录系统等。

（王　平）

## 文化创意

【概况】2011年，中山区加大扶持文化创意产业发展的力度，设立文化创意发展资金，重点扶持文化创意类企业落户和发展。召开中山区文化创意产业推进工作会议，发布《中山区文化创意产业资金管理使

中山美术馆开馆

使用办法》。结合全区文化创意产业发展现状，确定中山区发展文化创意产业重点，推进六大基地建设，即文博会展基地、服装服饰设计基地、演艺文化基地、茶文化传播基地、创意设计基地、现代传媒基地。确定中山区首批十大文化创意产业基地，大连思凡服装服饰有限公司等10家企业成为中山区文化创意产业扶持政策的首批受益者。

（郭凤敏）

【文化创意产业推进工作会议召开】2011年10月20日，中共中山区委、中山区政府召开中山区文化创意产业推进工作会议。大连市文化广播电视局局长王星航、中山区有关领导及相关委办局、街道办事处领导、创意企业、社区代表等共计200余人参加会议。会议发布《中山区文化创意产业资金管理使用办法》，并为首批十大文化创意产业基地授匾。

会上，区长江亲瑜介绍中山区文化创意产业发展现状、发展思路、工作目标以及推进措施。区委书记李向东强调，要举全区之力，推进中山区文化事业的大发展大繁荣，区政府要利用好资金管理办法推进创意企业发展。同时，要办好公益性的文化事业，不断满足群众日益增长的文化需求。

【促进区域文化创意产业发展扶持办法出台】2011年，中山区贯彻落实《中共中央关于深化文化体制改革推动社会文化大发展大繁荣若干重大问题的决定》精神，促进区域文化创意产业发展，加大政府引导扶持力度，按照国家、省、市关于文化创意产业发展的有关政策，设立中山区文化创意产业发展专项资金，制定促进区域文化创意产业发展扶持办法。

《办法》规定，中山区文化创意产业发展专项资金纳入中山区政府年度财政预算，每年由中山区财政安排相应资金，用于扶持中山区文化创意产业发展。专项资金扶持方式采取项目扶持、政府集中采购、奖励三种扶持方式。

《办法》规定，给予经市、区文产部门认定的辖区内的新建文化创意产业园区（基地）项目建设、招商及推广给予资金扶持；给予以自有资金为主投资的文化创意产业项目专项资金扶持；给予文化产业公共服务平台建设资金扶持；给予文化创意类企业落户和区委、区政府批准的用于发展文化创意产业相关的展会、节会及文化交流、演艺等活动资金补贴。

《办法》规定，对获得文化部授予的“国家文化产业示范基地”称号的园区（基地）、辽宁省或省文化厅等单位授予的“辽宁省文化产业示范基地”或“辽宁文化（创意）产业园区”称号的园区（基

附： 2011年获“中山区首批文化创意产业基地”称号企业一览

| 序号 | 类 别 | 单 位 |
|---|---|---|
| 1 | 中山区文博会展基地 | 大连惠丰博物馆 |
| | | 中山美术馆 |
| 2 | 中山区服装服饰设计基地 | 大连丰艺实业有限公司 |
| | | 大连思凡服装服饰有限公司 |
| 3 | 中山区创意设计基地 | 大连乐道创意企业管理有限公司 |
| | | 大连三度空间设计有限公司 |
| | | 大连十五库创意产业园 |
| 4 | 中山区现代传媒基地 | 大连东方视野文化传播有限公司 |
| 5 | 中山区文化演艺基地 | 宏济大舞台 |
| 6 | 中山区茶文化传播基地 | 大连江南惠茶城 |

地）、大连市授予的“大连市文化产业园区（基地）”称号的园区（基地）、中山区授予的“中山区文化产业园区（基地）”称号的园区（基地）分别给予不同数额的资金奖励。

【文化创意产业基地调研】2011年10月9—10日，区长江亲瑜到大连十五库创意产业园、乐道创意孵化岛、三度空间设计创意基地、东方视野现代传媒基地、江南惠茶艺园、思凡服装服饰有限公司、丰艺实业有限公司、惠丰博物馆和宏济大舞台进行工作调研，与企业负责人进行座谈，详细了解文化创意产业基地建设情况。

区长江亲瑜在调研时强调，要把发展文化创意产业作为中山区经济社会发展的一个战略支撑点来抓。一是要全力推动文化创意产业平台建设。要加快培育演艺传媒、服装设计等文化创意产业基地，形成特色鲜明、知名度大、美誉度高和竞争力强的中山区文化创意产业新格局。二是要加大政策扶持力度。认真落实扶持文化创意产业发展相关政策措施，帮助中小文化创意企业做强做大。三要着力打造文化创意产业品牌。打造一批知名文化创意产品品牌、企业品牌和行业品牌，打造一批具有中山区特色和区域知名度的特色文化创意产业集聚区。

（史　天）

【北方不夜港酒吧文化节】2011年，中山区积极繁荣“夜经济”，提升市区文化生活品位。9月16日，中山区文化市场行业协会首次举办“北方不夜港酒吧文化节”，受到市民和游客欢迎。酒吧文化节为期12天，设有五大板块内容：开幕式演出、酒吧歌手、舞蹈大赛、酒吧嘉年华巡演及酒吧文化特色展示周。围绕酒吧文化节，推出《北方不夜港——魅力中山·时尚消费》夜生活手册。

（郭凤敏）

【富士康赛博数码广场入驻佳兆业】2011年10月20日下午，富士康科技集团赛博数码广场进驻大连新闻发布会暨招商说明会在中山区举行。副区长郭云峰出席发布会并致辞。区商务局、工商局、天津街管理办公室、青泥洼桥街道的领导出席大会。大会还邀请联想、惠普、索尼、戴尔、华硕、佳能、尼康等国内外IT知名厂商代表参加。会上，联想、惠普、戴尔、佳能、尼康等厂家签署进驻意向书。

赛富士康科技集团赛博数码广场位于天津街佳兆业广场一层及地下一层，营业面积1万平方米，为国内IT数码旗舰店。

赛博数码广场大连店将在原有卖场单一3C基础上加入配套的3C周边产品及相关配套服务，建成高端商业区新型3C百货卖场。

（史　天）

大连思凡服装获辽宁省“服装品牌大奖”

## 旅　游

【概况】2011年，中山区围绕时尚消费旅游中心建设目标，加大旅游规划和开发力度，不断创新旅游产品，加强旅游资源和旅游产品的推介宣传，加强旅游行业管理，推进旅游重点项目建设，增强旅游经济的总体实力。全年接待国内游客620万人次，比上年增长13%；接待海外游客28万人次，增长56%。旅游总收入75亿元，增长7%。其中，创汇1.3亿元。有星级宾馆55家，旅行社151家。年内无旅游投诉事件，中山区旅游局获得大连市旅游工作领导小组授予的“区市县旅游工作单项奖”。

【全区旅游工作会议召开】2011年3月17日，中山区召开全区旅游工作会议，回顾总结“十一五”期间和2010年的全区旅游工作，部署“十二五”和2011年全区旅游工作的目标和任务。区旅游工作领导小组成员单位和辖区旅游企业200余人参加会议。市旅游局副局长侯洋传、副

附：

2011年驻中山区国际旅行社一览

| 序号 | 单 位 |
| --- | --- |
| 1 | 大连中妇旅国际旅行社有限责任公司 |
| 2 | 大连好利国际旅行社有限公司 |
| 3 | 辽宁电力国际旅游有限公司 |
| 4 | 大连交通国际旅行社有限公司 |
| 5 | 大连富丽华国际旅行社有限公司 |
| 6 | 辽宁瑞得国际旅行社有限公司 |
| 7 | 辽宁北方国际旅行社有限公司 |
| 8 | 大连东来国际旅行社有限公司 |
| 9 | 大连铁道国际旅行社 |
| 10 | 大连康辉国际旅行社有限公司 |
| 11 | 中国国旅(大连) 国际旅行社有限公司 |
| 12 | 大连新世界国际旅行社有限公司 |
| 13 | 中国旅行社总社（大连）有限公司 |
| 14 | 灿星（大连）国际旅行社有限公司 |

2011年中山区四星级以上酒店一览

| 星级 | 名称 |
| --- | --- |
| 五 | 富丽华大酒店 |
| 五 | 香格里拉大饭店 |
| 五 | 瑞诗酒店 |
| 五 | 日航酒店 |
| 五 | 海景酒店 |
| 五 | 凯宾斯基饭店 |
| 五 | 泰达美爵酒店 |
| 五 | 大连远洋洲际酒店 |
| 四 | 九州华美达酒店 |
| 四 | 丽景大酒店 |
| 四 | 良运大酒店 |
| 四 | 心悦大酒店 |
| 四 | 嘉信国际酒店 |
| 四 | 船舶丽湾大酒店 |
| 四 | 文园大酒店 |
| 四 | 渤海明珠大酒店 |

2011年中山区国家级旅游景区一览

| 序号 | 名 称 | 地 址 | 级别 | 评定时间 |
| --- | --- | --- | --- | --- |
| 1 | 大连老虎滩海洋公园 | 滨海中路9号 | 5A | 2006 |
| 2 | 大连棒棰岛景区 | 迎宾路 | 4A | 2008 |
| 3 | 大连女子骑警训练基地 | 中青街9号 | 3A | 2005 |
| 4 | 大连观光塔 | 绿山巷99号 | 3A | 2005 |

2011年中山区海滨浴场一览

| 序号 | 名 称 | 序号 | 名 称 |
| --- | --- | --- | --- |
| 1 | 棒棰岛景区浴场 | 5 | 小付家庄浴场 |
| 2 | 北大桥浴场 | 6 | 三山岛浴场 |
| 3 | 菱角湾浴场 | 7 | 东褡裢岛浴场 |
| 4 | 石槽村浴场 | | |

区长任力出席会议，并就推进项目建设、确定旅游业的功能定位、提升旅游服务质量、加快旅游企业的扶持力度等方面作重要讲话。旅游企业代表向区旅游工作领导小组递交旅游安全生产责任状。

**【编制中山区“十二五”旅游发展规划】**2011年，中山区旅游局与东北财经大学旅游与酒店管理学院共同编制完成《中山区“十二五”旅游发展规划》。编制组在深入调研的基础上，提交规划项目计划书。5月份完成规划初稿，召开由区领导、区相关部门、专家参与的规划评审会，经过3次修改、充实，形成近6万字的规划编制稿。

规划从中山区旅游资源入手，对全区旅游产业发展进行重新定位，为今后5年区域旅游发展确定目标及思路。规划提出利用5年左右时间，把中山区打造成为全市现代旅游综合服务体系功能完善，时尚、浪漫和海洋文化主题鲜明，海韵欧风特色浓郁，海洋主题公园游、海岸休闲游、海上观光游、参与性娱乐游、都市人文景观游、游艇度假游特色突出，满足吃住行游购娱6要素的大连滨海旅游的核心区和中高端休闲度假区的总体目标。

**【大连中山首届红酒节】**2011年8月25—28日，区旅游局在老虎滩渔人码头成功举办“大连中山首届红酒节”，开展红酒市场推广和红酒文化宣传两大主题系列活动。

红酒市场推广活动。面向红酒行业协会、生产企业、经销商、代理商和红酒爱好者，举办“德迈红酒之夜”、中粮酒业红酒品鉴会、“滨海之韵——靓丽中山”高端红酒品鉴会、“北方不夜港”红酒展示会、“古堡新老世界葡萄酒品鉴之旅”、“木桐名酒品鉴晚宴”等系列红酒品鉴及推介会。

红酒文化宣传推广活动。面向广大消费群体，举办当代艺术精锐展、红酒知识长廊以及红酒促销活动等。本届红酒节共展示和品鉴来自法国、智利、澳大利亚、德国、西班牙、意大利以及国内的100多款品牌红酒，国内外红酒企业、经销商代表及旅游企业、红酒爱好者1000余人参加活动，在红酒业界引起强烈反响，形成富有特色的旅游节庆品牌。

**【第二十二届赏槐会分会场活动】**

区旅游工作会议

2011年5月26—31日，中山区旅游局在南山旅游风情街成功举办第22届大连赏槐会中山分会场活动。活动期间，先后开展航空画报杯“情系东北”旅游摄影大赛颁奖典礼、民族风情表演、中外名家书画展演、江户的辉煌——日本官窑陶瓷作品展、大连集邮展及旅游纪念品展等10余项主题系列文化艺术活动，接待海外游客5000余人次，近万名国内游客和市民参与赏槐会的活动，进一步加强与日本、韩国等国的旅游合作交流。

【旅游重点项目建设】2011年，中山区有7个旅游项目被大连市政府列入“旅游项目建设十大系列工程”，总投资达80亿元，年内完成60亿元。7个重点旅游项目建设进展情况：

老虎滩渔人码头。5月25日正式开街，并在此举办第22届大连赏槐会开幕式、北方不夜港工程启动仪式和大连中山首届红酒节活动，成为市民和旅游者度假休闲、旅游观光和品尝美食的好去处。

十五库创意产业园。全面营业，成为东港区及大连市的标志性文化创意产业项目。

东方水城。年内新开工项目，由海昌集团投资50亿元建设，集金融、旅游、商务、餐饮、休闲、文化为一体，是大连城市旅游观光的新地标。

琥珀湾续建。完成主体施工。

老虎滩海洋公园改造工程。立体停车场、市民广场投入使用。

大连港码头和老虎滩码头建设。工程启动。

三山岛旅游度假区建设。进行码头地质勘察。

（李艳波）

【老虎滩渔人码头正式运营】2011年5月25日，大连老虎滩渔人码头项目正式投入运营。

渔人码头位于中山区滨海路风景区老虎滩渔港内，由大连海昌集团于2008年投资兴建。占地约6万平方米，总建筑面积7万平方米，总投资8亿元，由世界著名建筑设计机构加拿大B+H公司设计。项目包含14幢3—5层的独栋临海建筑、商业步行街。1幢6层的精装修酒店公寓和

大连中山首届红酒节

老虎滩渔人码头

老虎滩海洋公园改造工程项目效果图

4幢6—8层的映海度假公寓。同时，还设有红酒坊、渔夫市场、游艇码头、酒吧咖啡、音乐喷泉广场等多种旅游休闲业态，是集休闲度假、观光、娱乐、餐饮、购物等多项功能为一体的综合性特色主题旅游商业区。

（史　天）

【三山岛招商引资取得成功】2011年，中山区全力推进三山岛大山岛的开发建设工作，取得成效。在大连市星海湾管理委员会的参与和配合下，停滞经营5年的三山岛大山岛又找到新的合作伙伴，其下属大连城达投资有限公司于12月与中山区签订新的开发建设合同。在充分保护投资商积极性，给予减免适当租金的前提下，收回前期经营者所欠租金近300万元，化解多年遗留问题。

【三山岛建设方案确定】2011年，中山区三山岛管委会积极配合城达公司进行海岛淡水资源考查分析，码头建设选址等前期工作，为2012年开发建设做好准备。星海湾管委会广聘优秀海岛景观设计人才，高标准规划三山岛建设项目，借鉴国内外著名海岛建设模式，反复论证开发建设项目，力求体现雅俗共赏的风格和留有充分的发展空间。同时，注意加强与驻岛部队和市海洋渔业局等单位和部门沟通与联系，多次慰问驻岛部队，向上级海洋渔业部门申报建设项目，争取他们对开发建设工作支持。

【三山岛之小山岛开发】2011年，中山区三山岛管委会密切联系开发企业，反复研讨合作合同，积极争取小山岛的建设项目早日启动，实现小山岛开发建设的双赢合作。

（孙德胜）

【旅游宣传促销】2011年，中山区旅游局加大旅游宣传促销工作力度，拓展海内外旅游市场，扩大中山区旅游资源和旅游产品的影响力。

首个“中国旅游日”主题宣传活动。区旅游局配合市旅游局组织辖区旅游企业，在大商步行街开展首个“5.19”中国旅游日宣传活动。20余家旅行社、星级酒店、景区景点参与推介优质旅游产品，设置展板20余块，发放宣传材料2000余份，接待旅游咨询千余人次，宣传中山区旅游资源，吸引更多的市民和游客。

海内外旅游市场宣传。区旅游局

区旅游局开展旅游行业安全生产培训

积极参加大连市旅游局组织的各项旅游宣传促销活动，招徕海内外游客。先后赴西宁、拉萨、甘肃、西安等地，宣传推介中山区的旅游资源和旅游产品。参加2011年法国国际旅游交易会，赴南非学习南非港口、游艇码头及海岛旅游规划建设经验，与肯尼亚内罗毕旅游局及旅游学院加强旅游交流与合作。接待搭乘“钻石公主”号和“太阳公主”号邮轮来连的海外游客4000余人。

*旅游宣传报道工作*。修订、完成最新版《中山区旅游指南》，涉及中山旅游资源及吃、住、行、游、购、娱等内容，力求成为旅游推介的最佳宣传品。年内，向大连市旅游局、区政府上报信息36条，新闻媒体宣传报道79篇，区行政服务大厅大屏幕发布信息11条，网站发布信息45条，旅游系统内部刊物发布信息16条。在2011年政府网站集约化建设与精品栏目管理经验交流大会上，中山旅游网站“旅游在中山”栏目被评为“2011年中国政府网站信息公开精品栏目”奖。

**【旅游纪念品再次获奖】**在浙江义乌市举办的2011年中国国际旅游商品博览会上，由中山区旅游局组织选送的“大连不了情”系列产品再次代表辽宁省荣获铜奖。产品包括：大连城市吉祥物——海娃书挡、大连老电车商务收纳盒、大连老邮筒多功能转接器、集有大连各个时期邮戳的老影集、印有大连特色风光的高清数码方巾及大连老照片挂画系列等。获奖产品是由辖区旅游企业米达斯旅游纪念品有限公司研发的。

**【旅游安全专项检查】**2011 年，中山区旅游局成立安全检查工作领导小组，召开区旅游安全工作会议，部署旅游安全专项检查工作。邀请区消防大队、药监局、安监局专家举办旅游行业安全教育、食品安全、消防安全培训班3期，培训人员达200人。同时，督促辖区旅游企业自行组织安全培训教育8000人次。结合“安全月”活动，与区消防大队在日月潭大酒店联合开展中山区旅游系统消防实战演练，辖区三星级以下宾馆、酒店、景区景点等安全负责人200余人观摩演练，辖区旅游企业自行组织消防实战演练100余次。会同区安监局、消防大队、质监局、药监局、工商局、公安局等部门，3次检查旅游企业，加大对重点领域、重点企业、重点部位的安全隐患和存在问题的整治力度。在“两会两节”、达沃斯会议、创建全国文明城市和“十一”黄金周期间，多次对辖区旅游企业分区域、分类别、分专业进行安全生产大检查，共检查三星级以下星级酒店227家次、旅行社及其门市部281家次、景区景点44家次、工艺品市场11家次及旅游咨询中心39家次，查出安全隐患单位159家，安全隐患405处，针对问题提出整改意见。

**【三星级以下饭店年度复核】**2011年，中山区旅游局对辖区35家三星级以下星级饭店进行星级复核检查，大连宾馆等31家星级饭店符合星级饭店标准要求，予以通过复核。海港大厦等2家星级饭店存在问题，暂缓复核。神舟商旅酒店未达到复核标准。复核期间，共下发整改通知书17份，发现问题77处，均要求其立即整改或限期整改，对存在隐患的单位加强跟踪复查。年内，完成辖区旅游行业财务网上上报，上报率达95%。完成三星级以下酒店季度经营情况统计工作，全年三星级以下酒店平均出租率分别为42.6%、60%、70%、64%。

**【凯宾斯基饭店获“中国东北地区最佳酒店”奖】**在年内颁布的“2011年TTG中国旅游大奖”中，大连凯宾斯基饭店获得“中国东北地区最佳酒店”奖项，是东北三省唯一获奖酒店。

“TTG中国旅游大奖”是中国旅游业最具影响的年度颁奖活动之一，旨在嘉奖为中国旅游业做出杰出贡献的国际和国内机构。本次大奖是由旅游业专家、同行代表和《TTG China 旅游报》《TTG Asia》《TTGmice》及《TTG-Btmice China企业旅游报》的读者投票选出的。

大连凯宾斯基饭店为国际五星级酒店。自2005年10月开业以来，先后荣获“大连最佳商务酒店”、“金枕头奖”、“金椅子奖”和连续4年的“中国百佳酒店”等奖项。本次“TTG中国旅游大奖”之“中国东北地区最佳酒店”是最具专业权威的旅游业奖项。

**【规范整顿旅游市场】**2011年，中山区旅游局进一步健全旅游监管综合协调机制，加强与工商、交通、公安、物价、质监等部门的协作联动，开展旅游联合执法。多次集中整治站南广场一日游市场，加强对无证经营、虚假宣传、欺诈和强迫游客消费等行为的治理整顿，规范旅游市场秩序。

**【景区景点评定复核】**2011年，中山区旅游局积极组织大连地一大道·爱尚首尔商城、大连惠丰博物馆进行国家2A级景区创建工作。完成大连观光塔和女骑警基地的国家3A级景区复核检查工作。加强对辖区内景区景点的日常管理，定期对景区景点进行安全检查，搞好节假日的游客数量统计、游客满意度调查等工作，保证景区景点正常有序运营。

【旅行社分支机构备案及监管】2011年，中山区有旅行社分社11个，服务网点26个。中山区旅游局共办理设立备案登记8个。办理服务网点名称和地址变更备案登记2个。办理注销备案登记7个。加强旅行社分支机构专项检查工作，要求对发现的一般性问题立即整改，对经营性的问题限期整改。通过专项检查，规范旅行社分支机构经营活动，确保中山区旅游市场文明有序。

【旅游咨询中心基础建设和管理】2011年，中山区政府投资2万余元，改造青泥咨询中心内部结构，增设旅游宣传彩帘4幅。在创建全国文明城市、达沃斯会议及节假日期间，区旅游局加强对旅游咨询中心督促检查，保证旅游服务质量。继续完善咨询中心服务功能，开设酒店预订、机票预定、景区门票代售、旅游投诉服务等多项业务。加强信息宣传，利用LED显示屏、视频系统、多媒体查询系统等宣传媒介，及时准确的发布各类旅游信息，免费向游客提供市区地图、酒店景点的宣传画册。强化规范服务，配备高素质旅游人才，统一着装，文明用语，提供微笑服务。全年接待国内游客6万人次，接待海外游客万人次，发放各类旅游宣传资料上万份，未出现投诉现象。

【发挥旅游行业协会功能】2011年4月，中山区旅游行业协会会同区文体局在老虎滩虎雕广场组织举办“2011年第五届全民健身旅游徒步大会”，辖区旅游企业人员千余人参加，增强了旅游企业的向心力。加强协会建设，年内组织理事以上成员召开座谈会两次，新加入理事以上成员3名。完成协会的年检工作。

检查旅游咨询中心

## 景区·景点·公园·广场

中山区域内旅游景区景点主要为自然形成构成和人工建造构成，自然景观有棒棰岛、石槽村、老虎滩、秀月峰和燕窝岭五大风景区，风光秀丽，海滨特色鲜明，是旅游观光的好去处。人文景观有公园、广场与风格独特的建筑，布局合理、绚丽多姿。劳动公园、大连植物园、儿童公园、迎宾公园及老虎滩海洋公园，是吸引国内外游客的重要人文旅游资源。域内广场众多，路街呈辐射状设置，每个辐射中心即是一个广场，特色突出。

【名胜景区】南部海滨风景区　国家重点风景名胜区。位于大连市区南部，东起大连港东侧，西至小付家庄，南濒黄海，北依群山，总面积55.96平方公里，其中：游览区面积21.8平方公里，保护地带14.6平方公里，游览海域面积19.6平方公里，海岸线长33.1公里。中山区域内有棒棰岛、老虎滩、秀月峰和燕窝岭等风景区。

滨海路景区　位于南部海滨风景区海岸，东起海之韵广场，西至星海广场，全长40公里，贯穿12个主要景点，是南部风光观赏游览线。从海之韵广场经棒棰岛至老虎滩景区为东段或北段；从老虎滩经付家庄、森林公园至星海广场被称为西段或南段。滨海路以前是一条军事专用道，根据邓小平同志的提议开发为旅游线路。滨海路景色的特点是有山有海，山海相融。2008年，经过改造升级，建有全长5公里的木栈道、增植树木花草、增设游园、木屋、雕塑小品及绿地等，特色景观更加突出，成为集交通、游览、健身、休闲于一体的风光浏览路。

棒棰岛宾馆景区　国家4A级旅游景区。位于滨海路的东端，距市中心约9公里 ，是一处以山、海、岛、滩为主要景观的风景胜地。陆地面积3.7平方公里。棒棰岛距海岸约300米，岛东西长350米，南北最宽处200米，海拔53米，其海蚀崖上的叠瓦式构造奇特壮观，因形似棒棰而得名。

棒棰岛海滨

棒棰岛海滨浴场　海岸线长750米，海滩总面积2.62万平方米，海滩遍布均匀的小卵石，水质清澈，无污染，潮流平稳，浴场周围山峦起伏，树木茂盛，环境幽雅，风景秀丽，是大连市区主要海水浴场之一。

棒棰岛宾馆　为大连国宾馆。1958年开业，位于棒棰岛海滨，三面环山，一面滨海。有亚洲最大的园林度假式国宾馆之美誉，有中、日、欧式建筑风格的别墅15栋，客房300余间。另设俱乐部、康乐中心、高尔夫球场、网球场等。庭院中种植多种树木和花卉，宾馆是整个景区的重要组成部分。

秀月峰景区　位于市区南部海滨风景区中部，老虎滩景区西侧，南与燕窝岭景区相邻，北靠岭前居民区，距市中心6公里，面积5.2平方公里。多为丘陵山地，主峰秀月峰海拔214.3米，多黑椴树，间有山枣树，景色秀丽，山谷盆地有大片苹果园。登上秀月峰可远眺大海，近观城区。

燕窝岭景区　位于市区南部海滨风景区中段，北与秀月峰毗邻，面积0.8平方公里。景区山脉东西走向，形成长约1公里山岭，因常有黑燕飞来，故名“燕窝岭”。山岭与海岸平行，南临大海，数十米高悬崖峭壁直落海底，险峻、雄奇、壮观。景区内筑有2条1.8公里石板游览路和394层台阶，800米有护栏的石梯路直通海边。建有六角亭和瀛波轩，可凭栏望海听涛。

2005年，新建燕窝岭婚庆主题公园，占地面积3万平方米，新建广场、人行步道、木制观景台、景观小品。2009年，燕窝岭婚庆主题公园被全国第六届婚庆大赛组委会评为“中国婚庆第一园”。

燕窝岭婚庆公园大门

老虎滩景区　国家5A级景区（景点）。位于南部海滨风景区中部。景区有综合性海滨公园—老虎滩海洋公园。1989年，老虎滩海洋公园由老虎滩公园和秀月山庄公园合并建成，1992年5月12日正式开园。公园三面环山，南濒大海，占地面积118万平方米，海岸线长4000余米。老虎与美人鱼的传说名闻遐迩。600米长的跨海脉动循环式吊厢游览索道将公园与菱角湾连接起来。公园有极地馆、珊瑚馆、欢乐剧场、海兽馆、鸟语林等10余个精品旅游项目，是大自然与人工智慧的完美结合，是展示海洋文化，集游览、观赏、娱乐、科普及文化于一体的现代化海洋主题公园。

珊瑚馆　位于海洋公园内。2003年5月建成开放，有来自西太平洋等热带海域的精品珊瑚200余种、珊瑚鱼1000余尾、辅以声、光、影像等高科技及形态逼真的仿生岩石布景。内分珊瑚及珊瑚鱼精品区、水中万花筒、海底实验室、沉船探宝、科普走廊、潜水表演等六大区域。常设表演项目有水下梦幻婚礼、美人鱼、水中芭蕾、水下漫步等。

鸟语林　位于虎滩湾西角的山坳里，是半自然状态鸟笼，占地面积1.8万平方米。放养丹顶鹤、东方大白鹳、褐马鸡、白孔雀、白天鹅及从国外引进的西非鸡、鸵鸟等，有禽鸟150余个品种，1000余只。鸟类表演场表演白鹦鹉走钢丝、爬云梯、骑自行车、开火车和开飞机等精彩节目，经过训练的孔雀展翅飞翔，演绎“孔雀东南飞”的故事。

大连海洋动物表演馆　占地3500平方米，表演斑海豹、海狮水中推球、跳跃、套圈、敬礼、拍手、洗脸、鞠躬和顶球转体360度等节目。中央电视台“东方时空”栏目曾播放海狮罗拉的表演，罗拉成为动物

老虎滩海洋公园俯瞰

电视明星。

极地海洋动物馆　国家首批5A级景区。建筑面积3.6万平方米，占地面积2万平方米，总投资2.5亿元，2002年开业。是展示极地海洋动物、体验极地冰雪世界的场馆。馆内有极地动物展示、极地海洋动物表演、墨鱼展示、极地体验和餐厅、旅游纪念品商场等场馆。展示白鲸、鲸鲨、北极熊、企鹅、南美海狮及海象等动物。

侏罗纪激流探险　在8600平方米的“远古村落”里，有8个硕大的仿真恐龙和30余个形神夸张的小野人；高架“激流”水道长210米，落差15米，乘船顺激流直下，可感受远古激流探险的刺激与乐趣。

四维影院　原位于老虎滩海洋公园北门附近，2001年开始营业。播放立体影像，银幕宽31.4米、高6米、环幕180度，配合环绕立体声，展示震动、坠落、拍打、造风、烟雾、泡泡、闪电等特技效果，根据电影情节设计出的雨、光、气味等表演，使观众充分体验身临其境的感受。2010年10月，配合虎滩湾环境改造项目规划的实施，影院搬离原址，进行过渡性营业。新址选在虎雕广场附近，计划建设环球影视中心，涵盖三维、四维、空中剧场等多种模式。

【海岛景区】中山区有海岛4座。东褡裢岛、棒棰岛、三山岛、圆岛。海岛和东海公园、老虎滩海洋公园和燕窝岭构成“海上看大连”海上观光、海岛休闲娱乐特色精品旅游线。

东褡裢岛　位于付家庄公园的东南1500米处，面积0.042平方公里。1990年划归中山区管辖。东褡裢岛地理位置优越，风景优美，处于南部近海岛屿中心位置，开发价值较高。东可达三山岛、棒棰岛景

老虎滩海洋公园

海洋动物表演

区，西可至星海湾、小平岛景区，海浪、沙滩和海岛使其成为独具特色的旅游风景胜地。

三山岛　位于市中心以东距陆地6.7海里的海面上，由大山岛、二山岛和小山岛组成，三岛总面积3.32平方公里，海岸线长40公里。这里沙滩、礁石、岩壁错落有致，海水清澈见底，浪平水缓，是游泳、垂钓的绝好去处。岛上有天然鹅卵石海滩、船舶停靠码头，具备接待300至500人的住宿、就餐设施，有发电、海水淡化设备，可度假、旅游、疗养和观光。

圆岛　圆岛在大连港口东南方约39.8公里的黄海海域，西南距遇岩礁46.2公里，面积0.032平方公里，是辽东半岛沿海最南端的一个孤岛，为中国领海基线点之一。从南方海域到大连的船舶最早见到的陆地目标是圆岛，素有“发现了圆岛，就是看到了大连”的说法。所以圆岛有大连第一岛的美名。由于它形如圆圆的馒头，被命名为圆岛。

迎宾路景区　位于市区东南部，南起棒棰岛宾馆，北止中南路。1960年建成。初为泥碎石路。1971年铺筑柏油路面，称友谊路，1983年改现名。全线长4公里，路面宽7米，与山峦路、中南路、滨海路等相连。1996年重铺沥青混凝土路面，增设水泥预制沟槽，回填平整道路边沟，铺种冷绿型草坪和各种观赏树木，安装喷灌设施。景区全线青山、绿草、鲜花，与果园、别墅、田野融成美丽田园风景。

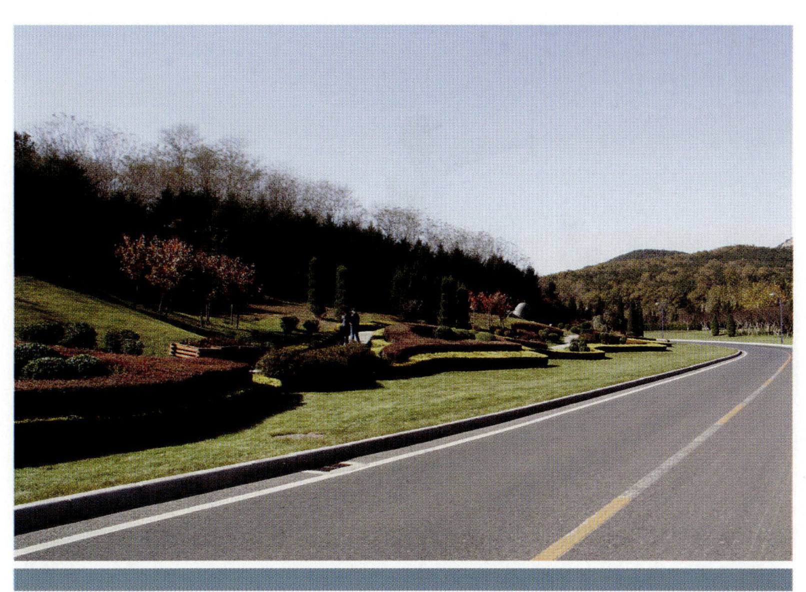

迎宾路

**【特色景点】**中山区域内特色景点有大连标志性建筑1座、标志性景观1处，繁华商业街和旅游风情特色街3条，还有观光塔、女骑警训练基地、大连港和满铁旧址陈列馆等。

北大桥　大连市标志性建筑之一。位于大连海滨风景区中的老虎滩景区与燕窝岭景区之间，1984年5月为纪念日本北九州市与大连市建立友好城市5周年而建。是一座近海临山横跨山谷的旱桥，雄伟壮观、新颖独特，可观赏和通行，既是大连南部海滨风景区的一景，也是贯穿整个大连海滨风景区东西滨海路的要冲。

十八盘　大连著名标志性景观。东海公园内海之韵广场附近的一段蜿蜒曲折依山而筑的观光路。“S”形的山路长1公里，坡度陡峭。自山巅俯瞰，确有山舞银蛇之势。路侧石壁上点缀海洋生物雕塑，形态逼真、情趣盎然，有海底大峡谷之称。

怪坡　位于十八盘上部地段，长约52米，宽4米，看起来是东高西低的坡度，但驾车由西东行，挂空挡的汽车反而会被一股神秘的力量牵引往坡上移动；骑自行车上坡不用蹬车，反之，下坡必须用力蹬。是视觉差异还是地球磁场失衡，游客争相来此一探究竟。

大连观光塔　原大连广播电视塔，为国家3A级旅游景区，大连市的标志性建筑。位于市内劳动公园南秀丽的绿山之巅，塔高190米，海拔360米，采用空间桁架钢结构。观光塔是旅客领略大连风光的第一高度和最佳观景点。登山俯瞰，大海、市容尽收眼底，令人心旷神怡。党和国家领导人及许多外国元首和政要，都曾莅临视察和观光。塔内设有空中观光厅、旋转餐厅、咖啡厅、露天观景台、多功能厅等，集观光、餐饮、娱乐于一体。

女骑警训练基地　为国家3A级旅游景区。1999年12月建成，占地3万平方米，2001年对国内外游客开放。基地依山傍海，绿草如茵，空气清新，设有骑警勤务楼、跑马场、网球场、3栋马厩、旅游购物中心、荣誉室等。基地外有大型停车场。大连市公安局巡警支队女子骑警大队成立于1994年12月。女骑警掌握骑术、射击、车辆驾驶、擒拿格斗、外语会话等多项专业技能，被公安系统评为“一警多能”和“文明单位”，获全国妇联和团中央“巾帼文明示范岗”、全国“青年文明号”、“全国职工职业道德百佳班组”等称号，多次受到党和国家领导人检阅和接见，是大

女骑警

连市城市精神文明的形象大使。

大连港　1899年始建。目前是年吞吐量2亿吨级的世界20强大港。大连港景区2006年被国家旅游局评为全国工业旅游示范点，年接待国内外游客6万余人。大连港工业旅游分为老港和新港两大景区，坐落在中山区的是大连老港景区。

老港景区　均为百年历史建筑和遗址，灯塔、码头、防波堤、杂货场地、仓库、港埠大楼分布港区，还有全国最大的海上客运站和国际邮轮码头。两座百年灯塔是大连建港、建市的标志和象征，鲁尼桑斯式风格的港埠大楼是市级文物保护建筑，被称为亚洲第一库的大连港十五库被建设为创意产业园。老港区最具特色的旅游项目是乘坐“大连号”游船海上看大连。“大连号”是中国北方最大、最豪华、安全性能最好的一艘专业游船，曾接待过许多国家元首和国际友人。

新港景区　坐落于大窑湾、大连湾、鲇鱼湾和大孤山半岛，称为“一岛三湾”的港口群。主要景点有大连港历史陈列馆，收藏大量的港口和城市的历史文物；有专用码头和港区、基地，即“集装箱码头”、30万吨级的“矿石专用码头”、“原油专用码头”和进出口“汽车专运码头”，还有“干杂货港区”、“国家战略储备油基地”及“港务大厦”等。

满铁旧址陈列馆　位于中山区鲁迅路9号，现为市级文物保护单位。于1909年建成，建筑面积1.83万平方米，是一座具有西洋古典风格的建筑。原为日本“南满洲铁道株式会社”本部。日俄战争结束后，日本于1906年11月在东京创建“南满洲铁道株式会社”（简称“满铁”）。1907年4月在大连开业。“满铁”是一个涵盖经济、政治、军事、文化、外交各领域的垄断机构，代替日本政府在满洲实行殖民统治，时间长达38年。满铁旧址陈列馆收藏上百张历史图片和大量文物。2007年5月对游客开放。

南山旅游风情一条街　位于中山区南山脚下，全长700米，占地面积11万平方米，有别墅120栋，500米商业步行街。商业街设有日本料理店、茶道、花店、书店、咖啡店、表演馆及综合商店等旅游设施。因具有东瀛特色，又称日本风情一条街。该街成为大连赏槐会分会场。

青泥洼商业区　位于大连火车

十五库旧貌

十五库创意产业园规划效果图

日本南满洲铁道株式会社旧址
今满铁旧址陈列馆

南山旅游风情一条街

站前，大连重要的三大商业中心之一。有麦凯乐商场、太平洋、百年城百货集团、胜利百货、大连商场等高、中、低档时尚百货店。青泥洼商圈在大连商圈中占有主力地位，是大连商业的最繁华区域。

天津街商业街　建成于1909年，是有着百年历史的商业老街。全长1700余米。2004年1月18日天津街改造完成，重新开街，全长1054米。2005年3月23日与上海南京路、北京王府井大街等一起被命名为“中国十大著名商业街”。众多传统“老字号”餐饮店集聚街区，新世界、天津街百货、佳兆业广场、天植商城等百货店和超市分布其间，构成丰富的商业业态。

【中山夜景】中山区域内的中山路和滨海路华美璀璨的夜景令人叹为观止，是中外游客必游之处。

中山路夜景　中山路是大连市街主要干线，路灯千姿百态，形状各异。还有各种不同造型的霓虹灯、树灯、房灯和草地灯。华灯初上，十里长街流光溢彩，宛如梦幻。

中山广场有皇冠灯及三环艺术灯，水晶柱灯。广场周围建筑群楼灯金碧辉煌、灿烂夺目。友好广场水晶球雕塑由3120块镀膜玻璃围合而成，直径为15米，内装7.85万只彩灯，红、黄、绿三色彩光交相辉映，周围有玲珑剔透、晶莹明亮的槐花灯点缀。附近的胜利广场则装饰多型多色彩灯、霓虹灯、楼灯、柱灯，交相辉映，五彩缤纷。

滨海路夜景　大连市政府实施光明工程，西起星海公园，东至海之韵广场，傅家庄公园、燕窝岭、北大桥、老虎滩公园、棒棰岛、怪坡、十八盘等滨海路沿线全部安装路灯，夜空中俯瞰，仿佛银色长龙，盘踞山海之间，十分壮观。月光下的大海、海礁、山峦千姿百态，光怪陆离，神秘莫测。

【域内公园】中山区内有较大型公园4座，分别是劳动公园、大连植物园、儿童公园和迎宾公园。其中劳动公园和大连植物园知名度较高。前者历史悠久、景观丰富，后者则以植物观赏见长。

劳动公园　位于中山区解放路西侧的绿山北麓，地势南高北低，面积102万平方米。是大连最大的综合性公园。由俄国人始建于1898年，称西公园。1905年，日本人对公园进行扩建，在园内建相扑场、高尔夫球场、乘马俱乐部、游泳场等，易名为中央公园。解放后，政府发动群众义务劳动重建公园，并在荷花池畔立碑，上书“劳动创造世界”，因此改称劳动公园。20世纪80年代后，公园几经改造，形成独有风格。园内分游览休息、花卉观赏、文化娱乐、儿童游乐、体育活动等五大区。东部有荷花池、假山、小岛、亭子。南部有长廊、游

劳动公园

建于1898年的大连西公园（今劳动公园）

艇、喷泉。西南部有放鹤坪，鹿鸣谷和雪松、龙柏等树木。东南部有大型游乐设施及福斯特索滑道等。园内还有足球式外形的大连建筑艺术馆。

大连植物园　位于市东南中部的南山麓北坡，面积32.4公顷。始建于1920年，原名南山麓公园，1930年更名为弥生个池公园，1950年重新修缮后改名为南山公园。1966年，再次改名为鲁迅公园。1980年，公园改建后定名为植物园。园内分为观赏植物展览区、苗圃地和风景林区。园内树影婆娑、花草繁茂、曲径通幽，是读书、晨练和散步的理想去处。

儿童公园　位于明泽湖畔，总面积6万平方米，其中陆地面积3万平方米。建于1953年，原名海港公园、明泽公园。园内有湖，湖中有亲水台。冬季的湖面是儿童、青少年的天然滑冰场。园内还有各种树木花草、小溪、木制人行步道、休闲游览路和塑胶健身路。2004年中山区人民政府对儿童公园进行了全面改造。

迎宾公园　2000年4月建成。公园高档次绿地面积7.7万平方米，种植高灌木2200余株，栽植灌木花卉4万余株，铺草坪3.6万平方米。新建草坪把周边水光山色衬托得更加秀美多姿，风光旖旎。

【广场景观】广场是大连特色城市景观。中山区域内主要有中山广场、友好广场、希望广场、港湾广场、华乐广场、海军广场、秀月广场、山峦广场、风景广场以及虎雕广场。

中山广场　位于大连市中山路东端，广场呈圆形辐射状，直径213米，有10条大路从这里通向四面八方。总面积3万多平方米，为文化娱乐型广场。环绕中山广场的10座老建筑大多建于上世纪初，分别为罗马古典、歌特式、巴洛克式、古罗马式和近代欧美折衷主义等建筑艺术风格，因此，中山广场素有“建筑博物馆”之称。广场配置高级音响，播放世界名曲，所以又称中山音乐广场。2004年被国家命名为“全国特色文化广场”。

友好广场　位于中山广场与青泥洼桥之间，5条路街交汇于此。广场总面积9600平方米。东临中山广场，西接胜利广场，北靠天津街商业街。始建于上世纪50年代，为纪念中苏友好而命名。广场中央巨大

友好广场夜景

的水晶球，建于1996年。球重117吨，直径为15米，表面由3120块镀膜和透明玻璃围和而成。内有彩灯7852只，采用LED光源，夜晚可以幻化出多种绚丽光彩。球距地面1.5米，由5只不同肤色的造型手托起。寓意五大洲人民友好相处，共同建设一个星球，合力托起大连这颗美丽的明珠。

希望广场　命名希望广场，是因为大连市儿童医院位于广场西南角，取儿童是祖国未来和希望之意。广场位于中山路与五惠路交汇处，劳动公园的西北角。总面积1万平方米。呈不规则几何形状。1995年，整体搬迁渤海啤酒厂，建成希望广场。广场铺方砖步道，植草坪，设雕塑小品，安装高杆路灯。广场地下有标准公共地下停车场——五惠路地下停车场，建筑面积8122平方米。

华乐广场　位于寺儿沟东部低洼区，1999年7月竣工。广场为欧式风格，占地5万平方米，配有坐席灯、水柱喷泉、叠水和灯光涌泉。台阶式坐席可容纳3000人，能近观、远眺。周边有绿地、花坛、地灯、草坪、庭院和广场灯，可供休闲、观景和娱乐。

海军广场　位于海军大连舰艇学院政治系和中共大连市委办公楼之间，2000年建成。是继英国、美国后，世界上第三个以海军命名的广场。广场占地6.9万平方米，其中硬铺装2.9万平方米，草坪绿化4.4万平方米，栽植雪松、龙柏等名贵树木200余株。广场配有各种灯型和远程音箱，音响系统音域宽广，气势磅礴；由电脑控制的广场喷泉，水型可随音乐变化；表现水兵生活的海军写实浮雕墙高2.5米，长70米、面积为182平方米；广场中心地面有火烧板和光板拼成的世界地图，寓意大连与世界同步。

山峦广场　位于通往棒棰岛的

希望广场上的希望大厦

山峦路中段南侧，面积6000平方米，山体喷铆面积2440平方米，2000年9月完工。建水池3个，瀑布高14米，气势宏伟，中间为休闲广场，东西两侧是精品绿地，是迎宾路上又一新景。

港湾广场　位于海港客运站南侧，占地面积5000平方米，其中水池占地面积2000平方米，绿地面积3000平方米。水池中间是郑和宝船下西洋水景造型，寓意大连乘风破浪，驶向世界。仿古宝船长28.8米，宽11米，高7米，9支桅杆高18米，钢架结构铜板船体。周边有喷泉涌浪，涌泉头1600个，效果灯1600盏，草坪灯11盏，仿佛船在海中航行，是游人观光的新景点。

风景广场　位于五五路与南山路交汇处，西邻儿童公园，占地面积1140平方米，其中硬覆盖595平方米，软覆盖546平方米。广场有欧式护栏23延长米，栽植雪松、冬青球、小叶黄杨1000余株。

秀月广场　位于中山区解放路景山街与白云街交汇处，邻近秀月桥，占地面积6297平方米，绿化面积3000平方米，铺装面积3300平方米，水景面积1469平方米。铺砖874平方米，理石440平方米，铺装彩色人行步道700平方米，安装草坪灯90盏，地灯140盏，水下灯33盏，是休闲娱乐的好去处。

虎雕广场　位于滨海路中部的菱角湾，面积1.6万平方米，1998年6月25日建成。因建有群虎雕塑而得名。群虎雕塑由中国画家、雕塑家韩美林设计，长36米、高7.5米，由

海军广场

498块花岗岩组成，重达2000余吨。6只老虎形态各异，昂首东方，迎风长啸。地面7300平方米火烧板和菊花大理石拼成巨虎图案。13处不规则花坛衬出虎的轮廓，绿化面积3100平方米，铺砖5300平方米，安装草坪灯、庭院灯及泛光灯300多盏。广场呈不规则状，采用国外造林艺术，怪石、奇石伫立灌木花草丛中，新颖奇特，绚丽多姿。

**【中山广场老建筑】**关东银行旧址　位于中山广场1号。日本统治时期为日本朝鲜银行大连支店，该银行被日本政府指定为商业金融中心，行使日本中央银行的职能。1920年建成，是日本中村与资平事务所设计的，钢混结构，具有折衷主义的罗马古典建筑风格。大连光复后被大连中国工业银行接管，全国重点文物保护单位。

大连民政署旧址　位于中山广场2号。1908年建成，日本统治初期为大连民政署（1908—1922年），后为大连警察署。由日本著名建筑师前田松韵设计，砖木结构（现已重修）。建筑上设有浮雕和石刻、利用白色连卷式门楣和三角形山花、红色墙面包白色隅石与装饰线脚，上层窗用柱式划分，具有哥特式建筑的艺术特点。大连光复后，先后为大广场警察局和海军后勤部、辽宁省外经贸合作厅和渣打银行大连分行办公地址。全国重点文物保护单位。

英国领事馆旧址　位于中山广场3号。原为英国领事馆，1914年建成。大连光复后为大连市妇联幼儿园，上世纪90年代拆除，并在原址建楼，现为浦发、广发银行大连分行。

大和旅馆旧址　位于中山广场4号。日本统治时期为大和旅馆。由日本著名建筑师太田毅、吉田宗太郎设计，1914年建成。为欧洲文艺复兴后期的巴洛克式建筑风格，正面采用爱奥尼亚式扶壁柱，正门入口建有拱式雨篷。1945年8月，为苏军驻大连警备司令部。1945年10月27日，苏军在该馆召开大连各界代表会议，决定成立大连市政府。周恩来总理来大连视察时曾在此下榻。现为大连宾馆（三星级）。全国重点文物保护单位。

大连市役所旧址　位于中山广场5号。日本统治时期为大连市役所（市政府），1937年大连民政署撤销后，大连市役所便成为日本统治大连的二级行政机构。1915年始建，1920年竣工。建筑面积9870平方米，和风欧美近代折衷主义建筑风格。1947—1950年大连市（人民）政府（二级政权机关）在此办公。后为大连市政府各局办公楼。现为中国工商银行大连分行。

东洋拓植株式会社旧址　位于中山广场6号。日本统治时期为东洋拓殖株式会社大连支店，该店是日本在东北和大连的商业的金融机构，与正金银行、朝鲜银行鼎足而立的中枢金融机构。1936年建成。西洋古典手法欧式建筑。大连光复后，曾为中共大连市委办公楼。后为市政府部分局的办公楼。现为交通银行大连分行。

中国银行大连支店旧址　位于中山广场7号。日本侵占时期的中国银行大连支店。1910年建成。近代欧美折衷主义建筑风格。大连解放后为大连市教育局办公楼。现为中信银行大连中山广场支行。

横滨正金银行大连支店旧址　位于中山广场9号。1909年建成。欧洲文艺复兴后期建筑风格。1945年后为苏联远东银行，现为中国银行辽宁省分行。

日本大连递信局旧址　位于中山广场10号。1918年建成，日本统治时期为日本大连递信局，建筑面积2556平方米，和风欧美近代折衷主义建筑风格。1945年秋，为苏军大连警备司令部办公楼。现为大连邮政局办公楼。

英国驻大连领事馆旧址，已拆除
今浦发银行、广发银行大连分行

大和旅馆旧址
今大连宾馆

大连市役所旧址
今工商银行大连分行

大连递信局旧址
今大连邮政局办公楼

**【旅游咨询服务中心】** 中山区有6个咨询中心，负责旅游信息咨询服务，开展旅游宣传推广活动等工作。

**大商步行街旅游咨询中心** 位于大连商场步行街，占地面积50平方米，建筑面积75平方米。配备旅游信息触摸显示屏、大型液晶电视和液晶电脑等设施，资料架展示大连旅游景区及交通线路图等资料20余种。

中心整合包装推出旅游新景点、新产品和新路线，创新宣传手段，推介大连旅游资源。提供现场接待咨询、热线电话咨询、多媒体电脑自助查询和国际互联网网站咨询等旅游信息服务。实行市场化运作方式，拓展参观、考察组织及旅游团接待渠道，接待人员以多语种接待游客。

**大连港旅游咨询服务中心** 位于港湾街1号大连港内。建筑面积200平方米，由大连交通国际旅行社承建并负责日常运营。中心内部分为咨询接待区、资料摆放区、旅游商品陈列区、触摸屏摆放区、视频播放区、游客休息区等专区，配备熟练掌握英、日、俄等语言的接待人员，为游客提供旅游咨询、酒店预定、景点推荐、票务预定、旅游投诉接待等服务。

**站南旅游咨询服务中心** 位于火车站南广场西引桥，上下二层，占地面积50平方米，建筑面积100平方米。一楼为全开放式咨询服务台，设一日游咨询台、自助游咨询台、订票住宿咨询台、求助咨询台；二楼为小型会议接待室。服务人员掌握日、英、俄等语言，可满足不同国籍游客需求。

**站前旅游咨询服务中心** 位于火车站前渤海明珠大酒店一楼，建筑面积30平方米，配置电脑、旅游信息触摸显示屏等设施，配备专业的咨询接待人员，为游客提供旅游接待咨询、代办车船票预定、旅游投诉接待等服务。

**大连浪漫假日旅游咨询服务中心** 位于天津街商业步行街，中心为仿欧式建筑，与天津街整体风格一致。为游客提供旅游咨询、酒店预订、景点推荐、票务预定、导游服务、商场导购、旅游投诉接待等服务。采用数字设备和影音设备为游客介绍大连旅游信息。

**大连民生街旅游咨询服务中心** 位于天津街135号，中心占地面积30平方米，配置电脑、电子地图和空调等设施，配备懂外语的咨询人员，为游客提供团体及自游人观光旅游、度假旅游、商务旅游、承办会议、代办机票、车船票预定、酒店预定和机场接送等旅游服务。

**【旅游工艺品市场】** 中山区域内有2个旅游工艺品市场，位于市中心繁华地带。其中，一个是大连市旅游局指定购物商店，一个是全新业态的景观式大型文化艺术市场。

**大连古玩城** 大连市旅游局指定购物商店。位于中山区港湾街1号，经营古玩、字画、传统工艺品、地方工艺品、收藏品及中外文化艺术品，占地面积1万多平方米。

2006年，在大连古玩城建立大连市地方工艺旅游商品中山交易市场，展销豆画、爱丽丝、贝雕、路明发光画、麦秸画等系列地方特色旅游工艺品1万多个品种。其中，获全国旅游商品大赛金奖系列20多种。

**大连古文化艺术广场** 景观式大型文化艺术市场。位于天津街东段，建筑面积8万平方米，经营面积5万平方米，设古玩、字画、明清家具、工艺品、珠宝玉器、奇石根艺、邮币卡以及茶品等专营卖场和展览拍卖大厅。广场基础设施完备，配备客货电梯、自动扶梯、自动消防系统、自动报警系统、监控系统和网络电讯系统，有餐饮、娱乐和休闲设施，装修设计采用明清文化风格，有传统民俗特色，是集购物、旅游、文化、娱乐、休闲、餐饮为一体的大型文化艺术市场。

（李艳波）

## 其他产业

### ·工　业·

【概况】2011年，中山区实现工业总产值9.68亿元。有规模以上工业企业5家，实现工业总产值5.4亿元。工业销售产值5.28亿元；利税总额1852万元；利润总额1139.4万元。

规模以上工业企业中：有限责任公司1家，实现利税总额548.3万元，利润总额548.3万元；私营企业4家，实现利税总额1304.2万元，利润总额591.1万元。

### ·房地产开发与建筑业·

【概况】2011年，中山区营业收入万元以上房地产业企业主营业务收入110.3亿元，主营营业税金及附加10.09亿元，利润总额8.25亿元。有建筑业企业95家，年末从业人数35834人。建筑业总产值119.06亿元，竣工产值62.85亿元。

（史　天）

### ·邮政电信业·

【大连市邮政局拓展新业务】2011年，大连市邮政局有邮政局（所）242处，城乡投递段道808条，承担地区的邮政普遍服务任务。报刊零售网点56处，设立邮筒516个；邮路总长度5315公里，服务面积1.25万平方公里，服务人口680万人。年内，被辽宁省质量协会辽宁省用户满意委员会授予"辽宁省用户满意企业"称号，被中国邮政集团公司授予"全国职工素质教育活动先进单位"称号，被大连市委、市政府授予"2010—2011年度大连市先进单位"称号。五四营业大厅被国家交通运输部、共青团中央联合授予"2009—2010年度全国青年文明号"。

市邮政局启动代收电费项目

*启动代收电费项目*。4月25日，大连市邮政局与大连供电公司代收电费项目启动。代收电费项目的启动是邮政与供电企业强强联手，为城乡居民打造近距离缴费通道的重要举措，具有里程碑意义。当天，同步发行1万枚邮政代收电费纪念明信片。

*开发百年人寿保险公司电话营销业务*。4月18日，百年人寿保险公司电话保险保单投递项目正式启动，成为市邮政局账单业务全新增长点，全省率先实现电话营销单项业务零的突破。同时，市邮政局组织召开百年人寿保险公司电话营销业务培训会，邀请百年人寿保险公司业务人员对投递员进行电话营销业务操作流程培训，对投递环节的预约要求、投递要求、保单资料的返回要求、服务用语等方面进行培训，就电话营销业务的投递范围、投递时限、整体作业要求、考核办法等方面提出具体要求。

*启动明珠卡代理充值项目*。市邮政局与大连明珠公用卡股份有限公司签署合作协议，正式启动明珠卡代理充值项目，丰富"邮政一站通"缴费功能。双方首批在大连市内四区、金州新区、旅顺口区共40个邮政营业网点开办业务。

*开发"文明上网"明信片*。7月9日，市邮政局协同大连市委宣传部、市文明办、市文广局、市教育局共同举办大连市"文明上网 从我做起"有奖知识竞赛活动，以邮政明信片答题卡为载体向中小学生宣传和普及网络法律法规基本知识，旨在推动城市网络文明建设，营造遵守法律和社会公德的网络环境。活动在社会各层面引起较大反响，特别受到学生家长的欢迎。本次活动共制作明信片答题卡30万枚。

*启动爱心包裹项目*。5月20日，爱心包裹项目——革命老区及全国贫困地区学生关爱行动启动。大连理工大学、大连民族学院作为中国扶贫基金会选定的首批爱心包裹劝募志愿者项目高校，组织大学生志愿者代表进行集体宣誓并发出倡议。爱心企业和爱心人士在仪式现场募捐，募集善款15.63万元，市邮政局捐赠7万元。

（李　曼）

**【大连联通客户服务水平显著提升】**2011年，大连联通继续保持中央文明办授予的“全国文明单位”称号。获得辽宁省“五一劳动奖状”（为大连市4个获奖单位中唯一的通信运营企业）、“用户满意企业”、“用户满意服务”、“企业文化建设先进单位”称号。获得大连市“‘行风热线’工作突出贡献单位”、“星级平安稳定单位”、“无线电管理先进单位”及“‘十一五’信息化建设先进单位”等称号。《立体化高速宽带网络接入工程》项目荣获“大连市‘十一五’信息化建设重大成果奖”。胜利桥营业厅等29个集体获国家、省、市级“青年文明号”称号。18项QC成果获得国家和省级奖项，网优中心网优班获得“全国质量信得过班组奖”。大连联通长海县分公司长海路营业厅被大连市妇女联合会授予“巾帼文明岗”荣誉称号。

明珠卡代理充值项目启动

**【大连联通获“2011年度中国最佳呼叫中心”奖项】**2011年6月28日，在2011年中国最佳呼叫中心——“金耳麦大奖”评选活动中，大连联通商务呼叫中心获得“2011年度中国最佳呼叫中心”大奖。此项评选活动是由中国呼叫中心产业能力建设管理规范工作组（CNCCS）指导，CC-CMM国际标准认证机构以及全球呼叫中心产业联盟、亚太呼叫中心联盟、欧洲呼叫中心联盟、亚太顾客服务协会、中国呼叫中心联盟支持，客户世界机构实施及主办的。“金耳麦大奖”中国最佳呼叫中心评选活动创办于2005年。“金耳麦大奖”年度评选活动评审过程历时9个月，通过企业报名、专家推荐、培训学习、电话暗访、数据采集、标杆测评、入户评审、集中评议、案例分享等程序严格进行。

**【大连联通“114专家预约热线”开通】**2011年11月18日，大医附属二院超声科正式推出“114专家预约热线”服务，此项服务是由大连联通与大连医科大学附属二院合作推出的。要求实行实名制预约，患者拨打114预约时需提供身份证号码和手机号码，由114话务员进行登记。预约成功后，如要取消预约，114会及时将信息传送院方。该热线开通1个半月，有50名患者通过电话牵线，足不出户成功预约就诊。一定程度上缓解了患者挂专家号难的问题，受到患者欢迎。12月，大连联通适时推出病理科和传染病科专家预约热线。

**【大连联通拓展产品应用】**2011年4月，大连联通将3G APN（Access Point Name，中文全称叫接入点）组网业务成功应用于城市交通设施管理，中心城区140多个路口信号灯陆续实现远程集中控制，能够自动采集回传交通数据并调整灯时，实现“绿波带”（是指计算车辆通过某一路段的时间，再对各个路口的红绿灯信号进行协调，使通过车辆连续获得一路绿灯的技术）疏导。3G行业应用产品为城市交通治理提供先进可靠的网络与技术保障，明显提高交通监管设施的科技含量和交通治理效率。

该产品使用3G上网卡，安装简便，无需地埋线缆，不受端口限制，不受道路施工影响，一旦发生故障，维修迅速。网络可达到每秒交换的速度，交警指挥控制中心可根据实际路况集中控制，保证更加合理地利用道路资源，驾驶人遇绿灯几率大幅增加。

（刘　伟）

## ·水产渔业·

**【概况】**2011年，中山区有机动船579艘，吨位23828吨，马力达44689千瓦。实现渔业社会总产值7.3亿元。

**责任编辑**　张纾平

# 城区建设管理 CHENG QU JIAN SHE GUAN LI

## 城区建设

【概况】2011年，中山区城建工作紧紧围绕区政府提出的“城区建设与管理年”活动这一主线，突出“五个一”工程建设这一重点，坚持城区建管并重和生态立区理念，按照人性化服务、智能化应用、精细化管理要求，全面推进城区各项基础设施建设，不断提升城区建设与管理标准，为中山区推进科学发展首善区建设提供坚实的外部保障。

围绕环境治理实施清理整治、升级改造和水平提升工程，有效改善市容环境整体面貌，提升城区环境宜居品质。全年新建改建广场游园绿地11处，对中南路路街环境进行升级改造，修建1处健身公园，新建停车场7个，新增停车泊位1200个，升级改造农贸市场1个，完成59个弃管楼院4.36万平方米改造任务，全年维修改造市政道路200余条次，清理各类垃圾及杂物1万余吨，推动冬季除雪、防台防汛、建筑安全生产、人防工程建设等工作有效开展。区城建工作先后荣获“大连市交通综合整治先进集体”、“2011年大连市城市建设‘五个一’工程集贸市场建设优胜奖”；被市政府评为“2011年城市管理工作考核优秀奖”、“2011年城市管理工作专项考核优秀奖”、“2011年大规模造林绿化先进单位”、“城市除雪工作先进单位”。区城建局被市委、市政府授予“大连市2010—2011年度文明单位”称号。

市“五个一”工程领导小组检查验收区“五个一”工程项目

【“五个一”工程建设】2011年，中山区根据市政府城市建设“五个一”工程建设要求，加大工作力度，确保城区环境面貌有新的提升、综合服务功能有新的增强、人民群众的生活质量有新的提高。

开发改造旧城区。完成青云街、不朽巷、景山街、一德街、春和老年公寓、华联宾馆、胜利路东段和老虎滩海洋公园8个地块的拆迁收尾工作。不朽巷、景山街、春和老年公寓、一德街、青云街和华联宾馆地块净地。春和市场（一期）工程项目主体完工。挂牌出让铁路东站等5宗地块。对需要改造的友好广场南、桃源广场等8个旧区地块完成地形图勘测和调查摸底工作，进入方案设计和测算阶段。

新建停车泊位。采取改建学校操场、利用闲置空地、改造人行步道、配套公共建筑方式，规划建设停车场地，增加停车泊位。在望海街、桃源广场、桃源友谊美邻大型超市门前等地新建7处停车场，总面积1.81万平方米，新增停车泊位1200余个。

改造路街环境。对中南路路街环境进行升级改造，改造内容包括改造建筑物坡屋顶、粉饰楼体、更换门头匾和挡土墙饰面等。对52栋共计2.2万平方米的建筑物屋面进行防水处理，对30栋共计0.6万平方米的屋顶实施挑檐，对58栋共计7万平方米的楼体进行粉刷，对26栋共计2万平方米进行喷涂楼体真石漆。更换商家门头牌匾62处850平方米。粘贴挡土墙文化石2处1400平方米。修复台阶9处800平方米。

在望海街粘贴沿街文化石600平方米，铺装人行步道方砖和路面

1.9公里。

修建健身公园。在山屏北街修建1处市民健身公园。公园建设总面积5000平方米，园中铺装健身场地2579平方米，实施绿化221平方米，山屏北街公园绿地面积达450平方米。公园内建有文化广场，设置各类健身器材及休闲桌椅，其中安装各类健身器材16组。公园建成后方便了附近居民健身、休闲及娱乐。

改造农贸市场。对桃源街荣盛农贸市场进行升级改造，改造总面积4000平方米，设置摊位200个。改造内容包括新增排风空调系统和冷库控制间，进行地面及立面海水保护处理，铺装防滑地砖，更新摊位牌匾和标识等。荣盛农贸市场与桃源友谊美邻大型超市、桃源早市构成综合居民服务商圈，方便桃源地区乃至青云街、葵英街、秀月街、景山小区、虎滩新区、八一路等居民生活需求。中山区荣获“2011年大连市城市建设‘五个一’工程集贸市场建设优胜奖”。

【城区绿化】2011年，中山区绿化工作本着“上档次、上色彩、增数量”原则，丰富全区路街景观样式，提升整体绿化档次。全年新建改建广场游园绿地11处，更新草坪8.79万平方米，栽植摆放各种花卉85万盆，种植模纹8万株，更换绿地景观小品3组，在中山路、人民路绿化带摆放花钵80组，悬挂花卉挂件840个。

在大规模植树造林活动中，区城建局采取政府投资和动员社会力量参与相结合方式，合理利用有限空间规划密植，全年栽植各种树木5.1万株。被市政府授予“2011年大规模造林绿化先进单位”。

【节日亮化】为提升辖区节日景观亮化工程，确保节日期间市区夜间的景色更加宜人、更加迷人。2011年春节和市、区人大、政协“两会”期间，在中山路、人民路等路街安装树挂灯3000株、街棚灯108跨；在海军广场、中山广场安装绿化带网灯5000平方米；在希望广场安装近10米高的“吉祥喜庆玉兔”造型灯光小品。国庆节期间，全区在中山路、人民路、解放路等主要路街悬挂国旗标志1470组。年内，对中山广场22盏路灯进行升级改造，提升景观档次，为中山广场重点繁华商业区和旅游景点，营造出高品位的城市夜景景观，成为辖区百姓和游客观看大连夜景的一个重要景点。

【市政道路维修】中山区内现有三、四级道路575条。2011年，全区共维修养护市政道路200条次，面积5.88万平方米，铺设彩色方砖2.36万平方米，砌筑边石1.27万米。被市交通综合整治领导小组评为“大连市交通综合整治先进集体”、“大连市交通综合整治先进单位”。

栽植树木

三、四级市政道路维修

# 扎实推进城区建设“五个一”工程

## 新建停车场

武昌街停车场建设前

武昌街停车场建设后

新建桃源友谊美邻大型停车场

改建后的青泥洼桥停车场

## 改造后的荣盛农贸市场

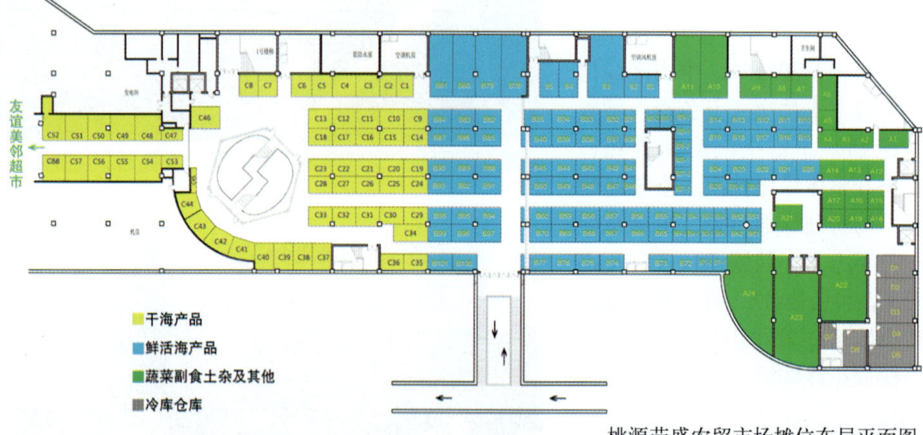


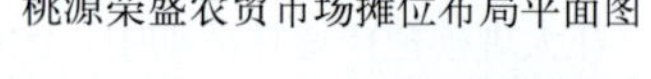
桃源荣盛农贸市场摊位布局平面图

新建山屏北街健身公园

改造后的弃管楼院

升级改造后的中南路

【环卫事业管理体制改革】2011年3月1日始，中山区根据市政府《关于城市环境卫生事业单位改革的实施意见和工作方案》的统一部署，进行环卫事业体制改革。改革的主旨是管干分开，实行企业化管理。撤销区环卫处和城肥所，收回事业编制729名。同时，设立大连市中山区环境卫生管理中心，下设8个街道环境卫生管理站。中山区与4家中标保洁公司签订作业协议和责任承诺书，完成14名科、站长的竞聘上岗，对环卫处的固定资产、车辆设备进行清查及审核登记，并通过大连市环卫处的评估检查。

改革后，区环境卫生管理中心按照“四化”“五步走”（作业标准规范化，作业服务人性化，作业质量精细化，作业管理长效化和集中培训、重点突击、标杆拉练、交流经验、全面覆盖）的工作思路，注重抓好全区的环境卫生工作。先后与4家环卫企业清洁公司成立3个组。一是环境卫生检查组。每个街道派驻3人，其主要职责是每季度对企业接手的环境卫生工作质量进行全面检查，发现问题，及时反馈，及时处理解决。二是环境卫生督察组。每个标段派驻2人，以业务科为主，其主要职责是按新的大连市环境卫生作业服务标准进行全方位的督导检查，做好文字、影像记录，督促企业进行整改。每10天向各作业企业通报一次，每个月召开一次企业负责人、项目经理通报会。三是环境卫生巡视组。区环境卫生管理中心由一名副职具体负责，对环境卫生管理工作和企业的作业质量进行全方位检查巡视，确保环境卫生工作有人抓、有人管、有人负责。4家环卫企业初步形成各具特色、互帮互学、共同提高的局面，当年实现全区环卫企业内容全程标准化目标。

改造后的建筑物外立面

【环境卫生】2011年，中山区按照“让居民楼院卫生环境有新的提升”要求，注重抓好环境卫生工作。全区配备清理垃圾车24台，扫路车8台，洒水车2台。设有居民垃圾收集处356处，单位垃圾收集处45处。组织各街道和专业清理公司对辖区居民楼院卫生环境进行清理整治，动用人力3万余人次，租用车辆1400台次，清理楼院面积3.9万平方米，清理生活垃圾和建筑垃圾16.6万吨。年内清扫道路666条，面积436万平方米。

【建筑安全生产】2011年，中山区围绕“安全第一、预防为主、综合治理”的安全生产方针，认真落实辽宁省开展的“安全文明施工创优年”活动要求，采取日常检查和巡查方式，强化建筑安全生产隐患排查。组织各类建筑安全生产检查300次，查出安全隐患1500处，下达限期整改指令书140份，停工整改指令书40份。完成113家建筑企业和60家房地产企业的资质年检工作。全年未发生重大建筑安全生产事故。

【建筑物外立面改造】2011年，中山区按照“美观、干净、整洁”要求，加强对各大酒店、宾馆周边和主要迎宾路线建筑物外立面进行升级改造，粉刷楼体213栋，面积59.1万平方米；更换门窗4000多平方米；加固美化挡土墙1500多平方米。

【防台防汛】2011年，中山区积极做好防台防汛各项应急准备，保证遇到紧急情况能有效预防、及时处理、安全度汛。汛期前夕，组织清理泄洪沟河1200延长米，普查险墙险段102处，下达整改通知书21份。防汛期间，对出现隐患的7处墙体和边坡组织进行抢修，对寺儿沟炮台山南侧的边坡滑塌情况进行喷铆支护治理，治理面积约2500平方米。

在应对9号强台风“梅花”工作中，紧急设立应急避难点24处，疏散群众1800余人，限令辖区内40处在建工地全部停工，检查防台防汛重点部位和泄洪沟渠400处，使全区居民在遭遇9号强台风“梅花”袭击中安全渡汛，人民生命及财产安全得到保证。

【护林防火】2011年，中山区根据辖区山林分布情况，科学安排，周密部署，全力确保护林防火各项工作开展。针对全年降水少、风力大、森林火险气象等级高、极易引发山林火灾等实际，多次召开专项工作会议，研究部署防火工作具体措施。重点防火期，区园林部门和专业扑火队伍分组与各街道办事处相互联合，对重点区域和地段进行流动巡视。重大节日期间，区城建局、区园林管理处、各街道办事处组织机关干部、护林员及社区工作人员分片包干上山巡视，以坟墓集中区域为重点，在重要入口设置检查站，悬挂、张贴警示标语，播放广播，劝阻吸烟、烧香等不当用火行为，做到死看死守，减少火灾险情发生。全年没有出现重大山林防火险情。

【冬季除雪】2011年，中山区加大专业除雪队伍和除雪机械的资金投入，完善除雪应急预案，划分除雪责任路段，全面加强冬季除雪工作，确保遇有雪情及时组织清除积雪，确保主次干道雪后交通安全畅通。在冬季除雪中共撒布融雪剂930余吨，清除积雪4.5万吨。被市政府评为“城市除雪工作先进单位”。

【弃管楼院改造】2011年，中山区把弃管楼院改造作为城建工作的一项重要内容，完成万民巷、同心街、光风街4栋楼体外立面和3万平方米楼院改造，改造内容包括修整楼院道路、维修屋面防水、粉刷外立面、更换楼道门窗、修复化粪池和挡土墙等，惠及居民886户。

在完成市政府下达弃管楼院改造任务基础上，区政府又加大投入，增加楼院改造面积，全年完成33个楼院、59个弃管楼，共计4.36万平方米的改造任务。其中清理各类杂物和渣土1.4万立方米，铺设楼院道路1.08万平方米、彩色方砖3.28万平方米，砌筑边石3000米。

附：2011年中山区弃管楼院改造情况

| 序号 | 楼 院 名 称 |
|---|---|
| 1 | 桃仙街40号楼院 |
| 2 | 智仁街合力巷10号楼院 |
| 3 | 葵英街26号楼院 |
| 4 | 山屏街100、102、104号楼院 |
| 5 | 友爱街12—14号楼院 |
| 6 | 长江路150号楼院 |
| 7 | 连庆巷38—48号楼院 |
| 8 | 安居巷7号楼院 |
| 9 | 武昌北巷1号楼院 |
| 10 | 阳春巷13号楼院 |
| 11 | 一德街67、69、71、73号楼院 |
| 12 | 光风街23号楼院 |
| 13 | 万民街2号楼院 |
| 14 | 同心街2—10号楼院 |
| 15 | 连胜巷19号楼院 |
| 16 | 南山街1—21号楼院 |
| 17 | 七七街107号楼院 |
| 18 | 南山路79号楼院 |
| 19 | 绿山巷楼院 |
| 20 | 云程巷2号楼院 |
| 21 | 荣民街37号楼院 |
| 22 | 春港街楼院 |
| 23 | 新乐里楼院 |
| 24 | 荣民街海军广场楼院 |
| 25 | 永青街楼院 |
| 26 | 合力巷楼院 |
| 27 | 七七街楼院 |
| 28 | 山屏街楼院 |
| 29 | 光风街23号甲、乙楼院 |
| 30 | 山屏街12—16号楼院 |
| 31 | 宪卫里1号楼院 |
| 32 | 虎山路495号楼院 |
| 33 | 荣民街86、102号楼院 |

【人防工程管理】2011年，中山区以推进“防空防灾两防一体化”建设为目标，扎实抓好人民防空工程各项工作。5月19日和6月17日，先

后进行2次大型消防人员疏散演习，700人参加疏散演习。8月，与瓦房店市老虎屯镇完成人员疏散对接2400户7700人。全面维修人防工程口部、设施和线路，刷新改造植物园西山坡坑道口等3处人防工程口部共1036平方米。维修更换凯宾斯基大酒店、二七广场贸易大世界等8个单位的警报设备，维修全区人防工程线路320米，全区人民防空的鸣响率、统控率达100%。

【广场游园公共设施改造】2011年，中山区针对部分广场游园地面破损严重、公共设施老化，给居民游园散步、休闲健身带来不便的问题，对民主广场、七七游园等广场游园公共设施进行升级改造，共铺装地砖8600平方米，安装更换健身器材28套，增设座椅39个，安装垃圾桶13个、太阳能灯18个，栽植模纹3700平方米。

【为民办实事】2011年，中山区针对大讨论活动中居民提出的城区建设管理问题，主动听取群众意见，确定整治方案，着重解决4个方面问题：

1.针对群众反映的山屏街周边11个弃管居民楼院道路破损、卫生环境较差问题，区政府投资134万元，组织市政部门对这些弃管楼院进行改造，共修建道路1056平方米，铺设方砖6500平方米，砌筑边石1173平方米，维修挡土墙152立方米，较好地改善了周边居民居住环境质量。

2.针对群众反映的山屏街、怡和街、平安社区楼道窗户破损严重、冬季透寒和影响市容情况，区政府投资100万元，对4个社区159栋楼的楼道窗户进行更换，更换面积4930平方米，惠及居民8000户。

3.针对群众反映的虎滩路495号弃管楼院下水管道阻塞，粪水横流问题，区城建局派专人进行现场勘查；针对楼院下水管道设计不合理，局部破损严重，造成下水管道粪水外溢的实际，组织施工队伍进行改造和疏通；重新铺设下水管线70米，铺装楼院方砖1000余平方米，周边脏水四溢、粪水横流的问题得到解决。惠及居民群众100户，受到附近居民赞誉。

4.针对居民反映的虎滩新区海洋广场缺少照明，给周边群众夜间休闲带来不便问题，区城建局完善广场基础设施，积极为周边群众休闲娱乐提供良好的美化亮化环境。在海洋广场组织安装太阳能景观灯8个、地灯9个，安装不锈钢垃圾桶4个、木坐凳13个、健身器材8组。

（姜　勇）

## 城区管理

【概况】2011年，中山区城区管理工作按照区政府开展的“城区建设与管理年”活动要求，积极创新工作思路，把依法严格管理与人性化管理相结合，确保行政执法工作有条不紊，市容环境焕然一新。全年出动执法人员2600人次，车辆500台次，共拆除旧城区改造地块内违章临时建筑3000平方米，拆除其他违章建筑330处、4800平方米，拆除规范广告牌匾1600块，拆除立面吊挂物183个，清除橱窗大字15200余条，清理粘贴野广告数万张，粉刷喷涂“野广告”4000平方米，清理占道商贩3800人次，占道烧烤500处，没收水果7000公斤，收缴三轮自行车30个、占道灯箱360个、烧烤炉170个、烧烤帐篷36个、其他违章占道烧烤物品2580件，清理垃圾30车。站南地区环境整治工作成效显著，站南广场的东西引桥顺利完成，广场设施通过维护维修后焕然一新，乱贴野广告和露天烧烤污染环境问题得到遏制，交通秩序保持良好，受到旅客的好评。

中山区城区管理呈现出稳步上升局面，多项工作受到大连市的肯定与表彰。其中引入社会化管理治理乱张贴、乱涂写、乱刻画“野广告”的做法在全市推广。整治夜间烧烤工作，在城市管理行政执法年度考核中，荣获全市第一名。城市管理工作获得市政府颁发的“2011年城市管理工作考核优秀奖”、“2011年城市管理工作专项考核优秀奖”。

【行政执法机构调整】2011年9月，根据大连市机构编制委员会《关于市城建局（市行政执法局）行政执法体制调整有关机构编制事项的批复》精神，中山区城市管理行政执法局、中山区8个街道办事处执法中队统一划归市行政执法局，成立大连市城市管理行政执法局一分局，主要负责中山区内房屋管理、市容管理、环境卫生管理、城市园林绿化管理、市政设施管理、城市供热管理、临时建筑拆除等方面的行政执法和处罚工作，具有独立的行政执法主体资格。

【执法思路创新】2011年，大连市城市管理行政执法局一分局针对城市化进程加快，城市居民对于城市的文明度、整洁度、有序度要求越来越高的实际，创新执法思路。从时间、空间、内容、方法上实现全面管理。时间上做到“全天候无空档，全覆盖无缝隙”，内容上对市容环境卫生、市政设施、私搭乱建等方面问题进行全面管理，空间上做到对主干线路、背街小巷全面管理，方法上做到“四结合”，即错时上班与正常上班相结合、定岗管理与机动管理相结合、日常管理与集中整治相结合、徒步巡逻与车辆巡逻相结合，并将“四结合”作为长效管理机制纳入到城区管理之中，将原来突击性的工作变为经常性工作，城市管理执法职能得到有效履行。

【市容整治】2011年，大连市城市管理行政执法局一分局加大市容环境整治力度，采取录像、拍照、突击检查等形式，对市容环境进行多次检查，对那些不认真履行职责，所辖区域问题较多的街道执法中队进行通报批评。严格拆除临时建筑，市容市貌环境质量得到进一步提升。

1.清理野广告。年内，中山区借鉴其他城市的经验做法，尝试用专业化市容整治美化公司进行以清理“野广告”为重点的市容环境综合整治工作。

4月，区政府投资120万元治理“三乱”（乱张贴、乱涂写、乱刻画）。投资180万用于对重点、难点地区进行社会化值守、重点地段专人看守。每天投入60名工作人员、8台工作用车，采取划分责任段、定人定时清理的办法，对全区38条主要路街和居民小区出现的“野广告”即产即清。全年共清理粘贴“野广告”数万张，粉刷喷涂“野广告”4000平方米。所有建筑物、构筑物立面墙体及地面基本消除各类“野广告”，主要道路出现“野广告”现象得到有效控制。引入社会化管理治理乱张贴、乱涂写、乱刻画“野广告”的做法在全市被推广。

2.整治夜间露天烧烤。5月20日，市城市管理行政执法一分局联合各街道办事处、区城建局、巡警、交警、文化稽查等相关部门，共出动车辆80台次，执法队员400人次，实施“飓风1-6号”行动，对三八广场友谊医院住院部周围、中原街、友好路、修竹街、景山沟等路段的露天烧烤进行集中清理整治，清理占道烧烤500处，收缴烧烤炉170个、烧烤帐篷36个以及其他违章占道烧烤物品2580件，露天烧烤问题得到有效遏制，市容秩序状况明显好转。在市城市管理行政执法年度工作考核中，市城市管理行政执法局一分局整治夜间烧烤工作荣获全市第一。

3.拆除违章临时建筑。市城市管理行政执法局一分局在拆除违章临时建筑中提出“增量锁定、存量递减”的目标。为实现这一目标，该局成立新建违法建设督导领导小组，通过督查和其他措施把新增违法建设消灭在萌芽状态。同时，组织开展以拆除违法建设为重点的专项整治工作，对检查中发现的临时违章建筑，责令当事人限时进行拆除，不按时限拆除的由执法人员强制拆除。对群众举报的违章临时建筑及时进行调查，情况属实，责令当事人自行拆除。对不按要求拆除的，由执法人员进行强制拆除。全年拆除旧城区改造地块内违章临时建筑3000平方米，拆除临街建筑和违章临时建筑330处、4800平方米。

4.治理乱设点、占道经营。加大对乱摆摊、乱设点、店外店等占道经营行为的清理整治力度，共印制5000份通知，发放到各沿街商家和单位。对16条主要路街实行分工负责制，每条路街都有专人负责，负责专项整治活动的宣传及情况收集，对工作中出现的新情况、新问题，及时进行调整。在治理乱设点、占道经营中，共拆除立面吊挂物183个，清理占道商贩3800人次，没收水果7000公斤，收缴三轮自行车30个，占道灯箱360个、清理垃圾30车。

5.清理违规户外广告。加强对迎宾路线户外广告牌匾设施的巡查，对未经审批、陈旧破损等不符合规范要求的各类户外广告设施进行清理拆除。全年拆除规范广告牌匾1600块，清除橱窗大字1500处、15200条，清理不规范灯箱400处，整治不规范门头牌匾500处。

在市政府组织的城市管理考核

拆除违章临时建筑

中，中山区荣获“2011年城市管理工作考核优秀奖”、“2011年城市管理工作专项考核优秀奖”。

【站南地区环境整治】2011年，中山区加强对大连火车站站南地区环境的综合管理，依据市政府《大连火车站地区管理规定》，清理无证商贩300人次，取缔违章占道摊点400个，捣毁各类黑窝点3个。坚持做到严格执法、文明执法，全年没有发生1起上诉事件。

完成火车站广场东西引桥整体改造。区政府投资80万元，从2010年开始对火车站东西引桥实施改造，至2011年8月30日，东西引桥全部改造完毕，改造后的东西引桥焕然一新。

维护广场设施。区政府投资20万元，修补火车站广场内破损的理石方砖，广场停车场重新划线，重新铺压东小广场沥青路面，绿化广场花坛，对广场栏杆进行全部粉刷，对部分区域进行亮化。

整顿火车站广场内广告。从年初开始，全面整顿火车站广场内广告，对无手续、内容不雅、残缺不全的广告全部拆除，共拆除违法广告牌匾150块。增设一些内容健康、格调高雅、与城市形象相配的商业广告和公益广告。及时清理各类野广告。

治理夜间烧烤。站南地区管理处专门成立整治领导小组，成立执法队，重点对友好街、民生街等夜间户外烧烤进行治理，有效解决因夜间烧烤产生的扰民、破坏市容环境问题。

严厉打击违法营运和违章车辆。站南地区管理处加强与交警部门、客运管理处、出租车管理处等相关部门的联合执法，严厉打击站南地区违法营运和违章车辆，依法查处违法车辆173辆，各类违章车辆2300余辆，确保站南地区保持良好的交通秩序。

（于富刚　王守山）

## 城区规划

【概况】2011年，大连市规划局中山分局按照“保护资源、保障发展、维护权益、服务社会”要求，围绕非经营性规划审批、在建工程监察管理的重点开展工作，全面完成城区规划管理各项任务。全年审批项目用地14.5万平方米，规划建设面积41.63万平方米。监察管理43个建设工地。依法严厉查处擅自改建外立面40余起。

【推进“阳光审批”】2011年，大连市规划局中山分局在非经营性规划审批中大力推进“阳光审批”工程，加大规划审批工作透明度，提高规划审批水平。全年共受理非经营性规划审批收文及函件40件，审批项目用地约14.5万平方米，规划建设面积约41.63万平方米，所有规划审批项目的办事程序、服务承诺全部向社会公开。

通过“阳光审批”办理的项目主要有海军大连老虎滩干休所、大连港医院康复大楼、大连佳兆业广场改造、凯莱大酒店立面改造等。重点项目及时上报市规划委员会，项目的审理及方案初审得到市规划委员会认可。为大连市友谊医院新建医疗综合楼、市气象局离退休老干部活动室等项目办理选址意见书4件。为大连市友谊医院住院部5号楼裙楼改扩建、大连大学附属中山医院门诊教学楼等项目办理用地规划许可证3件。为大连边防检查站指挥中心综合楼及监护大队所属中队营房、中山区石门沟小学、大连大学附属中山医院门诊教学楼等项目办理详规方案审查4件。为大连边防检查站指挥中心综合楼及监护大队所属中队营房、大连市友谊医院住院部5号楼裙楼改扩建项目办理单体方案审查3件。为沈阳军区联勤部师团职干部经济适用住房、大连市破

区规划局领导研究城区规划

产及产权变动企业档案库房等项目建设工程办理规划许可证4件。

全年受理审核建筑物外立面、门头牌匾改造41项，办理18项。

【建立规划审批“绿色通道”】2011年，大连市规划局中山分局针对城市建设“五个一”工程项目、政府为民办实事项目，开设规划审批“绿色通道”。对进入“绿色通道”的建设项目实行优先办理权，特事特办，做到“随报、随收、随批、随发”，最大限度缩短审批办件时间，并实行项目问责制，提高审批效率。年内，大连市友谊医院新建医疗综合楼、大连大学附属中山医院门诊教学楼、大连边防检查站指挥中心综合楼、中山区石门沟小学等项目通过“绿色通道”审批。

【在建工程监察管理】2011年，中山区内共有在建项目43个，总建筑面积达267.8万平方米。大连市规划局中山分局按照“预防为主，查处为辅”原则，加大在建工程规划监察与管理力度。

加大在建工程监察。先后对辖区43个在建工地进行每月不少于3次的检查。对43个在建工地的建筑档案进行整理。对检查中发现的问题，要求项目建设单位及时认真整改。全年共立案查处违法建设案件3件。

加强建筑外立面监管。针对辖区内出现的擅自改建建筑外立面违法问题，及时向建设单位和相关人员宣讲城市规划法律法规。对没有依据规划法规申报审批的坚决予以拆除。全年共查处擅自改建外立面案件40起，有效遏制违法改建建筑外立面现象的发生，维护了城市规划建设整体形象和规划法规的权威性。

【宣传《城乡规划法》】2011年，大连市规划局中山分局深入开展“规划法规进企业”、“规划法规进社区”活动，强化建设单位严格落实规划法律法规的自觉性，帮助广大居民依据规划法律法规维护自身合法权益。全年深入3家外资企业和15家建设单位宣传讲解《中华人民共和国城乡规划法》，宣传大连市在规划建设方面的相关规定，引导建设单位配合执法工作宣传，依法进行开工建设。

（曲尚操）

## 环境保护

【环境状况】2011年中山区环境空气质量保持优良。大连市区（包括中山区，下同）空气质量优的天数达93天，优良率达97%，酸雨频率有所下降。饮用水源水质达标率100%，电磁辐射水平保持稳定。中心城区声环境质量略有下降。生态环境质量总体保持优良。

环境空气质量　环境空气中可吸入颗粒物、二氧化硫和二氧化氮均值均符合国家空气质量二级标准。与上年相比，可吸入颗粒物、二氧化硫和二氧化氮均值均略有提高。自然降尘均值为9.2吨/（平方公里·30天），超出辽宁省标准的0.2倍，与上年基本持平。

市区空气质量优为93天，占全年25.5%；良为261天，占全年71.5%；轻微和轻度污染天数为11天，占全年3%，（其中6天受沙尘等外来因素影响，1天受春节期间燃放烟花爆竹影响，其余4天受逆温天气影响）。与上年相比，优的天数少42天，污染天数多7天。空气中可吸入颗粒物是首要污染物的天数为198天，占全年非优级天数的72.8%。二氧化硫是首要污染物的天数为74天，占全年非优级天数的27.2%。

酸雨　全市降水PH均值为5.21，酸雨频率为23.5%，比上年下降3.8个百分点，酸雨主要污染区域为大连市区。

声环境质量　功能区环境噪声。全市功能区环境噪声总达标率为86.4%，比上年下降7.5个百分

附：　2011年中山区劳动公园（青泥）监测点环境质量数据表

单位：$mg/m^3$

| 月份 | 二氧化硫 | 一氧化碳 | 二氧化氮 | 可吸入颗粒物 |
|---|---|---|---|---|
| 1 | 0.095 | 0.56 | 0.051 | 0.040 |
| 2 | 0.098 | 0.87 | 0.056 | 0.053 |
| 3 | 0.053 | 0.54 | 0.052 | 0.056 |
| 4 | 0.025 | 0.60 | 0.053 | 0.057 |
| 5 | 0.032 | 0.53 | 0.068 | 0.076 |
| 6 | 0.026 | 0.29 | 0.057 | 0.053 |
| 7 | 0.007 | 0.31 | 0.052 | 0.050 |
| 8 | 0.008 | 0.44 | 0.049 | 0.052 |
| 9 | 0.013 | 0.37 | 0.045 | 0.056 |
| 10 | 0.016 | 0.35 | 0.040 | 0.051 |
| 11 | 0.059 | 0.61 | 0.054 | 0.046 |
| 12 | 0.101 | 0.96 | 0.060 | 0.049 |

点。中心城区噪声达标率在37.5%—98.4%之间，超标区域主要为居住文教区、商业区和道路交通干线两侧区域。

道路交通噪声。全市道路交通噪声平均等效声级为68.1分贝，低于国家交通干线两侧区域噪声标准1.9分贝。

区域环境噪声。全市区域环境噪声平均等效声级为52.9分贝，市区环境噪声等效声级为54.3分贝，与上年相比无明显变化。

电磁辐射环境质量　市中心城区电磁辐射环境质量保持良好，环境电磁辐射电场强度监测值低于国家标准。

生态环境质量　全区有风景林面积1156.38万平方米；全部绿地面积1883万平方米，公共绿地面积451.24万平方米。全区人均公共绿地面积12.4平方米，人均绿地面积45平方米。有落叶乔木34631株，常绿乔木22546株，花灌木59782株，绿篱1436150株。绿化覆盖率43.02%，生态环境质量为良。

【环境管理】2011年，大连市环境保护局中山分局努力探索生态宜居区环境管理新路，在环境监察、扬尘污染整治、环境信访查处、建筑施工工地监管、排污口管理、建设项目环境保护审批等方面加大工作力度，为环境首善区建设做出重要贡献。

全年审批建设项目213项，验收173项，建设项目“三同时”（同时设计、同时施工、同时投产）监督检查1053次，审批按时办结率100%。出动监察人员2300人次，检查企业1100家次，立案查处环境违法案件78件。受理查处环境信访案件320件，查处率100%，信访回访率为100%，群众满意率97%。拆除锅炉16台，总吨位72吨。市环境保护局中山分局被区政府评为“2010年政风行风建设满意单位”，被区党工委评为“2010—2011年度先进党总支”。

【拆炉并网】2011年是“十二五”开局之年，大连市环境保护局中山分局结合“十二五”减排计划，着力解决影响拆炉并网工作的突出问题，以辖区内分散的小型锅炉房为突破口，集中攻坚。全年共拆除锅炉16台，总吨位72吨，“十二五”开局之年的减排计划有效落实，区域环境质量得到改善。

【环境监察】2011年，大连市环境保护局中山分局根据中山区实际情况，制订周密细致的工作方案，抽调骨干力量全力开展辖区环境监察，重点围绕环境风险隐患排查、噪声和扬尘污染整治、排污口整治、重点工业企业达标排放等工作进行监察。共出动监察人员500人次，检查企业200家次，下达《违法行为限期改正通知书》16份，下达《环境监察通知书》36份，立案查处环境违法案件36件，收缴罚款35万元，有效遏制各类环境违法行为的发生，确保辖区环境质量得到提升。

【施工工地环境监管】2011年，大连市环境保护局中山分局为加强建筑施工管理力度，制定“区域承包制”、“点面两查制”、“二级核算制”和“齐抓共管制”4项制度，监管和治理夜间施工扰民和扬尘污染问题，坚决打击开工未申报、夜间施工、扬尘污染等环境违法行为，预防和控制施工污染。将管理责任明确到个人，确保及时发现新开工项目并纳入日常管理。采取重点管理企业专查和噪声敏感区域巡查方式，提高夜间监察执法的主动性和指向性，有效解决夜间违法施工扰民问题。落实建筑施工污染物排放量二级核算制，足额征收噪声、扬尘排污费，提高施工企业控制噪声、防污治污自觉性。采取发函通报、现场办公、联合执法等形

纪念“6.5”世界环境日

深入东港区施工工地进行环保监察

式，积极协调相关部门加强对重点工程的监督管理，约束和规范施工企业行为，切实保障施工工地周围群众的环境权益。

【污染源专项整治】2011年，大连市环境保护局中山分局集中人力、物力对辖区内污染源和风险源进行专项整治。

1.开展辖区环境风险企业安全检查。做到严查安全隐患、狠抓落实整改，重点检查企业环境应急预案和企业环境风险措施落实情况，对大商集团中南路冷库存在的环境保护问题下达整改通知，对影响环境质量的大连民航疗养院冷库进行拆除。

2.做好三类射线装置辐射的安全管理。对辖区内55家企业的装置使用情况进行现场检查，严格辐射安全许可证发放和管理，组织企业完成年度环境保护安全评估报告。

3.加强危险废物管理。重点检查污水处理厂污泥台账制度和转运联单制度执行情况，防止擅自堆放、随意丢弃、倾倒、直接排放等环境保护违法行为发生。

4.开展铅酸蓄电池专项调查。调查表明，全区使用铅酸蓄电池企业23家，在用铅酸蓄电池2477块，2010年生产的废铅酸蓄电池507块。明确掌握辖区企业铅酸蓄电池使用情况和特点，以及废旧蓄电池的产生、贮存和回收情况。按照环境保护要求，对铅酸蓄电池进行严格管理，确保不出现任何污染环境、危害居民的问题。

5.加强对辖区医疗废水专项整改。对辖区9家医疗卫生机构中部分超标排放单位，责令限期整改。要求大连市友谊医院等4家医院安装废水深度生化处理设施，实现达标排放。

【排污口治理】2011年，大连市环境保护局中山分局按照市局排污口工作总体部署，按照“便于采集样品、便于计量监测、便于日常现场监督检查”原则，积极推进排污口整治工作。先后完成2个超标排污口整治达标和1个排污口规范化整治，为其他县市区环保部门排污口整治树立样板，受到市环保部门的表扬。5月，虎滩新区污水处理厂及2个配套泵站相继建成使用，为下游N05排污口污水的达标排放提供了保证。7月，随着东港商务区搬迁改造工程的推进，D08排污口实现封堵填埋。12月，完成虎滩渔港内N05排污口规范化整治工作。治理后的排污口，全部达到国家环境保护部《排污口规范化整治技术要求》标准。

【建设项目环保许可审批】2011年，大连市环境保护局中山分局编制《中山区建设项目环保许可管理名录（试行）》，进一步规范和明确全区建设项目环境保护行政许可范围。采取一次告知办理条件、简化前置申请材料、主动减少检查频次等手段，进一步优化审批程序。实行网上申办、电话预约、申请材料义务代填、许可文书专人送达、特殊项目全程代办五项措施，加强对建设项目环保许可审批。先后为“普照假日广场”、“佳兆业广场”、“悦泰街里”等重点项目开辟绿色通道，确保项目按照环保要求如期建成。

积极开展建设项目环评审批，严格依据建设项目环境保护工程“三同时”制度对建设项目进行审批。全年审批建设项目213项，验收173项，“三同时”监督检查1053次，审批按时办结率100%。

【环境信访】随着城区建设进程加快，由环境污染产生的信访问题不断增加。针对这种情况，2011年，大连市环境保护局中山分局在加大环境污染问题处理力度的同时，主动将环境信访工作融入到区政府信访总体工作中去，积极谋划覆盖区级信访机构、职能部门、街道社区的信访综合防控网络。按照“统一领导、分工合作、联防联控、共担风险”原则，建立一般信访通报制、不稳群体筛查制、疑难问题会诊制、重大案件联办制和结案回访

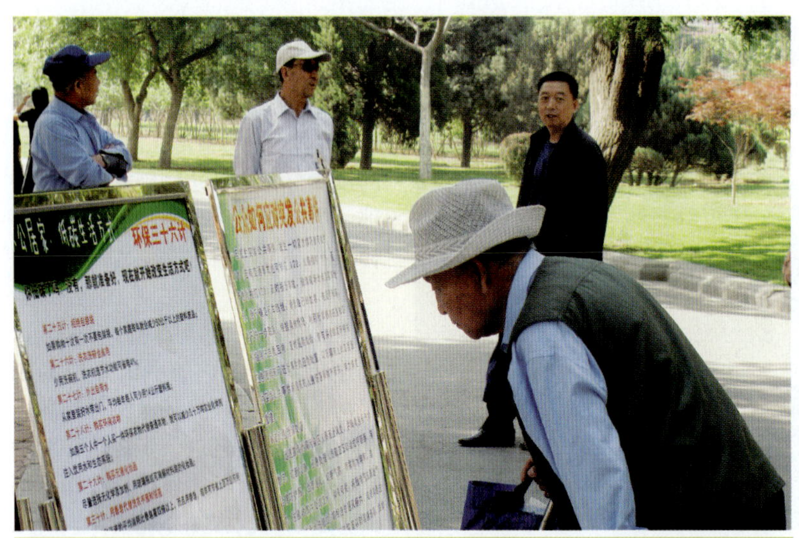


居民在了解环保知识

跟踪制等五项制度，推动多渠道信息互通共享，开展全方位隐患排查预警，研究制定科学合理的处理方式和解决办法，共同打击环境违法行为。中山环保分局注重总结以往处理环境信访工作经验，以基层环保工作和环境信访工作为切入点，编制《环境信访案例集》，详细介绍不同类型特别是疑难信访的处理过程、方法和结果，总结归纳较为实用的工作经验，有效解决信访中反映环境保护方面的各种问题。全年共受理各类环境信访案件320件，案件处理率100%，按时办结率100%，回复满意率97.1%。全年无越级上访、集体上访案件发生。

（魏显明）

## 国土资源和房屋管理

【概况】2011年，大连市国土资源和房屋局中山分局严格规范业务程序，狠抓服务质量，强化以土地资源为重点的精细化管理，切实做好土地管理、住房保障、地质灾害预防、环境整治、弃管房和险房维修管理、物业管理等工作。全年完成土地登记办证初审81宗地，登记面积107万平方米，注销原登记证58本，完成确权地块92个，面积172万平方米。收缴临时占地费47万元。对19家房地产开发项目用地进行监管。对6处地质灾害险情进行全面治理，对5处地质灾害点安排专人进行监测。办理停车场收费许可8家。审批划拨房屋维修基金1035.46万元。完成地产中介机构备案68家。审核经济适用住房要件791件、廉租住房要件633件。完成1700件机关事业单位货币化补贴审核，上报大连市住房保障中心700件。

【地籍管理】2011年，大连市国土资源和房屋局中山分局在土地登记确权工作中，严格按照ISO9000认证流程要求，推进重点项目建设和大型国有企业改制工作，及时主动深入现场和用地单位开展服务，对重点项目和企业需要使用的土地依据政策及时办理，确保为城区经济又好又快发展提供用地保障。全年完成登记办证初审81宗地，登记面积107万平方米，注销原登记证58本；完成确权地块92个，面积172万平方米；完成12份抵押贷款分摊土地面积说明。对大连市热电集团有限公司、大连市邮政局改制单位土地情况进行调查摸底。完成土地登记规范自动化自检自查和卫星遥感监测、卫片调查工作。6月，国土资源部沈阳督察局对全区建设用地规划和指标进行检查，检查内容完全符合辽宁省、大连市用地要求和标准。

【地政管理】2011年，大连市国土资源和房屋局中山分局下工夫抓好地政管理，在临时占地管理、房地产开发项目用地监管、地质灾害预防监测中依据政策，严格标准，积极预防。

*临时占地费收缴。*针对一些单位和个人以各种理由不交、少交、拖欠临时占地费问题，大连市国土资源和房屋局中山分局通过政策宣传、到现场测量、下发通知、登门耐心说服、依法追缴、限期补交等途径，有效解决临时占地费收缴中存在问题。全年共收缴临时占地费47万元。

*房地产开发项目用地监管。*年内，大连市国土资源和房屋局中山分局认真贯彻中华人民共和国国土资源部《关于加强房地产用地供应和监管有关问题的通知》精神，深入区内19个用地单位和在建工地，检查房地产开发项目建设情况。在19个用地单位中，竣工5家，已开工建设8家，对6家未开工建设的房地产开发项目完成详规调整。

*地质灾害预防监测。*年内，大连市国土资源和房屋局中山分局及时完善地质灾害方案，会同各街道、辽宁省水文地质勘察设计院专家对地质灾害隐患点进行巡查，并向隐患点附近居民发放“明白卡”，告知避险措施。8月，大连市遭受强台风“梅花”袭击，造成老虎滩街道伊顿山庄道路护坡垮塌，

山峦北巷10—12号、桃源街道长利巷20—21号和高原街65号楼后、中青街127号、女子骑警基地、葵英街道文化街59号均出现山体滑坡，海昌欣城山体出现崩塌等地质灾害问题。问题发生后，区政府及市国土资源和房屋局中山分局领导迅速赶到现场，疏散群众，责成产权单位设置警戒线和危险标志警示牌，确保居民生命安全。险情过后区政府与市城建局、市国土资源和房屋局中山分局、各产权单位按照地质专家制定的施工方案，对桃源街道长利巷、老虎滩街道伊顿山庄和海昌欣城、山峦北巷、女子骑警基地、五五路6处地质灾害点进行全面治理。将中青街217号、山海巷8—9号、文化街57号、高原街61—65号、解放路海军大连舰艇学院北三坡5处地质灾害点列入2012年治理计划，要求各街道安排专人进行监测。

【物业和房屋安全管理】2011年，大连市国土资源和房屋局中山分局依据国务院《物业管理条例》和《大连市实施〈物业管理条例〉办法》规定，强化物业公司服务意识，指导各业主委员会注重运用法律法规维护自身合法权益。全年换届改选物业业主委员会18家，物业企业资质备案2家。办理划拨维修基金利息53家，分摊结算57家，审批划拨维修基金1035.46万元，其中日常维修费86.73万元、大中修工程款948.73万元。办理停车场收费许可8家。办理在物业和房屋安全管理方面的信访投诉111件，来人来访225人次，办结率达100%。

【房地产市场管理】2011年，大连市国土资源和房屋局中山分局从6个方面入手，进一步规范和推动中山区房地产市场健康发展，减少和杜绝各种违规现象发生。

1.做好房地产市场秩序专项整治工作。召开切实维护房地产秩序动员部署会，18个项目开发商、28家中介机构负责人参加会议。在房地产企业和中介机构自检自查基础上，组织专人对自检自查情况进行验收，对存在问题的10家中介机构下达限期整改通知，并跟踪整改落实情况。

2.做好预售商品房项目监管工作。实地检查中山区15家预售商品房楼盘施工现场，全部达到合格标准。

3.搞好房地产中介机构检查备案。全年完成地产中介机构备案68家，中介机构经纪人变更46人次。

4.加强国有拨用房屋核实。调查核实国有拨用房屋预拆迁面积3件，国有房屋新增租金减免补停3件。

5.对经济适用住房和廉租住房档案进行审核。全年共对1424件住房档案进行审核。其中，经济适用住房791件，廉租住房633件。

6.对机关事业单位住房货币化补贴要件进行审核。根据大连市住房保障中心统计，中山区需要审核的机关事业单位住房货币化补贴要件1.5万件。至年末，审核1700件，上报市住房保障中心700件。

（李建钟）

## 公共交通管理

### ·公交客运·

【概况】2011年，大连市有普通公交、小公汽、有轨电车、无轨电车、快轨和快速公交等6种城市公共交通方式，共有公交线路105条，其中大公交线路73条（含1条环城旅游线路）、有轨电车线路2条、无轨电车线路1条、小公汽线路27条、快轨线路2条。各类公交车辆3501台。

中山区内有公交线路57条（含1条环城旅游线路），其中大公交线路41条（1731台）、有轨电车线路1条（21台）、无轨电车线路1条（61台）、小公汽线路14条（300台）。有各类公交车辆2113台。

年内，大连市延伸主城区（包括中山区）36路、704路、518路、514路公交线路，延伸长度10.7公里。延长了712路、38路、705路、43路公交线路的运营时间。积极配合地铁及城市道路拓宽改造，及时调整中山路、华北路、山东路、黄埔路等主干道上30条公交线路和20个公交站点，保证了市民出行不受影响。

在主城区（包括中山区）同时启动20个港湾式公交站台、5条公交专用道、4个公交枢纽站、7个大型公交停回车场建设项目。多数工程完成项目立项、规划审批、工程设计、土地征用等程序，进入招投标阶段。全部建成后，大连主城区公交枢纽站将达到8个，公交专用道达到17条、总长79公里，港湾式公交站台230个，公交停车场34个。公交线路进入枢纽站接驳，公交车露宿街头的情景不再出现，公交车运行速度大幅提升。

（曲范宁）

### ·出租汽车·

【概况】2011年，大连市出租汽车管理处中山管理科共管理51个单位，其中出租车公司50个，中山出租车个体联队1个。共有出租车1767台，从业人员3540人，其中管理人员140名，出租车司机3400名。全年无重大交通事故发生。

【资质考核】2011年2月24日—3月

15日，大连市出租汽车管理处中山管理科依据市出租汽车管理处《关于对出租汽车经营资质考核的通知》要求，先后对50个单位进行考核，要求各单位在考核前按照考核内容和合格标准，认真对照检查、自查自纠、认真整改。通过资质考核，各出租车公司和中山出租车个体联队各项管理制度得到落实，每月坚持组织驾驶员进行政治理论、时事政策和业务知识学习，出租车司机文明行车、文明服务情况记录详细。

【出租车审验】2011年，大连市出租汽车管理处中山管理科结合辖区车辆分布实际，开展出租车审验工作。3月9日和15日分别召开经营单位负责人和个体业户会议，对审验工作进行部署把严格营运号牌使用管理规定，作为审验工作的重点。3月20日—4月20日，历时1个月，完成辖区内1767台（单位1290台、个体477台）出租汽车的审验工作。

【出租车规范管理】2011年，大连市出租汽车管理处中山管理科进一步规范出租车行业的管理，切实解决行业中出现的不良现象，采取自愿申请加入原则，对中山辖区内的个体车辆和中小型企业，实行规范化管理、集约化经营。成立中山服务公司，申请加入公司管理的个体车辆有200余台，对从业人员经营行为、服务质量、学习教育、各种证照及车辆年度审验情况进行监督管理。规范出租车管理，驾驶员办理各种证件、驾照，接受车辆年审时更加方便、更加快捷，为出租车经营者节省了时间，受到出租车司机好评。出租车司机主人翁责任感得到强化，按章行驶、优质服务精神得到提升，乘客投诉、车辆违章现象有所下降。

【燃油补贴发放】2011年，国家对出租汽车2010年全年燃油费发放补贴。在每年2次的燃油补贴发放前，大连市出租汽车管理处中山管理科对辖区车辆数、运营情况进行核对，按照辽宁省燃油补贴标准和要求认真计算并录入电脑进行申报，经省里审核通过后，由国家财政指定时间统一拨款发放。年内，2次燃油补贴标准每台出租车达1.1万多元，全部按时、足额地发给出租车驾驶员。

【文明形象展示】2011年，大连市出租汽车管理处中山管理科采取措施，强化出租车驾驶员文明驾驶、优质服务。特别是在迎接全国文明城市检查、夏季达沃斯会议、大连国际服装节等大型活动中，与每位驾驶员和个体业户签订文明服务责任状，将活动内容、注意事项印制宣传单发给每位驾驶员和个体业户。加强走访、检查，注重表彰爱岗敬业、安全行车、文明服务典型，广泛开展“树行业新风，展文明形象”活动，出租车驾驶员的服务态度、服务质量、安全驾驶、遵章 守纪自觉性得到提高，荣获“辽宁省‘十一五’建功立业先进集体”、“辽宁省出租汽车管理先进单位”、“大连市创建精神文明城市先进集体”、“大连市优秀基层党组织”。

（龙映虹）

## 公用事业

### ·供　电·

【概况】2011年，大连供电公司中山供电分公司大力开展“四个主题年”（服务提升年、降损增效年、基础管理年、能力素质提升年）活动，巩固安全生产，提升优质服务，夯实管理基础，持续降损增效，深入推进电网发展方式、公司发展方式“两个转变”，大力加强队伍建设，统筹推进全年各项工作，主要经济指标完成良好，实现安全生产稳定、经营业绩提升、行风建设站排头、职工队伍建设稳步上升局面。荣获2011年度“辽宁省用户满意服务单位”、大连供电公司“精神文明先进单位”、“中山区政风行风评议建设优胜单位”称号。

全年实现安全生产365天，实现

“建设坚强智能电网 服务社会美好生活”活动

连续安全生产2922天。未发生人身轻伤及以上事故、误操作事故及设备责任事故，消除负同等责任及以上交通事故和火灾事故，安全措施完成率100%，设备完好率100%，操作票、工作票合格率100%，配电1次障碍9次（指标14次），配电2次障碍35次，配电设备渗漏率1.76%（指标5%），综合电压合格率99.9%，供电可靠率99.9%。

全年供电量累计完成17.98亿千瓦时，同比增长0.61%；售电量累计完成16.2亿千瓦时，同比增长2.28%；线损率累计完成9.9%，同比下降1.47%，少损电量2650万千瓦时；低压线损率累计完成9.93%，同比下降4.6%，少损电量3631万千瓦时；平均电价累计完成749.84元/千·千瓦时，同比提高1.3元/千·千瓦时。全年未发生集体上访、职工违纪违法和犯罪事件，未发生一、二类投诉。

【安全生产】2011年，大连供电公司中山供电分公司坚持“安全第一，稳定至上”原则，在全面开展同业对标工作基础上，持续开展安全风险管理和隐患排查治理，确保人身安全；强化作业计划管理，实施现场标准化作业，执行领导干部、管理人员到岗到位制度。组织生产一线职工认真学习《安全生产违章分析与整改》《电业安全工作规程》，开展“安全文化廊”工作，将安全生产图片、事故案例、安全警示语、班组愿景等以图片形式挂在班组，强化班组人员安全意识。对有代表性的作业现场进行全过程录像，把工作过程的每一个细节和步骤详细拍摄下来，对比《安全生产管理规定》，查找不足，实施整改，杜绝违章操作，实现安全生产。

为确保安全生产，该分公司专门出台《生产专业全过程管控考核实施方案》，将分公司辖区所有的供电线路、供电设备以及各项技术指标分工到组、责任到人，建立工作质量考核体系，从员工工作技能、工作质量、工作量等方面采取自我评价和组织评价相结合方式，激发员工自觉提升工作技能的内在动力，巩固和扩大供电安全生产主动性、自觉性。全年实现安全生产365天，没有发生任何安全事故和责任事故。

【标准化建设】2011年，大连供电公司中山供电分公司按照“谁主管、谁负责”原则，全面落实岗位工作责任制，严格执行标准化作业，认真落实工作票、操作票及现场勘查制度，工作票、操作票合格率100%。编制《中山供电分公司城市电网安全性评价相关细则》，提高配电设备运行维护质量和设备健康水平，保证配电设备安全稳定运行。开展技改工程及修渗漏配电站工作，健全配电站、低压分支站（箱）内回路标志，完善低压台区系统图47份，顺利完成台区承包和反窃电协同工作。全年配电一类障碍发生9次，二类障碍发生35次。发现和消除设备一般缺陷132件，共完成一种工作票1份，二种工作票103份，共计操作1.14万项。事故小修理2130件，带电作业229次，减少停电时户数6205时户，多供电量131万千瓦时。圆满完成大连国际服装节、夏季达沃斯会议、强台风“梅花”预警等重大活动、重大事件、重要会议的保电供电任务。

【降损增效】大连供电公司中山供电分公司把2011年作为降损增效年，通过采取召开全体职工大会进行动员、颁布新的台区承包方案、实施交纳抵押金两级承包体系、加强对业扩流程动态管理、及时调整用户档案信息、降低异常台区人为影响因素6项措施狠抓降损增效工作。

坚持召开月、周线损例会，研究分析高损台区降损增效可行办法，高损台区数量显著下降。当年该分公司保持“零负值台区”荣誉，在大连供电公司系统名列前茅。

【营销管理】2011年，大连供电公司中山供电分公司严把改造质量关，严厉打击窃电行为，加强实抄率检查，加大欠费追缴力度，不断提高营销管理水平。

严把改造质量关。对实施改造的项目，按照“为降损、降耗提供技术保证”、“确保改造项目安全可靠”要求，严把改造质量关。全年对119个高损台区、164台考核表完成计量装置改造，全部达到“降损降耗、安全可靠”要求。

开展用电大普查。年内，大连供电公司中山供电分公司不间断地开展用电大普查，加大夜间巡查次数，对辖区内餐饮、洗浴、网吧等重点户、钉子户采取集中取普查与分组普查相结合的方式，进行用电普查，防止窃电行为发生。通过与公安、保卫部门配合，窃电多年的“钉子户”得到有效处理，窃电风气得到遏制。在严厉打击窃电行为同时，严格内部问责制度，责任追究不手软、不护短，通过整肃队伍，提高用电管理水平。全年“两费”（追补电费、违约使用费）指标完成833万元，超额完成全年740万元的指标任务，创造该分公司历史最高水平。

加大实抄率检查力度。每月定期组织管理人员对高损台区进行实抄率检查。全年共检查15个高损台区、81个商业户、1401个居民户。其中87个居民户存在无封、无积压电量现象，需要淘汰表型较多，计量装置破损46处，公司针对问题及时通报并责令整改。

严格清缴欠费。随着电费指标逐年压降，2011年，大连供电公司中山供电分公司重新修订《电费承包管理办法》，合理调配公司下发的兑现奖金，调动抄收人员工作积极性。加强电费回收工作过程控制，实行周通报、月考核。对欠费风险大的用户进行电费跟踪和提前控制，对居民户、非居民小户提早催费、现场收缴，实现“除当月联收退票外以前各月欠费结零”的目标，欠费额降到历史最低。

【做强服务品牌】2011年，中山供电分公司落实“服务提升年”实施方案，强化“你用电、我用心”服务理念。开展“角色转换、换位思考”、“现场模拟服务”等活动，转变工作人员服务理念，增强服务意识。为解决在服务中存在的扯皮推诿问题，专门制定《事故修理班管理办法》，成立小修理工作质量评价小组，经认定由内部原因引发的投诉和回访不满意，对责任人进行问责，提高小修理人员服务水平。在班组深入开展“三亮三创三评三比”活动，增强服务意识、改进工作作风、提高业务水平。依据大连市供电公司下发的拓展同业对标工作方案指标体系和评价体系，建立健全领导小组，针对存在问题，认真进行整改，努力营造“学习先进、查找差距、促进发展、优质服务”氛围，树立供电企业良好形象。年内，该分公司荣获2011年度“辽宁省用户满意服务单位”、大连市供电公司“精神文明建设先进单位”称号。在中山区政府政风行风评议中，被评为“政风行风建设优胜单位”。

（王丽虹）

中山供电公司开展为民便民服务活动

## ·供　水·

【概况】大连自来水集团有限公司中山营业分公司负责中山区18万余户居民、4000多个企事业单位供水保障。

2011年，该公司紧密围绕集团公司产权制度改革和生产经营活动，坚持“优质服务、安全供水”精神，确保全区用户用水安全。全年，销售水量2707万吨，销售收入7845万元，产销差率43.62%，每立方米单价2.89元，修漏及时率99.06%，维修及时率99.72%，抄表准确率100%，抄表正日率99.68%，水费回收率97.77%，换表及时率99.26%，用户满意率100%。

【供水管理】围绕销售收入和水费回收率两项指标，2011年，大连自来水集团有限公司中山供水营业分公司严格落实维修、抄表责任，健全供水制度，做到分工明确、责任明确、指标明确，确保供水管理水平不断提高。

严格管理措施。制定《2011年风险经营合同》《2011年风险经营合同考核办法及细则》。对于科长、室长、站所长和企业抄表员等重要岗位，按照“落实指标任务、严格岗位责任、加强风险抵押、实行公开竞聘、坚持群众评议、注重班子考核和行政领导聘任”程序进行上岗，将年内所有经营考核指标，实行量化考核，使每一个岗位、每一名个人都有具体的经济考

附：

2011年供水经营及服务情况

| 项　目 | 完成指标 |
|---|---|
| 销售水量（万吨） | 2707 |
| 销售收入（万元） | 7845 |
| 产销差率（%） | 43.62 |
| 平均单价（元/立方米） | 2.89 |
| 修漏及时率（%） | 99.06 |
| 维修及时率（%） | 99.72 |
| 抄表正日率（%） | 99.68 |
| 抄表准确率（%） | 100 |
| 水费回收率（%） | 97.77 |
| 换表及时率（%） | 99.26 |
| 用户满意率（%） | 100 |
| 媒体曝光（次） | 0 |

核指标，每项工作、每项任务都有专人负责，为确保完成经营目标提供制度保证。

加强水费收缴。加大水费收缴和清欠力度，专门成立清欠检查办公室、管理抄表收费和水费核算办公室。将住户抄表所的所有非居民用水卡片全部清理到企业抄表（高层公寓除外），抄表员不允许私自留存非居民用户卡片。实行所有卡片由各所长集中保管、企业抄表在抄表日内当日分、当日收、当日核算。住户所实行当日分发、隔夜收回，堵漏卡片不允许超过3天。严格执行抄表检查管理制度，科、所和清欠监察办联合进行普查，杜绝因人为管理不到位而使销售水量受到损失现象的发生。全年，水费收入比上年增加103万元，达7845万元。

加大检查考核力度。为确保供水管理责任有效落实，年内，中山供水营业分公司专门成立考核小组，依据《承包合同》《考核细则》，围绕工作情况、用户满意情况、指标完成情况，每月对班组和个人进行一次考核。设立公开栏，及时公布生产计划、完成情况和工资、奖金分配情况。依据考核情况，7月，对3个营业所进行重新组建，实行维修、抄表一条龙服务，确保生产经营显著提升。

【供水服务】2011年，大连自来水集团有限公司中山营业分公司围绕“保障百姓用水，做到百姓满意”宗旨，为辖区居民提供优质供水服务和供水保障。年初，针对突如其来的寒流，专门成立防冻化冰小分队，对全区最易冻、最困难的191处、1000多居民户的自来水管全部实施保温；在寒流期间，对水表出户的居民，完成100件易冻水管的保温防冻工作，保证全区群众寒流期间用水安全。

组织全体员工开展创建“文明单位、文明班组和文明员工”活动，220名员工在活动中受到表彰。每季度召开1次职工代表大会，围绕生产经营、优质服务让职工代表提出意见和建议。在居民中开展供水服务问卷调查，进行现场办公，努力为辖区百姓排忧解难。注重为员工解决实际困难，在调动职工热爱企业、增强主人翁意识中，激发用心尽心为百姓服务、自觉为企业赢得荣誉的责任感。

（王洪齐）

## ·供　热·

【概况】为保证冬季供热安全稳定运行，2011年中山区在供暖期间，加大检查监督、落实责任、安全教育、服务意识等方面工作力度，重视解决居民投诉反映供暖方面问题。全年协调完成10处供热质量较差区域供暖设施更新改造；对10处分散及污染严重的锅炉房进行拆炉并网；对辖区15个供热单位、42个换热站供热情况进行全面检查、跟踪抽查，对4个不连续供热、群众投诉较多的站点进行警告处理。供暖期间共接待居民投诉155起，故障报修23起，协调有关单位保质保量给予解决，群众满意率达100%。

年内，大连热电股份有限公司东海热电厂完成供电量2.1亿千瓦时，同比减少3690万千瓦时，下降14.94%；完成供热量299.28万吉焦，同比减少28.14万吉焦，下降8.59%；发电标准煤耗率完成334克/千瓦时，同比降低3克/千瓦时，降幅达0.89%；供热标准煤耗率完成38.95千克/吉焦，增量、增幅与去年持平。全年耗点炉柴油量38吨，耗油量、降幅与去年持平。全年耗水量175万吨，同比少耗19.8万吨，降幅达10.2%。东海热电厂向中山区新增供热面积19万平方米，全年累计向中山区保障的供热面积达720万平方米。

（姜　勇　顾炳文）

## ·供　气·

【概况】大连燃气集团有限公司中山营业分公司负责中山区51个社区、13.8万户居民和西岗区35个社区、8.1万户居民煤气供应和安全使用。

2011年，大连市燃气集团中山营业分公司秉承“求真务实、廉洁高效、诚实守信、优质便民”的服务理念，确保全区燃气供应和使用安全。全年煤气销售量4663万立方米，比上年减少111万立方米。新增用户5950户，燃气设施维修1.76万件，换表3271块，室内燃气设施改装2455户，改造进户支线300处，受益用户4181户。入户安检到户11.17万户，实际入户9万户，入户率80.55%。煤气四项杂质含量合格率99.8%、灶前压力合格率100%、维修及时率100%、抄表准确率99.9%、用户投诉咨询办复率100%。年内，大连燃气集团历经3年准备、1年开发建设的营销管理系统投入运行，替代了始建于2000年的计费系统。9月，大连燃气集团有限公司中山营业分公司开始使用该系统，服务功能显著提升。

【市民安全用气情况调研】2011年9—11月，中山区人大常委会桃源街道工作委员会与大连燃气集团有限公司中山营业分公司，就辖区居民安全使用燃气问题进行专题调研。由10名人大代表组成的调研组走访居民200户，发放调查问卷200份，召开居民代表座谈会3次，召开职能部门座谈会2次，访谈专家3人，形成关于进一步加强安全使用燃气管理的专题调研报告，并向市、区人大提出书面建议。调查发现，桃源街道煤气用户2万余户，有87%家庭用户没有安装燃气报警器。有的家庭虽然安装报警器但常年不更换，失去报警功能。有68%的家庭私自更改燃气管线。使用电子打火燃气灶的用户有75%用完煤气后不关闭煤气嘴子。居民普遍缺乏安全使用燃气意识。针对调查结果，人大代表建议加快组织修订《大连市城市燃气管理条例》，强制推行使用燃气报警器，将每年11月定为“大连市安全使用燃气宣传月”，完善法律法规，杜绝私改煤气管线现象。区人大代表建议得 到市政府高度重视，纳入《大连市城市燃气管理条例》地方法规修订计划之中。

开展安全用气进万家宣传活动

【安全用气检查】2011年，大连燃气集团有限公司中山营业分公司安全用气检查实际入户89968户，检查中发现辖区居民有825户违章使用煤气，对违章用户进行安全用气宣传后下达隐患整改通知单。对有偷盗煤气行为的16户，按有关法规进行处理。对6234户居民在煤气使用中存在的煤气嘴子、煤气表、煤气铝管接头、支线内管锈蚀等漏气问题，进行及时维修，维修及时率100%。对215户居民在使用煤气中存在的各种麻痹行为，进行安全教育的同时提出整改意见。燃气公司职工高度负责任精神和认真严谨工作态度受到辖区居民好评。

【安全用气宣传】2011年，大连燃气集团有限公司中山营业分公司深入开展安全用气宣传工作，普及安全用气常识，提高居民安全用气意识。在区安监局、各街道安全科、社区党支部等部门的支持下，深入70个社区开展安全用气宣传活动。在繁华区域桃源街道办事处前、桃源街友谊美邻大型超市前、三八广场友谊医院附近、二七广场温州城门前等地组织开展21次大型宣传活动，发放安全用气宣传手册1.68万份、胶管卡子2450个，咨询人数7756人。燃气集团、社区、居民“三位一体”安全用气管理模式日益完善。

（王晓光）

责任编辑 周建平

# 教育 JIAO YU

## 教育管理

【概况】2011年，中山区教育工作坚持改革创新，求真务实，高标准、高质量、高水平推进素质教育深入发展。加强学校建设，规范办学行为，打造学校特色，强化德育工作，全力争创辽宁省教育强区。

当年，全区有中小学校38所，其中公办小学22所、中学11所，特殊学校1所，民办学校4所。另有教师进修学校1所、幼儿园50所、民办非学历教育机构78个。全区在职教师2590人，中小学学生28352人。全区3—5周岁幼儿入园率为100%，6—12周岁儿童入学率100%，小学在校生年巩固率100%，13—15周岁人口入学率100%，初中在校生年巩固率100%，残疾儿童入学率100%，15周岁人口中小学教育完成率100%，17周岁人口初中教育完成率100%。

【探索校本培训新模式】2011年，中山区落实“十一五”教育规划，坚持“研训一体、校本研修、网络支撑”培训思路，探索校本培训促进教师专业发展的方法和策略。区教育局在泰山小学召开区域校本培训交流会，交流该校“以教师职业生涯规划促进教师专业发展”为校本培训主线，实施“对教师专业诊断——帮助教师制定发展目标——搭建平台助推教师个人规划的落实（如校本教研、课题研究和校本培训课程‘三位一体’平台）——总结评价”四段式教师培养和培训模式。

【名师命名暨课堂教学展示活动】2011年12月22日，中山区在大连市第九中学多功能厅举办第二批名师命名暨课堂教学展示活动。8名新当选的名师和名师工作室被授予荣誉证书和牌匾；钟振华、孟颖、李文辉、张静等4位新任名师分别做课堂教学展示。

【廉政文化进校园】中山区认真贯彻落实党的十七届六中全会精神，大力弘扬廉政文化，通过在学校干部中开展“廉洁从政、勤俭办学”活动，在全体教职员工中开展“廉洁从教、服务学生”活动，在中小学生中开展“敬廉崇洁、诚信守法”活动，推进廉政文化进校园活动全面开展。

2011年11月24日，区纪委在大连市第39中学召开中山区廉政文化进校园工作现场会，大连第9中学、第39中学、解放小学、桃源小学被授予区“廉政文化进校园示范点单位”称号，并作经验交流。

【“千名教师访千家”主题实践活动】2011年11月，中山区教育局在党员中开展为期1个月的“千名教师访千家”家访活动，坚持“四不

区教育工作会议

区教育局第一批党员先锋岗上岗

得”、“四遵循”。“四不得”即不得在家长面前指责学生；不得随意把家长叫到学校进行责怪训斥；不得接受家长的宴请和赠礼；不得以电话联系等其他方式代替家访。“四遵循”即遵循4个法则：对生活贫困生要“帮”，对行为极端生要“勤”，对性格内向生要“细”，对优生要“激”。千名教师参与家访活动，家访学生2371人，征集意见、建议2631条，心理辅导和学习辅导学生3436人次，帮扶患病和困难学生57683元。

【学科基地建设】2011年，中山区投入经费100万元，推动“学科基地”建设，并将此项工作作为各学校年度考核的一项重要内容，纳入年终督导评估体系中，通过科学评价引导学科基地建设良性发展。

学科基地是教育局、教师进修学校与中小学共同探索教育教学规律、开展教育教学研究、推动校本教研、加强校际间交流与合作，是以某一所学校某一个学科的整体教学质量高、学科组教师研究能力强、在学科教学有一定影响力并能在全区形成一个研究中心，辐射和带动全区本学科教学研究的教研组。各学科通过学科基地建设，研究学科校本教研的有效方式，研究学科教师专业发展的途径，研究学科教师课堂教学“高质轻负”的有效途径，开发学科教育教学资源，提高各学科整体教学质量。

第一批16个学科基地的教研组被授予荣誉牌匾。

【教师小课题研究】2011年，中山区把区域推进教师小课题研究作为促进教育内涵发展的重要举措之一，积极探索“教科研有机结合”。5月下旬，以生物学科教师小课题“生物课堂中呼唤学生珍爱生命的研究”为载体，举办“教研与科研有机结合”主题研讨会，推进和引领教师小课题研究落实在课堂教学中。大连市第40中学与38中学“生物学科生命教育”研究团队分别在会上展示“生物课堂中呼唤学生珍爱生命策略”课题研究阶段性成果。

【实行“阳光分班”】2011年9月1日新学期始，中山区公办学校初中新生一律不准“择班”，实行电脑分班，亦称“阳光分班”。各初中学校在拿到分班名册后，以抽签的方式确定班主任，实行双向选择配备课任教师。分班后，后转入的学生按照班级实际学生数和班序依次安排班级。除按程序实行电脑分班外，首次邀请监察部门和家长对分班结果予以监督，并向社会公示。

【心理健康教育】2011年，中山区充分发挥学校心理健康教育工作室功能，完善区域课程体系建设，全面推进心理健康教育工作有效开展。10月27日，区教师进修学校心理健康教育指导中心在民生小学举办“中山区心理健康教育课程体系建设展示与研究”活动，民生小学

区素质教育现场会

教师参加区诗朗诵比赛

主任杜静介绍该校心育工作开展情况。与会人员分别观摩四年级刁洪燕老师的心育主题班会《学会与同学相处》和赵岚老师的心理活动课《做一个快乐的人》，心育中心教师袁东作现场点评。民生小学教师赵岚、人民路小学教师刘帅现场交流经验。区教育局副局长李军、区教师进修学校副校长张旭阳分别讲话。

**【打造校园及周边平安通道】**2011年，中山区着力打造校园及周边平安通道，解决学生和家长的后顾之忧。区综治办、教育局、公安分局等相关成员单位进一步完善长效工作机制，维护学校及周边的交通秩序。市公安局中山分局交警大队全面检查全区99所中小学及幼儿园所周边的交通路况、交通流量、交通安全设施、校车状况等情况，在中小学及周边设立“减速慢行牌”24处、“注意学生”标志19处、减速带40处、地面标志36处安全设施。拉网式排查校车和驾驶员，凡不符合校车技术标准、未办理校车统一标识、不具备校车驾驶资格的一律进行整改。在交通高峰时段加设“护学岗”，加强路况巡查和交通管制，确保学生上下学时间“见警察、见警车、见警灯”。对门前违法停车严重的学校进行排序，增加警力配备，高峰时段按照“一校一警”的配置与学校协警员一起疏导管控，确保校园及周边道路畅通。

**【“教育信息化应用实验区建设项目”通过市督导评估】**2011年11月16日，中山区申报的“教育信息化应用实验区建设项目”通过大连市教育信息技术中心督导评估组的专项督导评估。项目呈现的特点是：信息环境建设日趋专业、硬件设施达标逐步升级、信息环境与资源应用突出、档案资料规范翔实。评估组成员查阅中山区教育信息化应用方面的档案资料，分别到中山区信息中心和8所实验校（大连市第9中学、大连市第16中学、大连市第39中学、中山区桃源小学、中山区中心小学、中山区民生小学、中山区青泥小学、中山区解放小学）实地考查电教信息化设施设备的配备与使用情况。

**【教育系统教职工广播操比赛】**2011年，中山区推进“职工素质提升工程”，注重提高教职员工的身心健康水平，鼓励教职员工走进操场，积极主动参与阳光体育锻炼，以更加健康的体魄和饱满的热情投入教育教学。11月，区教育工会在系统内举办教职工广播操比赛，结合安体卫科学生大课间检查，组织评委走进学校，历时半个多月，检查评比32个参赛单位，其中16个单位荣获特等奖，16个单位荣获一等奖。

## 中小学教育

**【概况】**2011年，中山区加强中小学教学管理，实施“新师德”工程，开展“千名教师访千家”活动，提高干部、教师专业素质和教学质量，课程改革、教育教学、文化体育、卫生等各项工作都取得新成绩。

加强学校建设，改善办学条件。加快推进中小学素质教育实践基地、明秀家园小学及东港新区新建中小学校等校舍建设工程，投入500万元启动中小学信息化建设一期工程。设立专项资金，完成学校体育器材配备和学生储物柜配备工作。投入100万元为中小学配备图书资料。

加强队伍建设，提高干部教师专业素质。实施“新师德建设工程”，开展师德培训及巡回演讲活动、“千名教师访千家”活动、“中山区十大师德标兵”评选活动，启动中山区关爱教师资助金项目。完成3批30名校长、1批名师在英国北林肯郡和5批260名骨干教师及心理教师在华东师大、北师大的高端培训及第二批名师评定工作。“新师德建设工程”被授予“中山区十佳基层党建创新项目”称号。

加强学校管理，规范办学行为。优化“行政宏观调控、学校自

44中主办全国中小学管乐联谊会大连管乐节

附：

2011年中山区中小学情况

| 名称 | 地址 | 性质 |
|---|---|---|
| 春海小学 | 鲁迅路285号 | 公办 |
| 春德小学 | 春德街98号 | 公办 |
| 三八小学 | 鲁迅路137号 | 公办 |
| 风景小学 | 港湾街13号 | 公办 |
| 望海小学 | 风景街44号 | 公办 |
| 解放小学 | 望海街共建巷32号 | 公办 |
| 人民路小学 | 益民街5号 | 公办 |
| 民生小学 | 麒麟巷14号 | 公办 |
| 永和小学 | 繁华街14号 | 公办 |
| 青泥小学 | 武汉街43号 | 公办 |
| 中心小学 | 独立街6号 | 公办 |
| 向阳小学 | 葵英街宪立巷60号 | 公办 |
| 葵英小学 | 连兴巷18号 | 公办 |
| 捷山小学 | 文明巷9号 | 公办 |
| 青云小学 | 连展巷30号 | 公办 |
| 桃源小学 | 鸣鹤街1号 | 公办 |
| 泰山小学 | 泰山巷9号 | 公办 |
| 白云小学 | 景山小区 | 公办 |
| 中南路小学 | 中南路38号 | 公办 |
| 山屏小学 | 山屏街47号 | 公办 |
| 秀月小学 | 秀月街16号 | 公办 |
| 虎滩小学 | 虎滩小区 | 公办 |
| 明星小学 | 青云林海小区 | 民办 |
| 培根小学 | 虎滩小区 | 民办 |
| 培智学校 | 永青街23号 | 民办 |
| 实验学校 | 自卫街4号 | 公办 |
| 大连市第9中学 | 昆明街199号 | 公办 |
| 大连市第15中学 | 秀月街连捷巷2-404-1 | 公办 |
| 大连市第16中学 | 鲁迅路7号 | 公办 |
| 大连市第33中学 | 民意街1号 | 公办 |
| 大连市第35中学 | 鲁迅路117号 | 公办 |
| 大连市第38中学 | 景山小区 | 公办 |
| 大连市第39中学 | 望海街39号 | 公办 |
| 大连市第40中学 | 中南路225号 | 公办 |
| 大连市第42中学 | 拥军巷35号 | 公办 |
| 大连市第44中学 | 秀月街97号 | 公办 |
| 嘉汇中学 | 北斗街75号 | 民办 |
| 瑞格中学 | 虎滩路398号 | 民办 |
| 中山高中 | 鲁迅路138号 | 民办 |

主办学、科学督导评估”教育管理运行机制，实施校务公开。加强学籍管理和校园安全管理，确保开齐、开足、开好国家课程。

打造学校特色，彰显校园文化。明确学校特色发展定位和发展项目，形成“一校一品”发展态势。积极推进大连市第15中学、16中学和44中学3所完中特色建设，推进校园环境建设和学校课程文化、制度文化、精神文化、班级文化建设，开展“书香校园”活动，多所学校形成品位高雅、特色鲜明的校园文化。

【首届语文青年教师说课比赛】2011年10月19日，中山区在葵英小学举办首届语文青年教师说课比赛，17位工作经验在5年以上的青年语文教师在此次活动中展示教学技能。大赛评比标准包括教材的把握、学法教法的设计、教学流程的设计、板书设计等4个方面，选手在15分钟内脱稿完成说课内容。各校语文主任担任评委，对参赛选手逐一进行精彩点评，肯定设计中的优势，就“问题”一语提出合理化建议。大赛评选出一等奖3人。

【书记宣讲团师德巡讲活动】2011年，中山区白云小学、虎滩小学、秀月小学、青云小学、葵英小学、泰山小学、向阳小学、中南路小学、山屏小学等9所学校联合开展“和谐中山，首善教育”书记宣讲团师德宣讲活动，由党支部书记对各校教师进行“和谐中山，首善教育”培训，其关注点落在“教师的职业幸福和专业成长”上，关注教师内心的真实状态和教师的生存环境，引发教师的心灵共鸣。11月2日，9所学校320余名教师在桃源小学演播厅共同接受题为“追寻教师的职业幸福”培训。

区教育局第五次党代会

**【中心小学通过省科技示范学校检查验收】**2011年12月，中心小学作为辽宁省首批科技教育示范学校，通过大连市12所科技教育示范校的检查验收工作。省市领导听取中心小学题为《在继承中创新，在创新中发展》的工作汇报，与学校交流科技教育过程中的困惑、困难等问题，参观学校科技活动展室、戴尔工作室、电脑机器人工作室、天文、科普长廊、养殖等，对学校的科普环境建设、科技教育工作给予高度评价。

**【承办大连市中小学心理健康教育优质课观摩会】**2011年4月，中山区教师进修学校承办大连市中小学心理健康教育优质课观摩会，并在桃源小学举行。各区市县教师进修学校心理健康教育教研员、部分学校主管心理健康教育的校级领导及各初中、小学心理健康教育专（兼）职教师和部分学校班主任到会。会议现场展示3节优质课，分别是中山区桃源小学教师冯莉的《我是快乐的小学生》、旅顺开发区中心小学教师焦杨的《我和同桌》、大连市第37中学教师贾悦的《我的成长需要你的帮助》。

**【首届中小学生“未来之星”才艺大赛】**2011年6月30日，中山区教育局组织全区各中小学校近千名学生在大连市第44中学音乐厅举办首届中小学生“未来之星”才艺大赛汇报展示会。大赛分独唱、独舞、独奏、科技、演讲、绝活、魅力之星等7个专场。经过比拼，300名参赛学生分获“未来之星”大赛金奖、银奖、优胜奖。

**【中小学生眼保健操检查评比】**2011年4月13—19日，中山区学生保健所在全区开展中小学学生眼保健操检查评比活动，以此推进爱眼、护眼知识的宣传与教育，增强学生的爱眼护眼意识。

全区各中小学校把做好眼保健操作为实施素质教育的一项重要工作，组织师生积极开展“防近月”活动，班主任配合卫生老师以上健康教育课、办板报、广播讲座、征文、有奖比赛、问卷、培训等形式广泛开展宣传教育，家、校齐抓共管，确保学生做眼保健操态度认真、音乐节奏配合恰当、穴位准、动作正确、手部清洁。大连市第33中学、39中学、38中学、35中学、中山区青泥洼桥小学、实验小学、老虎滩小学、三八小学、山屏小学、中南路小学、向阳小学、白云小学评比成绩突出。

**【中小学教师心理健康教育培训】**

区第三届中小学生体育节暨2011年秋季田径运动会

2011年11月7日，大连市中山区中小学心理健康骨干教师高级研修班在北京师范大学英东楼举行开班典礼。教育部高等学校师资培训交流北京中心常务副主任、教育部教师资格认定指导中心常务副主任、北师大继续教育与教师培训学院党总支书记、副院长刘长旭博士和中山区教师进修学校心理健康教育指导中心主任邢军在开班典礼上先后致辞，北京师范大学教育心理与学校咨询研究所所长王工斌博士代表培训班授课教师讲话，中山区解放小学教师战梅代表培训班全体学员发言。

大连市小班化教学现场会在捷山小学召开

【普及应急救护技能】2011年，中山区加大中小学应急救护知识与技能普及力度，提高师生防灾避险和自救互救意识能力，最大程度降低自然灾害和突发事件造成的人员伤残率和伤亡率。9月10日，区红十字会以“自救互救 心手相牵 关爱生命 幸福中山”为主题，在三八小学举办“世界急救日”急救知识普及演练活动。大连市红十字会常务副会长乔善春、救护部部长丁涛，区红十字会常务副会长朴斐等领导出席当天活动。50名小学生按照统一口令，在迷你人“安妮”身上进行少儿心肺复苏操作演练，百名学生进行外伤包扎操练，全校师生做逃生疏散演练。

【39中被评为全国“学生营养与健康示范校”】2011年5月14日，中国学生营养与健康促进会、中国关心下一代工作委员会、中国健康促进与教育协会、中国营养学会在北京联合主办“2011年‘5.20’中国学生营养日系列宣传”活动，宣传主题为“全面、均衡、适量——培养健康的饮食习惯”。大连市第39中学被评为全国“学生营养与健康示范校”，是全市唯一获此荣誉的中学。

【15中新图书阅览室投入使用】2011年12月中旬，由中山区政府拨款，大连市第15中学毕业生设计、装修的15中学图书阅览室经过半年施工正式投入使用。新建成的图书阅览室总建筑面积1600平方米，可容纳380人同时阅读。图书阅览室分为文化阅读区、电子阅览区及美术阅读区，有图书10万余册，其中美术类书籍由区政府每年专项拨款购进最新图册。

【学术及艺术大赛获奖频频】2011年，中山区中小学教师、学生参加国内和省市举办的学术及艺术大赛获得多项表彰和奖励。

荣获全国摄影金奖。12月，大

区少儿图书馆白云小学流动站启动

区长江亲瑜、副区长王世海视察学前教育

连市第39中学2年5班学生刘启明“相扶一生”的作品，荣获“第四届佳能‘感动典藏’全国摄影大赛青少年专业组特别培育奖”（金奖）。

荣获全国首届中学生英语短剧大赛辽宁省赛区季军。12月，大连市第44中学初中英语短剧组自编自演英语短剧——《Titanic》（泰坦尼克号）参加全国首届英语短剧比赛辽宁省分赛区总决赛，获得季军称号。

荣获第八届辽宁省机器人大赛冠亚军。5月，大连市第9中学派出11名选手组成3支代表队参加第八届辽宁省机器人大赛初中组FLL工程挑战赛和创意赛比赛，分别获得初中组FLL工程挑战赛冠军、初中组FLL工程挑战赛亚军、初中组创意赛冠军。

东北三省中学历史研讨会暨第七届年会上获奖。7月，在东北三省中学历史研讨会暨第七届年会上，大连市第15中学历史教师张宁被授予“东北三省十佳历史教师”称号，大连市第39中学卢翠的《从郑和下西洋到闭关锁国》和大连市第42中学朱丽娜的《璀璨的文学艺术》两节说课双获一等奖。

荣获省教师素质大赛特等奖。7月，中山区桃源小学教师于琳在辽宁省第三届小学语文教师素质大赛上荣获特等奖。

荣获东北三省四城市教学赛特等奖。10月12日，在东北三省四城市第十八届青年教师素质教育研讨会上，大连市第33中学于洋老师所做语文学科《真正的英雄》的说课、大连市第39中学翟明明老师所做化学学科《用微粒的观点看物质》的说课、大连市第42中学辛敏捷老师所做历史学科《社会生活的变迁》的说课、大连市第9中学刘艳霞老师所做生物学科《细菌》的说课，被评为大赛特等奖。

荣获省市优秀教育教学成果奖。大连市第39中学宋稳辉、望海小学于雯雯、三八小学谷峻等22位教师的学术论文、教学设计、优质课分获辽宁省教育学会优秀教育教学成果一、二等奖，培智学校刘洁、大连市第35中学张一颖、风景小学吕明军等教师的140余篇教育成果分别在大连市教育学会首届年会优秀成果评选活动中获奖。

## 学前教育

【概况】2011年，中山区全面落实《幼儿园教育指导纲要（试行）》及省、市相关文件和会议精神，加强保教队伍建设，规范园所管理，优化学前教育资源，促进内涵发展，努力创办人民满意的优质学前教育。

全区在册托幼园所57所。公办幼儿园18所，其中教育办园（政府财政投入）1所，事业单位办园4所，部队办园7所，区办（大集体）幼儿园3所，企业办园2所，街委办园1所。民办幼儿园39所（含亲子园1所，托儿所7所）。全区保教人员1046人，专任幼儿教师563人，适龄幼儿5675人，全部入园，学前3年幼儿入园率100%。

附：

## 2011年中山区幼儿园情况

| 名　称 | 地　址 | 性质 |
| --- | --- | --- |
| 实验幼儿园 | 山屏街108号 | 公办 |
| 中山区第一幼儿园 | 七七街70号 | 公办 |
| 中山区第十六幼儿园 | 中南路86号 | 公办 |
| 南山幼儿园 | 望海街27号 | 公办 |
| 小浪花艺术幼儿园 | 望海街27号 | 公办 |
| 春德小学幼儿园 | 春生街8号 | 公办 |
| 大连港中心幼儿园 | 中南路286号 | 公办 |
| 舰艇学院幼儿园 | 解放路667号 | 公办 |
| 大连疗养院幼儿园 | 民主街19号 | 公办 |
| 大连军分区幼儿园 | 育才街17−3号 | 公办 |
| 舰艇学院政治系幼儿园 | 七七街78号 | 公办 |
| 65711部队幼儿园 | 南山路哈尔滨街6号 | 公办 |
| 92373部队幼儿园 | 解放路教育巷10楼 | 公办 |
| 中山区第十五幼儿园 | 安阳街17号 | 公办 |
| 桃源街道龙江幼儿园 | 上海巷12号 | 公办 |
| 中山房管幼儿园 | 昆明街64号 | 公办 |
| 大连医高专幼儿园 | 解放路655号院内 | 公办 |
| 大连残疾人康复教育活动中心 | 中南路2354号 | 公办（特教） |
| 巾帼幼儿园 | 南山路108号 | 民办 |
| 群星幼儿园 | 劳动公园2号 | 民办 |
| 新世纪幼儿园 | 虎滩路166号 | 民办 |
| 金钥匙幼儿园 | 中南路286号 | 民办 |
| 海昌欣城幼儿园 | 华乐街涟景园8号 | 民办 |
| 培根小学幼儿园 | 虎滩工人疗养院 | 民办 |
| 小牛津幼儿园 | 中青街196号 | 民办 |
| 博乐英幼儿园 | 虎滩路451号 | 民办 |
| 枫叶枫桥园幼儿园 | 枫桥园23号 | 民办 |
| 明星幼儿园 | 青云林海小区 | 民办 |
| 枫合万嘉幼儿园 | 中南路432号 | 民办 |
| 枫叶佳宝幼儿园 | 高尚路6号 | 民办 |
| 伊顿幼儿园 | 伊顿小区内 | 民办 |
| 爱尔坊幼儿学苑 | 华乐街润景园8号 | 民办 |
| 未来小哈佛嘉州阳光园 | 长江东路89号D座 | 民办 |
| 亲亲袋鼠早教亲子园 | 青云街44号 | 民办 |
| 兴叶幼儿园 | 劳动公园内 | 民办 |
| 蒲公英（大连卡纳意乡）幼稚园 | 景山街卡纳意乡4号 | 民办 |
| 虎滩新区幼儿园 | 虎滩新区碧波园1号 | 民办 |
| 未来小哈佛幼儿园 | 丹东街52号港景园16号楼 | 民办 |

续表

| 名 称 | 地 址 | 性质 |
|---|---|---|
| 爱婴幼儿园 | 民建街43号 | 民办 |
| 阳光宝贝幼儿园 | 虎滩新区碧涛北园3号 | 民办 |
| 亲亲宝贝一园 | 解放路604号 | 民办 |
| 亲亲宝贝二园 | 智人街吉利巷26-2号 | 民办 |
| 启明星幼儿园 | 春阳街46号 | 民办 |
| 蒲公英幼儿园 | 解放路文化街53号 | 民办 |
| 爱华幼儿园 | 岭前街59号 | 民办 |
| 盛旺第二幼儿园 | 景山小区高原街100号 | 民办 |
| 未来之星幼儿园 | 华乐小区奥景园12号 | 民办 |
| 秀峰幼儿园 | 秀峰东园16号 | 民办 |
| 向阳幼儿园 | 宪立街60号 | 民办 |
| 干休所托儿所 | 山屏街146号 | 民办 |
| 健康托儿所 | 春海街112-1-3号 | 民办 |
| 春山托儿所 | 春港巷56-1-1号 | 民办 |
| 南山里托儿所 | 南山里65-1-3 | 民办 |
| 吉利托儿所 | 葵英街吉利巷34号 | 民办 |
| 阳光托儿所 | 西山巷83号 | 民办 |
| 苗苗托儿所 | 桃仙街37号 | 民办 |

【强化管理职能】2011年，中山区坚持依法办园，规范幼儿园所管理，确保学前教育健康发展。

严格园所审批程序。年内，审批大连中山世纪明泽幼儿园，扩大办园面积2644平方米。托幼机构全部实施票据电子化管理，9所幼儿园在年检登记中重新换发《大连市学前教育机构办学许可证》。组建学前教育统计工作小组，建立“中山学前统计工作群”，完善学前教育工作信息。

遏制幼儿园小学化倾向。以“一赛双导”为载体，遏制幼儿园小学化倾向。“一赛”即以新教材使用为切入点，组织开展以主题教育活动展示、教育教学活动展示、基本功展示为主要内容的幼儿教师教学能力大赛，提升教师专业化水平。“双导”即开园视导、专项督导。采取监督、检查、指导相结合的方法，规范幼儿园办园行为。

加强园所安全、卫生工作。坚持“安全第一、预防为主、安全发展”原则，组织行政视导排查、自查、安全教育、专题培训、签订责任状等，多途径加强幼儿园安全工作。联合交通队专项检查25所幼儿园、42辆园车手续、车况、人员资质等。联合卫生保健部门，开展幼儿疾病防控和饮食卫生安全专项检

区领导视察“六一”儿童节活动

查，完善和改进园所食品安全与疾病防控工作。

【拓展优质资源】2011年，中山区遵循“按需增加公办性质幼儿园数量，积极推进标准化幼儿园建设，完善0-3岁早期教育服务体系，满足市民对优质学前教育的多样化需求”工作目标，拓展优质资源。

新建公办幼儿园。区政府投资500多万元，按照省内一流标准，将原春和小学校舍装修改建成春天幼儿园和早期教育指导中心，核定编制47人，面向全市公开招聘幼儿教师。

回收小区配套幼儿园。回收尚品南山、明秀山庄2所小区配套幼儿园并举办公办幼儿园。新增3所公办幼儿园（可招收幼儿500余名），早期教育指导中心每月可为千余人次提供服务与训练。

扶持区办幼儿园。投入专项资金160余万元为3所区办幼儿园教师缴纳“五险一金”，投入100万元维修改造3所区办幼儿园，增加设施设备投入，改善办园条件。

落实惠民政策。年内，为28个贫困家庭幼儿减免托保费84240元，为2879名幼儿补贴托保费1261万元。

【启动教师全员培训计划】2011年，中山区启动“十二五”教师全员培训计划，设立100万元幼儿教师培训专项资金，与辽宁师范大学签订培训协议，聘请辽师大等多所大学教授和学前教育专家，全员高端培训公办、民办幼儿园园长、教师。先后完成52名园长、60名教师培训课程，参加培训人员建立个性档案112份，统整、编辑、交流论文112篇。

【幼儿教育系列活动】2011年，中山区开展幼儿教育系列活动，全面提高幼儿素质。

开展“手拉手献爱心”捐赠活动。组织各幼儿园开展爱心捐赠活动，为普兰店市幼儿园捐赠电脑、桌椅、玩具、图书等物品千余件，价值2万余元。

组织参与各类比赛。区教育局和区体育中心在明星小学联合举办中山区“明星杯”幼儿足球赛。9个幼儿园组队参赛。组织全区50余名小棋手参加由区教育局、区文体局、大连日报社、大连围棋协会联合举办的“我心中的围棋”比赛，区第一幼儿园荣获该组别团体冠军。

开展特色园本活动。以“奉献爱心”为主题，开展爱心捐助活动；以“安全从我做起”为主题，参观消防队及演习活动；以“亲近自然”为主题，开展远足徒步及参观博物馆活动；以“家园共育”为主题，邀请家长进园，促进家园合作；以“我要上学了”为主题，参观校园小学生上课，为幼儿入学做准备。

【幼儿教育研究】2011年，中山区贯彻落实《幼儿园教育指导纲要》，结合实际开展幼儿教育研究取得实效。

组织教育教学能力大赛。4—6月，制定《中山区幼儿园教师教育教学能力大赛方案》，聘请14位公办园、民办园园长和进修研训教师担任评委，开展“三段式”大赛。48所各级各类幼儿园、502名教师参加第一阶段园级评选。全区5个片、39名教师参加第二阶段片级初评。14所公办园和民办园的16名教师参加第三阶段区级总评。大赛评选出特等奖3人，一等奖5人，二等奖8人，5个单位获优秀组织奖。

开展游戏课程研究。在全区各级各类幼儿园中开展游戏课程系列化研究，通过指导教师的游戏课程设计、区域观摩研讨活动、园长游戏课程论坛、游戏课程评价等形式，提高园长、教师游戏课程的执行力，形成《中山区幼儿园游戏活动案例集》，为教师提供游戏课程资源。

开展玩教具制作培训与展评活动。全区36所幼儿园上报作品180件。其中60件作品参加展评，36件作品获奖。

区关工委召开“六一”儿童节少儿座谈会

## 职业教育 社区教育

【概况】2011年，中山区有民办职业技能教育机构90个。其中，学历学校4所，文化补习类培训27个，外语类培训32个，技能培训9个，体育艺术类培训18个。学校专兼职教师812人，全年培训学生2.9万人次。社区大学1所，专职教师15人，兼职教师20余人。民办特色教育和公益活动取得新成绩。社区教育面向市民开展多形式教育培训活动，满足社区成员的学习需求。挖掘教育单位和街道、社区市民学校资源，搭建区、街、委三级网络化社区教育体系。开展文化送社区活动。社区大学全年为8个街道、51个社区送70门课程。

附：

2011年中山区民办学校情况

| 名　称 | 地　址 | 负责人 |
|---|---|---|
| 大连大显集团有限公司培训中心文化培训学校 | 双D港辽河东路2号 | 李彦修 |
| 大连服装技术培训中心科技文化学校 | 解放路279号 | 王　军 |
| 大连关心下一代中山培训学校 | 武汉街43号 | 初忠跃 |
| 大连嘉汇教育发展有限公司培训中心 | 虎滩路398号 | 王　艳 |
| 大连明星小学文化艺术培训学校 | 中青街100号 | 宋兰春 |
| 大连市第十五中学业余美术学校 | 解放路285号 | 李　艳 |
| 大连市少年宫业余艺术学校 | 劳动公园4号 | 刘佩海 |
| 大连市中山区教师进修学校业余文化培训中心 | 解放路285号 | 姚家显 |
| 大连市中山区少年宫业余艺术学校 | 五五路111号 | 毕建虹 |
| 大连市中山区图书馆科技文化培训学校 | 勤俭街23号 | 曲桂英 |
| 大连市中山区文化馆文化科技业余学校 | 勤俭街23号 | 唐淑梅 |
| 大连希望教育专修学校 | 民康街15号 | 黄贵洲 |
| 大连弈苑少年国际象棋培训学校 | 虎滩路182－1号 | 陈延俊 |
| 大连中山阿斯顿A＋乐学培训中心 | 港湾路20A2818－2921 | 侯丽娜 |
| 大连中山爱宝语言培训学校 | 杏林街10号 | 颜　琳 |
| 大连中山爱乐艺术培训学校 | 明阳街10号 | 徐　玢 |
| 大连中山宝丽文化培训学校 | 文林街11－5号 | 崔阿秋 |
| 大连中山博生源文化培训学校 | 中山路124号 | 杨玉蓉 |
| 大连中山超前教育培训学校 | 中山路124号 | 孙　莉 |
| 大连中山成才培训学校 | 友好路279号 | 邹立泉 |
| 大连中山诚嘉教育培训学校 | 中南路215号 | 刘　宁 |
| 大连中山春苗幼儿艺校 | 春生街8号 | 张晓燕 |
| 大连中山达峰文化培训学校 | 独立街19号 | 蒋爱玲 |
| 大连中山鼎立教育培训学校 | 新生街64号 | 郑美善 |
| 大连中山东方金子塔儿童潜能培训学校 | 天津街199号 | 张淑英 |
| 大连中山东华文化培训学校 | 解放路700号 | 冯淑华 |
| 大连中山福华音乐舞蹈培训学校 | 解放路580号 | 杜丕珠 |
| 大连中山海之星音乐艺术培训学校 | 华乐街50号 | 孔　洁 |
| 大连中山恒奕文化培训学校 | 勤俭街23号 | 项冬芳 |
| 大连中山红星英语培训学校 | 鸣鹤街12号 | 张　淼 |
| 大连中山鸿桥文化培训学校 | 南山路96号 | 陈丽桦 |

续表

| 名　称 | 地 址 | 负责人 |
|---|---|---|
| 大连中山华乐少儿英语培训学校 | 澳景园18号 | 朴　婧 |
| 大连中山华世英才培训中心 | 南山路108号 | 许学芬 |
| 大连中山黄波儿童英语培训中心 | 益民街5号 | 李丽华 |
| 大连中山佳坤外国语培训学校 | 民康街9号 | 周　俊 |
| 大连中山美通外语培训学校 | 南山里62－1－1号 | 马　娜 |
| 大连中山奇才外语培训学校 | 友好路101号 | 初英辉 |
| 大连中山少工委艺术培训学校 | 五五路99－1号 | 冷春华 |
| 大连中山社会实践培训学校 | 金州区三十里堡红果村龙云山 | 石学龙 |
| 大连中山神笔作文培训学校 | 岭前街17号 | 闫玉才 |
| 大连中山天姿艺术培训学校 | 桃源街258号 | 王　晶 |
| 大连中山韦博语言培训学校 | 中山路88号天安国际大厦23楼 | 陈元元 |
| 大连中山伟世教育培训学校 | 人民路26号 | 陈秀娟 |
| 大连中山文博科技文化培训学校 | 学士街157号 | 陈艳华 |
| 大连中山欣舟文化科技培训中心 | 友好路279号 | 张菊花 |
| 大连中山星海音乐艺术培训学校 | 鲁迅路88号 | 张　艳 |
| 大连中山秀风业余艺术培训学校 | 秀月街共存巷12号 | 王德绅 |
| 大连中山秀林培训中心 | 武昌街246号1－1－1－2 | 蒲　彤 |
| 大连中山艺苗艺术培训学校 | 延安路19号 | 张淑萍 |
| 大连中山易佳语言培训学校 | 向明街6号 | 沈永玉 |
| 大连中山逸响艺术培训学校 | 解放路647号 | 刘连元 |
| 大连中山英豪英语培训学校 | 华昌街15号 | 马贺安 |
| 大连中山樱花语言培训学校 | 学士街123号 | 高银哲 |
| 大连中山永佳IT人才实训中心 | 港湾街7号 | 李世英 |
| 大连中山玉贞外国语培训学校 | 解放路42号 | 张　琪 |
| 大连中山圆意美术培训学校 | 解放路共存巷12号1层公建 | 黄志萍 |
| 大连中山悦颖早期教育培训学校 | 友好路239-2-2号 | 董丕明 |
| 大连中山张仲景康复健身培训学校 | 鸣鹤街108-2号 | 张运明 |
| 大连中山卓越外语商务培训学校 | 鲁迅路35号 | 李　丽 |

**【获省级社区教育示范区称号】**2011年12月7日，在沈阳召开的全省社区教育工作座谈会上，中山区被评为“辽宁省社区教育示范区”，并颁发牌匾。中山区社区大学校长杨志敏、海军广场街道孙传美分别被评为“辽宁省社区教育先进工作者”。

**【公益教育活动】**2011年5—7月，中山区举办“奉献爱心回馈社会”公益活动月。全区36个民办培训学校向社会无偿提供42个门类课程、203节课，课程内容涵盖初、高中生考前免费文化辅导、考前心理健康指导、大学毕业生免费就业培训等。全年开展公益性活动41项，其中常年公益性活动9项，包括公益慰问演出、为特困家庭学生减、免学费和赠送学习用品等。

10月17—28日，中山区教育局主办、社区大学承办，主题为“永远跟党走——人人终身学习，社会和谐发展，创建学习型城市”市民终身学习周活动在社区大学举行。全区8个街道、20多个社区、16所民办学校在学习周活动中为社区居民送去公益课程58门，近4000人参加活动。

## 特殊教育

【概况】2011年，中山区有特殊学校1所，即培智学校，在校学生80人。培智学校面向全区51个社区7—18岁特殊儿童（包括智力障碍、脑瘫、自闭症、癫痫、先天性心脏病、语言障碍、肢体障碍等多重残疾的智力落后学生）提供九年制义务教育训练服务。学校依托区残联成立了“日间照料机构”，专门为区内18—25周岁智障人士进行职前训练。学校以“满足师生发展需求”之办学理念为追求，着力打造与科学发展首善区相适应的中山特殊教育。培智学校被授予“辽宁省特殊教育先进单位”、“大连市关爱孤独症儿童，热心公益事业贡献奖”、“中山区‘三八’红旗集体”称号。

【教育教学】2011年，中山区培智学校以实践教育为基本途径，以“常规教育”、“特色活动”、“德育研究”为工作重点，开展不同主题的德育实践活动，培养学生的社会适应能力。

改进德育方式方法。建立“德育思想人文化、德育活动课程化、德育方法心理化、德育网络立体化、德育方式实践化”的德育工作新模式，增强德育实效性，帮助智障学生强化良好行为意识，提高思想道德素养。

实施主题活动教学和个别化教育训练。在校本课程建设中，学校遵循“生活化有意义”的原则，实施主题式校本课程及资源的开发，针对不同类别学生特点实施主题活动教学和个别化教育训练，注重对个别化教育训练的研究与经验成果积累，形成学生个别化训练发展档案，汇编《慧游戏——个别化训练游戏手册》和《慧方法——个别化训练教学策略手册》。

加强菁菁乐园（日间照料站）课程内容建设与开发。结合学生特质和社会需求进一步开发实用性教育训练内容，将生活应用与实践操作结合，拓展适应性、技能性内容，强化技能训练和实践操作。依托残联，开发技能训练项目和加工产品，扩大教育训练成果，享受职业成就感。加大心理健康教育活动与生活指导，丰富课程内容。

【教师培训】2011年，中山区培智学校结合特教基础理论、教学问题和教师的专业发展需要，围绕个别化教育训练，以“提升教育教学方法”为主题，开展《求法得法，行之有效——行为矫正技术与方法》《开展小课题研究的指导意见》《个别化教学档案的建立与具体内容要求》《有效教学设计与教学语言》《课堂教学应注意的问题》等专题培训活动，提高教师的教学和训练技巧，丰富教学和训练手段，为提高教学质量提供业务指导服务。先后开展“多言多语解一题”、“教与学相长”等名师培养团队教学研讨活动，名师带骨干、骨干带青年，推进不同层级教师指导能力、教学能力的提升。

【德育研究】2011年，中山区培智学校以“建立规矩、养成习惯、塑造仪态”德育研究构想为指导，以“生活”为核心，“学习行为、生活行为、交往行为”为研究纬度，形成“个别学生追踪教育”为特色的行为塑造实施模式。举办每月心理健康教育班会、开展心理健康教育班会观摩研讨活动、邀请专业指导等，完善班会课程、提升德育教育理念。创建学校小彩虹俱乐部、小海豚广播站，开展校园科技周、安全周、读书节、体育节、艺术节

培智学校自闭症学生学习刮画

培智学校新年联欢会

活动等，将环境创设与学生礼仪教育、行为塑造内容寓于常规教育管理中，寓教于行，寓言于物，提高教育实效。

（张建坤）

## 关心下一代工作

【概况】2011年，中山区关心下一代工作以“五好”关工委创先争优活动为载体，以社会主义核心价值体系教育为重点，贯彻落实“急党政所急，想青少年所需，尽关工委所能”工作方针，围绕中心、服务大局、积极配合、主动作为。各级关工委加强自身建设，在青少年中广泛开展“学党史、颂党恩、跟党走”活动，开展以爱国主义为核心的民族精神教育、以良好道德品质为核心的荣辱观教育、以遵纪守法为核心的法制教育和扶贫帮困活动。加强调查研究，拓展工作领域，总结典型经验。区关工委《关于加强对中小学生社会主义荣辱观教育的调查报告》被大连市关工委《活动情况交流》刊发。区关工委被评为“辽宁省网吧义务监督工作先进单位”。

【庆祝建党90周年活动】2011年，中山区各级关工委组织开展“学党史、颂党恩、跟党走”系列教育活动。举办专题报告——《学好党史，缅怀先烈，永跟党走》，培训“五老”报告员160余人；邀请市关工委报告团副团长、原第64集团军副政委李光祥少将作党史和加强党的观念报告，关工委成员和部分“五老”人员150余人参加；复制《党史记事年鉴》光盘、下发《学党史，感党恩，跟党走》青少年教育读本、组织青少年参观“党的丰功伟绩”图片展览、开展“党在我心中”征文和“唱红歌、颂红诗”等活动。各学校关工委组织青少年开展“六个一”活动（读一本好书、唱一首红歌、讲一个故事、访一位英雄、拍一张照片或一段DV、做一件好事）。

【创新理论学习】2011年，中山区关心下一代工作委员会坚持党的创新理论学习，增强工作的原则性、预见性和创造性。年内，倡导和推动海军广场街道、桃源街道、老虎滩街道等关工委相继成立学习中心组，开展学习马克思主义和党的创新理论活动。此经验做法被大连市关工委在全市推广。

【关工委组织建设】2011年，中山区贯彻落实中国关工委关于“2011—2013 年为‘三年基层工作年’”的要求，加强各级关工委组织建设，充实人员，提升整体素质。

调整充实关工委组织。区关工委聘用高级职称工作人员2人，聘请政治素质好、德高望重的理论报告团顾问3人。全区8个街道关工委组建“三结合”教育指导组，51个社区成立关工委（成员378人）组织，5177个楼院建立关工小组（927个小组，成员2781人）。在53所幼儿园中开展建立关工委组织试点工作，2所公办幼儿园成立了关工委组织。

加强“五老”队伍建设。年内，全区8个街道关工委发展“五老”志愿者101人，“五老”志愿者共计5949人，持有市关工委印制的《关心下一代志愿者证》。各基层关工委多种形式培训“五老”志愿者5000余人次。“五老”志愿者分别担任报告员、宣传员、辅导员、监督员、巡逻员、导乘员、帮教员等，为青少年健康成长发挥余热。

【青少年思想道德教育】2011年，中山区各级关工委开展“学党史、颂党恩、跟党走”活动，加强青少年思想道德教育。

开展以爱国主义为核心的民族精神教育。发挥经过战争洗礼的“老战士”作用，对青少年进行革命传统和爱国主义教育。海军广场街道请参加过“百团大战”的老战士张志强讲述中国军民抵抗日寇侵

区关工委学习马克思主义中心组交流心得

略的英雄事迹；青泥洼桥街道请亲历孟良崮战役的老战士薛殷民讲述革命先烈英勇不屈的革命精神；桃源街道组织青少年参观爱国主义教育基地“红星村”；老虎滩街道关工委组织青少年观看爱国主义影片等，激发青少年热爱祖国、热爱家乡的热情。

开展以良好道德品质为核心的荣辱观教育。以培养青少年良好道德品质为目的，开展多种形式的社会主义荣辱观教育活动。街道、社区和学校开展学习雷锋、郭明义、刘德全活动，区关工委会同区教育局，邀请全国、全军“学雷锋标兵”刘德全将军到18所学校作报告，3万人次受到教育。

开展以遵纪守法为核心的法制教育。宣传《未成年人保护法》《预防未成年人犯罪法》，开展“与法同行，法伴我成长”法律知识教育活动。区法院向中小学校选派法制副校长，开设少年法庭，对未成年人犯罪实行人性化审判和帮教。“五老”志愿者和网吧义务监督员协同相关部门深入网吧巡视监察，规劝和禁止未成年人进入网吧。

【为特殊群体排忧解难】2011年，中山区各级关工委关爱贫困家庭、农民工、残疾人等特殊群体青少年。海军广场街道成立农民工子女社区学校、农民工子女文化辅导站。葵英街道、人民路街道申请希望工程助学款，建立关爱农民工子女志愿服务基地。组织“五老”志愿者和团员青年每人帮扶1名贫困学生或农民工子女。举办就业专场招聘会，搭建双向选择平台，帮助大学毕业生、待业青年实现创业和就业。

（郭燕玲）

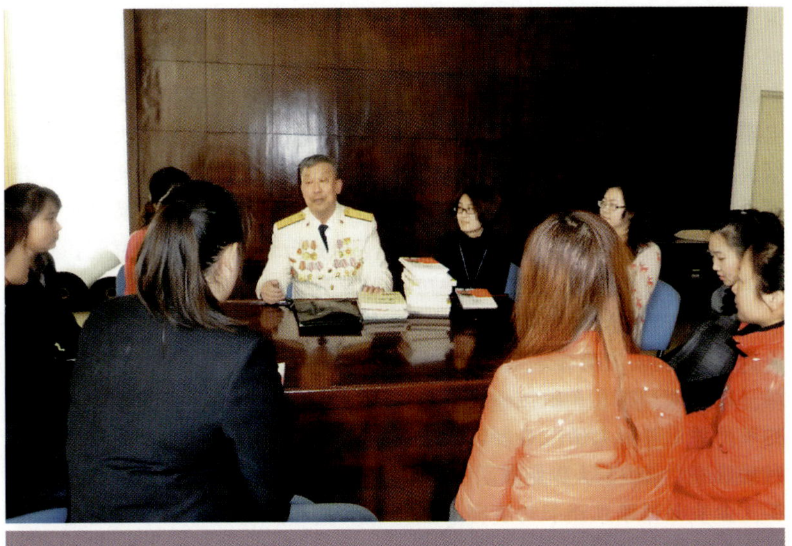

区关工委顾问、全军学雷锋标兵刘德全与青少年座谈

## 域内院校简介

【中山区社区大学】中山区社区大学位于五五路99-1号，建筑面积3500平方米，区教育局直属事业单位。2005年12月成立，现有专职教师15人，兼职教师20余人，是一所整合社区教育资源，联合社会办学力量建立，面向全体公民开展多规格、多层次、多内容、多形式非营利性教育培训活动的社区教育机构。

2011年，社区大学以课程、服务、品质打造中山区全民终身学习平台，以新举措谋社区大学持续发展策略，开展丰富多彩的培训活动和文化交流活动。全年开设各级各类课程班84个，培训3000人，2万人次参加学校组织的培训活动。

市民大课堂。根据居民参加社区教育的随意性与自由性特点，及时调整课程设置形式与内容，免费增设每周一下午的“市民大课堂”兴趣小组活动和周四下午的公益课程。市民大课堂有书法、卡拉 OK、

社区大学老年合唱团冬季结业典礼暨汇报演出

钢琴演奏、英语角、棋牌室、舞蹈、计算机技术交流、摄影组、健身操、剪纸、合唱、唱中学乐理、中国结、工笔画等10余个兴趣小组以及汉语拼音、计算机普及课程、英语常用50句、减肥健身课程”等4个公益课程，满足居民的各种学习需求。

老年休闲教育。开办声乐、钢琴、英语中级、瑜伽、健美操高级、交际舞、有氧舞蹈、拉丁舞、美术、拼音与输入法、思维训练、网络应用、数码影像处理、太极拳、古筝15种课程52个教学班，培训居民620人，10000人次，帮助辖区居民学会生活。

终身学习周。由区教育局主办、社区大学承办的市民终身学习周活动，年内正式成为中山区宣传终身学习、全民学习理念的重要载体，每年10月份进行。首次学习周活动印发宣传单、课程资源手册等1000份，向辖区居民开放课程共70门，制作展板20块，培训居民4000多人。

专题文化交流。学校每年举行一次专题展演活动。2011年举办“中山区社区大学学期成果展示暨首届社区大学杯健身操舞交流会”，8个街道社区教育专干和13个代表队参加大会。会议对大连市社区教育先进工作者、先进教师和优秀志愿者进行表彰，300名居民参加交流活动。中山区社区大学被评为“辽宁省社区教育先进集体”。学校开发的9门社区教育课程被评为“国家社区教育特色课程”，11门社区教育课程被评为“大连市社区教育特色课程”。

（杨志敏）

**【大连市第35中学】**大连市第35中学始建于1969年8月，坐落在中山区寺儿沟地区，校址位于原大连水运技校。1975年8月迁入原春山小学（中山区春海街港院1号）。1982年7月增设烹饪职业高中部，成为一所普教与职教并存的复合式学校。1989年4月与烹饪职高分离，成立独立初中。1991年8月增设小学部，成为小学与初中并存的学校。1993年7月小学部迁出，成为公办普通初级中学。

2009年8月—2010年9月区政府投资重建新校舍，占地面积12230平方米，建筑面积12000平方米，操场面积6905平方米。新教学楼分A教学区、B综合实验区、C办公区三部分，另有一层体育馆。教学区设有专用学生教室、名师工作室；综合实验区设有物理实验室、生物实验室、化学实验室、计算机室、美术活动室、合唱室、舞蹈室和可容纳400人的多功能报告厅；办公区除教师办公室外，设有图书室、阅览室、多功能会议室、心理咨询室。现有21个教学班（其中4个日语特色班），教职工90人，学生658人。

学校以教学、德育、教师素质提高等作为改革与发展的关注重点，树立“特色立校”和以文化引领学校发展的办学思路，整合资源，确立“以平民教育为根本，以幸福教育为核心”的教育理念，并以此制订学校教育发展规划。教学中追求“以学校发展为保障，以教师发展为前提，以学生终生幸福发展为目的”，学校、教师、学生“三位一体”联动发展的教育模式。大连市第35中学先后获“全国‘十一五’教育科研先进集体”、“辽宁省规范收费先进单位”、“大连市中小学办学设施标准化学校”、“大连市中小学大课间活动示范学校”、“大连市文明单位”等荣誉称号。

（周　槿）

**【中山区白云小学】**中山区白云小学位于中山区高尚路11号。学校始

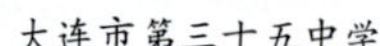
大连市第三十五中学

中山区白云小学

建于1949年10月，最初为大连市第17完小分校，后作为“岭前区中心小学分校”、“中山区桃源小学第二分校”，1964年更名为“中山区白云小学”。因校舍不足，1977年至1988年一直实行二部制教学，1991年迁至现校址。在校学生420余人，教职员工47人，教学班级18个。

学校从1992年开始开展文明礼仪教育，1992—1995年普及文明用语，开展文明小组宣传活动，1995—2001年编写使用文明礼仪教育手册和承接迎宾活动，2002年至今开设文明礼仪校本课，开展文明礼仪特色活动，被授予“全国文明礼仪青少年教育示范基地”。

（付　欣）

【中山区泰山小学】中山区泰山小学位于中山区泰山巷9号，始建于1962年9月，原名河沿小学，位于中山区河沿巷。1976年新校舍建成，迁至现址，1982年更名为中山区泰山小学。教学楼建筑面积3650平方米，教职工36人，教学班11个。学校设有微机室、电教室、语音室、音乐室、舞蹈室、器乐室、自然室、劳技室、藏书室、阅览室、乒乓球室、心理咨询室、心理活动调解室、美术室、写字室、多功能室等专用教室。

2004年开始，因市政规划的需要，学校调整办学思路，以整体实践研究课题《小学扬长教育研究》牵动学校管理，在继承与发展中确定“绿色教育”为主题的学校发展规划，逐步形成学校办学特色，在学校管理、教学管理、德育研究、课程开发、教师专业发展等方面取得长足发展，泰山小学先后被评为“辽宁省中小学校园环境艺术化先进学校”、“辽宁省红十字先进单位”。

（傅英杰）

【中山区捷山小学】中山区捷山小学位于中山区青云街文明巷4号，始建于1946年，占地面积7633平方米。现有教师30人，教学班11个，学生205人。学校从实际出发，确立成功教育的办学思想，开展系列有效的教育教学工作，小班化教学研究探索成果在市、区形成一定影响，得到社会认可。2009年3月被确立为“中山区进修基地校”和“中山区小班化教育教学研究实验点校”。学校被评为“辽宁省创新教育优秀学校”、“辽宁省校本课程研究优秀实验学校”、“大连市标准化学校”、“大连市校园环境艺术化学校”。

（王　莉）

【中山区第16幼儿园】中山区第16幼儿园位于中山区中南路86号。2008年6月政府投资240万元重建，2009年3月正式开园，占地面积3000平方米，建筑面积1400平方米，户外活动场地2600平方米。现有教职工30人，180名幼儿，设大、中、小6个班级，隶属于小区配套幼儿园，招收2—6岁幼儿。室内设多媒体教学设施、感统室、钢琴室、创意室、多功能室、幼儿电脑室，户外设大型户外活动玩具区、树叶型感知不同沙子的玩沙区、富有创意的戏水区、别具一格的动物饲养区、车型玩具存放区、步道体验区等，是一所设施设备先进、环境温馨、美丽的幼儿园。

幼儿园坚持“育人为本，用爱养育，用心教育”的办园理念和“教育个性化，服务细致化”办园特色。每个孩子每学期都有一本成长档案，每年一盘电子相册、离园纪念册、水晶书。其中凝聚了幼儿教师对孩子们无限的爱，记录了孩子们在幼儿园成长的点点滴滴，彰显孩子们的个性发展，家长满意度达98%。幼儿园两次被评为“中山区安全社区建设工作先进集体”、

泰山小学的筷子舞

捷山小学的小班化教学

区第16幼儿园

“中山区平安稳定工作先进单位”，连续两年在中山区幼儿园教师自制玩教具展评中获优胜奖。幼儿园教师组织的半日说课活动在市、区竞赛中获一、二等奖。执教的教育活动在国家、省、市、区观摩并获优秀教育活动奖。

（林　晶）

新闻链接：

### 中山区孩子分享 1.3亿元“教育蛋糕”

●新增三所公办幼儿园提供500个学位

●建设早教中心每月培训婴幼儿1000人次

《大连日报》2011年4月29日

记者丁雷　李天然

记者昨日从中山区区委、区政府召开的全区教育工作会议上获悉，今年该区计划投入1.3亿元打造教育惠民工程，包括投入1000万元建设区早教中心和1所公办幼儿园，同时接管2所小区配套幼儿园划为公办，建设区教师进修学校新校舍和区中小学素质教育实践基地，将15中、16中、44中打造成区域特色教育基地等。会上，该区出台了加快教育改革和发展行动计划，确立了教育未来三年发展的目标：坚持适度超前、优先发展教育，到2013年学前教育水平明显提高，基础教育发展进入省教育强区行列，教育信息化水平居于全市前列等。

中山区今年建设的区早教中心和1所公办幼儿园位于春和小学原校址，校舍采用“一校两用”，将于今年10月份投入使用，总占地面积5000平方米。其中区早教中心将为全区0至3岁婴幼儿提供具有特色的早期教育服务培训，每月培训1000人次。今年该区还将接管的两所小区配套幼儿园，分别位于尚品南山和明秀山庄小区。中山区今年共新增三所公办幼儿园，可为学前幼儿提供500个学位。

你入园，我“埋单”。中山区将免收经济困难家庭幼儿入园托保费，同时设立学前教育救助专项资金，建立和实施学前教育救助制度。该区还将完善15中学美术教学课程体系建设和16中、44中特色课程开发，深化特色教学研究，实现把三校打造成上挂高校、下联全区中小学的美术、外语、音乐教育的特色基地。

此外，中山区今年打造的教育惠民工程还包括，投入5000万元建设区教师进修学校新校舍和区中小学素质教育实践基地，设立1500万元教育信息化建设专项资金，以教育信息化建设促进教育现代化；设立500万元干部教师培训专项资金，组织干部教师赴国内外高端培训基地进行培训，不断提高干部教师专业素质；建立和完善教育救助制度，根据实际需要投入资金切实保障城市贫困家庭子女和贫困外来务工人员子女顺利完成学业等。

**责任编辑**　王玉玲

# 文化·体育 WEN HUA TI YU

## 文 化

### ·公共文化·

【概况】2011年，中山区有区属文艺团体4个，分别是大连东方美艺术团、大连中山艺术团、大连爱心艺术团、大连海霞艺术团。有区群众文化馆1个、图书馆1个、美术馆1个（新增），街道文化站8个、街道图书馆8个，社区文化活动室51个。

年内，中山区文化工作牢固树立为基层服务、为大众服务的理念，把着力点放在“三抓”上，即抓公益性文化事业，提高公共文化服务能力和水平；抓文化市场管理，促进文化产业繁荣发展；抓文化创新，不断满足人民群众日益增长的精神文化需求，努力推动中山区文化大发展大繁荣。中山区文化体育局荣获“2010—2011年度大连市文明单位”称号。

年内，以建党90周年为契机，组织开展“红色经典”歌曲演唱会。中山区美术馆正式开馆。举办“魅力中山”新春京剧晚会。举办各类以庆祝建党90周年为主题广场文化活动。区文化馆免费向居民开放。编印《城市记忆——大连市中山区不可移动文物要览》。区图书馆“一卡通”工程启动运行。参加大连市国际服装节分会场和巡游表演，受到好评。

【万人“红色经典”演唱会】为庆祝中国共产党建党90周年，2011年4—6月，中山区在全区举办红色经典歌曲演唱会。全区各街道、社区和驻区单位1万多人参加。6月23日，区机关党工委等14支优秀合唱队在大连人民文化俱乐部举办中山区庆祝建党90周年红色经典歌曲演唱会。区四大班子领导和全区各界干部群众3000余人参加演唱会。演唱会以合唱为主要形式，配以舞蹈、诗朗诵等形式，特色鲜明，主题突出，气势宏大，展示出各界群众昂扬向上、意气风发的精神风貌。

【中山美术馆开馆】2011年4月22日，中山美术馆举行开馆典礼。中山美术馆全年举办3次国家级美展、各类大型展览7次，接待参观者9.2万人次，成为大连市高端公共文化产品的代表。在二楼展区专门设立大连市唯一的美术特色学校——大连第15中学学生作品展厅，开展美术家与学生经常性交流活动。

3次国家级美展分别是：4月22日，举办《中国画名家邀请展》，展出刘大为、宋雨桂、冯远等名家作品200幅。6月21日，举办“时代精神”——全国人物肖像油画展暨大连油画邀请展，展出全国300名中青年画家油画作品，大连本土作品10幅参展。8—9月，举办为期1个月的

中山艺术团进行合唱排练

庆祝建党90周年红色歌曲演唱会

"当代艺术作品展"，展出包括高惠君等当代艺术名家在内200幅当代艺术作品。

**【第五届"魅力中山"新春京剧晚会】**2011年1月18日，中山区在大连宏济大舞台举办第五届"魅力中山"大连新春京剧晚会，这是中山区连续第5年举办新春京剧晚会，也是传承大连市城市文化精髓、打造文化中山的一项重要内容。

全国著名京剧表演艺术家于魁智、李胜素、杨赤等演出两场京剧经典剧目《霸王别姬》。市领导夏德仁、里景瑞观看演出，并对晚会给予高度评价。

**【第十六届广场文化活动】**2011年5月，中山区以"精心组织、加强引导、创新品牌、升华需求、群众喜爱、广泛参与"为主题，举办第十六届系列广场文化活动。开展纪念建党90周年万人红色经典歌曲演唱活动，完成30场演出。组织开展声乐、器乐、舞蹈、戏剧演出和培训，承担大连市"舞动大连——乡风之舞"和"百姓健康舞"活动。主题鲜明、内容多样、贴近群众、组织有力的广场文化活动受到群众喜爱和参与。全区约10万人次参加广场文化活动。

**【业余文化队伍建设】**2011年，中山区利用区文化馆等文化场所，做到周周有培训，免费为街道社区文艺爱好者开展培训活动。全年辅导业余文化活动骨干7000余人次。深入全区机关、街道、社区和企事业单位帮助编排文艺节目120个，面对面辅导文化骨干200人次，有效提高全区业余文化队伍的艺术水平。

**【文化遗产保护】**2011年，中山区全面加强文化遗产保护。年内，撰写《中山区第三次全国文物普查工作报告》，完成市级文物保护单位向省级文物保护单位升级的档案录入16处。开展中山区重要文物文字、照片档案录入工作。完成《城市记忆——大连市中山区不可移动文物要览》印制工作。《要览》汇集2007—2010年辖区确定文物和新发现文物的调查成果，共收录60处各级文物保护单位和保护名录新老图片140幅。

**【全民读书活动】**2011年，中山区图书馆实行全面免费开放，全年接待读者3.8万人次，开设少儿科普专架推荐图书1000册。建立4个图书流动站，分别是中山区市民健身中心图书流动站、大连市军队离休退休干部第一服务管理中心图书流动站、白云小学图书流动站、中南路小学图书流动站。

4月26日，中山区图书馆"一卡通"工程正式运行，实现读者一卡通用、异地借还书，读者能就近、便捷地使用图书馆资源获取各种知识。

年内，全区共组织各项读书活动32项，报告讲座8场，涉及全区25所中小学和8个街道，参加人数2.5万人。先后举办《让阅读伴孩子成长》家长学校、中小学生普法知识专题讲座。开展"传承民族精神，推动全民读书"世界读书日、"民间艺术进校园"、"举党旗、铸党魂、坚定信念跟党走"——建党90周年庆祝活动、"我喜爱的一本书——读后感作品征集"活动、"我们爱科学"科普知识板报宣传活动。组织区中小学生参加全国中小学生摄影、征文、绘画、演讲比赛。举办大连市第二届书香家庭评选活动。

**【国际服装节表演】**2011年，大连市第22届国际服装节暨国际狂欢节期间，中山区组织舞蹈队员1000人参加主会场表演，组织12支队伍参加分会场狂欢表演，全区1万多人观看表演。承办"经典华章——我要唱红歌"大连市民合唱大赛，青泥洼桥街道友谊之声合唱团、人民路街道平安合唱团获最佳表演奖。大连中山艺术团、大连长利海之韵合唱团、海军广场街道合唱团、大连

居民了解"一卡通"工程

参加大连国际服装节暨国际狂欢节市民合唱大赛

高尚合唱团获表演奖。于鸣获指挥奖。参加“华丽霓裳——我要当模特”大连市民服装模特大赛，中山区选送的服饰模特代表队表演的《无花果开了花》获最佳表演、最佳作词、最佳作曲、最佳编导（王野）、最佳服装设计奖（王野）5个奖项。

（黎　勇）

## ·专业文化·

【京剧每月一星演出活动】2011年，大连市京剧院邀请全国著名京剧表演艺术家及优秀青年演员，在宏济大舞台举办每月一星文化惠民演出活动，让全市广大戏迷、观众能在家门口欣赏到京剧名角的精彩演出。全国京剧表演艺术家李胜素、于魁智、杨赤、孟广禄、张慧芳、朱强、奚中路、马少良等参加每月一星演出活动。主要剧目有《霸王别姬》《铡判官》《苏三起解·三堂会审》《赵氏孤儿》《长坂坡·当津口》《群英会·借东风·烧战船·华容道》《狸猫换太子》。

每月一星演出

【京剧惠民演出】2011年，大连市京剧院共演出142场，平均每个月有12场演出。新春佳节期间，市京剧院开展春节文化惠民演出，演出剧目《战马超》《遇皇后·打龙袍》《赵氏孤儿》等，大连京剧院杨赤、李萍、孙惠珠、王墨、刘廷建等专业骨干为京剧爱好者献上精彩的演出。

（马丽华）

【活跃杂技演出】2011年，大连市杂技团共演出杂技节目1769场，其中国内演出116场，国外演出1606场。开展送戏下乡、惠民演出47场。

国内演出　1月8日，选派优秀节目《对手技巧》赴贵州遵义参加由中国文联主办的“送欢乐、下基层”慰问演出活动。6月18—19日，杂技节目《蹬伞》赴北京参加中国文联庆祝建党90周年演出。8月30日，杂技节目《对手芭蕾——草原的春天》赴呼和浩特参加中国、蒙古国青年友好联欢文艺晚会演出，受到中央有关领导和蒙古国代表团成员的高度赞扬。9月13、15日，杂技节目《滚杯》《肩上芭蕾》在大连夏季达沃斯会议上演出，获得各国嘉宾、市领导及与会代表的好评。9月24—25日，杂技节目《青春的旋律——对手芭蕾》《绸吊》赴辽宁省葫芦岛市参加由中国文联主办、中国杂技家协会承办的“送欢乐、下基层”赴海军92493部队慰问演出，为广大海军官兵奉献高水准杂技演出。

国外演出　3月20日—11月8日，杂技节目《浪桥》《大皮筋》赴德国演出，演出373场，观众20万人。5月9日、27日，市杂技团分别前往日本KT（凯蒂猫主题乐园）参加演出。6月18日，市杂技团杂技节目《空中技巧》赴日本pop马戏团参加演出。

杂技版童话剧《胡桃夹子》获第40届法兰西堡艺术节唯一剧目金奖

【杂技创作与获奖】 2011年，大连市杂技团全新创作中国版杂技《霸王别姬》，创作世界首部杂技版儿童音乐剧《不莱梅的四个音乐家》。

年内，大连市杂技团杂技节目屡屡获奖。1月，杂技节目《大连女孩——车技》在第35届蒙特卡罗国际马戏节夺得“银小丑”奖总分第一名，该节目还获得“摩纳哥国家参议院主席奖”和“尼斯晨报奖”。4月，在大连市第六届洁华艺术人才基金会评选中，一级演员崔风云获“特殊贡献奖”，一级指导邵子升获“优秀教师奖”，青年演员王艺睿获“优秀人才奖”，邹宇、谭政、乔虎获“优秀新人奖”。6月，杂技节目《蹬伞》在第八届中国杂技金菊奖第三次全国杂技比赛中荣获节目“金奖”。《流星飞旋》荣获“教师金奖”。7月，杂技版童话剧《胡桃夹子》获第40届法国法兰西堡国际文化艺术节唯一剧目金奖。9月，魔术节目《玄幻》获第二届东北三省魔术比赛金奖、一等奖、创新奖和表演一等奖。

【《胡桃夹子》获法兰西堡艺术节金奖】杂技版童话剧《胡桃夹子》是大连市杂技团2009年推出的、拥有自主知识产权的品牌精品剧目。2011年7月，以中国杂技演绎世界经典芭蕾舞剧的《胡桃夹子》在第40届法国法兰西堡国际艺术节上亮相，引起巨大轰动，被当地媒体誉为“第40届法兰西堡国际艺术节不可否认的亮点”。艺术节特别设立全新奖项，授予《胡桃夹子》第40届法兰西堡艺术节唯一剧目金奖。法国法兰西堡市市长授予大连杂技团团长齐春生“法兰西堡荣誉勋章”。

（董　芳）

【承办惠民演出】2011年2—3月，大连人民文化俱乐部承办2场大连地区惠民演出活动。惠民演出最高票价200元，学生享受票价折扣优惠。大连爱乐民族乐团演出民族管弦乐《红花遍地开》《丰收锣鼓》等节目，俄罗斯远东红旗歌舞团演出《喀秋莎》《红梅花儿开》《三套车》等怀旧歌曲。

【拓展文化市场】2011年11月，大连人民文化俱乐部拓展文化演出市场，加强企业合作，最大程度利用场地、设施，开展专题讲座、室内乐赏析、新年音乐会、艺术节、话剧节、文化周等活动。

年内，市人民文化俱乐部大小剧场共演出553场，接待观众16万人次。《人民日报》《中国文化报》《辽宁日报》、辽宁电视台等新闻媒体对人民文化俱乐部经验进行报道。

美洲交响乐团在人民文化俱乐部演出

与大连著名企业东方圣克拉联合推出“东方圣克拉文化艺术欣赏月”文化活动，演出中国国家话剧院田沁鑫导演的新作——癫狂喜剧《夜店之天生绝配》、奥地利的《塞弗特弦乐四重奏》、世界一流钢琴大师刘诗昆的钢琴独奏音乐会等节目。

【第二届亿达之声——中国·大连夏季国际艺术节】2011年7月20至8月4日，大连人民文化俱乐部与亿达集团联合举办第二届亿达之声——中国·大连夏季国际艺术节。4个国家艺术团体参加演出，演出9台节目，呈现四大亮点：（1）艺术门类众多。有交响乐、话剧、古典舞剧、演唱会、京剧、芭蕾舞等。（2）首次引进国家院团参与演出。中国东方演艺集团东方民乐团带来大型音乐会亮相艺术节。（3）举办专题讲座。每场演出安排专题讲座和解析活动，观众零距离与导演、演员们一起探讨如何欣赏文艺演出，了解演出中的专业术语以及一部好的文艺作品是如何搬上舞台等。著名话剧导演林兆华、影视明星濮存昕参加专题讲座。（4）观赏性强、持续时间长。近半个月时间，广大市民欣赏到各国家、各民族艺术家们带来的具有国际一流水准的艺术作品。

（李　颖）

## ·文化市场管理·

【行政执法】2011年，中山区从完善制度和提高执法人员素质两个方面加强文化市场行政执　法。建立和完善《文化市场行政执法责任追究制度》《举报受理工作制度》《执法办案流程》《档案人员岗位职责》《执法文书档案立卷归档制度》《执法案卷文书借阅利用制度》。开展行政执法案卷评查活动，组织文化行政处罚案件质量专题培训，提高文化市场执法人员办案能力。

【市场监管】2011年，中山区以迎接“大连市文明城市测评”文化市场专项行动为契机，严格监管文化市场。加强音像市场、演出市场、艺术品经营、网吧及游艺娱乐、歌舞场所等重点领域监管。制作《学校周边环境（文化经营项目）情况调查表》，开展校园周边文化环境和文化市场寒暑假整治行动，确保中小学校周边文化市场有序、健康、安全。

【市场专项整治】2011年，中山区加强对出版物、网吧等文化市场专项整治，累计出动执法人员2160人次，出动执法车辆700台次，开展各类专项检查行动12次、零点行动8次。联合公安、消防、安监、环保、工商、卫生等部门开展执法行动4次，检查经营单位2943家次，收缴违法音像制品29509张（其中淫秽音像制品533张）、非法出版物2129册。取缔违法经营非法出版物地摊、游商155个，查出违规经营网吧7家；取缔非法演出活动13起。

（黎　勇）

# 档　案

【概况】2011年，中山区档案馆馆房面积2100平方米，馆藏 123个全宗，档案71350 （卷）册、105996件，比上年增加350（卷）册、461件；资料6795卷（册），增加82卷（册）。全区有省一级档案管理先进单位51个，当年新增5个。

年内，中山区档案局（馆）以改善档案资源结构、完善档案利用体系、确保档案安全保密、提升档案服务能力为主线，提高公共服务水平，优化服务环境，搞好为民服务。区档案局被辽宁省档案局评为“全省档案系统2006—2010年法制宣传教育先进集体”，被国家人力资源和社会保障部、国家档案局评为“全国档案系统先进集体”。区档案学会被辽宁省档案学会评为“学会工作先进集体”。

【档案接收征集】2011年，中山区档案馆共接收各类档案4312卷（盒、册）、26615件。其中：文书档案永久44盒、2674件，30年档案90盒、2454件。接收街道文书档案永久1246卷、93盒、2435件，长期2241卷、123盒、5622件；接收婚姻档案420盒、13410件。接收政府信息公开指南14册，中山规划图集5册，国务院、省市政府公报36册。征集证书和牌匾等20件实物档案进馆。

全年共接待档案利用者1149人次，提供档案1563卷次。为政府信息公开和现行文件利用者提供15人次、102件次服务。

【档案信息化建设】2011年，中山区加大投入，完善管理，提高全区档案管理的信息化水平。

档案信息资源平台二期工程建设。投入100万元，为街道和20个委办局统一安装数字档案管理软件和政务公开查询系统，方便档案和政务查询。

加强档案网站管理和系统维护。及时在网站上公布局（馆）最新工作动态，发布消息15篇。有效解决网络运行中出现的问题，保证各信息系统安全运行。

推进档案数据库建设。建立文件级、案卷级、件盒级目录数据库以及档案全文、政府信息公开全文数据库，存储各类目录级、全文级

市档案局领导到区档案局查看数字化工作

数据120万条。全年建立80个全宗档案子目录数据库。

开展档案数字化扫描工作。对利用率较高的婚姻、计划生育档案进行数字化扫描，实现全文信息检索和利用。全年完成308万页档案数字化加工工作。

【质量管理体系认证复查】2011年，中山区档案局积极进行IS09000质量管理体系推进、文件编制工作，加强内审、管理评审的资料收集，注重补充质量体系认证中各项专业控制程序文件内容，建立健全质量体系认证中各项记录清单，制定质量管理体系运行纠正措施和预防措施，实现档案管理标准化、规范化，通过中国新时代认证中心IS09000质量体系认证复查。

【档案业务监督指导】2011年，中山区档案局加强各基层单位档案业务和升级达标工作监督指导。全区51个单位成为省一级档案管理先进单位，在大连市各区市县中名列前茅。大连市第35中学、大连市中山区实验学校、中山区教师幼儿园、中山区桃源街道办事处、中山区文化馆5个单位通过大连市档案局验收，步入省一级档案管理先进单位行列。

【档案法制建设】2011年，中山区档案局（馆）采取下发通知、听取汇报、现场检查指导、通报检查结果等方式，加强档案行政执法检查，推进档案管理标准化、规范化建设。对上年晋升省一级档案规范化管理的区园林管理处、环卫处、人民路街道办事处等7家单位进行评估验收；对大连市第16中学、中山区人民医院、中山区民政总公司、中山区劳动就业中心4家事业单位和8个街道办事处进行档案行政执法检查，针对检查出现的案卷整理不规范、个别单位编研材料续写情况不及时等问题，提出限期整改意见。

【档案科研和宣传】2011年，中山区重新修改完善《大连市中山区档案馆档案查阅、政府公开信息利用指南》，免费发放5000份。完成《大连市中山区档案馆指南》资料的收集、初稿编撰和审核工作。加强档案工作动态宣传，在《中国档案报》《大连档案工作》《大连档案信息网》刊登文章15篇。区档案学会选送的《新形势下做好民生档案工作的思考》一文获大连市档案学会2011年“回顾与展望”学术研讨会论文一等奖。

（于　翔）

## 体　育

【概况】2011年，中山区有市民健身中心1所，健身路径145套、站点174个。全区有传统体育项目布局学校15所，其中中学4所，小学11所。主要项目有田径、足球、篮球、排球等。有体育辅导站174个，参加习练人数6.7万人。拥有国家级社会体育指导员7人、一级57人、二级174人、三级1047人。

年内，中山区不断加强体育设施建设，注重通过全民健身指导站、点和体育指导员形成健身网络，增强全民科学健身意识，举办各类体育赛事。全年举办、承办体育赛事33项，参赛队伍500支，参赛人数6000人。参加市级比赛11次，参赛队伍33支，参赛人数400人。中山区组织各类体育比赛18次，参赛人数4000人。

在大连市组织的比赛中，获个人奖46人次，团体奖29次，获优秀组织奖和体育道德风尚奖3次。18名体育指导员和6个体育站点获得表彰。连续举办28届老年体育展演大会。连续11年开展大连与日本神户的中日太极拳交流活动。

### ·全民健身·

【中山区市民健身中心】中山区市民健身中心2005年4月投入使用，是辖区居民开展健身活动、组织体育比赛的重要场所。健身中心位于济南街58号，建筑面积4532平方米，能同时容纳300人进行健身活动，内设游泳、羽毛球、乒乓球、篮球、排球、网球6个项目场馆。2011年，区市民健身中心承办10项赛事，举办12次体育活动，接待8000多人次参加体育健身活动。

区第五届全民健身徒步大会启动

**【区第五届全民健身徒步大会】** 2011年4月28日，由中山区政府主办，区文体局承办的区第五届全民健身徒步大会在老虎滩虎雕广场启动。区四大班子领导和全区机关、街道、企事业单位近万名人员参与徒步大会。徒步大会线路自老虎滩虎雕广场起，沿北大桥途经燕窝岭和民航疗养院，至傅家庄阳光学校止，全程7公里。

区机关干部足球比赛

**【老年体育活动】** 2011年，中山区共组织辖区老年人门球赛、乒乓球赛、健身操等比赛6项，组织健身培训班12次，参加市级比赛项目11个，参加省级培训2次，参加省级比赛项目1个，举办老年人太极拳等展演展示项目50个。全年参加比赛和展演活动的老年人人数达5万人。

年内，中山区老年体协义工站组织参与各类义工活动266次、2800人次，义工工时达6000小时。

**【组队参加市干部运动会】** 2011年11月2—4日，大连市第二十六届领导干部运动会在金州新区举行。区四大班子领导参加网球、乒乓球、排球、羽毛球等比赛。为落实《全民健身计划纲要》，推动全民健身活动蓬勃开展，起到很好地带头示范作用。

**【市区人大、政协代表运动会】** 2011年5月，区人大与市人大在中山区市民健身中心举办乒乓球联谊赛。同月，区政协在区市民健身中心举办了趣味运动会，200名政协委员参加。9月，区人大承办“大商杯”中山区省市区人大代表第四届体育运动会，200名人大代表参加。

**【省羽毛球基地落户】** 2011年8月，辽宁省唯一一家中国羽毛球后备人才基地落户中山区市民健身中心。基地聘请原国家青年队运动员王丹等担任教练。基地为辖区培养和输送大批羽毛球人才创造了条件。

**【国民体质监测】** 2011年6月23日—10月25日，中山区体育中心国民体质监测站通过监测指标和问卷调查的形式对全区国民体质进行监测，全面了解辖区居民体质现状和变化规律。一是采用“走进社区服务”方式，围绕身体形态、机能、素质3方面，对8个街道23个社区的1200人进行数据指标抽样监测。二是围绕锻炼情况、健康情况、存在的问题3方面，对1200人进行问卷调查。结果显示：

锻炼情况　20—40周岁成年人闲暇时间进行体育锻炼的人数少于45—69周岁成年人，女性偏多，占80%。参加体育锻炼的成年男性选择球类项目和跑步的比例高于女性，而女性以走步、健身操为主。

健康情况　80%成年人的颈椎、腰椎、肩关节、膝关节存在不同程度的疼痛和增生，肥胖人群易患冠心病、糖尿病、高脂血症、高血压等。

存在问题　不同年龄人群骨密度普遍偏低，94%的人骨质疏松。随着年龄增长，柔韧性不断下降，肌肉力量缺乏。

总体健康评价　颈椎、腰椎、肩关节、膝关节存在不同程度的疼痛和增生，骨密度偏低，骨质疏松比例逐年上升。柔韧性下降，肌肉力量缺乏，易患心脑血管疾病、植物神经功能紊乱（失眠）、肥胖，尤其是隐匿性疾病等。脑力劳动者容易疲劳，不易恢复，长期的不良情绪可诱发肌肉骨骼疾病。体力劳动者患有颈肩、腰腿痛人群的比例增多，但骨密度、柔韧性好于脑力劳动者，肌肉力量较好。体力劳动者身体素质明显好于脑力劳动者。

## ·重要赛事·

**【概况】** 2011年，中山区共举办、协办33项体育赛事，参赛队伍500支，参赛人员6000余人，项目涵盖羽毛球、乒乓球、足球、篮球、气排球、象棋、围棋等，各项赛事做到满足全区不同层次、不同年龄的需求。

全年承办国家级体育赛事1项，即全国青少年甲组羽毛球比赛。主办职工比赛3项（乒乓球、羽毛球、足球）、老年人比赛6项（中国象棋、乒乓球、气排球、健身操等）、青少年比赛12项（田径、足球、篮球、排球等）、其他比赛11项。2011年8月，辽宁省唯一一家中国羽毛球后备人才基地落户中山区。

**【全国青少年甲组羽毛球赛】** 2011年9月18—23日，由国家体育总局乒羽中心主办，区政府承办的“李宁杯”全国青少年甲组羽毛球赛，在大连交通大学体育馆举行。全国17个省市的23支代表队的230余人参赛，参赛人员为1996、1997两个年龄段的选手。厦门、广东代表队分获1996年男子和女子团体第一名；浙江1队、江苏代表队分获1997年男子团体和女子团体第一名。徐琳汉、陈明春分获1996年男子和女子单打冠军。郑思维、何冰娇分获1997年男子和女子单打冠军。

市民羽毛球大赛

**【第四届市民羽毛球大赛】** 2011年11月19日—12月10日，由中山区人民政府、大连晚报社共同主办，大连倍倍青少年体育俱乐部承办的“大连晚报——全球通”杯第四届市民业余羽毛球大赛在中山区市民健身中心三楼举行。经过角逐，倍倍俱乐部、兴鹏建设俱乐部、基督山伯爵俱乐部分获团体赛前三名。蔡巍、于瀛昊、朱振全获男子甲组前三名。方大伟、陈旭光、樊超获男子乙组前三名。景明/姜波、朱振全/黄勇、于洋/于瀛昊分获男子双打前三名。

**【中日网球联谊赛】** 2011年4月10日，由中山区网球中心主办的第四届中日网球联谊赛在中山网球中心举办。40余名网球爱好者参加比赛，20名日本网球爱好者参赛。比赛成为大连网球界的一项传统赛事。

**【裁判员队伍建设】** 2011年，中山区注重加强选派优秀裁判员参加市以上比赛的裁判工作，通过大赛锻炼提高全区裁判人员的业务水平。

4月30日，选派20名体育老师参加在大连市举办的国际马拉松比赛裁判工作。6月17—19日，张正虎作为国家级竞走裁判，参加“2011年全国竞走大奖赛”（本溪站）裁判工作。6月23日，9名裁判员担任大连市老年人气排球比赛裁判工作。

（张爱国）

**责任编辑**　周建平

# 卫生 WEI SHENG

## 服务与管理

【概况】2011年，中山区辖区内有医院、疗养院12所。其中，综合医院6所（三级甲等医院2所、二级甲等医院4所），其他医院3所（中医医院1所，骨科医院1所，其他专科医院1所），疗养院3所。

全区有社区卫生服务中心10个。有集（个）体诊所及卫生所、医务室153个，门诊部16个（综合门诊14个、专科门诊2个）。采供血机构1个，妇幼保健所1个，疾病预防控制中心1个，卫生监督机构1个。

全区卫生系统共有5620人。其中卫生技术人员4505人、其他技术人员254人、管理人员377人、工勤人员484人。共有床位3552张。

2011年，中山区卫生工作不断深化医药卫生体制改革，创新工作思路，强化服务理念，优化服务环境，全力做好医疗卫生、爱国卫生、食品安全等工作。区卫生局被评为“大连市卫生监督工作先进集体”；区医院被市卫生局评为“2011年大连市卫生应急工作先进集体”，8人被市卫生局分别评为卫生工作、卫生监督工作、疾病控制工作等方面的先进个人。

附：2011年中山区卫生机构、床位、人员情况

| 机构分类 | 机构数 | 床位数 | 人员合计 |
|---|---|---|---|
| 总计 | 195 | 3552 | 5620 |
| 医院 | 9 | 2952 | 4031 |
| 疗养院 | 3 | 600 | 208 |
| 卫生防治站 | 1 | — | 49 |
| 疾病预防控制中心 | 1 | — | 84 |
| 妇幼保健所 | 1 | — | 34 |
| 卫生监督所 | 1 | — | 44 |
| 门诊部 | 16 | — | 313 |
| 个体诊所 | 134 | — | 544 |
| 社区卫生服务中心 | 10 | — | 132 |
| 企事业卫生所（站） | 19 | — | 181 |

【社区卫生服务】2011年，中山区社区卫生服务工作围绕机构、制度的完善与提升，全面提高服务水平，满足社区居民“15分钟”内卫生服务要求。

加强服务机构建设。完成桃源、海军广场两个社区的卫生服务中心装修改造和昆明、青泥社区卫生服务中心选址工作。葵英社区卫生服务中心纳入区医院大楼改造计划。全区10所社区卫生服务机构（卫生服务中心6所、卫生服务站4所）服务人口覆盖率达100%。

落实国家基本药物制度。6所公办社区卫生服务机构基本药物实现网上采购、零差价销售。4所民办社区卫生服务机构基本药物零差率销售比例达50%。

开展社区居民健康服务。组成217人参加家庭医师服务团队，家庭医师服务团队，对社区居民提供基础医疗、健康咨询、健康生活方式养成等多项服务，全区居民家庭医师管理率97.3%。建立社区居民电子健康档案，建档率73.7%。投入600万元，对社区60岁以上老年人开展健康危险因素调查及健康体检工作。

【妇幼保健】2011年，中山区妇幼保健所加强育龄妇女免费婚检、孕前保健、产前检查工作，规范母婴保健技术，加强孕产妇和儿童系统管理，实施孕产妇健康管理和0—36个月儿童健康管理服务项目。全年孕产妇保健覆盖率99.3%，孕产妇系统管理率97%，高危妊娠管理率100%。全年未发生孕产妇死亡。在儿童中开展散居系统管理、健康检查、营养监测、智力测验、儿童早期综合发展、儿童眼保健、听力保健，落实婴幼儿出生缺陷三级预防措施，开展儿童弱视筛查和矫治3500人次。

【食品安全综合监管】2011年，中山区食品安全委员会办公室先后制定《中山区地沟油整治和餐厨废弃物管理工作方案》等指导性文件17

附：

2011年中山区社区卫生服务机构情况

| 名称 | 性质 | 地址 |
| --- | --- | --- |
| 海军广场社区卫生服务中心 | 公办 | 中山区学士街154号 |
| 昆明社区卫生服务中心 | 公办 | 中山区七七街8号 |
| 桃源社区卫生服务中心 | 公办 | 中山区桃源街23号 |
| 老虎滩街道社区卫生服务中心 | 公办 | 中山区中南路172号 |
| 民生社区卫生服务站 | 公办 | 中山区长江路安居巷1号 |
| 葵英社区卫生服务站 | 公办 | 中山区解放路318号 |
| 人民路社区卫生服务中心 | 民办 | 中山区天津街51号 |
| 桂林社区卫生服务中心 | 民办 | 中山区望海街39号 |
| 春和社区卫生服务站 | 民办 | 中山区春和街41号 |
| 虎滩公疗社区卫生服务站 | 民办 | 中山区虎滩路161号 |

个。投入100.2万元，用于食品安全宣传、整治、检查、督导。开展专项整治27次。加大食品安全执法检查力度，全年出动执法人员1.5万人次，检测送检食品样品1885批次，监测合格率99.9%。利用宣传材料、海报、标语和大型食品安全公益广告等多种形式，开展食品安全宣传活动70次，解答群众食品安全方面咨询1.1万人次。组织街道开展食品安全示范街道建设和食品安全无食品制假售假窝点、无食品无证无照生产经营户、无违法食品宣传广告、无食品安全事故“四无”社区试点建设。年内，全区无“一般级”以上级别食品安全事故发生。

【医政管理】2011年，中山区在卫生系统中开展“服务好、质量好、医德好、群众满意”的“三好一满意”活动。

区食品安全宣传周启动

全年受理审批医疗机构设置33家，申请注销医疗机构18家。完成在岗卫生技术人员医学教育注册846人，完成继续医学教育课题12个，全年在岗卫生技术人员继续医学教育参与率100%。完成执业医师注册48人次，执业医师变更注册133人次。接待医疗信访人员26人次，结案率100%。对25家生物实验室安全情况进行2次督导。

开展医疗扶贫工作。为贫困患者诊病治病127人次，为19位特困户提供免费体检和治疗。

开展中医药服务。区医院和社区卫生服务机构为患者提供周到、便捷的中医药服务。

【区医院建设】2011年，中山区医院加强特色专科建设，提高医疗质量和服务。医院床位使用率57.9%，门诊接诊2.54万人次。年内，区医院被市卫生局授予“大连市卫生应急工作先进集体”称号。

## 疾病预防与控制

【概况】2011年，中山区疾病预防控制中心规范报告程序，注重提高各单位对各类传染病的诊断能力和报告意识，加强对发病率较高传染病的诊断标准、疫情报告及登记情况检查，杜绝错报、漏报、迟报现象发生。对重点疾病病人进行流行病学调查，对疫点进行规范化处置，降低辖区传染病发病率，全年无甲类传染病发生、无“一般级”以上级别突发公共卫生事件发生。

【传染病防治】2011年，中山区疾病预防控制中心从强化传染病监测、开展专项检查和提高防治人员素质三个方面加强传染病防治。

加强传染病监测。加强人感染高致病性禽流感防治监测，对10名常年在活禽经营市场和宰杀加工点，从事活禽运输、销售、宰杀、加工、贩运活动人员进行采血检测，对50多名从业人员进行防治知识宣传培训。加强其他传染病监测，全年共监测水痘病例305例，监测风疹病例217例，督导率100%，流行病学调查率100%。

开展专项检查。对6家医院肠道门诊及夜诊开诊情况进行2次专项检查，对225家各级各类医疗机构传染病防治工作进行全面检查。对25所小学和50所托幼机构进行接种证查验督导检查。

强化培训宣传。对辖区6家二级以下医疗机构2500名传染病防控管理医务人员进行7次培训。对942人进行艾滋病防治咨询解答与检测服务，自愿咨询检测指标完成率87.2%。

【健康教育】2011年，中山区卫生局制定健康教育计划，组织辖区医院、社区、学校健康教育专职人员，开展健康素养、应急健康知识等业务培训，59人参加培训。

在社区居民、从业人员、医务人员中开展健康素养调查，发放问卷300份。举办卫生健康系列讲座13场，500人听讲。下发防病宣传材料和手册1万份，张贴防病挂图500张。

结合4月7日世界卫生主题宣传日，指导各医院、社区、学校等单位开展各具特色主题宣传活动。

为落实国家卫生部新修订《公共场所卫生管理条例实施细则》中“室内公共场所禁止吸烟”的有关规定，在公共场所张贴禁烟标识500张，加强创建全面无烟医院培训督导，下发无烟标识，指导医务人员掌握控烟方法。

【计划免疫】2011年，中山区卫生防治站认真开展各项免疫规划工作，一类疫苗接种率全部达到并超出国家要求的免疫规划接种率95%的指标要求。全年完成免疫规划接种90725人次。

【学校卫生安全】2011年，中山区疾病预防控制中心做好学校卫生安全的指导和管理。指导学校建立卫生档案，开展学生近视、沙眼、营养不良和肥胖、龋齿等常见病防治与管理，组织学校呼吸道传染病晨检工作，对45名校医及有关人员进行呼吸道传染病防治晨检工作培训。对危害青少年健康因素进行动态监测。

【碘缺乏病防治】2011年，中山区疾病预防控制中心着力加强碘缺乏病的宣传和监测。发放宣传画40幅，宣传单12000余份，近万人接受教育。开展居民食用碘盐及尿碘值水平动态监测，300户居民接受监测，全部合格。采集婴幼儿、哺乳期妇女尿样6 0份进行尿碘监测，合格率100%。

【卫生监测】2011年，中山区疾病预防控制中心围绕辖区医疗、托幼机构、手足口病预防与疫源地消毒等，加强卫生监测和培训，200人次参加培训。开展合理膳食指导、食物中毒流调、生活饮用水卫生监测等活动，完成食品风险监测160项。针对消毒工作薄弱环节进行督导，共对44家医疗保健机构、6家托幼机构进行督导。

【卫生应急】2011年，中山区加强卫生应急装备、队伍建设，开展应急演练和培训，强化督导检查，从源头做好卫生应急准备工作。

卫生应急队伍建设。组建由20名医疗卫生专业人员参加的区公共卫生应急机动队和医疗救援应急机动队。调整充实区突发公共卫生事件专家咨询委员会，建立22人组成

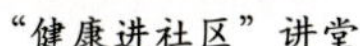

“健康进社区”讲堂

食物中毒应急演练

的区公共卫生应急专家库。

卫生应急储备。为区应急机动队统一配备卫生应急服装和应急携行装备。加大应急物资储备，应急物资储备95%以上。

应急演练和培训。组织6支肠道传染病应急处置机动队，参加“中山区霍乱等急性肠道传染病卫生应急处置演练”。组织卫生专业应急队开展食品安全事故培训、呼吸道传染病防治培训、肠道传染病防治应急培训。

督导检查。制定《中山区地铁工程突发事件医疗卫生应急预案》《中山区清明节突发事件医疗救援预案》，加强重大传染病监测和重点人群防控督导检查。

开展大规模爱国卫生环境整治

## 卫生监督

【概况】2011年，中山区管辖公共场所经营单位913家、生活饮用水单位6家、中小学40家、托幼机构39家、医疗卫生机构228家。

年内，区卫生监督所出动卫生监督人员2936人次、车辆734台次，监督行业单位1468点次，受理群众举报15起，实施行政处罚160起，罚款23.8万元。

【区卫生监督所搬迁】2011年12月12日，中山区卫生监督所迁入新址。新址位于中山区青云街进展巷69号，建筑面积831.6平方米。区财政投入230万元，用于卫生监督所办公楼改造和执法取证设备配备。

【公共场所卫生监督】2011年，中山区受理新开业卫生许可83家，卫生合格率100%。对285家旅店业、58家公共浴室、445户美容美发店和5个游泳馆进行卫生监督，卫生合格率全部达标。解答群众公共卫生方面咨询5000人次。公共场所生活饮用水监督覆盖率100%，监督频次均达到3次以上。水质监测46点次，合格率100%。

【医疗市场监督】2011年，中山区完善医疗机构许可审批和监督执法机制，新审批民办医疗机构25家。对非医疗机构和药房“坐堂医”开展诊疗业务治理整顿，查处15起投诉举报案件。对有问题的63家医疗单位进行行政处罚。开展社区卫生服务中心执业、医疗美容机构、放射卫生、医疗广告专项检查。

## 爱国卫生

【概况】2011年，中山区全面开展爱国卫生示范街道和爱国卫生示范楼院评比活动。

开展以“迎全运、创卫生辽宁”为主题的爱国卫生月活动。对居民区、非物业小区、老旧楼院、锅炉房、外来人口集散地、建筑工地、农贸市场、河沟、山坡、花坛和行业单位周边环境的垃圾、白色污染等进行集中整治和清理。按照“干净、整洁、卫生、美观”的要求加强改造后弃管楼院卫生环境清理。

推进居民电子健康档案卫生信息化建设。居民健康档案规范化电子建档率达80%。

加强健康楼宇建设。制定《中山区创建健康楼宇标准》，培育扶持宏源、希望、成大、时代、人寿保险5个大厦为健康大厦示范单位。

全面开展公共场所禁控烟工作，创建无烟机关10个、无烟餐饮单位5个、无烟企业2个。做好病媒生物防治工作和鼠、蚊、蝇、蟑螂自查工作，“四害”密度达到国家卫生城区规定标准。

（袁　毓）

**责任编辑**　周建平

# 社会生活 SHE HUI SHENG HUO

## 社区建设

【概况】2011年是中山区社区居委会换届选举年，全区51个社区圆满完成换届工作，共选出社区居委会成员333名。换届后社区居委会共有126名党员，占37.8%,平均年龄42.81岁,大专以上文化程度占88.3%，呈现出党员数量增多、年龄结构合理、学历层次高的特点。51个社区有工作人员792人。

年内，全区社区建设注重制度的建立和完善，加强社区建设工作的基础调研，制定推进意见，强化服务模式创新。注重提高社区干部素质，加强社区基础设施建设普查，提高社区干部待遇，完成社区干部补贴统计申报工作，按照标准足额发放社区干部的工作补贴和采暖补贴。桃源街道“96816”社区服务新模式得到推广。

【社区居委会完成换届选举】2011年4月20日—5月19日，中山区全面进行社区换届。（1）制定换届选举方案。依据《居委会组织法》和上级文件精神，反复论证社区居委会职数配备、年龄结构、建议人选提出方式、选民登记范围、落选人员安排等问题。（2）加大宣传力度。为使社区居委员成员拥有充分的知情权、参与权和广大居民拥有投票权、自主权、自治权，共印制第8届社区居委会选举宣传手册2000余册、宣传单12000份，张贴在社区居委会、各类宣传栏和居民区中，使社区成员和居民群众全面了解换届工作程序、入选条件等基本情况。（3）认真落实换届“三包三保”，即市级领导干部包区市县、区级领导干部包街道、街道党员干部包社区的保质量、保进度、保效果工作责任制，强化监督检查力度。全区共有26个社区实行直选，直选比例达51%，选举成功率达100%。全区共选出社区居委会成员333名。其中，正式成员231名，义务成员102名。正式成员中，上届退出48名，新当选34名，保留197名。男性19人、女性212人，党员126人，平均年龄42.81岁，大专以上文化程度占88.3%。

【强化社区干部素质】2011年，中山区民政局本着“加强培养提高、增强服务本领”原则，强化社区干部素质。

加大培训。8月，组织街道负责社区工作的科长和相关人员进行培训，内容包括学习领会上级文件精神，探讨抓好社区建设方式方法、到社区参观考察、进行实地调研。9月，组织社区主任30人参加在市委党校举办的“一校两院”大讲堂活动，听取国家行政学院公共管理学方面的专家、学者做关于《创新和加强社会管理》方面的专题辅导。

加强考核。10月，组织社区干部共170人参加社区工作基础知识、基本技能理论考核，良好率达80%；年底，组织社区干部双评议和年度量化考核，872人（含社区协管员）参加评议和考核。通过评议考核，社区工作人员的工作标准得到提升，责任意识得到增强，服务质量得到提高，居民对社区居委会满意

社区换届直选大会投票现场

的服装。佩戴统一胸牌。自推出以来，辖区商贸、家政、维修等服务企业扩大了经营范围，改进了服务和经营方式，实现了街道、企业、社区居民“三赢”，产生了良好的社会效益和经济效益。

（陈思曈）

区领导到桃源街道长利社区调研

率达95%。

【社区基础设施建设普查】为推进社区基础设施建设，着力改善社区办公条件，2011年5—7月，中山区对社区需要升级改造的基础设施情况进行全面普查。普查结果显示，全区51个社区需维修办公用房及设施174处，包括房屋漏雨、门窗损坏、下水堵塞、墙皮脱落等，需要投入资金约219.6万元，为大规模启动社区基础设施建设项目提供依据。

【落实社区人员待遇】2011年，中山区全面提高社区工作人员待遇，每月对全区现有的792名社区工作者、社区居委会成员进行人员统计核对，对社区办公经费、社区干部补贴及时审报，全年做到统计、审报准确无误。年内，共为社区工作人员发放工作补贴1111.26万元，发放采暖补贴100.11万元，社区工作人员的工资标准每月比上年度增加300元人民币。

【桃源街道打造“96816”社区便民服务模式】2011年，中山区桃源街道按照“惠及居民、方便快捷、公益为先、增进和谐”服务宗旨，在各社区探索“96816”服务工作模式，搭建“快捷、优质、高效”的便民服务平台。

“96816”的服务模式是通过电话、网站等渠道为辖区居民提供各类服务。现有正式员工18人。开通电话热线6条，提供24小时服务。设有“96816”大连家政服务网。有200多家加盟企业，其中在桃源街道各社区挂牌的有75家。其服务范围覆盖整个桃源辖区。居民只要拨打“96816”热线电话或上网点击http：//www.041196816.com服务网站，就可以免费获得家政、维修、购物、养老、政策咨询5大类60多种信息服务和求助服务。

“96816”平台在社区醒目位置安设4块LED大屏幕，滚动播放各类便民信息，每日由社区专员定时向信息中心发送更新内容，保证信息的及时性和有效性。“96816”平台为每个社区配备1台脚踏电动车，用于为有特殊困难居民免费提供上门服务，配送人员由社区义工志愿者担任，身着统一印有“96816”标示

【春景社区注重文体事业】2011年，海军广场街道春景社区注重发展文化体育事业，为社区居民学习、娱乐、健身创造条件。

加大活动场所建设投资。通过人大代表捐助和各级政府投入，共筹集资金65万元，新建1处面积421平方米的室内活动中心。中心内设阅览室（有书籍1000余册、报刊15种）、棋牌室、技能培训室、健身室、乒乓球室、多功能电教室（配有投影仪、有线电视、DVD、卡拉OK等音响设备）、未成年人寒暑假活动室（配有适合未成年人阅读的书籍和科普读物）、外来人口子女文化辅导站、心理咨询调解室等，常年向居民开放，全天候提供文化、体育、娱乐服务。社区还依山建设简易健身场地5处，共计1000余平方米。建有文化、科普、普法画廊3个，永久性文化宣传板8块。

加强骨干队伍建设。从居民中挑选出各类文体骨干606名，建立文化中心户202个。组建秧歌队、腰鼓队、乒乓球队、民乐队等，让文体骨干担任各队的主要组织者，发挥带头示范作用。文体骨干的带动不但使社区的文体活动开展得有声有色，而且水平也得到显著提高。社区代表中山区参加大连市首届退休杯乒乓球赛，取得男子双打、女子双打第四名，男子单打第五名，女子单打第六名的好成绩。参加大连市男子健身球比赛获得亚军。在中山区安塞腰鼓比赛中获第一名。代表中山区参加“熟食品交易中心

感恩母亲徒步健康行

杯——大连市老年人体育健身比赛”获得银奖。

突出抓好主题文化活动月。社区在每个月都突出一个主题开展文化活动，如2月份的元宵秧歌会、3月份的女性才艺展示表演、4月份的文明祭祀文化宣传等等。主题文化活动月丰富了社区文化活动的内容和形式，并形成常态。

（孙淑琴）

【福寿社区“三个主动上门”促进就业】2011年，人民路街道福寿社区坚持“三个主动上门”，为下岗失业人员和待业学生搭建创业就业平台。

主动上门与辖区单位联系“挖”岗位。利用辖区大厦多、单位多的特点，主动上门与辖区20余家企业单位联系，提供30余个就业岗位，帮助适合这些岗位的失业人员上岗。在富丽华大酒店建立大学生见习基地，为未就业高校毕业生免费提供见习岗位。

主动上门走访“摸”需求。走访了解失业人员的就业需求，按照家政、保安、服务员、驾驶员、保洁员等10个岗位类型，逐一进行求职需求分类登记，并在社区和街道劳动保障科备案。辖区企业有用工需求时，社区第一时间开展联系工作，帮助失业人员尽快找到自己想干的工作。

主动上门为失业人员和用工单位“当”红娘。与辖区单位开展共建活动时关注其用工需求，以争取更多的用工岗位。组织失业人员、待业大学生参加区用工洽谈会，先后帮助35名失业人员实现就业。

（王　彧）

【望海社区“五老”志愿者参与社会管理】2011年，桂林街道望海社区注重发挥“五老”（老干部、老工人、老教师、老军人、老模范）与群众联系紧密，阅历深、能力强、威望高的优势，从“五老”中挑选出11名志愿者，组织他们协助社区共同抓好社会管理，在保持社区和谐稳定中发挥了重要作用。

流动人口家庭问题、婚姻家庭问题是社会管理的难点。“五老”成员姜敏知难而上，仅年内就调解此类矛盾纠纷14起。针对校园周边安全这一社会管理热点，“五老”成员石本玉带领社区10名“五老”志愿者，从周一到周五每天两人对望海小学校园周边进行巡视，发现可疑人员及时报警。“五老”作用的发挥，使社区和谐稳定形势越来越好，老百姓的满意度不断提高。

（修植秋）

【天津社区注重网格化服务管理】2011年，青泥洼桥街道天津社区积极探索网格化管理服务新模式，社区管理服务周到细致。

该社区将社区内楼栋划分成12片，由社区12名工作人员担任片长，分别负责，每片的各个楼栋再由1名楼组长负责，使管理服务形成网格。每名片长对自己的责任片认真细致地采集信息并进行分类归纳整理，对居民的日常困难和需求进行预约服务、跟踪服务和主动上门服务。为使网格化服务管理坚持经常，社区建立健全信息采集更改、信息处置反馈、信息共享、宣传教育、检查验收等7项制度。

网格化服务管理新模式为辖区居民生活提供了帮助。年内，共解决有关家政、医疗、安全、环境卫生等方面的实际困难和问题90件，深受居民好评。

（曾庆满）

【独立社区做强家庭接待外宾品牌】昆明街道独立社区拥有30余年家庭接待外宾历史，平均每年接待外国游客近10批次1200余人，接待家庭也由原来的5户发展到30多户，有400多名党员、群众投入到接待外宾志愿服务工作中。该社区是全国首个“家庭接待外国友人接待站”，也是大连市唯一一个涉外社区，被誉为城市的“友谊之窗”。

2011年，该社区从提高居民整体素质、强化家庭接待户“窗口”意识入手，做强家庭接待外宾服务品牌。在居民中开展爱国主义、理想信念、安全稳定等方面的教育，加强礼节礼仪、外语、传统文化等

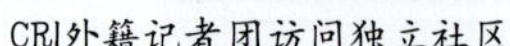

CRI外籍记者团访问独立社区

党员接待户唐玉兰夫妇同来访外宾一起包饺子

方面的培训。组织外宾接待户认真学习和遵守外宾接待准则、党员接待户接待外宾的要求和原则。家庭接待户把自己家当做“窗口”，宣传和展示中华民族的传统美德、传统文化、传统美食和改革开放辉煌成就，让外宾感受尊老爱幼、夫妻和睦、父慈子孝的中华民族传统美德。通过弹琵琶、拉二胡、吹唢呐和唱京剧等形式，向外宾展现中国传统文化，为外宾制作饺子、粽子、年糕等具有中国特色的传统美食。用记录翔实的《接待外宾家庭档案》，向外宾展示大连市30年改革开放、和谐发展的辉煌成就。

接待外宾服务品牌，让社区的知名度得以提高，各项建设得到加强。年内，社区荣获“大连市文明社区”、“大连市民主法治示范社区”、“大连市平安社区标兵”等荣誉称号。

（王　强）

**【文化社区发挥心理导航站作用】** 2011年，葵英街道文化社区成立心理导航服务站，按照“理解、尊重、平等、保密”原则，开展心理疏导服务。服务站设有专门机构、管理规定、工作职责和服务公约，并聘请心理专家陈怀勇为业余辅导员。服务站服务对象以空巢老人和残疾人为重点。

针对近年来空巢老人增多，一些老年人出现抑郁等心理疾患的情况，让心理专家为老人们上“老年人的心理问题”辅导课，引导他们以“平和、平常、平静、平衡”的心态面对空巢生活。针对一些空巢老人性格孤僻、不愿沟通交流、不愿参加活动的问题，服务站聘请专业心理辅导师对他们进行心理疏导治疗，并鼓励他们多参加文体活动，多与身边人沟通。服务站让更多的空巢老人加入到社区举办的各项文体活动，并围绕社区建设提出许多合理化建议。

该社区有110位残疾人。针对残疾人出现的心理问题，服务站每月定期邀请“心海岸”心理咨询师为辖区残疾人及其家属举办“残疾人心理健康”讲座，内容包括介绍一些残疾人身残志坚、自强不息的事迹，为他们进行心理疏导，鼓动残疾人以“自强、自立、自信”的态度面对人生，战胜挫折。引导残疾人多读多看《中国残疾人》《三月风》等报刊，丰富

党员心理导航站开展心理服务

精神生活。鼓励残疾人摒弃自卑心理，走出家庭，走进社会，积极参加社区活动，不断调适自己的精神和心理状态。

年内，文化社区获得“大连市2009—2011年度星级平安稳定社区”、“中山区优秀残疾人之家”等称号。

（丁　涛）

**【医校社区建立全省第一个科普益民服务站】** 2011年4月，桃源街道医校社区成立科普益民服务站。社区科普服务站的建立为居民搭建了科普知识教育和健康服务的平台，为辖区居民提升科学素质、增强科学素养、提高健康水平创造了条件。

该服务站整合社区科普资源，嫁接、创新科普活动载体，贴近居民、服务居民。服务站设有科普体验区，把一些与老百姓日常生活息息相关的饮食、家居、安全、防灾等内容，用实物触摸和辨认的方法让居民去体验，并由社区科普志愿者予以讲解，制作科普体验手册、光盘，方便居民体验。设立专家咨询室，实行点菜式专家咨询服务，普及科学常识。创立“社区科普连线”QQ平台，由科普站长负责管理，全天开通，随时为居民解答问题。利用区科协与大连天天科普服务中心合作开发的“居民生命健康档案软件”管理居民健康信息，提供健康咨询和健康保护。

11月21日，辽宁省科普益民行动暨“科普益民服务站”启动仪式及科普益民现场会在桃源街道医校社区举行，来自省内14个市及56个城区科协的领导共100人参加启动仪式。中国科协科普部部长杨文志和辽宁省科协主席康捷为医校社区“科普益民服务站”揭牌。

（李　妍）

医校社区居民在科普益民体验馆听讲

**【平安社区创建平安稳定社区】** 2011年，老虎滩街道平安社区全面开展，平安稳定社区创建工作。

完善保平安保稳定组织体系。把“打防结合、预防为主，专群结合、依靠群众”的方针与平安建设实际紧密结合起来，建立“一室、两会、四组”（社区警务室，治保会、调委会，综治宣传组、治安巡逻组、矛盾纠纷调解组、安置帮教组）保平安保稳定组织机构，同时组建一支有60人参加的社区平安稳定建设网格化管理队伍，人员包括离退休老党员、老干部和志愿　者等。

开展和谐稳定主题教育活动。在青少年中开展以“学会感恩，活出闪亮的人生”、“立在当下，志在未来”、“百善孝为先”等演讲活动；在居民中开展《公民道德建设实施纲要》进万家、公民道德评述台活动和争当“五好家庭”、“奉献型家庭”、“邻里互助型家庭”、“文明守法型家庭”活动，为创建平安、稳定、文明、和谐社区提供了较好的思想保证。

主动为居民排忧解难。把解决居民下岗失业和家庭生活困难作为加强平安稳定建设的重要内容。年内，为失业人员联系就业岗位100次，稳定就业280人。为103名残疾人提供家庭生活用具。为72人办理低保及困难职工救助金共计4.08万元。为4户低保户办理城镇居民大病医疗救助6000元。为9户家庭和邻里调解矛盾纠纷。在创建全国文明城市中，平安社区被区委、区政府授予“突出贡献奖”荣誉称号。

（冯丽君）

# 劳动就业

## ·就业服务·

**【概况】** 2011年，中山区坚持民生优先，以创业就业为重点，以“民办公助、创业在中山”为主线，实现实名制就业18734人，完成计划指标106%。稳定就业9158人，完成计划指标103%。创业就业4672人，完成计划指标146%。创业带头人391人，完成计划指标124%。带动就业2282人，完成计划指标121%。培训进城务工人员471人，完成计划指标117%。高校毕业生实名制就业率91.7%，完成任务指标96.5%。实名制困难家庭毕业生114人，完成任务指标100%。参加就业见习135人，完成任务指标135%。毕业生储备118人，完成任务指标236%。扶持大学生自主创业20人，完成任务指标125%。新增高校毕业生培训、见习、实训基地12家，超额20%完成任务指标。

全区实现无“零就业”家庭的目标，失业率控制在2.4%以内。

【建立“民办公助”创业服务模式】2011年，中山区全面推进“民办公助”创业服务模式。“民办公助”创业服务模式的主旨是形成创业者、创业企业及政府三方协调机制，发挥创业者本身主体功能，让创业企业融进市场，政府加强资源配置，强化服务管理职能，有效引导企业在市场上生存、发展。全年围绕“民办公助”创业服务模式，组织开展一系列活动。

举办“民办公助 创业在中山”主题座谈会。参加大连市第9届创业项目洽谈会，有29个创业项目、7家创业孵化基地参加洽谈会，共搭建摊位36个，前来洽谈1800人，达成合作意向813个，现场签约58人。召开以“创业，成长，飞翔”为主题的创业人员工作交流会，邀请创业指导专家及优秀创业带头人参加会议。举办首届中山区创业项目展示洽谈会，30家创业企业参加会议，达成初步合作意向155人。“民办公助”创业服务模式得到社会广泛认同。《中山区坚持民办公助，不断推进高校毕业生创业就业工作》一文入选民心网全国百篇优秀信息，区“民办公助”创业服务模式工程入选2011年辽宁省16项重点民生工程。

【创业就业政策扶持】2011年，中山区加大创业人员政策扶持，促进创业带动就业。

投入1000万元专项创业奖励资金，出台《关于增设失业人员创业场地房租补贴的通知》，以鼓励和扶持更多失业人员创业。

制定《中山区高校毕业生创业孵化基地场地房租补贴管理暂行办法》，修订完善《中山区高校毕业生就业见习基地管理暂行办法》，着重从两个方面加大扶持高校毕业生创业就业力度。一是建立见习补贴标准。对回到原籍尚未就业的中山区籍应届高校毕业生或在校生进入见习基地的，见习期间由区财政和见习基地为毕业生提供不低于当地城镇最低工资标准的基本生活补贴（补贴由中山区财政和见习基地各承担50%）。二是建立孵化基地贴租标准。对孵化基地年孵化1至3名毕业生创业的，一次性给予10万元的场地租金补贴；年孵化4至9名毕业生创业的，一次性给予15万元的场地租金补贴；年孵化10名以上毕业生创业的，一次性给予25万元的场地租金补贴。对孵化基地总部场地在500平方米以上的，按照上述标准全面兑现；对孵化基地总部场地在500平方米以下的，按上述标准兑现50%。

建立大学生创业孵化基地

【落实社会保障政策】2011年，中山区严格落实各项社会保障政策，为失业人员提供生活保障。全年为32848人次发放“4050”双险补贴4291.5万元，为859户困难居民家庭发放采暖费补贴92万元，为2792人办理领取失业保险金待遇失业登记，为23931人次发放失业保险金2277万元，为3556人次发放军转失业人员生活补助金362万元，为9名军转人员发放采暖费1.4万元，为2名失业后退休人员发放采暖费1000元，为30579人换发《就业失业登记证》。为12077人次审核发放省、市公益性岗位保险补贴和工资补贴4434.3万元。

【困难群体就业援助】2011年，中山区采取有效措施，促进困难群体就业。

设立站南职业介绍所，扩大困难群体就业途径。在站南广场设立中山区公共职业介绍所，为外来务工人员提供就业岗位信息及相关就业等方面的政策咨询。

开展就业援助月活动，提高困难群体就业途径。1月，组织以“送政策、送岗位、送服务、送温暖”为主题就业援助月活动，走访就业困难人员和零就业家庭859户，组织专场招聘会12次，帮助就业困难人员实现就业205人。

开展“春风行动”，提高进城务工人员就业服务水平。3月，在站南广场举办2场以“服务进城务工，促进转移就业”为主题的“春风行动”现场招聘会，免费提供职业介绍、就业培训、就业政策咨询等服务，发放宣传材料1000余份，126家企业参加，提供就业岗位4359个。

【（离）退休人员管理】2011年，中山区管理（离）退休人员有78238人，其中企业单位退休人员66621人，事业单位退休8346人，遗属1864人，工伤29人。全年新接收退休人员人事档案4551册，累计接收退休人员人事档案33972册。在抓（离）退休人员管理工作中，坚持做到“三个统筹”，即统筹基层退管工作与退休人员需求多元化相结合，统筹活动经费使用与各种待遇发放及时化相结合，统筹老龄化趋势与创新退管工作模式相结合。

（赵振库）

### ·劳动监察·

【概况】2011年，中山区劳动监察工作注重强化管理、推进集体协商、完善裁审机制、提高监察力度。

围绕管理，深入开展劳动用工备案管理，实现劳动合同签订、变更、解除、终止一体化管理。全年共审核劳动用工备案登记系统中单位信息7564家，备案职工人数338624人。

围绕集体协商，不断增强企业工资宏观调控力度，促进企业建立科学工资分配机制，工资集体协商率达到建立工会企业的90%。

围绕机制，建立“裁审衔接”机制，提高劳动仲裁及时性、有效性。全年审理完结劳动人事争议案件130件，其中以仲裁调解方式处理的劳动争议案87件，为劳动者挽回损失173.5万元。围绕监察，加大劳动保障监察力度，切实维护劳动者合法权益，先后检查用人单位企业1253户，为劳动者追回被拖欠工资11.9万元，征缴社会保险费174.2万元。

【劳动仲裁】2011年，中山区以提高仲裁调解率为抓手，以提高劳动人事仲裁效率为动力，建立“裁审衔接”机制。“裁审衔接”主要是仲裁院加强与法院沟通，完善劳动人事争议诉调工作体系和运行机制，增强案件处理的准确性和一致性，大力提高劳动仲裁调处力度，切实维护和谐稳定的劳动关系。全年审理完结劳动人事争议案件130件，其中以仲裁调解方式处理劳动争议案87件，劳动争议案件按期结案率和调解率分别为97%和65.9%，为劳动者挽回损失173.5万元。中山区仲裁案件结案率和调解率位居全市前列。

【劳动监察】2011年，中山区加大劳动保障监察力度，切实维护劳动者合法权益。共检查用人单位企业1253户，完成任务指标125.3%。资料审查企业1591户，完成任务指标159%。受理立案149件。结案166件，投诉举报案件受理率为100%，案件按期结案率为100%。为劳动者追回被拖欠的工资11.9万元，农民工工资偿还率100%，补签劳动合同5311人，完成任务指标152%。征缴社会保险费174.2万元。社会保险扩面3748人，完成任务指标374.8%。

（赵振库）

## 社会保障

### ·困难救助·

【概况】2011年，中山区按照“民政为民，全心全意”服务宗旨，稳步推进最低生活保障、救灾救济工作和慈善事业。全区最低生活保障对象3083户、5837人，共发放保障金2292.9万元(其中发放价格和肉价补贴243.1万元)，保障面占全区总人口2.2%，月人均救助额297元。新批保障对象185户、307人，停止保障对象304户、636人。实现动态管

召开区民生工作会议

理下的应保尽保，保证困难群众基本生活，促进社会和谐稳定。全年接收60年代精简退职职工6人，为97名精简职工发放补助资金共计24.93万元。

【落实低保提标】2011年4月，大连市城市居民最低生活保障标准进行第12次提标，由380元提高到420元。区民政局按照“严格政策标准、不漏报1人、按时足额发放”原则，会同街道、社区为全区3250户、6337人进行重新审核审批，确保所有低保户按新的标准领取最低生活保障金。

【创新信息比对制度】2011年，中山区在全市率先推出信息比对制度，即每季度深入到低保户家中开展1次信息核查，确保动态管理下的应保尽保。4月始，在低保人员中严格落实该项制度。经过“信息比对核查”，查出6名老人领取的退休金，因收入超过标准予以退出保障。已经就业的63人中有38人收入超过标准，予以退出保障。25人按政策要求下调保障金标准。中山区创新信息比对核查经验被大连市民政局以文件形式转发。

新闻链接：

## “信息比对”让低保人员“进出”更准确

《大连日报》 2011年9月14日

李天然

刘红霞是一位肢体二级残疾人，现在和母亲一起居住，由于身体原因不能工作，以前每月享受政府504元的低保补助。前不久，她办理了病退，每月可以领到800多元的退休金，这样一来，她就不可以再享受低保人员的待遇了。当中山区老虎滩街道迎宾社区的低保专干来到她家中核对信息时，她主动提出了退保。

中山区民政系统于今年初在全市率先推出了“信息比对”制度，每季度深入低保户家中开展一次信息核查，使得保障对象更加准确，确保动态管理下的应保尽保。进入9月，新一轮“信息比对”工作又将开始。其核查的范围，主要是针对低保对象及新申请对象中有劳动能力年龄段和已到退休年龄以上的人员。核查有劳动能力且在劳动年龄段范围内的人员，他们的就业情况和缴纳社会保险情况；核查已到法定退休年龄以上的人员，是否领取养老金。

“信息比对”制度目前已在全市推广，除工作人员深入低保户家中了解实际情况外，民政部门与劳动部门还实现了信息共享，在“金保系统网络”中能够进行更加准确地数据信息比对。

【分类施保】2011年1月，大连市城市居民最低生活保障实行分类救助政策，分类救助上浮范围由原30%1种扩大到现10%、20%、30%、40%、50%、100%6种。中山区在全市率先完成分类救助工作，共为1251户、1545名保障对象调整保障标准。为2113名没有参加城镇职工基本医疗保险的低保人员续办医疗保险（不含大、中、小学生），核销医疗费110万元。为713户低保家庭办理廉租住房补贴（其中新办90户），发放廉租住房补贴486万元。为全区1912户低保家庭，减免采暖费255.1万元。

【临时救助和帮扶】2011年，中山区对326人（户）遭遇就医、突发灾害等各类临时困难的低保家庭、低收入家庭（低保边缘户）以及其他困难家庭，给予临时救助，救助资金85.1万元。

元旦、春节期间，向6373名最低生活保障对象，发放国家补贴95.6万元；向3321户最低生活保障对象、69名优抚人员、40名百岁老人发放临时救济金205.8万元；为三无、孤寡老人、孤儿、四个一级残、丧偶单亲家庭、90岁以上低保老人等特殊困难群众共计783人（户），发放价值12万余元的米、面、油。区各部门、各单位在新春

为困难群众发放米、面、油

佳节期间普遍开展1次对困难群众的走访慰问活动，共走访困难群众1600多户，送去米、面、油等节日生活用品价值40余万元。

年内，走访扶贫帮扶对口单位普兰店市沙包镇贫困村，送去50万元扶贫资金和价值4万元的面粉。区四大班子领导走访12户困难家庭，每户送去慰问金1000元以及米面各25公斤、食用油5公斤，合计价值1.56万元。

【防灾减灾】2011年，中山区防灾减灾工作在制度、队伍建设和活动开展方面呈现亮点。

*规范紧急救助行为制度。*建立健全应对全区突发重大自然灾害紧急救助体系和运行机制，制定《中山区自然灾害应急救助工作规程》，广泛开展防灾减灾业务培训，建立区、街道和社区自然灾害应急救助队伍和信息员队伍，实行网络化管理。

*开展防灾减灾示范社区创建活动。*按照综合减灾示范社区标准，落实成熟一个推荐一个要求，青泥洼桥街道上海社区被评为辽宁省“综合减灾示范社区”。

*加强防灾减灾宣传教育。*以“5.12”全国第3个防灾减灾日和第22个国际减灾日为契机，在全区街道社区广泛开展以“减灾从我做起”为主题的防灾减灾宣传周活动。共制作条幅80多幅、标语500余条、宣传挂图900张，发放宣传材料1万余份，观看录像58场1万余人收看。举办知识讲座51场，听众达4000余人。开展知识竞赛4次，举办广场宣传活动10余场。

*组织防震应急综合演练。*各街道和社区相继开展系列应急演练活动，组织不同规模演练20余次。防灾减灾演练增强了基层灾害应急组织、救援、转移、安置和防范能力，提高了广大居民群众灾害发生时逃生、自救、互救的基本技能。

【慈善捐助】2011年，中山区认真组织区各部门、各企事业单位、行业协会和个人捐助善款活动，共收到慈善捐款429.5万元。

*组织慈善救助活动。*向街道拨款总计32.7万元的临时救助资金，用于困难居民的慈善救助；投入16万元，资助40名贫困家庭新上大学的学生；投入4万元，为80名“三无”孤寡老人每人办理500元钱的“爱心医药卡”；元旦、春节期间，对最低生活保障对象中“三无”人员、高龄老人、重病残人员等348人（户）特殊困难居民，发放大连万达集团资助资金30万元。

*开展各类公益活动。*倡导和推动义工组织开展义务助学、功课辅导、文明交通、绿色环保、夕阳扶老、爱心助残、亲情关爱、义务向导等活动。全年区义工队组织各种公益活动1030次，14635名义工奉献工时39167小时，辖区内有4063人受到爱心帮助。

## ·养老事业·

【概况】2011年，中山区60周岁以上老年人口75758人，占全区人口总数21.25%，比上年增加0.9个百分点。全区新增养老院1所（中山区虎滩老年休养中心），增加床位130张。全区共有养老机构14个，总床位1057张。其中，公办养老院1所，床位30张，民办养老院13所，床位1027张。

年内，以老有所养、老有所医、老有所教、老有所学、老有所乐、老有所为“六个老有”为目标，广泛开展尊老、敬老、爱老、助老工作，先后制定《中山区推进养老事业发展实施办法》《中山区社区养老服务中心运营补贴实施方案》《中山区老年活动队伍扶持办法》，为推动全区养老服务事业发展提供制度保障。全年发放货币化

附：

2011年中山区养老机构情况

| 序号 | 名称 | 性质 | 床位数（张） |
|---|---|---|---|
| 1 | 中山区社会福利院 | 国办 | 30 |
| 2 | 大连绿山工人养老院 | 民办 | 130 |
| 3 | 大连市昆明街道托老所 | 民办 | 17 |
| 4 | 中山区晚晴公寓 | 民办 | 30 |
| 5 | 中山区春天养老院 | 民办 | 15 |
| 6 | 大连市幸福养老院 | 民办 | 40 |
| 7 | 中山区虎滩老年休养中心 | 民办 | 130 |
| 8 | 中山区春霞养老院 | 民办 | 7 |
| 9 | 中山区天赐养老院 | 民办 | 6 |
| 10 | 大连中山桂林养护院 | 民办 | 115 |
| 11 | 大连中山逸馨养老院 | 民办 | 130 |
| 12 | 大连中山武昌温馨养老院 | 民办 | 7 |
| 13 | 大连市中山区春和养老院 | 民办 | 200 |
| 14 | 大连市中山区三井老年公寓 | 民办 | 200 |
|  | 合计 |  | 1057 |

为百岁老人庆生

养老、居家养老补贴5565人次，63.64万元；发放高龄补贴4019人次，117.3万元；发放百岁老人补贴120人次，14.2万元；为2名失去生活自理能力的老人发放补贴1.32万元，用于入住养老机构。

【养老普惠工程建设】2011年，中山区全面推进养老普惠工程，全区14家养老服务单位安全、有序地为老年人提供服务。新建华昌、绿山、武昌、林海、滨海、杏花、安民7所社区养老服务中心，投入建设经费300万元。对已建成社区养老服务中心进行民办非登记备案，减免部分手续，让社区养老服务中心真正实现辐射辖区老人居家养老服务功能，更好地为老年人服务。从慈善总会调配2套共16件室内健身器材，供华昌和杏花两所社区养老服务中心使用。落实居家养老、货币化养老政策，全年为5565人次发放居家养老、货币化养老补贴63.6万元。

【基层老龄保障】2011年，中山区民政局及时发放高龄补贴和百岁补贴，全年共发放高龄补贴4019人次、117.3万元。百岁补贴120人次、14.2万元。为2名失去生活自理能力的老人补贴1.32万元，用于入住养老机构。

全区8个街道建有老年服务中心，设有老年人活动室、康复室、阅览室等，为老年人提供休闲娱乐等方面服务。8 个街道下属的51个社区，通过夕阳红戏曲艺术团、金秋老年人合唱团、喜洋洋老年秧歌锣鼓队、门球队、太极队、冬泳队等近百支老年人活动队伍和60余个老年人学习组织，为老年人提供老有所乐、老有所学空间。

完成2010年度中山区老龄事业统计和基层老龄工作状态调查。参加省人大“一法一规”执法检查座谈会，协助相关部门做好应对人口老龄化调查研究和检查工作。在大连市“关爱老年人健康行动”评选活动中，桃源、桂林街道荣获“先进集体”。昆明、葵英街道荣获“优秀组织奖”。海军广场街道的周宝成老人被评为“大连市十佳老有所为之星”。

## ·双拥优抚·

【概况】2011年，中山区在双拥共建活动中，注重落实优抚安置政策，切实维护优抚对象合法权益，努力为官兵解决后顾之忧。全年发放伤残金703.2万元，一次性抚恤金350万元，优抚对象生活补助费236.9万元。全年共接收团职以上军转干部10名，营职以下军转干部6名，全部按计划安置。安排12名军

向驻军部队赠送电脑

嫂进社区工作。

【拥军优属】2011年，中山区拥军优属工作成效显著。

举办各类联谊活动。春节和“八一”建军节等节日期间，举办党政军领导联谊会、军民座谈会、演讲会、传统报告会60余次，参加人数达5000人。举办2 期军地鹊桥联谊会，为近百名未婚男军官和地方100余名未婚女青年搭建情感交流平台。组织开展“双五佳实事”、“五个100活动”。

深入海岛走访慰问。区民政局投入7万多元，为辽宁省军区外长山要塞区驻海洋岛海防团解决“三电”（电脑、电视、电话）进班排问题。为沈阳军区“人民路上好二连”购置50个行李包，支持连队的正规化建设。

广泛开展双拥共建。组织社会各界为驻区部队、优抚对象办好事2000件，办实事300件，投入资金100万元。辖区大连老虎滩海洋极地馆、新海康汽贸公司等12家单位安置复转军人50名。新海康汽贸公司成立拥军应急维修队，为部队修理车辆300台次。

赠送驻军部队的行李包

【优待抚恤】2011年，中山区编纂《中山区优抚对象服务手册》，发放到每名优抚对象手中，为优抚对象掌握优抚政策、明确优抚标准提供帮助。审核800余名伤残军人户口、抚恤金账号和金额，为伤残军人发放全年伤残金703.2万元。为38名部队及干休所病故官兵办理病故抚恤手续，发放一次性抚恤金350万元。为三属（烈属、因公牺牲军人家属、病故军人家属）、在乡复员军人、参战参试人员、复员干部等优抚对象发放生活补助费用236.9万元。为建国前无工作老党员发放生活补贴5.5万元。为1至6级以上伤残军人报销医疗费44万元。为2010年冬季入伍的义务兵发放安置卡和优待金283万元，完成千余名优抚对象数据库的更新和伤残军人、公安警察、见义勇为人员评残换证、提高残疾等级、进行公示等项工作。国庆节期间，走访慰问参加抗日战争老战士，为每人送去慰问金3000元。

## 民政事务

【社会组织管理】2011年，中山区有社会团体组织20个，民办非企业单位128个。区民政局把抓好“小金库”专项治理和规范登记管理工作，促进社会组织管理工作健康、有序开展作为社会组织管理的重点。

“小金库”专项治理。4月，组织18家社团的秘书长及业务人员进行治理“小金库”专项培训。5月，协助区治理“小金库”工作领导小组办公室完成各社会团体《“小金库”全面复查报告表》及承诺书中所承诺的内容。同月，中山区指定的“小金库”专项治理会计师事务所对全区所有社会团体进行财务审计。年内，各社会团体先后两次上报“小金库”专项治理自查自纠报告。

规范登记管理。完成421家（社会团体组织88家、民办非企业学位企业333家）档案备案管理工作。依法为1家社会团体组织、13家民办非企业单位办理登记手续。完成2011年度社会组织年检工作，应参检的社会团体为19家，民办非企业单位118家，实际参加年检的社会团体17家、民办非企业单位98家，参检率分别为89.5%和83.1%，合格率均为100%。为1家社会团体、3家民办非企业单位办理注销登记。对连续2年未参加年检的1家社会团体及9家民办非企业单位予以撤销登记。

【区划地名管理】2011年，中山区民政局共查看路标800余根，对有问题的78根路标由市民政局统一进行整改。办理楼牌1个，出具地名证明20份，回答业务咨询300人次。

【开展地名普查】2011年，中山区组织完成第2次全国地名普查工作。街道、社区负责对辖区内的企事业、大型建筑物、较大型的酒店、旅馆、小区及路街巷等进行普查登记。区民政局负责对辖区内的党政机关、各社会组织、学校、医院、银行及公园景点等进行实地普查。

【婚姻登记管理】2011年，中山区婚姻登记处由友好路265号迁入民运巷1号（石葵桥下）。区财政投入资金500万元，全面改善和提升办公环境。新的办理大厅配备无线排队叫号机、触摸屏信息查询机、LED电子大屏幕等现代化设施，等候区配备等候座椅、饮水机、阅报栏、电视机等设施。婚姻登记员统一着装，佩戴婚姻登记员徽章，全面接受群众监督。健全“一次受理制”、“一次告知制”、“两次办结制”等制度，每位婚姻登记员必须做到上岗准时、服务及时、登记限时，“零距离”为群众服好务。

全年共办理结婚登记4845件，离婚登记1037件，补结婚证1177件，补离婚证252件，婚姻登记合格率达100%。开具无婚姻登记记录证明2万件。

（陈思曈）

区婚姻登记处新址

## 计划生育

【概况】2011年，中山区人口和计划生育工作注重推进落实“十二五”人口发展规划，统筹解决人口格局。以人口信息化建设为基础促进人口均衡发展，强化优质服务，稳定适度低生育水平，圆满完成年人口和计划生育各项任务。区人口和计划生育局通过ISO9000质量认证。

全区常住人口364837人。2010年10月1日至2011年9月30日，中山区出生人口2261人，人口出生率6.34‰，人口自然增长率-0.52‰，计划生育率99.96%，出生人口性别比105.17，低生育水平保持稳定态势。各项人口与计划生育指标发展态势良好。主要表现在：

户籍人口继续缓慢下降。年内，全区户籍人口共计356075人，比上年减少587人。

人口出生率小幅度增加。人口出生率6.34‰，增加0.26个千分点。

自然增长率增加。全区人口自然增长率-0.52‰，比上年减少0.58个千分点。

出生孩次结构稳定。全年出生2261人，其中二孩多孩出生221人，比上年增加20.76%。一孩率继续保持较高水平。

女性初婚人数小幅上升。女性初婚人数3691人，比2010年增加565人。

人口出生性别比走势平稳。当年一孩出生性别比103.69，二孩、多孩出生性别比117.64。

育龄妇女数略有减少。全区育龄妇女数略有减少，节育率呈下降趋势。全年育龄妇女为102619人，

全员人口信息引导服务经验交流会

比上年减少359人，下降3.48‰。综合节育率70.01%，下降1.34个百分点。

全区当年共上报政策外生育42人，清查41人，当年出生1人。其中非婚生育9人，超生33人，超生占政策外生育78.57%。超生按性别与孩次划分：一孩男4人、一孩女1人，二孩男14人、二孩女17人，多孩男4人、多孩女2人。

年内，中山区荣获“辽宁省家庭健康促进计划项目先进集体”称号。区人口和计划生育局被辽宁省流动人口处评为“流动人口计划生育管理服务示范单位”。区药具站被辽宁省人口和计划生育委员会评为“计划生育药具管理机构‘五化’建设先进单位”。桃源、老虎滩街道获“辽宁省人口和计划生育依法行政示范街道”称号。青泥洼桥街道青泥社区获“全国人口和计划生育基层群众示范村居”称号。人民路街道福寿社区、葵英街道文化社区分获“辽宁省计划生育‘红旗协会’”称号。区计划生育协会副秘书长金霞获 “大连市人口和计划生育先进工作者”称号。区药具站站长曹润娟获 “大连市计划生育特殊奉献奖”称号。

【出生人口缺陷干预】2011年，为提高出生人口素质，中山区从3 个方面加强出生人口缺陷干预。

为新婚家庭开办网上孕前风险评估。在全区8个街道、51个社区的健康家庭指导中心开设孕前风险评估系统，为新婚家庭和准备怀孕妇女开展服务，服务1869人次，服务内容包括健康宝宝行动项目、优生优育咨询、心理咨询等。

为待孕家庭免费增补叶酸。严格按程序和标准对全区困难家庭和准备怀孕妇女实施免费营养素增补。为待孕夫妇进行孕前出生缺陷风险评估。

启动国家免费孕前健康检查试点项目。为计划怀孕家庭提供免费孕前健康检查服务，启动新婚拟怀孕家庭甲状腺筛查工作。

【加强基本国策宣传】2011年，中山区加大计划生育基本国策宣传力度。

开展流动人口维权服务月活动，在大连火车站、各建筑工地，为流动人口开展政策咨询、技术服务，免费发放药具。开展计划生育优质服务优秀品牌优秀载体评比。以纪念“7.11”世界人口日为契机，以宣传人口政策、普及婚育知识、服务育龄群众为重点，开展夏季乘凉晚会、人口文化知识大赛等活动。围绕培养品德情操、心理素质、行为习惯和社会适应能力，组织开展“青少年健康人格工程”宣传活动。在政务公开宣传和综合治理宣传活动中，加大计划生育政策宣传。

【12356阳光计生服务热线】2011年，中山区在大连市12356阳光计生服务热线电话终端设立电话手机呼叫转移业务，24小时不间断处理各类计划生育咨询、投诉、举报等问题。全年共收到举报投诉计划生育方面问题19个，解答咨询430人次，受理率达100%，答复率达100%，办结率达到90%以上。

【规范执法程序】2011年，中山区严格规范执法程序，加强人口和计划生育的法治化建设，全年无1例执法投诉发生。

完善制度。年初，区人口和计划生育局与8个街道签订《征收社会抚养费委托书》，规范立案、审查、告知、送达等程序。成立征收社会抚养费征收领导小组，对每例案件逐一审议、讨论通过，严格按照法律、法规、标准及相关规定执行社会抚养费的征收，依法对超生群众进行经济处罚。

提高执法水平。组织区人口与计划生育局干部参加大连市行政执法人员依法行政知识及行政执法考试。做好各项奖励扶助费发放审核，做到不错报、漏报1人。

强化管理。区人口和计划生育

阳光计生便民维权惠民惠家宣传活动

# 街道 JIE DAO

## 海军广场街道

【概况】海军广场街道位于大连市东部，东北两面临海，南面靠山，西面与桂林街道、人民路街道相临。辖区面积6.38平方公里，23429户居民，常住人口61141人，流动人口6428人。街道有机关工作人员74人。党工委办公室、综合管理科、城建科、企业服务中心办公地址位于中山区春生街15号；对外服务的职能部门，计划生育事务科、民政事务科、社会保障科、司法所、再就业保障所、社区服务中心办公地址位于中山区勤俭街59号。街道下设育才、港湾、海军广场、春和、春海、春德、春山、春景、华乐9个社区。

2011年，海军广场街道全面推进经济、政治、文化、社会事业和党建工作，圆满完成全年各项工作任务。全年完成税收2.92亿元，固定资产投资额45.27亿元，内资到位36.79亿元，外资到位1.23亿美元，引进科技企业14家。街道获“全国社区教育特色课程”、“大连市人口和计划生育工作先进集体”、“大连市优秀人民调解委员会”、“大连市科协工作先进集体”、“2011年度大连市爱国卫生工作先进单位”、“大连市环境宣传教育工作先进集体”等称号，被评为“全区综合考评一等奖”。春和社区被评为“全国妇联基层组织建设示范村（社区）”。

【温家宝总理慰问社区群众】2011年9月14日晚8点，中共中央政治局常委、国务院总理温家宝在省、市、区有关领导陪同下，来到海军广场街道海军广场社区七星街11号（海港公寓），走访慰问了老党员段明权和单继贤两家。温总理亲切询问他们及家人的工作、收入情况，了解其生活上的困难，并针对党员段明权提出的物价、房价、就业等问题，进行了细致解答。

【庆祝建党90周年】2011年“七一”节前夕，海军广场街道组织开展特色鲜明、主题突出、丰富多彩的庆祝活动，纪念中国共产党成立90周年。

颂党恩，唱红歌。街道举办庆祝建党90周年红色经典演唱会，机关、社区和海军舰艇学院政治系、春海小学等单位演员、观众近千人聚集一堂，放声高歌《没有共产党就没有新中国》等16首经典红歌，抒发热爱党、热爱祖国的深厚情怀。

忆党史，温誓词。6月22日，街道机关和社区党员参观关向应纪念馆，缅怀老一辈革命家的丰功伟绩，在党旗下庄严宣誓。举办“我是一名共产党员”演讲比赛、党史知识竞赛、重温入党誓词、党史书画巡回展览和“三走进”活动（走进社区、走进企业、走进困难家庭）。

扬党性，展风采。开展“当先锋、创佳绩，向建党90周年献礼”主题实践活动。召开纪念建党90周年暨“一先两优”表彰大会， 表彰18个先进党支部、100名先进党务工作者和优秀共产党员，党政领导为10个特色志愿者队伍、10个党员先锋示范岗授旗、挂牌。

【开展“三走进”活动】2011年9月8至16日，海军广场街道在全市“面对面、心贴心、凝共识”大讨论活动中，组织39名科级以上干部

海军广场街道机关党员参观关向应纪念馆，重温入党誓词

以“三走进”方式（走进居民家里和百姓唠家常，走进社区集体座谈，走进楼院倾听民声）走进居民家庭，倾听群众在市容环境、城市建设、社会救助、养老、医疗、住房、水电公共服务等方面意见，共走访782户家庭，收集120条意见建议，并及时梳理分类，落实解决。

【春和社区维权服务站经验被推广】海军广场街道春和社区是个“四多一低”（下岗失业人员多、低保户多、残疾人多、外来流动人员多，居民生活水平偏低）的社区。社区矛盾纠纷多，信访工作压力大。社区通过维权服务示范站，在思想观念上实现从阻止居民上访到代理居民上访的转变，规范上访秩序；在工作方法上实现从“说和式”调解到依法调解的转变，增强解决信访问题的力度；在工作作风上实现由居民上访到信访代理员下访的转变，密切党和政府与群众的联系。2011年10月26日，社区《实现三个转变 打造社区维权服务站示范点》经验在辽宁省妇联系统维权干部培训暨岗位练兵成果展示和推进平安家庭创建工作专题会议上被交流推广。社区被评为“辽宁省社区维权服务站精品示范点”。

【完成社区两委换届】2011年，海军广场街道制定并印发《海军广场街道第八届社区居委会换届选举实施方案》，选拔政治素质好、群众威信高的优秀人才进入社区，9个社区党总支换届采取“公推直选”方式，实现书记、主任“一肩挑”，并配备专职副书记9名。春和社区、华乐社区、春海社区3个社区居委会实现直选。新一届社区居委会成员共计63人（含义务干部18人）。

【按期完成低保提标】2011年4月，海军广场街道成立街道低保调标工作领导小组，建立监督举报、例会、责任追究和公示制度，实行阳光操作，严格审批程序，完成第十二次城市居民最低生活保障提标工作。街道有低保户697户，1285人，调标后月人均保障金由247.70元调整到289.31元，保障金额371762元。

【推动大学生就业工作】2011年，海军广场街道建立大学生见习基地1家，带动见习学生10人。借助政府对接平台，安排15名特困家庭大学生走上就业岗位，大学生自主创业1人，完成择业期2年内大学生196人信息调查统计并电脑录入，组织15家企业面对大学生招聘，完成8名社区大学生考核移交工作。

海广大讲坛“珍视岗位尽好责”理论讲座

【建立工会“三联”工作机制】2011年9月16日，海军广场街道成立工会联合会，试行街道为主建会、社区为主管理、企业为主活动的“三联”工作机制，推进基层工会组织规范化建设，“三联”建经验做法在全市推广。年内，实现建会单位675家（独立基层工会105家、联合建会单位570家），会员6810人。

【加强外来务工子女管理】2011年，海军广场街道创新外来务工子女管理工作。一是开展务工子女评选表彰活动。召开庆“六一”文明之星表彰会，从社区学校100多名学生中选48名外来务工子女作为“文明之星”给予表彰。“文明之星”都是社区公益活动的主动参与者。二是为外来务工人员子女搭建归属型辅助型学习平台。成立7年的外来务工子女社区学校成为探索和研究“外来小移民”德、智、体全面发展的有效途径。三是组织30名外来务工子女和19位家长代表参加团市委、市青基会、市希望办召开的“爱心成就未来——2011年大连市希望工程助学大会”，学生接受助学款9000元。

【成立街道义工站】2011年3月，海军广场街道义工站落户环海花园。义工站有义工150余名，为社区弱势群体提供力所能及的关怀服务，配合、帮助辖区“三无人员”（无经济来源、无劳动能力、无法定抚养人或抚养人无抚养能力）、低保户、军烈属家庭敬老助残，开展结对帮扶、维权帮教、心理辅导、信息传递等方面的服务，以及社区便民利民、文化娱乐、文明劝导、环保宣传、植绿护绿、法律援助、青少年成长服务等。

【港湾社区挂牌“清华园服务站”】2011年6月30日，海军广场街道港湾社区“清华园服务站”正式挂牌，社区与物业面向辖区居民实行双向服务。居民足不出小区就可以享受社区提供的各种服务，解决了封闭小区进入难的瓶颈问题。社区还向孤老、病残家庭发放“爱心服务卡”，提供贴心、实际的服务。

【除害工作达标】2011年，海军广场街道大力开展春、夏两季除害工作。在行业单位布置粉迹法140块，居民区盗食法（鼠夹）100处。恢复和补建毒鼠站24处，设立蚊蝇消杀点260处，灭蟑消杀面积2万余平方米，鼠患密度控制在国家标准3%以下。

（孙传美）

新闻链接

### 上访变“下访” 矛盾“长”不大

《大连日报》2011年11月6日

记者李天然

在百姓遇到的生活难题还没积攒成激烈矛盾、走上上访之路时，信访信息员便主动“下访”，想方设法解决问题，不让矛盾“长大”。记者采访了解到，中山区海军广场街道春和社区的独特信访模式，让更多居民过上了舒心的生活。

大众街有一户居民把房子出租后，房客为了省钱又找了其他3户一起住，虽然家中有煤气，但为了好算账，4户人家都用液化气，结果一栋房子里放了4个液化气罐。周围居民对房主的这种做法感到不满，觉得存在很大安全隐患。信访信息员在“下访”时发现了这个问题，马上与社区信访代理服务站的信访调解员取得联系，并一起调查了解实情，随后，信访调解员找到房主，向他说明了利害关系，告诉他不能只收费不管理，一旦出了问题房主也有不可推卸的责任。经过耐心细致地劝解，房主将房子收回，重新租给单独的一户人家使用。这时，邻居们心里的“大石头”终于放下了。

春和社区有“四多一低”的特点，即下岗失业人员多、低保户多、残疾人多、外来流动人员多，居民生活水平偏低，这就导致社区矛盾纠纷多，信访工作压力比较大。为了帮助百姓真正解决问题，春和社区信访代理服务站进行了3个转变：从阻止群众上访到代理群众上访转变；从“说和式”调解到依法调解转变；由居民上访到社区信访代理服务站主动下访转变。全社区还在每一栋楼配备了一名信访信息员，全社区共有32名信息员，“下访”已经成为一种工作常态。

海军广场街道妇联“区街建设我献策”座谈会

## 人民路街道

【概况】人民路街道位于中山区东北部，东与海军广场街道相连，西与青泥洼桥街道毗邻，北与西岗区接壤，辖区面积3.2平方公里。户籍居民9302户、27154人，常住人口27219人。街道管辖兴和、福寿、七一、修竹4个社区居委会，工作人员65人，其中：社区干部17人，一社一聘大学生2人，残协委员5人，社区工作者32人，军嫂9人。街道机关工作人员65人，其中：公务员44人，工勤1人，事业编20人。下设综合科、民政科、城建科、计生科、保障科、党工委办公室、司法所、执法中队、企业服务中心、社区服务中心、保障所、安全监督管理站。街道办事处地址位于中山区五五路35号。

2011年，人民路街道以科学发展观为指导，抓楼宇经济发展、抓民生工作落实、抓社区环境优化、抓文明城市争创。党建、精神文明建设注重抓基层打基础，初步形成具有街道自身特点的亮点品牌；社会民生工作注重关注社区群众的热点难点，较好地解决了大学生就业和弱势群众实际困难；司法稳定工作注重人民调解，较好地消化吸收社会矛盾，促进了辖区和谐进步和社会各项事业全面发展。全年完成税收5.77亿元，固定资产投资43.1亿元，外资到位4000万美元，内资到位17.95亿元，新办企业40家，总注册资金3.9亿元。

年内，对415家新增企业按记录及时建立单位信息，虹源大厦获“中山区白领午餐工作示范区”称号，“经典生活夜大连”被大连市首批命名为“中山区商业特色街”。人民路街道被评为“中国十佳最具投资潜力街道”、“辽宁省第六次全国人口普查先进集体”、“辽宁省建设健康街道先进单位”，大厦党建党群互动机制获“大连市党建创新三等奖”。

人民路街道社区平安合唱团唱红歌

**【推进特色基层党建】**2011年，人民路街道在基层党建工作中着力推进特色基层党建工作，把党组织和社区服务职能前移至居民家门口，把服务工作做在平时。

实施“五个家门口”工程。即：零距离服务，家门口感受组织温暖；亮身份，家门口看到党员发挥作用；穿针引线，家门口实现就业和创业；抓小事、管“闲事”，家门口消化邻里矛盾；创建安全社区，家门口感悟文明创建成果。

开展“党建服务进大厦”活动。在辖区6个大厦建立党组织服务站，形成大厦5分钟“党建圈”。在世贸大厦党组织服务站配备“党群服务流动车”，把党群服务内容和经济服务内容推广到新经济组织中去。建立世贸大厦“白领服务站”和“白领心语驿站”，为大厦白领提供心理辅导等相关服务。

**【开展订单式失业人员培训】**2011年，人民路街道为辖区失业人员提供职业技能培训服务，免费培训辖区失业人员214人。培训课程采用订单式培训方式，聘请高级培训师授课，课程设置拔罐保健、母婴陪护、产妇催乳、丝网花、苏绣、手工编结等8个项目，邀请用人单位现场签订用工合同，18名通过培训的失业人员与用人单位达成用工意向。

**【人民路街道司法所揭牌】**2011年12月2日，大连市首家标准化建设城市司法所——中山区司法局人民路街道司法所揭牌成立。

人民路街道司法所位于兴和街，毗邻居民区，面积80余平方米，内设综治办公室、安置帮教社区矫正办公室、档案资料室等，为辖区居民提供“一站式”免费服务、调解各种矛盾纠纷、申请法律援助和法律咨询等。

**【低保实现动态管理】**2011年，人民路街道提升低保工作水平，实现“动态管理，分类施保、应保尽保”。

集体审议制度。每月低保的增减变动必经集体审议，遇到特殊疑难问题，集中分析研究方案，做好会议记录。

张榜公示制度。新申请低保家庭须在社区公示栏公示一周，接受群众监督。

严格审核制度。实行逐级审核，严格把关。入户调查工作“三必入”（工作单位必入、居住邻居必入、居住家庭必入）。

低保稽查制度。每月入户抽查低保家庭，及时撤销不符合低保条件的家庭或人员资格，杜绝“人情保、关系保”。

年内，新办低保31户、41人，停保84户、133人，保障面2.7%，月人均保障额308元。全年对272户低保户474人发放保障金额175.3万元。

**【协调稳定劳动关系】**2011年，人民路街道坚持“优质、创新、高效”原则，规范企业用工环境，开展“劳动关系协调进街道、进社区”活动。根据辖区大厦多、企业多的特点，在文园大厦启动试点，逐步延伸到大厦、企业，并在兴和社区设立《石大姐调解室》劳动关系协调工作站。年内，劳动监察书面资料审查完成375家，新增户195

家，用工备案审核2083家企业、86030人。11月4日，人民路街道代表全区街道接受辽宁省劳动厅对此项工作检查，受到好评。

【团工委为大厦白领搭鹊桥】2011年4月24日，人民路街道团工委以“相约‘五四’，牵手姻缘”为主题，举办一场婚恋、交友“五四”青年节特别活动，为辖区白领青年搭建交友平台。活动以单身男女青年互动式提问为主，融入现场精彩视频、嘉宾点评、场内外观众互动、游戏等精彩环节，吸引辖区10家企业近百名大厦白领青年参加。

【矛盾纠纷排查调处】2011年，人民路街道从建章立制入手，推进社会矛盾化解工作，维护辖区社会秩序稳定。

加强矛盾纠纷排查调解中心建设。街道成立由政法书记负全责、综治办司法所牵头、相关科所负责人和社区党总支书记参与的“矛盾纠纷排查调解中心”，完善定期排查、按时例会、联合调处等各项工作制度，加强社区维稳志愿者和信息员队伍建设。辖区200人以上企业组建矛盾纠纷排查调处领导小组，成立调解工作站。

加强矛盾纠纷排查调处工作。建立矛盾纠纷排查领导小组。4个社区居委会和综合治理列管单位成立相应的矛盾纠纷排查领导小组。形成矛盾纠纷层层有人抓，处处有人管。

截至11月末，共排查矛盾纠纷61件，调解成功58件，调解成功率98%。

【“市容综合整治200天”行动】2011年3—10月，人民路街道以迎接文明城检查暨达沃斯会议为契机，开展“市容综合整治200天”行动。投入资金6万余元，动员党员干部、居民群众和志愿者1300余人次，出动执法车辆460余次、执法人员1200余人次，处理信访案件54件。

开展重点清理整治。清除招贴广告5000张，收缴占道灯箱、广告牌、条幅140件次，整改人民路、五五路两侧不规范门头24处。拆除违章临建20处，清理整治占道经营重点地段3处，打掉占道经营摊点132个，清理占道商贩1260人次。集中力量清理卫生死角。

加强建筑垃圾全程监管。规范建筑工地垃圾装载，运输车辆达到保洁要求。

（宋清华）

新闻链接

### 人民路街道兴和社区“绿色飘带”送温暖好事做到家门口

《大连日报》2011年11月1日

徐　哲

中山区人民路街道兴和社区充分发挥党组织和党员在社区居民自治中的先锋模范作用，通过设立服务载体、搭建服务平台，真心实意地帮助百姓解决生活中遇到的“难心事”，把好事做到居民家门口，有力地推动了和谐社区建设。

兴和社区党总支围绕服务百姓、建设和谐社区不断探索，创造了多个“大连第一”：大连市首家“石大姐调解工作室”、大连市首家“社区家政服务有限公司”、大连市首支“绿色飘带志愿者服务队”，通过这些服务载体，事无巨细地为百姓提供服务。在开展创先争优活动中，社区党总支要求党员围绕民需对号入座，围绕服务有所作为，有200多名党员积极主动加入“绿色飘带志愿者服务队”。服务队下设文化教育、计生新风、科普宣传、消防安全、便民服务、党员治安巡逻、环保护绿、爱心医疗、普法维权、文体娱乐等10支特色志愿小分队。志愿者深入家庭、楼

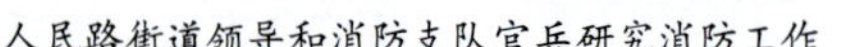

人民路街道领导和消防支队官兵研究消防工作

人民路街道老街项目外景

院，向居民发放调查表，征求居民意见和需求，挖掘居民特长，使服务工作更有针对性和时效性，同时吸引更多的居民参与志愿服务。每周三是便民服务队为居民送服务的日子，清理周边环境、维修公共设施、打扫楼道卫生、家电维修、医疗服务等一系列活动深受居民欢迎。志愿者还与50多户孤寡老人、烈军属、残疾人结成服务对子，登门送服务。社区还充分发挥辖区共建单位优势，整合他们的技术、人才、场地资源，开展特色服务。商检局“党员帮困小队”与社区10户高龄老人、困难家庭结成帮扶对子；友谊医院服务队为居民提供医疗服务，开展急救知识讲座；丹东小学志愿者为家长提供教育咨询。

如今，“绿色飘带志愿者服务队”已成为兴和社区服务百姓、建设和谐社区的一道亮丽风景，服务队已累计为居民做好事上千件。社区先后荣获世卫组织“国际化安全社区”、“大连市文明社区标兵”称号。

## 桂林街道

【概况】桂林街道办事处位于五五路44号，地处中山区中西部，南部与葵英街道相望，西与昆明、青泥洼桥街道接壤，北与人民路毗连，东临海军广场街道。面积3.18平方公里。街道辖湖畔、林景 、望海、枫林、解放、安民6个社区，785个居民小组，居民15266户，46068人。有汉、满、回、朝鲜族等民族，汉族人口占98%以上。流动人口累计4971人次。辖区法人单位900个，产业单位1000个、个体经营业户800户。有大、中、小学校6所。街道辖社区服务中心1个，企业服务中心1个。街道工作人员68人，离退休人员63人，待岗人员1人，离岗休息人员2人。

2011年，桂林街道党工委抢抓机遇，抓好落实，推进经济建设、精神文明建设、党的建设和社会事业协调发展。全年完成税收2.9亿元，固定资产投资40.5亿元，外资到位995.83万美元，内资到位20.9亿元，发展高新技术企业14家。

街道被评为“2010年辽宁省建设健康街道（社区）先进单位”、“2009—2010年度大连市社会治安综合治理先进集体”、“大连市二星级平安稳定街道”、“大连市2011年造林绿化先进街道”、“大连市关爱老年人健康行动先进集体”、“2011年度大连市人力资源和社会保障工作先进单位”。

【深入开展“大讨论”活动】2011年，桂林街道党工委依托三个平台、围绕四个方面、采取五种形式，推进“大讨论”深入开展，形成人人参与讨论、个个争献良策，共谋和谐稳定、同促科学发展的良好局面。

依托三个平台：方永刚社区理论宣讲团、社区讲坛和道德评述台。发挥军民共建优势，邀请海军大连舰艇学院的专家学者深入社区与居民群众面对面交流。

围绕四个方面：围绕形势政策宣讲开展教育活动；围绕认识评价大连市、中山区发展的巨大成就和经验，分析判断市、区面临的形势和所处的发展阶段；围绕百姓关心的热点难点问题答疑解惑；围绕“爱我家乡，建设大连，我为建设富庶美丽文明大连献计献策”开展群众讨论活动。

采取五种形式：面对面入户走访、召开党员议事会、居民代表恳谈会、组织机关社区开门评议、开展“全力建设更加繁荣、更加美丽、更加文明的‘首善中山’”主题征文活动。

【社区换届选举“公推直选”】2011年5月19日，桂林街道6个社区党总支委员会换届选举采取“公推直选”办法，党员无记名投票，实行差额选举。当选的新一届社区党总支负责人平均年龄40.4岁，平均年龄比上届年轻7.2岁，社区党总支书记的文化程度全部在大专以上。6

桂林街道党工委中心组坚持理论学习

个社区居委会换届选举也全部按期完成。

**【"娃娃楼长"主题活动】**"'娃娃楼长'践行社会公德进社区"主题活动始于2003年。桂林街道通过开展"娃娃楼长"活动，成立"娃娃楼长"宣传队、敬老队、服务队、护绿队、清洁队、巡逻队等6支队伍，组织"娃娃楼长"积极参加文明城市创建活动，在车站宣传文明乘车礼仪、制止行人横穿马路、协助社区和楼院更换宣传版（宣传栏）、绿化美化楼院花坛、清除野广告、为社区老年人表演文艺节目、帮助邻居看门望锁等，在家庭争做"文明小天使"，向家人宣传文明礼仪知识，帮助家人改正陋习。

"娃娃楼长"主题活动在社区建设中发挥了积极作用，其活动载体获"全国和谐社区建设自主创新奖"、"辽宁省和谐社区建设自主创新奖"。《人民日报》《光明日报》、中央人民广播电台、《辽宁日报》《大连日报》、大连电视台等新闻媒体分别给予报道。

2011年7月，桂林街道举行新一届"娃娃楼长"交接仪式。

**【大连首家残疾人亲属学校成立】**2011年4月11日，大连市首家残疾人亲属学校在桂林街道社区卫生服务中心挂牌。针对残疾人工作的盲点——残疾人家属普遍缺少系统专业的康复知识，残疾人亲属学校计划为街道残疾人及其亲属提供具体、扎实的服务，部分特困家庭患有慢性病的残疾人将得到免费提供的国家基本药物。

**【创新社会管理】**2011年，桂林街道强化"民生管理、社区管理、网络管理、基础管理、基层管理、信息管理"等基础管理工作，维护社会和谐稳定。

区委办领导与桂林街道林景社区居民"面对面"

强化"四个机制"建设。即：坚强有力的组织领导机制、狠抓落实的工作推动机制、各负其责的协作配合机制、责任主体督查追究机制。

预防和减少不稳定因素。构建动态排查矛盾预警机制，开展"三项排查"工作(排查化解突出矛盾纠纷、排查整治治安重点地区和突出问题、排查管控高危人群)，将矛盾纠纷化解在社区。

创新网络管理。以"组织单元最小化、服务管理最优化"为目标，建立社区网络化社会管理组织体系，实现社区党政组织、社区综治工作站组织、群众自治组织对各类"社会人"和"社会组织"管理的全覆盖。

加强基础防控。健全分类管控、接纳帮教、教育疏导、心理矫正、困难帮扶、跟踪回访、公益劳动、职业培训等管理机制和服务体系。深化"大防控"体系建设：在6个社区建立专兼职巡防中队；履行对流动人口的服务管理职能；做细特殊群体管理。

综治进企业。依托党团、工会等组织，积极开展"综合治理进企业"活动，在企业建立综治维稳组织（如平安协会、综治维稳工作室等）。

**【"清网行动"六到位】**2011年，桂林街道党工委动员全员支持公安机关开展"清网行动"，做到六个到位，即重视到位、支持到位、谋划部署到位、宣传发动到位、全警协作到位、奖惩激励到位。组织发动群众1222人次，宣传教育26次，核查户籍人口46000人，排查流动人口6000多人，发现可疑人员8人，发现案件线索40条，敦促规劝投案自首4人，设立举报电话、信箱14个。

**【调解工作变上访为下访】**2011年，桂林街道党工委深入社区，严格落实领导接访和矛盾纠纷月报告分析制度，建立街道领导与社区干部包案责任制，实行"一个问题、一名领导、一套班子、一个方案、一抓到底"的"五个一"工作机制，通过多关注、多走访、讲政策、学法律等形式变群众上访为干部下访，做到矛盾纠纷早知道、早管理、早化解。年内，排查各类矛

桂林街道组织辖区新经济组织党员开展周末党支部活动

桂林街道辖区居民感谢街道为百姓办好事、办实事

盾纠纷6起，调处率100%。

【应急安全逃生演练】2011年10月13日，桂林街道联合区消防大队，组织39中学800余名师生开展应急逃生疏散综合演习。

应急逃生疏散演练由学校教师引导学生们有序向操场疏散，消防官兵及医护人员对楼内受伤学生及时救护、处置，消防队中队长对逃生疏散活动进行点评，消防队员现场为学生们讲解和演示消防灭火器材的使用。

【低保跟踪管理】2011年，桂林街道针对城市规划及政府保障性经济适用房分配等因素造成部分低保家庭住房变迁而发生人户分离等情况，利用两个多月时间开展最低生活保障跟踪管理活动，认真排查申报采暖费减免、家庭住房不在户籍地的低保户，确保低保家庭属地管理没有漏报、漏管。经查，人户分离低保家庭25户，其中，不符合条件停保6户，动员户籍迁出9户。

【推动创业带动就业】2011年，桂林街道加大政策扶持，推动创业带动就业。扶持创业带头人35人，创业带动就业212人。扶持清爽街1号盛兴生鲜超市，拿出4个摊位作为创业孵化基地，免费安排辖区下岗失业人员，安排就业68人。

【三级网络安全防火】2011年，桂林街道建立街道、科室、社区三级网络，齐抓共管安全防火工作。

举办安全防火知识培训。对辖区企业单位、机关干部、社区安全协理员和居民代表85人进行消防知识培训，内容涉及火灾预防、自救、逃生及家电和灭火器的使用常识等。

开展“百日安全隐患排查”活动。深入辖区，集中巡查防火灾重点单位（饭店）、铝合金加工点、汽修厂、废品回收中心等消防安全制度及相关操作规程、消防设施配置及使用方法、厂区车间有无消防安全警示标志、安全疏散通道及疏散指示标志、堆放易燃物品处的防火安全情况、用电线路的安全性等，针对问题现场整改。

（郑可祥）

## 青泥洼桥街道

【概况】青泥洼桥街道位于中山区西北部，西北部与西岗区接壤，南至五惠路、武汉街，东到民生街、延安路，面积1.39平方公里。辖区内坐落着青泥洼桥商业步行街、天津街商业步行街和中山广场。大连商场、新玛特、麦凯乐、百年城、新世界百货、新天百大楼等众多驰名商家云集，是大连市最繁华的商贸、金融、旅游、娱乐、餐饮和信息服务中心。街道辖上海、天津、双合、青泥4个社区居民委员会，389个居民小组，有居民9371户，人口23370人。汉族占98%，另有回、蒙、朝鲜、彝、锡伯、满等少数民族，外来人口1949人。

2011年，青泥洼桥街道党工委按照“促进转型发展、建设科学发展首善区”要求，努力实现区域经济和社会事业全面发展。全年实现税收 5.88亿元，固定资产投资39.6亿元，内资到位11.7亿元，外资到位4581万美元，新办科技企业11家，新增税源80家。

年内，青泥洼桥街道被评为“2010—2011年全国第六次人口普查工作先进集体”、“大连市社会治安综合治理工作先进集体”、“大连市信访工作先进基层单位”、“大连市‘十一五’残疾人工作先进单位”、“大连市群众文化‘双百’评选先进单位”、“大连市第六次全国经济普查工作先进集体”、“大连市2011年度城镇居民收入调查工作优秀街道”。荣获“大连市青年志愿者行动优秀组织奖”、“大连市服装节暨狂欢节最佳表演奖”。

**【“一站式”服务助推“大厦”经济】**青泥洼桥街道辖区内以写字间为主的大厦31座，入驻企业2089家，许多总部经济、高新科技、现代服务业和金融业落户其中。2011年，街道着力加强站所服务水平，携辖区公安、工商、税务等10个基层科所深入大厦现场办公，开展劳动监察服务、就业政策服务、企业政策服务、阳光低保服务、流动人口维权服务、安全生产及消防宣传、法律服务、工商政策咨询等，实行“一站式”服务，帮助企业解决实际问题。

**【建立非公企业“双联系”工作机制】**2011年，青泥洼桥街道实行“双联系”即党组织联系党员、党员联系群众的工作机制。10月21日，街道组织非公企业党务工作者、工会和团工委委员以“深入一线、带动职工群众统一思想、振奋精神、凝聚力量、抢抓机遇，推动企业更好更快发展”为主题，开展党支部经验交流，实地参观大连雪龙产业集团有限公司党支部建设成果展，听取企业党员在企业生产经营中发挥先锋模范作用的事迹汇报。

**【庆祝建党90周年】**2011年，青泥洼桥街道开展“永远跟党走、纪念建党90周年”系列庆祝活动。“七一”前夕，街道召开“一先两优”表彰大会，表彰基层党组织25个，优秀共产党员及优秀党务工作者90人。在全街道宣传正和物业、老党员王恒顺等一批先进党支部和优先共产党员的模范事迹。筹集资金10万余元，开展“三走进”（走进社区、走进企业、走进困难家庭）活动。

社区根据实际开展纪念活动。上海社区组织开展反映社区党组织发展历程的“光辉的旅程”互动党课活动；双合社区开展“寻找红色记忆，坚定党的信念”主题活动；青泥社区开展“颂歌献给党”文艺活动；天津社区举办“迎‘七一’展风采”党员联谊会。

**【“四看四议”深化大讨论】**2011年，青泥洼桥街道在开展“建设富庶美丽文明城市大讨论”活动中，采取入户面谈、座谈讨论、集中宣讲等形式，深入社区居民和企事业单位中，通过“四看四议”，即看大连改革发展的历程，议如何坚持开放引领，建设活力大连；看居民的生活指数，议如何进一步改善民生，建设幸福大连；看城市建设的发展，议如何把城市建设的更加美丽；看居民群众的文明素质，议如何提升大连的文明形象，引导居民群众和干部职工回顾大连改革开放30年发展史，细数城市发展的点滴变化、讲述政府建设和谐楼院的资金投入、为改善民生所做的努力和市民文明素质的提高等，丰富和深

区人大代表、政协委员视察玉光街71号楼院

化大讨论内容，实现“问政于民、问计于民、问需于民”的活动目标。

【开辟“首善沙龙”】2011年，青泥洼桥街道在江南惠茶城开辟“首善沙龙”。5月18日至20日，街道邀请老党员、老工人、老模范、老军人及人大代表、政协委员等600余人到江南惠茶城，以“品茗江南论首善 奉献余热兴青泥”为题，围绕“我为首善献一计”、“怎样做文明大连人”等10个主题展开讨论。社区党员以“三字经”形式导读“爱我中山、建我首善”活动，现场提出意见、建议200余条，600余名居民成为城市文明导读员。

【“四项措施”强化市容环境整治】2011年，青泥洼桥街道“四项措施”强化市容环境整治。

深入摸排、掌握底数。进社区、进楼院、进居民家庭，走街串巷，排查城建卫生、市容管理、市政设施和破损楼院等，梳理分类、统计造册。

分片包干、明确责任。实行包委制，指导、协调城建卫生管理工作，遇到问题主动与相关部门协调解决，发现问题不过夜。

定时巡视、狠抓落实。深入社区全方位检查乱搭乱建、野广告清理、三四级马路、小街、小巷的维护清理及楼院卫生，督促检查各类人员工作到位。

开展培训、解疑释惑。请专家针对城建管理工作遇到的难题进行业务培训，掌握排水设施的功能、管网结构，准确分析、及时处理排水设施管网堵塞问题。年内清理辖区弃管楼院133栋，清理杂物48吨，生活垃圾143吨，清除房顶36处，清除楼道“野广告”115万张，粉刷喷写“野广告”2.8万处。

【冬季安全隐患大排查】2011年11月下旬，青泥洼桥街道会同中山区质监局、驻街派出所开展冬季安全生产大检查，对生产经营单位燃气安全、用电安全、锅炉安全等346个单位的重点部位进行全面拉网式安全生产大检查，向有严重安全隐患的问题单位下发《责令改正通知书》7份，向餐饮企业和无供暖设施楼院发放安全宣传材料400余份。年内，辖区无重大安全事故发生。

青泥洼桥街道开展计划生育宣传活动

【助残工作“五到位”】2011年，青泥洼桥街道强化残联工作职能，助残工作“五到位”。

创建到位。集中人力物力和财力，分类建立2008—2010年残疾人组联、劳服、康复、宣文、维权等档案。

帮扶到位。对316名持证残疾人实行“一对一”、临时救助与长期扶贫相结合的帮扶服务。党员干部与2户困难残疾人家庭建立长期帮扶对子。

搭建到位。街道残联与劳动保障所搭建就业平台，举办“残疾人家庭大学生就业推介会”，安置29名残疾人及残疾人子女就业，帮助6名残疾人实现免费电脑技能培训，为9名残疾人及残疾人子女提供助学款1.2万元。

服务到位。入户调查有康复意愿的残疾人、慢性病人和老年人，建立康复信息档案541人。开展残疾人康复训练。投资3万余元建立天津社区康复服务中心，免费为12名视力残疾人发放乘车导航仪。

宣传到位。联合区卫生站预防部举办“第十二次全国爱耳日宣传教育”科普活动和“听力健康从早抓起”知识讲座。

【加大劳动监察执法力度】2011年，青泥洼桥街道加大劳动监察执法力度，督促企业签订劳动合同。年初，日常巡查企业200家，审核企业用工备案875家，年审企业劳动保障资料184家，督促问题企业按规定整改。10月，按照区劳动监察要求，摸底调查4家建筑行业、47家服务行业关于“农民工使用基本情况”及“参加社会保险情况”，跟踪检查1733名农民工的合同签订、社会保险缴纳情况，未发生拖欠工资现象。

【加强再就业培训】2011年，青泥洼桥街道加强普惠制再就业培训。对金裕酒店、尖沙咀、富哥海鲜坊等3家餐饮业的78名进城务工人员进行餐厅服务员上岗培训，为有就业愿望的失业人员开办拔罐保健按摩、十字绣等2个专业、4个班次的培训，接受培训199人。年内，完成再就业培训277人。

（夏兴桂）

新闻链接

### “双联系”听民意 办实事解民忧

《大连日报》2011年10月20日

王　丹　赵旭芳

中山区青泥洼桥街道紧贴辖区实际，把大讨论活动与创先争优活动紧密结合起来，动员党员干部紧紧围绕城市建设、居民生活、文明素质等问题，深入到辖区居民群众当中，采取多种沟通方式，听民意，解民忧，为百姓办实事。

党组织联系党员、党员联系群众这种“双联系”方式，是青泥洼桥街道党工委保持与群众密切沟通、联系的特色做法。街道把“双联系”机制融入到大讨论活动和创先争优活动中，把活动的参与者由机关干部、党员，延伸到辖区全体居民群众，把解答群众困惑和解决具体问题，作为“大讨论”和创先争优活动的重点。对群众提出的问题，能够解答的当场解答，能够解决的及时给予解决，需要上级解决的经过归纳整理协调上级机关解决。在走访宏爱巷时，居民对街道前一阶段楼院的整治工作给予了高度评价，同时提出能否把楼道粉刷一下，街道马上联系有关部门，在国庆节前进行了粉刷。住在建华街、德光巷的居民反映，经常有住在高层的居民从楼上乱扔垃圾，提出给安装几个摄像头。街道党工委将其作为为民服务的措施立项，首先在建华街进行了安装，并逐步在辖区内推广。摄像头一上，就拍下了一户居民高空抛物，经批评教育，那户居民连声道歉，高空抛物的现象得到有效遏制。

## 昆明街道

【概况】昆明街道地处中山区西部，东与桂林街道相连，西与西岗区相接，南接葵英街道，北与青泥洼桥街道为邻。辖区面积1.55平方公里，常住居民12603户、人口32745人，汉族占辖区人口的99.2%，满、回、朝鲜族等少数民族占0.8%，外来人口1167人，辖武昌、绿山、华昌、独立、武汉5个社区居委会。街道党工委下设5个社区党总支，1个非公有制组织党总支，56个党支部，党员1797人。辖区大中小企业603家，个体工商户676家。

2011年，昆明街道党工委、办事处团结带领党员干部和群众，以党建工作为龙头，以建设首善为目标，以和谐稳定为保证，开展“红风唱党魂”、“和风融万家”、“清风筑高格”等主题实践活动，强化党员的宗旨意识和干部的责任意识，实现辖区经济平稳较快发展、社会管理和服务水平进一步提升、“和谐昆明、百姓共荣”的良好局面。全年完成税收1.35亿元，固定资产投资14.2亿元，引进内资6.2亿元，引进外资830万美元，新办高新技术企业8家。昆明街道被评为“大连市‘十一五’残联工作先进单位”、“大连市理论宣讲基地”、“大连市第六次全国人口普查先进单位”、“2011年度大连市科协工作先进集体”、“大连市妇女工作先进集体”、“2011年度大连市人民调解工作先进集体”。

【召开全市安全监察工作现场交流会】2011年12月7日，大连市安监系统安全监察工作现场交流会在昆明街道召开。昆明街道在会上介绍了经验。

昆明辖区有门市经营单位416家。街道根据经营单位实际进行危险源辨识、重点危险源分类管理，对人员密集场所、煤气液化气、电

昆明街道纪念建党90周年文化活动汇报展演（书画展）

力、机械设备和职业健康安全等管理到位，安全生产监管责任明确，制度健全，实现“主体责任与三级监管联动”（生产经营单位是生产经营活动的主体，通过“社区、街道、安监”三级联动，促进企业安全生产主体责任落实，强化企业安全生产主体责任意识，建立健全安全体系）的安全生产管理模式。

**【走访入户开展“大讨论”】**2011年，昆明街道党工委组织25名科级以上干部以包片入户、楼院座谈会等方式开展“面对面，心贴心，凝众力”建言献策活动，做到“四聆听，双启迪”。即聆听百姓之怨，用心听取居民群众对社会管理的意见和怨气；聆听百姓之苦，用心听取百姓对衣食住行医教等民生问题的要求；聆听百姓之需，用心听取居民群众的最需和急需；聆听百姓之谏，用心听取居民对建设富庶美丽文明大连的意见和建议。大讨论让居民群众与机关干部相互启迪，干部找到今后工作的着力点，群众增强了建设富庶美丽文明大连的信心。

**【建立文明楼院创建长效机制】**2011年，昆明街道推进居民楼院自治，建立综合星级楼院标准体系，分四个阶段建立“楼长评优，楼院评星”创建文明楼院的长效机制。

*动员发动*。根据楼院特点和人口居住情况，划分楼院居民自治条块，广泛发动群众参与民主自治管理。

*组织实施*。在每个社区先期确定一个居民楼院自治示范点（示范楼院），成立社区、楼院支部党员代表、楼长、居民代表参与的楼院协管会，民主选出6—7名协管委员。协管会履行治安巡逻、环境保洁、绿地认养、设施维护、管控泊车等楼院管理和服务职能，完善居民自治各项制度，发挥人员优势和资源优势，实现公共设施有人管，花坛绿地有人养，楼道卫生有人清。

*总结推广*。对自管楼院和楼院建设情况参观拉练，总结提炼星级楼院工作经验和方法，以点带面，拓展延伸辐射其他楼院，组织有基础、比较成型的楼院申报星级楼院，树立示范典型。

*评估提升*。按照星级楼院测评标准，对各社区居民自治工作整体情况进行综合考核，逐步细化星级楼院标准，采取一星、二星、三星递进制，对工作有声有色、有希望晋级的星级楼院进行升级考评。

**【武昌街成为全国首个残障人士服务示范街区】**位于武昌社区的武昌街全长1.5公里，居住着400多位残疾人，其中视力残疾人近百人，占残疾人士总数的25%。作为“大连狮爱一条街”项目，昆明街道为武昌社区安装了全方位电子智能导盲设施，导盲系统覆盖家庭、社区活动中心、视力残障人士图书馆、社区便利店、理发店、牙科诊所等室内外生活设施，视力残障人士只需手持一个多功能遥控器控制终端就可以自行解决出行问题。

2011年5月30日，中山区武昌街被命名“大连狮爱一条街”，成为全国首个残障人士服务示范街区。

**【基层统战工作“六跟进”】**2011年，昆明街道坚持“六跟进”推进基层统战工作。

*摸清底数跟进*。了解辖区统战对象，及时掌握第一手材料和统战对象流动变化的信息，做到情况明、底数清、政策熟、感情真，根据统战对象的界别，有针对性地开展工作。

*政策宣传跟进*。让统战对象及时了解党和政府的大政方针和各项惠民政策，提升统战成员对党的信任度。

*助推事业跟进*。树立服务大局、以人为本、和谐共赢的统战理念，尊重人、理解人、帮助人、团结人，为擅长社会公益事业的无党派民主人士提供服务和帮助。

*政治安排跟进*。关注各类统战成员的政治需求和利益诉求，引导其树立正确的政治立场，主动搭建平台，为统战成员提供参政议政机会。

*人才整合跟进*。整合运用辖区人才资源，发挥其聪明才智，为推进经济、政治和社会各项事业发展尽其所能。

*扶贫助弱跟进*。深入楼院和居民家庭，了解统战对象生活现状和需求，真诚帮扶弱势侨眷、台胞、信教者和生活有困难的少数民族家庭。

**【武昌社区盲人艺术团】**2011年7月，昆明街道武昌社区残疾人协会在残疾人活动中心举办庆祝盲人艺术团成立10周年活动。

武昌社区盲人艺术团创建于2001年3月，现有团员22人，年龄最大79岁，平均65岁。艺术团以“热心社会公益，追求健康快乐，提高生活质量”为宗旨，长期活跃在社区舞台上，并在各类才艺大赛上多次获奖。

**【接待海外华裔青少年“中国寻根之旅”】**海外华裔青少年“中国寻根之旅”夏(冬)令营是国务院侨办和中国海外交流协会为帮助广大海外华裔青少年学习中文、了解中国国情和中华文化、促进海内外华裔青少年的交流而在寒暑假期间举办的大型综合性活动。2011年12月28 日，123名来自澳大利亚、菲律宾、印尼和马来西亚等10多个国家和地区的华裔青少年，被分成12个小队，分别进入昆明街道红旗小区12户居民家中，与居民面对面交流，进行一次特别的“寻根之旅”。

红旗小区是全国首个家庭外国友人接待站，接待外宾的传统延续了30余年，成为彰显大连城市精神、让外国友人真正了解中国的文明窗口。

【低保实现应保尽保】2011年，昆明街道最低生活保障工作坚持“严格把关，应保尽保”方针，确保审批工作公平、公正、公开。年内，受理低保申请52份，集体审批新保障户26户，因退休、病故、收入增加等原因停保46户，发放保障金额168.7万元。为133名成年人、8名未成年人办理低保医疗保险续费，为16名低保人员办理终止医保手续。

【成立高校毕业生见习基地】2011年，昆明街道以服务促就业，先后建立辽宁富德国际货运有限公司和大连大都会购物中心有限公司两家高校毕业生见习基地，促进高校毕业生就业。年内，为辖区10余名高校毕业生提供见习机会，1名高校毕业生被大连大都会购物有限公司录用。扶持择业期内高校毕业生自主创业2人。

【环境卫生治理】2011年，昆明街道投入12万元加大整治环境力度。年内，街道机关、社区、驻街单位、居民组织大型清理卫生活动15次，清理活动270余次，参加活动1.1万人次。清理主次干道两旁乱堆乱放49处，居民楼院112个。清除各类野广告6.9万个，清理占道经营商贩67人次，清运各类垃圾800余吨。清理乱搭乱建、违章建筑24处。新建和维修灭鼠站200个、灭蝇点100处。5个居民楼院被评为街道星级示范楼院。

（徐　飞）

新闻链接

### 以最细小最优质的服务赢得最广大最贴心的民意

——中山区昆明街道党工委优化服务质量惠及居民群众

《大连日报》 2011年12月5日

范文斌

“以小见大”，就是点滴做起，积小成大；见微知著，小中寓大；小处入手，大处着眼；细微之处，关乎大局。在社会管理中，人民群众往往从身边看得见、摸得着的事来评判一个地方的管理水平。换言之，身边小事解决得如何，关乎到百姓是否满意、是否高兴、是否答应的问题，关乎到能否实现社会和谐稳定的根本问题，因此“民事重于天”。中山区昆明街道党工委着眼于辖区居民群众的切身利益，倡导“不弃微小，以小见大”的服务理念，收到创新基层社会管理与服务的良好成效。

#### 小服务大民意　“以小见大”重民生

昆明街道以改善民生为出发点和落脚点，在对群众关心的就业、行路、住房、养老、社会保障、城市环境等各项民生问题，坚持从服务窗口做起，从身边小事做起，以最细小最优质的服务，赢得最广大最贴心的民意。街道辖区居民孙巧燕家庭状况十分困难，在今年5月份到街道办理双险手续时，被1500元的双险金难住了，自己攒下来的加上向亲戚朋友借来的，勉强凑到了1200元。按照规定，孙巧燕是可以享受“七折返还”优惠政策的，但如果不能按时将双险金交上，就享受不到优惠了。焦急之中孙巧燕甚至想让儿子去卖血凑钱。见此情景，街道工作人员毫不犹豫地向她伸出了援助之手，从自己兜里掏出200元钱，为孙巧燕垫付，使她及时享受到了政策上的优惠。把百姓的事当做自家的事，及时为百姓分忧解难，在昆明街道已蔚然成风。服务窗口中出现了为群众“垫付服务”、“登门服务”、“延时服务”、“全透明制”、“及人之老四则歌”等好做法，得到群众的认同和赞誉。

#### 小切口关大节　“以小见大”重稳定

昆明街道团工委与大连理工大学志愿者联手助残

创新社会管理方式应以化解基层社会矛盾为切入点。而基层社会矛盾往往表现得形形色色，大大小小，如果处理及时得当，大能化小，小能化了；如果处理拖沓不当，亦可能小事演大，大事拖炸。为此昆明街道倡导“小切口关大节，以小见大重稳定”的理念，不仅注重健全完善综治信访维稳长效机制，及时化解各种社会矛盾，而且对妨碍邻里关系的小矛盾和小纠纷，对影响群众生活的小案件和小隐患，洞察秋毫，以小见大，及时、有力地予以调处和化解。今年6月，辖区一家企业在居民区内养起了鸡鸭鹅，给居民带来极大困扰，百姓怨气很大，社区对这家企业多次劝阻没有结果。街道主任便亲自出马，多次登门，晓之以理，动之以情，说明城市养殖家禽是违法行为，给城市环境带来污染并影响居民生活。这家企业终于被感化了，配合街道把养殖点全部拆除。由于这件事处理得干净利索得民心，附近两户私自养鸡的居民也悄悄地把鸡窝拆掉了。

### 小平台大作为

在基层社会管理中，社区作为小小的平台，往往体现着大作为，有“小巷乾坤大”的社会意义。为此，昆明街道倡导“小平台大作为，以小见大重服务”的理念，积极打造“一社一品”的管理模式。

## 葵英街道

【概况】葵英街道位于中山区西南部，南连桃源街道，北接昆明街道，东临老虎滩街道，西与西岗区接壤。辖区地势起伏不平，面积3.7平方公里，居民21984户，人口56257人，流动人口3068人。街道机关工作人员 66人，其中：公务员42人，事业编制24人。下设党工委办公室、综合科、民政科、社会保障科、计划生育事务科、城建科、司法所、再就业保障所、企业服务中心、执法中队、社区服务中心、安监站。辖向阳、石葵、清泉、青云、光华、文化、葵英、智仁、林海9个社区居委会。办公地址位于中山区葵英街9号。

2011年，街道党工委动员党员干部和群众，振奋精神、开拓进取，实现经济工作、党的建设和社会各项事业全面提高和较快发展。全年完成税收6009万元，固定资产投资21.2亿元，内资到位6.15亿元，外资到位800万美元，新办科技企业5家。葵英街道被评为“辽宁省妇女儿童维权服务、社会管理综合治理示范工作站”、“辽宁省创建街道社区党建工作示范站”、“辽宁省先进离退休干部党支部”、“辽宁省计划生育红旗协会”、“辽宁省健康教育与健康促进先进单位”、“大连市创建全国残疾人工作示范城市先进单位”、“大连市安全生产基础管理规范化标兵单位”、“大连市企业离退休人员社会化管理服务工作示范街道”、“大连市城乡居民收入调查工作优秀街道”。

【创新社区党建工作】2011年，葵英街道党工委加强基层党的建设，提出“社区党建走进民生”要求，在9个社区开展“一个社区一个亮点、一个楼院一个品味”的基层特色党建创建活动。

设计活动载体。以“城市建设管理年”为契机，把群众最关心、最期盼的热点问题作为社区党建工作载体。

建设党建活动场所。新修党员教室和活动室，配备背投电视、投影仪、摄像、照相设备、健身器材，制作高质量的党建宣传板等。

区长江亲瑜到葵英街道调研

创新党建工作方法。实施“365”党群直通车服务工作机制，开设5个党群直通服务项目，实行民意诉求四级联动，即楼道内设立“党群连心户”，楼院设立党员代表接待点，社区设立党员代表接待站，街道设立“365”党群直通车驿站，居民不出楼院、不出街道就能解决问题。

**【六举措推进“大讨论”活动】**2011年，葵英街道采取六项措施深入开展“面对面、心贴心、解民忧、凝共识”大讨论活动。

加强组织领导。成立街道“大讨论”活动领导小组，制订活动方案，明确责任与分工。

加大宣传力度。街道、社区分别召开会议层层动员，利用画廊、宣传板、标语、社区居民之家网、倡议书等多形式开展思想宣传。

实施“四级联动”。街道领导与社区联动、机关科室和社区与楼院联动、楼院党支部与党员中心户和党员联动、党员中心户和党员与居民群众联动，与居民群众“面对面、心贴心”真诚交谈。

注重工作协调。街道对科以上干部入户“面谈”实行统一调度，确保“面谈”与日常工作两不误。

分类面谈。参与“面谈”的干部根据各自工作性质和特点，分别走进不同类型居民家中征求意见和建议，开展政策宣讲，实行干群思想互动。

注重能力提高。参加“面谈”的科级以上干部须记录并整理归纳收集上来的意见和建议，结合工作实际展开调研，进一步了解民情、掌握民意、转变作风，提高工作能力和效率。

**【关爱“空巢”老人志愿服务】**葵英街道林海社区以物业公司为依托、社区为主体、物业志愿者为骨干，其他各类志愿者为补充，建立起“三位一体”志愿服务“空巢”老人服务机制。2011年6月28日，中央文明办志愿服务工作组深入社区，调研该社区和小区物业开展志愿服务“空巢”老人工作，观看物业公司志愿服务“空巢”老人纪录片，走访社区“空巢”老人家庭，对林海社区“三位一体”志愿服务“空巢”老人的做法给予充分肯定。

**【加强团组织建设】**2011年，葵英街道团工委按照“编制内外相结合、专兼职相结合”的工作思路，探索建立团组织队伍建设的“1+5+N模式”，即在街道配备一名专职团干部的基础上，采取竞聘和委任相结合的方法，从辖区内热爱共青团事业、愿意参与街道共青团工作的各界青年中公开选拔街道团工委兼职副书记和兼职团工委委员，采取召开竞聘大会的方式集中选聘团工委兼职副书记。6月24日，团工委召开葵英街道兼职团干部公开竞聘选拔大会，辖区各界青年20余人参加竞聘选拔，选拔出街道团工委兼职副书记5人，兼职团工委委员10人。

**【清泉社区创建“网上社区”】**2011年，针对住房被拆迁，党员和居民被分散在市内各区的实际，葵英街道清泉社区党总支打破社区服务的时空限制，构建“网上社区”，把社区党总支和居委会的服务职能搬到网上去，借助网络途径，为党员和居民提供迅速便捷的信息服务。

建立“清泉社区居民之家”QQ群和“清泉社区党员加油站”QQ群。居民群众有服务需求可以在网上查找，大学生预备党员和一些青年党员可以在QQ群上做个人思想汇报，社区党组织及时了解其思想动态，及时给予帮助与指导。

建立“网上居民之家”。社区网公告栏及时发布社区各类活动信息，便民服务栏通报相关政策法规及业务办理程序，网上为居民提供综合服务电话等。

**【改善社区办公环境】**2010—2011年，葵英街道着力改善社区办公环境。青云社区迁入新址，办公面积300平方米。文化社区完成原址改造，办公面积425平方米。街道投入40余万元为光华社区更换新办公场所，办公条件大为改善。

**【大学生社区实践活动】**葵英街道林海社区在和谐社区建设中创建了社区居委会、物业公司、业主委员会三方负责人交叉任职的“三位一体”管理模式，是大连市国家级绿

葵英街道廉政教育党课

色社区。2011年8月1日，北京科技大学14名在校学生到葵英街道林海社区，开展为期一周的“绿巢行动之贝壳援绿”社会实践活动，内容包括问卷调查、发放宣传单、环保讲解、环保知识有奖竞答、千人签名等。

【完成社区居委会换届选举】2011年，葵英街道规范选举程序，把好社区换届的“五关”（社区选举委员会推选关、选民登记关、社区选民代表推选关、候选人提名关和正式投票关）。街道成立换届选举工作领导小组，各社区成立7—9人组成的居民选举委员会，按照思想认识、宣传发动、组织领导、落实原则、发扬民主“五到位”原则，采取候选人竞职演说、与居民见面、大屏幕公示等形式，民主选举，公开透明。9个社区居委会新选出45名工作人员，整体素质普遍提高，队伍结构进一步优化。

【建立低保就业联动机制】2011年，葵英街道依托社区公共服务社，建立低保人员、困难家庭、特殊群体数据库，与工商、劳动、房管、计生、金融等部门联合搭建信息一体化共享平台，逐步实现社会救助资料和体系信息化。社区服务中心将低保人员纳入就业优惠政策扶持范畴，建立有效就业援助机制，增强弱势群体的自救能力，助其脱困。面向低保失业人员免费开办各类岗位技能培训班，鼓励有就业愿望的低保失业人员实现再就业。 年内，全街道低保家庭629户、1154人，新增78户，停保109户。

【搭建信息化就业服务平台】2011年，葵英街道提高窗口服务质量，以博客形式搭建就业服务平台，为辖区企业和失业人员提供便捷的求职用工信息，常年与辖区百家企业建立和保持合作关系，提供就业岗位5000个。年内，扶持创业带头人58人，带动就业346人，推荐就业上岗500人。建立大学生创业基地1个，见习基地1个，实现大学生自主创业4人。

【建立社区司法综治服务站】2011年，葵英街道按照“主体不变、分工负责、方便群众、化解矛盾”的要求，整合司法、综合治理、信访等方面力量，在6个社区建立起司法综治服务站。制定司法综治服务站相关制度，完善司法所、综治办、信访接待中心、警务室等相关考核奖惩制度。司法、综治、信访专干每周2天到中心集中处理矛盾纠纷和群众反映突出的问题。全年排查调处各类矛盾纠纷207件，调处成功率98%。

【加快青云58特色街建设】2011年，葵英街道结合地域实际，投入资金和人力，全新设计和打造商业特色街——“青云58街”。

该街位于解放路中段，属于区“四大功能区”中生态宜居功能区的组成部分，其周边500米之内，人口数量6700多。特色街全长410米，目前有鼎鼎香、欢乐火锅和休闲养生等36个商家，其经营业态为休闲和餐饮。

“青云58街”突出人文特点和街区特色，在推进中不断完善功能建设，成为中山区政府第一批授匾的特色商业街。

（王维旗）

葵英街道召开辖区安全生产工作会议

新闻链接

## 葵英街道来了兼职团干部

《大连日报》2011年6月27日

刘一泽　李天然

我市以中山区葵英街道为试点，向全社会公开募集有志青年，一场兼职团干部公开竞聘选拔现场会日前举行。

今年25岁的于宏站在演讲台上，语言朴实无华，得到了现场最热烈的掌声。因为小时候的一场洪灾而被迫辍学，只有小学文化的他不得不从东北农村老家来到大连开始打工的生活。10余年的漂泊和艰辛，在他的脸上附上了一层与实际年龄不相符的沧桑，但这更坚定了他立志成为一名中国共产党党员的理想信念，坚定了他为青年团组织贡献力量的热情。作为"葵英街道兼职团干部公开竞聘选拔大会"的最后一位演讲者，他表达了希望用自己的行动带领身边的农民工兄弟共同进步的美好愿望。

6月24日下午，中山区葵英街道兼职团干部公开竞聘选拔大会举行。当日，来自大连市的各族各界青年会聚一堂，其中有其他兄弟街道新当选的96名街道团工委班子成员，还有为此次公开竞聘大会精心准备的15名来自机关、社区、公安和税务等部门的公职人员，也有来自高校、银行及两新企业等行业青年，他们中有维吾尔族、蒙古族等少数民族青年，更有博士、硕士等高学历知识青年，大家各展风采，激励角逐街道的团工委副书记和委员职务。

为了适应新形势下街道团工委工作需要，努力构建街道团的组织工作新格局，根据团中央、团省委关于街道组织格局创新工作相关文件精神和团市委的具体举措，我市以中山区葵英街道为试点，以打造非工企业青年、流动青年、失业青年、零散青年为主要对象的“青年之家”为出发点，通过前期广泛宣传，积极动员，在辖区设立10余处报名点，向全社会公开募集有志青年，从而采取“编制内外相结合、专兼职相结合”的方式，以“1+5+N模式”，进一步充实街道团工委工作力量。此次参加竞聘的选手是从踊跃报名的21名青年中经初选获得竞聘演讲资格的。他们希望通过兼职团干部这一岗位的锻炼，来充分表达他们对党的忠诚赤子之心，表达对共青团组织深厚的情感，更希望通过他们的力量来凝聚、影响、带动身边更多的青年人共同进步。

## 桃源街道

【概况】桃源街道位于中山区南部，东邻老虎滩街道，西与西岗区八一路街道为邻，南临黄海，北与葵英街道接壤。面积12.24平方公里，境内依山傍海，丘陵起伏，自由河、岭前河交汇流入老虎滩湾。常住居民24534户、65028人。办公地址位于桃源街23号。

2011年，桃源街道坚持以经济建设为中心，以民生建设为重点，以党的建设为保证，推动经济和社会事业全面发展。全年完成税收4739万元，固定资产投资42.46亿元，实际利用外资901万美元，实际利用内资6.2亿元，新引进高新科技企业7家。桃源街道被评为“第六次全国人口普查大连市先进单位”、“2010年度大连市红旗团委”、“2009—2011年度大连市星级平安稳定街道（乡镇）”、“2010—2011年度社会治安综合治理先进单位”、“2009—2010年度大连市人口和计划生育工作先进集体”。荣获辽宁省“三项教育”知识学习问答活动优秀组织奖。

【桃源老洋房创意商街建设】2011年，桃源街道党工委组织专家加强对滨海路、老虎滩干部疗养院、鸣鹤街至春阳街日俄建筑老街等商业发展较为突出的路街资源的调研，按照“突出商业，强化特色，注重历史，繁荣文化”发展思路，确定建设以鸣鹤街至春阳街日俄建筑老街为基础的特色商业街——桃源老洋房创意商街。该街项目建设周期确定为3—5年。2011—2012年为基础性工作阶段，2012—2014年基础设施建设阶段，2015年招商运作阶段。

【提高再就业服务水平】2011年，桃源街道创新再就业工作思路，提高再就业服务水平。

改变工作程序。社区工作人员全面了解掌握辖区失业人员的真实信息，摸清人户分离情况，实现动态管理。

温情叫号服务。劳动保障所制作排号，失业人员可在座位等候，免去排队之苦。

爱心小字条。劳动保障所工作人员给每位需要了解相关问题的失业人员提供爱心小字条——办事程序及联系电话。

加强街道、社区档案管理。纸质台账统一归类整理，统一格式，电子台账留存档。

年内，全街道完成实名制就业3401人，稳定就业1681人，创业就业745人。

【退休人员实现动态管理】2011年，桃源街道强化退管工作职能，实现退休人员动态管理，退管工作在市、区作经验交流。

“四张网”动态信息管理。通过计算机信息网、各项基础台账网、街道社区联络员网、自管组（楼长）反馈网，建立退休人员动态信息。

“四个一”新接收退休人员管理。对新退休人员见一次面，登一次表，做一次管理政策宣传，进行一次问候调查，登记信息准确率达100%。

街道、社区、自管小组三级管理。坚持动态管理信息反馈、“六必访”、“一到场”（重大节假日必访、生活出现困难必访、重病住院必访、孤寡人员生日必访、家庭出现意外情况必访、邻里发生纠纷必访；退休人员去世后，工作人员

区领导陪同市委督查组到桃源街道调研困难职工帮扶服务工作

必到场）和死亡信息24小时上报制度，规定每月28—30日为退管网络走访日，社区退管协理员对新接收的退休人员1周内完成查找落实和入户登记，上报街道，通过网络动态跟踪对退休人员实施精细化管理。

【健康家庭指导站进军营】2011年，桃源街道推进计生服务进军营活动，通过完善社区健康家庭指导站服务功能，将计划生育健家服务连接到部队军营，形成社区与部队“双管双助”的新型计生服务模式。辖区舰院社区居民以现役军人、离退休军人、复转军人和军人家属为主，街道和社区根据其特殊需求，新增“两地分居服务功能区”，完善军地育龄群众服务体制，以部队宣传室为计生活动基地，加大“双管双助”服务宣传，为部队官兵和军人家属举办计生知识讲座。

【加强防台防汛】2011年8月6日，桃源街道根据市、区关于防御第9号台风“梅花”的指示精神，启动防台防汛应急预案，周密部署、排查辖区险情线段。街道先后召开领导班子、社区书记和科长会议动员部署，落实责任，向居民群众宣传防台防汛知识。实行24小时值班，准备铁锹、铁剪子、沙袋、手电、雨衣、雨靴、警示带等物资，为避难居民免费提供面包100袋、矿泉水500瓶。安全转移桃源社区居民96户，设置避难场所7处，对居民楼及泰山小学等现场派专人昼夜值班。

【完善质量管理体系】2011年，桃源街道不断优化、改进科所日常业务内容及流程，对ISO9000质量管理体系进行内部审核，针对需完善、改进的问题，有效整改，通过认证公司外部复核。街道组织居民群众对机关日常工作涉及服务态度、业务水平、服务质量、办理流程等方面做出总体评价，居民满意度指数达93%，符合ISO9000质量体系制定的质量目标要求。

【长利社区完成抽样换户试点工作】2011年11月，桃源街道长利社区成为国家级抽样换户工作试点社区。此项工作要求在随机形成的社区居委会抽样框中选择10户居民，3年内每户居民每月须填写由国家统计局制定的《城镇居民家庭生活情况日记账》，向国家统计局提供详细而且真实的关于居民可支配收入、家庭消费性支出等一系列统计数据的第一手资料。长利社区按包片预先了解待选户具体情况，电话联系、商定入户时间并入户向居民详细讲解抽样换户工作的具体内容，顺利完成当年抽样换户工作。

【举办“全民终身学习周”活动】2011年10月17—23日，桃源街道以“快乐学习，全民提素”为主题，组织开展“全民终身学习周”活动。

学习业务经验。举办“心理调试与压力管理”、“创新思维与领导艺术”、“中山区经济热点问题透析”等讲座，由街道班子成员和业务骨干轮流上台讲业务、交流经验。

学习前沿知识。以社区党校为载体，先后聘请区委党校教师和大连大学教授在街道市民大讲堂做“大连市十一次党代会报告的解读”和“中山区热点分析”、“中国传统文化”等理论辅导。

学习文明礼仪新风尚。举办“文明礼仪知识抢答赛”和“文明礼仪连连看”互动游戏等。团工委组织开展“国学经典诵读”活动，向到场青少年派发《弟子规》读本，向家庭派发《弟子规》光盘。

学习先进文化。在长利、舰院、高尚等社区大学开办外语、摄影、声乐、书法、科普等文化课程培训班，参加培训800人。

【开展“文明出行”宣传月活动】2011年7月6日，桃源街道组织开展“文明出行”宣传月系列活动。动员社会力量，组建由机关干部、社区工作人员、军医学校和大连报关学校的学员组成的维护交通志愿者队伍，对辖区6个道口实行维护交通安全“认领”。志愿者走上街头，身披“文明出行，你我同行”红绸带，臂戴“交通维护”袖标，向路人宣传道路交通法规，劝导行人自觉走斑马线。街道在岭前消防队门前设立宣传栏，现场请区交警大队警官讲解违章造成的交通惨案实例。

【成立街道总工会】2011年9月15日，桃源街道总工会成立暨第一次会员代表大会召开。出席大会的正式代表50人，特邀代表5人，代表全街道1586名工会会员。大会按规定程序选举产生桃源街道总工会第一届委员会委员、经费审查委员会委员和女工委员会委员。张海燕当选工会委员会主席，徐坚当选经费审查委员会主任，夏学花当选女工会委员主任。区委常委、总工会主席沙东出席大会。

【省科协为科普益民服务站授匾】桃源街道医校社区“科普益民服务站”系全省首家，由5—10名专家组成涵盖科技、医疗、法律、金融、节能、消防、安全等多领域咨询团队，定期定点到社区“坐诊”咨询和通过网络视频为居民排忧解难，提供咨询服务。服务站建立科普益民连线网络平台，每周有2名专家组成专家咨询小组，为居民进行科学饮食、健康养生、卫生医疗、安全节能、绿色环保、防灾减灾等咨询服务。2011年11月22日，中国科协科普部部长杨文志、辽宁省科协主席康捷、大连市科协主席高大彬、中山区总工会主席沙东等领导一行百余人到桃源街道视察“科普益民服务站”，为医校社区授匾。

（程　徽）

区领导陪同市政法委书记张世坤到桃源街道长利社区调研

新闻链接

### “三求三有”深化党内关爱

《大连日报》2011年2月21日

兆　原

中山区桃源街道党工委坚持把建立健全党内激励关怀帮扶机制作为推进党内民主的一项重点工作，努力使“党员的生活需求有组织帮扶；党员的心理诉求有渠道反映；党员的价值追求有舞台展示”，不断增强基层党组织的凝聚力、向心力，充分调动党员工作积极性。

#### 党员的生活困难有组织解决

为增强党员对党组织的认同感和归属感，街道党工委采取多种措施关心关爱党员。一是分类建档，做到对不同群体党员的生活需求心中有数。主要是通过党组织与党员谈心和走入党员家中的形式充分了解不同群体党员的生活需求，建立规范的党员生活需求档案，分层次分类别实施帮扶。具体分为五份档案，即：新中国成立前入党的党员和老劳模党员的生活需求档案；生活困难党员的家庭收入状况档案；下岗失业党员的就业、再就业状况档案；身体患病党员的健康状况档案；孤寡、空巢党员的生活需求档案。二是结对帮扶，做到每名党员的实际困难都有专人负责。依据党员生活需求档案，街道党工委组织将能提供帮助的党员与生活困难党员结成对子，协调辖区单位与生活困难党员结成对子，实施“一帮一”、“多帮一”、“一帮多”帮扶活动。目前，已有75名党员志愿者、3家单位与208名困难党员结成帮扶对子，已解决党员实际困难156件，让党员切实感受到党组织的温暖，激发了他们回报社会服务群众的热情。三是构建服务体系，强化服务功能。为完善服务体系，街道在全市率先构建了街道党员服务中心、社区党员服务站、楼院党员服务点、党员中心户“四级服务体系”，并依托这些平台，不断拓展完善服务功能，设立党员先锋岗、党员责任区，组建党员志愿者队伍，创建爱心超市，为有生活需求的党员开展就业咨询、生活救助、法律援助、权益保障等各方面服务。

#### 党员的心理诉求有渠道反映

针对党员工作、生活中遇到的

桃源街道开展向贫困残疾人“献爱心，送温暖”活动

各种思想困惑、心理障碍，积极加以疏解。一是区分层次谈心交心。在街道党工委层面，通过专题民主生活会、组织生活会，班子成员定期沟通思想，交流意见；在社区党总支层面，各社区党总支主动公布党员服务热线电话、设立党员意见箱、建立网上联系信箱，并且每月到各支部征求一次意见和建议；在楼院和功能型党支部层面，每半年与支部中的党员谈一次心，了解他们的生活困难和需求，听取他们对党组织的意见和建议，倾听党员的心声。对生活不能自理、长年卧床的老党员，指定专人把《党章》、党报党刊等学习材料送上门，经常性的走访谈心。通过街道、社区、楼院三级联动，在街道各级党组织和党员中形成浓厚的党内关心关爱氛围。二是着眼党员心理需求，开展上门走访活动。具体做到“五必访、五必谈、三知道、一跟上”，“五必访”就是“新党员必访，党员有思想困惑时必访，党员生活有困难、身体患病住院或亡故必访，党员与家属、邻居发生矛盾时必访，党员不履行党员义务时必访”。“五必谈、三知道、一跟上”就是“在重大活动和重要任务、突发事件和家庭变故、岗位变动和职务调整、考核评比和待遇变化、不良反映和情绪反常五种情况下，各级党组织要与党员谈心；知道他们在哪里、想什么、做什么；使党员思想工作跟得上”。通过这种走访活动，可以及时帮助党员解决困难，让党员感受到党组织雪中送炭般的温暖，并可以及时纠正党员可能产生的思想偏差。三是拓宽渠道，搭建诉求平台。具体包括：建立党员接待日制度。街道设立了党代表接待日，党员领导干部在接待日当天深入社区联系点，直接听取党员反映的意见和困难，畅通解决问题的渠道。成立以党员干部为主体的“党员（居民）议事苑”。定期召开会议，及时研究解决社区党员关心的热点、难点问题。创先争优活动开展以来，通过党员接待日制度和“党员议事苑”平台，街道党工委接收到党员的合理化建议85条，现场解决问题120个，在“党员议事苑”召开研讨会20余场次，解决问题43个。

## 党员的价值追求有舞台展示

针对许多党员具有积极参与党内事务和社区建设愿望的实际，街道党工委采取多种途径，为党员发挥特长作用、实现价值追求搭建平台，增强党员的归属感、荣誉感和责任感。一是注重发扬民主，引导政治参与。主要是充分发扬党内民主，保障党员参与党内事务的权利。涉及街道重要工作部署，按照先党内后党外的原则，召开党代表座谈会，广泛征求意见建议，努力做到党员“先知道、先讨论、先行动”，充分尊重党员的意见，激发党员的先锋模范作用。二是激发责任感，发挥特长作用。依托“社区党校”，举办领导干部座谈会、报告会、社区书记和党务工作者培训班、党的基本知识讲座等，在党员学习知识，开拓视野，增长本领的同时，激发党员的工作奉献精神。另一方面，对优秀党员和党务工作者有重点地推荐、培养和使用，满足他们实现个人理想愿望的需求。同时，根据党员特长，采取自愿报名、自我认岗的形式，按照一人一岗、一人多岗、有岗有责的要求，为党员设岗定责，把党员的特长与群众的需求结合起来，使党员在服务党员、帮助居民、奉献社会中更好地发挥作用。三是宣扬典型事迹，加强示范引导。多年以来，街道辖区先后涌现出许多先进典型和优秀共产党员。街道、社区党组织把这些先进典型作为社区建设的重要政治资源和宝贵财富，在大力弘扬党员先进事迹的同时，引导他们宣传群众、动员群众、带领群众，积极投身和谐社区建设。比如，舰艇学院社区的“杨化芳中医儿科诊所”和“来来旅行社”是由党员带头创办并取得经济和社会良好效益的经济实体，为辖区居民再就业作出了突出贡献。社区党总支及时将他们树为典型，召开党员创业事迹报告会，大力宣传他们创业致富的先进事迹和成功经验，引导他们发挥示范作用，组织党员现场观摩学习，使创业失业党员“学有场所、干有示范”。目前，他们已带动5名党员实现再就业，为20多人提供了就业岗位。滨海社区党总支通过评选十大感人事迹，引导党员学先进、赶先进、当先进，形成了创先争优的良好氛围。

老虎滩街道召开党员领导干部民主生活会

## 老虎滩街道

【概况】老虎滩街道地处大连市中山区东南部，东、南面临黄海，西临桃源街道和葵英街道，北与海军广场街道、桂林街道接壤，辖区面积14.64平方公里。居民2.3万余户，总人口6.5万余人，常住人口4.5万余人，流动人口13742人。街道下设平安、中兴、迎宾、杏花、虎山5个社区。辖区内有2个公安派出所、6所学校、5个医疗机构、28个物业小区。办公地址位于中山区虎滩路236号。

2011年，老虎滩街道党工委立足“发展为先、百姓为重、和谐为本”的基本思路，坚持以人为本，完善民生保障体系，创新特色经济发展，扎实推进各项社会事业，提高党建科学化水平，努力推动街区科学发展、创新发展、和谐发展。全年完成税收1.2亿元，固定资产投资22.52亿元，外资到位998.64万美元，内资到位11.7亿元， 新办科技企业7家。老虎滩街道被评为“全国人口计生依法行政示范街道”，辽宁省“先进党工委”、“学习型党组织建设示范点”、“第六次全国人口普查先进集体”，大连市“纪检监察系统先进集体”、“信访先进集体”、“关爱老年健康先进集体”、“防止民间激化先进集体”、“城乡居民收入调查优秀街道”、“文化‘双百’先进集体”。荣获大连市“基层党建创新成果二等奖”、“服装节表演奖”、“健美操三等奖”。

【通过国家城调队检查】2011年8月27日，老虎滩街道作为中山区街道、社区层面的代表，在创建全国文明城市活动中顺利通过国家城调队检查验收。全国文明城市城调队工作人员到街道平安社区全方位检查社区干部文明素质、未成年人教育档案等6项工作，所检内容全部达到标准。按照要求以答卷形式入户调查22户居民，对调查结果表示满意。

【构建街区学习型党组织】2011年，老虎滩街道以强化学习体系、优化学习方式、转化学习成果为抓手，全力构建学习型党组织，被树为“辽宁省学习型党组织建设示范点”。

强化学习体系。以党工委、党总支、党支部和党员中心户为基点，构建“四级联动”的团队学习体系；以党员“五分钟活动圈”为基点，构建团队学习阵地体系；以建立健全各项学习规章制度为基点，构建督学督察体系。

优化学习方式。形成具有自身特色的“五位一体”学习模式：以领导干部为重点，建设学习型领导班子；专题宣讲，保证党员学习全员覆盖；开展读书活动，形成浓厚的学习氛围； 创建社区“功能型”党支部，发挥学习组群效应；推进党内民主，增强党组织的生机活力。

转化学习成果。把学习成果转化为发展中的“三个实效”：在明确发展定位上求实效、在服务群众上求实效、在促进平安、文明、和谐上求实效。

【举办党史知识竞赛】2011年6月9日，老虎滩街道举办“牢记党史，铭记党恩”党史知识竞赛，以此庆祝中国共产党成立90周年。机关干部、社区干部和各条战线的党员、群众等200余人参赛。党史知识竞赛分必答题、抢答题、红歌题、图片题、风险题和观众题等10个环节。

【街道总工会成立暨第一次会员代表大会召开】2011年9月9日，老虎滩街道召开“总工会成立暨第一次会员代表大会”，会议由街道党工委副书记张晓琳主持并做《老虎滩街道总工会成立暨第一次会员代表大会筹备工作报告》，到会代表以无记名投票方式选举产生街道总工会第一届工会委员会委员、经费审查委员会委员和女工委员会委员。街道党工委副书记、办事处主任陈峰在会上讲话。区委常委、区总工会主席沙东出席会议。街道机关、社区工会和工会联合会等会员代表59人参加会议。

【创建和谐楼院】老虎滩街道自2009年开展创建文明和谐楼院活动，在实现居民自治、服务群众百姓、建设美好家园等诸多方面取得实效，调动了居民群众参与和谐楼院建设的极大热情，形成合力攻坚的浓厚氛围，居民群众也在和谐楼院建设中得到了实惠。2011年8月15日，街道召开“创建和谐楼院，共筑美好家园”经验交流暨楼长表彰大会，表彰模范楼院和模范楼长，并交流文明楼院创建经验。

【完成低保提标】2011年，老虎滩街道全面完成低保提标任务。

强化学习，健全组织。组织街、社两级低保专干学习掌握市、区文件精神，成立街道提标工作领导小组，明确工作任务、责任和时限。

政策透明，阳光操作。各社区分别召开低保户会议，宣传低保政策，讲解计算方法，让低保户明明白白享受政策，确保提标工作顺利展开。

疑难问题，集体研究。街道针对部分由于收入变化造成收入超标，而实际生活水平并未达标的低保户，召开低保疑难问题领导小组会议集体研究，实行“个案个议”，综合运用好政策，解决困难家庭的实际问题。

克服困难，提前完成任务。此次提标政策严密、分类施保合理、计算方法烦琐，时间要求紧迫，工作人员加班加点、全力以赴，高质量全面完成工作任务。

【创业、培训带动就业】2011年，老虎滩街道强化就业和社会保障体系建设，以创业、培训带动就业，不断改善民生。

明确培训任务，完善培训措施。深入开展调查研究，结合下岗失业人员实际制定培训方案，建立培训工作体系和培训管理制度。

召开专干会议，落实培训任务。组织召开5个社区专干会议，分解培训工作任务，做到责任到人，措施到位。建立下岗失业应培人员、已培人员、未培人员台账，做到底数清，情况明。

年内，完成普惠制培训395人，失业人员培训368人，进城务工农民培训27人，实现实名制就业2267人，创业就业494人，扶持创业带头人54人，带动就业327人。

【阳光家园残疾人日间照料站】2011年11月，由老虎滩街道和中山区残联共同投资建设的虎山社区阳光家园残疾人日间照料站挂牌成立。该照料站是大连市人性化服务水平较高、现代化设备较好，以接纳智力障碍、精神残疾人为主的残疾人照料站。监护人每天早上把残疾人送到照料站，晚上接回家，不花一分钱享受全天候照料，亦被称为“成人幼儿园”。

残疾人照料站面积100余平方米，内设小型阅览室、培训室、康复活动室等，为残疾人提供各种康复器械。社区请专业教师为残疾人培训劳动技能，制作手工艺品等小物件。中午为残疾人免费提供午餐。

【建立退休人员管理服务长效机

老虎滩街道开展全民建身活动

**制】**老虎滩街道注重退休人员社会化管理服务规范化、制度化建设，从强化退休人员动态管理入手，不断拓展服务内涵，提升管理服务质量，用制度促进退休人员社会化管理服务工作健康开展，形成为退休人员服务的长效机制。2011年3月10日，大连市退休人员社会化管理服务工作现场交流会在老虎滩街道召开，老虎滩街道关于《整合资源 夯实基础 完善服务》的经验在会上交流。

**【加强环境摸底与整治】**2011年，老虎滩街道以中山区“城区建设与管理年”活动为契机，摸底调查并解决辖区涉及主干路周边影响市容市貌、居民生活、群众反映强烈和人大代表、政协委员提案建议等3个方面的41个问题。投入18万元改造山屏街100号楼后下水污水外溢及周边楼院环境。投入20万元绿化整治虎滩路西侧预备役师外院空地。投入50余万元分别摊铺虎滩路27号楼前虎滩市场路面、整治虎滩市场环境、修复市场前台阶和碧涛北园主干道。投入2万余元整治迎宾路150号山坡垃圾点，协调相关部门治理山峦北巷2号、4—16号北侧山体滑坡。协调大连陆院和中国人行辽宁省分行自行治理虎滩路67A座和山屏街178B座两处山体滑坡。投入2万余元治理怡梦园142号西侧垃圾点。

配合区政府投入100余万元全面改造靠近迎宾路的山屏街大桥北侧弃管楼院卫生环境，出资25万余元整治影响群众生活的三大问题——中南路214号楼前马葫芦堵塞、污水外溢，虎滩路495号马葫芦污水外溢、路面不平，迎宾路136号门口污水外溢、路面不平。配和区城建局投资2000万元升级改造中南路路街。

（刘继瑞）

老虎滩街道开展爱国卫生活动

新闻链接

## 学习为什么？为人民服务！
### ——中山区老虎滩街道全力构建街区学习型党组织

《大连日报》2011年4月21日

许晓楠

“和谐社区人气旺，支部建在楼院上，中心户的活动多，架起党员连心桥。”

这是中山区老虎滩街道中兴社区党员们自编自演的快板，讲的都是大家生活中的点点滴滴。党员韩秀桂说：“通过自编快板、歌曲等文艺形式，大家觉得所参加的每一项活动，每一条内容，都能记得牢，变成自己思想上的东西来指导平时的行动。”

以强化学习体系，优化学习格局，转化学习成果为抓手，老虎滩街道全力构建学习型党组织，不断提高广大党员素质，拓宽各种学习渠道，使各级党组织活力不断增强，把学习成果转化在服务百姓的工作之中，落实在“发展为先、百姓为重、和谐为本”的理念里。2010年，老虎滩街道党工委被辽宁省委宣传部确立为大连唯一一个乡镇街道层面的省级学习型党组织示范点，中兴社区“夕阳学习党小组”被确定为市级全民阅读示范点。

**学以致用**

近日，李大妈和儿子闹矛盾成为平安社区的“热门话题”。正好，这段时间“党员中心户”张桂香正带领周围邻居学习《人民调解法》，大家学以致用，经过几次调解实践，李大妈母子关系有所缓和。张桂香深有感触地说：“是学习增强了我们的调解能力，现在大家学习的劲头可足了！”

像这样带领广大党员共同学习的“党员中心户”在老虎滩街道还有很多。目前，在老虎滩街道，每个党员走出家门，5分钟内就有团队学习场所。街道现有市民学校、社区大讲堂、党员服务站等80多个党员活动场所，构成“5分钟活动圈”，保证了党员各项活动的开展，增强了党组织的凝聚力。街道和各楼院普遍建立了图书室，为党员选购各类书籍。社区创建了社区书屋和“好书大家读”俱乐部，为居民发放图书卡，开辟“居民读书心得园地”，开展读书征文评选、读书演讲比赛、“老少同读一本书，全家共同谈体会”等丰富多彩的读书活动。爱读书、读好书，成为党员居民的良好风气。

**顺应民心**

日前，方永刚社区宣讲团成员范长玲在迎宾社区进行“解读‘十二五’，说说民生有哪些”讲座，一下子来了近百名居民，把社区活动室挤得水泄不通。这样的学习劲头来自和居民切身利益相关的讲座内容。居民爱听什么就讲什么，使方永刚社区宣讲团在社区颇受欢迎。

老虎滩街道党工委深刻意识到，学习型党组织建设的核心问题是学习动力问题。为确保学习不流于形式，街道党工委建立健全了各项学习制度，特别是建立调查研究和联系实际制度，强化学习与实践相结合意识，办好顺应民心、体察民意的好事实事，建立考学述学评学等制度，强化学习约束和督查意识，使学习成为党员、干部和组织的自觉行为，并纳入综合考评体系。在去年的网络在线学习中，街道被评为区在线学习先进单位，11名同志分别被评为在线学习标兵和先进个人。

**民情日记**

“2月17日，4楼3号的王某意外摔伤赔偿问题已经解决一部分，责任单位赔付了全额医疗费，补偿问题还要请法律求助站协调”，“3月21日，中南路居民私搭乱建问题，街道协调相关行政执法部门正在解决问题，要做好群众的思想工作，防止矛盾激化”。在老虎滩街道，每个党员、干部手里，都有一本厚厚的《民情日记》。透过这些字里行间的家长里短，可以看到党的各级组织学以致用，把学习成果转化成对群众的服务上。街道党工委要求各级党组织都要严格执行《民情日记》首问责任制、协调办理制、责任追究制、检查落实制、定期调阅制和遗留问题盘点注销制等管理制度，确保民有所呼，党有所应。

建立学习型党组织，人民群众是最大的受益者。街道引导党员干部站在辖区发展的大局思考问题，定期开展“工作岗位换位思考”交流活动，最大限度挖掘开发个人潜能，使人人处于学习、思考状态，人人成为为人民服务的多面手。在交流活动中催生了一些创新成果，如街道率先在全市实施的“货币化养老”工作，使辖区孤寡老人得到了实惠；“民情专递”保证了社情民意渠道的畅通；“移动办公桌”为居民提供了方便快捷的办事绿色通道；“前店后厂”的新型“救助超市”模式，把临时性、季节性扶贫工作转变成了经常性、长期性形式多样的帮扶活动。

今年，街道党工委又提出开展学习型党组织建设“排头兵工程”活动，提出：领导带头“领学”——抢占“学习制高点”；典型人物“导学”——增加“学习辐射线”；机关干部“争学”——扩大“学习争先面”；社区干部“互学”——形成“学习共同体”；党员中心户“带学”——达到“学习全覆盖”。使街道、社区和辖区广大党员“人人成为学习之人，处处成为学习之所”。

**责任编辑** 王玉玲

# 海军广场街道

2011年，海军广场街道党工委、办事处以党的十七届六中全会精神为指导，全面贯彻落实区委十二届十次全会和十三次党代会精神，以科学发展观为统领，围绕建设“大连科学发展首善区”奋斗目标，团结带领党员干部和群众，从实际出发，全面推进经济、政治、文化、社会事业和党建工作，圆满完成各项任务。全年完成税收2.92亿元，固定资产投资45.27亿元，内资到位36.79亿元，外资到位1.23亿美元，引进科技企业14家。海军广场街道被评为“全国妇联基层组织建设示范村（社区）”、“全国社区教育特色课程”、“大连市人口和计划生育工作先进集体”、“大连市优秀人民调解委员会”、“大连市2011年造林绿化先进社区”、“大连市科协工作先进集体”、“大连市环境宣传教育工作先进集体”、“第六次全国人口普查大连市先进单位”、“大连市2011年度爱国卫生工作先进单位”。在全区综合考评中获一等奖。

1．街道领导班子成员
2．区长江亲瑜、区委副书记何守林到街道调研经济工作
3．区委领导春节前走访慰问春德社区特困居民王小红
4．团市委领导陪同青岛团市委领导调研海军广场街道“两新”组织团建工作
5．街道ISO9000质量管理体系复审通过
6．街道召开创建全国文明城市调度会
7．街道召开“纪念建党90周年暨一先两优表彰”大会
8．在机关党员中举办“我是一名党员”演讲比赛
9．海军广场街道“工会成立暨第一次会员代表大会”现场
10．街道召开“深入贯彻落实科学发展观，凝心聚力建设富庶美丽文明大连”大讨论动员大会
11．街道圆满完成社区两委换届工作
12．组织动员居民群众积极参加创建“绿色海广”植树造林大会战

# 人民路街道

2011年，人民路街道党工委、办事处以科学发展观为指导，抓楼宇经济发展、民生工作落实、社区环境优化、文明城市争创。党建、精神文明建设注重抓基层打基础，初步形成具有街道自身特点的亮点品牌；社会民生工作注重关注社区群众的热点难点，较好解决了大学生就业和弱势群众实际困难；司法稳定工作注重人民调解，较好消化吸收社会矛盾，促进了辖区和谐进步和社会各项事业全面发展，圆满完成年度经济和各项工作任务。全年完成税收收入5.77亿元，固定资产投资43.1亿元，外资到位4000万美元，内资到位17.95亿元，新办企业40家，总注册资金3.9亿元。年内，对415家新增企业建立单位信息，虹源大厦获“中山区白领午餐工作示范区”称号，“经典生活夜大连”被大连市首批命名为“中山区商业特色街”。人民路街道被评为“中国十佳最具投资潜力街道”、“辽宁省第六次全国人口普查先进集体”、“辽宁省建设健康街道先进单位”，大厦党建党群互动机制获“大连市党建创新三等奖”。

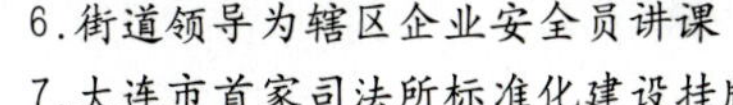

6.街道领导为辖区企业安全员讲课

7.大连市首家司法所标准化建设挂牌

8.人民路街道庆祝建党90周年演唱会

9.人民路街道建立大连市首家社区法庭

10.社区换届选举动员大会

11.多种形式开展国防教育

1.街道领导班子成员

2.“绿色飘带志愿者服务银行”在全区推广

3.党工委书记张岩君向市区领导汇报工作

4.区长江亲瑜陪同市领导到街道调研

5.市区人大领导视察“代表之家”

# 桂林街道

2011年，桂林街道党工委、办事处认真贯彻落实区委、区政府全会和区十三次党代会精神，抢抓机遇，抓好落实，推进经济建设、精神文明建设、党的建设和社会事业协调发展，圆满完成各项任务目标。全年完成税收2.9亿元，固定资产投资40.5亿元，外资到位995.83万美元，对内招商20.9亿元，发展高新技术企业14家。桂林街道被评为“2010年辽宁省建设健康街道（社区）先进单位”、“2009—2010年度大连市社会治安综合治理先进集体”、“大连市二星级平安稳定街道”、“大连市2011年造林绿化先进街道”、“大连市关爱老年人健康行动先进集体”、“2011年度大连市人力资源和社会保障工作先进单位”。

1.街道领导班子成员
2.党工委中心组学习
3.党工委书记柳丽芳与楼院党支部书记面对面座谈
4.常务副区长蔡先勃到街道现场办公
5.陪同市委书记唐军走访慰问老红军

6.陪同市长李万才走访慰问全国劳模李清英
7.区长江亲瑜调研街道特色街建设工作
8.庆祝建党90周年专场演出
9.在林景社区永青街楼院举办"楼院党员话党建"活动
10.人大代表视察家乐福超市食品安全
11.机关干部徒步走活动

# 青泥洼桥街道

①

②

③

④

⑤

2011年，青泥洼桥街道党工委、办事处以科学发展观为指导，认真贯彻落实党的十七届六中全会、市委十一次代表大会及区第十三次党代会精神，努力实现区域经济和社会事业全面发展。全年实现税收5.88亿元，固定资产投资39.6亿元，对内招商11.7亿元，对外招商资金到位4581万美元，新办科技企业11家，新增税源80家。青泥洼桥街道被评为“2010—2011年全国第六次人口普查工作先进集体”、“大连市社会治安综合治理工作先进集体”、“大连市信访工作先进基层单位”、“大连市‘十一五’残疾人工作先进单位”、“大连市群众文化‘双百’评选先进单位”、“大连市第六次全国经济普查工作先进集体”、“大连市2011年度城镇居民收入调查工作优秀街道”。荣获“大连市青年志愿者行动优秀组织奖”、“大连市服装节暨狂欢节最佳表演奖”。

1. 街道领导班子成员
2. 区长江亲瑜到街道调研
3. 区领导到街道调研大项目和经济工作
4. 区领导视察街道辖区安全工作
5. 街道总工会成立暨第一次会员代表大会
6. 庆祝建党90周年红色经典文艺演出
7. 召开“纪念建党90周年暨‘一先两优’表彰”大会
8. “爱家乡、爱企业、凝心聚力谋发展”大讨论活动现场
9. 街道科级领导干部职位竞聘大会
10. 街道人大工委面对面评议天津街派出所
11. 开展“社会治安综合治理宣传月”活动
12. 老干部党支部成员同外来务工子女参观国家重大历史题材美术创作工程作品展

# 昆明街道

2011年，昆明街道党工委、办事处以庆祝建党90周年为契机，开展“红风唱党魂，和风融万家，清风筑高格”系列主题活动，积极抢抓发展机遇，沉着应对困难挑战，推进经济与社会各项事业全面科学发展。全年完成税收1.35亿元，固定资产投资14.2亿元，内资到位6.2亿元，外资到位830万美元，新办高新技术企业8家。昆明街道被评为“大连市‘十一五’残联工作先进单位”、“大连市理论宣讲基地”、“大连市‘第六次全国人口普查工作’先进单位”、“2011年度大连市科协工作先进集体”、“大连市妇女工作先进集体”、“大连市人民调解工作先进集体”。

1.街道领导班子成员
2.市领导与社区居民“面对面、心贴心”座谈
3.纪念建党90周年党的知识竞赛暨创先争优表彰大会
4.开展“推进居民自治 打造星级楼院”活动
5.绿山社区居委会第八届换届选举直选现场
6.联合辖区单位开展“红风唱党魂”活动
7.街道领导为机关干部和党员作理论辅导
8.昆明街道网络志愿者启动大会
9.独立社区红旗小区党支部创先争优活动点评会
10.街道团工委与理工大学志愿者联手助残
11.街道慈爱月开展“慈爱暖滨城”活动

# 葵英街道

①

2011年，葵英街道党工委、办事处认真落实区委十二届十中全会、第十三次党代会精神，以科学发展观为指导，动员党员干部和群众，振奋精神、开拓进取，实现经济工作、党的建设和社会各项事业全面提高和较快发展。全年完成税收6009万元，固定资产投资21.2亿元，对内招商6.15亿元，外资到位800万美元，新办科技企业5家。葵英街道被评为“辽宁省妇女儿童维权服务、社会管理综合治理示范工作站”、“辽宁省创建街道社区党建工作示范站”、“辽宁省先进离退休干部党支部”、“辽宁省计划生育红旗协会”、“辽宁省健康教育与健康促进先进单位”、“大连市创建全国残疾人工作示范城市先进单位”、“大连市安全生产基础管理规范化标兵单位”、“大连市企业离退休人员社会化管理服务工作示范街道”、“大连市城乡居民收入调查工作优秀街道”。

②

④

③

1.街道领导班子成员
2.全国政协常委、九三学社副主席赖明到林海社区视察
3.区长江亲瑜实地考察青云58街
4.团省委组织部领导到街道调研团建工作
5.中央文明办副主任王世明视察林海社区
6.“中山区全员人口信息引导服务经验交流会”在葵英街道召开
7.街道庆祝建党90周年红色经典演唱会
8.街道大学生“创业之家”揭匾仪式
9.街道第八届社区“两委”换届选举动员大会
10.中山区第八届社区换届选举宣传日葵英桃源分会场
11.街道领导班子成员在新春联欢会上表演节目
12.举办妇女手工纺织培训

# 桃源街道

2011年，桃源街道党工委、办事处认真贯彻落实区委、区政府全会精神，坚持以经济建设为中心，以民生建设为重点，以党的建设为保证，推动经济和社会事业全面发展。全年完成税收4739万元，固定资产投资42.46亿元，实际利用外资901万美元，内资6.2亿元，新引进高新科技企业7家。桃源街道被评为“第六次全国人口普查大连市先进单位”、“2010年度大连市红旗团委”、“2009—2011年度大连市星级平安稳定街道”、“2010—2011年度社会治安综合治理先进单位”、“2009—2010年度大连市人口和计划生育工作先进集体”，荣获“三项教育”知识学习问答活动优秀组织奖。

1.街道领导班子成员
2.中国科协科普部部长杨文志在省市区领导陪同下到医校社区调研科普工作
3.市政法委书记张世坤在街道综治信访稳控中心了解硬件建设和功能建设情况
4.市委督查组到街道调研困难职工帮扶服务工作
5.市政协副主席董长海春节前夕慰问残疾人家庭
6.7.区委书记李向东和区委常委、组织部长周勤为自由社区党员服务站揭匾
8.街道"两优一先"表彰大会
9.街道2011年工作会议
10.街道广场文化艺术节晚会

# 老虎滩街道

①

②

③

2011年，老虎滩街道党工委、办事处坚持以科学发展观为指导，全面贯彻区委十三次党代会精神，立足“发展为先、百姓为重、和谐为本”的基本思路，坚持以人为本，完善民生保障体系，创新特色经济发展，扎实推进各项社会事业，提高党建科学化水平，努力推动街区科学发展、创新发展、和谐发展。全年完成税收1.2亿元，固定资产投资22.52亿元，外资到位998.64万美元，内资到位11.7亿元，新办科技企业7家。老虎滩街道被评为“全国人口计生依法行政示范街道”、“辽宁省先进党工委”、“辽宁省第六次全国人口普查先进集体”、“大连市纪检监察系统先进集体”、“大连市信访先进集体”、“大连市关爱老年健康先进集体”、“大连市防止民间激化先进集体”、“大连市城乡居民收入调查优秀街道”、“大连市文化‘双百’先进集体”。荣获“大连市基层党建创新成果二等奖”、“大连市服装节表演奖”、“大连市健美操三等奖”。

④

⑤

1.街道领导班子成员
2.市领导到街道调研
3.区委书记李向东到街道面对面解决群众问题
4.区长江亲瑜到街道指导工作
5.理论宣讲面对面
6.纪念建党90周年暨“一先两优”表彰大会
7.“虎滩红歌会”
8.党史知识竞赛
9.街道总工会成立大会
10.大连市退休人员社会化管理现场会在老虎滩街道召开
11.为辖区残疾人发放轮椅
12.植树造林美化环境

# 港湾社区

## 打造多元化的社区服务体系

海军广场街道港湾社区位于中山区长江东路89E公建，办公面积400平方米，辖区面积0.78平方公里，居民住宅楼59栋，常住人口2295户，6961人。地域内呈现“四多”特点（大厦多、辖区单位多、商业网点多、酒店多）。

社区坚持科学发展观，以提高居民素质、社区文明程度和群众生活质量为目标，倾力打造多元化社区服务体系。打造“社区服务驻小区，进大厦”等服务品牌，在封闭小区、大厦建立服务站点，开展大厦党员志愿服务。注重发挥非公企党员在社区建设中的作用，增强非公企党员的凝聚力。社区成立首支以单位名字冠名的“港湾金恒首悦合唱队”，参加大连国际啤酒节合唱比赛、大连市服装节市民合唱大赛等均获优秀表演奖。

港湾社区被评为“大连市平安社区”、“大连市二星级平安稳定社区”、“大连市三星级科普社区”。

1.社区全体工作人员

2.请社区大学教师为居民讲解保健知识

3.大学生党员向社区居民宣传科普知识

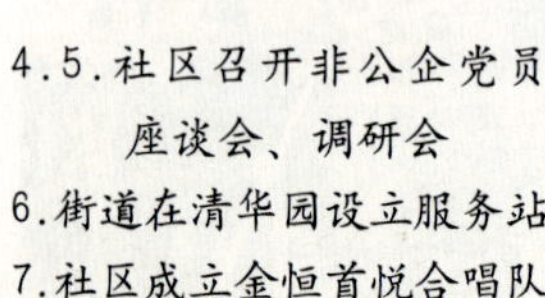

4.5.社区召开非公企党员座谈会、调研会

6.街道在清华园设立服务站

7.社区成立金恒首悦合唱队

# 海广义工站

海军广场街道义工站成立于2005年，有义工632人。义工站把关爱老人和关心外来务工子女作为志愿服务重点，先后开展“做老人的好儿女”、“绿色行动”、“外来务工子女才艺功课辅导”、“巢阳乐”、“大连清道夫”等项目活动，义工奉献62260小时，受助2732人。

义工站2010年开始启动“巢阳乐”活动，整合为老人服务和关爱外来务工子女活动项目，融入“快乐田园”、“拥抱自然”、“老少乐”、“夕阳奉献”、“亲亲宝贝”等项目。

义工站在多年的志愿服务中涌现出一批优秀个人和团队。义工被评为大连市银星奖1名、五星级4名、四星级2名、三星级53人、二星级72人、一星级156人。舰艇学院政治系地方义工小组获“大连市慈善优秀杰出团队”称号。《中国新闻网》《天健网》《辽宁电视台》《大连日报》等媒体先后给予报道。

1. 义工站站长冯洁荣获“大连市首届十佳志愿者”称号
2. 义工站落户环海花园
3. 义工们与外来务工子女社区学校孩子一同娱乐
4. 义工站开展“巢阳乐”活动，为老年人服务
5. 义工带领老人参与社会活动
6. 义工与91岁的张贞慧妈妈等老人重阳节一起包饺子

# 大连上方房地产开发有限公司

①

上方集团是集房地产开发、资产管理、投资、物业管理、高科技产品研发、生产、国内贸易及体育产业为一体的综合性集团公司，现有8家全资子公司。大连上方房地产开发有限公司是集团所属全资子公司之一，成立于2004年。2006年公司开发建设大连国际航运大厦项目，总建筑面积13万平方米，于2010年末项目主体竣工。公司在集团第二个“五年计划”成功转型后，实现了进军房地产行业零的突破。

②

③ ④

⑤

⑥

⑦

1.集团董事长丰兴波在与光大银行合作签字仪式上讲话
2.市、区领导视察上方港景项目
3.上方港景项目开盘
4.上方港景项目样板间
5.上方乒乓球、围棋俱乐部成立
6.围棋俱乐部举办中韩围棋联谊赛
7.集团员工春游活动

# 协和集团大连协和门诊

协和集团大连协和门诊位于中山区华乐街30号，是大连市医保定点单位、慢性病定点单位。内设急诊科、消化内科、肿瘤科、妇科、中医科、医学影像科、检验科、体检中心、外宾治疗中心等，环境优雅，设备先进，人才专业，全体医务人员以高度的责任感和敬业精神树立社会威信，连续6年被评为“大连市消费者满意单位”、“价格诚信优秀单位”。

门诊以“一切工作为了患者满意”为服务宗旨，坚持诚信经营。消化内科“百万像素胃肠检查”和胃肠病治疗以其优秀的质量成为品牌科室；体检中心针对个人、家庭、团体等开展全面的健康体检；外宾治疗中心针对外宾开展中医中药、针灸、拔罐、按摩、推拿、刮痧、药浴、足疗、熏蒸、理疗等多种治疗和保健项目，8年来接待俄罗斯、韩国、日本、欧美等外国患者和客人3万人次。

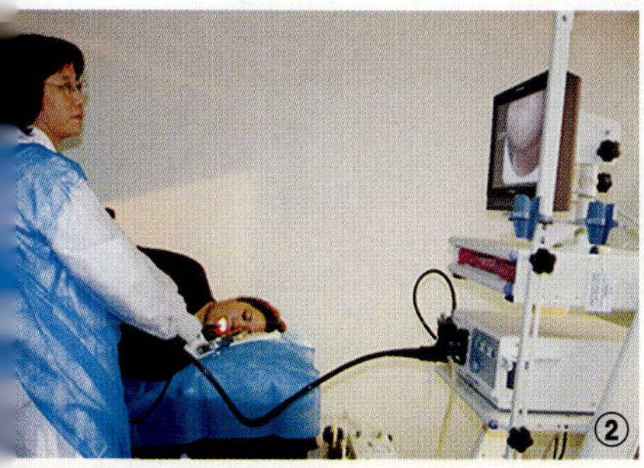

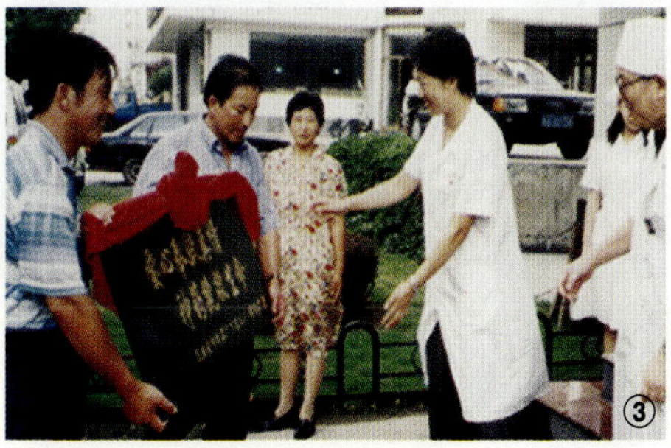

1.门诊主任梁玉山
2.患者接受奥林巴斯电子胃镜检查
3.肺癌患者治愈后赠送满意牌匾
4.向社区捐款
5.百万像素胃肠诊断机
6.门诊大厅
7.候诊厅
8.输液大厅
9.中医针灸科

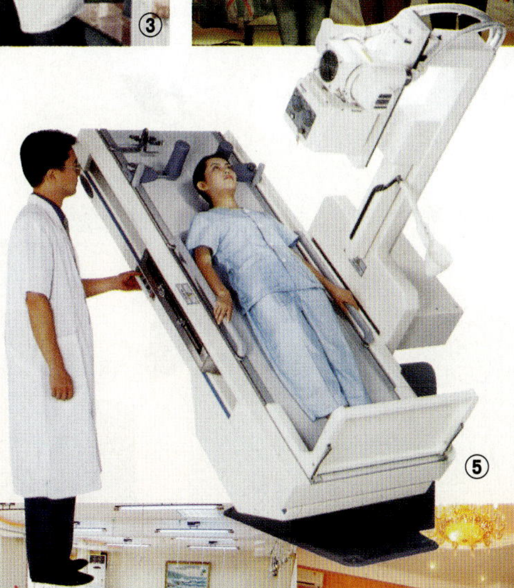

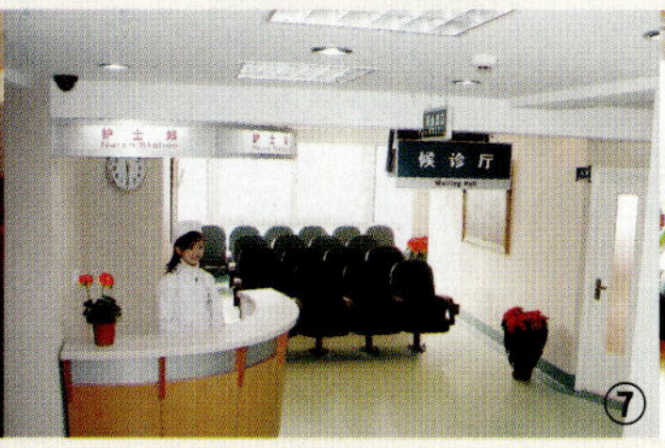

# 大连中山朝阳街口腔诊所

大连中山朝阳街口腔诊所位于朝阳街68号，门诊面积300平方米，环境整洁，设备先进。内设治疗椅位6台（均为独立诊室），配有口腔内窥镜、X光机、热牙胶充机、跟扩马达、种植机、三次欲真空消毒锅等先进设备。门诊医生6人（均为主治医师及副主任医师），技术精湛，服务周到，对患者实行定期电话随访、跟踪治疗。全体员工以饱满的热情和对技术一丝不苟的钻研，为牙病患者解除病痛烦扰。

①

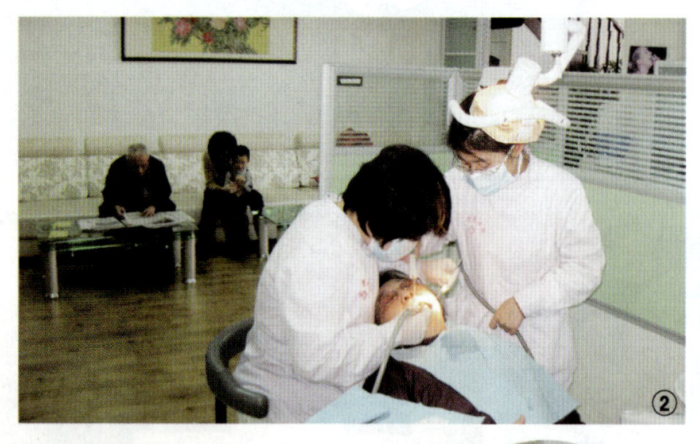
②

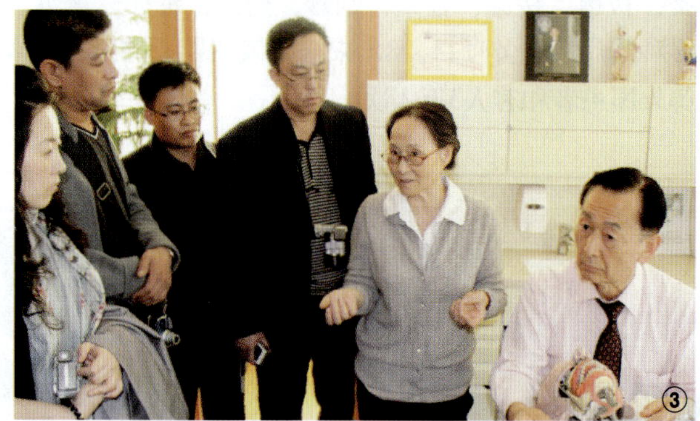
③

④ ⑤ ⑥ ⑦

1.门诊主任金学慧给员工过生日
2.医务人员为患者治病
3.医务人员赴韩国学习
4.前台接待室
5.VIP诊区
6.消毒室
7.朝阳街口腔诊所外景

# 七一社区

## 传承中国传统民俗节日

人民路街道七一社区位于中山区华英巷18—20号，面积0.26平方公里，常住人口814户、3750人。社区坚持“一品一居”特色建设，传承中国传统的民俗节日，精心设计载体，搭建平台，吸引居民参加社区文化活动：春节“欢欢喜喜过兔年”、“三八”妇女节“大厨看你的”、端午节“大家一起包粽子”、八月十五“月圆情更圆，国庆人同庆”、重阳节“重阳百味饺子宴”等，居民群众在参与中学习、挖掘民间艺术，丰富了饮食文化生活。

七一社区先后获“辽宁省先进社区”、“大连市文明社区”、“大连市平安社区”、“大连市安全标兵社区”、“大连市社区安置工作先进集体”等荣誉称号。

①

②

③

④

⑤ ⑥ ⑦

1.迎新春社区全体工作人员创意
2.老党员在春节联欢会上唱红歌
3.元宵节情暖孤老心
4.清明节缅怀革命先烈
5.社区秧歌队
6.组织居民观看电影《建党伟业》
7.志愿者清扫楼院

# 大连金佰国际酒店

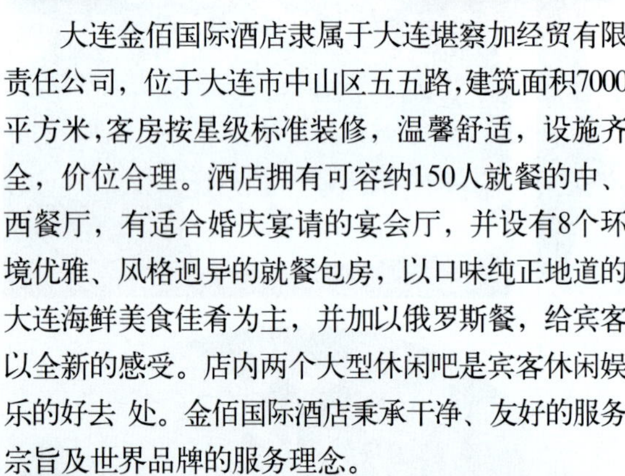

大连金佰国际酒店隶属于大连堪察加经贸有限责任公司，位于大连市中山区五五路，建筑面积7000平方米，客房按星级标准装修，温馨舒适，设施齐全，价位合理。酒店拥有可容纳150人就餐的中、西餐厅，有适合婚庆宴请的宴会厅，并设有8个环境优雅、风格迥异的就餐包房，以口味纯正地道的大连海鲜美食佳肴为主，并加以俄罗斯餐，给宾客以全新的感受。店内两个大型休闲吧是宾客休闲娱乐的好去 处。金佰国际酒店秉承干净、友好的服务宗旨及世界品牌的服务理念。

1. 酒店总经理申淑子
2. 管理人员开会
3. 前台办理入住
4. 工程部检查设备
5. 酒店大堂
6. 客房整理
7. 餐厅包间
8. 后厨工作间
9. 楼体外观图

# 大连金远国际货运代理有限公司

大连金远国际货运代理有限公司成立于2006年，是国家外经贸部批准成立的一级国际货运代理企业，注册资金500万元人民币。2011年，中国国际货代联合会（WIFFA）成立，金远是WIFFA大连口岸发起单位之一，并当选为大连口岸首席成员企业。

公司多年来与MSK、MSC、HJ、COSCO等众多国内外船公司建立良好的合作代理关系，拥有国内、国际100多家完善的运输代理网络，专业从事海上、航空、陆路的国际及国内运输业务。业务包括：海运空运代理订舱、报关、报检、保险、装箱、拖车、仓储、国内物流。主营优势国际航线为东南亚、日韩、欧洲、南美、中东等，国内线路为：长春、沈阳、上海、广州、北京、青岛、天津等，并可作长江沿线内贸运输。

1.总经理李同超

2.3.4.2011年WIFFA年会表演

5.企业员工与大连第20高中同学举办活动——共同托起明天的太阳

6.丰富多彩的职工活动

# 大连港湾壹号商业发展有限公司

大连港湾壹号商业发展有限公司成立于2009年7月，系大连恒利德实业发展有限公司投资的商业企业，以商业投资、商业顾问、管理为主的综合型企业。公司贯彻“容德至恒、利贞而远”的集团核心价值观，秉承“创新发展、诚信待客、和谐团队”的经营理念，形成独特的企业文化。

港湾壹号总建筑面积82300平方米，由日本KKS观光企划株式会社进行建筑设计，外立面现代时尚，坐落在人民路上，紧邻港湾广场，坐落在大连CBD核心区。

大连港湾壹号商业发展有限公司现经营管理港湾壹号信和居公寓、时尚生活馆两个商业项目。

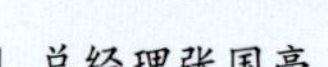

1.总经理张国亮
2.员工培训
3.消防演习
4.港湾壹号时尚生活馆特色美食
5.港湾壹号时尚生活馆日式洗浴
6.港湾壹号时尚生活馆
7.信和居公寓实景
8.港湾壹号景

# 大连凯丽佳国际酒店

大连凯丽佳国际酒店位于大连市金融商务中心区域，是投资亿元打造的集客房、餐饮、韩式松骨为一体的奢华精品酒店，楼体外观为欧式风格。

酒店全部客房配备五星级标准设施设备，拥有高级单人间、双人间、行政套房、豪华套房等，奢华时尚、色调典雅，配以欧式家具。酒店大堂附设茶餐厅，可提供不同风格、不同主题的美食。B座2层和3层附设“佳丽会馆”，可提供纯正的韩式松骨按摩、保健足底按摩、SPA水疗等。

①

②

③

④

⑤

1.董事长张红
2.酒店大堂
3.酒店餐厅
4.酒店客房
5.酒店外景

# 解放社区

## 星级平安稳定社区

桂林街道解放社区位于中山区金城街30—32号，面积0.56平方公里，居民2757户、8312人，流动人口840户、1033人。

社区坚持在居民群众中开展平安创建活动，举办“和谐连着你我他，安全温馨进万家，居家安全活动展示”活动，以群众喜闻乐见的小品形式，宣传煤气安全使用、火灾事故预防、家庭防盗常识、家庭防骗、食品安全、居民卫生健康等知识。社区工作人员入户发放安全知识宣传册，制作温馨提示贴和规范遛犬防犬伤人提示牌，时时提醒居民防火防盗防骗，勿酒后驾车等，居民群众安全防范意识普遍提高。解放社区通过国家安全社区检查组检查，被评为“2009—2011年度大连市星级平安稳定社区”。

1. 社区党员创先争优表彰会
2. 社区举办“凝心聚力建设富庶美丽文明大连”大讨论活动
3. 第八届社区居委会换届选举
4. 举办廉政书画展
5. 空巢老人文化展演
6. 空巢老人团圆宴

# 中山区望海小学

中山区望海小学位于中山区望海街共建巷32号，占地面积8150平方米，建筑面积6640平方米，配有微机室、实验室、图书室、阅览室、合唱舞蹈室、校史馆、心理咨询室、多功能厅、塑胶操场等现代化教学设施，现有专用教室20个、教学班30个。

学校坚持“多元发展、人文见长”的办学理念，以培养“传统美德+现代气质”的学生为育人目标，关注学生人文素养的提高，促进学生多元发展，以综合素质增强学生立世之基，为学生一生的可持续发展提供充分的素质准备和必要的发展基础。

学校曾获“全国中华经典诵读示范校”、“全国作文教学状元单位”、“中国小记者校园基地”、“辽宁省图书馆示范校”、“大连市先进学校”、“大连市文明示范学校”、“大连市校园环境艺术化工程先进学校”、“大连市青少年绿茵工程重点校”、“大连市教育学院学科教育教学研究基地”、“大连市语文课改基地”、“大连市外国学生就学定点学校”等称号。

1.校长马莹
2.团结和谐的领导班子
3.名师教学引领
4.特色校本课——纸艺课
5.在大连市读书活动中展示经典诵读特色
6.武术表演
7.学校舞蹈队精彩亮相
8.参加大连市校长杯足球赛

# 大连华德天宇集团公司

大连华德天宇集团公司是一家为船舶提供综合性服务的企业，主要从事国内沿海及长江中下游普通货船运输、船舶挂靠、体系挂靠、船舶货运代理、提供港内加油等业务，注册资金1亿元。公司拥有5艘万吨级以上的散货船，15艘5000吨级的船舶，4艘港内加油船。

公司坚持“以人为本”和“诚信载物”的管理与服务理念，形成符合NSM规则的安全管理体系，取得辽宁省海事局签发的DOC和SMC安全体系认证，多次被评为“AAA级信用企业”、“辽宁省最佳诚信示范单位”。2011年成立集团工会和集团党支部。集团公司旗下有大连森润石化贸易有限公司、大连华德兴货运代理有限公司、大连华峰货运代理有限公司、黑龙江东闽航运有限公司、营口富华船务有限公司，在莱州、天津等港口设有办事处。

1. 董事长陈华禄
2. 骨干员工合影
3. 总部前台
4. 参加桂林街道举办的“庆祝建党90周年”演出
5. 集团自有5000吨级散货船“华德19”

# 大连红叶餐饮有限公司

大连红叶餐饮有限公司成立于1998年，位于中山区明泽园30号，是一家以经营日本料理为主，河豚鱼料理为特色，兼营中华料理和火锅料理的综合性餐饮企业。10余年坚持不断创新、开发，推出新派日本料理，给宾客创造更多的美食空间，先后在大连、沈阳、长春、昆明等地开设多家分店，品牌扩展至日本料理、中华料理、素食料理、顶级火锅、文化教育等。

2010年，公司与日本上市著名品牌商八番共同合资开展八番拉面事业，在大连地区开设3家拉面馆，将风靡日本的八番拉面引入大连和国内多个地区。公司先后获“中国驰名商标”、“辽宁省著名商标”、“大连首批绿色餐饮机构”、“大连市食品卫生信誉度A级单位”、“大连市餐饮食品安全示范单位”等荣誉称号。

1.各界领导与员工合影
2.大连红叶日本料理新装启幕
3.后厨厨师在做料理

4.日本料理美食
5.公司外景
6.前台工作人员

# 大连嘉信大酒店有限公司

大连嘉信大酒店有限公司（嘉信国际酒店）系中美合作经营，按四星级标准设计建造的国际商务型酒店，隶属于嘉信企业集团。

酒店于1998年3月18日正式营业。2001年12月通过国家旅游局星级审核评定为四星级涉外酒店。2003年6月被评为“绿色酒店”。2008年被评为“辽宁省十佳旅游星级饭店”。2009—2011年，连续3年蝉联大连市“十佳”旅游星级饭店。

①

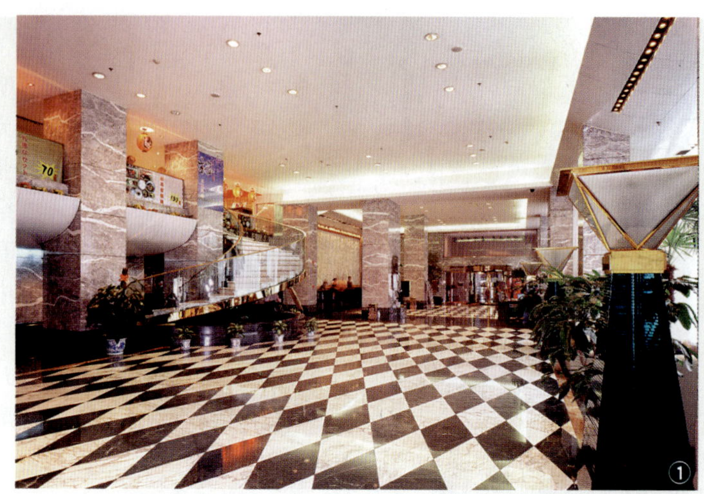

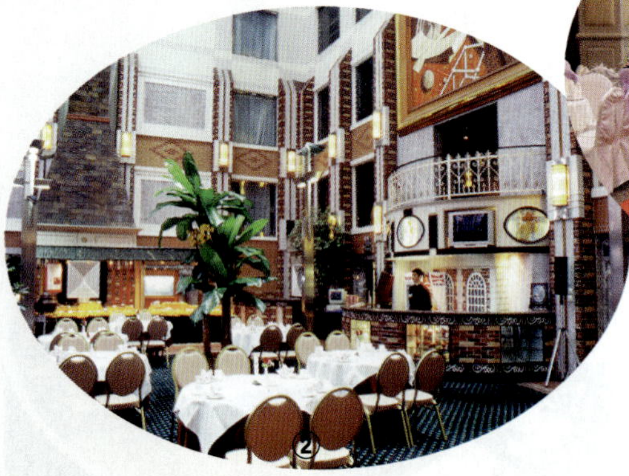

②

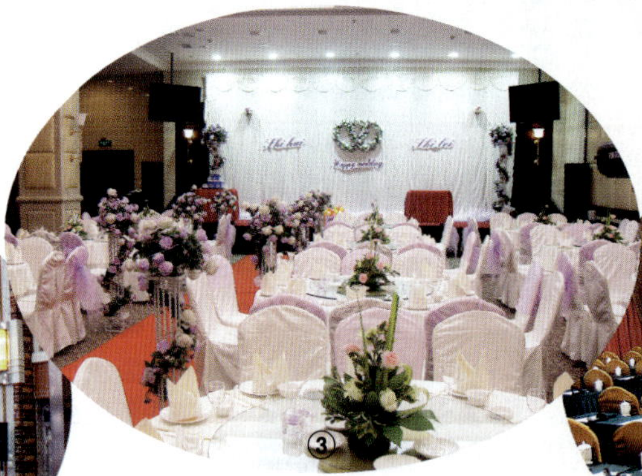

③

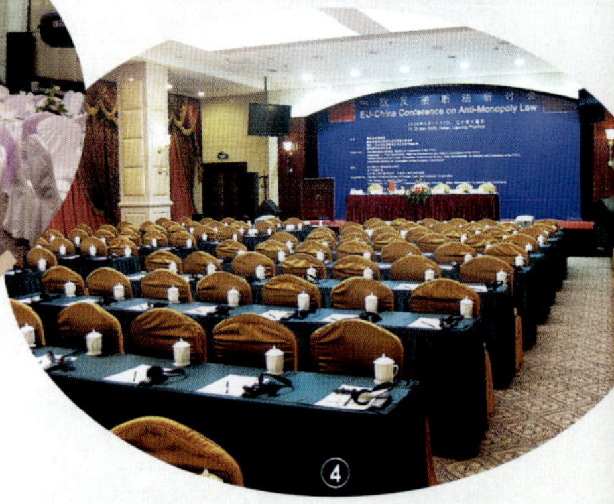


④

1. 酒店B馆大堂
2. 26米层高锦江春餐厅
3. B馆三楼多功能厅
4. 温馨浪漫的婚宴场地
5. 酒店A馆客房
6. B馆日本楼层客房
7. 酒店特色——印度门童

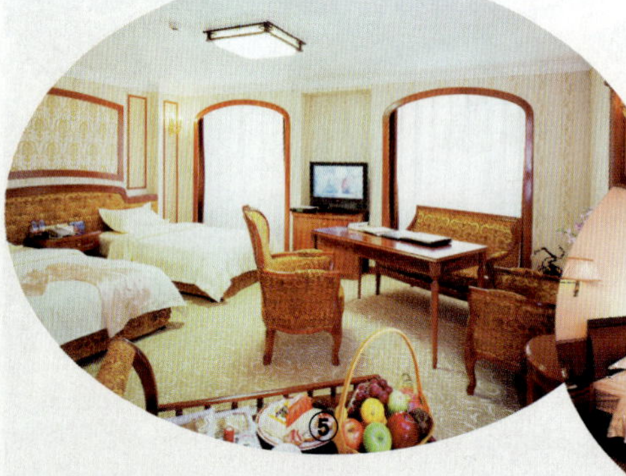

⑤

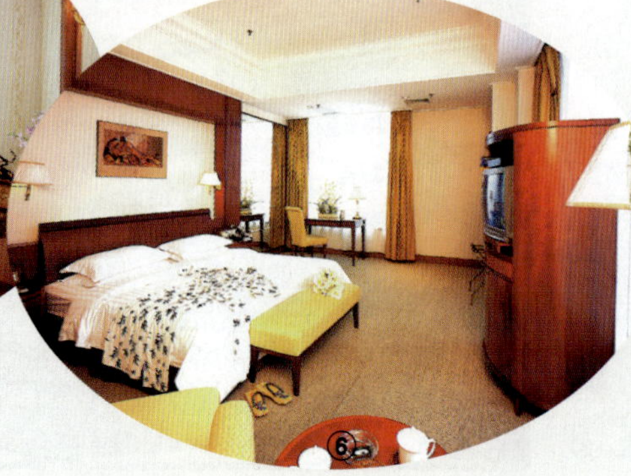

⑥

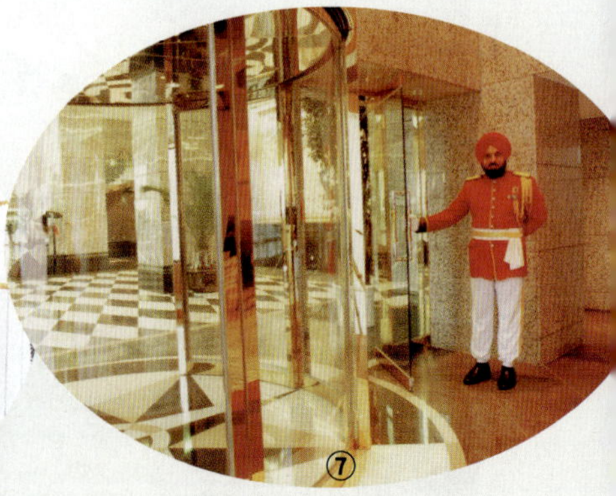

⑦

# 双合社区

## 服务型特色社区

青泥洼桥街道双合社区位于中山区中原街29号，119个楼院，居民3690户、9718人。社区党总支下设6个党支部，19个党小组，党员356人。

社区坚持“以人为本，服务居民”的指导思想，千方百计为居民排忧解难。办公区设多功能服务站、活动室、警务室、图书室、医疗康复室和爱心超市等，为居民提供温馨服务。社区面向弱势群体开展扶贫帮困活动，组织非公企业负责人、人大代表、政协委员等扶持贫困家庭和残疾人家庭，与困难家庭结对子，全年资助空巢老人、困难党员、百岁老人等58户。社区先后荣获“辽宁省文明社区”、“辽宁省精神文明先进集体”、“辽宁省标准化社区党员活动室”、“大连市文明社区标兵集体”、“大连市先进社区”等称号。

1.社区开展“六有”、“惠民”群众满意活动
2.组织青少年到大连火车站志愿服务
3.为辖区百岁老人过生日
4.社区党员“奉献日”活动
5.社区志愿者清理野广告
6.组织居民参观“红色的足迹”展览
7.慰问消防官兵
8.倡导青少年绿色、健康上网

# 玉光街71号楼院

## 和谐邻里一家亲

青泥洼桥街道青泥社区玉光街71号楼位于中山区最繁华的商贸、金融、旅游、娱乐、餐饮和信息服务中心，毗邻大连商场、百年城，2路、5路、22路、33路等10余条公交车在此始发。

该楼始建于80年代初，是一栋弃管楼，楼内居住着14户、60名居民。老党员王恒顺带领邻居们自我管理、自我服务、自我教育，文明导乘、美化家园。大家不攀比、不等靠，共同集资购买涂料、油漆，自己动手粉刷墙面，油刷楼梯和扶手，将自家的大衣镜、贝雕画、山水画摆放在粉刷一新的楼道，布置得像自己家一样整洁、卫生。邻里互敬、互助、互爱，新春佳节组织家庭聚餐，关系相处十分融洽。14户居民“一家亲”合照挂在楼院正面，醒目、温馨。

在创建全国文明城市活动中，王恒顺带领楼内党员和居民加入社区志愿者队伍，戴着红袖标在公交车站疏导交通，对外地游客进行文明导乘，成为大连市的一个亮点。玉光街71号楼院被评为“大连市和谐楼院”，该楼“和谐邻里一家亲”事迹被大连电视台制作成公益广告，中央电视台、大连电视台等新闻媒体先后给予报道。

1. 大连电视台采访楼院带头人王恒顺
2. 广州白云街道慕名到楼院参观
3. 楼院居民共唱邻里情
4. 文明导乘
5. 更换文明宣传板
6. 党员带头粉刷楼院
7. 居民自觉清扫楼道

# 上海社区锣鼓队

青泥洼桥街道上海社区锣鼓队成立于2001年7月，是大连市最早成立的一支社区锣鼓队，队员全部由社区居民中离退休人员组成，有队员30人，平均年龄65岁。

锣鼓队组建10余年来，紧密围绕街道党工委、办事处中心工作开展精神文明和公益宣传活动，先后在大连服装节、赏槐会等市、区大型活动中展演700场次，获得“辽宁省先进体育指导站”称号，2006年被评为“大连市特色文艺活动（锣鼓）基地”。

①

②

③

1.锣鼓队成立义工站
2.锣鼓队成员参加迎春联欢演出
3.锣鼓队在胜利广场开展平安创建宣传活动
4.锣鼓队在中山音乐广场开展安全宣传活动
5.锣鼓队在星海湾参加展演
6.锣鼓队成员演练健美操

④

⑤

⑥

# 中山区青泥洼桥小学

中山区青泥洼桥小学位于中山区武汉街43号，占地面积8606平方米，有教学班24个，教师60余人，在校学生730人。

学校坚持“品质立校，品位育人”的核心理念，以“品质成就人生”为办学宗旨，以“管理文化、学生文化、教师文化、特色文化、课程文化”为主题，全面实施“品质教育”，营造良好的育人环境。依托特色项目推进，深化“品质教育”内涵，开展“体育艺术2+1”活动，通过书法教育、心理健康教育、足球文化特色项目建设，达成科学教育启智、艺术教育养心、体育教育健体、心育教育养性的目的。先后荣获“全国‘十一五’教育科研先进集体”、“全国书法教育实验学校”、“全国学生营养与健康示范学校”、“辽宁省中小学心理健康教育先进单位”、“大连市教育科学‘十一五’规划先进集体”等称号。

1.庆教师节学校领导接受青泥社区赠送的牌匾
2.全体教师在开学典礼上宣读教师誓言
3.市教育学院领导参观校史馆
4.校园足球工程启动仪式
5.全校教师合影
6.毕业课程：六年级学生团队训练《感恩母校》
7.阳光教师爱心团队工作坊在现场会上交流展示
8.师生手工作品展示

# 绿山社区

## “双栖”志愿者服务

昆明街道绿山社区“绿山家园网络志愿者服务队”成立于2011年9月，下设6个分队，参与志愿者100余人。网络志愿者服务队以“倡导文明，爱我家园”为主题，以辖区企业、楼院党支部为基础，开展生活空间与网络空间的“双栖”志愿服务。通过把现实生活中洁美家园行动、志愿参与街区重大活动、邻里结对帮扶、困难援助活动等公益服务与“家园博客和谐窗”、“微博直播宣传窗”、“网络论坛精神导航”、“ QQ聊天慰藉老人”等网络文化服务有机结合，探索和创新基层社会管理与志愿者服务模式，拓展志愿者服务项目与内容，推进志愿者参与社会公益服务，倾力打造和谐文明美好的城市家园。绿山社区被评为“大连市计划生育协会工作先进集体”、“大连市企业退休人员社会化管理服务先进社区”、“大连市安全社区”。

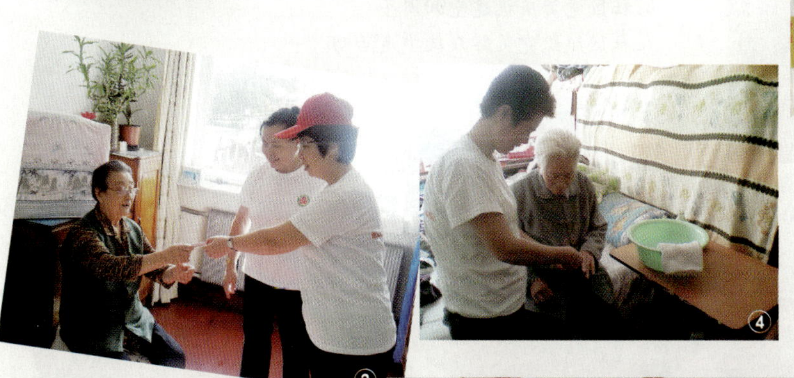

1.社区志愿者宣誓
2.志愿者发放科普知识宣传单
3.志愿者入户宣传健康知识
4.志愿者为居民提供多种服务

5.楼院党支部利用板报宣传安全知识
6.老干部大学学员到社区参加志愿服务
7.社区志愿者网上为居民服务

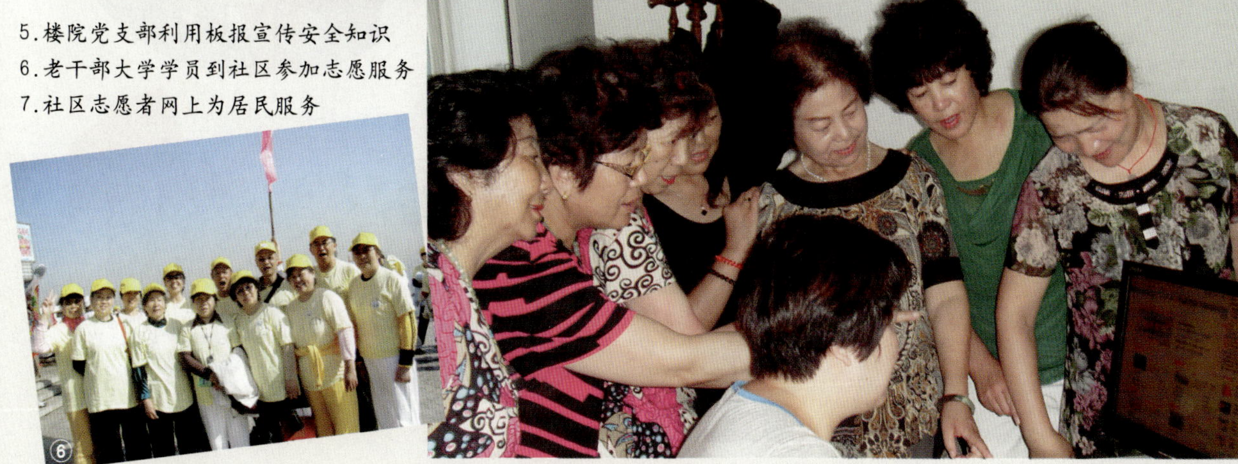

# 武汉社区

## 推进居民自治 打造星级楼院

昆明街道武汉社区位于中山区独立街35号，占地面积7.4万平方米，居民2926户、4628人。物业管理小区2个。弃管楼29栋、61个门洞，占所辖面积2/3，属于中心城区中的老城区。

社区发动党员、楼长、居民参加弃管楼管理，建立“自管我家园”队伍。2005年成立“南山里自管会”，2009年4月在“为党徽增光，为党旗添彩”活动中挂牌成立自管会党支部。自管会成员13人，年龄最大82岁，最小65岁，管理着楼院环境卫生、外来人口登记、禁止商贩院内非法摆摊、防盗门和楼道灯损坏等，在社区建设中发挥重要作用。武汉社区先后获“大连市先进社区”、“大连市平安社区”、“大连市安全社区”等荣誉称号。

1. 社区居民与各级领导座谈“建富庶美丽文明大连”
2. 社区党员群众参加辖区单位主办的“我的生活我做主”活动
3. 党员参加“爱党就从身边事做起”公益活动
4. 自管党支部书记刘桂芳常年如一日清理环境卫生
5. 老党员给大铁门刷油漆
6. 社区党员庆祝建党90周年
7. 社区组织党员群众徒步走活动

# 大连市第二十四中学

大连市第二十四中学位于中山区解放路217号，始建于1949年9月，占地3万平方米，建筑面积2.9万平方米，绿化面积1万平方米。新老教学楼、实验楼、图书馆、体育场馆、艺术楼、报告厅等，为培养综合素质和创新型人才奠定良好的物质基础。

学校现有学生1560人，教职员工130人，其中特级教师5人，高级教师87人，省市级骨干教师19人，省市劳动模范10人，国家级金牌教练13人。1962年被评为辽宁省首批重点中学。

学校先后获“全国依法治校示范校”、“全国教育科研先进单位”、“全国培养体育后备人才试点中学”、“辽宁省文明单位”、“辽宁省模范学校”、“辽宁省绿色学校”、“辽宁省新课程改革先进学校”等荣誉称号。

①

②

③

④

⑤

⑥ ⑦

⑧

⑨

1. 学校领导班子成员
2. 开展师德教育
3. 高三优秀学子加入党组织
4. “中学生领导力”大赛
5. 中美学生同堂学习
6. 学校“英语节”
7. “汇盛——英才奖励基金”奖励大会
8. 学校全景
9. 阅览馆

# 中国石油大连销售公司

中国石油天然气股份有限公司大连销售分公司位于中山区昆明街200号，是中国石油天然气股份有限公司在大连地区的油品销售企业。主要从事石油、成品油、天然气、石油化工产品、液化石油气的销售业务。其前身为煤炭石油公司，成立于1949年5月4日，1955年4月正式成立中国石油公司辽宁省旅大石油公司。1992年改组为大连石油集团公司，隶属大连市商委管理。1998年6月，大连石油集团公司划归中国石油天然气集团公司管理，更名为中国石油大连销售公司。

1999年公司重组分离为上市与未上市两家企业，2002年又重组合并为统一管理、分开核算的一家企业。公司经过60年发展，规模不断壮大，划归中国石油集团公司管理后发展快速，由一个严重亏损的地方企业发展成为创利大户，市场占有率达到90%。2011年，公司销量突破200万吨，营业收入突破150亿元，非油收入突破1亿元。公司被评为“全国商业服务业先进企业”、“创建中国最佳旅游城市先进集体”、“辽宁省先进企业”、“辽宁省重合同守信用单位”，荣获“大连五一劳动奖章”，连续多年在大连纳税百强企业排名中位居前10位。

1.公司领导班子成员
2.员工代表大会现场
3.加油站便民服务受到客户称赞

4.为客户提供热情周到的非油品服务
5.除夕之夜加油站员工坚守岗位
6.风雪中为客户撑起温馨之伞
7.安全员进行设备巡检
8.公司办公大楼

# 大连凯宾斯基饭店

大连凯宾斯基饭店位于中山区解放路92号。饭店拥有25层贵宾楼、31层园景楼、400间时尚典雅、宽敞舒适的客房和套房。普拉那啤酒坊和马可波罗意大利餐厅等8个独具特色的餐厅和酒廊，让宾客享受“一站式”风格各异的美酒佳肴。拥有1400平方米的会议宴会空间、3个独立区大宴会厅、11个多功能厅，可举办不同规模和形式的会议、宴会。4500平方米阿拉伯风格的欧意希斯水疗中心拥有设备先进完善的健身房、游泳池、桑拿浴、水疗房、美容和美发沙龙等，为客户提供全方位理疗服务。大连凯宾斯基饭店以其高品质服务荣获“2011 TTG中国旅游大奖——中国东北地区最佳酒店”称号。

1.饭店外景
2.中式宴会厅
3.会议厅
4.大堂酒廊
5.游泳池
6.理疗房
7.套房

# 阳光少年之家

葵英街道阳光少年之家由街道社区学校创办，并相继开办“阳光少年文化辅导站”、“阳光少年心理健康指导站”，辅导员40余人，形成家庭、学校、社区“三位一体”教育网络。“阳光少年心理健康指导站”成为连接特殊家庭子女与社会的结点。

葵英辖区有失业人员1万余人，困难家庭700余户，农民工2100余户，其中单亲、残疾人、生活特困的特殊家庭500户。阳光少年之家面向这些特殊家庭中未成年人施教，针对每个孩子的不同情况，实施“三项工程”：承包责任工程、心理教育工程、社会实践工程，帮助青少年健康成长。

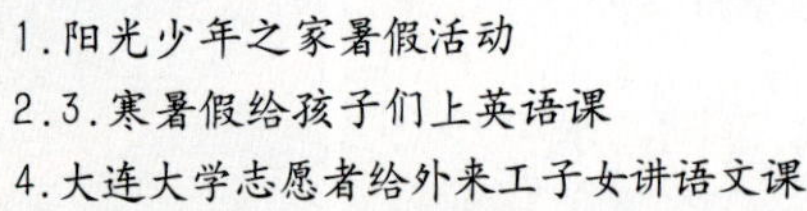

1.阳光少年之家暑假活动

2.3.寒暑假给孩子们上英语课

4.大连大学志愿者给外来工子女讲语文课

5.大连大学志愿者给外来工子女讲普法课

6.元旦假期给孩子们补习英语

# 大连市第二中学

大连市第二中学是大连市教育局直属的普通高级中学，位于中山区解放路343号，始建于1954年，占地面积35000平方米。现有教学班30个，有学生1350名，每个年级有一个美术班，教职工138名。

学校经2008年第一期和2011年第二期大规模工程改造，建成一座崭新的、集现代化教学楼、办公楼于一体的高级中学。室内体育馆功能齐全，省级示范性图书馆藏书近8万册，校内设各种专业教室、音乐厅和食堂等，为学校的发展与壮大奠定了坚实的物质基础。

学校本着“以学生发展为根本、以质量求生存、以特色谋发展”的办学理念，坚持走“文化引领、科研先行、内涵发展、特色创新”的办学之路，努力实现“为每一个学生发展提供机会、让每一个学生走向成功”的办学宗旨，特色办学实现新突破，以“提升全体学生艺术素养和提高特长生专业水平”为目标的艺术教育模式正在形成。自2003年创办美术班以来，毕业生已遍布全国八大美院。

①

②

1.校长刘昌利
2.中央电视台著名主持人毕福剑回到母校
3.学校义工站成立
4.学校环保志愿者
5.学校军训汇报表演
6.学校运动会开幕式
7.学校教学楼大厅
8.学校体育馆
9.学校综合楼

# 哈尔滨银行大连解放路支行

哈尔滨银行大连解放路支行成立于2010年9月，是哈尔滨银行大连分行在大连地区设立的第六家支行，员工22人。地址中山区解放路336号，营业面积595平方米。是以哈行特色业务为主，其他各项业务为辅的综合性支行。支行坚持以小企业特色业务为主，为大连市中小企业提供多、快、好、省的小企业贷款业务，个人消费贷款等个人业务，基金、理财、保险、第三方存管等基础业务以及票据业务、国际业务等公司类业务。

1.哈尔滨大连分行行长和解放路支行行长在开业仪式上揭匾
2.支行开业仪式
3.哈尔滨银行大连解放路支行全体员工
4.支行领导在劳动公园做宣传

5.员工安全培训
6.员工业务交流会议
7.支行营业大厅
8.参加分行红歌会
9.组织员工登山活动

# 好旺角青云林海店

好旺角青云林海店是大连好旺角房屋经纪有限公司旗下分店，位于中青街43号，成立于2006年3月6日，面积80平方米，员工16人。自成立以来，始终坚持“正心诚意，修齐治平”的经营理念，经过几年的发展，驻守青云林海、青云映山两大名盘，是公司仅有的5大驻盘店之一，曾获公司“百万分店”称号，被评为大连市“AAA级”诚信中介机构及“消费者信得过单位”。

1.好旺角青云林海店接待处
2.好旺角青云林海店人员工作中
3.好旺角青云林海店获奖荣誉证书
4.解放路区域楼盘示意图
5.好旺角青云林海店外貌

# 中山区婚姻登记处

中山区民政局婚姻登记处属全额拨款事业单位，负责辖区36万人口的婚姻登记服务工作。登记处适应公众需求，以新婚夫妻为核心，合理布局登记场所，配备相应服务设施，通过微笑式服务提升登记质量，当事人在真情服务中感受政府的关怀与祝福。

婚姻登记处坚持探索婚姻基本公共服务内容，积极稳妥推进婚姻政策咨询、婚姻知识宣传、婚姻情感疏导等服务项目，真诚为辖区居民服务。

1.婚姻登记处主任李言娜
2.工作人员审核结婚登记手续
3.工作人员学习婚姻登记相关业务知识
4.婚姻登记处结婚登记窗口
5.婚姻登记处办公楼

# 高尚社区

## 架起连心桥，党群心连心

桃源街道高尚社区位于中山区高尚路16号，占地面积2.9平方公里，居民4976户、17161人。社区办公面积400平方米，工作人员16人。

社区党总支坚持开展特色党建活动，“党群连心桥”是其中之一。该活动以“为民、富民、安民、乐民、便民”为宗旨，社区党总支牵头，党员、楼长为主体，“五老”志愿者、青年志愿者等有专业特长的人员为辅，组建起5支志愿者服务队伍，以主题文化活动形式丰富居民生活、帮助群众解决实际困难。社区发挥“连心桥”载体效应，每期活动突出一个主题，活动现场邀请医疗、法律界等专业人员免费为居民提供咨询服务，组织志愿者走访慰问老党员，关爱弱势群体等。社区先后荣获“大连市文明社区”、“大连市安全社区”、“大连市先进社区”、“大连市平安社区标兵”“大连市充分就业社区”、“大连市星级平安稳定社区”等称号。

1.社区工作人员合影
2.社区工作会议
3.法制教育进社区

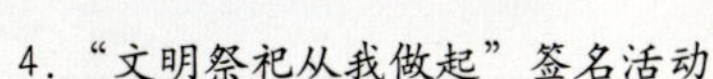

4.“文明祭祀从我做起”签名活动
5.“五老”志愿者才艺展示
6.志愿者巡逻队在辖区巡逻
7.社区全貌

# 震海社区

## 打造邻里亲情 构建和谐社区

桃源街道震海社区地处桃源地区中部，面积2.6平方公里。近年来，社区以打造邻里亲情作为切入点，推进和谐社区建设。2007年3月，召开创建“邻里情”特色社区动员大会，公布活动方案，邀请区有关部门领导为居民群众作报告，在各楼院开展以“相识、相知、相聚、相助、相悦”为主题、促进邻里和谐的系列宣传活动。

社区成立文体队伍，组织居民才艺展示和厨艺大比拼，定期举办春秋两季健康徒步行、广场趣味运动会、乘凉晚会和楼院打滚子比赛，并将露天电影晚会从广场搬到楼院，居民在活动中沟通、交流，“邻里情”更加浓厚。社区定期组织居民通过参观游览开发区、高新园区、大连自然博物馆、现代博物馆和大连市城市建设重点工程等，开拓视野，增强“爱家园”思想意识，主动参与和谐社区建设。社区先后获“大连市文明社区”、“大连市平安标兵社区”、“大连市星级平安稳定社区”、“大连市充分就业社区”等称号。

1.社区工作人员合影
2.社区迎新春联谊会
3.社区居民厨艺成果展示
4.社区居民广场趣味运动会
5.社区居民徒步走活动
6.“打造邻里亲情，创建和谐社区”文艺晚会

# 大连市第四十四中学

大连市第四十四中学隶属于中山区教育局，是一所完全中学。位于中山区秀月街97号，学校始建于1964年。1992年开始高中音乐特长生培养，为高等艺术院校输送专业人才。2005年起参照省统考要求整班编制招收音乐、舞蹈模特、播音主持、影视表演、影视编导等专业，并逐渐扩大艺术特长生招生规模，目前已达到每年120人，3至4个班。

学校建筑面积近30000平方米，其中教学办公楼面积14643平方米，设计班型48个。图书馆、实验楼、艺术楼、体育馆与教学楼肩胛相连、操场合抱，与背后的群山相映成趣，300米标准塑胶人工草皮操场更添壮观。现有教学班42个、专任教师156名。

学校艺术楼拥有可容纳800人的现代化音乐厅、舞蹈排练室、合唱教室、各乐团排练室和专业琴房近100间，配备14名在编优秀专业教师，涉及音乐、舞蹈、编导等热门艺术高考专业。

40多年来，大连第四十四中学坚持不懈地打造“诚信、质朴、优雅、和谐”的学校精神，以高水准的教育教学质量和鲜明的艺术、体育特色成为市、区知名学校。

1. 校长韩民
2. 学校领导班子成员
3. 举办首届校友音乐会
4. 承办中日国际音乐节
5. 中国音协党组书记、著名作曲家徐沛东为学校题词
6. 荣获“辽宁省十佳优秀音乐教研组”
7. 新校区鸟瞰图
8. 学校操场
9. 新教学大楼外景

# 大连市第三十八中学

大连市第三十八中位于中山区秀月街景山小区高尚路1号，现有教学班14个，学生490人，教职工72人。学校在实施素质教育中坚持德育为首位、教学为中心，致力于科研兴校、特色立校、文化强校。在《初中学生成长规划实施策略研究》《中学德育特色校构建的实践与研究》《初中生利用“学案”自主学习策略的研究》等省市级课题的引领下，依据学生成长规律和学龄特点，以学生成长规划制定与实施为切入点，构建促进学生成长的两大平台，为每个学生的成长搭建平台。学校先后获“大连市科研先进单位”、“大连市绿洲行动先进单位”、“大连市优秀家长学校”、“大连市餐饮服务食品安全示范单位”等荣誉称号。

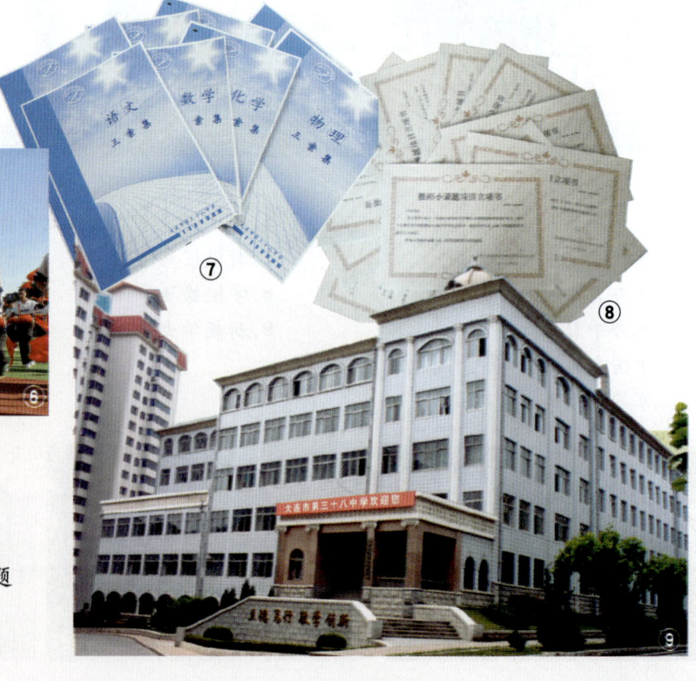


1.学校领导班子
2.课堂学习
3.砂纸画社团活动
4.民乐
5.配音社团
6.青春鼓跃
7.部分学科三案集
8.教师个人区级立项课题
9.学校外貌

# 中山区秀月小学

中山区秀月小学位于青山秀水的自由河畔，现有教职工57人，教学班22个，学生960余人。学校坚持“基础提高，优势发展”的办学理念，以“培养适合未来发展的学生，造就适合未来发展的教师，建设适合未来发展的学校”为工作目标，构建适合学校持续发展的管理模式。大力倡导“一学两研”（学习现代教育技术，开展教研、科研），先后承担“生活作文”、“校本课程研究”两个省级科研课题。在“学以致用，用以促学，学用结合”校本研究专题牵动下，开发出以“双语”、“艺术”两条主线为支撑，“语言交流”、“艺术欣赏”、“探索实践”、“文学体验”四大门类30多门校本课程，为教师专业发展、学生展示个性提供了广阔的空间和舞台。

1.校长莫仁顺作学校发展工作报告

2.学校领导班子

3.4.“大连市小学生英语口语水平提高”试点校项目启动仪式

5.学校环保中队

6.教师在英语口语培训中与外教口语交流

7.秀月小学音乐会

特色教育以“主体多元、渠道多向、形式多样”为措施，开展艺术教育活动，以声乐为龙头，逐渐拓宽艺术教育内容，满足学生个体发展的需求。秀月小学被评为“辽宁省三队建设先进学校”，曾代表辽宁省参加国家教育部举办的大合唱比赛获得金奖，管乐队获辽宁省和大连市管乐比赛一等奖，学校童声合唱团多次荣获省市区“小百灵”合唱比赛金奖。

# 大连老虎滩渔人码头

## ——北美风情休闲港湾

①

大连老虎滩渔人码头由海昌集团开发建设，总建筑面积7万平方米，融合了老虎滩优美景色和北美渔人码头传统文化风格，是一个集休闲、餐饮、观光、度假、娱乐等多项功能为一体的综合性特色主题旅游商业区。其中，主体商业区以海岸风情为主题的大型特色餐饮酒店；商业步行街以红酒会所、日韩料理、休闲咖啡、婚纱摄影等为主题进行布局。同时，渔人码头还建有不来梅灯塔、温哥华蒸汽钟、西·格鲁老船长、西京丸铁锚等具有历史文化内涵的景观小品。北美滨海小镇风情融入厚重的老虎滩渔港历史文化，使得老虎滩渔人码头与滨海路景区、老虎滩海洋公园一道，形成滨海休闲度假旅游精品，完美演绎北美滨海小镇的万种风情！

② ③

④

⑥ ⑦

⑩

⑧ ⑨

1.总经理王刚向市领导介绍老虎滩渔人码头项目
2.市长李万才在启动“北方不夜港工程”仪式上讲话
3.大连第二十二届赏槐会开幕式暨老虎滩渔人码头开街仪式
4.老虎滩渔人码头夜景
5.老虎滩渔人码头——北美的建筑风格
6.副市长孙广田在大连“北方不夜港工程”启动仪式上致辞
7.大连“北方不夜港工程”启动仪式
8.9.城市印象.文明大连摄影大赛颁奖典礼
10.大连中山首届红酒节
11.俄罗斯文化节
12.“为爱定格”摄影大赛颁奖典礼

⑪

⑫

# 大连棒棰岛宾馆

大连棒棰岛宾馆坐落在风景秀丽的南部海滨，是大连市国宾馆，1959年4月奠基，占地面积87万平方米，建筑面积6.8万平方米。

宾馆配套设施齐全，集住宿、餐饮、会议、温泉（室内外）、高尔夫、网球馆（室内外）等娱乐项目为一体，是接待国际、国内大型会议及商务活动的首选场所，建馆以来先后接待众多党和国家领导人及外国元首和贵宾，被誉为“中国绿色饭店”、“国家4A级旅游景区”。

1.海边浴场
2.3号楼
3.15号楼
4.4号楼
5.会议中心多功能厅
6.9号楼
7.棒棰岛高尔夫场一角
8.网球馆

# 大连老虎滩海洋公园

大连老虎滩海洋公园是国家5A级景区，是大连市旅游的一道亮丽名片。2010年，大连老虎滩海洋公园规划改造被列为大连市重点工程开工建设，工程项目规划分海洋公园、综合商业休闲、滨海公园、温泉度假酒店、文化演艺中心等五大功能区域。

2011年，改造工程稳步推进。完成3万平方米的市民广场建设、1.7万平方米的地下停车场建设、7000平方米的立体大巴车场建设、1700延长米的海上护岸工程和200万立方米的回填方量，完成新珊瑚馆的设计，启动新索道工程和新游艇码头建设。

1. 市委书记唐军到公园检查指导工作
2. 总经理杨林与部门负责人签订责任状
3. 30虎雕广场（全国最大的群虎石雕）
4. 公园每年吸引大量中外游客
5. 老虎滩海洋公园是国家5A级景区

# 大连老虎滩海上游艇旅游公司

大连老虎滩海上游艇旅游公司隶属于老虎滩海洋公园，拥有大型旅游船舶4艘、旅游快艇8艘。海上旅游观光航线有老虎滩至棒棰岛、星海公园至付家庄、老虎滩至龙王塘，是大连南部海区“海上看大连”的一个重要窗口。

公司管理上采用ISO9001和ISO14001国际质量与环境管理体系的标准及要求。2010年，大连老虎滩海洋公园规划改造被列为大连市重点工程开工建设，其中菱角湾旅游船码头改造被列入规划之中，经过改造，菱角湾码头硬件必将大幅提升，与之配套的是拟再造大型豪华旅游船一艘、豪华游艇两艘。届时，大连老虎滩海上游艇旅游公司将以崭新的面貌迎接四海宾朋，为发展大连海运事业和大连市旅游业作出新贡献。

1. 海滨美丽风光吸引了各地游客
2. 安全检查
3. 便捷服务
4. 海中快艇一景
5. 新购旅游快艇
6. 游艇靠岸

# 大连老虎滩极地海洋动物馆

大连老虎滩极地海洋动物馆坐落在大连老虎滩风景区，依山傍海，景色迷人，是由大连老虎滩海洋公园和大连海昌旅游发展有限公司共同投资。公司投资建设了极地海洋动物馆、海兽馆、欢乐剧场项目，总投资3.7亿元人民币。公司从2001年起，先后引进了白鲸、海狮、北极熊、海獭、海象、海豹、企鹅等10余种百余头大型海洋动物、千余条珍稀鱼类进行展示和观赏，动物的展示品种和数量居全国首位，是国内第一家以极地海洋动物表演、极地海洋文化展示、极地科普知识宣传为主要内容的场馆，是国家首批5A级景区，被国家海洋局极地办公室授予“基地科普教育基地”称号。极地海洋动物馆10年来共接待游客数量2000万人次。极地馆、海兽馆、欢乐剧场3个项目的先后开业，续写了大连旅游业的新篇，成为大连市旅游一张炫彩夺目的名片。

1.首只人工饲育成活“无毛帝企鹅”
2.中国首例成功繁育北极熊龙凤胎
3.极地馆表演场——温馨一刻
4.极地馆表演场精彩的海豚表演
5.欢乐剧场——海狮高台跳水
6.欢乐剧场——海狮篮球赛
7.极地馆表演场——白鲸亲吻
8.欢乐剧场

# 名录·人物 MING LU · REN WU

## 2011年中山区领导人员

### ·中共中山区委员会·

**书　记**　李向东
**副书记**　江亲瑜
　　何守林

**常　委**　李向东
　　江亲瑜
　　何守林
　　李玉宝
　　周　勤（女）
　　沙　东
　　曲寿巍
　　蔡先勃
　　时振军

#### 办公室
**主　任**　常　强
**副主任**　张力夫
　　包树江（任职至2011年4月）
　　金永宏（2011年7月任职）
　　王　韧

#### 政策研究室
**主　任**　王彦静（女）
**副主任**　王　韧

#### 保密局
**局　长**　曹　君（女）

#### 组织部
**部　长**　周　勤（女）
**副部长**　孙惠民
　　王秀娟（女，任职至2011年4月）
　　谭晓棠（女）
　　汤艳新（女，2011年4月任职）
　　许治强
　　鲁　帆

#### 非公有制企业党工委
**书　记**　王秀娟（女，任职至2011年4月）
　　汤艳新（女，2011年4月任职）

#### 宣传部
**部　长**　曲寿巍
**副部长**　宋建龙
　　孟泓禄
　　刘　辉（女）

#### 精神文明建设指导委员会办公室
**主　任**　孟泓禄

#### 政法委员会
**书　记**　胡家耿
**副书记**　艾　军（2011年1月任职）

#### 维护社会稳定工作领导小组办公室
**主　任**　胡家耿
**副主任**　姜学勇

#### 社会治安综合治理办公室
**主　任**　艾　军
副主任　陈继光（任职至2011年1月）
　　宋伯陶（女，2011年7月任职）

#### 统战部
**部　长**　张东红（女）
**副部长**　肖玉琳（任职至2011年4月）

赵礼群（2011年4月任职）
崔丽峰（女）

**机关党工委**

**书　记**　张力夫
**纪工委书记**　辛秀红（女，任职至2011年4月）
罗　华（女，2011年7月任职）

**机构编制委员会办公室**

**主　任**　郝跃奇
**副主任**　董　佳（女，2011年7月任职）

**老干部局**

**局　长**　许治强
**副局长**　朱　延（女）

**党　校**

**校　长**　鲁　帆
**党总支书记**　杨桂春
**副校长**　王畅江

## ·中山区人大常委会·

**主　任**　宋国伟
**副主任**　李英胜
付　颙(女)
岳君年
马进明
范成华
**党组书记**　宋国伟
**党组副书记**　付　颙(女)

**办公室**

**主　任**　刘觉民
**副主任**　李志华

**财经工作委员会**

**主　任**　韩树谦（任职至2011年4月）
尹执刚（2011年4月任职）

**人事代表室**

**主　任**　解传波（任职至2011年4月）
任福义（2011年4月任职）

**教科文卫工作委员会**

**主　任**　任福义（任职至2011年4月）
顾　宏（女，2011年4月任职）

**法制办公室**

**主　任**　刘惠斌

**信访室**

**主　任**　杜峻岐

**环境资源工作委员会**

**主　任**　毕艳波（女）
**常务委员会委员**　刘　洋（女，任职至2011年2月）
丛建英（女）
辛　宁（女）

## ·中山区人民政府·

**区　长**　江亲瑜
**副区长**　蔡先勃
王世海
于　笑（女）
姜朝明
任　力
郭云峰
**党组书记**　江亲瑜
**党组副书记**

**办公室**

**主　任**　孙继武
**副主任**　朱兰萍（女）
吴永智
吴笑姝（女，2011年7月任职）

**法制办**

**主　任**　孙继武

**公共行政服务中心**

**主　任**　朱兰萍（女）

### 应急办
主　任　孙继武

### 信访局
局　长　刘军海
副局长　石向明
　　　　刘　彦（女）
　　　　杨福志（2011年7月任职）

### 发展和改革局
局　长　吴晓辉
副局长　尹执刚（任职至2011年4月）
　　　　牛金华
　　　　丛茂昆（2011年4月任职）

### 经济合作办公室
局　长　郑万林
副局长　郑文峰（任职至2011年1月）
　　　　端彩玲（女，2011年1月任职）
　　　　张丹羊（2011年10月任职）

### 监察局
局　长　张建军
副局长　赵丽萍（女，任职至2011年7月）
　　　　徐少峰
　　　　李征南（2011年7月任职）

### 安全生产监督管理局
局　长　王文福
副局长　王在熙
　　　　路兴凯（2011年7月任职）

### 教育局
局　长　尹兴宇
副局长　王义新
　　　　李　军
　　　　李春娥（女）
党委书记　陈　松
副书记　尹兴宇
工会主席　于　明（女）

### 政府督学室
主　任　汤惠卿（女）
副主任　王吉荣（2011年7月任职）

### 经济和信息化局
局　长　李赫楠（女）
副局长　李军星（任职至2011年4月）
　　　　姜洪波（女，2011年10月任职）

### 民政局
局　长　桑茂科
副局长　吴长清
　　　　杨建华（2011年7月任职）
党委书记　李兰芝（女）
副书记　桑茂科

### 司法局
局　长　刘长凯
副局长　张海燕（女，任职至2011年4月）
　　　　吴晓壮

### 财政局
局　长　董曙勤（女）
副局长　王占东
　　　　林乐永

### 人力资源和社会保障局
局　长　谷艳敏（女）
副局长　刘　韬
　　　　康　强（女，任职至2011年4月）
　　　　寇传国（任职至2011年9月）
　　　　张长久（2011年7月任职）
党委书记　赵江松
副书记　谷艳敏（女）

### 就业服务中心
主　任　季　青（任职至2011年7月）
党支部书记　季　青

### 退管中心
主　任　张树新（2011年7月任职）

### 城建局
局　长　翟云龙
副局长　关建华

王　黎
**党委书记**　王立军
**副书记**　翟云龙

## 人民防空办公室（民防办公室）

**主　任**　翟云龙

## 环卫处

**主　任**　杜　辉
**党总支书记**　温　霞（女，任职至2011年1月）
郭　红（女，2011年7月任职）

## 园林处

**主　任**　曲凤君

## 行政执法局

**局　长**　叶　平
**副局长**　王光强
唐文杰
**党总支书记**（暂缺）
（注：2011年12月中山区行政执法局整建制转入大连市行政执法局）

## 海域清理办公室

**主　任**　叶　平（任职至2011年12月）
**副主任**　王光强

## 城区改造办公室

**主　任**　高允山
**副主任**　王世兴（2011年7月任职）

## 供热办

**主　任**　柳义松

## 审计局

**局　长**　李洪敏
**副局长**　王晓美（女，任职至2011年4月）
王　刚
王书诏

## 卫生局

**局　长**　曲莉明(女)
**副局长**　王国志（任职至2011年4月）
宋　艳（女）
赵大磊
**党委书记**　赵礼群（任职至2011年4月）
**党委副书记**　曲莉明　（女）

## 中山区人民医院

**院　长**（暂缺）
**党总支书记**　张志国

## 食品药品监督管理局

**局　长**　姜长贵
**副局长**　李向伟
刘传利

## 人口和计划生育局

**局　长**　张美林（女）
副局长　王飞舟（女，2011年7月任职）
董　辉（2011年10月任职）

## 文化体育局

**局　长**　殷传军
**副局长**　原宜广
孙万刚
**党委书记**　顾　宏（女，任职至2011年4月）
边卓君（女，2011年4月任职）
**纪委书记**　顾　宏（女，任职至2011年4月）
边卓君（女，2011年4月任职）

## 体育活动中心

**主　任**　原宜广

## 统计局

**局　长**　梁俊海
**副局长**　李伟光（任职至2011年1月）
孙　力（任职至2011年11月）

## 商务局

**局　长**　王相平
**副局长**　曹　松
郑文峰（2011年1月任职）
车　红（女，2011年7月任职）

蔡运刚（2011年10月任职）
**党委书记** 王相平
**副书记** 权基善

服务业局
**局　长** 王相平

东港商务区推进办公室
**副主任** 曹　松

民族宗教事务局
**局　长** 孙　洁（女，任职至2011年4月）
桑京哲（2011年4月任职）
**副局长** 王慧男（女，2011年7月任职）

行管办
**主　任** 刘　艳（女）
**副主任** 曲拥军（2011年7月任职）

旅游局
**局　长** 孙中琦
**副局长** 唐丽贤（女）

三山岛管委会
**主　任** 孙德胜

大连火车站站南地区管理处
**主　任** 孙绍礼
**副主任** 帅　军（任职至2011年1月）
邹洪伟

大连市天津街商业步行街管理办公室
**主　任** 魏思泉
**副主任** 牟善军
赵晓光（2011年7月任职）
**党工委书记** 魏思泉
**副书记** 陈思潞（女，2011年7月任职）

档案局
**局　长** 王　钦
**副局长** 顾发强（2011年7月任职）

工业总公司
**总经理** 王其章
**党委书记**（暂缺）
**副 书 记** 刘淑芬(女)
**纪委书记** 刘淑芬(女)

教师进修学校
**校　长** 蔡维勇
**副校长** 于　美（女）
张旭阳
尹德明（2011年7月任职）
**党总支书记** 杨　艳（女）

## ·政协中山区委员会·

**主　席** 薛京利（女）
**副主席** 孙诚谦
张东红（女）
孙　超
杨　凌（不驻会）
何彤梅（女，不驻会）
**党组书记** 薛京利（女）
**党组副书记** 孙诚谦
**秘书长** 赵黎明

办公室
**主　任** 赵黎明

提案委员会
**主　任** 王晓莉（女）

经济科技委员会
**主　任** 潘远凤（女）

文教法制委员会
**主　任** 郝晓蓓（女）

人口资源环境委员会
**副主任** 张静艳（女，主持工作）

委员工作委员会
**副主任** 韩宏伟

## ·中共中山区纪律检查委员会·

**书　记**　李玉宝
**副书记**　张建军
　　　　周玉堂
**常　委**　李玉宝
　　　　张建军
　　　　周玉堂
　　　　丛者舜
　　　　殷　虹（女）
　　　　孙秀梅（女）
　　　　刘莎莎（女，2011年3月任职）

### 办公室

**主　任**　殷　虹（女）

### 案件检查室

**主　任**　孙秀梅（女）

### 案件审理室

**主　任**　丛者舜

### 党风教育室

**主　任**　刘莎莎（女，2011年1月任职）

### 信访室

**主　任**　刘　　（女）
　　　　珺

### 执法监察室

**主　任**　赵丽萍（女，任职至2011年7月）
　　　　李征南（2011年7月任职）

### 案件管理室

**主　任**　李庆军（2011年1月任职）

### 纠风室

**主　任**　张　霞（女，2011年7月任职）
**纪委监察局检查员、监察员**　赵丽萍（女，2011年7月任职）

## ·大连市公安局中山分局·

**局　长**　姜朝明
**政　委**　刘顺成
**副局长**　王忠民
　　　　于　庄
　　　　朱　毅
　　　　初乐成
　　　　张　晨
**党组书记**　姜朝明
**副书记**　刘顺成
**党委书记**　刘顺成
**副书记**　连正东
**政治处主任**　连正东
**纪检组长**　范　强

## ·中山区工商行政管理局·

**局　长**　吕春荣
**副局长**　王立强（任职至2011年4月）
　　　　遇　玲（女）
　　　　陈惠民（2011年4月任职）
　　　　隋冠男（2011年4月任职）
**党委书记**　吕春荣
**纪委书记**　杨德有（任职至2011年4月）
　　　　尹伟东（2011年4月任职）

## ·中山区人民法院·

**院　长**　毕凤有
**副院长**　徐炳礼
　　　　辛振武
　　　　吴　斌
**政治处主任**　孙玉琴（女）
**纪检组长**　安学良
**执行局长**　刘传霖
**审委会委员**　姜庆涛
　　　　郭　滨
**党组书记**　毕凤有

党组副书记　徐炳礼

## ·中山区人民检察院·

**检察长**　王岩坡
**副检察长**　潘红岩
方嘉伟
刘惠畅
王　枢
**政治处主任**　张绍华(女，任职至2011年3月)
赵　军（2011年7月任职）
**反贪局长**　江志良
**纪检组长**　赵　军（任职至2011年7月）
邵亚南（女，2011年7月任职）
**检委会委员**　孙锡铅
邵亚南（女，任职至2011年7月）
于世林（2011年7月任职）
**党组书记**　王岩坡
**党组副书记**　潘红岩

## ·中山区社会团体·

### 总工会
**主　席**　沙　东
**副主席**　林义伟
杨宝宏（2011年7月任职）

### 共青团中山区委员会
**书　记**　杨晨光（任职至2011年10月）
**副书记**　刘莎莎（女，任职至2011年1月）
张鹏宇
杨春晖（2011年10月任职）

### 妇女联合会
**主　席**　陈立军（女）

### 工商业联合会
**主　席**　戚建成
**副主席**　于占凯（任职至2011年3月）
曹润华（女，2011年7月任职）

### 科学技术协会
**主　席**　崔富国
**副主席**　丛茂昆（任职至2011年4月）
徐　璐（2011年10月任职）

### 残疾人联合会
**理事长**　闫利军
**副理事长**　尹作利
王飞舟（女，任职至2011年7月）
陈海滨（2011年7月任职）

### 红十字会
**常务副会长**　朴　斐

## ·中山区街道·

### 中共海军广场街道工作委员会
**书　记**　迟　磊（女）
**副书记**　曲波远
林　伟（女）
索跃伟（2011年1月任职）

### 海军广场街道办事处
**主　任**　曲波远
**副主任**　王　乐
**人大工委副主任**　赵世龙（2011年1月任职）

### 中共海军广场街道纪律检查工作委员会
**书　记**　林　伟（女）

### 中共海军广场街道工作委员会政法委员会
**书　记**　索跃伟（2011年1月任职）

### 海军广场街道总工会
**主　席**　林　伟（女，2011年7月任职）

### 海军广场街道人民武装部
**部　长**　刘德峰（2011年8月任职）

### 中共人民路街道工作委员会
**书　记**　张岩君
**副书记**　杨海三
訾玉茹
汤　军

人民路街道办事处

**主　任**　杨海三

**副主任**　曹　华（女，任职至2011年3月）

　　　　辛秀红（女，2011年4月任职）

**人大工委副主任**　王　彧（2011年1月任职）

中共人民路街道纪律检查工作委员会

**书　记**　訾玉茹

中共人民路街道工作委员会政法委员会

**书　记**　汤　军

人民路街道总工会

**主　席**　訾玉茹（2011年7月任职）

人民路街道人民武装部

**部　长**　郝忠国（2011年8月任职）

中共桂林街道工作委员会

**书　记**　柳丽芳（女）

**副书记**　董震光

　　　　卫天录

　　　　朱宝锋（2011年1月任职）

桂林街道办事处

**主　任**　董震光

**副主任**　林义军（任职至2011年3月）

　　　　周　强

**人大工委副主任**　许庆宏（2011年1月任职）

中共桂林街道纪律检查工作委员会

**书　记**　卫天录

中共桂林街道工作委员会政法委员会

**书　记**　朱宝锋（2011年1月任职）

桂林街道总工会

**主　席**　朱宝锋（2011年7月任职）

桂林街道人民武装部

**部　长**　史玉坤（2011年8月任职）

中共青泥洼桥街道工作委员会

**书　记**　孙世夫

**副书记**　李井山

　　　　汤艳新（女，任职至2011年4月）

　　　　王晓美（女，2011年4月任职）

　　　　帅　军（2011年1月任职）

青泥洼桥街道办事处

**主　任**　李井山

**副主任**　王　琳

　　　　刘明国

**人大工委副主任**　徐宇春（女，2011年1月任职）

中共青泥洼桥街道纪律检查工作委员会

**书　记**　汤艳新（女，任职至2011年4月）

　　　　王晓美（女，2011年4月任职）

中共青泥洼桥街道工作委员会政法委员会

**书　记**　帅　军（2011年1月任职）

青泥洼桥街道总工会

**主　席**　王晓美（女，2011年7月任职）

青泥洼桥街道人民武装部

**部　长**　王　丹（2011年8月任职）

中共昆明街道工作委员会

**书　记**　范文斌

**副书记**　桑京哲（任职至2011年4月）

　　　　包树江（2011年4月任职）

　　　　王黎昕（女）

　　　　陈继光（2011年1月任职）

昆明街道办事处

**主　任**　桑京哲（任职至2011年4月）

　　　　包树江（2011年4月任职）

**副主任**　王　锋

**人大工委副主任**　郭玉莲（女，2011年1月任职）

中共昆明街道纪律检查工作委员会

**书　记**　王黎昕（女）

中共昆明街道工作委员会政法委员会

**书　记**　陈继光（2011年1月任职）

昆明街道总工会

**主　席**　王黎昕（女，2011年7月任职）

昆明街道人民武装部

**部　长**　王志林（2011年8月任职）

中共葵英街道工作委员会

**书　记**　王　猛
**副书记**　乔　兵（女）
王言章
温　霞（女，2011年1月任职）

葵英街道办事处

**主　任**　乔　兵（女）
**副主任**　傅晓杰（任职至2011年1月）
李军星（2011年4月任职）
**人大工委副主任**　高　岩（2011年1月任职）

中共葵英街道纪律检查工作委员会

**书　记**　王言章（2011年1月任职）

中共葵英街道工作委员会政法委员会

**书　记**　温　霞（女，2011年1月任职）

葵英街道总工会

**主　席**　王言章（2011年7月任职）

葵英街道人民武装部

**部　长**　鲍　毅（2011年8月任职）

中共桃源街道工作委员会

**书　记**　邵元秋
**副书记**　董　蕾
边卓君（女，任职至2011年4月）
张海燕（女，2011年4月任职）
罗海光（2011年1月任职）

桃源街道办事处

**主　任**　董　蕾
**副主任**　索跃伟（任职至2011年1月）
**人大工委副主任**　王叶红（2011年1月任职）

中共桃源街道纪律检查工作委员会

**书　记**　边卓君（女，任职至2011年4月）
张海燕（女，2011年4月任职）

中共桃源街道工作委员会政法委员会

**书　记**　罗海光（2011年1月任职）

桃源街道总工会

**主　席**　张海燕（女，2011年4月任职）

桃源街道人民武装部

**部　长**　房立功（2011年8月任职）

中共老虎滩街道工作委员会

**书　记**　毕　锋
**副书记**　陈　峰（任职至2011年10月）
张晓琳（女）
傅晓杰（2011年1月任职）

老虎滩街道办事处

**主　任**　陈　峰（任职至2011年10月）
**副主任**　罗海光（任职至2011年1月）
李伟光（2011年1月任职）
**人大工委副主任**　张　伟（女，2011年1月任职）

中共老虎滩街道纪律检查工作委员会

**书　记**　张晓琳（女）

中共老虎滩街道工作委员会政法委员会

**书　记**　傅晓杰（2011年1月任职）

老虎滩街道总工会

**主　席**　张晓琳（女，2011年7月任职）

老虎滩街道人民武装部

**部　长**　王　舰（2011年8月任职）

（张文利）

# 先进集体 先进人物

## ·获国际荣誉称号·

（仅限区属范围）

国际安全社区
大连市中山区人民路街道
大连市中山区海军广场街道
大连市中山区桂林街道
大连市中山区青泥洼桥街道
大连市中山区昆明街道
大连市中山区葵英街道
大连市中山区桃源街道
大连市中山区老虎滩街道

## ·获国家级荣誉称号单位（集体）和个人·

（仅限区属范围）

全国科普示范城区
大连市中山区

2009—2010年度全国科技进步先进城区
大连市中山区

中国商业地产最具投资潜力城市（区）
大连市中山区

2011中国十佳最具投资潜力街道
大连市中山区人民路街道

第六届全国年鉴编校质量检查评比一等奖
大连市中山区党史办《中山年鉴》（2011）

全国学生营养与健康示范校
大连市第三十九中学

全国人口和计划生育基层群众示范村居
大连市中山区青泥洼桥街道青泥社区

全国妇联基层组织建设示范村（社区）
大连市中山区海军广场街道春和社区

全国社区教育特色课程（教案）
大连市中山区海军广场街道外来务工子女社区学校

2010—2011年全国第六次人口普查工作先进集体
大连市中山区青泥洼桥街道

全国科技进步先进个人
李向东　郭云峰　李赫楠

全国残疾人工作先进个人
刘燕华

公安部“我最喜欢的人民警察”
祝　菠

全国非公企业法人数据库优秀管理员
朱惠莉

## ·获省级荣誉称号单位（集体）和个人·

（仅限区属范围）

辽宁省2010年度无传销县（市）区
大连市中山区

辽宁省社区教育示范区
大连市中山区

辽宁省人口计生委家庭健康促进计划项目先进集体
大连市中山区

辽宁省计划生育药具管理机构“五化”建设先进单位
大连市中山区药具站

辽宁省2011年流动人口计划生育管理服务示范乡镇（街道）、村（社区）
大连市中山区人口计生局

辽宁省人口和计划生育依法行政示范乡镇（街道）
大连市中山区桃源街道

大连市中山区老虎滩街道

辽宁省计划生育“红旗协会”
大连市中山区人民路街道福寿社区
大连市中山区葵英街道文化社区

辽宁省检察机关先进基层院
大连市中山区检察院

全省依法治理基督教私设聚会点专项工作先进集体
大连市中山区委统战部

辽宁省网吧义务监督工作先进单位
大连市中山区关工委

辽宁省科协系统优秀集体
大连市中山区科学技术协会

2011年辽宁省科协“创新创优”工作先进集体
大连市中山区科学技术协会

全省优秀法院
中山区法院

辽宁省先进党委
大连市中山区老虎滩街道党工委

辽宁省基层武装工作先进单位
大连市中山区海军广场街道

辽宁省第六次全国人口普查先进集体
大连市中山区人民路街道
大连市中山区老虎滩街道

辽宁省建设健康街道先进单位
大连市中山区人民路街道
大连市中山区桂林街道

辽宁省健康教育与健康促进先进单位
大连市中山区葵英街道

全省先进离退休干部党支部
大连市中山区葵英街道老干部党支部

辽宁省创建街道社区党建工作示范站
大连市中山区葵英街道林海社区

辽宁省妇女儿童维权服务暨社会管理综合治理示范工作站
大连市中山区葵英街道光华社区

辽宁省学习型党组织示范点
大连市中山区老虎滩街道

辽宁省爱国拥军模范单位
大连市中山区老虎滩街道

辽宁省信访工作先进集体
中山区信访局

辽宁省有影响力的志愿服务组织
中山区妇联

全省法院党员先锋岗
中山区法院立案一厅

辽宁省优秀党务工作者
邵元秋

辽宁省优秀共产党员
战春梅

辽宁省检察系统优秀司法警察
刘海涛

全省工商行政管理系统执法技能竞赛优秀所长
董旭先

全省工商系统公务员公文写作竞赛二等奖公文写作能手
张文成

辽宁省“模范社区民警”
侯清华　初乐成

辽宁省统战工作先进工作者
张东红

辽宁省人民调解员岗位练兵竞赛纠纷调解能手
孙秀智

辽宁省“基层武装工作”先进个人
迟　磊

辽宁省“第六次全国人口普查工作”先进个人
季春香　曲波远　盛晓霞　董　蕾　李井山

辽宁省社区教育优秀工作者
杨志敏　孙传美

辽宁省妇联系统先进工作者
黄军萍

全省法院优秀共产党员
刘　平

辽宁省法院系统教育培训工作先进个人
孙玉琴

## ·获大连市荣誉称号单位（集体）和个人·

（仅限区属范围）

大连市创建全国残疾人工作示范城市示范区
中山区

大连市2010—2011年度文明单位
中山区工商局

大连市“十一五”期间残疾人教育培训工作先进集体
中山区残疾人联合会

2011年度金融工作先进单位
中山区商务局

2010—2011年度大连市推动股权投资业发展先进单位
中山区商务局

大连市精神文明创建工作先进单位
中山区民政局

大连市先进党委
中山区教育局党委
大连市友谊集团党委

大连市先进党支部（党总支）
中山区桂林街道解放社区党总支
中山区葵英街道光华社区党总支
中山区青泥洼桥街道青泥社区党总支

大连市卫生监督工作先进集体
中山区卫生局

大连市2009—2010年度全市社会治安综合治理先进集体
中山区法院
中山区教育局
中山区桂林街道
中山区桃源街道
中山区老虎滩街道
中山区青泥洼桥街道

大连市二星级平安稳定街道
中山区桂林街道

大连市2011年造林绿化先进街道
中山区桂林街道

大连市2011年造林绿化先进社区
中山区海军广场街道春景社区

2009—2011年度大连市星级平安稳定街道（乡镇）
中山区桃源街道办事处

大连市2010—2011年度先进单位
中山区教育局

大连市健康街道示范单位
中山区葵英街道

大连市“第六次全国人口普查工作”先进单位
中山区昆明街道
中山区桃源街道

2010—2011年度大连市优秀人民调解委员会
中山区海军广场街道
中山区葵英街道
中山区葵英街道林海社区

大连市“十一五”残疾人工作先进单位
中山区青泥洼桥街道

大连市“第六次全国经济普查工作”先进集体
中山区青泥洼桥街道

大连市文明单位标兵
中山区青泥洼桥街道青泥社区

大连市一星级平安稳定街道
中山区老虎滩街道

2011年度大连市爱国卫生工作先进单位
中山区老虎滩街道
中山区海军广场街道

大连市基层党建创新成果二等奖
中山区老虎滩街道

大连市优秀共产党员
王　丽　贺经花　朱秀敏　王　杨

大连市优秀党务工作者
谭晓棠　石桂凤

大连市“十一五”期间残疾人教育培训工作先进工作者
赵红兵

大连市残疾人工作先进个人
王飞舟　柏　萍

大连市创建全国残疾人工作示范城市先进个人
王　兵　赵红兵　谭　明

大连市卫生监督工作先进个人
吴建平

大连市疾病控制工作先进个人
高　林

2011年度大连市卫生工作先进个人
李主良　刘　彦　张志国

大连市扶贫先进个人
余　冰

2009—2010年度大连市人口和计划生育先进工作者
金　霞

2010年大连市计划生育特殊奉献奖
曹润娟

2009—2010年度全市社会治安综合治理先进工作者
刘宗敏　边卓君

大连市人民调解委员会先进个人
王金澎

大连市“创建全国文明城市工作”先进个人
迟　磊

大连市防止民间纠纷激化先进个人
蔡民强

大连市爱国卫生工作先进个人
姜志超

大连市精神文明建设先进工作者
王　丹

## 部分先进人物介绍

刘燕华

女，1957年8月出生，1978年参加工作，大专文化，现任中山区残疾人联合会综合科科长。

在中山区残联，比刘燕华年长的老领导都说她是残联系统的“小老人”，因为在残联组建前她就从事残疾人工作，比她年龄小的人喊她“刘姐”，而残联以外的人则称她“刘老师”，因为她称得上一名很棒的手语老师。她热爱党，热爱残疾人事业，多年来，她所分管的组联、维权工作均取得好成绩：中山区被评为“全国社区残疾人工作示范区”、“全国无障碍设施建设先进区”，她本人多次被评为省、市残疾人工作先进个人和优秀残疾人工作者，2011年被评为全国残疾人工作先进个人。

**残联工作的“实心人”**。刘燕华工作作风扎实、对待残疾人实心实意、为人处事实实在在。作为一名基层残疾人工作者，她每接受一项新任务，总是认真研究领会其精神实质，制订实施方案，发现问题及时与上级领导沟通，让残疾人从中得到最大实惠。2009年换发残疾人“二代证”时遇到一个难题：肢体残疾由原来的3个级别变成了4个级别，这就意味着有一些3级残疾人要降级为4级，而其中有些人已经享受并领取了残疾人独生子女费用。为解决好这个涉及残疾人切身利益的问题，她多方请示、多次与相关部门联系沟通，最终确定，这部分人由街道出具证明，依据原来办证的体检表换发残疾人证，保留他们继续享受的权利。2010年，中山区残联承担了大连市关于“贫困残疾无障碍改造进家庭”任务。在确定“标准”时，究竟是“高”还是“低”才符合本区的现状？她深入调查了解试点中已经实施改造完成和符合条件准备实施改造的残疾人家庭情况，如实向上级汇报。经区领导研究确定：只有按照“高标准、高质量、高水平”设计施工才符合中心城区建设大连市科学发展首善区的要求。为确保按期保质保量完成任务，彻底解决残疾人“如厕难、入厨难、洗澡难”问题，她顶着烈日、冒着酷暑，连双休日也不休息，走进残疾人家中进行测量和设计。有一个星期天，她与一户残疾人家庭约好登门测量设计，不想天公不作美，清晨就下起了大雨，雨越下越大，当她带领工作人员冒着倾盆大雨按时赶到约好的残疾人家中时已是浑身湿透，一家人非常感动，非要请她们吃午饭，被她婉言谢绝……。她就是这样带领施工人员进家入户，完成辖区210户肢残家庭的测量设计，按照“一户一策”的人性化理念设计出合理的无障碍改造施工方案，为残疾人选配最适合、最优质、各种型号的尼龙扶手，安装各种类型的房门。对于部分特殊类型、特殊型号的无障碍设施，则要求生产厂家到残疾人家中专门设计、安装，确保此项惠民工程按期完成。

**兄弟姐妹的“贴心人”**。在残疾人眼中，刘燕华像亲姐姐一样值得信赖。她把残疾人当做自己的兄弟姐妹一样关心、爱护，帮助他们解决困难。聋人石永革自区残联组建起就担任聋协主席，为了聋协工作常常牺牲节假日休息，却在企业改制中下岗失业，每天为重新找工作不断地忙碌……。这一切被刘燕华看在眼里、记在心上。当区残联再次招聘残疾人专职委员的时候，她反复做上级领导的工作，不断与相关人员联系，最终得到领导的支持，破例把石永革安排在区残联做驻会专职主席。她了解到肢残人孙玉滨身患癌症多次住院欠下外债的情况，立即向上级领导汇报，经领导班子研究决定给其特殊救助4000元。2010年，残疾人专职委员周祁山身患白血病，刘燕华一边向领导汇报、积极协调相关部门为其办理大病救助，一边组织爱心捐款活动，发动大家为他捐款6000余元。她还经常与周祁山谈心，帮助他树立战胜病魔的信心和勇气……。

**协会工作的“带头人”**。刘燕华深知，坚强有力的残疾人协会班子是协会更好发挥作用的关键。在她的建议下，2007年9月中山区残联第四次代表大会上，一批德才兼备的优秀残疾人代表被选配进各专门协会担任主席、副主席职务。她带领协会成员发挥各基层协会代表、服务、维权的职能作用，围绕残联的中心工作，按照“三个活跃”精神，不断推出特色品牌，相继成立盲人诗歌朗诵协会、聋人手语推广普及研究协会、残疾人专用车安全委员会等。其中聋人手语推广普及研究协会为配合无障碍环境建设，应邀到辽宁师范大学、航空学院、各大百货商店、街道、社区教授普及手语，并推出每年3月至11月在劳动公园开展《跟我学手语》手语角活动，义务为市民教授手语3000人次。她还担任大连电视台“手语新闻”栏目的主持人，根据各单位的不同要求，亲手编写授课内容。她应邀担任大连市两届手语大赛评委，为推广、普及手语身体力行做贡献。

**矛盾纠纷的“化解人”**。刘燕华用心做残疾人信访工作，再棘手的案子到她手里都会迎刃而解。智力残疾人隋德让的兄弟姐妹为了房子和低保费争夺其监护权，双方你告我、我告你，反复折腾了三、四年，搅得四邻不安。她接手此案后，首先认真查看材料，然后利用信访网络，让所属街道、社区分别调查落实，再汇集情况研究解决方案，仅用了1个月时间就解决了问题，对峙双方对结果表示满意。肢体残疾人姜仁财与楼上邻居因厕所改动造成家里渗水引起的纠纷案，从区法院到市法院，再从市法院到区法院，推来推去拖了好几年也没解决。刘燕华接手此案后，向领导提出发挥肢残协会及残疾人人大代表作用的建议，得到领导支持，责成她协同肢残协会两位副主席共同处理解决该案。她们多次到区法院、律师事务所、设计院、物业公司等单位联系沟通，及时向市残联维权处反映情况，争取相关领导的支持，与她们一道到市法院沟通并参加开庭。经反复沟通劝说，区法院的调解有了最终结果，双方表示不再就此事继续诉讼。楼上厕所在国庆节期间利用3天时间改造完成，一起拖了多年的邻里纠纷案就此画上了圆满句号。

刘燕华多年来舍小家、顾大家，工作忙时常常把材料带回家挑灯夜战，个人倾囊帮助残疾人艺术团，为演员买服装、道具、租房子、发补助费、伙食费、带演员出国参加比赛等。她把自己家新买的DV摄像机拿到单位用，双休日不休息带领演员训练，从不要报酬。她主持电视手语人15年，自己掏钱买服装，算下来这些年个人付出不下10万元。问她这是为什么？她说因为心中有一个梦：让残疾人的生活水平不断提高，让残疾人兄弟姐妹生活得更有尊严！

**战春梅**

女，1959年11月出生，中共党员，大专文化， 2000年12月任海军广场街道海军广场社区党总支书记兼居委会主任。

战春梅以对党无限忠诚，对人民高度负责的主人翁精神，忘我工作、无私奉献，把发扬共产党员先锋模范作用作为人生的追求。她带领社区干部和居民共同创建和谐社区，以求真务实、开拓进取的工作态度，在平凡的工作岗位上做出突出成绩。先后荣获“大连市优秀体育辅导员”、“中山区职业道德明星”、“中山区先进生产者”、“中山区优秀党务工作者”、“中山区优秀党员”、“中山区精神文明积极分子”等称号，2011年被评为“辽宁省优秀共产党员”。

**自觉践行“三个代表”重要思想**。战春梅注重加强社区班子自身建设，提出建设“五个好” 工作目标（建设一个好的支部班子、带出一支好的党员队伍和社区服务志愿者队伍、健全一套好的工作制度、探索一个好的工作机制、创建一个好的社区环境）并在实际工作中采取有效措施组织实施，推进“五个好”达标。她带领一班人建立健全“四个服务”工作模式（党总支为党支部服务，党支部为党员服务，党员为群众服务，党建为经济和社会事业发展服务），扎扎实实为群众办实事、解难题。2006年年初，社区结合实际成立全部由军转干部党员组成的自主择业党支部，成为全市首个自主择业的特色党支部，在社区建立“爱心辅导站”，帮助10多个贫困孩子在这里得到再学习的机会。社区成立“就业援助中心”，先后为失业人员解决就业岗位256个。

**倡导文明新风，坚持扶贫帮困**。海军广场社区有下岗失业人员

1820人、低保人员82人、残疾人106人，占社区总人口的17%。战春梅带领工作人员多种渠道为弱势群体搭建援助平台，在物质和精神上进行帮扶。先后与市委办公厅、市保密局、市档案局、市武警中队、大连海军舰艇学院政治系、市统计局、中山环保局、中山区政法委、海军广场派出所、中国网通、中山区人大代表、政协委员等10余个单位和个人联系，结成帮扶贫困对子30余对。

2010年10月，社区残联委员周祁山患上慢性细胞粒白血病，战春梅得知后，带头捐款1000元，并组织对其全方位救助，募集社区干部和居民捐款6000余元，辖区人大代表捐款1万元，春华山干休所居民捐款1.5万元，大连军休一中心捐款1万余元。在战春梅呼吁下，市领导、区残联源源不断的爱心捐款陆续送到了周祁山手中，周祁山恶性病得到了及时救治，一家人对党、对社会感激涕零……。战春梅个人多次为社区低保、贫困户捐款献爱心，如为病故的司元军儿子捐款200元，为两劳释解身患癌症的李建设捐款3000元，社区居民把她看成自己的亲人，他们说，有病有难就得去找战书记啊！

**热心公益事业，心系辖区百姓。**海军广场社区流动人口多，管理中，战春梅一直倡导“在我地为我居民”，“社区是个大家庭，人人平等和睦相处”的工作理念。2010年9月，社区一名外来务工子女在游玩时不幸身亡，战春梅得知消息后第一时间赶到孩子家中慰问，她诚恳地说：“尽管你们是外地务工人员，可是住在我们社区就是我们的居民，有什么需要一定要来找我！”在她帮助下，孩子的后事得到了妥善处置，孩子家长的心灵得到了极大安慰。2006年“七一”前夕，战春梅根据辖区特困人员比较多的特点，与海军广场派出所联手动员辖区20余家企事业单位成立了“爱心基金会”，成立之初即成功筹集善款2000余元，50余户孤老病残、两劳释解人员贫困家庭得到资助。

**爱岗敬业，无私奉献。**战春梅根据党员特点和群众需求，成立社区党员志愿者服务队伍，广泛开展参政议事、民事协调、道德评议、扶贫帮困、治安巡逻、环境保洁、文化娱乐等奉献服务。在社区党员中开展“五个一”活动（当好一名联络员、带好一片居民楼院、帮扶一家困难户、献一技之长、作一份奉献），设置“党员奉献责任区”和“党员先锋模范岗”，搭建党员活动平台，为党旗增辉，为社区奉献，党群、干群关系进一步密切。她在海军广场社区工作10年期间，国务院总理温家宝来大连视察到过海军广场社区；人事部到大连调研视察自主择业党员组织建设情况，海军广场社区党总支代表大连市在会上做典型发言；省公安厅先后2次到海军广场社区调研。战春梅领导的海军广场社区先后荣获“辽宁省绿色社区”、“辽宁省社会体育指导站”、“辽宁省残疾人工作先进社区”、“大连市文明社区”、“大连市科普社区”、“大连市治安标兵社区”、“大连市先进体育社区”等称号。

**责任编辑** 王玉玲

# 国民经济

## 2011年中山区概况

| 项 目 | 单位 | 2011年 | 2010年 | 项 目 | 单位 | 2011年 | 2010年 |
|---|---|---|---|---|---|---|---|
| 一、全区土地总面积 | 平方公里 | 43.85 | 43.85 | 六、固定资产投资 | 万元 | 2864203 | 2126686 |
| 二、全区年末总户数 | 万户 | 13.4 | 13.4 | 七、社会消费品零售总额 | 万元 | 4222024 | 3596272 |
| 三、全区年末总人口 | 万人 | 35.7 | 35.7 | 八、实际使用外资额 | 万美元 | 33000 | 66000 |
| 四、地区生产总值 | 万元 | 2601320 | 2219184 | 九、出口创汇额 | 万美元 | 90500 | 72405 |
| 五、财政收入 | 万元 | 243866 | 185866 | 十、工业总产值 | 万元 | 96826 | 117762 |

## 2011年中山区地区生产总值

单位：万元

| 项 目 | 绝对值 | 比上年增长(%) | 项 目 | 绝对值 | 比上年增长(%) |
|---|---|---|---|---|---|
| 地区生产总值 | 2601320 | 12.7 | 批发和零售业 | 303340 | 13.9 |
| 第二产业 | 237281 | 17.1 | 住宿和餐饮业 | 187560 | 13.4 |
| 工业 | 48101 | 11.7 | 房地产业 | 212079 | 13.3 |
| 建筑业 | 189180 | 18.5 | 营利性服务业 | 606461 | 8.2 |
| 第三产业 | 2364039 | 12.3 | 非营利性服务业 | 400377 | 11.9 |
| 交通运输、仓储和邮政业 | 654222 | 15.1 | | | |

注：为2011年快报数字

## 2011年中山区财政收入

单位：万元

| 项 目 | 金 额 | 项 目 | 金 额 |
|---|---|---|---|
| 收入合计 | 243866 | 5.房产税 | 15145 |
| 1.增值税 | 11073 | 6.土地使用税 | 3120 |
| 2.营业税 | 66886 | 7.土地增值税 | 73892 |
| 3.企业所得税 | 30402 | 8.印花税 | 11404 |
| 4.个人所得税 | 20236 | 9.非税收入 | 11708 |

## 2011年中山区财政支出

单位：万元

| 项目 | 金额 | 项目 | 金额 |
|---|---|---|---|
| 支出合计 | 216575 | 8.城乡社会事务 | 30518 |
| 1.一般公共服务 | 18356 | 9.农林水事务 | 3028 |
| 2.公共安全 | 7166 | 10.资源勘探信息等事物 | 5493 |
| 3.教育 | 51427 | 11.商业服务生等事物 | 2247 |
| 4.科学技术 | 6764 | 12.住房保障支出 | 12428 |
| 5.文化体育与传媒 | 3166 | 13.其他支出 | 15097 |
| 6.社会保障和就业 | 49857 | 14.基金预算支出 | 2905 |
| 7.医疗卫生 | 8123 | | |

## 2011年中山区社会消费品零售总额

单位：万元

| 项目 | 2011年 | 2010年 | 项目 | 2011年 | 2010年 |
|---|---|---|---|---|---|
| 社会消费品零售总额 | 4222024 | 3596272 | 住宿业 | 110700 | 93626 |
| 批发业 | 264794 | 268321 | 限额以上 | 92823 | 78494 |
| 限额以上 | 54888 | 89306 | 限额以下 | 17877 | 15132 |
| 限额以下 | 209906 | 179015 | 餐饮业 | 386957 | 318472 |
| 零售业 | 3459573 | 2915853 | 限额以上 | 123253 | 96707 |
| 限额以上 | 1408129 | 1129988 | 限额以下 | 263704 | 221765 |
| 限额以下 | 2051444 | 1785866 | | | |

## 2011年中山区规模以上工业企业主要经济指标

单位：千元

| 企业分类 | 企业数（个） | 资产总计 | 其中：流动资产 | 工业总产值（当年价格） | 工业销售产值（当年价格） | 其中：出口交货值 | 利税总额 | 利润总额 |
|---|---|---|---|---|---|---|---|---|
| 总计 | 21 | 1064929 | 853900 | 541184 | 528060 | 2420 | 18525 | 11394 |
| 有限责任公司 | 5 | 1064929 | 853900 | 541184 | 528060 | 2420 | 18525 | 11394 |
| 其他有限责任公司 | 1 | 77983 | — | 26950 | 26950 | — | 5483 | 5483 |
| 私营有限责任公司 | 4 | 986946 | 853900 | 514234 | 501110 | 2420 | 13042 | 5911 |
| 在总计中：亏损企业 | 1 | 89920 | 62343 | 53791 | 45552 | 2420 | 365 | −1016 |
| 在总计中：轻工业 | 1 | 46968 | 37653 | 61213 | 56328 | — | 8808 | 5023 |
| 重工业 | 4 | 1017961 | 816247 | 479971 | 471732 | 2420 | 9717 | 6371 |
| 在总计中：中型企业 | 1 | 826887 | 739657 | 361271 | 361271 | — | 2061 | 1141 |
| 小型企业 | 4 | 238042 | 114243 | 179913 | 166789 | 2420 | 16464 | 10253 |

## 2011年中山区渔业投入及产出情况

| 项目 | 单位 | 数量 | 项目 | 单位 | 数量 |
|---|---|---|---|---|---|
| 机动船数量 | 艘 | 579 | 水产品产值 | 万元 | 73105 |
| 吨位 | 吨 | 23828 | 水产品产量 | 吨 | 33060 |
| 马力 | 千瓦 | 44689 | | | |

## 2011年中山区旅游业情况

| 项目 | 单位 | 数量 | 项目 | 单位 | 数量 |
|---|---|---|---|---|---|
| 旅游总收入 | 亿元 | 75 | 海外接待人数 | 万人次 | 28 |
| 其中：创汇 | 亿美元 | 1.3 | 星级宾馆 | 家 | 55 |
| 国内接待人数 | 万人次 | 620 | 旅行社 | 家 | 151 |

## 2011年中山区限额以上批发零售法人企业经营情况

单位：千元

| 企业分类 | 企业数（个） | 资产总计 | 主营业务收入 | 营业税金及附加 | 营业利润 | 利润总额 | 其他业务利润 |
|---|---|---|---|---|---|---|---|
| 总计 | 318 | 66719912 | 117660265 | 247777 | 3276986 | 3327415 | 546163 |
| 一、批发业 | 271 | 51920591 | 98098807 | 88038 | 2638984 | 2679869 | 371501 |
| 1.按批发行业小类分 | | | | | | | |
| 农畜产品批发 | 37 | 9321321 | 10993114 | 7813 | −145735 | −112737 | 123718 |
| 食品、饮料及烟草制品批发 | 26 | 1239615 | 2936363 | 2466 | 33933 | 36883 | 2030 |
| 纺织、服装及日用品批发 | 51 | 13173709 | 7886585 | 4514 | 2327139 | 2296720 | 32802 |
| 文化、体育用品及器材批发 | 8 | 312240 | 322640 | 134 | −3283 | −1177 | — |
| 医药及医疗器材批发 | 11 | 986921 | 1187727 | 3134 | 12203 | 14346 | 1111 |
| 矿产品、建材及化工产品批发 | 98 | 21508786 | 70430082 | 66950 | −703 | 326197 | 196907 |
| 机械设备、五金交电及电子产品批发 | 39 | 5352937 | 4235994 | 3027 | 27058 | 27542 | 14933 |
| 其他批发 | 1 | 25062 | 117279 | — | −265 | −265 | — |
| 2.按登记注册类型分 | | | | | | | |
| 内资企业 | 256 | 50698618 | 95702544 | 86738 | 2622265 | 2657277 | 369270 |
| 国有企业 | 8 | 979710 | 3940230 | 3937 | 62616 | 62166 | 11928 |
| 有限责任公司 | 45 | 16744526 | 19280008 | 30114 | −207888 | 293230 | 152005 |
| 股份有限公司 | 9 | 19817746 | 42323656 | 32575 | 2348383 | 2338192 | 16744 |
| 私营企业 | 192 | 12939022 | 29533590 | 20108 | 6435 | 1258 | 186606 |
| 港、澳、台商投资企业 | 3 | 152258 | 405643 | 250 | 4562 | 9021 | 50 |
| 外商投资企业 | 12 | 1069715 | 1990620 | 1005 | 12157 | 13571 | 2181 |
| 二、零售业 | 47 | 14799321 | 19561458 | 159739 | 638002 | 647546 | 174662 |
| 1.按零售行业小类分 | | | | | | | |

续表

| 企业分类 | 企业数（个） | 资产总计 | 主营业务收入 | 营业税金及附加 | 营业利润 | 利润总额 | 其他业务利润 |
|---|---|---|---|---|---|---|---|
| 综合零售 | 12 | 11101460 | 14381703 | 136834 | 500325 | 503078 | 52298 |
| 食品、饮料及烟草制品专门零售 | 1 | 6974 | 20545 | 19 | 228 | 228 | — |
| 纺织、服装及日用品专门零售 | 10 | 1846530 | 1309340 | 5522 | 1327 | 471 | 17675 |
| 文化、体育用品及器材专门零售 | 8 | 409557 | 703234 | 7517 | 46780 | 51994 | 2958 |
| 医药及医疗器材专门零售 | 6 | 156598 | 177565 | 494 | −697 | −769 | 4894 |
| 汽车、摩托车、燃料及零配件专门零售 | 4 | 120213 | 352066 | 352 | −4341 | −2369 | 1487 |
| 家用电器及电子产品专门零售 | 6 | 1157989 | 2617005 | 9001 | 94380 | 94913 | 95350 |
| 2.按登记注册类型分 | | | | | | | |
| 内资企业 | 41 | 11949289 | 16027605 | 120914 | 593991 | 602876 | 154495 |
| 国有企业 | 2 | 141159 | 167757 | 657 | 1109 | 3291 | 4006 |
| 有限责任公司 | 12 | 849877 | 2507809 | 17005 | 53703 | 58004 | 31308 |
| 股份有限公司 | 2 | 8302311 | 8783370 | 83929 | 389745 | 365070 | 497650 |
| 私营企业 | 25 | 2655942 | 4583317 | 19323 | 149434 | 176511 | 119181 |
| 港、澳、台商投资企业 | 3 | 197439 | 3199007 | 36833 | 43720 | 44301 | 14390 |
| 外商投资企业 | 3 | 875713 | 334846 | 1992 | 291 | 369 | 5777 |
| 3.按经营形式分 | | | | | | | |
| 独立门店 | 34 | 12582601 | 14467989 | 135356 | 425169 | 429152 | 72790 |
| 连锁总店 | 7 | 1908106 | 4472539 | 19585 | 188469 | 192198 | 101755 |
| 连锁门店 | 3 | 236836 | 508114 | 4369 | 50923 | 53361 | — |
| 4.按零售业态分 | | | | | | | |
| 有店铺零售 | 47 | 14799321 | 15961458 | 159739 | 638002 | 647546 | 174662 |
| 便利店 | 2 | 77099 | 407835 | 2242 | 2598 | 4444 | 6569 |
| 超市 | 1 | 3843 | 15335 | 48 | −189 | −83 | 137 |
| 大型超市 | 2 | 158700 | 349908 | 2126 | −7298 | −7426 | 30132 |
| 百货店 | 11 | 11284698 | 13912601 | 135044 | 514074 | 515318 | 29850 |
| 专业店 | 13 | 2111097 | 3081011 | 9071 | 94583 | 94916 | 98126 |
| 专卖店 | 16 | 1109550 | 1703460 | 9993 | 34634 | 40777 | 9848 |
| 厂家直销中心 | 2 | 54334 | 91308 | 1215 | −400 | −400 | — |

## 2011年中山区限额以上住宿餐饮法人企业经营情况

单位：千元

| 企业分类 | 企业数（个） | 资产总计 | 主营业务收入 | 营业税金及附加 | 营业利润 | 利润总额 | 其他业务利润 |
|---|---|---|---|---|---|---|---|
| 总计 | 98 | 6604065 | 3215780 | 176049 | 119135 | 129108 | 11868 |
| 一、住宿业 | 59 | 5662502 | 1691535 | 91230 | −23932 | −14763 | 10531 |
| 1.按住宿行业小类分 | | | | | | | |
| 旅游饭店 | 55 | 5024606 | 1667829 | 89801 | −8998 | 223 | 8276 |

续表

| 企业分类 | 企业数（个） | 资产总计 | 主营业务收入 | 营业税金及附加 | 营业利润 | 利润总额 | 其他业务利润 |
|---|---|---|---|---|---|---|---|
| 一般旅馆 | 4 | 37896 | 23706 | 1429 | −14934 | −14986 | 2255 |
| 2.按登记注册类型分 | | | | | | | |
| 内资企业 | 44 | 2011974 | 755272 | 41486 | −55918 | −49984 | 10531 |
| 国有企业 | 16 | 510909 | 187963 | 9381 | −13861 | −10875 | 2305 |
| 集体企业 | 1 | 44348 | 23066 | 1291 | −3640 | −3626 | — |
| 有限责任公司 | 19 | 1384515 | 439229 | 24714 | −38167 | −35125 | 7740 |
| 私营企业 | 8 | 72202 | 105014 | 6100 | −250 | −358 | 486 |
| 港、澳、台商投资企业 | 11 | 3150644 | 829995 | 43579 | 62852 | 62956 | — |
| 外商投资企业 | 4 | 499884 | 106268 | 6165 | −30866 | −27735 | — |
| 3.按经营形式分 | | | | | | | |
| 独立门店 | 40 | 4682283 | 1329847 | 71270 | 14383 | 18270 | 4618 |
| 连锁门店 | 9 | 453159 | 217902 | 12589 | −12687 | −12595 | 2796 |
| 4.按星级分 | | | | | | | |
| 五星 | 4 | 2619540 | 736037 | 37965 | 98202 | 101671 | — |
| 四星 | 10 | 1629469 | 351288 | 19974 | −60771 | −61509 | 259 |
| 三星 | 21 | 881789 | 333499 | 18859 | −39902 | −40273 | 6637 |
| 二星 | 13 | 169384 | 142504 | 8104 | 11105 | 13447 | 951 |
| 其他 | 12 | 364856 | 131489 | 6512 | −32585 | −28118 | 2684 |
| 二、餐饮业 | 39 | 941563 | 1524245 | 84819 | 143067 | 143871 | 1337 |
| 1.按餐饮行业小类分 | | | | | | | |
| 正餐服务 | 32 | 502710 | 629120 | 35217 | 29059 | 30165 | 12 |
| 快餐服务 | 4 | 405502 | 844902 | 47270 | 106975 | 106800 | 1203 |
| 饮料及冷饮服务 | 2 | 31249 | 45217 | 2052 | 8128 | 7983 | 122 |
| 其他餐饮服务 | 1 | 2102 | 5006 | 280 | −1077 | −1077 | — |
| 2.按登记注册类型分 | | | | | | | |
| 内资企业 | 22 | 439023 | 576117 | 32298 | 13939 | 15628 | −14 |
| 有限责任公司 | 4 | 52725 | 103237 | 5775 | 326 | 421 | — |
| 私营企业 | 16 | 216416 | 292721 | 16414 | 1384 | 1462 | −14 |
| 其它企业 | 2 | 169882 | 180159 | 10109 | 12229 | 13745 | — |
| 港、澳、台商投资企业 | 7 | 88997 | 113201 | 5919 | 24982 | 25043 | 26 |
| 外商投资企业 | 10 | 413543 | 834927 | 46602 | 104146 | 103200 | 1325 |
| 3.按经营形式分 | | | | | | | |
| 独立门店 | 33 | 673384 | 853877 | 47785 | 54182 | 55470 | 1337 |
| 连锁总店 | 4 | 249751 | 644443 | 35584 | 91352 | 90867 | — |
| 连锁门店 | 2 | 18428 | 25925 | 1450 | −2467 | −2466 | — |

## 2011年中山区营业收入200万元以上服务业企业经营情况

单位：万元

| 企业分类 | 企业数（个） | 资产总计 | 营业收入 | 营业税金及附加 | 利润总额 |
|---|---|---|---|---|---|
| 总计 | 337 | 10923482 | 2829774 | 82924 | 90162 |
| 按行业分 | | | | | |
| 1.交通运输、仓储和邮政业 | 120 | 8418221 | 1550248 | 40373 | -29870 |
| 道路运输业 | 7 | 528043 | 111521 | 4069 | -3789 |
| 水上运输业 | 13 | 7227653 | 998679 | 29893 | -29317 |
| 装卸搬运和其他运输服务业 | 99 | 628264 | 388233 | 5929 | -726 |
| 邮政业 | 1 | 34261 | 51816 | 483 | 3961 |
| 2.信息传输、计算机服务和软件业 | 22 | 888814 | 849791 | 26914 | 92491 |
| 电信和其他信息传输服务业 | 5 | 866241 | 835980 | 26626 | 91822 |
| 互联网和相关服务 | 4 | 2717 | 4192 | 108 | 345 |
| 软件和信息技术服务 | 13 | 19857 | 9620 | 180 | 324 |
| 3.金融业 | 1 | 2792 | 254 | 14 | 33 |
| 4.房地产业 | 62 | 565953 | 97281 | 6007 | 2350 |
| 5.租赁和商务服务业 | 90 | 814178 | 238617 | 5950 | 14401 |
| 租赁业 | 2 | 1533 | 1014 | 35 | 28 |
| 商务服务业 | 88 | 812645 | 237603 | 5916 | 14373 |
| 6.科学研究和技术服务业 | 17 | 20541 | 25892 | 986 | 2865 |
| 研究与试验发展 | 1 | 231 | 236 | — | 1 |
| 专业技术服务业 | 11 | 14388 | 22078 | 955 | 2739 |
| 科技推广和应用服务业 | 5 | 5923 | 3578 | 30 | 125 |
| 7.水利、环境和公共设施管理业 | 4 | 92975 | 25394 | 1056 | 4429 |
| 生态保护和环境治理业 | 2 | 83514 | 14578 | 665 | 4013 |
| 公共设施管理业 | 2 | 9460 | 10816 | 392 | 416 |
| 8.居民服务和其他服务业 | 8 | 4605 | 4054 | 201 | 33 |
| 居民服务业 | 5 | 4030 | 2919 | 191 | 31 |
| 机动车、电子产品和日用产品修理业 | 3 | 576 | 1135 | 10 | 2 |
| 9.教育 | 1 | 3478 | 428 | 16 | -108 |
| 10.卫生 | 3 | 5994 | 5579 | — | 482 |
| 11.文化、体育和娱乐业 | 9 | 105931 | 32235 | 1408 | 3055 |
| 新闻出版业 | 3 | 78981 | 24751 | 1310 | -220 |
| 广播、电视、电影和音像业 | 4 | 23902 | 6403 | 88 | 3434 |
| 娱乐业 | 1 | 1956 | 664 | — | -114 |
| 体育 | 1 | 1093 | 418 | 11 | -44 |

## 2011年中山区房地产开发企业经营情况

单位：千元

| 企业分类 | 年初存货 | 流动资产 | 其中：存货 | 主营业务收入 | 其中：商品房销售收入 | 主营业务税金及附加 | 利润总额 |
|---|---|---|---|---|---|---|---|
| 总计 | 22352901 | 51327928 | 23559856 | 11029507 | 10638848 | 1009190 | 8248918 |
| 一、按登记注册类型分 | | | | | | | |
| 1.内资企业 | 16076673 | 39149595 | 15680588 | 8064039 | 7871349 | 652616 | 7618326 |
| 其中：国有企业 | — | 12851 | — | 280 | 280 | 28 | −969 |
| 集体企业 | 13100 | 25267 | 13100 | — | — | — | −50 |
| 股份合作企业 | 230 | 12713 | 1380 | — | — | — | −3251 |
| 国有联营企业 | — | 20123 | 9482 | 60156 | 60156 | — | 4323 |
| 其他有限责任公司 | 5489179 | 10430801 | 5197729 | 430711 | 325222 | 48382 | −47413 |
| 股份有限公司 | 1992932 | 12068938 | 1069243 | 3841845 | 3841223 | 307500 | 6916889 |
| 私营有限责任公司 | 6785686 | 13840675 | 7152284 | 2988174 | 288 | 37 | −1845 |
| 私营股份有限公司 | 28218 | 116086 | 27421 | 588 | 742285 | 53160 | 314283 |
| 2.港澳台商投资企业 | 1911409 | 5346303 | 3216999 | 325094 | 8074 | 17479 | −13351 |
| 与港澳台商合资经营企业 | 551080 | 1108296 | 815850 | 8074 | 4979 | 1530 | 3127 |
| 与港澳台商合资合作经营企业 | 267697 | 463318 | 261258 | 31060 | 114072 | 47391 | −49828 |
| 港澳台商独资经营企业 | 1092632 | 3774689 | 2139891 | 285960 | — | — | — |
| 3.外商投资企业 | 4364819 | 6832030 | 4662269 | 2640374 | 2640374 | 290174 | 690644 |
| 中外合资经营企业 | 814713 | 2395478 | 956729 | 858880 | 858880 | 62831 | 124561 |
| 外资企业 | 3550106 | 4436552 | 3705540 | 1781494 | 1781494 | 227343 | 566083 |
| 二、按隶属关系分 | | | | | | | |
| 中央 | — | 53669 | 6648 | 5745 | 5123 | 436 | 1052 |
| 地区（州、盟、省辖市） | 5372072 | 17882312 | 3921628 | 4337385 | 4318699 | 344960 | 7068316 |
| 县（区、市、旗） | 13330 | 37980 | 14480 | — | — | — | −3301 |
| 街道 | 39181 | 36043 | 34789 | 8074 | 8074 | 17447 | −6110 |
| 其他 | 16928318 | 33317924 | 19582311 | 6678303 | 6306952 | 646347 | 1188961 |

## 2011年中山区建筑业生产经营情况

单位：千元

| 企业分类 | 企业数（个） | 年末从业人数（人） | 建筑业总产值 | 竣工产值 | 房屋建筑施工面积 | 其中：新开工面积 | 合计竣工面积（平方米） |
|---|---|---|---|---|---|---|---|
| 总计 | 95 | 35834 | 11906203 | 6284937 | 848522 | 403191 | 513597 |
| 一、按行业分 | | | | | | | |
| 其中：房屋和土木工程建筑业 | 21 | 31645 | 9654523 | 4478136 | 848522 | 403191 | 513597 |
| 建筑安装业 | 39 | 2670 | 1468368 | 1131019 | — | — | — |
| 建筑装饰业 | 20 | 1455 | 775890 | 668638 | — | — | — |
| 其他建筑业 | 3 | 64 | 7422 | 7144 | — | — | — |

续表

| 企业分类 | 企业数（个） | 年末从业人数（人） | 建筑业总产值 | 竣工产值 | 房屋建筑施工面积 | 其中：新开工面积 | 合计竣工面积（平方米） |
|---|---|---|---|---|---|---|---|
| 二、按登记注册类型分 | | | | | | | |
| 内资企业 | 92 | 35561 | 11589344 | 6017315 | 848522 | 403191 | 513597 |
| 国有企业 | 3 | 28440 | 7056348 | 2654380 | — | — | — |
| 集体企业 | 3 | 121 | 74365 | 312 | — | — | — |
| 有限责任公司 | 16 | 2651 | 2815717 | 2043695 | 464355 | 20992 | 246193 |
| 股份有限公司 | 1 | 9 | — | — | — | — | — |
| 私营企业 | 66 | 4220 | 1636386 | 1312400 | 384167 | 382199 | 267404 |
| 其他企业 | 3 | 120 | 6528 | 6528 | — | — | — |
| 港、澳、台商投资企业 | 2 | 41 | 100256 | 51019 | — | — | — |
| 外商投资企业 | 1 | 232 | 216603 | 216603 | — | — | — |
| 三、按隶属关系分 | | | | | | | |
| 中央 | 4 | 28825 | 7223373 | 2921405 | — | — | — |
| 地区（州、盟、省辖市） | 11 | 1880 | 1922180 | 1391766 | 8992 | 8992 | 3772 |
| 县（区、市、旗） | 2 | 120 | 871528 | 467128 | 455263 | 12000 | 242421 |
| 其他 | 66 | 5009 | 1889122 | 1504638 | 384267 | 382199 | 267404 |

# 劳动就业

## 2011年中山区从业人员情况

| | 年末人数（人） | | | |
|---|---|---|---|---|
| | 单位数（个） | 单位从业人员 | 其中：在岗职工 | 其他从业人员 |
| 合计 | 1188 | 153204 | 122479 | 18350 |
| 企业 | 937 | 131560 | 102092 | 17318 |
| 事业 | 202 | 14520 | 13690 | 655 |
| 机关 | 49 | 7124 | 6697 | 377 |

## 2011年中山区平均人数与劳动报酬情况

| | 平均人数（人） | | 劳动报酬（千元） | | 平均劳动报酬（元） | |
|---|---|---|---|---|---|---|
| | 单位从业人员 | 其中：在岗职工 | 单位从业人员 | 其中：在岗职工 | 单位从业人员 | 其中：在岗职工 |
| 合计 | 149466 | 119308 | 8770140 | 7763751 | 58676 | 65073 |
| 企业 | 128056 | 99124 | 7504460 | 6523534 | 58603 | 65812 |
| 事业 | 14359 | 13557 | 794123 | 777662 | 55305 | 57362 |
| 机关 | 7051 | 6627 | 471557 | 462555 | 66878 | 69799 |

## 2011年中山区企业从业人员情况

| | 年末人数（人） | | | |
|---|---|---|---|---|
| | 单位数（个） | 单位从业人员 | 其中：在岗职工 | 其他从业人员 |
| 企业 | 792 | 109012 | 82656 | 16340 |

## 2011年中山区企业平均人数与劳动报酬情况

| | 平均人数（人） | | 劳动报酬（千元） | | 平均劳动报酬（元） | |
|---|---|---|---|---|---|---|
| | 单位从业人员 | 其中：在岗职工 | 单位从业人员 | 其中：在岗职工 | 单位从业人员 | 其中：在岗职工 |
| 企业 | 106147 | 80298 | 5590279 | 4767004 | 52665 | 59366 |

### 2011年中山区国有单位从业人员情况

| | 单位数（个） | 年末人数（人） | | |
|---|---|---|---|---|
| | | 单位从业人员 | 其中：在岗职工 | 其他从业人员 |
| 合计 | 358 | 42888 | 38576 | 1953 |
| 企业 | 113 | 21398 | 18323 | 941 |
| 事业 | 196 | 14366 | 13556 | 635 |
| 机关 | 49 | 7124 | 6697 | 377 |

### 2011年中山区国有单位平均人数与劳动报酬情况

| | 平均人数（人） | | 劳动报酬（千元） | | 平均劳动报酬（元） | |
|---|---|---|---|---|---|---|
| | 单位从业人员 | 其中：在岗职工 | 单位从业人员 | 其中：在岗职工 | 单位从业人员 | 其中：在岗职工 |
| 合计 | 42032 | 37777 | 3133452 | 2951272 | 74549 | 78124 |
| 企业 | 20771 | 17725 | 1874280 | 1717342 | 90235 | 96888 |
| 事业 | 14210 | 13425 | 787615 | 771375 | 55427 | 57458 |
| 机关 | 7051 | 6627 | 471557 | 462555 | 66878 | 69799 |

### 2011年中山区劳动争议处理情况

单位：件

| 项目 | 数量 | 项目 | 数量 |
|---|---|---|---|
| 一、争议内容 | | 失业保险 | 1 |
| 1.劳动报酬 | — | 福利 | 3 |
| 工资 | 17 | 二.仲裁主体 | |
| 双倍工资 | 42 | 1.用人单位 | — |
| 加班费 | 18 | 2.劳动者 | 135 |
| 2.经济补偿金 | 26 | 三.处理形式 | |
| 3.赔偿金 | 14 | 1.裁决 | 45 |
| 4.违约金 | — | 2.调解 | 52 |
| 5.确认劳动关系 | 9 | 3.决定 | 40 |
| 6.劳动合同履行 | 2 | 四.胜诉情况 | |
| 7.合同解除与终止 | 1 | 1.用人单位 | 19 |
| 8.其他 | — | 2.劳动者 | 117 |
| 9.社会保险待遇及福利 | — | 五.挽回经济损失（百元） | 17992 |
| 工伤保险 | 14 | | |

# 人口与计划生育

### 2011年中山区人口户数及人口情况

| | 总户数（户） | 总人口（人） | | | | 总户数（户） | 总人口（人） | | |
|---|---|---|---|---|---|---|---|---|---|
| | | 合计 | 男 | 女 | | | 合计 | 男 | 女 |
| 合计 | 134405 | 356613 | 175060 | 181553 | 桂林街派出所 | 15267 | 46069 | 22691 | 23378 |
| 青泥洼桥派出所 | 5353 | 13386 | 6475 | 6911 | 人民路派出所 | 4512 | 12791 | 6711 | 6080 |
| 天津街派出所 | 4081 | 9665 | 4733 | 4932 | 秀月街派出所 | 12928 | 34038 | 16405 | 17633 |
| 民主广场派出所 | 4792 | 14363 | 7365 | 6998 | 虎滩街派出所 | 5339 | 14096 | 6904 | 7192 |
| 昆明街派出所 | 12604 | 32766 | 15804 | 16962 | 桃源街派出所 | 11838 | 30917 | 15116 | 15801 |
| 春海街派出所 | 11935 | 30092 | 14636 | 15456 | 葵英街派出所 | 21984 | 56257 | 27824 | 28433 |
| 海军广场派出所 | 11534 | 30260 | 14897 | 15363 | 中南路派出所 | 12301 | 31913 | 15499 | 16414 |

## 2011年中山区人口自然变动情况

单位：人

| | 出生 | | | 死亡 | | | | 出生 | | | 死亡 | | |
|---|---|---|---|---|---|---|---|---|---|---|---|---|---|
| | 合计 | 男 | 女 | 合计 | 男 | 女 | | 合计 | 男 | 女 | 合计 | 男 | 女 |
| 合计 | 2467 | 1299 | 1168 | 2468 | 1372 | 1096 | 桂林街派出所 | 259 | 132 | 127 | 283 | 144 | 139 |
| 青泥洼桥派出所 | 100 | 59 | 41 | 112 | 59 | 53 | 人民路派出所 | 83 | 44 | 39 | 80 | 39 | 41 |
| 天津街派出所 | 55 | 33 | 22 | 90 | 62 | 28 | 秀月街派出所 | 236 | 125 | 111 | 196 | 102 | 94 |
| 民主广场派出所 | 88 | 47 | 41 | 78 | 44 | 34 | 虎滩街派出所 | 115 | 61 | 54 | 86 | 47 | 39 |
| 昆明街派出所 | 232 | 129 | 103 | 239 | 127 | 112 | 桃源街派出所 | 192 | 94 | 98 | 223 | 120 | 103 |
| 春海街派出所 | 231 | 128 | 103 | 237 | 147 | 90 | 葵英街派出所 | 430 | 230 | 200 | 441 | 241 | 200 |
| 海军广场派出所 | 210 | 108 | 102 | 199 | 112 | 87 | 中南路派出所 | 236 | 109 | 127 | 204 | 128 | 76 |

## 2011年中山区人口迁入迁出情况

单位：人

| 项目 | 迁入 | | | 迁出 | | | 项目 | 迁入 | | | 迁出 | | |
|---|---|---|---|---|---|---|---|---|---|---|---|---|---|
| | 合计 | 省内 | 省外 | 合计 | 省内 | 省外 | | 合计 | 省内 | 省外 | 合计 | 省内 | 省外 |
| 合计 | 3793 | 1977 | 1816 | 1971 | 407 | 1564 | 桂林街派出所 | 906 | 422 | 484 | 713 | 97 | 616 |
| 青泥洼桥派出所 | 135 | 74 | 61 | 44 | 13 | 31 | 人民路派出所 | 269 | 126 | 143 | 97 | 19 | 78 |
| 天津街派出所 | 51 | 24 | 27 | 26 | 3 | 23 | 秀月街派出所 | 279 | 161 | 118 | 130 | 23 | 107 |
| 民主广场派出所 | 718 | 339 | 379 | 110 | 44 | 66 | 虎滩街派出所 | 93 | 59 | 34 | 42 | 4 | 38 |
| 昆明街派出所 | 249 | 135 | 114 | 80 | 10 | 70 | 桃源街派出所 | 352 | 224 | 128 | 174 | 50 | 124 |
| 春海街派出所 | 150 | 71 | 79 | 92 | 18 | 74 | 葵英街派出所 | 197 | 124 | 73 | 234 | 58 | 176 |
| 海军广场派出所 | 239 | 128 | 111 | 157 | 52 | 105 | 中南路派出所 | 155 | 90 | 65 | 72 | 16 | 56 |

## 2011年中山区计划生育情况

| 区域 | 出生人数（人） | 计划生育率（%） | 合计 | 计划内出生（人） | | | | | |
|---|---|---|---|---|---|---|---|---|---|
| | | | | 一孩 | | 二孩 | | 三孩 | |
| | | | | 男 | 女 | 男 | 女 | 男 | 女 |
| 全区总计 | 2434 | 99.64 | 2424 | 1129 | 1072 | 113 | 105 | 3 | 2 |
| 海军广场街道 | 445 | 99.32 | 442 | 201 | 194 | 26 | 21 | — | — |
| 人民路街道 | 176 | 100 | 176 | 76 | 88 | 9 | 2 | 1 | — |
| 桂林街道 | 249 | 98.79 | 246 | 126 | 101 | 8 | 10 | — | 1 |
| 青泥洼桥街道 | 150 | 100 | 150 | 71 | 54 | 9 | 15 | 1 | — |
| 昆明街道 | 232 | 100 | 232 | 111 | 102 | 9 | 9 | 1 | — |
| 葵英街道 | 415 | 99.51 | 413 | 189 | 186 | 13 | 25 | — | — |
| 桃源街道 | 419 | 99.76 | 418 | 196 | 184 | 22 | 16 | — | — |
| 老虎滩街道 | 348 | 99.71 | 347 | 159 | 163 | 17 | 7 | — | 1 |

## 2011年中山区育龄妇女人数、已婚育龄妇女节育情况

单位：人

| 区域 | 人数 | 其中：已婚妇女 | | |
|---|---|---|---|---|
| | | 人数 | 其中：育龄妇女 | 其中：采取节育措施数 |
| 全区总计 | 102619 | 64803 | 57925 | 45370 |
| 海军广场街道 | 17196 | 10563 | 9326 | 7049 |
| 人民路街道 | 7476 | 3806 | 3293 | 2407 |
| 桂林街道 | 16009 | 9858 | 8960 | 7084 |
| 青泥洼桥街道 | 6408 | 3943 | 3554 | 2898 |
| 昆明街道 | 9147 | 6348 | 5637 | 4769 |
| 葵英街道 | 15142 | 9489 | 8446 | 6479 |
| 桃源街道 | 18020 | 11821 | 10615 | 8322 |
| 老虎滩街道 | 13221 | 8975 | 8094 | 6362 |

2011年中山区育龄妇女初婚情况

| 区 域 | 初婚人数（人） | 其中：23周岁以上（人） | 晚婚率（%） |
| --- | --- | --- | --- |
| 全区总计 | 3691 | 3618 | 98.02 |
| 海军广场街道 | 593 | 581 | 97.98 |
| 人民路街道 | 459 | 445 | 96.95 |
| 桂林街道 | 503 | 495 | 98.41 |
| 青泥洼桥街道 | 207 | 203 | 98.07 |
| 昆明街道 | 306 | 299 | 97.71 |
| 葵英街道 | 598 | 586 | 97.99 |
| 桃源街道 | 649 | 638 | 98.31 |
| 老虎滩街道 | 376 | 371 | 98.67 |

2011年中山区现有一孩有偶育龄妇女领取独生子女证情况

| 区 域 | 人数（人） | 其中：领证数（人） | 领证数占比（%） |
| --- | --- | --- | --- |
| 全区总计 | 43777 | 23193 | 52.98 |
| 海军广场街道 | 6920 | 3736 | 53.99 |
| 人民路街道 | 1718 | 835 | 48.60 |
| 桂林街道 | 6835 | 3518 | 51.47 |
| 青泥洼桥街道 | 2859 | 1580 | 55.26 |
| 昆明街道 | 4571 | 2641 | 57.78 |
| 葵英街道 | 6404 | 2744 | 42.85 |
| 桃源街道 | 8347 | 4691 | 56.20 |
| 老虎滩街道 | 6123 | 3448 | 56.31 |

# 科技·教育

2011年中山区科技工作完成情况

| 项 目 | 单位 | 数量 |
| --- | --- | --- |
| 引进、新办科技企业 | 个 | 58 |
| 高新技术产值 | 亿元 | 58 |
| 申请国家专利 | 项 | 1200 |
| 申请发明专利 | 项 | 310 |
| 获得国家创新资金项目 | 项 | 2 |
| 获得省创新资金项目 | 项 | 1 |
| 获得市软件产业项目 | 项 | 2 |
| 获得市创新资金项目 | 项 | 1 |
| 获得市信息产业项目 | 项 | 4 |
| 认定国家高新技术企业 | 个 | 4 |
| 海外并购企业 | 个 | 2 |

2011年中山区科协活动情况

| 项 目 | 数量（次） | 受益人数（人次） |
| --- | --- | --- |
| 科普讲座（报告） | 612 | 36300 |
| 科普展览 | 2 | 12500 |
| 科普咨询 | 50 | 3060 |
| 科普竞赛 | 15 | 15500 |
| 组织开展主题科普活动 | 3 | 40000 |
| 科普影视放映 | 96 | 2880 |
| 青少年科普活动 | 54 | 1520 |
| 张贴科普挂图 | 4 | 816(张) |
| 科普手册 | 4 | 40000 |

2011年中山区学校基本情况

| 学校分类 | 学校（所） | 班级（个） | 学生（人） | 学校分类 | 学校（所） | 班级（个） | 学生（人） |
| --- | --- | --- | --- | --- | --- | --- | --- |
| 合计 | 37 | 706 | 23408 | 特殊教育 | 1 | 7 | 75 |
| 公办初中 | 11 | 211 | 7483 | 民办初中 | 2 | 45 | 1874 |
| 公办小学 | 21 | 393 | 12527 | 民办小学 | 2 | 50 | 1449 |

## 2011年中山区中小学教职员工情况

单位：人

| 学校分类 | 教职员工总数 | 其中：女性 | 其中：专任教师 | 专任教师学历 | | | |
|---|---|---|---|---|---|---|---|
| | | | | 研究生及以上 | 大学本科 | 大学专科 | 中专（中师） |
| 中学 | 1282 | 1010 | 1159 | 101 | 1058 | — | — |
| 小学 | 1174 | 997 | 942 | 44 | 876 | 10 | 12 |

# 文体·卫生

## 2011年中山区娱乐场所情况

| 场所分类 | 数量 | 场所分类 | 数量 |
|---|---|---|---|
| 卡拉OK | 120 | 棋牌室 | 70 |
| 书店 | 210 | 酒吧（舞厅） | 33 |
| 音像零售（出租） | 46 | 电子游戏场 | — |
| 台球厅 | 35 | 网吧 | 87 |

## 2011年中山区文化团体、设施及活动情况

| 分 类 | 数量 | 分 类 | 数量 |
|---|---|---|---|
| 文艺团体（个） | 4 | 图书馆藏书（万册） | 18 |
| 街道文化站（个） | 8 | 读者活动（万人次） | 6 |
| 街道图书馆（个） | 7 | 外借图书（万人次） | 8 |
| 社区文化活动室（个） | 27 | 读书活动（次） | 31 |

## 2011年中山区体育事业活动开展情况（一）

| 项 目 | 次数 | 人数 | 项 目 | 次数 | 人数 |
|---|---|---|---|---|---|
| 1.参加市级比赛 | 25 | 2100 | 其中：田径 | 1 | 680 |
| 其中：田径 | 1 | 50 | 篮球 | 1 | 550 |
| 篮球 | 3 | 160 | 足球 | 2 | 650 |
| 足球 | 4 | 280 | 排球 | 1 | 440 |
| 排球 | 1 | 80 | 其他 | 28 | 17280 |
| 乒乓球 | 1 | 50 | 3.培训体育干部 | 12 | 1500 |
| 其他 | 15 | 1480 | 4.向上级输送人才 | — | 30 |
| 2.区举办比赛 | 33 | 19600 | | | |

## 2011年中山区体育事业活动开展情况（二）

| 项 目 | 单位 | 合计 | 中学 | 小学 | 项 目 | 单位 | 合计 | 中学 | 小学 |
|---|---|---|---|---|---|---|---|---|---|
| 学校总数 | 个 | 33 | 11 | 22 | 良好 | % | 45.66 | 38.82 | 52.50 |
| 在校学生总数 | 人 | 22552 | 9934 | 12618 | 优秀 | % | 12.94 | 10.24 | 15.63 |
| 国家学生体质健康标准达标率 | | | | | 传统项目布局学校数 | 所 | 15 | 4 | 11 |
| 及格 | % | 89.86 | 85.66 | 94.05 | | | | | |

## 2011年中山区卫生机构、床位、人员情况（区域）

| 分 类 | 机构数（个） | 床位数（个） | 人员数（人） | | | | |
|---|---|---|---|---|---|---|---|
| | | | 卫生技术 | 其他技术 | 管理 | 工勤 | 合计 |
| 总计 | 173 | 4271 | 4720 | 365 | 311 | 388 | 5784 |
| 医院 | 6 | 3821 | 3513 | 295 | 212 | 265 | 4285 |
| 疗养院 | 2 | 450 | 56 | 15 | 38 | 21 | 130 |
| 卫生防治站 | 1 | — | 25 | 1 | 3 | — | 29 |
| 疾病预防控制中心 | 1 | — | 61 | 7 | 3 | 1 | 72 |
| 妇幼保健所 | 1 | — | 30 | — | 3 | — | 33 |
| 卫生监督所 | 1 | — | 15 | 1 | 7 | 2 | 25 |
| 门诊部 | 15 | — | 228 | 3 | 28 | 32 | 291 |
| 个体诊所及企事业卫生所 | 136 | — | 661 | 34 | 3 | 49 | 747 |
| 社区卫生服务中心 | 10 | — | 131 | 9 | 14 | 18 | 172 |

## 2011年中山区妇幼卫生情况

| 项 目 | 单位 | 数量 | 项 目 | 单位 | 数量 |
|---|---|---|---|---|---|
| 产后检查产妇人数 | 人 | 1367 | 婴儿死亡数 | 人 | 11 |
| 占产妇总数 | % | 57.6 | 婴儿死亡率 | ‰ | 4.64 |
| 产后检查婴儿人数 | 人 | 1371 | 1—4岁儿童死亡数 | 人 | 13 |
| 占活产总人数 | % | 57.8 | 1—4岁儿童死亡率 | ‰ | 5.48 |
| 分娩人数 | 人 | 2225 | 新生儿死亡数（<7天） | 人 | 8 |
| 妇女病普查数 | 人 | 43617 | 新生儿死亡率 | ‰ | 3.37 |
| 妇女病患病率 | % | 36.9 | 出生体重<2500克新生儿 | % | 1.2 |
| 婚前检查人数 | 人 | 1152 | 围产儿死亡数 | 人 | 7 |
| 婚前检查患病率 | % | 1.0 | 围产儿死亡率 | % | 0.3 |
| 0—6岁儿童数 | 人 | 16116 | “四苗”覆盖率 | % | 99.7 |
| 0—4岁检查<X-2SD | % | 0.08 | “四苗”接种人数 | 人 | 32466 |
| 0—2岁内佝偻患病率 | % | 0.3 | 卡介苗接种数 | 人 | 2308 |
| 0—6岁缺铁性贫血患病率 | % | 0.4 | 卡介苗接种率 | % | 98.4 |

### 2011年中山区急性传染病发病情况

| 项目 | 2011年 | | 2010年 | | 比2010年 | 项目 | 2011年 | | 2010年 | | 比2010年 |
|---|---|---|---|---|---|---|---|---|---|---|---|
| | 例数 | 发病率/10万 | 例数 | 发病率/10万 | (%) | | 例数 | 发病率/10万 | 例数 | 发病率/10万 | (%) |
| 伤寒 | — | — | 3 | 0.6987 | -100.0 | 乙脑 | — | — | — | — | — |
| 霍乱 | — | — | — | — | — | 疟疾 | 1 | 0.2279 | — | — | — |
| 菌痢 | 277 | 63.11994 | 223 | 51.9367 | 20.5 | 肺结核 | 192 | 43.7506 | 124 | 28.8796 | 42.3 |
| 阿米巴 | — | — | — | — | — | 淋病 | 116 | 26.4327 | 122 | 28.4138 | -7.7 |
| 急肝 | 98 | 22.331 | 105 | 24.4545 | -7.8 | 梅毒 | 457 | 104.1356 | 392 | 91.2968 | 15.2 |
| 麻疹 | 1 | 0.2279 | — | — | — | 艾滋病 | — | — | 1 | 0.2329 | -100.0 |
| 流脑 | — | — | — | — | — | 合计 | 1285 | 292.8102 | 1008 | 234.996 | 24.6 |
| 猩红热 | 143 | 32.5851 | 38 | 8.8502 | 268.2 | | | | | | |

# 环境·绿化

### 2011年中山区城市环境卫生情况

| 项 目 | 单 位 | 数 量 | 项 目 | 单 位 | 数 量 |
|---|---|---|---|---|---|
| 一、环境卫生 | | | 其中：定时收集 | 处 | 218 |
| 其中：生活垃圾 | 吨 | 156000 | 袋装收集户 | 户 | 155000 |
| 建筑垃圾 | 吨 | 1000 | 单位垃圾收集 | 处 | 45 |
| 二、道路清扫 | | | 四、环卫车辆 | | |
| 清扫道路 | 条 | 666 | 垃圾车 | 辆 | 24 |
| 全区道路长度 | 米 | 440817.33 | 扫路车 | 辆 | 8 |
| 全区道路面积 | 万平方米 | 436 | 洒水车 | 辆 | 2 |
| 环卫清扫 | 万平方米 | 436 | 货车 | 辆 | 8 |
| 三、环卫设施 | | | 旅行车 | 辆 | 5 |
| 居民垃圾收集 | 处 | 356 | 轿车 | 辆 | 4 |

### 2011年中山区绿化种植情况

| 项 目 | 单 位 | 数 量 | 项 目 | 单 位 | 数 量 |
|---|---|---|---|---|---|
| 一、全部绿地面积 | 万平方米 | 1883 | 居住区绿地 | 万平方米 | 104.41 |
| 公共绿地面积 | 万平方米 | 451.24 | 生产绿地 | 万平方米 | 0.5 |
| 其中：公园 | 万平方米 | 358.83 | 人均绿地面积 | 平方米 | 45 |
| 街道 | 万平方米 | 68.99 | 人均公共绿地面积 | 平方米 | 12.4 |
| 广场 | 万平方米 | 13.25 | 二、绿地覆盖面积 | 万平方米 | 1887 |
| 小游园 | 万平方米 | 10.17 | 绿化覆盖率 | % | 43.02 |
| 风景林面积 | 万平方米 | 1156.38 | 三、苗木实有数 | 株 | 1566971 |
| 单位附属绿地 | 万平方米 | 170.47 | | | |

（区统计局）

**责任编辑　周建平**

# 索引 SUO YIN

说明：

1. 本索引采用主题分析法编制，按照索引词汉语拼音字母顺序排列。英文字母、阿拉伯数字开头的索引词排在最后。
2. 类目、分目、子分目标题用黑体字。
3. 索引词后的阿拉伯数字表示内容所在页码，字母表示左、中、右栏。

F